MEIGUO HUAREN SHEQU
YUE FANGYAN YU WENHUA YANJIU

美国华人社区粤方言与文化研究

陈晓锦 著

（上册）

中山大学出版社
SUN YAT-SEN UNIVERSITY PRESS
·广州·

版权所有　翻印必究

图书在版编目（CIP）数据

美国华人社区粤方言与文化研究：全二册/陈晓锦著.—广州：中山大学出版社，2023.3

ISBN 978-7-306-07628-1

Ⅰ.①美…　Ⅱ.①陈…　Ⅲ.①粤语—方言研究—文化研究—美国　Ⅳ.①H178

中国版本图书馆 CIP 数据核字（2022）第 186312 号

出 版 人：王天琪
策划编辑：高　洵
责任编辑：高　洵
封面设计：曾　斌
责任校对：陈　霞
责任技编：靳晓虹
出版发行：中山大学出版社
电　　话：编辑部 020-84110779，84110283，84111997，84110771
　　　　　发行部 020-84111998，84111981，84111160
地　　址：广州市新港西路 135 号
邮　　编：510275　　传　　真：020-84036565
网　　址：http://www.zsup.com.cn　E-mail：zdcbs@mail.sysu.edu.cn
印　刷　者：恒美印务（广州）有限公司
规　　格：787mm×1092mm　1/16　55.25 印张　1342 千字
版次印次：2023 年 3 月第 1 版　2023 年 3 月第 1 次印刷
定　　价：298.00 元（全二册）

如发现本书因印装质量影响阅读，请与出版社发行部联系调换

作者简介

  陈晓锦，女，1950年5月出生，广东潮州人，博士，博士研究生导师。当过知青，做过工人，1976年毕业于华南师范大学中文系，1978年10月暨南大学复办后到暨大工作，历任中文系资料员、助教、讲师、副教授、教授。其间，两次师从詹伯慧教授，1987年获文学硕士学位，1995年获文学博士学位。1995—1996年作为交流访问学者在美国威斯康星大学欧克莱尔分校任教。2004—2006年为教育部外派埃及艾因夏姆斯大学语言学院中文系客座教授。工作以来，数次被评为校先进工作者、优秀共产党员，1994年获广东省南粤优秀研究生一等奖，2005年被评为全国侨务系统先进个人。

  讲授中文系本科生和研究生课程，以及对外汉语教学的有关课程。

  研究粤、客、闽汉语方言，近30年来，致力于与中国的汉语方言整体研究息息相关且意义重大的海外华人社区汉语方言调查研究。主持过多项国家级、省级科研项目，其中，国家社科基金一般项目"东南亚华人社区汉语方言比较研究"（07BYY017）和国家社科基金重大项目"海外华人社区汉语方言与文化研究"（14ZDB107）均以"优秀"等级通过结项。

  独著及合作专著15部，其中，有关海外汉语方言研究的专著有《马来西亚的三个汉语方言》（2003）、《泰国的三个汉语方言》（2010）、《东南亚华人社区汉语方言概要》（2014）、《泰国华人社区的汉语方言》（与肖自辉合作，2019）。《东南亚华人社区汉语方言概要》获教育部第八届高等学校科学研究优秀成果奖（人文社会科学）二等奖。

  主编海外汉语方言国际学术研讨会论文集4本；发表论文100多篇，散见于《中国语文》《方言》《语言研究》《学术研究》等刊物；出版散文集两本。

目　　录

第1章　导论 ··· 1
  1.1　美国及美国的华人社区 ··· 1
    1.1.1　美国简况 ··· 1
    1.1.2　美国的华人社区 ·· 4
  1.2　关于本书 ·· 24
    1.2.1　本书的研究内容及所选择的方言点 ································ 24
    1.2.2　本书各方言点的主要发音人 ····································· 29
    1.2.3　本书所采用的音标符号 ··· 32

第2章　美国华人社区汉语粤方言语音研究 ································ 34
  2.1　本书所涉及的12个方言点的语音系统 ································· 35
    2.1.1　三藩市台山话 ·· 35
    2.1.2　洛杉矶台山话 ·· 36
    2.1.3　纽约台山话 ·· 37
    2.1.4　芝加哥台山话 ·· 39
    2.1.5　波特兰台山话 ·· 40
    2.1.6　圣安东尼奥台山话 ··· 41
    2.1.7　三藩市广府话 ·· 42
    2.1.8　洛杉矶广府话 ·· 44
    2.1.9　纽约广府话 ·· 45
    2.1.10　芝加哥广府话 ··· 47
    2.1.11　波特兰广府话 ··· 48
    2.1.12　休斯敦广府话 ··· 49
  2.2　美国华人社区粤方言台山话的语音 ··································· 51
    2.2.1　洛杉矶台山话语音系统的详细分析 ······························ 51
    2.2.2　美国华人社区6个台山话语音与祖籍地源方言语音的比较 ········ 83
  2.3　美国华人社区粤方言广府话的语音 ·································· 151
    2.3.1　纽约广府话语音系统的详细分析 ································ 152
    2.3.2　美国华人社区6个广府话语音与祖籍地源方言语音的比较 ······· 178
  2.4　语音小结 ··· 225

第3章　美国华人社区汉语粤方言词汇研究 …… 228
3.1　美国华人社区粤方言词汇的一般特点 …… 229
3.1.1　华人社区粤方言单音节词 …… 229
3.1.2　华人社区粤方言词汇中的古代汉语词 …… 231
3.1.3　华人社区粤方言词汇中的汉语方言老词语 …… 244
3.1.4　华人社区粤方言词汇中与汉语普通话形异义同、形同义异的词 …… 335
3.1.5　华人社区粤方言词汇中的忌讳词 …… 358
3.1.6　华人社区粤方言词汇中的贬义词 …… 361
3.2　美国华人社区粤方言词汇的典型特点 …… 361
3.2.1　创新词 …… 362
3.2.2　借词 …… 523
3.3　词汇小结 …… 579

第4章　美国华人社区粤方言语法研究 …… 581
4.1　词类特点 …… 581
4.1.1　名词 …… 581
4.1.2　动词 …… 597
4.1.3　形容词 …… 614
4.1.4　代词 …… 620
4.1.5　数词 …… 630
4.1.6　量词 …… 633
4.1.7　副词 …… 640
4.1.8　助词 …… 665
4.1.9　介词 …… 681
4.1.10　连词 …… 695
4.2　主要句法特点 …… 703
4.2.1　谓词性成分修饰语的位置 …… 703
4.2.2　宾语和补语的位置 …… 708
4.2.3　双宾语句 …… 712
4.2.4　被动句 …… 715
4.2.5　处置句 …… 717
4.2.6　比较句 …… 721
4.2.7　含"得"的否定句 …… 723
4.2.8　以肯定否定方式提问的反复疑问句 …… 727
4.2.9　"有""冇"句 …… 730
4.3　语法小结 …… 732

第5章　美国华人社区教育与文化点滴 ······ 734
5.1　美国华人语言方言取向探讨 ······ 734
5.1.1　关于调查问卷 ······ 735
5.1.2　问卷基本信息的统计分析 ······ 740
5.1.3　与马来西亚华人语言方言取向的比较 ······ 750
5.2　华文教育在美国 ······ 751
5.2.1　美国华文教育的一些历史 ······ 751
5.2.2　美国华文教育的一些现状 ······ 754
5.2.3　美国华文教育的一些问题 ······ 756
5.3　美国华人社区的中文传媒 ······ 761
5.3.1　关于美国的华语电视 ······ 762
5.3.2　关于美国的华文报纸 ······ 762
5.4　美国华人社区文化生活点滴 ······ 765
5.4.1　流传在美国华人社区的方言俗语举例 ······ 765
5.4.2　美国华人社区的饮食文化 ······ 782
5.4.3　美国华人姓氏英译探析 ······ 796
5.5　小结 ······ 814

参考文献 ······ 816

附录一　有关美国华人历史及文化的几份材料 ······ 821
附录二　有关海外华人社区汉语方言的文献 ······ 834
附录三　有关美国田野调查的照片 ······ 850

后　记 ······ 873

第1章 导 论

1.1 美国及美国的华人社区

1.1.1 美国简况

美利坚合众国（United States of America），汉语简称"美国"，英语简称"U. S. A."或"U. S."。

英语的"American"，本来应该是美洲人的意思，也就是说，包括美国人、加拿大人、墨西哥人等。但是，现在基本上只代表美国人。有些美国人在日常用语中，也用"the States"来称呼美国。

美国位于西半球，其国土的主体部分位于北美洲中部，国土从大西洋到太平洋，几乎横跨整个北美洲大陆，总面积937.261万平方千米。其中，陆地面积915.896万平方千米，内陆水域面积约20万平方千米，是美洲国土面积第二大的国家，也是世界上国土陆地面积仅次于俄罗斯、加拿大和中国的第四大国家。

美国的领土还包括北极边缘的阿拉斯加及远在太平洋赤道地区的夏威夷。其本土东西长4500千米，南北宽2700千米，海岸线长22680千米。大部分地区属于大陆性气候，南部属亚热带气候。中北部平原温差很大，芝加哥1月平均气温－3℃，7月平均气温24℃；墨西哥湾沿岸1月平均气温11℃，7月平均气温28℃。

美国自然资源丰富，矿产资源总探明储量居世界首位。其中，煤、石油、天然气、铁矿、森林资源、钾盐、磷酸盐、硫黄等矿物的储量均居世界前列。

在美国的国土上可以领略到各种各样的自然景观，从南部佛罗里达州温暖的海滩到阿拉斯加寒冷的北国地带，从中西部平坦广阔的大草原到终年为冰雪覆盖的落基山脉。高大的落基山脉从南至北将美国大陆一分为二，在科罗拉多州的最高峰达到4270米。此外，有壮观的大峡谷、极长的密西西比河，以及位于美国和加拿大交界处、声如雷鸣的世界第二大瀑布——尼亚加拉大瀑布，还有与加拿大分享的世界第二大湖苏必利尔湖（也是世界第一大淡水湖，世界第一大湖为湖里海），等等。

其整个国家由华盛顿哥伦比亚特区（Washington, D. C.）和其他50个州组成。其中，美国本土分别与加拿大和墨西哥相邻，并隔海与俄罗斯、古巴、巴哈马等对望。阿拉斯加州是位于北美洲最西北部的半岛，夏威夷州则是坐落于太平洋的群岛。在太平洋和加勒比海上还有波多黎各（The Commonwealth of Puerto Rico）、关岛（Guam）和美属维尔京群岛（Virgin Islands of the United States）等美国领土。众多海内外的领土组成了一个联邦共和立宪制的国家。

美国建国的时间不长，1976年，美国才庆祝建国200周年，至今也不过200多年，在世界上，属于非常年轻的国家。

众所周知，北美洲原为印第安人的家园，在4万多年前，印第安人的祖先就已经经由北美洲到了中美洲，再到南美洲了。当哥伦布到达他认为的新大陆时，居住在美洲的土著——印第安人和因纽特人约有3000万人。而现在，居住在美国、加拿大等地区的印第安人只有约150万人。也就是说，在17世纪以前，北美洲广袤的原野上主要为印第安人和因纽特人居住。15世纪末，随着哥伦布发现美洲新大陆，当时欧洲的西班牙、荷兰等国家的殖民主义者开始向那里移民。老牌帝国主义英国自然也不甘其后，紧接着后来居上，至1773年，在经过百余年的移民后，北美洲已经成为欧洲人的新家园，而其中最主要的是为英国人所建立的13个州的殖民地。

1607年，大约100名漂洋过海的英国人沿着詹姆士河（James River），搭建起英国在美国的第一个据点，从此詹姆士镇（Jamestown）成为北美洲第一个英国永久殖民地。这是英国在北美洲所建的第一个永久性殖民地，比1620年搭乘著名的"五月花号"（May Flower）来到马萨诸塞州的普利茅斯（Plymouth）建立殖民地的清教徒（Puritans）还早了13年。在这之后的150年中，陆续涌来了许多的殖民者，定居于詹姆士河的沿岸地区，他们多来自英国，也有一部分来自法国、德国、荷兰、爱尔兰、意大利和其他国家。欧洲移民大规模地屠杀印第安人，抢夺其财物，并大规模地占领印第安人的土地。到18世纪中叶，13个英国殖民地逐渐形成，它们在英国的最高主权下有各自的政府和议会。这13个殖民地气候和地理环境的差异，造成了各地经济形态、政治制度与观念上的差别。

老牌殖民主义者掠夺美洲的历史令人发指，手段卑劣低下，例如对纽约的掠取。纽约的历史较短，只有300多年。最早的居民点在曼哈顿岛（Manhattan）的南端，原是印第安人的住地。1524年，意大利人弗拉赞诺最早来到河口地区。1609年，英国人哈德逊沿河上溯探险，这便是哈德逊河名字的由来。1626年，荷兰人仅以价值大约60个荷兰盾（相当于24美元）的小物件，就从印第安人手中买下了曼哈顿岛，辟为贸易站，并称之为"新阿姆斯特丹"。

1664年，英王查理二世的弟弟约克公爵占领了这块地方，改称其为"纽约"（New York，即新约克，英国有约克郡）。到19世纪中叶，纽约逐渐发展成美国最大的港口城市和集金融、贸易、旅游、文化艺术于一身的国际大都会。

1775年，北美洲爆发了北美人民反抗英国殖民者的独立战争。

1788年，美国独立战争结束，乔治·华盛顿当选为美国的第一任总统。

美国属于移民国家，截至2012年2月，其全国总人口3.1亿，人口的成分主要为美利坚人、非裔美国人、拉美裔美国人、亚裔美国人，其中白种人约占80%（包括拉美裔白种人）。从各州的情况来看，加利福尼亚州是美国人口最多的州，人口数量达到3720万；怀俄明州的人口最少，只有56.4万；而人口绝对数量增长得最多最快的则是南部的得克萨斯州，2012年，得州比2000年新增了430万人，人口达到2510万。

2006年的美国人口普查数据还显示，德裔美籍人占美国人口总数的17%，位居各族裔美籍人之首。截止到2019年11月30日，非拉美裔白人约占62.1%，拉美裔约占

17.4%，非洲裔约占 13.2%，亚裔约占 5.4%，混血约占 2.5%，印第安人和阿拉斯加原住民约占 1.2%，夏威夷原住民或其他太平洋岛民约占 0.2%。[①] 在其全国人口中，51.3%的居民信奉基督教新教，其他居民信奉天主教、犹太教等，不属于任何教派的占 4%。

美国的国旗是星条旗，国鸟是白头海雕（秃鹰），国石是蓝宝石，国花是象征着美丽、芬芳、热忱和爱情的玫瑰花。

世界上的很多国家都有自己的官方语言、民族共同语、国家标准用语。例如，现代汉民族的共同语是以北京语音为标准音，以北方方言为基础方言，以典范的现代白话文著作为语法规范的汉语普通话。标准意大利语的基础，是文艺复兴时期群星闪耀的佛罗伦萨方言。1992 年，法国就对宪法做出了修正，特别标明"共和国的语言是法语"。

但是，与世界上的很多国家不同，就整个美联邦而言，并没有统一的由法律规定的官方用语。不过，该国通用语言为英语，由于多年来推动英语为官方语言的运动，英语已然是事实上的官方语言。到目前为止，在美国的全部 50 个州中，也已经有 31 个州立法规定了英语为官方语言，只有 3 个州承认其他语言与英语一样，具有平行的地位，即路易斯安那州（法语）、夏威夷州（夏威夷语），还有新墨西哥州（西班牙语）。

虽然美国的历史不长，但是自南北战争之后，资本主义经济得以迅速崛起。19 世纪初，美国开始对外扩张。历经第一次、第二次世界大战后，美国的国力不断增强，逐渐成为当今世界上唯一的超级"霸权"大国，在军事、经济、科技、文化、教育等方面，实力均处于世界前列。

在教育方面，美国实行 12 年的法定义务教育制。联合国的经济指数调查，将美国的教育水准列为世界第一。

美国的常春藤（Ivy League）名校，最初指的是美国东北部 8 所大学组成的体育高校联盟，包括：哈佛大学（Harvard University），成立于 1636 年；耶鲁大学（Yale University），成立于 1701 年；宾夕法尼亚大学（University of Pennsylvania），成立于 1740 年；普林斯顿大学（Princeton University），成立于 1746 年；哥伦比亚大学（Columbia University），成立于 1754 年；布朗大学（Brown University），成立于 1764 年；达特茅斯学院（Dartmouth College），成立于 1769 年；康奈尔大学（Cornell University），成立于 1865 年。

2012 年评选出的新常春藤名校则包括：私立大学，如斯坦福大学（Stanford University）、埃默里大学（Emory University）、圣母大学（University of Notre Dame）、圣路易斯华盛顿大学（Washington University in St. Louis）、波士顿学院（Boston College）、塔夫茨大学（Tuffs University）、伦斯勒理工学院（Rensselaer Polytechnic Institute）、卡内基·梅隆大学（Carnegie Mellon University）、范德堡大学（Vanderbilt University）、麻省理工学院（Massachusetts Institute of Technology）、加州理工学院（California Institute of Technology）、罗彻斯特大学（Rochester Institute of Technology）、莱斯大学（Rice University）、纽约大学（New York University）；公立大学，如密歇根大学安娜堡分校（University of Michigan, Ann Arbor）、加州大学洛杉矶分校（University of California, Los Angeles）、加州大学伯克利分校（University of California, Berkeley）、弗吉尼亚大学（University of Virginia）、北卡罗来纳大

[①] 少部分人在其他族群内被重复统计，参考资料见百度百科"美国"。

学教堂山分校（University of North Carolina at Chapel Hill）、威廉玛丽学院（College of William & Mary）。

美国著名的文理学院则有鲍登学院（Bowdoin College）、韦尔斯利学院（Wellesley College）、斯沃斯莫尔学院（Swarthmore College）、科尔盖特大学（Colgate University）、里德学院（Reed College）、斯基德莫尔学院（Skidmore College）、阿默斯特学院（Amherst College）、富兰克林·欧林工程学院（Franklin W. Olin College of Engineering）、科尔比学院（Colby College）、戴维逊学院（Davidson College）、凯尼恩学院（Kenyon College）、威廉姆斯学院（Williams College）、麦卡利斯特学院（Macalester College）。

总之，迄今为止，美国在军事、经济、科技、文化等方方面面都是强国。但是，美国却在2017年10月宣布于2018年年底退出联合国教科文组织；2017年12月3日退出了《全球移民契约》；在2018年6月19日退出了联合国人权理事会；并在2019年2月1日执意宣布暂停履行《中导条约》相关义务，正式启动为期180天的退约进程。

1.1.2 美国的华人社区

1.1.2.1 华人移民美国简况

中国人很早就有移民海外的历史。有一种说法是，中国人移居国外的历史，可以追溯到2000多年以前的古代。

我们曾在《海洋方言：汉语方言研究新视角》中谈到，文献记载，我们的祖先很早就开始了近海开发和越洋拓殖。《汉书·地理志》已有关于汉人到达东南亚的记录，唐末的黄巢之乱则促发了第一波的东南亚移民潮。宋时由于西北地区长期被少数民族政权控制，汉唐以来"丝绸之路"被切断，宋廷为了增加财政收入和拓展对外交流，积极鼓励海洋贸易。其时，由于指南针的广泛应用，加上造船技术的发展，宋代的海上贸易空前繁荣。唐初宰相贾耽考订的"广州通夷道"，提及东亚和印度洋水域的海外国家和地区仅29个，而成书于南宋后期的《诸蕃志》记载的与中国贸易往来的南海国家和地区则增加到了53个。今天，在东南亚的文莱还可见到宋代华人的坟茔。此后的元、明、清乃至近代，华人的海外开拓一直都没有间断。据2011年11月上海第二届中国侨务论坛公布的数据，目前全球华人的数量约为5000万人。这相当于现代一个中等国家的人口水平，这个庞大的数字不是一天两天就可以形成的。①

早在秦汉时期，中国就已有陆上、海上丝绸之路，既有通往西域的丝绸之路，也有东航日本的船舶，那时就开始有人留居他乡。但是，一直到了唐代，才开始有较多的中国人定居国外，这可视为华侨史的开端。不过，囿于航海技术落后、海洋的阻隔，最早期的移民大多数仅抵达中国周边的国家，例如东南亚各国。

远在北美洲的美国，两百多年前才立国，可是华人移民美国的历史却几可媲美美国的建国史。

华人比较大规模地进入美国，应是从1848年加利福尼亚州发现金矿开始。其时，不

---

① 参见陈晓锦、黄高飞《海洋方言：汉语方言研究新视角》，载《中国社会科学报》2014年4月14日第7版。

但在美国国内的其他地方有大批的人从四面八方涌入加州掘金，欧洲等地有大批的人纷纷涌入加州掘金，在亚洲的中国也有一批人以契约劳工的方式，被"卖猪仔"至大洋的彼岸。三藩市（San Francisco），华人也称"旧金山"，就是由于该处发现金矿的年代较早，华人以"旧"字将其与其后在加拿大卑诗省的菲沙河谷、南半球的澳大利亚墨尔本、新西兰，甚至远在非洲南非约翰内斯堡等地发现的新金矿——新金山区别开来。以前，从美国回归的老华人被唤作"金山伯"即来源于此。

不算一直没有中断过的少数零散移民，中国人到美国的移民大潮或许可以归结为两次。

第一次，从19世纪的50年代到80年代，即所谓的掘金时代（淘金时代）。此次移美的热潮，直到美国联邦1882年5月6日通过的《排华法案》出笼，限制中国人移民才停止。

据统计，1851年时，大约有2.5万名中国移民在美国生活。而仅仅在一年之后的1852年，这一年，从中国来到美国的新移民数量就超过了2万人。到1880年，移民美国的华人人数已经突破了10万人。受美国《排华法案》影响，在之后的几十年里，赴美华人人数骤减，原先在美国生活的部分华人家庭也逐渐返回中国。美国社会学家Susan Carter在2013年发表的《反华法案实施期间的美国华裔居民》一文中提到，1920年，当时在美的华人数量仅剩6.1万人，而在1890年时，这一数字曾经是10.7万人。

第二次，从20世纪的70年代末开始持续到现在。

第二次的移美大潮，首先是由于中华人民共和国和美利坚合众国建交，两国关系正常化，再就是借助了中国从1978年开始的改革开放的春风。得益于此，新一波的移民浪潮在中国内地出现，来自中国内地的移民在美国开始大幅度增加。

两次移美大潮大不一样。

在第一次移民潮期间去美国的，大多数是被"卖猪仔"，甚至是被拐骗到美国挖金矿、修铁路、垦殖的没有受过教育的穷苦契约劳工。这些劳工都是乘船在惊涛骇浪的大海上漂泊两三个月后，最终才抵达他们心目中的"金山"的。但是，就算没有死在茫茫的大海中，到达美国后，迎接他们的也不是鲜花和掌声。他们先是被关进海关设立的特殊的监禁地，如旧金山湾的"天使岛"（Angel Island），接受长达数星期、数月，甚至数年的监禁盘查。在这期间，又不知有多少人死于非命，多少人被遣返回国。这种对待中国移民的"盘查"一直延续到1940年前后，就算是以申请签证的方式进入美国的华人也不能幸免，最终能踏上美国国土的华人，无不经历了九死一生。

早年的华人抵达美国后，最先从事的职业无非是白人不愿意承担的脏活累活。华人在原野上垦殖，在工厂里做工，在矿场里挖金矿，在山野中修铁路，可以毫不夸张地说，连通美国的南北铁路之下，每一千米都有无数中国劳工的冤魂。再后来，也有人在慢慢地积攒了一点钱后，就开始开餐馆，开洗衣店，开杂货铺做零售业小买卖。

现有的记载告诉我们，1849年，第一家中餐馆在美国的旧金山（三藩市）开业；第二年，1850年，旧金山的中国餐厅数量增加至4家；又一年过去后，1851年，旧金山就有了7家中餐馆。

当初，最早简陋的中餐馆主要是为了满足中国移民的思乡情绪，抚慰中国移民的胃而开的。慢慢地，美味的中国菜吸引了越来越多的美国人。不过，这些餐馆的菜虽然力求"原汁原味"，却也受限于美国的食材，受制于美国大多数非华裔食客的饮食习惯，因而不得不做出一些适应美国本土化的改变。而今，中餐馆不只在美国，也是遍布世界各地的华人从事的一大职业之一。2008年北京奥运会期间发布的《世界眼中的中国》调查报告里就提到，在受访者的眼中，最能代表中国的事物除了长城和功夫，就是中餐。

中国餐、中国菜风靡全世界，海外华人付出的辛劳功不可没。

1874年，美国人比尔·布莱克斯发明了木制手摇洗衣机，从此，洗衣开始在全球逐渐机械化，但是在这之前，洗涤衣物的确是一项繁重的、收入低下的体力劳动。相对于其他行当来说，洗衣店似乎是最容易经营的，它不需要特别的专业技术和太多的资本投入。华人开的洗衣店通常都是家族式的，有的小到仅有一个人，只要有一个盆、一块搓板、一个熨斗和一块熨烫板就可以开业。洗衣工要从早到晚不停地做在冷水中用手洗干净衣物，扭干、晾干、熨好、折好衣物，按时如约地把干净衣物交还顾客的繁重劳动。那时，用一根扁担挑着沉重的衣物在街上行走的洗衣华工，是美国人眼中的一道"奇景"。而洗衣华工也都自嘲过的是"八磅生涯"，因为那个每天都得不断拿着的、用生铁铸就的老式熨斗就重达8磅。

但是无论生活如何艰难，一代又一代的美国华人都挺过来了。老一辈华人凭着自己的智慧和双手，在美利坚的土地上劳动、收获，其后代再也不是没有文化的苦力，他们上了学，读了书，他们之中很多人的职业变成了教师、工程师、医生、科学家、律师、企业高管、联邦政府的官员，成功地融入了美国社会，融入了美国的精英阶层。

从19世纪起，一直到今天，中国人移民美国的情况经历了很大的变迁。中国改革开放以后开始了华人移民美国的另一波大潮，而在第二次移美大潮中远赴美国的华人人数之多，是第一次移美大潮所远远不能比的。

2017年1月21日，美国《侨报》综合报道了美国亚裔新闻局（AANB）公布的美国人口普查局社区调查的数据。数据显示，华人是美国亚裔中最大的族群。其中，1980年，从中国内地到美国的移民有29.9万人。1990年，来自中国内地的移民人数上升为53.6万人。2000年，来自中国内地的移民达到98.9万人，到2016年更是再翻番，达到了212万人。根据2015年联合国的报告，截至当年，在1100万中国移民里，赴美国的移民就占了22%。

2018年5月，时逢美国的"亚太裔传统月"，美国联邦人口普查局发布最新的人口调查数据显示，华裔美国人（包括来自中国大陆和中国台湾地区的移民）共有5081682人。这508万华人在美国的居住很有规律，主要是集中在加利福尼亚州、纽约州和一些大都会城市。

与19世纪的中国移民完全不同的是，1970年以后的中国内地移民以技术移民为主体，中国现在是美国高等教育的主要外国生源国，中国在美国获得H-1B工作签证的人数仅次于印度，在所有国家中名列第二位。中国人也是EB-5投资移民的主体，2015年EB-5投资移民申请者中有90%为中国人。总之，与在第一批移民美国大潮中到美国的华人相比，在第二批移民大潮中到美国的华人已经华丽转身。

同时，移民美国的华人，祖籍地也不再只局限于传统的中国广东、福建及江浙等沿海地区，全中国各地，甚至东北地区，都有不少人移民美国。2015年7月11日的《侨报》报道，美国人口普查局表示，自2013年起，中国已经取代墨西哥，成为第一大美国移民输出国。1960年，在美国的华裔仅有不到10万人，而到2010年，华裔已经超过330万人，到2015年就超过了450万人，2018年更是达到了508万人。

美国华人原先以广东籍，尤其是祖籍广东四邑（即台山、开平、恩平、新会）一带的人数最多，因为第一波移民美国潮的主要推动者就是他们，故美国唐人街最先的交际用语就是广东台山话。之后，在第二波移民美国的浪潮中，来自广东穗（广州）港（香港）澳（澳门）的人又占了最多，最终使得广东广州话借助在全球华人圈中强劲的粤方言传媒之力，超越台山话，成为目前美国华人社区流通最广的汉语方言。

但是，近年来的调查显示，目前这种状况正在悄悄地发生变化。仅以美国最大的城市纽约来说，中国福建省的移民已经超过广东省移民，成为纽约最大的华裔移民群体。据记载，最早的福州移民20世纪40年代便来到纽约，他们有的是到岸便弃船跳海的海员，有的是第二次世界大战期间在美国商船队服过役的军人。但在接下来的30年里，从福州到纽约的人数量一直很少。直到20世纪70年代，福州人尝试把家人接到纽约团聚，在这个过程中，不少人采取了偷渡的方式。

作为美国最大、最繁华的城市，世界四大金融城市之一，2003年纽约郡的人口已经增至1564798人。其中，下曼哈顿区（休斯敦街以南）的种族构成与其他地方有很大差异。2000年的普查显示，此地41%的人口为亚裔，32%为非拉美裔的白种人，19%为拉美裔，6%为黑人；43%的人口为移民，原因是唐人街的人口占了下曼哈顿区人口的55%。纽约华人中以福建人居多，而在福建人中，福建长乐人又占了绝大多数。因此，现在纽约唐人街的不少商铺餐馆在贴出的招工广告上，都会加上这么一句话："懂福州话优先。"

不少华人居住在大城市，除多聚居在纽约-新泽西都会区、旧金山-奥克兰都会区、洛杉矶-长滩都会区这3个地方以外，波士顿-剑桥都会区、圣荷西-圣塔可拉拉都会区、芝加哥都会区、华府-阿灵顿都会区、西雅图-塔科马都会区、费威明顿都会区、休斯敦-伍德兰都会区等，也是很多华人的选择。

目前，美国华人最为集中的前十个区域为：第一，加利福尼亚州，加州的华裔人口有110多万人，占华裔总人口的36.9%；第二，纽约州有50多万华人，占16.9%；第三，新泽西州有13万多华人，占4.4%；第四，得克萨斯州有12万多华人，占4.2%；第五，马萨诸塞州有11万多华人，占3.8%；第六，伊利诺伊州有近10万华人，占3.3%；第七，华盛顿州有8万多华人，占2.8%；第八，宾夕法尼亚州有7万多华人，占2.5%；第九，马里兰州有6万多华人，占2.3%；第十，佛罗里达州有6万多华人，占4.1%。

从以上数字可以看出，美国华人一半以上集中在加州和纽约。特别是在加州的旧金山湾区，该地因为气候好，找工作容易，华人都乐于往那里迁移，以至于在美国有句玩笑话说，在那里，白人反而变成了少数族裔。

此外，据2017年1月21日的《侨报》所载，所有移民、中国内地移民和美国本土出生人口的职业分布图（如图1-1所示）清楚地显示了美国华人的职业变化。其中，中国内地的移民，从事管理、商业、科学和艺术职业的比例高达52%；从事服务业的人数居第二位，占22%；从事销售和办公室文员的占17%；从事制造、运输业的占7%；从事自然资源、建筑和维护业的人数最少,仅占3%。中国内地华人移民从事管理、商业、科学和艺术职业的比例,远远高于其他所有移民,也高于在美国本土出生的人口。

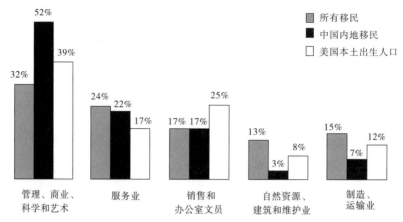

图1-1 所有移民、中国内地移民和美国本土出生人口的职业分布

同样是来自美国《侨报》的统计,2016年,25岁以上的中国内地移民中,有近一半的人拥有学士或者更高的学位。但是,在所有不同国家的移民中,只有30%的人拥有学士或更高的学位;在美国本土出生的人中,也只有32%的人拥有学士或更高的学位。27%的中国内地移民拥有硕士以上学位,而所有不同国家的移民中只有13%的人拥有硕士以上学位,在美国本土出生的人中则只有12%的人拥有硕士以上的学位。

以上数字告诉我们,毫无疑问,比起在第一波移美大潮中移民美国的华人,在第二波移美浪潮中移民美国的华人已经华丽转身。

1.1.2.2 在艰难困苦中形成的美国华人社区

忘记过去,就意味着背叛。远去的历史不应该被忘记。

通过一般介绍美国华人的文章书籍,我们大致了解到,从中国最先大批量去美国的,是做契约劳工的广东四邑人,华工是早年美国垦殖、修路、淘金的功臣。但是,早年的华人在美国具体都做了什么,都经历了什么,美国的华人社区是怎样在艰难困苦中慢慢形成的,却仍然少为人知。也有不少人只看到当年的老华人"金山伯"衣锦还乡,却不了解他们在美国的悲惨遭遇,不清楚他们在美国的辛酸与艰辛。有鉴于此,本小节,我们想选择一些有关第一波移民美国华人的历史大事,选择一些能反映那一段历史的史实,更加真实具体地、更加有血有肉地展现在第一批移民浪潮中华人移民美国的历史,展示美国华人社区在艰难困苦中的形成与发展。

我们的资料部分来源于已故美籍华人张纯如所著的《美国华人史》(The Chinese in America)(2018年10月)——很遗憾此书的作者未能亲眼见其著作的出版,部分资料是我们的实地调查所得,还有部分资料来源于360、百度等网站。

据全美妇女历史博物馆(The National Women's History Museum)收藏的资料记载,1834年,有一位中文名叫"阿芳妹",英文名字为"Afong Moy"的清朝中国女性(其实,从其英文姓名推测,这位女子应该姓"梅",名"阿芳"。"梅"是广东台山的姓氏之一)被美国商人卡恩兄弟"进口"到美国。卡恩兄弟把这位中国女性,以及他们带自中国的货物一起展示给美国人。当时,任何美国人只要付出50美分的门票钱,就可以去观看阿芳妹,通过翻译向她提问,看她用筷子吃饭,看她用"三寸金莲"走路。这是有文字记录的华人女性第一次移民到美国,也是有文字记载的东方女性第一次移民到美国。这亦是华裔女作家张纯如认为的有关华人移民美国的第一条记录。这虽是一条很小的记录,却完全可以说是一条屈辱的记录。

下文展示的,则都是一些在美国发生的与早年华人第一波移民大潮息息相关的、反映美国华人社区形成的大事件。

1849年,美国加利福尼亚地区发现金矿,大批华人劳工前往"金山"淘金,由此掀开了华人移民美国的第一波浪潮。

早年移民美国的华人主要来自广东省,特别是广东省的四邑(台山、新会、开平、恩平)地区和广东省的珠江三角洲等地。在这些移民中,广东香山县(今广东珠海市)人容闳是成功者之一。作为最早的留美幼童,容闳最终成为第一个从美国知名大学——耶鲁大学毕业的华人,并在其后不断地推动华人青年留学美国。

但是,容闳只是一个例外,在那个年代赴美的华人,绝大部分都没有容闳那么幸运。当美国加利福尼亚地区发现金矿的消息传到清末民不聊生的中国时,十几万对美国毫无概念,除了健壮的体魄和勤劳的品质之外一无所有,只是怀着渴望快速致富,然后衣锦还乡憧憬的契约劳工远离家乡亲人,踏上了"淘金"之路。他们之中,也有相当一部分是被哄骗、拐卖去的。

当年,交通运输能力低下,跨越太平洋的路程险象环生。像17世纪的黑人奴隶一样,华人劳工会被挨个装进用木条钉死的船舱,在漫长的航行时间里,很多人每天只能得到一小桶用来洗漱和饮用的淡水,食物相当紧缺,自然也谈不上干净。华工们挤在中式平底帆船、小型船只或者汽船上,地方狭小,有的连睡觉都只能轮流。由于路途遥远,在海上漂浮的时间又长达一两个月,甚至两三个月,通常都只有八成左右的乘搭者能够挺过晕船、发霉的食物和坏血病等的折磨,抵达港口。死人的事沿途时常会发生,而每当这种情况发生的时候,船主的做法通常就是命人把尸体抛下海。

到了1865年,当时荒凉的旧金山已经挤满了想去发财的人,其中几乎有一半以上的人口都是从外国来的,而加利福尼亚州的华人人数也已经逼近5万。

美国的华人社区初现雏形。

1850年左右,在加州的华人中,大概有85%的人投入了河边矿场的淘金工作。他们住在帐篷、茅草屋,或者用捡来的废料搭就的棚屋里,除了仍旧保留着一条长辫子以外,身上的服饰很快就换成了牛仔帽、美式靴子,每天从早到晚低着头,弯着腰在河边淘金。当时,最早发明水轮淘金法的是华工。这个灵感源于中国农民在耕种时使用的水车等灌溉工具。不过,他们之中的很多人并不能凭借辛劳得到应得的、合理的回报,只能一直当矿工做苦力,很多人至死都未能回到魂牵梦绕的故国。也有运气好的发了点财,但是也要面对种种对华人的不公。

其时,加州州议会所属的矿藏与矿业委员会就曾宣称华人是"不受欢迎的人物"。当局设立了专门对付华人的不公平税制。例如，早在1852年，加州州议会就开始对华人征收"乘船税"与"外国矿工税"，以此来阻止华工的涌入。加州州议会要求移民船主为每个中国移民交500美元的"乘船税"，而"外国矿工税"则强制华人每月须缴纳3美元来换取采矿权。最荒诞的无疑是"警务税"，它要求"不从事稻谷、甘蔗和茶叶生产"的华人每月缴税2.5美元。可是加州从来不出产这些作物，这也就是说，每个华人都必须缴纳这个钱，显而易见，"不从事稻谷、甘蔗和茶叶生产"只不过是一个纯粹的借口。

尽管淘金每月拿到的工钱比白人少，但华工也要额外交付一笔"外国矿工税"，这笔税收不仅每年都会任意调涨，某些白人收税员还会随意以任何理由榨取华工的钱财，甚至随意拿鞭子打人，拿刀子刺人。其他白人劳工也可以肆意攻击残害华人。各种各样的税款不单单是压榨和驱逐华人的手段，也是暴力的合法凭证，当地的白人还时常会冒充征税官员大肆敛财，并把折磨华人矿工作为闲暇时的谈资、娱乐。例如，把华人的辫子绑在一起，而这已经是相对"友好"的行为了。一本写于1855年的白人日记里曾有这些令人齿寒的记载："我没有钱过圣诞节，所以我只好用假收据向中国佬收钱。""遗憾的是，我不得不用刀捅死这个可怜人，因为他不肯交税。"

除了淘金，也有很多华工在西部的荒野里垦殖。在美国史上被称为"驱逐运动"（the Driving Out）的时代，西部各个垦荒地屡屡发生白人攻击、折磨、残杀华人的惨案。1882年，华盛顿州就有多处发生暴力驱逐华人的事件。其中最暴力的案件发生在怀俄明领地，事件肇因为白人矿工罢工，联合太平洋铁路公司想出了聘请廉价华工取代他们的法子，结果是28个无辜华人惨遭暴民杀害。

另一记录是1887年，在排华法案正式生效的第5年，位于路易斯顿（Lewiston）南部的"死亡谷"有34位华工惨遭杀害，有的被吊死，有的甚至身首被分离，四肢被分解，尸体被抛入河中。他们之中，有8位来自广州市白云区的夏良村。

这仅仅是其中的两个例子。

某些白人可以为所欲为，但是华人却投诉无门。1853年，加州最高法院大法官修·莫瑞甚至在"加州人民起诉霍尔诉讼案"中判定，华人不能出庭做出"不利于白人"的证词。当时的美国有各种不利于华人的法律，其中最为荒诞的一条是，旧金山出台的一项街道管理规定，禁止街道上的行人用竹竿把东西挑在肩上，须知在当时当地，只有华人才会这样做。

1865年，为了兴建横贯美国东西部大陆的铁路，使美国西部广阔的农田尽快得到开垦，使大量的金、银矿产资源等尽快得到开发，让更多的人迁居西部，也让西部的天然资源能够安全、便宜、快速地运到东岸，美国政府决定修建横贯东西部的铁路，中央太平洋铁路公司开始招募以能吃苦耐劳著称的华工，因为美国老板相信，让建造了万里长城的民族去修筑铁路显然不在话下。于是，从第一批进入太平洋铁路公司的50名华工开始，到工程巅峰期，华工人数甚至达到了一万多名，华工人数的比例曾一度高达95%，成为美国铁路线建设的中坚力量。廉价的华工，既年轻又便宜好用的华工，成了筑路的主力。

就这样，那个年代的美国中央太平洋铁路公司，以最少的工资，雇用了最勤奋的华人，让他们做所有最危险、最艰苦的工作。当时，白人的月薪动辄为50美元上下，华人却只能拿26美元的工资，并且雇主不用承担食宿。1865年2月，第一批华人开始上工，

第1章 导 论

在那个残忍又无情的冬天，在长达5个月的暴风雪中，华人被安排修建最危险的塞拉岭通道，数百名华人劳工在劳作中被雪崩卷走，但工程并没有因此停下来。

华工们日夜赶工，在微弱的烛光下流汗喘息，凿石钻洞，吸入大量花岗岩粉尘，用炸药沿着一片片花岗岩绝壁开出一条通道。到铁路完工时，死亡的华工人数几乎达到了华工总数的1/10！可以说，那是一条用许多华工的血汗生命铺就的路。1869年5月10日，太平洋铁路公司在犹他州的普罗沃（Utah Provo）打下最后一颗道钉，超过一万名华人劳工参加了当天的竣工典礼。可是，在后来公布的宣传照片中，竟然没有出现哪怕一个中国人的面孔！最苦最累的工作华人做了，而就在横贯美国大陆的铁路完工后，数以千计的华工却当即遭到铁路公司的开除，顿失生计。

世人皆知加利福尼亚州是美国的农业大州，农产品丰富，却未必知道加州原来并没有农田，只有荒野，加州广袤原野肥沃农田的开拓完全是华人之功。在华人劳工从事过的各种苦役中，还有一样，就是在加州的荒野上进行艰苦卓绝的开垦。

当时，华人是美国西部农业生产活动的主要劳动力。华工们流血流汗，到后来，加州2/3的蔬菜是华人种出来的，华人的付出甚至使加州成为全美的"小麦谷仓"。而加州沙加缅度（Sacramento）－圣华金河三角洲沼泽地的开垦，更是唯有华人。吃苦耐劳的华工在那蔓延数英里①的原野上，泡在连马等大型牲畜都无法作业，水深及膝，蚊虫肆虐的烂芦苇地里，日夜刨根换土，用粗糙的双手打造出许多水门、沟渠和堤坝，建造出一个超大的灌溉系统，终于在沼泽地里开垦出5万英亩②农田。

除了农产品，美国加州等地也有丰富的海洋资源。当年对于撒网捕鱼的华人，州政府同样也要榨取钱财。除了每月都要收取捕鱼的"执照规费"，当年在美国的西太平洋海岸地区，许多鲑鱼罐头厂也都曾经雇用过价格低廉而又勤劳的华工。

到1880年，美国西北部海岸区的罐头厂雇用的华工人数已经超过了3000人。那些华工的生活、工作环境极为恶劣，在前往阿拉斯加的船上，华工居住的船舱里，虱子和跳蚤为患。在罐头工厂里，华工的劳动强度之大，连当时美国某位渔业局的调查员也在报告中写道，承包商"简直就像车夫用鞭子抽马"般地催促着华工干活，而华工"制作罐头的速度可以说是前所未见"的。华工被当成机器来使用，曾经有过记载，某位哥伦比亚地区的华工，一天可以将重达18吨的2000条鱼砍头去骨。这种状况直至几十年后，一种公然被唤作"铁制清狗"（the Iron Chink）的带着强烈侮华意味的杀鱼机器的出现才终止。

被卖到美国的华人女性的命运更加悲惨。当时，中国穷困潦倒的农民会以相当于5美元的价格把女儿卖到广州，或者是直接遗弃。有组织的人口贩卖团伙则在广州以50美元的价格收购女孩，并贿赂海关和移民局的官员，使得这些女孩能够以"货物"的身份抵达旧金山。这是一笔利润非常丰厚的买卖，每个被贱买来的女孩转手能在旧金山卖到200～500美元，有点姿色的姑娘甚至能卖到1000美元。尽管美国的南北战争终结了蓄奴制度，可是人口买卖却被保留了下来。绝大多数华人女孩会被妓院买走，少部分人则成为有钱人家的"没有工资的侍女"——这是"泄欲工具"的体面说法。

---

① 1英里约为1.6千米。
② 1英亩约为4047平方米。

因为要汇款养家，支撑家乡亲人的生活，因为美元与中国钱币的强大的兑换差价，也因为憧憬着有衣锦还乡、改变命运的一天，穷苦的华工们忍受了一切的身心苦难。慢慢地，也有华工开始从事其他职业。1849 年，第一家中国餐馆在三藩市开张。1850 年，三藩市的中餐馆增加到 4 家，到 1851 年就有了 7 家。1905 年，另一座城市芝加哥的中餐馆有 40 家，10 年后的 1915 年变成 110 家。到 1920 年时，有人曾做过 45613 名华人的统计，在他们之中，从事餐饮业的（包括厨师和服务员）就占了 1/3。1946 年，美国有 1101 家中餐馆，到了 1971 年，就发展到了 9355 家，涨速惊人。迄今，全美的中餐馆有四五万家，数量远远超过了美国本土的美式快餐——麦当劳（约 1.4 万家）。

仅从中餐馆的成长，我们也可从一个角度一窥美国华人社区的成长。

另一个行业——洗衣业也是美国华人常常从事的职业。1851 年，三藩市史上第一位华人洗衣工挂起了"洗衣烫衣"（粤方言"烫衣"意为"熨衣"）的招牌，且说明帮人洗 15 件衬衫只收 5 美元。要知道，在淘金热的时代，美国东部的檀香山，洗 12 件衬衫收费 8 美元，非常贵。而檀香山的价格比起许多加州人把脏衣服运到香港去洗，除了一去一来往返需要 4 个月的时间以外，洗 12 件衬衫要价 12 美元的昂贵价格，已经算是比较便宜的了。这样，慢慢地，开杂货铺的、从事其他行当的华人多了起来，华人的聚居地亦逐渐变成了大小不一的唐人街。

餐馆、洗衣店和杂货铺等行业此后成了在第一波移美大潮那个年代，赴美华人经常从事的职业。例如，到 19 世纪 30 年代，仅纽约一处，华人开的洗衣馆已接近 4000 间，从业者一万多人。① 不过，时代在发展，现在，洗衣业已经在美国式微，就连当初会员众多的美国华人"衣联会"（"华侨衣馆联合会"的简称）的人数也早已日渐萎缩了。

1882 年 5 月 6 日，美国第 21 任总统切斯特·亚瑟（Chester Arthur）签署了《排华法案》（Chinese Exclusion Act）。法案禁止除了有商人、教师、学生身份，以及具有上述 3 种身份的人的家仆之外的华工输入美国。《排华法案》公布后，华人在美国的际遇越发雪上加霜。

在 1892 年，在 10 年期的《排华法案》失效之际，美国国会通过了加州议员吉尔里提交的新法案，除了把排华年限又延长了 10 年，《吉尔里法案》还进一步增加了更严苛的要求：①取消对华人的人身保护令，华人不得申请保释；②华人无权在法庭上作证；③在美华人必须得到"有威望的"美国白人的担保，才能登记留美（其他国家的移民不需要登记）；④华人必须将居住许可证粘贴在身上，违反者将被立即驱逐出境。这第 4 条规定，也被称作"狗牌法"。

"狗牌法"是个无论如何都无法接受的侮辱，当时，美国中华总会馆曾发出公告，号召全美 11 万华人发起不服从运动。他们在公告中称："除了美国，世界上没有任何国家这样对待华人。我们要向我国使节申诉，请他们帮助我们反抗这样的不义。"

只是，当时羸弱的大清国、大清国使节，又能为华人做些什么呢？

弱国无外交。

美国的西部建设，华人贡献的力量不可抹杀，他们是西部建设的功臣。不过当时，华

---

① 参见陈美嫦、蒙显文编著《纽约唐人街春秋：忆述父亲陈金坚生平经历》，华夏文化出版社 2011 年版。

人却一直连正当的权益都得不到维护。美国的法律规定，只要是在美国出生的就是美国人。可就是在美国本土出生的华人，在回中国探亲后，当局也不准他们返回。1894年，就有一位在美国土生土长的华人青年黄金德，在回中国隔一年之后返美时，被禁止入境。结果官司一直打到美国最高法院，才判决黄金德获胜。

我们在洛杉矶实地调查时，也有祖籍广东台山的第五代华人给我们提供了一份其在美国土生的家族前辈1922年因为要回中国探亲而专门获取的中英文对照返美证书（如图1-2所示）。关于早年美国华人返美证书的更多详细情况，请参见本书后面的"附录一"。"附录一"除了有这份证书的全文，还另附了一份与下文马上要谈到的"纸儿子""出世纸"等有关的美国华人历史资料。

图1-2 中英文对照的返美证书

证书上面有用英语和汉语书写的两种文字，其中的汉语部分以从上到下、从右到左的书写顺序写道："此禀专为土生欲离美国由外而返立实凭证之所用。"下面注明："此禀未落船之先，要亲到管理外人入口委员公办房，换回壹号禀，方可落船。"

另外，证书上还有使用者用汉语和英语签名的誓词："管理外人入口委员知之：我现欲暂离美国，出游外邦。今由华人出入之港埠而去，将来亦即由该埠而回。兹依三十九款之例，在美国出世所有之凭据呈上查验，亦亲与证人到委员之公办房询问口供，照例签名禀上，并附相三幅。"这也就是说，尽管依照法律，土生华人拥有美国国籍，但是要出入美国，也并没有完全的自由，也会受到限制，除了要有各种凭据，还得由指定的机构做证明，而且必须从指定的"华人出入之港埠而去，将来亦即由该埠而回"，从哪儿出去，就只能从哪儿进入。

此外，我们还注意到，在这张英汉对照、汉语半文半白的返美证书里，使用的一些词语明显来自粤方言。例如："土生"指土生华人，在美国土生土长的华人；"方可落船"中的"落船"；"到委员之公办房询问口供，照例签名禀上，并附相三幅"中的"公办房""相"；"在美国出世"中的"出世"；"华人出入之港埠"中的"港埠"；"签唐字名"和"签番字名"中的"唐字""番字"。"落船""公办房""相""出世""港埠""唐字""番字"在汉语普通话中的相应说法应该是"下船""办公房""相片""出生""港口码头""汉字""外国字"。

在政府出具的正式文件里出现的汉语是汉语粤方言的说法，这只能说明，当时使用这种证明的华人，基本上是来自中国粤方言区，使用粤方言的华人，而撰写这份证书公文用语的人也应该是使用粤方言的华人，至少是谙熟粤方言的人。这也为早期赴美的华人移民基本上来自中国的粤方言区提供了又一个佐证。

众所周知，美国直到20世纪60年代的民权运动之后，才在法律上废除了种族隔离制度。虽然并非黑色人种，可作为有色人种，华人不但在劳作中遭受不公，在其他方面也同样深受歧视。例如，华人生病不能前往公立医院医治。1859年，三藩市市政府还规定华人不能就读公立学校。在19世纪的60—80年代，华人的饮食习惯也总是遭到刻意的丑化和嘲笑，其中最恶毒的攻击，就是称华人为"食鼠者"。在美国加州大学伯克利分校（University of California，Berkeley）收藏的一幅名为《山姆大叔的感恩节晚餐》的漫画里，不同种族的人围坐在一张大圆桌旁，簇拥在有着"美国象征"（1961年，美国国会通过的决议）、头戴星条高帽、蓄着山羊胡须的白发瘦高老人山姆大叔的身旁，享用着属于不同种族的菜肴，而图中坐在山姆大叔右边的华人，正夹着一只活生生的老鼠往嘴里送。

上文提到的1898年美国轰动一时的"黄金德案"的判决，为在美华人取得身份并带家人赴美提供了法律支持。而此后1906年在三藩市发生的大地震，则为更多的华人利用"纸生仔"进入美国提供了契机。

当年，为了规避《排华法案》，获取在美国的合法居留权，很多华人被迫采取了各种非合法的手段。其中，最大的事件发生在1906年。1906年4月18日的清晨，三藩市发生了7.8级的大地震，由于煤气管道爆裂，地震在城中的各处引发了多起大火，火灾迅速使该城变为一片火海。当时，甚至在距离三藩市80千米之外的地方都还可以清晰地见到刺眼的火光及冲天的浓烟。那场整整烧了三天三夜的大火最终使三藩市变成了一片废墟。

在那次地震中，有3200人丧生，25万人无家可归，514条街道焚毁，2.8万幢建筑物倒塌。大地震后的大火不仅使得当时的中国城完全被摧毁，也使得该市大量有关出生记录的档案文件被烧毁。事件导致某些华人为了赴美、留美，趁机花钱购买假文件，宣称自己的父亲是具有美国公民身份的华人，在回中国时生了他们。而这些所谓的"纸儿子"（paper sons，也称"假儿子""纸生仔"）大都是男性。很多华人因此"改庭换面"，连家族的姓氏都换了。

导致华人的姓氏与家族的姓氏不一这一现象出现的原因，既有汉英翻译的问题，也与华人的汉语方言发音有关。当年没有文化，只会说汉语方言的华人初次进入美国登记时，海关的官员不懂汉语，更不明白汉语方言，常常是听起来觉得像是什么，随手写下，就成了华人身份证明上不能随意修改的英语姓氏（参见本书5.4.3"美国华人姓氏英译探析"）。但有的也与当初购买了"纸儿子"的证明进入美国有关。这些原因致使诸如有的华人中文姓氏是胡，而英语姓氏却是李；中文姓氏是梅，英文姓氏却是伍；家族的中文姓氏原是黄，后来却变成了梅；父亲的姓氏是"买"来的，儿子的姓氏才是家族的本来姓氏等怪现象。①

2006年6月16日《世界日报》登载的陈灿培的《我所认识的老华侨》一文就说到，你会觉得一些老侨的姓氏很奇怪，他们的中文姓与英文是不同的。例如，有侨领中文名是"胡×"，英文却是"×李"。这是因为以前买美国出世纸来美的缘故。自己姓胡，买来的"纸"（文件）是姓李便要姓李。一位原姓赵的老华人，1948年16岁时花了4000多美元

---

① 参见本书附录一"有关美国华人历史及文化的几份材料"。

购买了钟姓的"纸"去美国,到美国后每月工资75美元,整整工作了4年多才还清了这笔债。①

作家伍慧明(Fae Myenne Ng)在其著作《望岩》(*Steer Toward Rock*)(Hyperion,2008年版)中,生动地重现了"纸生仔"在美国的人生历程,以及这一经历对华人个人和华人社区造成的心理、文化与历史创伤。

近年来,国内也有不少关于美国华人史上"纸儿子"情况的研究。

我们也了解到,时至今日,还会有一些老华人的姓氏很特别,如有的中文姓氏与英文姓氏是不同的。我们在实地调查时,就有华人告诉我们,其与父亲的姓氏不一样;也遇到过说他们现在的姓氏不是自己家族本来的姓氏而是后来通过"买纸"(买出生证)获得的华人。有的华人在事件过去很多年之后,在1956—1965年美国政府实施的针对华人的"坦白计划",鼓励所有通过非法手段进入美国的移民获得合法身份时,通过坦白重新恢复了原姓。但是也有的华人一直"将错就错",只是自己将心头之伤掩盖起来,让其慢慢地在历史长河之中淡薄、消失。在我们的发音人中,就有这种情况,如洛杉矶台山话的发音人梅先生,他的家族原本的姓就不是梅而是黄②。

按照"坦白计划"规定的程序,当一个人去坦白时,他会被要求供出他的所有家庭成员,包括他通过买"纸"获得的契纸家庭,和他的血缘家庭的成员。即使一个人自己不去坦白,他也有可能被他的亲属或者邻居供出。因此,很多华人当时都面临两种境况:要么是因为自己供出他人而心生自责,要么是因为自己被他人供出而心生怨恨。当年的"坦白计划"在很大程度上并没有给移民带来他们想要的生活,众多华人的生活也因此被打乱。

中华传统文化讲究传承,华人重视家族的繁衍、家族的名誉与声望。"纸儿子"或"纸生仔"作为华人移民美国的一个重要历史现象,对美国华人的历史、美国华人社区的成长史之影响不可小觑。

它对众多通过以"纸生仔"方式进入美国的个人以及他们的家庭,以至整个华人社区造成了长久的影响。而且更重要的是,它的影响是代际传递的,它影响了整个美国华人社区的社会关系,华人与中国语言、文化等的关系。"纸生仔"给当事人内心带来长久的伤痛,很多"纸生仔"甚至从来没有告诉过他们的后代自己的个人历史,他们给后代留下了诸多的困惑。为了避免被揭发,也有不少华人选择了远离政治生活,更有部分移民为了彻底摆脱"纸生仔"对自己造成的影响和伤痛,有意识地封闭自己,刻意疏离中国的语言、历史、文化,有意识地完全模仿美国式的生活,刻意消除自身所有的中华文化印记,彻底放弃了有关中国的一切文化遗产。

1910年,美国移民当局在旧金山湾的天使岛(Angel Island)划出了10英亩土地,用来兴建拘留中心,华人移民入境前,都必须先被留置于此处。

此后,在接下来的30年时间里,大约有17.5万华人新移民与来自其他国家的新移民一样,赴美时都必须先经过天使岛。被拘禁于此的华人,必须有办法证明他们的身份,经过几个月到几年不等的时间,才能真正踏入美国。

---

① 参见本书附录一"有关美国华人历史及文化的几份材料"。
② 参见本书附录一"有关美国华人历史及文化的几份材料"。

当时，每逢有大船从中国来，移民局就会派人登船检查，也许会有几位华人能幸运地被获准下船，但是绝大多数人都得改搭渡船前往天使岛。上岛后男女分开，即便是夫妻也不能幸免。假如在岛上患病，无论大病小病，都会被隔离。就算只患有沙眼，也得和重症患者共处一室；若是得了脑膜炎等传染病，当局就只会在岛上某个僻静的角落搭个帐篷，任其自生自灭。在被拘留期间，因为生病死亡、因为精神崩溃自杀的人为数不少。对不少老一辈的华人来说，天使岛的黑暗经历给他们留下的阴影永远无法从心中抹去。

直至1943年，由于中美是"二战"时的同盟国等原因，在宋美龄访美以后，华盛顿州的参议员华伦·曼纽森才提案废除《排华法案》，至此，存在了长达61年的《排华法案》才被撤销。但是，当时，美国每年也只为华人提供105个移民名额。

从1882年《排华法案》通过，到1943年《排华法案》被废除，再到1965年《移民和国籍法案》彻底终结美国对华歧视性移民限制，在长达83年的时间里，中国人移民美国受到了诸多限制。而美国最终以立法形式为《排华法案》道歉，则是迟至130年后的2012年6月。

1945年，在通过了《战争新娘法案》后，美国政府授予了战争期间在美国军队服役的华人士兵公民身份，华人士兵获准在中国结婚，而且可以把在中国的配偶与子女带回美国。因此，在1949年12月30日《战争新娘法案》失效以前，大约有6000名华裔美国士兵前往中国娶了妻子回美，以至于当年美国华裔退伍军人回乡"闪婚"的案例成为公众所熟知的故事。

以上记录的仅仅是与华人第一波移民美国大潮息息相关、与美国华人社区成长有关的一些事件，它们从一些方面反映了美国华人社区形成的艰辛历程，仅是这些不多的记载就可以说明，美国的华人社区是怎样在艰难困苦之中形成的。

1949年以后，中国人移民美国的浪潮曾一度沉寂。直到1979年，中美关系正常化，中国改革开放后，华人移民美国才迎来了新的第二波浪潮。

1965年，美国通过了《移民与国籍法案》，美国唐人街的数量及规模因此得到扩充。这部在1965年通过，在20世纪70年代进一步完善的新移民法，给予以下的地区每年20000个移民配额，还为亲属团聚设立了特殊优待：当时台湾被授予20000个移民配额，附赠600个给香港。在1979年中美建交后，中国内地也获得了20000个配额。20世纪80年代末，香港即将回归中国，为了吸引香港的专业人才和经济精英，美国单独授予了香港20000个移民配额。因此，中国人移民美国的年配额一共达到了60000个。[①]

美国的华人社区，在新一轮的移民潮中继续成长。

1.1.2.3　美国华人社区简况

可以说，在美国各地都有华人。

近几十年来，由于中国的改革开放政策，以及美国移民政策的改变，华人移民美国的人数一直在增长，且原来占美国华人人数最多的来自中国沿海广东省四邑（台山、开平、

---

① 参见王保华、陈志明编，张倍瑜译《唐人街——镀金的避难所、民族城邦和全球文化流散地》，华东师范大学出版社2019年版。

恩平、新会)、珠江三角洲等地的移民人数，也已经开始被福建省等地的新移民超越，甚至被历史上很少迁移外出的来自河北等地的移民反超了。以下是中国内地各处移民美国人数的一个大致统计：福建长乐、连江、福清等地区在美国的人口大约为110.2万人，河北石家庄藁城、衡水等地区在美国的人口大约为56.3万人，东北辽宁沈阳、抚顺、铁岭地区在美国的人口大约为55.5万人，吉林省在美国的人口大约为36.2万人，广东四邑及珠江三角洲等地区在美国的人口大约为35.1万人，上海在美国的人口大约为28万人，北京在美国的人口大约为26.1万人，河南郑州、开封、洛阳、信阳等地区在美国的人口大约为17.6万人，江苏连云港及周边地区在美国的人口大约为7.7万人，山东青岛、烟台、威海等地区在美国的人口大约为6.9万人。①

其中，在美国华人人口比较多、比较集中的3个大都会市区，一是旧金山（三藩市，San Francisco）港湾区，二是纽约（New York）大都市区，三是以洛杉矶市（Los Angeles）为中心的南加州地区。据统计，大约有44%的中国内地移民居住在这3个地方。

另外，火奴鲁鲁（夏威夷，Honolulu）、波士顿（Boston）、芝加哥（Chicago）、休斯敦（Houston）、萨克拉门托（Sacramento，加利福尼亚州的首府，华人称之为"沙加缅度"）、西雅图（Seattle）等市区也各有人口数万。不过，自2000年起，美国华人向大都市郊区市镇迁徙的趋向明显。据统计，在11个超过3万人的市镇中，华人人口超过两成的，只有排在第十名的旧金山（占20.7%）是大都市，其他都是郊区市镇。以华人占44.6%的蒙特利公园为首的前8名，都是在洛杉矶市郊区的市镇。

全世界各地，凡是有华人聚居的地方，就有大小不一的"唐人街"（China Town），美国也一样。华人也称唐人街为"唐人埠""华埠"。唐人街既是华人展示中华文化、购物、吃中餐、消费之处，更是他们联络乡亲、会友、寄托思乡之情的地方。

美国各地的唐人街各有特色，其中比较出名的有三藩市唐人街、纽约唐人街、洛杉矶唐人街、檀香山唐人街、费城唐人街、华盛顿唐人街、波士顿唐人街、西雅图唐人街、休斯敦唐人街等。美国的老华人习惯称加利福尼亚州的三藩市为"大埠"，是因为那里不仅是全加州华人聚居最多的地方，也是全美国华人聚居最多的地方；习惯称加州的首府萨克拉门托（Sacramento）为"二埠"，因为那里的华人也不少，且据说掘金年代的华人抵美时就是从那里上岸，然后再分散到各地开枝散叶的；习惯称加州的另一个港口城市斯托克顿市（Stockton）为"三埠"，因为那里也是在淘金热年代兴起的；习惯称洛杉矶为"罗省"，这是用粤音翻译英语"Los Angeles"前面的"Los"，加上汉语的类名词"省"而成。

虽然各处的唐人街很多都立了写着"四海一家"或"天下为公"等的中国牌坊，都挂满了大红灯笼，都是中餐馆密布，都是中国货物遍布商铺，但是也各有风采、各有特色。旧金山唐人街可以说是在世界各国唐人街中规模比较大，也比较有特色的，由粤籍华人创建、由粤方言文化承载的华人社区。就说每年中国最大的传统节日春节吧，除了大红灯笼高高挂，敲锣打鼓，舞狮舞龙，售卖各种应节食品等中华传统活动，因为粤籍华人众多，三藩市的唐人街甚至还有像中国国内独一无二的广州市春节花市，迄今都保留着摆两

---

① 参见搜狐教育（https://www.sohu.com/a/235400007_428966），2018年6月。

天姥紫嫣红的迎春花市、逛花街的惯例，只不过花市的规模比广州市的小得多，时间也短得多。这恐怕不仅是在美国，就是在世界五大洲的唐人街中都是非常独有的一份。

位于哈德逊河流经的纽约市中心、紧邻曼哈顿的华尔街（Wall Street），纽约的唐人街则是从160多年前最初只有曼哈顿下城短短的3条街（勿街、摆也街和披露街）发展到今天拥有3个大区（曼哈顿区、皇后区、布鲁克林八大道）的共100多条街。纽约唐人街给人有些脏、有些乱的印象，可以说，它是今日全美最大的唐人街。

相比之下，洛杉矶唐人街以其"松散"、以其与好莱坞的关联出名，休斯敦唐人街则更是因为NBA火箭队、篮球明星姚明的姚餐厅，以及拥有与美国其他地区唐人街不一样的宽阔的街道、高大新颖的建筑物、占地面积大的商场餐馆而闻名。

美国也有不少地方华人并不太多，唐人街也不很出名，状况与上述城市的大不一样，甚至没有传统意义上的唐人街。例如，在得克萨斯州的第二大城市圣安东尼奥市目前就没有唐人街，只有几家售卖简单的华人食品的商铺和餐馆。

与大多数有华人聚居的地方一样，俄勒冈州波特兰市也有唐人街，波特兰老唐人街位于城市中心。据当地华人说，因为早年有远洋船只在这个港口停泊，故早在掘金年代就有华人来到波特兰，老唐人街也已经有百年左右的历史。波特兰唐人街共有30多个街口，老唐人街两头至今仍然保留着漂亮的、上书"唐人埠""四海一家"的牌坊。可就是这么好端端的一个唐人街，不知道因为什么缘故，近二三十年来却被流浪汉（homeless）占领了。之后，华人只好不断搬走退出，另在该市的82街一带重新开始松散地聚合。

这让人联想到远在非洲、有着相同的遭遇、治安不是很好的南非的第一大城市约翰内斯堡的老唐人街。该市位于市中心（该地华人称"埠心"）的历史悠久的老唐人街同样被侵占了，约翰内斯堡的华人如今也只好在该市的非中心地带另辟一个新的唐人街。这不禁令人感慨，想不到在号称以法制著称的超级大国美国，也会有类似的事情发生。

传统上，唐人街也是美国各地各类华人社团会馆的集中之处。

众所周知，早年移民美国的华人初抵埠时，生存境况困难重重，往往每到一个地方，都必须如同移民海外其他国家的华人一样，"扎堆"聚居，才能互相扶持着站稳脚跟。而所谓的"扎堆"，除了在生活上要在大大小小的唐人街聚居，其中另外一个很重要的原因，就是要在唐人街找到一个可以联系大家、将大家聚拢在一起、让大家都可以依附的团体，让大家在面对各种困难时能够得到有力的帮助。华人的各种社团于是应运而生。

美国华人的团体大体上可以分为以下3类。

一类是以相同的姓氏组成的宗亲会所，如单姓的黄氏宗亲会、李氏敦宗公所、林西河堂、南加马氏宗亲会。也有两姓及多姓的凤伦公所（薛、司徒两姓）、至孝笃亲公所（陈、胡、袁三姓）、遡源堂（雷、方、邝三姓）、昭伦公所（谈、谭、许、谢四姓）、龙冈亲义公所（刘、关、张、赵四姓）、至德三德公所（吴、周、蔡、翁、曹五姓）等。

二是以地域籍贯联结起来的团体，如台山联谊会、台山宁阳会馆、开平同乡会、鹤山公所、福建同乡会、冈州会馆（新会、鹤山籍）、保安堂（新会、鹤山籍）、俊英工商会（中山、东莞、增城、博罗、斗门及珠海籍）等。

三是堂口。堂口通常是以商业利益为基础组成的团体，在实地调查中，我们的个别发音人还能以"堂口""公所"这两个比较老的方言说法指称"华人社团",如合胜堂、秉公堂、萃胜堂、英端工商会等。

美国华人社区历史上最久、势力最大的社团组织是安良工商会和协胜公会。这两个组织曾经是唐人街的两大竞争对手,都号称旗下有几百到几千个会员。纽约的安良工商会和协胜公会这两大堂口也曾在唐人街混战多年,导致50个华人和3个白人死于非命。最后,由于纽约当地法院的介入,双方于1906年签订了休战协议,唐人街才得以安静下来。

成立于1895年的美洲同源总会历史也很悠久。成立之时,其成员都是清一色的美国本土出生的男性华人,其成立的宗旨是推动公平移民,亦曾多次派代表到美国国会游说取消排华政策,准许公民妻子赴美团聚,可惜都未能成功。

如今,据说光纽约一个城市,就共有200多个大小侨团。在纽约唐人街,仅我们在实地调查中接触过的华人社团就有安良公所、协胜公所、中华公所、联成公所、至孝笃亲公所、台山联谊会、福建同乡会、福州三山会馆、三河联合会、大鹏同乡会、广东同学会、华侨衣馆联合会、崇正客家会馆、洪拳国术总会、退伍军人协会等。华人社团不仅是华人各种节庆活动的组织者,也是帮助华人处理各种事务、维护华人权益的组织。不过,与东南亚各国的华人大团体不少拥有自己办的学校、企业、物业,甚至医院,每日都有正常上班办公的员工不一样,很多美国的华人社团只是在社团有活动时才会有人。

依照职业和所在地区划分,全国性比较活跃的美国华人社团主要有全美华人协会、美国华人联合总会、美国华人社团联合会、美国华人商会、美国华人信息科技协会、美国华人医药科学家协会、美国华人文科教授协会、美国华人图书馆协会、美国华人执业医师协会等。除了全国性的华人协会以外,几乎每个州和大城市都有地方性的华人团体,如美国底特律华人协会、亚特兰大华人协会、洛杉矶华人协会、北加州华人文化体育协会等。

此外,美国各地还有数不胜数的同乡会和同学会。几乎中国的每个省、市在美国都有同乡会,几乎中国每个著名大学,甚至中学在美国都有同学会,如美国山东同乡会、美国福建同乡会、美国河北同乡联谊会、美国东莞同学会、美国开平同乡会、美国中山同乡会、美国北大校友会、美国清华大学校友会、美国暨南大学校友会、美国中山一中校友会等。

在美国数不胜数的华人团体中,有一些不以地缘性、家族性、血源性组合的华人社团,上面列于第一位的全美华人协会(National Association of Chinese-Americans,NACA)就是其中一个。该协会是1976年由杨振宁博士发起倡议组织的。1976年还是冷战时期,当时分散于美国各处的华人因通信不便等原因,无法凝聚共识。杨振宁先生提议成立了这个不分地域、联系全美所有华人的团体,大家一同参与呼吁、共同促进中美关系正常化,并沟通中美文化交流的组织。

所有这些华人团体对加强在美华人的联系,交流职业信息,维护、保留华人社区的汉语、汉语方言和中国传统文化等,都发挥着重要作用。而在早年,由于美国的排华政策,华人备受排挤歧视,团结互助对所有华人,特别是对初到美国、英语不好的华人来说十分重要,侨团在这方面的帮扶作用也不可抹杀。此外,各类侨团通常都会有一些定期的活动,如庆祝中国传统节日的团年、开年、春宴、中秋节以及祭祖等。有的侨团还会用收入或捐款,奖励学习成绩优秀的华人子女。

其实，以上所提到的也只是部分大的华人社团，而一些大的社团下面往往还会有很多辖下的组织。以加利福尼亚州洛杉矶的美国罗省中华会馆为例，其成员以侨团会员为主，不接受个人会员，但辖下的组织就有中华孔教学校校董会、中华福地管理委员会、中华福侨委员会。而罗省中华会馆的会员团体则有秉公堂、保安堂、昭伦公所、同源会、妇女新运会、伍胥山公所、凤伦公所、至孝笃亲公所、朱沛国堂、至德三德公所、合胜堂、开平同乡会、台山宁阳会馆、俊英工商会、冈州会馆、国民党罗省分部、李氏敦亲公所、林西河堂、吕渭滨公所、龙冈亲义公所、南加省马氏宗亲会、新华埠大中华实业公司、台山宁侨公会、溯源堂、南加省余风采堂、黄氏宗亲会、英端工商会27个。

早年，唐人街也是很多初抵美国的华人的落脚之处。其时初到美国的华人，因为文化程度低、语言不通，唐人街不仅是他们移民初到埠时的栖身之地、寻获同胞帮助的地方，也是他们中的很多人之后的工作之地。也有的华人因为不懂英语，虽然出了国，却一辈子也走不出"国中之国"唐人街，一辈子都只能在唐人街工作、生活，最后在唐人街终老。我们在三藩市调查时，也曾在唐人街遇到过生活在唐人街、移民几十年都未曾离开唐人街、含着泪水诉说生活之不易的华人。

图1-3到图1-8为美国唐人街的几幅相片。

图1-3 三藩市唐人街的牌坊
（牌坊上书孙中山的"天下为公"，透过牌坊可见街内商铺的繁华）

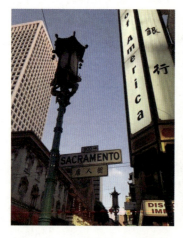

图1-4 沙加缅度的一处街景
（街灯上挂的路牌上有汉字书写的"唐人街"三字，并指示了唐人街距路牌的距离，往箭头所指之处走800米）

图1-5 纽约唐人街的牌坊
（牌坊上书"唐人街"3个汉字）

第1章 导 论

图1-6 位于纽约曼哈顿
唐人街的林则徐公园

（林则徐铜像背手凝视着前方，铜像后面是曼哈顿林立的高楼）

图1-7 芝加哥唐人街的牌坊

[牌坊上的英语为"CHINESE COMMUNITY CENTER"（华人社区中心），汉字为孙中山的"天下为公"]

图1-8 费城唐人街的夜景

（街上灯火辉煌，牌坊上书"费城华埠"4个汉字）

1.1.2.4 美国华人社区语言和方言简况

美国的通用语言是英语，英语也是在这个移民国家中原先使用不同语言，又期望实现美国梦的各国移民在美国所必须掌握的一门语言。与老一辈华人不同的是，新一代移民美国的华人不仅有文化，且很多都能熟练、流利地使用英语。除了英语，在华人的聚居地，如唐人街，在不同的华人社团内部，亲朋好友和家人之间，华人也会使用自己的语言——汉语普通话（华语）和汉语方言。

我们已知最早、较大规模到达美国的华人，是广东四邑地区台山、新会、开平、恩平等地的华人。

1848 年 1 月,一名木匠在建造锯木厂时,在推动水车的水流中发现了黄金。这个消息不胫而走,引发了全世界人民奔赴加利福尼亚州的淘金热。消息传出后,在短短 3 个月内,三藩市的人口便激增到 2.5 万人。例如,加利福尼亚州的首府萨克拉门托就是因为早年发现了金矿,成为 19 世纪 40 年代最早抵埠的四邑籍华人的聚集之地,广东四邑的粤方言台山话也因此在此地的华人聚居区中广为流行。

广东四邑籍华人在加利福尼亚萨克拉门托上岸后,逐渐向美国各地迁徙。初期的华人移民一旦在美国站稳脚跟,便会回乡呼朋唤友,带来更多的乡亲。这样,粤方言台山话就成了美国各地唐人街早期的第一通行用语。在美国调查时,不少华人都对我们说,在 20 世纪 70 年代以前,台山话就是美国唐人街的公共用语,也是在唐人街找工必备的敲门砖。

一位在广州长大的三藩市华人曾对我们说,她 20 世纪 70 年代中期从中国来到美国,在唐人街与一位台山籍华人交谈时讲粤方言广州话,对方竟然问她:"乜你唔晓讲唐话么?"(难道你不会说中国话吗?)洛杉矶也有一位 1967 年来自澳门、会讲粤方言广府话的华人,初抵美时半工半读,到唐人街的中餐馆打工,曾因不会说台山话,被餐馆的广东四邑籍大厨(厨师)骂其"唐人"(中国人)不懂"唐话"(台山话)。其实,在早前很长的时间里,"'唐话'即台山话,也就是中国话"的认识一直在美国的华人社区中存在。而在那时,不会说台山话的人确实是很难在唐人街找到工作、生存下去的。芝加哥的一位第三代的青年华人发音人,祖辈来自广东台山,母亲来自香港,除了从小跟母亲学说广州话,还会说流利的台山话。问他台山话是如何学会的,答曰,是在唐人街跟那些台山阿伯、阿姆(伯伯、伯母)学的。

早年,唐人街的交际用语就是台山话,这使得没有受过多少教育的华人在此如鱼得水,也使得很多在此生活的老华人一辈子都只会讲台山话,这是他们一辈子都走不出唐人街的一个重要原因。

这种状况直到广东广州和香港、澳门地区的大量移民到美国后才发生了变化。可以说,20 世纪 70 年代末就是一条分水岭。其时,使用粤方言广府话的穗港澳地区移民不但人数逐渐增多,还因为其文化程度普遍较高而活跃在美国的各行各业。加上风靡世界各国的粤方言广府话传媒电视、电影、粤语歌曲等的不断冲击,广州话慢慢在美国华人圈中取代了台山话,成为唐人街的新主导用语。洛杉矶的一位年轻的广州话发音人(其父母均来自中国的广东台山)就告知我们,她的广州话就是通过看粤语广州话电视剧,唱粤语歌曲等学会的。

如今,在美国,除了广东四邑籍的中老年人,台山话的使用者越来越少。华人认为,通常的情况是,会说台山话的华人不少也会听、会讲广府话,会讲广府话的华人却少有也会说台山话的。还有一种说法则是,第一代的台山移民讲台山话,第二代的台山移民讲英语和广州话,第三代的台山移民可能就只会讲英语了。

常被华人称作"广东话"的粤方言广府话(广州话)和粤方言台山话,目前仍是美国各地的唐人街最流行的汉语方言,只是由于中国经济的崛起、孔子学院的设立,这种现象也慢慢受到了在世界各地推广的汉语普通话热(或说汉语热)的冲击。普通话被华人称作"华语""国语"。近年来,除了英语以外,年轻一代的华人普遍改学华语,不讲汉语方言,就是在唐人街,交际用语也不仅限于粤方言了,华语也慢慢成为华人间的交际用语之一。中国内地来的移民数量的增加使得这种现象愈演愈烈,最典型的例子如,在美国南方休斯敦这样的大都市,唐人街的交际语,不论是在商店还是中餐馆,很多都直接转换成了普通话而非粤方言了。

美国有的地方(如纽约)的华人社区因为新近二三十年,来自福建闽东地区福州、长乐、福清等地的华人慢慢增多,除了流行粤方言台山话、广府话以外,还通行闽东方言福州话。尽管在纽约华人社区,福州人、福州话是后来的,但是目前在纽约,因为闽东籍的华人数量越来越多,福州话已经占据了唐人街的一部分市场。唐人街的中餐馆除了售卖经典的粤菜,也有一些中餐馆在出售"闽江小吃""福州鱼丸""锅边、鱼丸、肉燕"这些福州食品,从部分中餐馆的招工广告特地注明要"会说福州话",就可以进一步了解这一点。

但是,也有可能正是因为福州人是后来的,他们更深知学好英语、学好汉语普通话在美国、在当今世界的重要性,所以第二代(福州移民目前大多数只有第二代)年轻一辈的人,大都会英语和普通话,基本都不说、不会说,也不想学福州话。反倒是有的福州籍华人为了工作和生活的便利,学会了唐人街通行的粤方言。这种学习粤方言的现象,也在祖籍地为中国非粤语区的美国华人中,甚至美国的本土人士中存在。据说,普通美国人通常只知道中国有两种话——Cantonese 和 Mandarin(广州话和普通话)。美国的学校,原先也有开设粤方言广府话课程和台山话课程的(目前还有少量这类课程,尤其是广府话课程),唐人街的中式商品、中国餐吸引人,为了能更畅快地享受唐人街的美食,也有一些美国人就选择了学习粤方言广州话。

纽约福州籍华人的语言方言态度,使得我们前几年在当地想寻找土生土长的会说福州话的发音人时就遇到了不少困难。一些采访者甚至直接对我们说:"来调查福州话?你们为什么不来教英语啊?"

此外,在美国,也有一些华人移民人数少、使用人数少的汉语方言,那也就只能在同乡或家族中偶尔说说,或者不说了。

在旧金山湾区、加利福尼亚州的佛雷斯诺市、美国大陆之外的夏威夷等地,都有一些来自广东中山,使用粤方言中山话的华人。祖籍广东中山的孙中山及其家族成员都曾客居夏威夷。纽约有一两千主要来自广东的客家人,因为人数少,他们的客家话只在客家社团的聚会中、在家庭里讲,他们的后代中会讲客家话的已不多。

众所周知,法国巴黎的华人社区,就主要是由东南亚越南、柬埔寨、老挝等国的广东潮州籍、广东广府籍、客家籍、海南籍华人等在20世纪的六七十年代二次移民法国形成的。美国也有一些这样通过二次移民去的华人。我们也曾在加利福尼亚州调查过一些从东南亚二次移民到美国的潮州籍华人,但是他们都说,因为人数实在太少且居住分散,不要说在美国出生的年青一代,就是自己来到美国以后,也都基本没有机会说闽方言潮州话了。

可以说,在现阶段,除了英语,美国华人社区唐人街通用的汉语方言主要还是传统的粤方言广府话、台山话;也有一些地方,如纽约,福州话的使用人数在慢慢地增长。但是,不难预见,随着中国国力的上升、汉语普通话的全球推广、移民美国的华人祖籍地的广泛化,移民美国的华人已经不再只局限于中国的几个沿海省份,普通话也会越来越多地占据华人社区通用语的份额，从而改变目前华人社区语言方言使用的现状，美国休斯敦唐人街汉语普通话与粤方言广州话同样流行就是一例。

1.2　关于本书

1.2.1　本书的研究内容及所选择的方言点

　　本书是中国国家社科基金重点项目"美国华人社区汉语方言与文化研究"（14AYY005）的最终成果，也是中国国家社科基金重大项目"海外华人社区汉语方言与文化研究"（14ZDB107）的阶段性成果之一。

　　近年来，保护、维护、挽救濒危语言和方言，已经成为海内外的语言学工作者、全世界使用不同语言的民众之共识。根据联合国提供的资料，我们已知全球语言共有6700种，其中，有1720种语言的使用人数不超过1万人，更有2680种语言趋于濒危或者面临消亡。联合国教科文组织制作的世界濒危语言地图显示，全球的濒危语言正以每个月两种的速度消亡，一年就是24种。但我们都明白，"语言多样性是人类最重要的遗产。每一种语言都蕴藏着一个民族独特的文化智慧。因此，任何一种语言的消失都是全人类的损失"[①]。

　　2019年开春，1月8日，联合国教科文组织又正式发布了保护和促进世界语言多样性的《岳麓宣言》。宣言指出，"保护和促进语言多样性，对于可持续发展目标的实现至关重要"，这"有助于促进人类发展"，因为"保护语言多样性就是要保障各语言使用者在教育及其他基本的公共服务、就业、健康、社会融入、参与社会决策等方面机会均等"。

　　海外汉语方言无论流行在世界上的哪一个国家、地区，无论其在居住国的华人社区内有多受欢迎、多强势，相比起居住国的通用语言，都是濒危的，相比起中国祖籍地的汉语方言，也都是濒危的，都应该是语言资源保护、挽救的对象。美国华人社区的台山话和广府话也不例外。保护、挽救美国华人社区的汉语方言，也是保障美国华人权利的一个方面。

　　汉语方言是系连海外华人和祖籍国最直接的桥梁，流行在美国华人社区的汉语方言就是系连美国华人和祖籍国最直接的桥梁，我们不能放任桥梁断裂。

　　与世界上的其他地方，如东南亚华人社区主要流行闽、粤、客方言不一样，迄今为止，美国华人社区通行的汉语方言主要是粤方言台山话和广府话。来自中国广东四邑一带的华人是北美洲的美国、加拿大等国家的华人社区最早的创建者，粤方言台山话也是这些华人社区最早的通用交际语。但经过了百余年的发展，粤方言广府话在这些地方的华人社区慢慢超越了台山话。如今，台山话和广府话，尤其是广府话，不单是台山籍和广府籍美国华人使用的汉语方言、美国各唐人街的通用语，也是被很多祖籍地为中国其他地方、使用其他汉语方言的美国华人所接受、所使用的汉语方言。

　　美国华人社区的语言、汉语方言一直没有被调查研究过，我们的项目也就立足于调查研究美国华人社区目前主要通行的粤方言台山话和广府话这两个被美国华人广泛接受、公

---

① 联合国教科文组织濒危语言特设专家组：《语言活力与语言濒危》。

认为社区通用语，同时也为美国民众所熟知的汉语方言。

遗憾的是，目前正在国内进行得如火如荼的语言资源保护，并未能惠及作为汉语方言大板块不可或缺的海外汉语方言资源。

从语言资源保护的角度出发来说，我们对世界超级大国——美国华人社区粤方言台山话和广府话的调查研究，既是对美国华人社区汉语方言的第一次实地调查研究，又是一次海外汉语方言田野作业，也是对海外濒危汉语方言资源的一次保护和挽救。

美国的这次实地调查研究，虽然由于海外调查的各种条件的限制，未能在这个国土面积广阔的国家全面展开，但亦非只是单点方言的单一调研，而是一次稍有规模的、比较系统的调查研究，是我们的海外汉语方言调查研究在走向世界，初步开展了东南亚华人社区汉语方言调查研究之后，冲出亚洲的一次大胆的、有成效的实践。

我们认为，研究美国华人社区的汉语方言，应该先从近两百年来一直在华人社区的用语中排名在前，并且至今仍然是华人社区主要交际用语的粤方言台山话、粤方言广府话开始。

"万事起头难。"尽管由于时间、人力、经费和海外调查等条件的限制，我们不可能在美国的华人社区中开展全面的汉语方言普查，但是"开头"很重要。"美国华人社区汉语方言与文化研究"项目的开展，就是美国华人社区汉语方言调查研究的一次勇敢的尝试、一个有益的开头。

世界很大，海外华人很多，华人的足迹遍布五大洲四大洋。我们期望能以美国华人社区的汉语方言研究作为我们继东南亚华人社区汉语方言研究之后，海外汉语方言研究走向世界、冲出亚洲的另一个突破，继续接力，争取让美国华人社区的汉语方言、海外其他国家华人社区的汉语方言调查研究更上一层楼。

这一定会是一个可喜的、鼓舞人心的开头。

我们总共在美国本土调查了12个方言点，调查涉及美国的5个州、7个城市的6个粤方言台山话点和6个粤方言广府话点：加利福尼亚州（State of California）三藩市（San Francisco）的台山话、广府话，加利福尼亚州（State of California）洛杉矶市（Los Angeles）的台山话、广府话，纽约州（State of New York）纽约市（New York）的台山话、广府话，伊利诺伊州（State of Illinois）芝加哥市（Chicago）的台山话、广府话，俄勒冈州（State of Oregon）波特兰市（Portland）的台山话、广府话，得克萨斯州（State of Texas）圣安东尼奥市（San Antonio）的台山话，得克萨斯州（State of Texas）休斯敦市（Houston）的广府话。

其中，加利福尼亚州有三藩市和洛杉矶两地的4个调查点。另外，除了得克萨斯州的台山话和广府话调查点分别是圣安东尼奥和休斯敦两个不同的城市以外，其他州两种方言的调查点都是在同一个城市里。

本研究第一次对美国华人社区汉语方言调查的点虽然不算太多，但是调查点在美国华人主要聚居的地方，在美国的东、南、西、北部分布都比较均匀。

以下是有关这些调查点的简单介绍。

（1）加利福尼亚州。加利福尼亚州简称"加州"，位于美国的西海岸，分别与太平洋、俄勒冈州、内华达州、亚利桑那州和墨西哥的下加利福尼亚州接壤。加利福尼亚州拥有多样性的自然景观，包括壮丽的峡谷、高山和干燥的沙漠。加州的面积41万平方千米，在美国的50个州中排在第三位，而人口数量则居全美第一位。加州是美国的科技和文化中心之一，是世界的影视中心，同时还是美国的一个农业大州，其经济状况在美国最好。加州还有一个别名——"金州"（Golden State），这常常使人以为其源自19世纪中叶的淘金潮。事实上，这个名字缘于此州中部山丘上的春草于秋天枯萎时，从远方看起来遍地金色。

根据2010年的统计数据，加利福尼亚州GDP占全美的13.34%，达19364亿美元，为全美最高，在当年仅次于美国、中国、日本、德国、法国、英国、巴西和意大利，是世界的第九大经济体。人均GDP为51914美元，在全美各州中名列第12位。

加利福尼亚州经济的主体是农业，产品包括水果、蔬菜、牛奶制品和酒。农业的规模是其第二大产业的两倍多。其他重要的产业包括航空、娱乐（主要是电视、电影）、轻工业（包括计算机硬件和软件），以及硼砂开采。

洛杉矶位于美国加利福尼亚州西南部，是美国的第二大城市，常被称为"天使之城"（City of Angels）。洛杉矶是美国重要的工商业、国际贸易、科教、娱乐和体育中心之一，也是美国石油化工、海洋、航天工业和电子业的主要基地之一，好莱坞是洛杉矶的娱乐中心。截至2016年，洛杉矶的人口已达到397.6万。其中，洛杉矶的本地人占81.7%，来自其他国家的移民占11.2%。在洛杉矶的移民中，华人的人数最多，占外来移民的7.1%，德国人占1.5%，波黑人占1.1%，土耳其人占1%，塞尔维亚人占1%，其他民族占6.6%。

三藩市也称作"旧金山""圣弗朗西斯科"。三藩市是典型的凉夏型地中海式气候，是美国加利福尼亚州太平洋沿岸港口城市，是世界著名的旅游胜地、加州人口第四多的城市。三藩市临近世界著名高新技术产业区硅谷，是世界最重要的高新技术研发基地和美国西部最重要的金融中心，也是联合国的诞生地。1945年4月，50个国家在美国三藩市举行会议，制定并通过了《联合国宪章》，这是"二战"后第一个全面论及国际关系准则的国际文献。三藩市是加州的重要港口城市，住着来自各个国家的人民，各种文化在这个都市汇合着，华人的数量占了三藩市总人口的12%。

选择加州作为我们美国华人社区汉语方言调查研究项目的一个点，是因为在19世纪40年代的掘金时代，加利福尼亚州下辖的萨克拉门托，既是华人第一次移民美国大潮中的首先上岸处之一，下辖的三藩市和洛杉矶又是美国的重要城市，也一直都是美国华人的主要聚居地。其中，仅洛杉矶就有7万左右华人居住。而洛杉矶在美国华人圈中的别称为"罗省"，就是早期广东华人移民的粤语音译、省译，"罗"广东台山话音 lɔ^{22}、广州话音 lɔ^{21}（与英语"Los Angeles"的中的"Los"音近），加上汉语表示属类的语素"省"合成的。研究美国华人社区的汉语方言，不能抛开这两个城市。

（2）纽约州。纽约位于纽约州东南的哈德逊河河口，濒临大西洋，被公认为世界之都。作为世界金融中心之一的纽约，是全美人口最多的城市，也是全世界最大的都会区之一——纽约都会区的核心。它由曼哈顿、布鲁克林、布朗克斯、昆斯和里士满5个区组成，面积828.8平方千米。截至2009年7月，纽约人口839万，是全美人口最多的城市。

曼哈顿岛是纽约的核心，尽管它在纽约的5个区中面积最小，仅57.91平方千米，但这个东西窄、南北长的小岛却是美国的金融中心,美国最大的500家公司中,有1/3以上把总部设在曼哈顿。7家大银行中的6家,以及各大垄断组织的总部都在这里设立中心据点。这里还集中了世界金融、证券、期货及保险等行业的精华。位于曼哈顿岛南部的华尔街是美国财富和经济实力的象征,也是美国垄断资本的大本营和金融寡头的代名词。这条长度仅540米的狭窄街道两旁有2900多家金融和外贸机构。著名的纽约证券交易所和美国证券交易所均设于此。联合国总部也位于该市,总部大厦坐落在曼哈顿岛东河河畔。一个多世纪以来,纽约在世界商业和金融方面都发挥着巨大的影响力,直接影响着全球的经济、金融、媒体、政治、教育、娱乐与时尚界。

纽约是世界上摩天大楼最多的城市,是美国的工业中心之一,服装、印刷、化妆品等行业均居全国首位,机器制造、军火生产、石油加工和食品加工也占有重要地位。市内多数河流都与大西洋相通,港口规模巨大,设备优良,终年不冻。同时,纽约也是铁路交通的重要枢纽,纽约地铁(New York City Subway,NYCS)全长1000多千米,既是纽约的快速大众交通系统,是全球最错综复杂且历史悠久的公共地下铁路系统之一,也是世界上载客量最大的捷运路线之一。纽约还有3个国际机场,其中最著名的肯尼迪国际机场承担着全美50%的进出口货物空运业务和35%的国际客运业务。

选择被公认为世界之都、世界金融中心之一的纽约作为一个调查点,一方面是因为纽约可以被视为美国的代表。另一方面,有918万人口的纽约是美国少数民族人口最集中的地方,其中,亚洲人就占了10%,纽约唐人街是美国最大的唐人街,仅唐人街本身现在就有23万左右的华人。显然,美国三大华人聚居地之一的纽约,与三藩市、洛杉矶一样,都是研究美国华人社区的汉语方言不可缺少的地方。

(3)伊利诺伊州。伊利诺伊州位于美国中西部的五大湖区域内,北接威斯康星州,东北濒临密歇根湖,东接印第安纳州,东南与肯塔基州为邻,西隔密西西比河,与密苏里州和艾奥瓦州相望,面积14.6万平方千米。芝加哥市位于伊利诺伊州北部,是该州最大的城市,也是美国仅次于纽约和洛杉矶的第三大城市,有世界最大的铁路枢纽,紧邻密歇根湖,是全美的一个重要工业和交通运输中心,同样是世界著名的金融中心之一。

伊利诺伊州是美国的传统制造业中心,也是美国交通运输及物流配送中心,伊利诺伊州工业主要集中在芝加哥。由于靠近铁矿产地,交通方便,钢铁工业发展迅速,芝加哥已取代钢都匹兹堡,成为全美最大的钢铁工业中心。其农业机械、建筑机械和金属制品产量均居各州之冠;电机产量名列第三;汽车工业也是其重要产业,有55万人从事机动车辆的制造和装配工作;食品工业仅次于加利福尼亚州,印刷业和出版业仅次于纽约州,居全国第二位。

伊利诺伊州超过半数的居民住在芝加哥及其附近。芝加哥在美国五大湖区中的影响力很大,尽管该地的华人数量不及三藩市、洛杉矶和纽约,但是伊利诺伊州全州有华人十几万,大芝加哥地区(包括芝加哥)华人总数约6万人,也是一个不能忽略的地方。

(4)俄勒冈州。俄勒冈州位于美国西北部的太平洋沿岸,该州北面为华盛顿州,东面是爱达华州,南面是加利福尼亚州和内华达州,全州面积25.1万平方千米,人口300多万。俄勒冈州气候温和,季节分明,经济极为发达,人均GDP高达87000美元,是美国重要的高科技中心和金融中心。

俄勒冈州在美国并非大州，该州最大的城市波特兰在美国也不是最有名的城市，但位于该州哥伦比亚河畔的波特兰港是深水良港，海轮可以直达，为全州的交通和贸易中心，波特兰也是该州最大的城市。它的人口只有三四十万，华人的数量当然也不能与三藩市、洛杉矶、纽约、芝加哥等地相比，且居住分散。根据2011年的人口普查，该州的人口接近80%为白人，亚裔（包括华人在内）只占百分之六点几。风景秀丽的波特兰是美国的十大宜居城市之一。

相比华人人数较多的三藩市、洛杉矶、纽约、芝加哥等地，俄勒冈州的波特兰自有它的特色。在美国，三藩市、洛杉矶市、纽约市、芝加哥市等地很特别，华人比较多，唐人街都很有特色，可类似波特兰那样的城市在美国却有很多，美国华人散布在包括波特兰在内的美国各处的中、小城市里。我们希望能以俄勒冈州的波特兰为代表，也向世界展示一下那里华人社区的汉语方言，将那里华人社区流行的台山话和广府话与目前相对强劲的三藩市、洛杉矶、纽约华人社区台山话、广府话相比，让大家了解在美国非华人主要聚居区的华人及其使用的汉语方言。

需要说明的是，美国有两个波特兰，除了本书涉及的俄勒冈州的波特兰，还有另一个在缅因州。为了避免混淆，凡在本书中出现的"波特兰"，一律专指俄勒冈州的波特兰。

（5）得克萨斯州。得克萨斯州简称"得州"，位于美国南部，是美国南方最大的州，也是全美土地面积和人口第二大州。得州的土地面积仅次于阿拉斯加州，人口则仅次于加利福尼亚州，经济总量约占全美的9%，居全美第二位，且增长速度比较快。得州本来属于墨西哥，晚至1845年才加入美国。人口中白人占了全得州的一半，亚裔只约占2.7%，华人人数不算多，居住分散，但近年来增长迅速，非常值得关注。

得州农业发达，主要农产品有棉花、高粱及其他谷物、蔬菜和水果。得州的畜牧业为全美之冠，主要饲养肉牛、肉猪、羊和家禽。历史上，得州的养牛业就很发达，至今仍以牛仔形象闻名。且该州在美国经济中占重要地位，2012年GDP达13974亿美元，同比增长4.8%，增幅居全美第二位，占全美经济总量的9%，居全美50个州的第二位，被誉为美国经济复苏的"领头羊"。

得州也是美国最大的能源和化工州。石油和天然气产量分别占全美产量的1/3和1/4，炼油能力占全美的1/4强。其高科技产业同样发展迅猛，休斯敦、圣安东尼奥和达拉斯三角区已经成为美国的第二个"硅谷"，休斯敦地区也已经发展成为全美乃至全球最大的医疗培训和治疗中心。休斯敦、达拉斯-福特沃斯、圣安东尼奥与奥斯汀走廊，还有得克萨斯州与墨西哥边界地带，则成为全美人口增长速度最快的都市区。

不少中国人知道得州，但并非因为得州闻名于世的农业、能源、航空工业，而是因为美国的NBA篮球赛，因为休斯敦的火箭队、圣安东尼奥的马刺队，因为篮球著名运动员姚明。而我们选择得州作为调查点的一个重要原因，则是它的地理位置。我们不希望将美国华人社区汉语方言调查研究只局限在比较繁华的美国东、西海岸一带，希望让世人也了解一下流行在美国南方华人社区里的汉语方言，所以选择研究得州的第一大城市休斯敦（美国广东台山籍的华人将英语Houston译为"侯斯顿"）的广府话，以及第二大城市圣安东尼奥的台山话。

尽管海外汉语方言田野作业困难重重，我们仍然希望，这样的选点能够使在美国本土进行的第一次汉语方言调查研究，从比较多的角度，尽可能地展示美国华人社区迄今都是最通用，却仍不为世人所知的两大汉语方言——粤方言台山话和粤方言广府话的面貌。

1.2.2　本书各方言点的主要发音人

本书各个方言点的主要发音人，除了个别的，基本为在美国土生土长，被老一辈华人笑称为"竹升"（本指两头不通气的竹节，比喻土生的华人既不通中国文化，也不通美国文化）、"香蕉人"（黄皮白心，比喻土生华人不谙中华文化）或"ABC"（英语"American born Chinese"的首字母简称）的第二代以上的土生华人，甚至有第四代、第五代的土生华人。发音人中，既有十几岁、二十几岁的年轻人，也有三十几岁、四十几岁的中年人，甚至还有六十几岁、八十几岁的老年人。以下为各点发音人的基本情况。

1.2.2.1　三藩市

（1）三藩市台山话。

雷×俊，男，被调查时22岁，1992年在美国出生，第二代华人，在读大学生。祖籍广东台山，上过中文补习班，会说英语、台山话、广府话和一些普通话，认识一点汉字，除英语以外，台山话为与家族亲友交流时使用的汉语方言。

余×昇，男，被调查时65岁，1949年在美国三藩市唐人街出生，第二代华人，工程师，祖籍广东台山。父母来自台山，不懂英语，妻子来自广州，本人会说英语、会讲一点台山话和一点广府话，不认识汉字。

陈×琪，女，被调查时18岁，1996年在美国出生，第二代华人，高中学生，祖籍广东台山，会讲英语、日语、台山话、广府话、普通话，不认识汉字。

（2）三藩市广府话。

黄×林，男，被调查时32岁，1982年在美国出生，第二代华人，大学文化程度，工程师。父亲为在中国澳门出生长大的新会人，母亲为在中国广州出生长大的新会人，本人在三藩市出生长大，会说英语、广府话，不认识汉字。

黄×威，男，被调查时84岁，在美国出生长大，第四代华人，家族从其曾祖父算起到其孙辈，在美国已有6代人，祖籍广东中山，大学文化程度，退休律师，会说英语、广府话，也会说一点普通话和台山话，不认识汉字。

甄×美，女，被调查时18岁，1996年在美国出生，第二代华人，高中学生，祖籍广东开平，会说英语、法语、台山话、广府话，不认识汉字。

1.2.2.2　洛杉矶

（1）洛杉矶台山话。

梅×宇，男，大学文化程度，被调查时65岁，1949年在美国出生，退休政府雇员，祖籍广东台山，第五代华人，其家族从高祖父起就到了美国，至其儿子，已有6代，但母亲来自广东台山，妻子祖籍广东中山，妻子和儿子都不会说台山话。本人及妻子从未到过中国，不认识汉字，会说英语和不太流畅、掺杂着英语的台山话。母亲去世前，与母亲主要讲台山话；母亲去世后，台山话只是偶尔与祖籍台山的华人朋友讲的汉语方言。

司徒×鸿，男，大学文化程度，被调查时66岁，1948年在美国出生，退休警察，祖籍广东开平，第二代华人，不认识汉字，会说英语、台山话、广府话，但自觉台山话和广府话有时会相混。妻子祖籍香港，会说广府话，不会说台山话。

（2）洛杉矶广府话。

陈×儿，女，被调查时21岁，1993年在美国出生，在读大学生，第二代华人，祖籍广东江门，会说英语、广府话和一些普通话，会听台山话，不认识汉字。

李×清，女，被调查时65岁，1949年出生，退休会计。曾祖父到缅甸，父亲从缅甸到菲律宾，本人在菲律宾出生，第四代海外华人。本人在菲律宾大学毕业后来美，会讲英语、菲律宾语、西班牙语、广府话、台山话、福建话和普通话，认识一点汉字。丈夫来自澳门，讲广府话和英语。

何×琪，男，被调查时20岁，在读大学生，1994年在美国出生，第二代华人，祖籍广东广州，会讲英语、广府话、华语，不认识汉字。

1.2.2.3 纽约

（1）纽约台山话。

阮×键，男，被调查时27岁，1988年在美国出生，第二代华人，父母均来自广东台山端芬镇，本人在纽约出生长大，大学文化程度，会说英语、台山话、广州话、普通话，父亲不懂英语，在家与父母讲台山话，不认识汉字。

谭×伸，男，被调查时64岁，1951年在美国出生，第二代华人，大学文化程度，会说英语、台山话、会听广府话。祖父和父亲一起从广东台山来美，本人1990年曾回广东台山教过两年英语，妻子来自台山，孩子也会说台山话，认识一点汉字。

（2）纽约广府话。

尹×乔，男，26岁，1989年在美国出生，第二代华人，大学肄业，父亲来自香港，母亲来自广东广州，本人在纽约出生长大，没有上过中文补习学校，不认识汉字，会说英语、广府话，在家里讲一点广府话，但与同辈交流时只讲英语。

雷×珍，女，60多岁，第二代华人，父母从广东台山来，本人在美国出生，曾回香港读过7年书，硕士研究生文化程度，本人会说英语、广府话，认识汉字，子女只讲英语。

谭×平，男，26岁，1989年在广州出生，一岁时随父母来美，在美国长大，大学文化程度，上过两三年的中文补习学校，会说英语、广府话，认识一点汉字，但与同辈交流时只说英语。

李×欣，女，11岁，2004年在美国出生，第二代华人，在纽约出生长大，上过中文补习学校，认识一些汉字，会说英语、广府话、普通话和一些台山话，曾多次在汉语比赛和汉语演讲比赛中获奖。

陈×，女，19岁，1996年在美国出生，第二代华人，大学文化程度，父母来自广东广州，本人会说英语、广州话，不认识汉字。

1.2.2.4 芝加哥

(1) 芝加哥台山话。

邝×明,男,被调查时46岁,1969年在美国出生,第三代华人,祖籍广东台山,母亲从香港来,大学文化程度,会说英语、广府话、台山话,台山话是在唐人街学会的,不认识汉字。

梅×光,男,被调查时64岁,1951年在美国出生长大,第二代华人,祖籍广东台山端芬,大学程度,工程师,会说英语、台山话、广府话、华语,不认识汉字。太太来自台湾,不懂台山话。

(2) 芝加哥广府话。

范×伦,男,被调查时32岁,1982年在美国出生,第二代华人,大学文化程度,美国海军陆战队退伍军人,曾参加过伊拉克战争,祖籍广东广州,会说英语、广府话、普通话和一些台山话,不认识汉字。

邝×明,男,被调查时46岁,1969年在美国出生,第三代华人,祖籍广东台山,母亲从香港来,大学文化程度,会说英语、广府话、台山话,广府话是母亲教的,台山话在唐人街学会,不认识汉字。

1.2.2.5 波特兰

(1) 波特兰台山话。

李×安,男,被调查时60多岁,在美国出生长大,第二代华人,父母来自广东台山,大学文化程度,龙虎狮教练,会说英语、台山话,懂一点普通话,不认识汉字。前任妻子是美国人,不懂汉语和汉语方言,两个儿子也不懂。现任妻子来自广东台山。

雷×祥,男,被调查时67岁,1948年在广东出生,退休人士,两岁半时与父母从广东台山来美,在美国长大,高中文化程度,会说英语、台山话,不认识汉字。妻子来自香港,说广府话,孩子只说英语。

(2) 波特兰广府话。

马×乐,男,被调查时16岁,1999年在美国出生长大,高中学生,第二代华人,父母来自广东广州,会说英语、广府话,上过中文补习学校,认识一点汉字。

甄×洁,女,被调查时17岁,1998年在美国出生长大,高中学生,第二代华人,父母来自广东台山,本人会说英语、广府话,会说一点普通话,会听一点台山话,不认识汉字。除了英语,在家也与弟弟妹妹讲一点广府话,父母则讲台山话。

詹×仪,女,被调查时17岁,1998年在美国出生,高中学生,母亲来自香港,父亲是美籍印度人。本人小时候曾随外祖母在香港住过几年,会说英语、广府话,广府话流利,会听台山话,上过中文补习学校,认识一点汉字。

1.2.2.6 得克萨斯州

(1) 圣安东尼奥台山话。

朱×华,女,被调查时60岁,1957年在美国出生,第二代华人,硕士研究生文化程度，退休英语教师，父母来自广东，外祖父为20世纪二三十年代曾经主政过中国广东省的陈济棠，丈夫祖籍广东开平。本人会说英语、台山话，会说一点广府话，不认识汉字。

伍×龙，男，被调查时74岁，1943年在广东台山出生，1953年到香港，1974年到美国，第一代华人。在美国当过兵，也在纽约打过工，最后定居在圣安东尼奥。会说英语、台山话、广府话，妻子为第二代美国华人，祖籍广东台山，子女均不讲台山话，只会听一些。

（2）休斯敦广府话。

邓×莹，女，被调查时23岁，1994年在美国出生，第二代华人，在读大学生。父亲来自中国北京，母亲来自中国广东广州。会说英语、普通话、广府话，广府话流利，读了12年中文补习学校，认识汉字。

庞×惠，女，被调查时22岁，1995年在美国出生，第二代美国华人，在读大学生。父亲是来自越南胡志明市的华人，20世纪70年代与祖父一起来美，母亲来自中国广州。会说英语、普通话、广府话，不认识汉字。

1.2.3 本书所采用的音标符号

（1）本书采用国际音标注音。

（2）采用5度标调法标记音节的声调，但为了打印方便，声调调值全部用阿拉伯数字标注于音节的右上角。例如，高 kou^{55}、留 leu^{21}、好 hou^{35}、点 tim^{35}、担 tam^{44}、汤 $hɔŋ^{44}$、饼 $piaŋ^{55}$、绑 $pɔŋ^{55}$、八 pat^3、喫 $hɛt^3$。

（3）音节声母的送气符号以 h 标在声母的右上方表示。例如，兔 t^hu^{44}、茶 ts^ha^{21}、普 p^hou^{35}、滩 t^han^{55}、从 $ts^huŋ^{21}$、堂 $t^hɔŋ^{21}$、冲 $ts^huŋ^{44}$、戚 t^hek^5。

（4）变调以用"－"号连接本调和变调的方式表示，本调在前面，变调在后面。例如，有毛_{避,怀孕} $jiu^{55} mou^{22-55}$、乞儿_{乞丐} $hɐt^5 ji^{21-55}$、烧鹅 $siau^{44} ŋu^{22-55}$、蟛蜞_{癞蛤蟆} $k^hɐm^{21} k^hœy^{21-35}$、花利_{台,老,小费} $fa^{55} lei^{22-35}$、锁盒_{保险箱} $ɬɔ^{55} hap^{2-35}$、豉油渣_{酱油残汁} $si^{21} jiu^{22} tsa^{44-21}$、底衫_{内衣} $ai^{55} ɬam^{44-21}$。

（5）有音无字的音节用"□"表示，"□"后面加注国际音标，必要时再加注释。例如，□fim^{44}（菲林，英语：film）、汉堡□$hɛn^{55} pə^{21} kə^{21}$（汉堡包，英语：hamburger）、□□$sɛt^5 tou^{21}$（影子，英语：shadow）、□□□$ou^{55} wɔ^{55} t^ham^{53}$（超时，英语：overtime）、□地 $p^hat^3 ji^{31}$（平地）、充□$ts^huŋ^{44} k^haŋ^{55}$（充好汉）、□□$han^{44} tou^{44}$（次日）、杂□□$tsap^3 pak^5 luŋ^{44}$（贬，"混血儿"的贬义说法）。

（6）同音字在汉字的右上方加"="表示。例如，隔=家=儿_{假装} $kak^3 ka^{55} ji^{21-55}$、麦=痣_{mɐk^{2-35}}、裤浪_{裤裆} $fu^{44-31} lɔŋ^{31}$、琴=晚_{昨晚} $k^hɐm^{21} man^{13}$、寻=日_{昨天} $ts^hɐm^{21} jɐt^2$、索_{形容性感}$sɔk^3$、杰=_{形容粥等稠}kit^2。

（7）两个音节的国际音间的"/"号，表示该音节有两种说法。例如，肥 fi^{22}/fei^{22}、尾 mi^{55}/mei^{55}、个 $kɔ^{44}/kɔi^{44}$、梳 $ɬɔ^{44}/su^{44}$、担 tam^{44}/am^{44}、埋 mui^{22}/mai^{22}、剪 $tɛn^{55}/tin^{55}$、静 $tian^{21}/teŋ^{21}$。而声调调值的表示，如"阴平55/53"则说明该声调调类有两个调值。

（8）条目中的"英语""法语""马来语"字样表示该词为来自英语、法语或者马来语的借词。例如，□□□ou⁵⁵wɔ⁵⁵tʰam⁵³（超时，英语：overtime）、菲林 fei⁵⁵lɛm²¹⁻³⁵（胶卷，英语：film）、燕梳 jin³³sɔ⁵⁵（保险，英语：insurance）、冷衫 laŋ⁵⁵sam⁵⁵（毛衣，法语：laine）、交寅 kau⁴⁴jan⁴⁴（结婚，马来语：kawin）。

（9）词语右下角的小字"避"表示该词为避讳用语。例如，喫烟丝避,吸毒 hɐt⁵jin⁴⁴si⁴⁴、喫药人避,吸毒者 hɐt³jɛk²ŋin²、有毛避,老,怀孕 jiu⁵⁵mou²²⁻⁵⁵、恨避,疼爱(孩子) han³¹、茶避,汤药 tsʰa²¹、开大避,大便 hɔi⁵⁵tai²²、开细避,小便 hɔi⁵⁵sei³³、拆数避,离婚 tsʰak³ɬu³¹⁻³⁵、通胜避,历书 tʰuŋ⁵⁵seŋ³³。

（10）词语右下角的小字"贬"表示该词为含贬义的说法。例如，老嘢贬,老人 lou¹³jɛ¹³、老鬼贬,老人 lou⁵⁵kuai⁵⁵、杂□□贬,混血儿 tsap³pak⁵luŋ⁴⁴、瓜老衬贬,死 kwa⁵⁵lou¹³tsʰɐn³³、黑鬼贬,黑人 hak⁵kwɐi³⁵、白鬼贬,白人 pak²kwɐi³⁵。

（11）词语右下角的小字"老"表示该词为老说法。例如，公所老,华人社团 kuŋ⁵⁵sɔ⁵⁵⁻³⁵、堂口老,华人社团 tʰɔŋ²¹hɐu³⁵、喊人线老,电话 ham⁴⁴ŋin²²ɬɛn⁴⁴、花利老,小费 fa⁵⁵lei²²⁻³⁵、状师老,律师 tsɔŋ³¹ɬu⁴⁴、书信馆老,邮局 si⁴⁴sin⁴⁴kun⁵⁵、阿毛老,婴儿 a⁴⁴mou²²⁻³⁵。

（12）音节音标右下角的小字"文"，表示该音节的读音为书面语读法；小字"白"表示该音节的读音为口语的说法。例如，生 seŋ⁵⁵文/saŋ⁵⁵白、净 tseŋ²²文/tsɛŋ²²白、轻 heŋ⁵⁵文/hɐŋ⁵⁵白、请 tsʰeŋ³⁵文/tsʰɐŋ³⁵白、顶 teŋ³⁵文/tɛŋ³⁵白、成 seŋ²¹文/sɛŋ²¹白。

（13）词语右下角的"台""广""华"等小字表示该词为借自台山话、广府话，或者汉语普通话的说法。例如，花利台,老,小费 fa⁵⁵lei²²⁻³⁵、喊线台,老,电话 ham³³sin³³、食烟广,抽烟 sek²jin⁵⁵、出便广,外面 tsʰut⁵peŋ²¹、边个广,谁 pɛn⁴⁴kɔ⁴⁴、那次华 na¹³tsʰi³³、姥姥华 lau¹³lau¹³⁻⁵⁵、无花果华 mu²²fa⁴⁴kuɔ⁵⁵。

（14）词语右下角的"名""动""形""数"等字表示该词是名词、动词、形容词，或者是数词等其他词类。例如，磅名 pɔŋ²¹⁻³⁵、数动 ɬu⁵⁵、亲动 han⁴⁴⁻³¹、锤动 tsʰœy²¹、暖形 nɔn³¹⁻⁵⁵、万数 man³¹⁻⁵⁵。

（15）词语右下角的小字用于对该词语的解释或注释。例如，阿姆伯母 a⁴⁴mu²²、书馆老,学校 si⁴⁴kun⁵⁵、鸡落蛋鸡生蛋 kai⁴⁴lɔk²an³¹⁻⁵⁵、拆数避,离婚 tsʰak³ɬu³¹⁻³⁵、去饮酒赴宴 hœy³³jɐm³⁵tsɐu³⁵、□绳电线 hek³seŋ²²⁻³⁵、唐人卜碌柚子 hɔn²²ŋin²²puk³⁻⁵luk⁵。解释或注释较长的，为了排版美观、便于阅读，以正文字号加括号的方式置于词语和音标后面。例如，竹升 tsuk⁵seŋ⁵⁵（本指两头不通气的竹节，比喻土生华人既不通中国文化，也不通美国文化）、老番油条 lou¹³fan⁵⁵jɐu²¹tʰiu²¹⁻³⁵（甜甜圈，英语：donut）。

第 2 章　美国华人社区汉语粤方言语音研究

本章分别阐述美国华人社区 12 个方言调查点的粤方言台山话、粤方言广府话的语音。讨论的顺序将基本按照先台山话，后广府话，以三藩市、洛杉矶、纽约、芝加哥、波特兰、圣安东尼奥、休斯敦的地点排序进行。本书其他章节的论述基本上也将按此顺序进行。

海外汉语方言调查，目前只有在东南亚的华人社区，特别是马来西亚，可以勉为其难地如同在国内做汉语方言调查一样，按照先记录中国社会科学院语言研究所制定的《方言调查字表》里的 3000 多个汉字的语音，在整理出方言的音系以后，再进而调查方言的词汇、语法的方法进行，因为该地区华人（主要是中老年华人）还接受过一些华校教育，认识汉字。而在东南亚之外的其他地方，基本上都没有记录《方言调查字表》的可能，因为那些地区的华人普遍都没有受到过汉语言文字的教育，即便是在有中文补习班的地方，就算是上过补习班的，所识的汉字也非常有限。这种状况在美国也不例外。所以，我们的调查只能从自编的收录了 3000 多个词条的《海外汉语方言词汇调查表》，以及收集记录到的少量语料直接进入。

此外，目前海外汉语方言田野作业往往没有国内开展语言资源保护的各种条件，加上海外华人，特别是欧美加等地的华人非常注意规避隐私，故调查大都只能做纸笔的记录。本书所有的分析都是基于所记录的《海外汉语方言词汇调查表》，以及语料调查获得的资料进行的。这样，不但调查的难度加大了，而且调查之后的资料整理也相对困难了。

鉴于美国加利福尼亚州的洛杉矶和纽约州的纽约都是华人抵达美国时间比较早，也是华人人数众多的地方，在美国华人社区中具有代表性，我们把在加利福尼亚州洛杉矶华人社区流通的台山话、在纽约州纽约华人社区流通的广府话，分别作为美国 6 个台山话点和 6 个广府话点语音详细分析的代表。

本章将首先分别台山话和广府话，列出各个方言点的语音系统，接着重点详细分析代表点洛杉矶台山话、纽约广府话语音的声母、韵母、声调，然后再分别讨论所有台山话方言点和广府话方言点的整体语音特点。

我们将从历时层面和共时层面，分别将 12 个来自中国的汉语方言点方言的语音与古代汉语、祖籍地母体源方言，以及汉语共同语普通话的语音进行纵向和横向比较，同时对比各个方言点的语音之间的异同，以期展示今日美国华人社区汉语粤方言语音的整体面貌，展示其在时间、空间脱离母体方言过百年后，在与美国主流语言、与在世界范围内地位不断上升的汉语普通话，以及华人社区内的其他汉语方言不断接触之后，语音受到影响而发生变化的情况，以及语音面貌的保留和发展。

第2章　美国华人社区汉语粤方言语音研究

2.1　本书所涉及的12个方言点的语音系统

2.1.1　三藩市台山话

2.1.1.1　声母（19个，包括零声母）

p　pʰ　m　f　w　t　tʰ　n　l　ts　tsʰ　s　ɬ　j　k　kʰ　ŋ　h　ø

2.1.1.2　韵母（63个）

单元音韵母（6个）：

a　ɔ　ɛ　i　u　y

复元音韵母（13个）：

ai　ɔi　ei　au　ou　ɛu　ia　iu　ua　uɔ　ui　iau　uai

鼻音韵尾韵母（21个）：

am　ɛm　ɔm　im　iam

an　ɛn　ɔn　in　un　ian　uan　uɔn

aŋ　ɛŋ　ɔŋ　ə̃ŋ　eŋ　uŋ　iaŋ　iɔŋ

声化韵母（1个）：

m̩

塞音韵尾韵母（16个）：

ap　ɛp　ip　iap

at　ɔt　ɛt　it　ut

ak　ɛk　ɔk　ek　uk　iak　iɔk

只出现在外来借词中的韵母（6个）：

ə　ɔi　iə　ən　ət　uat

说明：

ə、ɔi、iə、ən、ət、uat 6个韵母只出现在来自英语的借词中。其中，ɔi、iə、ət、uat 4个均只记录到一个例子。例如：

ə　□□nuat⁵pə²²（橡胶，英语：rubber）、□□□ou⁴⁴wə⁴⁴tʰam³¹（超时，英语：overtime）、□□□lei⁴⁴pə⁴⁴tei³¹（劳动节，英语：Labour Day）、□□lei⁴⁴pə³¹（邻居，英语：neighbor）、□□□□san⁴⁴fu²²lau⁴⁴wə³¹（向日葵，英语：sunflower）。

ɔi　□□□mə³¹siɔ²²ti²²（柴刀，英语：machete）。

iə　□□□□□□□ə³¹mɛ⁴⁴li⁴⁴kʰən⁴⁴jin⁴⁴tiə²²si²²（美国印第安人，英语：American Indians）。

ən　□□ə²²pʰak⁵mən²²（公寓，英语：apartment）、□□tɔ⁴⁴fən²²（海豚，英语：dolphin）、□□jiu⁴⁴tʰən³¹（公路U形回转，英语：U-turn）、□□pei⁴⁴kʰən²¹（熏肉，英语：bacon）、□□□□□hai⁴⁴wei³¹tʰou⁴⁴si³¹tʰei⁴⁴sən³¹（公路收费站，英语：highway toll station)。

  ət □□ mət^{2}sou^{44}（蚌，英语：mussel）。

  uat □□nuat^{5}pə^{22}（橡胶，英语：rubber）。

2.1.1.3　声调（7个）

阴平 44	猪、梯、吞、亲、蜂、细、炭、裤
阳平 22	爬、茶、河、随、条、帆、莲、文
上声 55	可、娶、粉、捧、雨、咬、懒、冷
去声 31	舅、倍、每、野、谢、饭、烂、硬
上阴入 5	级、汁、接、笔、出、息、叔、乞
下阴入 3	搭、涩、血、喫、雀、脚、捉、国
阳入 2	十、合、碟、别、直、镬、额、木

变调3个，即高平变调55、高升变调35、中降变调31。其中，35高升变调出现最多，55高平变调最少（台山话各点变调的具体表现，请看下文的2.2.2.4）。

2.1.2　洛杉矶台山话

2.1.2.1　声母（19个，包括零声母）

p p^h m f w t t^h n l ts ts^h s ɬ j k k^h h ŋ Ø

2.1.2.2　韵母（56个）

单元音韵母（5个）：

a ɔ ɛ i u

复元音韵母（11个）：

ai ɔi ei au ɛu iu ua uɔ ui iau uai

鼻音韵尾韵母（18个）：

am ɛm im iam

an ɛn ɔn in un uan

aŋ ɔŋ ɛŋ eŋ əŋ uŋ iaŋ uɔŋ

声化韵母（1个）：

m̩

塞音韵尾韵母（16个）：

ap ɛp ip iap

at ɛt ɔt it ut uat

ak ɛk ɔk ek uk iak

只在外来借词中出现的韵母（5个）：

ə ou ia əŋ yt

说明：

ə、ou、ia、ən、yt 5个韵母只出现在来自英语的借词中。其中，ia 只记录到一个例子。例如：

ə　□□□ lə⁴⁴pə⁴⁴pɛn²¹（橡皮筋，英语：rubber band）、□□□ kʰiu⁴⁴kʰam²¹pə²²（黄瓜，英语：cucumber）、□□□□ san⁴⁴fu²²lau⁴⁴wə²²（向日葵，英语：sunflower）、□□ pə²¹lek⁵（刹车器，英语：brake）、□□lɛt⁵pʰə²²（豹子，英语：leopard）、□□□□□pʰə²¹lɛt⁵si²¹tən²¹si²¹tei²¹（总统节，英语：President's Day）、□□□□ kʰi⁴⁴lou⁴⁴mit³tʰə²¹（公里，英语：kilometer）。

ou　□□□□ kʰi⁴⁴lou⁴⁴mit³tʰə²¹（公里，英语：kilometer）、□□ pə²¹lek⁵（刹车器，英语：brake）、□□win⁴⁴tou²²（窗户，英语：window）、□□□□a⁴⁴wu²²kʰa⁴⁴tou²¹（牛油果，英语：avocado）。

ia　尾□mei⁵⁵ia⁴⁴（后院，英语：backyard）。

ən　□□□□□pʰə²¹lɛt⁵si²¹tən²¹si²¹tei²¹（总统节，英语：Presidents' Day）、□□tai⁴⁴mən²¹（钻石，英语：diamond）、□□ lai⁴⁴ən²²（狮子，英语：lion）、□□□kɔn⁴⁴nei⁵⁵sən²¹（康乃馨，英语：carnation）、□□□ə²¹ pʰak⁵mən²²（公寓，英语：apartment）、□□□□□fai⁴⁴ə⁴⁴in²¹maŋ⁴⁴tʰən²¹（山林大火，英语：fire in the mountain）。

yt　□□□wɔ⁴⁴si²¹tʰyt⁵（华尔街，英语：Wall Street）、□□ lyt⁵tsʰyt³（田边、田埂，英语：ridge）。

2.1.2.3　声调（7个）

阴平44　　花、西、机、新、风、怕、四、去
阳平22　　麻、禾、爷、柴、楼、条、迟、云
上声55　　可、左、狗、马、尾、母、水、眼
去声21　　蒜、对、跳、大、漏、乱、半、二
上阴入5　　执、湿、乜、漆、骨、搣、出、屋
下阴入3　　插、结、发、阔、百、搏、劈、拆
阳入2　　叶、十、蜜、别、月、木、学、日

变调3个，即高平变调55、高升变调35、低降变调21。其中，35 高升变调出现最多，55 高平变调最少。

2.1.3　纽约台山话

2.1.3.1　声母（19个，包括零声母）

p　pʰ　m　f　w　t　tʰ　n　l　ts　tsʰ　s　ɬ　j　k　kʰ　ŋ　h　Ø

2.1.3.2　韵母（52个）

单元音韵母（5个）：
a　ɔ　ɛ　i　u

复元音韵母（12 个）：

ai ɔi ei au ɛu ou iu ua ɔu ui iau uai

鼻音韵尾韵母（16 个）：

am ɛm im iam

an ɛn ɔn in un uan

aŋ ɔŋ ɛŋ eŋ uŋ iaŋ

声化韵母（1 个）：

m̩

塞音韵尾韵母（15 个）：

ap ɛp ip iap

at ɛt ɔt it ut

ak ɛk ɔk ek uk iak

只出现在外来借词中的韵母（3 个）：

ə ən ɔp

说明：

ə、ən、ɔp 3 个韵母只出现在来自英语的借词中。例如：

ə □□sam⁴⁴mə²²（夏季，英语：summer）、□□□mɛn⁴⁴tə³¹si²²（螳螂，英语：mantis）、□□win⁴⁴tʰə²²（冬季，英语：winter）、□□sə³¹kʰei⁴⁴tʰə³¹（蝉，英语：cicada）、□□wi⁵⁵lə²²（别墅，英语：villa）、□□ti³¹tsə³¹（餐后甜点，英语：dessert）、□□□si³¹ta⁵⁵tə³¹（结巴，英语：stutter）。

ən □□pʰak⁵mən²²⁻³⁵（公寓，英语：apartment）、□□ak⁵sən²²（拍卖，英语：auction）、□□□□tsɛk⁵kən³¹fu³¹lai³¹（蜻蜓，英语：dragonfly）、□□win⁴⁴tʰə²²（冬季，英语：winter）。

ɔp □□□pə⁴⁴lɛk⁵tʰɔp³（沥青，英语：blacktop）、□□□□kə³¹la⁴⁴si³¹hɔp⁵pʰə³¹（蚱蜢，英语：grasshopper）。

2.1.3.3 声调（7 个）

阴平 44	家、拖、车、餐、兔、瘦、对、棍
阳平 22	麻、茶、头、林、琴、寒、床、龙
上声 55	火、海、水、婶、粉、绑、粽、请
去声 31	话、树、外、站、马、柱、暖、领
上阴入 5	湿、级、桔、笔、骨、黑、督、曲
下阴入 3	夹、接、发、挖、割、客、渴、脚
阳入 2	十、叶、碟、物、佛、热、服、落

变调 3 个，即高平变调 55、高升变调 35、中降变调 31。其中，35 高升变调出现最多，55 高平变调最少。

2.1.4 芝加哥台山话

2.1.4.1 声母（19个，包括零声母）

p pʰ m f w t tʰ n l ts tsʰ s ɬ j k kʰ ŋ h ∅

2.1.4.2 韵母（62个）

单元音韵母（5个）：

a ɔ ɛ i u

复元音韵母（13个）：

ai ɔi ei au ɛu ou ia iu ui ua ɛu iau uai

鼻音韵尾韵母（22个）：

am ɛm ɔm im iam

an ən ɜn ɔn in un uan uɔn

aŋ ɔŋ ɜŋ eŋ uŋ iaŋ iɔŋ uaŋ uɔŋ

声化韵母（1个）：

m̩

塞音韵尾韵母（18个）：

ap ɛp ip iap

at ɔt ɛt it ut

ak ɛk ɔk ek uk iak iɔk iuk uak

只出现在借词中的韵母（3个）：

ə ɔi ɜt

说明：

ə、ɔi、ɜt 3个韵母只出现在来自英语的借词中。其中，ɔi、ɜt 分别只记录到一个例子。例如：

ə □□ pə⁴⁴lek⁵（刹车器，英语：brake）、□□□ in⁴⁴tʰə³¹wui²²（面试，英语：interview）、□□□ sə⁴⁴wən⁴⁴ap⁵（七喜、雪碧，英语：sever up①）。

ɔi □□□ pʰɛt⁵si³¹tsiɔ³¹（乘客，英语：passenger）。

ɜt □□□□□ tʰɛt⁵si³¹mət⁵si³¹tsʰə²²（发短信，英语：text messages）。

2.1.4.3 声调（7个）

阴平44　　花、杯、天、三、筷、菜、唱、酱
阳平22　　麻、扶、茶、男、盐、云、横、龙
上声55　　火、所、婶、桦、马、米、舅、尾

---

① 发音人以"sever up"这个英语词指代汉语的"七喜"和"雪碧"。

去声 31   美、礼、货、套、浸、外、饭、动
上阴入 5   笠、执、窟、出、北、叔、威、呖
下阴入 3   贴、鸭、发、阔、渴、察、索、百
阳入 2   杂、合、滑、佛、肉、学、镬、落

变调 3 个，即 55 高平变调、35 高升变调、31 中降变调。其中，35 高升变调出现最多，55 高平变调最少。

2.1.5 波特兰台山话

2.1.5.1 声母 (19 个，包括零声母)

p pʰ m f w t tʰ n l ts tsʰ s ɬ j k kʰ ŋ h ∅

2.1.5.2 韵母 (59 个)

单韵母 (5 个)：

a ɔ ɛ i u

复韵母 (13 个)：

ai ɔi ei au ɛu ou ia iu ua uɔ ui iau uai

鼻音韵尾韵母 (18 个)：

am ɛm ɔm im iam

an ɛn ɔn in un uan

aŋ ɔŋ ɛŋ eŋ uŋ iaŋ iɔŋ

声化韵母 (1 个)：

m̩

塞音韵尾韵母 (20 个)：

ap ɛp ɔp ip iap

at ɛt ɔt it ut yt uat

ak ɛk ɔk ek uk iak iɔk iuk

只在借词中出现的韵母 (2 个)：

ə ən

说明：

ə、ən 两个韵母只出现在来自英语的借词中。例如：

ə □□nei⁴⁴ pə²² (邻居，英语：neighbor)、□□kʰa⁴⁴ pʰə²² (铜，英语：copper)、□□a⁴⁴ mə³¹ nɛn³¹ (历书，英语：almanac)、□□si³¹ li⁴⁴ wə²² (银，英语：silver)、□□la⁴⁴ wə³¹ (情妇、情夫，英语：lover)、□□fan⁴⁴ tə²² (雷、打雷，英语：thunder)。

ən □□kʰɛn⁴⁴ lən²² (峡谷，英语：canyon)、□□□□si²² pʰɛt⁵ sou⁴⁴ lyt⁵ tsən³¹ (特区，英语：special region)、□□fou⁴⁴ sən²² (冻住了，英语：frozen)、□□kʰu⁴⁴ sən³¹ (坐垫，英语：cushion)、□□ɔ⁴⁴ lit³ kən³¹ (俄勒冈州，英语：Oregon)。

2.1.5.3 声调（7个）

阴平 44　　高、天、边、生、要、去、过、见
阳平 22　　壶、时、来、林、甜、门、行、同
上声 55　　草、坐、水、咬、短、紧、讲、两
去声 31　　母、社、太、购、啖、健、动、净
上阴入 5　　湿、一、七、出、黑、督、色、黑
下阴入 3　　涩、鸭、喫、跌、尺、只、百、窄
阳入 2　　十、叠、辣、别、滑、特、六、薄

变调3个，即55高平变调、35高升变调、31中降变调。其中，35高升变调出现最多，55高平变调最少。

2.1.6 圣安东尼奥台山话

2.1.6.1 声母（19个）

p pʰ m f w t tʰ n l ts tsʰ s ɬ j k kʰ ŋ h Ø

2.1.6.2 韵母（58个）

单元音韵母（6个）：

a ɔ ɛ i u y

复元音韵母（12个）：

ai ɔi ei au ɛu ou iu ua uɔ ui iau uai

鼻音韵尾韵母（19个）：

am ɛm ɔm im iam

an ɛn ɔn ən in un uan

aŋ ɔŋ ɛŋ eŋ uŋ iaŋ uɛŋ

声化韵母（1个）：

m̩

塞音韵尾韵母（16个）：

ap ɛp ip iap

at ɛt ɔt it ut

ak ɛk ɔk ek uk iak iɔk

只出现在借词中的韵母（4个）：

ə ɔp yt tɛ

说明：

ə、ɔp、yt、ɛt 4个韵母只出现在来自英语的借词中。其中，ɔp、ɛt两个均只记录到一个例子。例如：

ə　　□□□wə²² kʰɛn⁴⁴ lit²（火山爆发，英语：volcanic）、□□□□kə⁴⁴ lɛp⁵ si³¹

sak⁵pʰə³¹（蚱蜢，英语：grasshopper）、□□□si²² tam⁴⁴ mə²² si²²（暖水瓶，英语：thermos）、□□kʰɔ⁴⁴fə²²（保险箱，英语：coffer）、□□□ɛ⁴⁴wə²²kʰa⁴⁴tou³¹（牛油果，英语：avocado）、□□□sɛn⁴⁴tə⁴⁴pʰi:⁴⁴tə³¹（蜈蚣，英语：centipede）。

ɔp   □□□ɔp⁵tʰə³¹pʰə²²si²²（章鱼，英语：octopus）。

yt   □□□ɛ⁴⁴wɔ⁵⁵tʰyt³（雪崩，英语：avalanche）、□□□mɔ⁴⁴kit⁵tsʰyt⁵（供楼，英语：mortgage）、□□pu⁴⁴tsʰyt²（胸针，英语：brooch）、□□kʰit²lyt⁵（小溪，英语：creek）。

ət   □□□si³¹pit⁵kət²［（瓶）塞子，英语：spigot］。

2.1.6.3 声调（7个）

阴平 44	沙、秋、天、餐、布、菜、晒、喊
阳平 22	麻、符、牌、毛、蓝、钱、床、龙
上声 55	打、水、婶、请、坐、手、咬、网
去声 31	美、脑、话、糯、浸、片、病、用
上阴入 5	执、湿、吸、出、笔、郁、督、识
下阴入 3	插、鸭、帖、跌、阔、雪、客、踢
阳入 2	碟、辣、密、律、术、白、镬、读

变调 3 个，即 55 高平变调、35 高升变调、31 中降变调。其中，35 高升变调出现最多，55 高平变调最少。

2.1.7 三藩市广府话

2.1.7.1 声母（20个，包括零声母）

p   pʰ   m   f   w   t   tʰ   n   l   ts   tsʰ   s   j   k   kʰ   kw   kwʰ   ŋ   h   ∅

2.1.7.2 韵母（64个）

单元音韵母（7个）：

a   ɐ   ɔ   ɛ   œ   i   u   y

复元音韵母（10个）：

ai   ɐi   ɔi   ei   œy   au   ɐu   ou   iu   ui

鼻音韵尾韵（19个）：

am   ɐm   ɛm   im

an   ɐn   ɛn   œn   ɔn   in   un   yn

aŋ   ɐŋ   ɛŋ   œŋ   ɔŋ   eŋ   uŋ

声化韵母（1个）：

m̩

塞音韵尾韵母（18个）：

ap   ɐp   ip

at   ɐt   ɛt   ɔt   œt   it   yt   ut

ak ɐk ɛk ɔk œk ek uk

只出现在外来借词中的韵母（9 个）：

ə ɛu əm ɔm ən əŋ ɔp ɛp ət

说明：

ə、ɛu、əm、ɔm、ən、əŋ、ɔp、ɛp、ət 9 个韵母只出现在来自英语的借词中。其中，ɛu、əm、ɔm、əŋ、ɔp 5 个分别只记录到一个例子。例如：

ə　□□si²¹ ta⁵⁵ tə²¹（结巴，英语：stutter）、□□pʰə²¹ lɛn²¹ tʰə²¹（播种机，英语：planter）、□□sɛn⁵⁵ tʰə⁵⁵（圣诞老人，英语：Santa）、□□pɛt⁵ pə²¹（臭虫，英语：bedbug）、□□□□a⁵⁵ fu⁵⁵ tʰə⁵⁵ lai²¹ fu²¹（来世，英语：afterlife）、□□□wɔ⁵⁵ tʰə⁵⁵ lou⁵⁵ lin²¹（睡莲，英语：water lily）。

ɛu　□□kə²¹ la³³ sɛu⁵⁵（车库销售，英语：garage sale）。

əm　□□□kʰak⁵ si²¹ tʰəm²¹（海关，英语：customs）。

ɔm　□□□□pʰɔm⁵⁵ pʰə²¹ jin²¹ tʰu²¹（遇见、碰见，英语：bump into）。

ən　□pʰən⁵³（漆，英语：paint）、□□ə²¹ pʰak⁵ mən²¹（公寓，英语：apartment）、□fən⁵⁵（蕨，英语：fern）、□□ɔ⁵⁵ fən⁵⁵（孤儿，英语：orphan）、□□lai⁵⁵ sɐn³⁵（执照，英语：license）、□□□kʰən²¹ nei⁵⁵ sɐn²¹（康乃馨，英语：carnation）、□□ai⁵⁵ ən²²（铁，英语：iron）。

əŋ　□□□si²¹ pʰə³³ lɛŋ⁵⁵（春天，英语：spring）。

ɔp　□□tɔp⁵ tɛŋ⁵⁵（漂流，英语：drifting）。

ɛp　□□tʰɛp⁵ pʰou²¹（蝌蚪，英语：tadpole）、□□kʰə²¹ lɛp⁵ fut⁵（西柚，英语：grapefruit）、□□□sɛp⁵ pʰə²¹ lei²¹ ti²¹（分居，英语：separated）、□□□□si²¹ tɛp⁵ fa⁵⁵ tə²¹（继父，英语：stepfather）、□□□ɛp pə²¹ kʰɛt³ si²¹（算盘，英语：abacus）、□□□ɛp² pə²¹ tɛm⁵⁵ mek²（瘟疫，英语：epidemic）。

ət　□□□pʰət⁵ tsʰiu⁵⁵ lɛm²¹（石油，英语：petroleum）、□□□sɛt⁵ tʰət³ lai²²（卫星，英语：satellite）。

2.1.7.3　声调（9 个）

阴平 55/53　　瓜、乌、休、针、山、春、帮、声
阳平 21　　　扶、旗、葵、厨、文、横、床、明
阴上 35　　　火、许、酒、险、碗、玩、绑、讲
阳上 13　　　耳、惹、雨、米、每、坐、藕、晚
阴去 33　　　裤、货、过、去、剑、欠、棍、唱
阳去 22　　　饿、住、味、胃、换、旺、问、病
上阴入 5　　　急、执、湿、七、吉、乞、塞、屋
下阴入 3　　　鸭、杀、雪、阔、擘、伯、博、脚
阳入 2　　　　碟、别、栗、滑、滴、石、鹿、药

说明：

阴平有两个调值，以 55 调为主，53 调只出现在来自英语的外来借词中，而中国广州

话的阴平 53 调已基本消失。例如：

□□wai⁵⁵wai⁵³（白葡萄酒，英语：white wine）、□wɔ⁵³（羊毛，英语：wool）、□pʰu⁵³（池塘，英语：pool）。

变调两个，即高平变调 55 和高升变调 35，35 变调比 55 变调多得多。

2.1.8 洛杉矶广府话

2.1.8.1 声母（20 个，包括零声母）

p pʰ m f w t tʰ n l ts tsʰ s j k kʰ kw kwʰ ŋ h ∅

2.1.8.2 韵母（60 个）

单元音韵母（7 个）：

a ɔ ɛ œ i u y

复元音韵母（10 个）：

ai ɐi ɔi ei au ɐu ou iu ui œy

鼻音韵尾韵母（19 个）：

am ɐm ɛm im

an ɐn ɔn ɛn in un yn œn

aŋ ɐŋ ɛŋ ɔŋ eŋ œŋ uŋ

声化韵母（1 个）：

m̩

塞音韵尾韵母（17 个）：

ap ɐp ip

at ɐt ɔt œt it ut yt

ak ɐk ɛk œk ɔk ek uk

只出现在外来借词中的韵母（6 个）：

ə ɛu iam ən ɔp ɛt

说明：

ə、ɛu、iam、ən、ɔp、ɛt 6 个韵母只出现在来自英语的外来借词中。其中，iam、ɔp 仅记录到一个例子。例如：

ə □□nei⁵⁵pə²¹（邻居，英语：neighbor）、□□faŋ⁵⁵tə²¹（雷，英语：thunder）、□□tit²tsə²¹（餐后甜点，英语：dessert）、□□tʰɔk⁵pʰə³³（沥青，英语：top black）、□□wei⁵⁵wə⁵⁵pɛn⁵³（河岸，英语：riverbank）、□□wə²¹kʰei⁵⁵lou²¹（火山，英语：volcano）。

ɛu □hɛu⁵³（冰雹，英语：hail）、□□ɛu⁵⁵ei⁵⁵（洛杉矶的简称"LA"，英语：Los Angeles）。

iam □□□□a⁵⁵lɔ⁵⁵mi⁵⁵liam⁵⁵（铝，英语：aluminum）。

ən □□sɛm⁵⁵mən²¹（水泥，英语：cement）、□□kʰa⁵⁵tən²¹（棉花，英语：cotton）、

□□□fu²¹lou⁵⁵tsən²¹（冻住，英语：frozen）、□□ɛu⁵⁵mən⁵⁵（历书，英语：almanac）。
ɔp　□□lɛt⁵tʰɔp⁵（手提电脑，英语：laptop）。
ɛt　□pʰɛt⁵（宠物，英语：pet）、□□fɛt⁵si³⁵（传真，英语：fax）、□□□nɛt⁵si²¹jɛ²¹（明年，英语：next year）、□□□fu²¹lɛt⁵lɛn⁵³（平地，英语：flat land）、□□□ɔn⁵⁵lai⁵⁵tsʰɛt⁵（网聊，英语：online chat）、□□□si²¹kɛt⁵tsiu²¹（时间表，英语：schedule）。

2.1.8.3　声调（9个）

阴平 55/53	高、批、衣、多、珠、稀、单、风
阳平 21	材、头、球、厨、蝉、林、平、农
阴上 35	攞、九、粉、紧、婶、演、本、井
阳上 13	徛、坐、嘢、舅、满、懒、领、网
阴去 33	布、透、盖、晒、剑、炭、秤、镜
阳去 22	夜、话、大、雾、念、闷、动、磅
上阴入 5	粒、执、湿、出、色、黑、烛、侧
下阴入 3	鸭、客、尺、拍、喝、八、插、脚
阳入 2	十、焗、贼、直、律、月、碟、药

说明：

声调系统同粤方言广州话。阴平有两个调值，保留了粤方言广州话阴平原来有的 53 调，但 53 调值只出现在外来借词中。例如：

□fɔ⁵³（秋天，英语：fall）、□□sɛ⁵³tou²¹（影子，英语：shadow）、□□□wei⁵⁵wə⁵⁵pɛn⁵³（河岸，英语：riverbank）。

变调两个，即高变调 55 和高升变调 35，35 变调比 55 变调多得多。

2.1.9　纽约广府话

2.1.9.1　声母（20个，包括零声母）

p　pʰ　m　f　w　t　tʰ　n　l　ts　tsʰ　s　j　k　kʰ　kw　kwʰ　ŋ　h　ø

2.1.9.2　韵母（62个）

单元音韵母（7个）：

a　ɔ　ɛ　œ　i　u　y

复元音韵母（10个）：

ai　ɐi　ɔi　ei　au　ɐu　ou　œy　iu　ui

鼻音韵尾韵母（19个）：

am　ɐm　ɛm　im

an　ɐn　ɔn　ɛn　œn　in　un　yn

aŋ ɐŋ ɛŋ œŋ ɔŋ eŋ uŋ

声化韵（1 个）：

m̩

塞音韵尾韵母（18 个）：

ap ɐp ip

at ɐt ɛt œt ɔt it ut yt

ak ɐk ɛk œk ɔk ek uk

只出现在外来借词中的韵母（7 个）：

ə ɛu yɛ ən ɔp up ət

说明：

ə、ɛu、yɛ、ən、ɔp、up、ət 7 个韵母只出现在来自英语的借词中。其中，ɛu、yɛ、ɔp、up 4 个均只记录到一个例子。例如：

ə □□nei⁵⁵ pə²¹（邻居，英语：neighbor）、□□mei⁵⁵ pʰə²¹（枫树，英语：maple）、□□□□□fə⁵⁵ si²¹ kʰə²¹ la²¹ si²¹（头等舱，英语：first class）、□□□□□si²¹ pu⁵⁵ lin⁵⁵ wə⁵⁵ tʰə²¹（矿泉水，英语：spring water）、□□□□ɔ⁵⁵ li²¹ wə²¹ si²¹（橄榄，英语：olives）、□□fou⁵⁵ tə²¹（文件夹，英语：folder）。

ɛu □□hou³³ tʰɛu²¹（旅店，英语：hotel）。

yɛ □□□si²¹ tʰɛn²² tsyɛ²¹（陌生人，英语：stranger）。

ən □□wɔk⁵ mən²¹（随身听，英语：walkman）、□□□□pʰu²¹ lɛt⁵ si²¹ tən²¹（总统，英语：president）、□□jiu⁵⁵ tʰən⁵⁵（公路 U 形回转，英语：U-turn）、□□□kʰa⁵⁵ si²¹ tʰən²¹（海关，英语：customs）、□□□□□nɛt⁵ sən⁵⁵ nou⁵⁵ tei²¹（国庆节，英语：National Day）、□□ □ kʰa⁵⁵ sɛt³ sən²¹（剖腹产，英语：caesarean）。

ɔp □□tʰip⁵ tʰɔp⁵⁵（顶呱呱，英语：tiptop）。

up □□up⁵ hiu⁵⁵（上坡，英语：uphill）。

ət □□□□□lɛt⁵ lai¹³ tit⁵ si²¹ tʰə²² li²¹ tʰət³（红灯区，英语：red light district）、□□□□mit⁵ ni²¹ si²¹ kʰət²（超短裙，英语：miniskirt）。

2.1.9.3 声调（9 个）

阴平 55	高、天、车、家、猪、书、监、风
阳平 21	婆、埋、茶、河、时、鱼、林、农
阴上 35	好、手、酒、狗、底、苦、敢、粽
阳上 13	你、坐、企、蚁、乳、尾、有、冷
阴去 33	裤、去、菜、盖、店、靓、痛、放
阳去 22	大、号、在、病、订、命、动、用
上阴入 5	湿、执、黑、七、笔、得、福、竹
下阴入 3	鸭、达、铁、发、窄、国、拍、阔
阳入 2	十、蜡、碟、日、镬、毒、绿、白

变调两个，即 55 高平变调和 35 高升变调，35 变调比 55 变调多得多。

2.1.10 芝加哥广府话

2.1.10.1 声母（20个，包括零声母）

p pʰ m f w t tʰ n l ts tsʰ s j k kʰ kw kwʰ ŋ h ∅

2.1.10.2 韵母（57个）

单元音韵母（7个）：

a ɔ ɛ œ i u y

复元音韵母（10个）：

ai ɐi ei ɔi œy au ɐu ou iu ui

鼻音韵尾韵母（17个）：

am ɐm im

an ɐn ɔn in œn yn un

aŋ ɐŋ ɛŋ ɔŋ œŋ eŋ uŋ

声化韵母（1个）：

m̩

塞音韵尾韵母（17个）：

ap ɐp ip

at ɐt ɔt œt it ut yt

ak ɐk ɛk ɔk œk ek uk

只出现在借词中的韵母（5个）：

ə ɛu ɛm ən ɛt

说明：

ə、ɛu、ɛm、ən、ɛt 5个韵母只出现在来自英语的借词中。其中，ɛu、ən、ɛt 3个均只记录到一个例子。例如：

ə　□□□kʰiu⁵⁵kʰam³³pə²¹（黄瓜，英语：cucumber）、□□kʰə²¹nu⁵⁵（独木舟，英语：canoe）。

ɛu　□□kʰɔk⁵tʰɛu⁵⁵（鸡尾酒，英语：cocktail）。

ɛm　起□hei³⁵tɛm⁵⁵（筑坝，英语：dam）、□□□sɛm⁵⁵ma⁵⁵kɛm⁵⁵（夏令营，英语：summer game）。

ən　□□□ə²¹pʰak⁵mən²¹（公寓，英语：apartment）。

ɛt　□pʰɛt⁵（宠物，英语：pet）。

2.1.10.3 声调（9个）

阴平 55　　天、花、杯、三、猪、高、飞、边
阳平 21　　麻、扶、茶、男、盐、云、横、龙
阴上 35　　古、展、纸、走、短、比、碗、手

阳上 13	社、女、野、暖、买、马、有、坐
阴去 33	盖、醉、对、变、爱、菜、送、放
阳去 22	是、父、树、害、饭、病、漏、用
上阴入 5	竹、屋、塞、得、笔、福、一、黑
下阴入 3	割、尺、窄、阔、百、拍、发、铁
阳入 2	局、月、入、食、十、六、石、服

变调两个，即 55 高平变调，35 高升变调，35 变调比 55 变调多得多。

2.1.11 波特兰广府话

2.1.11.1 声母（20 个，包括零声母）

p pʰ m f w t tʰ n l ts tsʰ s j k kʰ kw kwʰ ŋ h Ø

2.1.11.2 韵母（60 个）

单韵母（7 个）：

a ɔ ɛ œ i u y

复韵母（10 个）：

ai ɐi ɔi ei au ɐu ou œu iu ui

鼻音韵尾韵母（18 个）：

am ɐm im

an ɐn ɔn ɛn in œn un yn

aŋ ɐŋ ɔŋ œŋ ɔŋ eŋ uŋ

声化韵母（1 个）：

m̩

塞音韵尾韵母（17 个）：

ap ɐp ip

at ɐt ɔt it œt ut yu

ak ɐk ɛk œk ɔk ek uk

只在借词中出现的韵母（7 个）：

ə ɛu ɛm ɔm iam ən ɛt

说明：

ə、ɛu、ɛm、ɔm、iam、ən、ɛt 7 个韵母只出现在来自英语的借词中。其中，ɔm、iam 两个均只记录到一个例子。例如：

ə　□□mei⁵⁵pʰə²¹（枫树，英语：maple）、□□mə⁵⁵si²¹tʰi²¹（柴刀，英语：machete)、□□kʰap⁵pʰə²¹（鲤鱼、鲫鱼，英语：carp）、□□ɔ⁵⁵li⁵⁵wə²¹（橄榄，英语：olives）、□□si²¹tə⁵⁵［雪松（发音人以其指代"杉树"），英语：cedar］、□□la⁵⁵wɛn⁵⁵tə²¹（薰衣草，英语：lavender）。

ɛu　□□ji⁵⁵mɛu⁵⁵（电邮，英语：e-mail）、□□kə²¹ lɛt⁵sɛu⁵⁵（车库销售，英语：

garage sale)。

ɛm □lɛm²¹（公羊，英语：ram）、□tsɛm⁵⁵（果酱，英语：jam）、□□sɛm⁵⁵ pou²² （样品，英语：sample）。

ɔm □□kɔm⁵⁵mit²（彗星，英语：comet）。

iam □□□□a³³lɔ⁵⁵mi⁵⁵liam⁵⁵（铝，英语：aluminum）。

ən □fən⁵⁵（蕨，英语：fern）、□□jiu⁵⁵ tʰən⁵⁵（公路U形回转，英语：U-turn）、□□□fu²¹lou⁵⁵ sən²¹（冻住了，英语：frozen）、□□□□ɔ⁵⁵ si²¹ mən²¹ tʰə²¹（桂花，英语：osmanthus）。

ɛt □□□nɛt⁵sən⁵⁵nou⁵⁵tei³³（国庆节，英语：National Day）、□□kə²¹lɛt⁵sɐu⁵⁵（车库销售，英语：garage sale）、□□□□tsɛt⁵kən²¹fu²¹lai²¹（蜻蜓，英语：dragonfly）、□□□wai⁵⁵ɔ⁵⁵ tsʰɛt³（白兰花，英语：white orchid）、□□□kɛt⁵lɛk²si²¹（银河，英语：galaxy）、□□□fi²¹li⁵⁵ma⁵⁵kʰɛt³（跳蚤市场，英语：flea market）。

2.1.11.3 声调（9个）

阴平55　花、西、高、谦、天、山、帮、空
阳平21　婆、梅、迷、谈、盐、船、旁、红
阴上35　锁、起、检、减、扁、枧、讲、粽
阳上13　美、渠、淡、染、懒、暖、网、猛
阴去33　怕、货、四、禁、探、罐、柄、放
阳去22　是、味、做、换、乱、顺、磅、梦
上阴入5　急、执、湿、出、七、乞、得、戚
下阴入3　鸽、接、八、泼、阔、隔、客、拍
阳入2　十、叶、日、月、别、落、直、药

变调两个，即55高平变调，35高升变调，35变调比55变调多得多。

2.1.12 休斯敦广府话

2.1.12.1 声母（20个，包括零声母）

p pʰ m f w t tʰ n l ts tsʰ s j k kʰ kw kwʰ ŋ h Ø

2.1.12.2 韵母（57个）

单元音韵母（7个）：
a ɔ ɛ œ i u y
复元音韵母（10个）：
ai ɐi ɔi ei au ɐu ou iu ui œy

鼻音韵尾韵母（17个）：

am ɐm im

an ɐn ɔn in œn un yn

aŋ ɐŋ ɛŋ œŋ ɔŋ eŋ uŋ

声化韵母（1个）：

m̩

塞音韵尾韵母（18个）：

ap ɐp ip

at ɐt ɛt it ɔt œt ut yt

ak ɐk ɛk ɔk œk ek uk

只出现在外来词中的韵母（4个）：

ə ɛu ən ɛn

说明：

ə、ɛu、ən、ɛn 4个韵母只出现在来自英语的外来词中，但ɛn只记录到一个例子。例如：

ə 汉堡□hɛn⁵⁵ pə²¹ kə²¹（汉堡包，英语：hamburger）、□□mei⁵⁵ pʰə²¹（枫树，英语：maple）、□□□san⁵⁵ fu²¹ lau⁵⁵ wə²¹（向日葵，英语：sunflower）、□□□wɔ⁵⁵ tʰə⁵⁵ lɔ⁵⁵ tsin²¹（水涝，英语：waterlogging）、□□ji⁵⁵ si²¹ tʰə²¹（复活节，英语：Easter）、□□□tʰə²¹ nə²¹ nei⁵⁵ tou²¹（龙卷风，英语：tornado）、□□kʰə²¹ lim⁵⁵（奶油，英语：cream）。

ɛu □□ji⁵⁵ mɛu⁵⁵（电邮，英语：e-mail）、□□kɛ⁵⁵ lə³³ sɛu³³（车库销售，英语：garage sale）。

ən □□ə²¹ pʰak⁵ mən²¹（公寓，英语：apartment）、□□pei⁵⁵ kʰən²¹（熏肉，英语：bacon）。

ɛn 汉堡□hɛn⁵⁵ pə²¹ kə²¹（汉堡包，英语：hamburger）。

2.1.12.3 声调（9个）

阴平 55	高、猪、粗、边、春、三、圈、惊
阳平 21	婆、时、前、人、零、平、龙、红
阴上 35	锁、指、好、手、起、饮、讲、颈
阳上 13	我、市、你、老、满、远、网、领
阴去 33	怕、去、布、喊、见、惯、放、送
阳去 22	话、糯、夜、味、庙、阵、慢、仲
上阴入 5	执、笔、出、得、骨、黑、戚、竹
下阴入 3	鸭、接、八、铁、渴、拍、脚、尺
阳入 2	腊、叶、律、莫、力、药、肉、食

变调两个，即55高平变调和35高升变调，35高升变调比55高平变调多得多。

2.2 美国华人社区粤方言台山话的语音

我们已知,广东四邑籍的华人是美国唐人街的主要创建者,是美国唐人街最早的主人。尽管今天粤方言台山话在美国华人社区已非最强势的汉语方言,但是台山话是美国华人社区的唐人街从开埠伊始直至到今天,都一直在流通的主要交际汉语方言之一,却是不争的事实。了解美国华人社区,有必要从华人社区流行的粤方言台山话开始。

广东的四邑地区,除了台山,还有新会、开平、恩平等地。广东四邑各地的粤方言小有差异,例如,广东的台山话有8个声调,恩平话却只有7个声调。即使在台山的内部,也有一些差异。比如,民间有将广东台山分为上台山、下台山的:上台山指的是台山的北部,如广海镇、三八镇、都斛镇等地;下台山指的是台山的南部,如海宴镇、汶村镇、上川岛、下川岛等地。曾经有一种误解,认为台山话都有舌尖清边擦音ɬ-声母,但这个特别的舌尖清边擦音ɬ-在广东台山,其实主要出现在上台山话中,而在下台山话里却常常缺少。

美国的四邑籍华人,除了人数比较多的台山籍华人,也包括来自新会、开平、恩平这些地方的,他们原先在祖籍地使用的汉语方言也各有自己的一些小特点。但是,就像活跃在东南亚的不同国家,如马来西亚、新加坡、印度尼西亚、泰国、柬埔寨、老挝、越南等国不同华人社区的一些地点,来自广东潮汕地区不同地方的闽方言潮州话,在长期的共存中相互影响,慢慢磨损掉了汕头、潮州、揭阳等潮汕的小地点方言各自的特点,演变为一个"大潮汕话"一样,长期共同生活在同一个社区,大家相互影响,不断受到美国主流语言英语的冲击,在远离祖籍地过百年后,被广东四邑籍华人带到美国的四邑话也在不断地磨合,使得各自的小特点慢慢地磨损、慢慢地消失,并在自己的社区内,逐渐融会成一个被冠以"台山话"之名的"大台山话",这种台山话也就成为美国华人社区的一种通用汉语方言。

本节将首先重点从语音系统的方方面面分析阐述美国华人主要聚居地之一——洛杉矶的台山话语音,然后再对我们所调查的6个台山话点的语音做一个全面、详细的比较论述。

2.2.1 洛杉矶台山话语音系统的详细分析

2.2.1.1 19个声母及其与中古音的对应

19个声母(包括零声母):p、p^h、m、f、w、t、t^h、n、l、ts、ts^h、s、ɬ、j、k、k^h、h、ŋ、Ø。

以下的对应,凡是洛杉矶台山话音节有两种不同读法的,都会分别列出,韵母的对应也如此,这样就可能会出现一种现象:有的例子会在不同的声母或者不同的韵母中分别出现(下同)。

(1)p来自中古帮母、並母。例如:

帮母:爸 pa^{44}、把 pa^{55}、波 pɔ^{44}、痹 pi^{44}、布 pu^{44}、摆 pai^{55}、拜 pai^{44}、杯 pɔi^{44}、包

pau⁴⁴、饱 pau⁵⁵、爆 pau⁴⁴、保 pau⁵⁵、班 pan⁴⁴、扁 pen⁵⁵、板 pan⁵⁵、本 pɔn⁵⁵、半 pɔn⁴⁴、边 pen⁴⁴、帮 pɔŋ⁴⁴、冰 peŋ⁴⁴、饼 piaŋ⁵⁵、绑 pɔŋ⁵⁵、八 pat³、笔 pit⁵、百 pak³、卜₋萝~ pak²、伯 pak³

并母：鼻 pi²¹、排~骨 pai²²、背 pɔi⁴⁴、鲍 pau⁴⁴、辫 pin⁴⁴、病 piaŋ²¹、平 peŋ²²、凭 paŋ²¹、便₋方~ peŋ²¹、别 pit²、白 pak²、薄 pɔk²

个别来自中古滂母、非母。例如：

滂母：玻 pu⁴⁴
非母：斧 pu⁵⁵

(2) pʰ 来自中古滂母、并母。例如：

滂母：怕 pʰa⁴⁴、铺 pʰu⁴⁴、炮 pʰau²¹、票 pʰiau²¹、批 pʰai⁴⁴、劈 pʰiak³
并母：婆 pʰu²²、皮 pʰi²²、脾 pʰi²²、爬 pʰa²²、菩 pʰu²²、牌 pʰai²²、排₋~ pʰai²²、陪 pʰɔi²²、刨 pʰau²²、便₋宜 pʰɛn²²、盆 pʰun²²、朋 pʰaŋ²²、平 pʰeŋ²²、泊 pʰak³

(3) m 来自中古明母、微母。例如：

明母：磨 mu²¹、马 ma⁵⁵、麻 ma²²、眉 mi²²、妹 mɔi²¹、梅 mɔi²²、买 mai⁵⁵、米 mai⁵⁵、美 mi²¹、毛 mɔ²²、帽 mɔ²¹、庙 miau²¹、棉 mɛn²²、门 mɔn²²、慢 man²¹、面 men²¹、盲 maŋ²²、梦 muŋ²¹、明 meŋ²²、芒 maŋ⁴⁴、抹 mɔt³、蜜 mat²、密 mit²、木 muk²、麦 mak²、墨 mak²
微母：舞 mu⁵⁵、尾 mi⁵⁵/ mei⁵⁵、味 mi²¹、晚 man⁵⁵、文 mun²²、蚊 mun²²、万 man²¹、闻 mun²²、网 mɔŋ⁵⁵、袜 mat²

个别来自中古帮母。例如：

帮母：擘 mak³

(4) f 来自中古非母、敷母、奉母、晓母。例如：

非母：夫 fu⁴⁴、飞 fi⁴⁴、粉 fun⁵⁵、方 fɔŋ⁴⁴、放 fɔŋ⁴⁴、风 fuŋ⁴⁴、封 fuŋ⁴⁴、发 fat³
敷母：费 fi⁴⁴、番 fan⁴⁴、翻 fan⁴⁴、蜂 fuŋ⁴⁴
奉母：父 fu²¹、腐 fu²¹、肥 fi²²/fei²²、浮 fau²²、妇 fu²¹、分₋几~ fun²¹、饭 fan²¹、房 fɔŋ²²、服 fuk²
晓母：火 fɔ⁵⁵、伙 fu⁵⁵、货 fɔ⁴⁴、花 fa⁴⁴、化 fa⁴⁴、虎 fu⁵⁵、灰 fɔi⁴⁴、欢 fun⁴⁴、婚 fun⁴⁴、荒 fɔŋ⁴⁴

少量来自中古溪母。例如：

溪母：苦 fu⁵⁵、裤 fu²¹、快 fai⁴⁴、块 fai⁴⁴、筷 fai⁴⁴、阔 fɔt³

个别来自中古并母、疑母。例如：

并母：埠 fau²¹
疑母：玩 fan⁵⁵

（5）w 来自中古匣母、影母。例如：

匣母：和 wɔ²²、禾 wɔ²²、华 wa²²、胡 wu²²、糊 wu²²、壶 wu²²、回 wɔi²²、怀 wai²²、话 wa²¹、画 wa²¹、换 wan²¹、环 wan²²、还 wan²²、黄 wɔŋ²²、横 waŋ²²、滑 wat²、核_{果~}wut²、镬 wɔk²、或 wak²、划 wak²
影母：乌 wu⁴⁴、碗 wɔn⁵⁵、弯 wan⁴⁴、稳 wun⁵⁵

少量来自中古喻_云母、喻_以母，例如：

喻_云母：芋 wu²¹、云 wun²²、晕 wun²²
喻_以母：维 wi²²、位 wai²¹

个别来自中古端母，例如：

端母：对 wui²¹

（6）t 来自中古端母、精母、从母。例如：

端母：朵 wu⁵⁵、都 tu⁴⁴、多 tɔ⁴⁴/tu⁴⁴、点 tiam⁵⁵/tim⁵⁵/tɛm⁴⁴、担 tam⁴⁴/am⁴⁴、颠 tin⁴⁴、丁 tɛŋ⁴⁴、得 tak⁵。
精母：姊 ti⁵⁵、早 tɔ⁵⁵、枣 tɔ⁵⁵、左 tu⁵⁵、子 tu⁵⁵、做 tu⁴⁴/tsu²¹、借 tɛ⁴⁴、蕉 tiau⁴⁴、椒 tiu⁴⁴、再 tɔi¹¹、走 tau⁵⁵、酒 tiu⁵⁵、浸 tim⁴⁴、尖 tiam⁴⁴、剪 tɛn⁵⁵/tin⁵⁵、钻 tun²¹、精 tiaŋ⁴⁴、浆 tiaŋ⁴⁴、棕 tuŋ⁵⁵、接 tiap³、节 tek⁵、即 tek⁵、脊 tiak³
从母：昨 tɔ²¹、字 tsi²¹/tu²¹、就 tiu³¹、静 tiaŋ²¹/teŋ²¹、杂 tap²

少量来自中古定母、邪母。例如：

定母：垫 tin²¹、定 teŋ²¹、蝶 tiap²
邪母：谢 tɛ²¹、袖 tiu²¹

个别来自中古知母、澄母、照庄母。例如：

知母：转 tun²¹/tsɔn⁵⁵
澄母：沉 tim²²
照庄母：找 tau⁵⁵

(7) tʰ 来自中古透母、清母。例如：

透母：兔 tʰu⁴⁴、他言~tʰa⁴⁴、拖 tʰu⁴⁴、吐 tʰui²¹、挑 tʰɛu⁴⁴、腿 tʰui⁵⁵、贴 tʰiap³、踢 tʰiak³
清母：草 tʰɔ⁵⁵、锉 tʰɔ⁴⁴、秋 tʰiu⁴⁴、菜 tʰɔi²¹、餐 tsʰan⁴⁴/tʰan⁴、村 tʰun⁴⁴、亲 tʰin⁴⁴、千 tʰɛn⁴⁴、清 tʰeŋ⁴⁴、聪 tʰuŋ⁴⁴、七 tʰit⁵、漆 tʰit⁵、戚 tʰek⁵

少量来自中古从母。例如：

从母：齐 tʰai²²、钱 tʰɛn²²、墙 tʰiaŋ²²、贼 tʰak²

个别来自中古定母、精母、邪母、澄母、穿初母、穿昌母。例如：

定母：提 tʰai²²
精母：雀 tʰiak³
邪母：斜 tʰɛ²²
澄母：迟 tʰi²²、除 tʰui²²
穿初母：窗 tʰiaŋ⁴⁴
穿昌母：春 tʰun⁴⁴、尺 tsʰɛk³/tʰiak³

(8) n 来自中古泥（娘）母。例如：

泥（娘）母：闹 nɔ²¹、糯 nu²¹、你 ni⁵⁵、尼 ni²²、泥 nai²²、奶 nai²¹、女 nui⁵⁵、男 nam²²、年 neŋ²²、暖 nɔn⁵⁵、嫩 nun²¹、柠 neŋ²²、燶 nuŋ⁴⁴、农 nuŋ²²

(9) l 来自中古来母。例如：

来母：路 lu²¹、罗 lu²²、萝 lu²²、老 lɔ⁵⁵、璃 li⁴⁴、炉 lu²²、捞 lau²²、楼 lau²²、流 liu²²、雷 lui²²、礼 li²¹/lai²¹、旅 lui²¹、揽 lam⁵⁵、帘 lim²²、林 lim²²、淋 lim²²、莲 lin²²、兰 lan²²、烂 lan²¹、轮 lun²²、懒 lan⁵⁵、两 liaŋ⁵⁵、凉 liaŋ²²/lɛŋ²²、冷 laŋ⁵⁵、晾 lɔŋ²¹、龙 luŋ²²、笼 luŋ²²、靓 liaŋ⁴⁴、腊 lap²、裂 lit²、垃 lap²、栗 lut²、辣 lat²、历 lek²、绿 luk²、落 lɔk²

(10) ts 来自中古母知母、澄母、照庄母、照章母。例如：

知母：知 tsi⁴⁴、猪 tsi⁴⁴、站~立 tsam²¹、转~圈 tsɔn⁵⁵、摘 tsak²、着~衣 tsiak³

澄母：住 tsi²¹、站 tsam²¹、赚 tsan²¹、阵 tsin²¹、长 tsiaŋ⁵⁵、中 tsuŋ⁴⁴、丈 tsiaŋ²¹、仗 tsiaŋ²¹、张 tsiɔŋ⁴⁴、竹 tsuk⁵、着睡~ tsɛk²、直 tsek²、值 tsek²

照庄母：诈 tsa⁴⁴、阻 tsu⁵⁵、斩 tsam⁵⁵、眨 tsam⁴⁴、争 tsaŋ⁴⁴、窄 tsak³

照章母：珠 tsi⁴⁴、煮 tsi⁵⁵、纸 tsi⁵⁵、主 tsi⁵⁵、指 tsi⁵⁵、蔗 tsɛ²¹、枝 tsi⁴⁴、主 tsi⁵⁵、照 tsiu⁴⁴、者 tsɛ⁵⁵、煮 tsi⁵⁵、锥 tsui⁴⁴、针 tsim⁴⁴、斟 tsim⁴⁴、颤 tsan⁴⁴、砖 tsɔn⁴⁴、真 tsin⁴⁴、震 tsin⁴⁴、正 tsiaŋ⁴⁴、钟 tsuŋ⁴⁴、种 tsuŋ⁴⁴、执 tsap⁵、烛 tsuk⁵、粥 tsuk⁵

少量来自中古精母。例如：

精母：做 tu⁴⁴/tsu²¹、浸 tsim²¹、总 tsuŋ⁵⁵

个别来自中古从母、邪母、床船母。例如：

从母：自 tsi²¹、暂 tsam²¹
邪母：橡 tsiaŋ²¹、席 tsɛk²
床船母：剩 tseŋ²¹

(11) tsʰ 来自中古清母、澄母、穿初母、穿昌母。例如：

清母：错 tsʰɔ⁴⁴、秋 tsʰiu⁴⁴、趣 tsʰui⁴⁴、彩 tsʰɔi⁵⁵、请 tsʰɛŋ⁵⁵、葱 tsʰuŋ⁴⁴、擦 tsʰat³

澄母：茶 tsʰa²²、除 tsʰui²²、厨 tsʰu²²、尘 tsʰin²²、场 tsʰiaŋ²²、肠 tsʰiaŋ²²、橙 tsʰaŋ²²、虫 tsʰuŋ²²、长~凳 tsʰiaŋ²²/tsʰɛŋ²²、重轻~ tsʰuŋ⁴⁴

穿初母：初 tsʰɔ⁴⁴、叉 tsʰa⁴⁴、差出~ tsʰai⁴⁴、炒 tsʰau⁵⁵、铲 tsʰan⁵⁵、疮 tsʰɔŋ⁴⁴、铛 tsʰaŋ⁴⁴、察 tsʰat³

穿昌母：车 tsʰɛ⁴⁴、吹 tsʰui⁴⁴、炊 tsʰui⁵⁵、处~所 tsʰui²¹、吹 tsʰui⁴⁴、春 tsʰun⁴⁴、蠢 tsʰun⁵⁵、厂 tsʰɔŋ⁵⁵、秤 tsʰeŋ⁴⁴、冲 tsʰuŋ⁴⁴、出 tsʰut⁵

少量来自中古从母、彻母、床崇母。例如：

从母：坐 tsʰu⁵⁵、财 tsʰɔi²²、材 tsʰɔi²²、前 tsʰɛn²²
彻母：丑 tsʰiu⁵⁵、抽 tsʰau⁴⁴、折 tsʰak³
床崇母：锄 tsʰu²²、柴 tsʰai²²、巢 tsʰau²²、床 tsʰɔŋ²²

个别来自中古禅母。例如：

禅母：匙 tsʰi²²、常 tsʰɛŋ²²

(12) s 来自中古心母、审生母、审书母、禅母。例如：

心母：司 si⁴⁴、细 sai⁴⁴、婿 sai²¹、西 sai⁴⁴、洗 ɬai⁵⁵/sai⁵⁵、扫 sɔ⁴⁴、宵 siau⁴⁴、三 sam⁴⁴、酸 ɬɔn⁴⁴/sɔn⁴⁴、信 ɬin⁴⁴/sin⁴⁴、送 sɔŋ⁴⁴/ɬuŋ²¹

审生母：沙 sa⁴⁴、纱 sa⁴⁴、傻 sɔ²²、数 su⁴⁴、疏 su⁴⁴、梳 ɬɔ⁴⁴/sɔ⁴⁴、瘦 sau⁴⁴、使 sɔi⁵⁵、晒 sai⁴⁴、衫 sam⁴⁴、山 san⁴⁴、闩 san⁴⁴、霜 sɔŋ⁴⁴、双 sɔŋ⁴⁴、生 saŋ⁴⁴、省 saŋ⁵⁵、虱 sit⁵、色 sek⁵

审书母：书 si⁴⁴、鼠 si⁵⁵、暑 si⁵⁵、试 si⁴⁴、舒 si⁴⁴、屎 su⁵⁵、势 sai⁴⁴、世 sai²¹、少 siu⁵⁵、水 sui⁵⁵、手 ɬiu⁵⁵/siu⁵⁵、收 siu⁴⁴、烧 ɬɛu⁴⁴/siau⁴⁴、婶 sim⁵⁵、扇 sɛn⁴⁴、身 sin⁴⁴、伤 siaŋ⁴⁴、声 siaŋ⁴⁴/sɛŋ⁴⁴、圣 seŋ⁴⁴、湿 siap⁵/sip⁵、摄 sip³、失 sit⁵、识 sek⁵、叔 suk⁵

禅母：薯 si²²、时 si²²、匙 si²²、树 si²¹、豉 si²¹、市 si²¹、谁 sui、晨 sin²²、尝 siaŋ²²、尚 siaŋ⁴⁴、上～便 sɛŋ²¹、成 sɛŋ²²、承 seŋ²²、十 sip²、石 siak²/sɛk²、熟 suk²

少量来自床船母。例如：

床船母：蛇 sɛ²²、射 sɛ²¹、船 sɔn²²、唇 sun²²、绳 seŋ²²、实 sit²

个别来自中古澄母、床崇母。例如：

澄母：术 sut²
床崇母：柿 si²¹、士 si²¹

(13) ɬ 来自中古心母。例如：

心母：锁 ɬɔ⁵⁵、须 ɬu⁴⁴、丝 ɬu⁴⁴、死 ɬi⁵⁵、四 ɬi⁴⁴、泄 ɬɛ⁴⁴、写 ɬɛ⁵⁵、扫 ɬɔ⁴⁴、嫂 ɬɔ⁵⁵、嗽 ɬau⁴⁴、洗 ɬai⁵⁵/sai⁵⁵、需 ɬui⁴⁴、碎 ɬui²¹、消 ɬiau⁴⁴、笑 ɬiau⁴⁴、三 ɬam⁴⁴、心 ɬim⁴⁴、孙 ɬun⁴⁴、蒜 ɬɔn²¹、笋 ɬan⁵⁵、酸 ɬɔn⁴⁴/sɔn⁴⁴、信 ɬin⁴⁴/sin⁴⁴、新 ɬin⁴⁴、醒 ɬiaŋ⁵⁵、星 ɬeŋ⁴⁴、想 ɬiaŋ⁵⁵、相 ɬiaŋ²¹、腥 ɬiaŋ⁴⁴、送 sɔŋ⁴⁴/ɬuŋ²¹、雪 ɬut⁵、萨 ɬak³、宿 ɬuk⁵、锡 ɬɛk³、息 ɬek⁵

少量来自中古审生母、审书母。例如：

审生母：沙 ɬa⁴⁴、狮 ɬu⁴⁴、所 ɬɔ⁵⁵、梳 ɬɔ⁴⁴/sɔ⁴⁴、晒 ɬai⁴⁴、衫 ɬam⁴⁴

审书母：舒 ɬi⁴⁴、手 ɬiu⁵⁵/siu⁵⁵、烧 ɬɛu⁴⁴/siau⁴⁴、小 ɬiau⁵⁵、审 ɬam⁵⁵、声 ɬiaŋ⁴⁴、湿 siap⁵/sip⁵

个别来自中古床₅母、穿₀母、禅母。例如：

床₅母：事 ɬu⁴⁴
穿₀母：厕 ɬu⁴⁴
禅母：绍 ɬiau²¹

（14）j 来自中古影母、喻₅母、喻₀母。例如：

影母：衣 ji⁴⁴、医 ji⁴⁴、意 ji⁴⁴、要想~ jau⁴⁴、饮 ŋim⁵⁵/jim⁵⁵、烟 jɛn⁴⁴/jin⁴⁴、因 jin²²、印 jin⁴⁴、英 jeŋ⁴⁴、应 jeŋ⁴⁴、影 jaŋ⁵⁵、腌 jap³、一 ŋit⁵/jit⁵
喻₅母：邮 jiu²²、友 jiu²¹、有 jiu⁵⁵、右 jiu²¹、园 jɔn²²、圆 jɔn²²
喻₀母：爷 jɛ²²、耶 jɛ²²、夜 jɛ²¹、野 jɛ⁵⁵、已 ji²¹、姨 ji²²、油 jiu²²、游 jiu²²、昏 jau⁵⁵、鹞 jau²²、盐 jam²²、演 jɛn⁵⁵、铅 jɔn²²、洋 jɔn²²、羊 jaŋ²²、样 jɔŋ²¹/jɛŋ²¹、蝇 jeŋ、赢 jaŋ²²、养 jɛŋ⁵⁵、容 juŋ²²、用 juŋ²¹、叶 jap²、药 jɛk²、翼 jek²

个别来自中古定母、日母、疑母、匣母。例如：

定母：地 ji²¹
日母：认 jeŋ²¹、入 jip²
疑母：疑 ji²²
匣母：丸 jɔn²²、完 jɔn²²/jɔŋ²²

（15）k 来自中古见母。例如：

见母：加 ka⁴⁴、家 ka⁴⁴、假 ka⁴⁴、价 ka⁴⁴、架 ka⁴⁴、哥 ku⁴⁴、歌 ku⁴⁴、古 ku⁵⁵、姑 ku⁴⁴、糕 kɔ⁴⁴、膏 kɔ⁴⁴、高 kɔ⁴⁴、机 ki⁴⁴、己 ki⁵⁵、记 ki⁴⁴、机 ki⁴⁴、几 ki⁵⁵、解 kai⁵⁵、鸡 kai⁴⁴、鬼 kui⁵⁵、盖 kɔi²¹、个 kɔi⁴⁴、街 kai⁴⁴、锯 kui²¹、教 kau⁴⁴、贵 kui⁴⁴、龟 kui⁴⁴、果 kuɔ⁵⁵、过 kuɔ⁴⁴、瓜 kua⁴⁴、交 kau⁴⁴/kɛu⁴⁴、狗 kau⁵⁵、搅 kau⁵⁵、够 kau⁴⁴、计 kai⁴⁴、芥 kai⁴⁴、九 kiu⁵⁵、韭 kiu⁵⁵、久 kiu⁵⁵、归 kui⁴⁴、胶 kau⁴⁴、叫 kiau⁴⁴、减 kam⁵⁵、捡 kiam⁵⁵、金 kim⁴⁴、今 kim⁴⁴、滚 kun⁵⁵、筋 kin⁴⁴、巾 kin⁴⁴、见 kin⁴⁴、竿 kɔn⁴⁴、间 kan⁴⁴、观 kuan⁴⁴、馆 kɔn⁵⁵、栋 kan⁵⁵、关 kuan⁴⁴、监 kam⁴⁴、跟 kin⁴⁴、根 kɛn⁴⁴/kin⁴⁴、棍 kun²¹、栋 kan⁵⁵、肩 kan⁴⁴、肝 kɔn⁴⁴、干 kɔn⁴⁴、筋 kin⁴⁴、紧 kin⁵⁵、赶 kɔn⁵⁵、钢 kɔŋ⁵⁵、耕 kaŋ⁴⁴、工 kuŋ⁴⁴、公 kuŋ⁴⁴、讲 kɔŋ⁵⁵、哽 kaŋ⁵⁵、颈 kiaŋ⁵⁵、惊 kiaŋ⁴⁴、姜 kiaŋ⁴⁴、结 kit³、吉 kit⁵、割 kɔt³、刮 kuat³、国 kɔk³、角 kɔk³、觉 kɔk³、隔 kak³、菊 kuk⁵、脚 kiak³、焗 kuk²、谷 kuk⁵

少量来自中古群母。例如：

群母：具 kui²¹、柜 kui²¹、近 kin²¹、局 kuk²

个别来自中古溪母。例如：

溪母：揿 kim²¹

(16) k^h 来自中古溪母、群母。例如：

溪母：契 k^hai⁴⁴、企 k^hi⁵⁵/k^hei⁵⁵、倾 k^heŋ⁴⁴、孔 k^huŋ⁴⁴、空 k^huŋ⁴⁴、曲 k^huk⁵
群母：茄 k^hɛ²²、祈 k^hi²²、徛 k^hi⁵⁵、桥 k^hiau²²、侨 k^hiu²²、舅 k^hiu²¹、渠 k^hui²¹、钳 k^hɛm²²、妗 k^him²¹、拳 k^hun²²、芹 k^hin²²、近~路k^hin⁵⁵、裙 k^hun²²、穷 k^huŋ²²

少量来自中古见母。例如：

见母：挂 k^hua⁴⁴、卷 k^hun⁵⁵、级 k^hap⁵、戟 k^hek⁵

(17) ŋ 来自中古日母、疑母。例如：

日母：惹 ŋɛ⁵⁵、二 ŋi²¹、耳 ŋi⁵⁵、乳 ŋui²²、软 ŋun⁵⁵、人 ŋin²²、仁 ŋin²²、热 ŋet²、日 ŋit²、肉 ŋuk²
疑母：鹅 ŋu²²、饿 ŋu²¹、我 ŋɔ²¹、芽 ŋa²²、牙 ŋa²²、鱼 ŋui²²、蚁 ŋai⁵⁵、艾 ŋai⁴⁴、外 ŋɔi²¹、咬 ŋau⁵⁵、藕 ŋau²¹、牛 ŋau²²、银 ŋan²²、颜 ŋan²²、啱 ŋam⁴⁴、眼 ŋan⁵⁵、硬 ŋaŋ²¹、月 ŋut²

个别来自中古影母、喻以母。例如：

影母：饮 ŋim⁵⁵/jim⁵⁵、一 ŋit⁵、郁 ŋuk⁵
喻以母：易客~ŋi²¹

(18) h 来自中古透母、定母、溪母、晓母、匣母。例如：

透母：他吉~t^ha⁴⁴/他维~命 ha⁴⁴、梯 hai⁴⁴、怡 hɔi²²、台 hɔi²²、腿 hui⁵⁵、偷 hau⁴⁴、敲 hau⁵⁵、吞 hun⁴⁴、炭 han⁴⁴、天 heŋ⁴⁴、听 heŋ⁴⁴、汤 hɔŋ⁴⁴、烫 hɔŋ⁴⁴、厅 hiaŋ⁴⁴、听 hɛŋ⁴⁴、通 huŋ⁴⁴、桶 huŋ⁵⁵、统 huŋ⁵⁵、铁 hek⁵、托 hɔk³
定母：桃 hɔ²²、蹄 hai、条 hiau²²/hɛu²²、头 hau²²、甜 him²²、臀 hun²²、堂 hɔŋ²²、田 hɛŋ²²/hin²²/heŋ²²、唐 hɔŋ²²、糖 hɔŋ²²、塘 hɔŋ²²、堂 hɔŋ²²、停 heŋ²²、铜 huŋ²²、同 huŋ²²
溪母：起 hi⁵⁵、气 hi⁴⁴、可 hɔ⁵⁵、去 hui⁴⁴、开 hɔi⁴⁴、口 hau⁵⁵、轻 hiaŋ⁴⁴、壳 hɔk³、客 hak³、刻 hak⁵、喫 hɛt³/hiak³、哭 huk⁵
晓母：虾 ha⁴⁴、好 hɔ⁴⁴、海 hɔi⁵⁵、戏 hi⁴⁴、喜 hi⁵⁵、休 hiu⁴⁴、喊 ham⁴⁴、烘 huŋ⁴⁴、香 hiaŋ⁴⁴、乡 heŋ⁴⁴/hiaŋ⁴⁴、响 hiaŋ⁵⁵、兄 hɛŋ⁴⁴、血 hut³、黑 hak⁵

匣母：河 hɔ²²、下 ha²¹、后 hau²¹、喉 hau²²、厚 hau⁵⁵、霞 ha²²、蟹 hai⁵⁵、鞋 hai²²、係 hai²¹、校 hau²¹、咸 ham²²、含 ham²²、馅 ham²¹、恨 han²¹、巷 hɔŋ⁴⁴、杏 haŋ²¹、行 haŋ²²、红 huŋ²²、盒 hap²、学 hɔk²

个别来自中古端母、见母。例如：

端母：裤 hɔ⁵⁵
见母：合 ₊～₋₊ hap²

（19）∅ 来自中古端母、定母、影母。例如：

端母：打～哈嗖 a⁵⁵／打 ta⁵⁵、赌 u⁵⁵、倒 ɔ⁵⁵、刀 ɔ⁴⁴、带 ai²¹、低 ai⁴⁴、底 ai⁵⁵、斗 au⁵⁵、多 u⁴⁴／tɔ⁴⁴、堆 ui⁴⁴、兜 au⁴⁴、钓 ɛu⁴⁴、担 am⁴⁴、点～笔 ɛm⁵⁵／点 tim⁵⁵、颠 ɛn⁴⁴、单 an⁴⁴、短 ɔn⁵⁵、等 aŋ⁵⁵、灯 aŋ⁴⁴、凳 aŋ²¹、钉 ɛŋ⁴⁴、顶 eŋ⁴⁴、冻 uŋ⁴⁴、东 uŋ⁴⁴、冬 uŋ⁴⁴、搭 ap³、跌 it³／ek³、督 uk³

定母：大 ai²¹、弟 ai²¹、肚 u⁵⁵、袋 ɔi²¹、第 ai²¹、地 i²¹、掉 ɛu²¹、豆 au²¹、淡 am⁵⁵、蛋 an²¹、诞 an⁴⁴、电 eŋ³¹、叠 ɛp²、特 ak²、读 uk²、毒 uk²

影母：阿～哥 a⁴⁴、哑 a⁵⁵、呕 au⁵⁵、安 ɔn⁴⁴、影 eŋ⁵⁵、拥 uŋ⁵⁵、壅 uŋ⁵⁵、鸭 ap³、压 at³、恶 ɔk⁵、屋 uk⁵

个别来自中古照庄母。例如：

照庄母：装 ɔŋ⁴⁴

2.2.1.2 声母与广东台山话的比较

（1）洛杉矶台山话有 19 个声母，中国广东的台山话也有 19 个声母。若只从数量上看，洛杉矶台山话的声母系统同祖籍地母体方言一样，但实质却并非没有差别。我们可以将其与《珠江三角洲方言字音对照》[①] 和《广东四邑方言语法研究》[②] 中所记载的广东台山话声母，以及我们实地记录的广东台山台城话声母做个比较。

《珠江三角洲方言字音对照》中记录声母 19 个，即：
p pʰ ᵐb f v t tʰ ⁿd l ts tsʰ s z ɬ k kʰ ŋ h ∅

《广东四邑方言语法研究》中记录声母 19 个，即：
p pʰ m f v t tʰ n l ts tsʰ s j ɬ k kʰ ŋ h ∅

---

① 参见詹伯慧、张日昇主编《珠江三角洲方言字音对照》，广东人民出版社 1987 年版。
② 参见甘于恩《广东四邑方言语法研究》，暨南大学出版社 2010 年版。

我们实地记录广东台山台城话声母19个，即：

p pʰ m f v t tʰ n l ts tsʰ s j ɫ k kʰ ŋ h ∅

（2）不难发现，洛杉矶台山话声母与上述3个声母系统的差异，主要体现在浊音声母的有无上。

在《珠江三角洲方言语音对照》（下文简称《对照》）所记录的广东台山话的19个声母里，共有5个浊音声母，即双唇浊音ᵐb-，唇齿浊音v-，舌尖前浊音ⁿd-、z-，舌根浊音 ᵑg-。甘于恩的《广东四邑方言语法研究》（下文简称《研究》）记录的台山话19个声母中有一个唇齿浊音v-和一个舌面中浊擦音j-。我们记录的广东台城话声母与《研究》的有些相似，19个声母中有一个摩擦不是很重的v-和一个类似广州话的半元音j-。

不过，今日的洛杉矶台山话却无浊音声母，其j-、w-声母是类似广州话j-、w-的半元音，遇到i、e、u等开口度较小的韵母，以及与它们做主要元音的韵母时，摩擦偶尔会稍重一些。

（3）古全浊声母清化后，平声多送气，仄声多不送气，与大多数粤方言相同。例如：

婆并pʰu²²、爬并pʰa²²、斜邪tʰɛ²²、齐从tsʰai²²、锄床崇tsʰu²²、厨澄tsʰu²²、柴床崇tsʰai²²、巢床崇tsʰau²²、裙群kʰun²²、步并pu²¹、鼻并pi²¹、杂从tap²、住澄tsi²¹、焗群kuk²

（4）保留了广东台山话声母的一个显著特色，古端、透、定三母的字有不少转读为零声母和h-声母。其中，端母主要读零声母，透母主要读h-声母，定母读零声母和h-声母的都有，另端、透、定三母也有少数读t-、tʰ-声母的。这点与粤方言广州话，以及洛杉矶华人社区中的粤方言广府话都不一样，却与广东台山话一致。例如：

端母：刀ɔ⁴⁴、底ai⁵⁵、担~任am⁴⁴、点ɛm⁵⁵、短ɔn⁵⁵、顶eŋ⁵⁵、冻uŋ⁴⁴、搭ap³、跌ek³、钉εŋ⁴⁴

透母：梯hai⁴⁴、讨tʰɔ⁵⁵、天heŋ⁴⁴、吞hun⁴⁴、汤hɔŋ⁴⁴、听heŋ⁴⁴、托hɔk³、铁hek³

定母：桃hɔ²²、甜him²²、田heŋ²²、唐hɔŋ²²、大ai²¹、袋ɔi²¹、电eŋ²¹、特ak²、毒uk²

（5）古晓、匣母合口字大多数如同古非、敷、奉母字，念f-声母，溪母合口字也有不少读f-的，与其他粤方言一样。例如：

花晓fa⁴⁴、火晓fua⁵⁵、呼晓fu⁴⁴、欢晓fun⁴⁴、婚晓fun⁴⁴、灰晓fɔi⁴⁴、胡匣fu²²、苦溪fu⁵⁵、裤溪fu²¹、阔溪fɔt⁵

（6）古微母字也与其他粤方言相同，念m-声母，与古明母合。例如：

味mi²¹、尾mi⁵⁵、晚man⁵⁵、万man²¹、文mun²²、闻mun²²、蚊mun²²、网mɔŋ⁵⁵、袜mat²

（7）古见组字没有腭化，不论洪细，大都念k-、kʰ-、h-声母，与其他粤方言相同。例如：

瓜见kua⁴⁴、哥见ku⁴⁴、机见ki⁴⁴、膏见kɔ⁴⁴、颈见kiaŋ⁵⁵、脚见kiak³、汽溪hi⁴⁴、考溪hau⁵⁵、去溪hui⁴⁴、开溪hɔi⁴⁴、契溪kʰai⁴⁴、起溪hi⁵⁵、轻溪hiaŋ⁴⁴、茄群kʰɛ²²、桥群kʰiau²²、渠群kʰui²¹、徛群kʰi⁵⁵、穷群kʰuŋ²²。

（8）广东台山话古精组字读 t－、tʰ－，洛杉矶台山话精组字不少读 t－、tʰ－，知组、照组也有个别读 t－、tʰ－。例如：

左精tu⁵⁵、早精tɔ⁵⁵、借精tɛ⁵⁵、酒精tiu⁵⁵、做精tsu²¹、姊精ti⁵⁵、尖精tiam⁴⁴、节精tek⁵、草清tʰɔ⁵⁵、菜清tʰɔi²¹、餐清tʰan⁴⁴、亲清tʰin⁴⁴、千清tʰɛn⁵⁵、戚清tʰek⁵、清清tʰeŋ⁴⁴、聪清tʰuŋ⁴⁴、漆清tʰit⁵、坐从tsʰu⁵⁵、脐从tsʰi²²、财从tʰɔi²²、钱从tʰɛn²²、贼从tʰak²、墙从tʰiaŋ²²、杂从tap²、谢邪tɛ²¹、斜邪tʰɛ²²、丑彻tʰiu⁵⁵、迟澄tʰi²²、春穿昌tʰun⁴⁴。

这也是洛杉矶台山话与广东台山方言相同，而与广州话等广府粤方言有区别之处。

（9）保留了粤方言四邑话与广府话的一大区别，拥有清边擦音 ɬ－声母。读 ɬ－声母的字主要来自古心母，穿母、审母、禅母也有读 ɬ－的。例如：

心母：星ɬeŋ⁴⁴、雪ɬut⁵、碎ɬui²¹、锡ɬɛk³、三ɬam⁴⁴、洗ɬai⁵⁵、送ɬuŋ²¹、衫ɬam⁴⁴、粟ɬuk⁵、丝ɬu⁴⁴、蒜ɬɔn²¹、私ɬu⁴⁴、锁ɬɔ⁵⁵、细ɬai⁴⁴、扫ɬɔ⁴⁴、宿ɬuk⁵、馐ɬuŋ²¹、须ɬu⁴⁴、膝ɬit⁵、新ɬin⁴⁴、萨ɬak³、小ɬiau⁵⁵、心ɬim⁴⁴、孙ɬun⁴⁴、死ɬi⁵⁵、嗽ɬau⁴⁴、想ɬiaŋ⁴⁴、泄ɬɛ⁴⁴、消ɬiau⁴⁴、醒ɬiaŋ⁵⁵、信ɬin²¹、相ɬiaŋ²¹、笑ɬiau⁴⁴、塞ɬak⁵、四ɬi⁵⁵、需ɬui⁴⁴、写ɬɛ⁵⁵

穿初母：厕ɬu⁴⁴

审生母：梳ɬɔ⁴⁴、晒ɬai⁴⁴

审书母：烧ɬeu⁴⁴、审ɬam⁵⁵、手ɬiu⁵⁵、湿ɬap⁵、声ɬiaŋ⁴⁴

禅母：绍ɬiau²¹

（10）与广东台山话一致，古精、知、照母的分合较复杂。只有一套塞擦音 ts－、tsʰ－，但有舌尖前清擦音 s－和清边擦音 ɬ－。如上所述，精组字不少读 t－、tʰ－，但也有读 ts－、tsʰ－的；古心母字读 ɬ－；其他穿母、审母、禅母等也有读 ɬ－的；而照组则读 ts－、tsʰ－、s－。例如：

知 tsi⁴⁴ = 支 tsi⁴⁴、追 tsui⁴⁴ = 锥 tsui⁴⁴、谢 tɛ²¹ ≠ 蔗 tsɛ²¹、姊 ti⁵⁵ ≠ 指 tsi⁵⁵、粽 tuŋ⁵⁵ ≠ 总 tsuŋ⁵⁵、迟 tʰi²² ≠ 池 tsʰi²²、脆 tʰui⁴⁴ ≠ 炊 tsʰui⁴⁴、墙 tʰiaŋ²² ≠ 场 tsʰiaŋ²²、细 ɬai⁴⁴ ≠ 西 sai⁴⁴、死 ɬi⁵⁵ ≠ 屎 si⁵⁵、四 ɬi⁴⁴ ≠ 书 si⁴⁴、仙 ɬɛn⁴⁴ ≠ 先 sɛn⁴⁴

（11）古泥（娘）、来母不混，n-、l-有别，古泥（娘）母读 n-，来母读 l-。例如：

泥（娘）母：女 nui^{55}、尿 niu^{21}、泥 nai^{22}、闹 nɔ^{21}、暖 nɔn^{55}、男 nam^{22}、嫩 nun^{21}、农 nuŋ^{22}、囊 naŋ^{22}

来母：路 lu^{21}、螺 lɔ^{22}、来 lɔi^{22}、林 lim^{22}、榄 lam^{55}、兰 lan^{22}、良 liaŋ^{22}、力 lek^{2}、六 luk^{2}

（12）古日母字不少念 ŋ-声母。例如：

惹 ŋɛ^{55}、耳 ŋi^{55}、软 ŋun^{55}、二 ŋi^{21}、人 ŋin^{22}、日 ŋit^{2}、肉 ŋuk^{2}、热 ŋɛt^{2}

古疑母字也是主要读 ŋ-声母。例如：

芽 ŋa^{22}、雅 ŋa^{21}、我 ŋɔi$^{55-35}$/ŋɔ^{21}、鱼 ŋui^{22}、藕 ŋau^{21}、牛 ŋau^{22}、眼 ŋan^{55}、银 ŋan^{22}、硬 ŋaŋ^{21}、月 ŋut^{2}

（13）w-声母基本出现在古匣母和影母中，喻母也有的读 w-。例如：

禾$_{匣}$ wɔ^{22}、华$_{匣}$ wa^{22}、胡$_{匣}$ wu^{22}、环$_{匣}$ wan^{22}、黄$_{匣}$ wɔŋ^{22}、滑$_{匣}$ wat^{2}、核$_{匣，果～}$ wut^{2}、乌$_{影}$ wu^{44}、碗$_{影}$ wɔn^{55}、稳$_{影}$ wun^{55}、握$_{影}$ wɔk^{5}、芋$_{喻云}$ wu^{21}、位$_{喻云}$ wai^{21}、云$_{喻云}$ wun^{22}、维$_{喻以}$ wui^{22}

（14）j-声母基本出现在影母和喻母中，日母、匣母也有个别读 j-。例如：

衣$_{影}$ ji^{44}、邀$_{影}$ jiu^{44}、音$_{影}$ jim^{44}、殷$_{影}$ jin^{44}、烟$_{影}$ jin^{44}、腌$_{影}$ jap^{3}、有$_{喻云}$ jiu^{44}、邮$_{喻云}$ jiu^{22}、爷$_{喻以}$ jɛ^{22}、夜$_{喻以}$ jɛ^{21}、演$_{喻以}$ jɛn^{55}、羊$_{喻以}$ jaŋ^{22}、入$_{日}$ jip^{2}、丸$_{匣}$ jɔn^{22}

（15）零声母除了上述所言，出现在端母和定母以外，影母也有读零声母的。例如：

阿$_{影}$ a^{44}、哑$_{影}$ a^{55}、拥$_{影}$ uŋ^{55}、影$_{影}$ iaŋ^{55}、安$_{影}$ ɔn^{44}、鸭$_{影}$ ap^{3}、屋$_{影}$ uk^{5}、恶$_{影}$ ɔk^{3}

（16）洛杉矶台山话的上述声母特点，都有一些不稳定的表现。有的字读 t-声母或者零声母并不固定。例如：

打$_{端}$ ta^{55}/a^{55}、担$_{端,～任}$ tam^{44}/am^{44}、点$_{端}$ tiam^{55}/tim^{55}/ɛm^{44}

这说明，粤方言台山话端母字转读为零声母的标记性特点，正在洛杉矶台山话中发生变化。

粤方言台山话声母古心、审$_{生}$、审$_{书}$母字等读清边擦音 ɬ-，这一有别于粤方言广府话的显著特点，在洛杉矶台山话中也出现了变化，有的字读清擦音 s-或清边擦音 ɬ-两可，变化不一定是 ɬ-的减少，也有的广东台山话不读 ɬ-，洛杉矶台山话却有两读。（见表 2-1）

表2-1 洛杉矶台山话古心、审生、审书母字两读举例

方言	例字								
	洗心	信心	酸心	送心	梳审生	沙审生	手审书	世审书	烧审书
广东广州话	sɐi³⁵	sœn³³	syn⁵⁵	suŋ³³	sɔ⁵⁵	sa⁵⁵	sɐu³⁵	sɐi³³	siu⁵⁵
广东台山话	ɬai⁵⁵	ɬin³³	ɬun³³	ɬeŋ³³	sɔ³³⁻³⁵	sa³³	siu⁵⁵	sai³³	siau³³
洛杉矶台山话	sai⁵⁵/ɬai⁵⁵	sin⁴⁴/ɬin⁴⁴	sɔn⁴⁴/ɬɔn⁴⁴	sɔŋ⁴⁴/ɬɔŋ²¹	su⁴⁴/ɬu⁴⁴/sɔ⁴⁴	sa⁴⁴/ɬa⁴⁴	siu⁵⁵/ɬiu⁵⁵	sai²¹/ɬai²¹	siau⁴⁴/ɬɐu⁵⁵

部分精组字，知、照组字读 t-、tʰ-，广东台山话固有的这个特点在洛杉矶台山话里也不稳定。例如：

做精 tu⁴⁴/tsu²¹、秋清 tʰiu⁴⁴/tsʰiu⁴⁴、餐清 tʰan⁴⁴/tsʰan⁴⁴、字从 tu²¹/tsi²¹、转知 tun²¹/tsɔn⁵⁵、尺穿昌 tʰiak³/tsʰɛk³

有的古影母字发音人读舌根鼻音 ŋ- 声母或半元音 j- 声母的都有。例如：

饮影 ŋim⁵⁵/jim⁵⁵、郁影 ŋuk⁵/juk⁵

这些都是脱离母体方言过百年后，台山话声母的固有特点，正在洛杉矶台山话里处于动荡变化中的例子，不排除这些变化有华人社区内粤方言广府话影响的因素，以上精组字，知、照组字，影母字广府话分别读 ts-、tsʰ-、j-。这些变化值得进一步关注。

2.2.1.3 56个韵母及其与中古音的对应

洛杉矶台山话有56个韵母。如下：
单元音韵母（5个）：
a ɔ ɛ i u
复元音韵母（11个）：
ai ɔi ei
au ɛu iu
ua uɔ ui iau uai
鼻音韵尾韵母（18个）：
am ɛm im
iam an ɛn ɔn in un uan
aŋ ɑŋ ɔŋ eŋ ɛŋ uŋ iaŋ iɔŋ
声化韵母（1个）：
m̩

塞音韵尾韵母（16 个）：

ap ɛp ip iap

at ɛt ɔt it ut

uat ak ɛk ɔk ek uk iak

只在外来借词中出现的韵母（5 个）：

ɘ ou ia ɘn yt

洛杉矶台山话韵母与中古音的对应，除了复元音韵母 uai 只记录到有音无字的音节，以及只出现在外来借词中的韵母 ɘ、ou、ia、ɘn、yt 以"有音无字"标注列出该音节以外，涉及其他韵母的有音无字音节均不列出。（见表 2-2）

表 2-2　洛杉矶台山话韵母与中古音的对应

韵母	音韵地位	例字
a	果摄开口一等	他 t^{h}a^{44}、阿 ~哥 a^{44}
	假摄开口二等	巴 pa^{44}、爸 pa^{44}、把 pa^{55}、爬 p^{h}a^{22}、怕 p^{h}a^{44}、麻 ma^{22}、妈 ma^{44}、马 ma^{55}、炸 tsa^{44}、诈 tsa^{21}、茶 ts^{h}a^{22}、叉 ts^{h}a^{44}、沙 sa^{44}、纱 sa^{44}、家 ka^{44}、加 ka^{44}、嫁 ka^{44}、价 ka^{44}、假 ~真 ka^{55}、假 ~放 ka^{44}、牙 ŋa^{22}、芽 ŋa^{22}、霞 ha^{22}、虾 ha^{44}、下 ha^{21}、夏 ha^{21}、哑 a^{55}
	假摄合口二等	花 fa^{44}、化 fa^{44}、华 wa^{22}
	蟹摄合口二等	画 wa^{21}、话 wa^{21}
	梗摄开口二等	打 a^{55}
ɔ	果摄开口一等	个 kɔ^{44}/kɔi^{44}、河 hɔ^{22}
	果摄合口一等	菠 ~菜 pɔ^{44}/菠 ~萝 pu^{44}、火 fɔ^{55}、货 fɔ^{44}、锉 t^{h}ɔ^{44}、螺 lɔ^{22}、坐 ts^{h}ɔ^{55}、锁 ɬɔ^{55}/ɬu^{44}、和 wɔ^{22}、禾 wɔ^{22}
	假摄合口二等	傻 sɔ^{22}
	遇摄合口三等	梳 ɬɔ^{44}/sɔ^{44}/su^{44}
	效摄开口一等	早 tɔ^{55}、草 t^{h}ɔ^{55}、讨 t^{h}ɔ^{55}、毛 mɔ^{22}、帽 mɔ^{21}、老 lɔ^{55}、捞 lɔ^{55}、扫 sɔ^{44}、糕 kɔ^{44}、膏 kɔ^{44}、高 kɔ^{44}、祷 hɔ^{55}、好 hɔ^{44}、桃 hɔ^{22}、刀 ɔ^{44}、倒 ɔ^{55}
	效摄开口二等	闹 nɔ^{21}
ɛ	果摄开口三等	茄 k^{h}ɛ^{22}
	假摄开口三等	借 tɛ^{44}、谢 tɛ^{21}、车 ts^{h}ɛ^{44}、蛇 sɛ^{22}、写 ɬɛ^{55}/sɛ^{55}、泄 ɬɛ^{44}、野 jɛ^{21}、夜 jɛ^{21}、耶 jɛ^{22}、爷 jɛ^{22}、惹 ŋɛ^{55}
i	遇摄合口三等	猪 tsi^{44}、煮 tsi^{55}、住 tsi^{21}、主 tsi^{55}、书 si^{44}、鼠 si^{55}、舒 si^{44}、薯 si^{22}、树 si^{21}、语 ji^{55}、举 ki^{55}
	蟹摄开口四等	脐 ts^{h}i^{22}、礼 li^{21}/lai^{21}、计 ki^{44}

续表2-2

韵母	音韵地位	例字
i	止摄开口三等	鼻 pi²¹、臂 pi⁴⁴、皮 pʰi²²、脾 pʰi²²、屁 pʰi⁴⁴、美 mi²¹、眉 mi²²、姊 ti⁵⁵、糍 tʰi²²、你 ni⁵⁵、梨 li²²、璃 li⁴⁴/lei⁴⁴、篱 li²²、利 li²¹、枝 tsi⁴⁴、指 tsi⁵⁵、纸 tsi⁵⁵、池 tsʰi²²、迟 tsʰi²²、始 tsʰi⁵⁵、字 tɬu²¹/tsi²¹、至 tsi⁴⁴、时 si²²、试 si⁴⁴、屎 si⁵⁵、时 si²²、柿 si²¹、豉 si²¹、司 si⁴⁴、市 si²¹、死 ɬi⁵⁵、医 ji⁴⁴、衣 ji⁴⁴、已 ji²¹、意 ji⁴⁴、姨 ji²²、疑 ji²²、记 ki⁴⁴、祈 kʰi²²、企 kʰi⁵⁵/kʰei⁵⁵、二 ŋi²¹、耳 ŋi⁵⁵、起 hi⁵⁵、机 ki⁴⁴、戏 hi²¹、气 hi⁴⁴、地 i²¹
	止摄合口三等	飞 fi⁴⁴、肥 fi²²/fei²²、尾 mi⁵⁵、费 fi⁴⁴、味 mi²¹
u	果摄开口一等	左 tu⁵⁵、拖 tʰu⁴⁴、罗 lu²²、哥 ku⁴⁴、鹅 ŋu²²、饿 ŋu²¹、多 u⁴⁴
	果摄合口一等	菠~萝 pu⁴⁴/菠~菜 pɔ⁴⁴、簸 pu⁵⁵、布 pu⁴⁴、铺 pʰu⁵⁵、菩 pʰu²²、婆 pʰu²²、磨 mu²¹、伙 fu⁵⁵、朵 wu⁵⁵
	遇摄合口一等	摸 mu⁴⁴、苦 fu⁵⁵、裤 fu²¹、虎 fu⁵⁵、都 tu⁴⁴、兔 tʰu⁴⁴、糯 nu²¹、炉 lu²²、路 lu²¹、做 u⁴⁴/tsu²¹、锁 ɬu⁴⁴、股 ku⁵⁵、姑 ku⁴⁴、古 ku⁵⁵、估 ku⁵⁵、胡 wu²²、乌 wu⁴⁴、壶 wu²²、肚 u⁵⁵、赌 u⁵⁵
	遇摄合口三等	斧 pu⁵⁵、舞 mu⁵⁵、无 mu²²、父 fu²¹、夫 fu⁴⁴、腐 fu²、阻 tsu⁵⁵、锄 tsʰu²²、厨 tsʰu²²、梳 su⁴⁴/ɬu⁴⁴/sɔ⁴⁴、疏 su⁴⁴、数₍动₎ ɬu⁵⁵、须 ɬu⁴⁴、芋 wu²¹
	止摄开口三等	子 tu⁵⁵、字 tu²¹/tsi²¹、丝 su⁴⁴、私 ɬu⁴⁴、厕 ɬu⁴⁴、事 ɬu⁴⁴
ai	果摄开口一等	哪 nai²²、大 ai³¹
	蟹摄开口一等	胎 tʰai⁴⁴、赖 lai²¹、艾 ŋai⁴⁴、带 ai²¹
	蟹摄开口二等	摆 pai⁵⁵、拜 pai³³、排 pʰai²²、牌 pʰai²²、埋 mai²²/mui²²/mɔi²²、买 mai⁵⁵、卖 mai²¹、奶 nai²¹、斋 tsai⁴⁴、柴 tsʰai²²、晒 sai⁴⁴、街 kai⁴⁴、解 kai⁵⁵、戒 kai⁴⁴、芥 kai⁴⁴、鞋 hai²²、蟹 hai⁵⁵
	蟹摄开口三等	势 sai⁴⁴、世 sai²¹
	蟹摄开口四等	批 pʰai⁴⁴、米 mai⁵⁵、泥 nai²²、礼 lai²¹/li²¹、齐 tsʰai²²/tʰai²²、西 sai⁴⁴、洗 ɬai⁵⁵、婿 sai²¹、细 sai⁴⁴、鸡 kai⁴⁴、契 kʰai⁴⁴、蹄 hai²²、梯 hai⁴⁴、係 hai²¹、抵 ai⁵⁵、低 ai⁴⁴、提 tʰai²²、底 ai⁵⁵、弟 ai²¹、第 ai²¹
	蟹摄合口一等	块 fai⁴⁴
	蟹摄合口二等	筷 fai⁴⁴、快 fai⁴⁴、怀 wai²²
	止摄开口三等	蚁 ŋai⁵⁵
ɔi	果摄开口一等	个 kɔi⁴⁴、我 ŋɔi⁵⁵
	蟹摄开口一等	菜 tʰɔi²¹、来 lɔi²²、彩 tsʰɔi⁵⁵、盖 kɔi⁴⁴、台 hɔi²²、开 hɔi⁴⁴、海 hɔi⁵⁵、袋 ɔi²¹
	蟹摄开口二等	埋 mɔi²²/mui²²
	蟹摄合口一等	杯 pɔi⁴⁴、陪 pʰɔi²²、梅 mɔi²²、背 pɔi⁴⁴、妹 mɔi²¹、灰 fɔi⁴⁴、会₍开~₎ wɔi²¹、外 ŋɔi²¹
	止摄开口三等	使 sɔi⁵⁵

续表 2-2

韵母	音韵地位	例字
ei	止摄开口三等	企 k^hei^{55}/k^hi^{55}、俾 ei^{55}、尾 mei^{55}、璃 lei^{44}/li^{44}、机 kei^{44}
	止摄合口三等	肥 fei^{22}/fi^{22}
au	遇摄合口一等	埠 fau^{21}
	效摄开口一等	捞 lau^{22}、考 hau^{55}
	效摄开口二等	饱 pau^{55}、包 pau^{44}、鲍 pau^{44}、爆 pau^{44}、刨 p^hau^{22}、炮 p^hau^{44}、找 tau^{55}、巢 ts^hau^{22}、炒 ts^hau^{55}、交 kau^{44}、教 kau^{44}、胶 kau^{44}、铰 kau^{44}、搅 kau^{55}、咬 ŋau^{55}、校 hau^{21}
	效摄开口三等	舀 jau^{55}、鹞 jau^{22}
	流摄开口一等	走 tau^{55}、楼 lau^{22}、漏 lau^{21}、偷 hau^{44}、嗽 ɬau^{44}、钩 ŋau^{44}、狗 kau^{55}、藕 ŋau^{21}、够 kau^{44}、欶 hau^{55}、喉 hau^{22}、口 hau^{55}、后 hau^{21}、厚 hau^{21}、头 hau^{22}、兜 au^{44}、斗 au^{55}、呕 au^{55}、豆 au^{21}
	流摄开口三等	浮 fau^{22}、州 tsau^{44}、抽 ts^hau^{44}、瘦 sau^{44}、旧 kau^{21}、牛 ŋau^{22}
ɛu	效摄开口二等	猫 mɛu^{44}
	效摄开口三等	烧 ɬɛu^{55}/siau^{44}
	效摄开口四等	挑 $t^hɛu^{44}$、跳 hɛu^{21}、条 hɛu^{22}/hiau^{22}、掉 ɛu^{21}
iu	效摄开口三等	椒 tiu^{44}、少 siu^{55}、照 tsiu^{44}、侨 k^hiu^{22}
	效摄开口四等	尿 niu^{21}
	流摄开口三等	秋 ts^hiu^{44}、袖 tiu^{21}、酒 tiu^{55}、就 tiu^{21}、纽 niu^{55}、流 liu^{22}、榴 liu^{22}、臭 ts^hiu^{44}、丑 ts^hiu^{55}、收 siu^{44}、手 siu^{55}/ɬiu^{55}、游 jiu^{22}、邮 jiu^{22}、油 jiu^{22}、有 jiu^{55}、右 jiu^{21}、友 jiu^{21}、久 kiu^{55}、韭 kiu^{55}、九 kiu^{55}、舅 k^hiu^{21}、休 hiu^{44}
ua	假摄合口二等	瓜 kua^{44}、寡 kua^{55}
uɔ	果摄合口一等	果 kuɔ^{55}、过 kuɔ^{44}
ui	果摄开口一等	我 ŋui^{21}
	遇摄合口三等	女 nui^{55}、旅 lui^{21}、除 ts^hui^{22}、处~所 ts^hui^{21}、厨 ts^hui^{22}、趣 ts^hui^{44}、鱼 ŋui^{22}、乳 ŋui^{21}、去 hui^{44}
	蟹摄开口二等	埋 mui^{22}/mai^{22}
	蟹摄合口一等	吐 t^hui^{21}、对 wui^{21}、雷 lui^{22}、碎 ɬui^{21}、腿 hui^{55}、堆 ui^{44}
	蟹摄合口三等	脆 t^hui^{44}、渠 k^hui^{22}、渠他 k^hui^{21}
	止摄合口三等	嘴 tsui^{55}、锥 tsui^{44}、吹 ts^hui^{44}、炊 ts^hui^{55}、水 sui^{55}、维 wui^{22}、龟 kui^{44}、柜 kui^{21}、归 kui^{44}、鬼 kui^{55}、贵 kui^{44}
iau	效摄开口三等	票 p^hiau^{21}、庙 miau^{21}、苗 miau^{22}、蕉 tiau^{44}、烧 siau^{44}、宵 siau^{44}、消 ɬiau^{44}、小 ɬiau^{55}、笑 ɬiau^{44}、桥 k^hiau^{22}
	效摄开口四等	叫 kiau^{44}、条 hiau^{22}/hɛu^{22}

续表2-2

韵母	音韵地位	例字
uai①		□淘气kʰuai²²
am	咸摄开口一等	男 nam²²、揽 lam⁵⁵、榄 lam⁵⁵、三 ɬam⁴⁴、暂 tsam²¹、含 ham²²、喊 ham⁴⁴、担 am⁴⁴/tam⁴⁴、淡 am⁵⁵
	咸摄开口二等	站 tsam²¹、眨 tsam⁴⁴、斩 tsam⁵⁵、衫 ɬam⁴⁴、减 kam⁵⁵、咸 ham²²、监 kam⁴⁴、馅 ham²¹
	咸摄开口三等	盐 jam²²
ɛm	咸摄开口三等	钳 kʰɛm²²
	咸摄开口四等	点 ɛm⁵⁵/tiam⁵⁵/tim⁵⁵
	深摄开口三等	审 ɬam⁵⁵
im	咸摄开口三等	尖 tiam⁴⁴/tim⁴⁴、心 ɬim
	深摄开口三等	沉 tim²²、浸 tim⁴⁴、林 lim²²、淋 lim²²、针 tsim⁴⁴、斟 tsim⁴⁴、婶 sim⁵⁵、饮 jim⁵⁵/ŋim⁵⁵、今 kim⁴⁴、金 kim⁴⁴、撳 kim²¹、妗 kʰim²¹
	咸摄开口四等	点 tiam⁵⁵/ɛm⁵⁵/tim⁵⁵、甜 him²²
iam	咸摄开口三等	尖 tiam⁴⁴/tim⁴⁴、廉 liam⁴⁴、检 kiam⁵⁵
	咸摄开口四等	点 tiam⁵⁵/ɛm⁵⁵/tim⁵⁵
an	山摄开口一等	餐 tʰan⁴⁴、兰 lan²²、烂 lan²¹、懒 lan⁵⁵、炭 han⁴⁴、单 an⁴⁴、蛋 an²¹、诞 an⁴⁴
	山摄开口二等	班 pan⁴⁴、板 pan⁵⁵、慢 man²¹、铲 tsʰan⁵⁵、山 san⁴⁴、间 kan⁴⁴、拣 kan⁵⁵、眼 ŋan⁵⁵、颜 ŋan²²
	山摄开口三等	颤 tsan⁴⁴
	山摄开口四等	肩 kan⁴⁴
	山摄合口一等	玩 fan⁵⁵、换 wan²¹、碗 wan⁵⁵
	山摄合口二等	还 wan²²、环 wan²²、弯 wan⁴⁴、闩 san⁴⁴
	山摄合口三等	万 man²¹、晚 man⁵⁵、翻 fan⁴⁴、番 fan⁴⁴、烦 fan²²、饭 fan²¹
	臻摄开口一等	恨 han²¹
	臻摄开口三等	银 ŋan²²
	臻摄合口三等	笋 ɬan⁵⁵
ɛn	山摄开口三等	棉 mɛn²²、钱 tʰɛn²²、煎 tsɛn⁴⁴、扇 sɛn⁴⁴、仙 ɬɛn⁴⁴、线 ɬɛn⁴⁴、演 jɛn⁵⁵
	山摄开口四等	边 pɛn⁴⁴/pɛn⁴⁴、扁 pɛn⁵⁵、田 hɛn²²/hin²²/hɛn²²、捏 nɛn⁵⁵、年 nɛn²²/nɛn²²、莲 lin²²/lɛn²²、千 tʰɛn⁴⁴、先 ɬɛn⁴⁴、见 kɛn⁴⁴、烟 jɛn⁴⁴、颠 ɛn⁴⁴
	臻摄合口三等	文三~治mɛn²¹/三~鱼mun²²

---

① 此韵母有音无字。

续表 2-2

韵母	音韵地位	例字
ɔn	山摄开口一等	竿 kɔn⁴⁴、干 kɔn⁴⁴、肝 kɔn⁴⁴、赶 kɔn⁵⁵、安 ɔn⁴⁴
	山摄合口一等	搬 pɔn⁴⁴、满 mɔn⁵⁵、暖 nɔn⁴⁴、乱 lɔn²¹、短 tɔn⁵⁵、断 hɔn⁴⁴、碗 wɔn⁵⁵、半 pɔn⁴⁴、酸 ɬɔn⁴⁴/sɔn⁴⁴、蒜 ɬɔn⁴⁴、馆 kɔn⁵⁵、完 jɔn²²/jɔŋ²²、丸 jɔn²²
	山摄合口三等	砖 tsɔn⁴⁴、转 tsɔn⁵⁵、船 sɔn²²、圆 jɔn²²、铅 jɔn²²、园 jɔn²²
	臻摄合口一等	本 pɔn⁵⁵、门 mɔn²²、闷 mɔn²¹
in	山摄开口三等	辫 pin⁴⁴、面 meŋ²¹/min²¹、毡 tin⁴⁴、剪 tin⁵⁵、演 jin⁵⁵
	山摄开口四等	垫 tin²¹、颠 tin⁴⁴、莲 lin²²/lɛn²²、见 kin⁴⁴、田 heŋ²²/hin²²/hɛn²²、烟 jin⁴⁴
	臻摄开口一等	根 kin⁴⁴、跟 kin⁴⁴
	臻摄开口三等	敏 min⁵⁵、亲 tʰin⁴⁴、鳞 lin²²、震 tsin⁴⁴、阵 tsin²¹、真 tsin⁴⁴、尘 tsʰin²²、身 sin⁴⁴、晨 sin²²、信 ɬin⁴⁴/sin⁴⁴、新 ɬin⁴⁴、紧 kin⁵⁵、巾 kin⁴⁴、筋 kin⁴⁴、斤 kin⁴⁴、近~便 kin²¹、近~路 kʰin⁵⁵、芹 kʰin²²、韧 ŋin²¹、人 ŋin²²、仁 ŋin²²、因 jin²²、印 jin⁴⁴
un	山摄开口三等	联 lun²²
	山摄合口一等	欢 fun⁴⁴、钻 tun²¹、官 kun⁴⁴
	山摄合口三等	卷 kun⁵⁵/kʰun⁵⁵、拳 kʰun²²、软 ŋun⁵⁵
	臻摄开口一等	吞 hun⁴⁴
	臻摄合口一等	盆 pʰun²²、婚 fun⁴⁴、晕 wun²²、稳 wun⁵⁵、村 tʰun⁴⁴、嫩 nun²¹、孙 ɬun⁴⁴、滚 kun⁵⁵、棍 kun²¹、臀避 hun²²
	臻摄合口三等	蚊 mun²²、闻 mun²²、文三~治 mun²²/mɛn²¹、粉 fun⁵⁵、坟 fun²²、份 fun²¹、分 fun⁴⁴、云 wun²²、春 tʰun⁴⁴、轮 lun²²、准 tsun⁵⁵、蠢 tsʰun⁵⁵、唇 sun²²、裙 kʰun²²
uan	山摄合口一等	观 kuan⁴⁴
	山摄合口二等	关 kuan⁴⁴
aŋ	宕摄开口一等	囊 naŋ²²、行 haŋ²²
	宕摄开口三等	羊 jaŋ²²、样 jaŋ²¹
	宕摄合口三等	芒 maŋ⁴⁴
	曾摄开口一等	朋 pʰaŋ²²、能 naŋ²²、肯 haŋ⁵⁵、灯 aŋ⁴⁴、等 aŋ⁵⁵、凳 aŋ²¹
	曾摄开口三等	凭 paŋ²¹
	梗摄开口二等	盲 maŋ²²、猛 maŋ⁵⁵、冷 laŋ⁵⁵、争 tsaŋ⁴⁴、橙 tsʰaŋ²²、铛 tsʰaŋ⁴⁴、省~长、节 saŋ⁵⁵、生 saŋ⁴⁴、羹 kaŋ⁴⁴、哽 kaŋ⁵⁵、耕 kaŋ⁴⁴、硬 ŋaŋ²¹、坑 haŋ⁴⁴、杏 haŋ²¹、更 aŋ⁴⁴
	梗摄开口三等	影 eŋ⁵⁵/jaŋ⁵⁵、赢 jaŋ²²
	梗摄合口二等	横 waŋ²²

续表 2-2

韵母	音韵地位	例字
ɔŋ	山摄合口一等	完 jɔŋ²²/jɔŋ²²
	宕摄开口一等	帮 pɔŋ⁴⁴、汤 hɔŋ⁴⁴、唐 hɔŋ²²、塘 hɔŋ²²、糖 hɔŋ²²、钢 kɔŋ²¹、行 kɔŋ²²、堂 hɔŋ²²
	宕摄开口三等	疮 tsʰɔŋ⁴⁴、床 tsʰɔŋ²²、霜 sɔŋ⁴⁴、厂 tsʰɔŋ⁵⁵、唱 tsʰɔŋ⁴⁴、洋 jɔŋ²²/jɛŋ²²、样 jɔŋ²¹/jɛŋ²¹、装 ɔŋ⁴⁴
	宕摄合口一等	光 kɔŋ⁴⁴、广 kɔŋ⁵⁵、荒 fɔŋ⁴⁴、黄 wɔŋ²²
	宕摄合口三等	房 fɔŋ²²、网 mɔŋ⁵⁵、方 fɔŋ⁴⁴、放 fɔŋ⁴⁴
	江摄开口二等	绑 pɔŋ⁵⁵、双 sɔŋ⁴⁴、江 kɔŋ⁴⁴、讲 kɔŋ⁵⁵
ɛŋ	宕摄开口三等	凉 lɛŋ²²/liaŋ²²、长 tsʰɛŋ²²/tsʰiaŋ²²、常 tsʰɛŋ²²、上 sɛŋ²¹、洋 jɛŋ²²/jɔŋ²²、养 jɛŋ⁵⁵、样 jɛŋ²¹/jɔŋ²¹、乡 hɛŋ⁴⁴/hiaŋ⁴⁴
	梗摄开口三等	命 mɛŋ²¹、请 tsʰɛŋ⁵⁵、声 sɛŋ⁴⁴/siaŋ⁴⁴/ɬiaŋ⁴⁴、成 sɛŋ²²、镜 kɛŋ⁴⁴/kiaŋ²¹
	梗摄开口四等	听 hɛŋ⁴⁴、钉 ɛŋ⁴⁴
	梗摄合口三等	兄 hɛŋ⁴⁴
eŋ	山摄开口三等	便前~ peŋ²¹、面 meŋ²¹/min²¹、件 keŋ²¹
	山摄开口四等	边 peŋ⁴⁴、扁 peŋ⁵⁵、眠 meŋ²²、年 neŋ²²、田 heŋ²²/hin²²/hɛŋ²²、天 heŋ⁴⁴、电 eŋ²¹
	臻摄开口三等	认 jeŋ²¹
	曾摄开口三等	冰 peŋ⁴⁴、剩 tseŋ²¹、秤 tsʰeŋ⁴⁴、绳 seŋ²²、承 seŋ²²、应 jeŋ⁴⁴、蝇 jeŋ²²
	梗摄开口二等	冷~气 leŋ²¹
	梗摄开口三等	平 pʰeŋ²²、明 meŋ²²、静 teŋ²¹、清 tʰeŋ⁴⁴、整 tseŋ⁵⁵、正 tseŋ⁴⁴、圣 seŋ⁴⁴、英 jeŋ⁴⁴、警 keŋ⁵⁵、影 eŋ⁵⁵/jaŋ⁵⁵
	梗摄开口四等	定 teŋ²¹、星 teŋ⁴⁴、停 heŋ²²、听 heŋ⁴⁴、顶 eŋ⁵⁵
	梗摄合口三等	倾 kʰeŋ⁴⁴、泳 weŋ⁴⁴
əŋ	臻摄合口三等	炆 məŋ⁴⁴
	梗摄开口四等	丁 təŋ⁴⁴
uŋ	通摄合口一等	粽 tuŋ⁵⁵、聪 tʰuŋ⁴⁴、农 nuŋ²²、聋 luŋ²²、笼 luŋ²²、总 tsuŋ⁵⁵、葱 tsʰuŋ⁴⁴、送 suŋ⁴⁴/ɬuŋ²¹、工 kuŋ⁴⁴、空 kʰuŋ⁴⁴、公 kuŋ⁴⁴、孔 kʰuŋ⁵⁵、红 huŋ²²、同 huŋ²²、铜 huŋ²²、桶 huŋ⁵⁵、通 huŋ⁴⁴、烘 huŋ⁴⁴、筒 huŋ²²、统 huŋ⁵⁵、农 nuŋ²²、东 uŋ⁴⁴、冬 uŋ⁴⁴、冻 uŋ⁴⁴
	通摄合口三等	梦 muŋ²¹、风 fuŋ⁴⁴、封 fuŋ⁴⁴、蜂 fuŋ⁴⁴、龙 luŋ²²、钟 tsuŋ⁴⁴、种~树 tsuŋ⁴⁴、种杂~ tsuŋ⁵⁵、中 tsuŋ⁴⁴、虫 tsʰuŋ²²、重轻~ tsʰuŋ⁴⁴、冲 tsʰuŋ⁴⁴、容 juŋ²²、用 juŋ²¹、穷 kʰuŋ²²、蕹 uŋ⁴⁴、壅 uŋ⁵⁵、拥 uŋ⁵⁵

续表 2-2

韵母	音韵地位	例字
iaŋ	宕摄开口三等	酱 tiaŋ²¹、浆 tiaŋ⁴⁴、凉 liaŋ²²/lɛŋ²²、亮 liaŋ²¹、两 liaŋ⁵⁵、想 ɬiaŋ⁵⁵、丈 tsiaŋ²¹、橡 tsiaŋ²¹、仗 tsiaŋ²¹、肠 tsʰiaŋ²¹、长_市~ tsiaŋ⁵⁵、场 tsʰiaŋ²²、长_短 tsʰiaŋ²²/tsʰɛŋ²²、尝 siaŋ²²、伤 siaŋ⁴⁴、尚 siaŋ⁴⁴、姜 kiaŋ⁴⁴、镜 kiaŋ²¹/kɛŋ⁴⁴、向 hiaŋ⁴⁴、乡 hiaŋ⁴⁴/hɛŋ⁴⁴、香 hiaŋ⁴⁴、响 hiaŋ⁵⁵、相_貌 ɬiaŋ²¹
	江摄开口二等	窗 tʰiaŋ⁴⁴
	曾摄开口一等	曾 hiaŋ²²
	梗摄开口三等	病 piaŋ²¹、柄 piaŋ²¹、饼 piaŋ⁵⁵、精 tiaŋ⁴⁴、净 tiaŋ²¹、清 tʰiaŋ⁴⁴、领 liaŋ⁵⁵、正 tsiaŋ⁴⁴、声 siaŋ⁴⁴/ɬiaŋ⁴⁴/sɛŋ⁴⁴、镜 kiaŋ²¹/kɛŋ⁴⁴、轻_重,年~hiaŋ⁴⁴、颈 kiaŋ⁵⁵
	梗摄开口四等	醒 ɬiaŋ⁵⁵、腥 ɬiaŋ⁴⁴、厅 hiaŋ⁴⁴
iɔŋ	宕摄开口三等	张 tsiɔŋ⁴⁴
m̩	遇摄合口一等	五 m̩⁵⁵、误 m̩²¹、唔_否定副词 m̩²²
ap	咸摄开口一等	搭 ap³、杂 tap²、合 hap²、盒 hap²、腊 lap²
	咸摄开口二等	插 tsʰap³、夹 kap³/kiap³、甲 kap³、鸭 ap³
	咸摄开口三等	叶 jap²、腌 jap³
	深摄开口三等	执 tsap⁵、湿 ɬap⁵/sip⁵、级 kʰap⁵
ɛp	咸摄开口四等	叠 ɛp²
ip	咸摄开口三等	摄 sip³
	深摄开口三等	十 sip²、湿 sip⁵/siap⁵/ɬap⁵、入 jip²
iap	咸摄开口二等	夹 kiap³/kap³
	咸摄开口三等	接 tiap³、折 tsiap³
	咸摄开口四等	蝶 tiap²、贴 tʰiap³
	深摄开口三等	湿 siap⁵/sip⁵/ɬap⁵
at	咸摄开口二等	压 at³
	山摄开口一等	辣 lat²、擦 tsʰat³
	山摄开口二等	八 pat³、察 tsʰat³
	山摄合口二等	滑 wat²、刷 tsʰat³
	山摄合口三等	发 fat³、袜 mat²
	臻摄开口三等	蜜 mat²
ɛt	山摄开口三等	热 ŋɛt²
	梗摄开口四等	喫 hɛt³/hiak³
ɔt	山摄开口一等	割 kɔt³
	山摄开口二等	抹 mɔt³
	山摄合口一等	阔 fɔt³

续表 2-2

韵母	音韵地位	例字
it	咸摄开口四等	跌 it³/ek³
	山摄开口三等	别 pit²、裂 lit²
	山摄开口四等	结 kit³
	臻摄开口三等	笔 pit⁵、密 mit²、七 tʰit⁵、漆 tʰit⁵、虱 sit⁵、膝 ɬit⁵、漆 tʰit⁵、实 sit²、失 sit⁵、吉 kit⁵、日 ŋit²、一 jit⁵/ŋit⁵
	臻摄合口三等	桔 kit⁵
ut	山摄合口三等	雪 ɬut⁵、月 ŋut²
	山摄合口四等	血 hut³
	臻摄开口三等	栗 lut²
	臻摄合口一等	骨 kut⁵、核 ~果~ wut²
	臻摄合口三等	律 lut²、出 tsʰut⁵、恤 sut⁵、术 sut²
uat	山摄合口二等	刮 kuat³
ak	山摄开口一等	萨 ɬak³
	宕摄开口一等	泊 pʰak³
	曾摄开口一等	墨 mak²、得 tak⁵、德 tak⁵、特 ak²、贼 tʰak²、塞 ɬak⁵、刻 hak⁵、黑 hak⁵
	曾摄开口三等	侧 tsak⁵
	曾摄合口一等	或 wak²
	梗摄开口二等	百 pak³、白 pak²、伯 pak³、擘 mak³、拆 tsʰak³、窄 tsak³、客 hak³、麦 mak²、摘 tsak²、隔 kak³
	梗摄合口二等	划 wak²
	通摄合口一等	卜 pak²
ɛk	宕摄开口三等	着 ~衣、睡~ tsɛk²/tsiak³、药 jɛk²
	梗摄开口三等	脊 tɛk³、席 tsɛk²、只 tsɛk³、石 sɛk²/siak²
	梗摄开口四等	锡 ɬɛk³
ɔk	山摄开口一等	渴 hɔk³
	宕摄开口一等	博 pɔk³、薄 pɔk²、托 hɔk³、落 lɔk²、阁 kɔk³、恶 ~善~ ɔk⁵
	宕摄合口一等	镬 wɔk²
	江摄开口二等	捉 tsɔk³、觉 ~知~ kɔk³、角 kɔk³、壳 hɔk³、学 hɔk²
	曾摄合口一等	国 kɔk³

续表 2-2

韵母	音韵地位	例字
ek	咸摄开口四等	跌 ek³/it³
	山摄开口三等	裂 lek²
	山摄开口四等	节 tek⁵、铁 hek³
	曾摄开口三等	力 lek²、即 tek⁵、直 tsek²、值 tsek²、色 sek⁵、识 sek⁵、食 sek²、息 ɬek⁵、极 kek²、翼 jek²
	梗摄开口三等	戟 kʰek⁵
	梗摄开口四等	戚 tʰek⁵、历 lek²
uk	通摄合口一等	木 muk²、读 uk²、鹿 luk²、谷 kuk⁵、哭 huk⁵、屋 uk⁵、督 uk⁵、毒 uk²
	通摄合口三等	服 fuk²、仆 puk²、绿 luk²、六 luk²、宿 ɬuk⁵、竹 tsuk⁵、粥 tsuk⁵、叔 suk⁵、熟 suk²、肉 ŋuk²、菊 kuk⁵、郁 ŋuk⁵、绿 luk²、粟 ɬuk⁵、烛 tsuk⁵、铜 kuk²、曲 kʰuk⁵、局 kuk²
iak	宕摄开口三等	雀 tʰiak³、着~衣,睡 tsiak³/tsɛk²、脚 kiak³
	梗摄开口三等	脊 tiak³、尺 tʰiak³、石 siak²/sɛk²
	梗摄开口四等	劈 pʰiak²、踢 tʰiak³、喫 hiak³/hɛt³

ə、ou、ia、ən、yt 5 个韵母均只出现在来自英语的借词中。（见表2-3）

表 2-3 只出现在来自英词借词中的 5 个韵母

韵母	例词
ə	□□□lə⁴⁴pə⁴⁴pɛn²¹（橡皮筋，英语：rubber band）、□□pə²¹lek⁵（刹车器，英语：brake）、□□□ə²¹pʰak⁵mən²²（公寓，英语：apartment）
ou	□□win⁴⁴tou²²（窗户，英语：window）、□□□mai⁴⁴kʰou⁴⁴wei⁴⁴（微波炉，英语：microwave）、□□si²¹kou²¹（海鸥，英语：seagull）
ia	尾□mei⁵⁵ia⁴⁴（后院，英语：backyard）
ən	□□tai⁴⁴mən²¹（钻石，英语：diamond）、□□lai⁴⁴ən²²（狮子，英语：lion）、□□□kɔn⁴⁴nei⁵⁵sən²¹（康乃馨，英语：carnation）
yt	□□lyt⁵tsʰyt³（田边，田埂，英语：ridge）、□□□wɔ⁴⁴si²¹tʰyt⁵（华尔街，英语：Wall Street）

2.2.1.4 韵母与广东台山话的比较

（1）洛杉矶台山话有 56 个韵母，韵母的数量比《对照》的 42 个、《研究》的 41 个，还有我们实地调查的广东台山台城话的 49 个都要多。以下是《对照》《研究》和我们实地调查的广东台山台城话的韵母系统。

1)《对照》中记录韵母42个。

单元音韵母（3个）：

a i u

复元音韵母（10个）：

ai iɛ ei ɛu ui uɔi au eu iu iau

鼻音韵尾韵母（14个）：

am em im iam an en ɵn in un ⁿɔn aŋ ɵŋ ɔŋ iaŋ

声化韵母（1个）：

ŋ̍

塞音韵尾韵母（14个）：

ap ep ip iap at et ɵt it ut ⁿɔt ak ɵk ɔk iak

2)《研究》中记录韵母41个。

单元音韵母（6个）：

a ɔ ə e i u

复元音韵母（8个）：

ai ɔi au eu ia iu ui iau

鼻音韵尾韵母（13个）：

am em im iam an en in un uɔn aŋ ɔŋ ɵŋ iaŋ

声化韵母（1个）：

m̍ (ŋ̍)

塞音韵尾韵母（13个）：

ap ep ip iap at et it ut tɔu ak ɔk ɵk iak

3）我们实地调查的广东台山台城话有韵母49个。

单元音韵母（6个）：

a ɔ ə e i u

复元音韵母（11个）：

ai ɔi ei au eu ou ia iu ui iau uai

鼻音韵尾韵母（16个）：

am em im iam an en ɔn in un uɔn aŋ ɔŋ ɵŋ eŋ iaŋ iɔŋ

声化韵母（1个）：

m̍

塞音韵尾韵母（15个）：

ap ep ip iap at et ɔt it ut uɔt ak ɔk ek ək iak

(2) 广东本土的台山话与广州话等大多数粤方言不同，"四呼缺一"，没有撮口呼韵母，洛杉矶台山话基本保留了祖籍地台山话的这个特点，古遇摄合口三等字读 i、u、ɔ、ui 的都有。例如：

猪 tsi⁴⁴、书 si⁴⁴、夫 fu⁴⁴、梳 su⁴⁴、初 tsʰɔ⁴⁴、疏 sɔ⁴⁴、去 hui⁴⁴、鱼 ŋui²²

说其"基本保留"了这个特点，是因为也有一点改变。如上所述，有一个只出现在外来借词中的撮口呼韵母 yt，这是祖籍地方言没有的。这个韵母的出现使得洛杉矶台山话韵母"四呼缺一"的格局出现了变化。这是个值得进一步留意的问题。

（3）没有广州话等粤方言拥有的以短元音 ɐ 为主要元音的系列韵母，也没有粤方言广州话等拥有的另一个圆唇 œ 和以 œ 为主要元音的系列韵母，这同样也是与广东本土的台山话一致的。但是有广东台山话也有的 ɛ（e）系列韵母 ɛ、ei、ɛu、ɛm、ɛn、ɛŋ、eŋ、ɛp、ɛt、ɛk、ek，数量多达 11 个。例如：

借 tɛ^{44}、车 tsʰɛ^{44}、肥 fei^{22}、机 kei^{44}、条 hɛu^{22}、猫 mɛu^{44}、钳 kʰɛm^{22}、点 ɛm^{55}、钱 tʰɛn^{22}、仙 ɬɛn^{44}、请 tsʰɛŋ^{55}、声 sɛŋ^{44}、明 meŋ^{44}、经 keŋ^{44}、迭 ɛp^{2}、热 ŋɛt^{2}、喫 hɛt^{5}、锡 ɬɛk^{3}、药 jɛk^{2}、力 lek^{2}、食 sek^{2}

（4）有一个自成音节的声化韵母 m̩。例如：

唔 m̩^{22}、五 m̩^{55}、误 m̩^{21}

（5）如同广东台山话及广府话等大多数粤方言一样，中古阳声韵尾 -m、-n、-ŋ，入声韵尾 -p、-t、-k 保留完整。例如：

阳声韵：
斩 tsam^{55}、点 ɛm^{55}、浸 tim^{44}、心 ɬim^{44}、尖 tsiam^{44}、捡 kiam^{55}、
班 pan^{44}、山 san^{44}、跟 kɛn^{44}、砖 tsɔn^{44}、干 kɔn^{44}、真 tsin^{44}、田 hin^{22}、文 mun^{22}、孙 ɬun^{22}
凳 aŋ^{21}、猛 maŋ^{44}、帮 pɔŋ^{44}、汤 hɔŋ^{44}、凤 fuŋ^{31}、粽 tuŋ^{55}、名 miaŋ^{22}、偋 piaŋ^{44}

入声韵：
甲 kap^{3}、叶 jap^{2}、十 sip^{2}、入 jip^{2}、接 tiap^{5}、贴 tʰiap^{3}、
八 pat^{3}、发 fat^{3}、阔 fɔt^{3}、茉 mɔt^{2}、笔 pit^{5}、裂 lit^{2}、骨 kut^{3}、月 ŋut^{2}、
白 pak^{2}、贼 tʰak^{2}、落 lɔk^{2}、镬 wɔk^{2}、服 fuk^{2}、肉 ŋuk^{2}、劈 pʰak^{3}、尺 tʰiak^{3}

（6）阳声韵尾和入声韵尾并非完全没有变化，其中最明显的是，部分山摄开口一、三、四等字，以及个别臻摄开口三等字的阳声韵尾 -n 变读 -ŋ，入声韵尾 -t 变读 -k。不过却没有祖籍地广东台山话梗摄开口三、四等字，有的阳声韵不收 -ŋ 尾而收 -n 尾，有的入声韵不收 -k 尾而收 -t 尾，如"平 pʰen^{22}""京 ken^{33}""晶 ten^{33}""清 tʰen^{33}""历 let^{2}""戚 tʰet^{5}"等的变化。例如：

边 $_{山开四,帮}$ peŋ^{44}、便 $_{山开三,並}$ peŋ^{21}、面 $_{山开三,明}$ meŋ^{21}、件 $_{山开三,群}$ keŋ^{21}、扁 $_{山开四,帮}$ peŋ^{55}、电 $_{山开四,定}$ eŋ^{21}、年 $_{山开四,泥}$ neŋ^{22}、天 $_{山开四,透}$ heŋ^{44}、萨 $_{山开一,心}$ ɬak^{3}、铁 $_{山开四,透}$ hek^{3}、节 $_{山开四,精}$ tek^{5}、

第 2 章 美国华人社区汉语粤方言语音研究

认 _{臻开三,日} jeŋ²¹

柄 _{梗开三,帮} piaŋ²¹、净 _{梗开三,从} tiaŋ³¹、声 _{梗开三,审书} ɬiaŋ⁴⁴/seŋ⁴⁴、镜 _{梗开三,见} kiaŋ²¹⁻³⁵、影 _{梗开三,影} jaŋ⁵⁵、戚 _{梗开三,清} tʰek⁵、历 _{梗开四,来} lek²

这个改变不同于粤方言广东台山话，其发展有待进一步观察。

（7）如上所述，有 5 个只在外来借词中出现的韵母，尤其是其中还有一个撮口呼韵母 yt。音系中有只在借词中出现的韵母，此特点是国内的汉语方言没有的，却是海外汉语方言，如东南亚华人社区的汉语方言等常有的表现。

（8）类似声母中出现的不稳定现象，在韵母中也有，有些字因为韵母不同，在洛杉矶台山话中也有不止一个读法。

韵母可以是单元音，也可以是复元音。例如：

尾 mi⁵⁵/mei⁵⁵、肥 fi²²/fei²²、礼 li²¹/lai²¹、企 kʰi⁵⁵/kʰei⁵⁵

韵母可以无 i 介音，也可以有 i 介音。例如：

烧 ɬeu⁵⁵/siau⁴⁴、条 heu²²/hiau²²、静 teŋ²¹/tiaŋ²¹、凉 leŋ²²/liaŋ²²、长 _{~凳} tsʰeŋ²²/tsʰiaŋ²²、声 seŋ⁴⁴/siaŋ⁴⁴、乡 heŋ⁴⁴/hiaŋ⁴⁴、湿 sip⁵/siap⁵、喫 het³/hiak³

韵母的主要元音不同。例如：

交 kau⁴⁴/kɛu⁴⁴、烟 jɛn⁴⁴/jin⁴⁴、根 kən⁴⁴/kin⁴⁴

有的还有不止两个读法。例如：

田 hɛn²²/hin²²/heŋ²²

虽然其中各有缘故，但是我们认为，这其中的一个重要原因，与不自觉地接受在世界华人圈、美国华人圈，以至在洛杉矶华人圈中都是强势的粤方言广府话韵母的影响不无关系。例字见表 2-4。

表 2-4 洛杉矶台山话韵母受广府话影响举例

方言	例字									
	肥	礼	企	胶	烟	根	声	凉	长	净
广东广州话	fei²¹	lɐi¹³	kʰei¹³	kau⁵⁵	jin⁵⁵	kɐn⁵⁵	sɛŋ⁵⁵	lœŋ²¹	tsʰœŋ²¹	tsɐŋ²²
广东台山话	fei²²	lai³¹	kʰei³³	kau³³	jen³³	kin³³	sen³³	liaŋ²²	tsʰiɔŋ²²	ten³¹/tiaŋ³¹
洛杉矶台山话	fi²²/fei²²	li²¹/lai²¹	kʰi⁵⁵/kʰei⁵⁵	kau⁴⁴/kɛu⁴⁴	jɛn⁴⁴/jin⁴⁴	kən⁴⁴/kin⁴⁴	sɛŋ⁴⁴/siaŋ⁴⁴	lɛŋ²²/liaŋ²²	tsʰɛŋ²²/tsʰiaŋ²²	teŋ²¹/tiaŋ²¹

2.2.1.5　7个声调及其与古平、上、去、入四声的对应

洛杉矶台山话有7个声调。即：

阴平 44　　花、机、西、新、风、四、去、怕
阳平 22　　麻、禾、爷、柴、楼、条、迟、云
上声 55　　可、左、狗、马、尾、母、水、眼
去声 21　　蒜、对、跳、大、漏、乱、半、二
上阴入 5　　执、湿、乜、漆、骨、搣、出、屋
下阴入 3　　插、结、发、阔、百、搏、劈、拆
阳入 2　　　叶、十、蜜、别、月、木、学、日

古平、上、去、入四声在今日洛杉矶台山话中的具体演变如下。
（1）古平声清音字今读阴平44。例如：

花晓 fa^{44}、三心 $łam^{44}$、猪知 tsi^{44}、夫非 fu^{44}、杯帮 $pɔi^{44}$、衫审生 sam^{44}、吞透 hun^{44}、精精 $tiaŋ^{44}$、玻滂 pu^{44}、飞非 fi^{44}、窗穿初 $t^hiaŋ^{44}$、开溪 $hɔi^{44}$、亲清 t^hin^{44}、冬端 $uŋ^{44}$

古平声浊音字今读阳平22。例如：

爬並 p^ha^{22}、茶澄 ts^ha^{22}、殊禅 si^{22}、河匣 $hɔ^{22}$、斜邪 $t^hɛ^{22}$、鹅疑 $ŋu^{22}$、台定 $hɔi^{22}$、肥奉 fei^{22}、渠群 k^hui^{22}、油以 jiu^{22}、泥泥 nai^{22}、人日 $ŋin^{22}$、门明 $mɔn^{22}$、莲来 $lɛn^{22}$、文徽 mun^{22}

（2）古上声清音字今读上声55。例如：

哑 a^{55}、五疑 ka^{55}、姊精 ti^{55}、指照章 tsi^{55}、口溪 hau^{55}、走精 tau^{55}、狗见 kau^{55}、小心 $łiau^{55}$、点端 $ɛm^{55}$、斩照庄 $tsam^{55}$、铲穿初 ts^han^{55}、粉非 fun^{55}、扁帮 $pɛn^{55}$、醒心 $łiaŋ^{55}$

古上声浊音字部分今读21，与去声同，归入去声，也有部分读上声55。例如：

美明 mi^{21}、旅来 lui^{21}、妗群 k^him^{21}、马明 ma^{55}、舞徽 mu^{55}、满明 $mɔn^{55}$、榄来 lam^{55}、冷来 $laŋ^{55}$、懒来 lan^{55}、演喻以 $jɛn^{55}$

（3）古去声清音字今大都读44，与阴平同，归入阴平。例如：

怕滂 p^ha^{44}、借精 $tsɛ^{44}$、货晓 $fɔ^{44}$、四心 $łi^{44}$、扫心~把 $łɔ^{44}$、细心 $łai^{44}$、脆清 t^hui^{44}、过见 $kuɔ^{44}$、印影 jin^{44}、圣审书 $seŋ^{44}$

这是声调与广东本土台山方言一致的一个重要表现。

关于台山话古清音声母平声字与古清音声母去声字声调调值相同这点，学界一般无异议。目前，将读同阴平调的古去声清音声母字归阴平也是不少学者的处理办法，《对照》《研究》和詹伯慧主编的《广东粤方言概要》（暨南大学出版社2002年版）都是这么处理的，辛世彪的《东南方言声调比较研究》（上海教育出版社2004年版）也如此主张。我们记录的广东台山台城话的古去声清音声母字亦归阴平。

古去声浊音字今读去声21。例如：

炸$_{照庄}$tsa^{21}、谢$_{邪}$tɛ^{21}、住$_{澄}$tsi^{21}、庙$_{明}$miau^{21}、饭$_{奉}$fan^{21}、韧$_{日}$jin^{21}、乱$_{来}$lɔn^{21}、病$_{并}$piaŋ^{21}、样$_{喻以}$jeŋ^{21}

古去声清音声母字也有读21的。例如：

票$_{滂}$p^{h}iau^{21}、带$_{端}$ai^{21}、凳$_{端}$aŋ^{21}、硬$_{疑}$ŋaŋ^{21}

（4）古入声字依声母清浊分阴阳后，古入声清声母字再分出上阴入和下阴入，上阴入调值5，下阴入调值3。洛杉矶台山话与广东台山话一样，没有粤方言广州话等舌位较高的ɐ系列韵母，一些字的读法也不一样，但是上、下阴入字的分化却大体上如粤方言广州话，广州话读上阴入和下阴入的字，洛杉矶台山话也大都分别读上阴入和下阴入。例如：

粤语广州话：级$_{见}$k^{h}ɐp^{5}、笔$_{帮}$pɐt^{5}、执$_{照章}$tsɐp^{5}、贴$_{透}$t^{h}ip^{3}、发$_{非}$fat^{3}、百$_{帮}$pak^{3}
洛杉矶台山话：级$_{见}$k^{h}ap^{5}、笔$_{帮}$pit^{5}、执$_{照章}$tsap^{5}、贴$_{透}$t^{h}iap^{3}、发$_{非}$fat^{3}、百$_{帮}$pak^{3}

古入声浊音字今读阳入2。例如：

十$_{禅}$sip^{2}、合$_{匣}$hap^{2}、腊$_{来}$lap^{2}、辣$_{来}$lat^{2}、日$_{日}$ŋit^{2}、核$_{匣,果~}$wut^{2}、木$_{明}$muk^{2}、直$_{澄}$tsek^{2}、镬$_{匣}$wɔk^{2}、服$_{奉}$fuk^{2}

2.2.1.6　3个变调

变调3个，即高平变调55、高升变调35、低降变调21，比只拥有一个高平变调和一个高升变调的粤语的代表点广州话，以及同一社区内的粤方言广府话等多了一个低降变调，但与广东台山话变调的类型相同。

甘于恩认为，四邑方言中的变调"与构词或构形有关"①。但我们的调查显示，洛杉矶台山话中的变调与构词或构形有关的只是少数，且大都是单音节词。

---

① 甘于恩：《广东四邑方言语法研究》，暨南大学出版社2010年版。

(1) 变调后由动词转化为名词的。例如：

锉_{动词}tʰɔ⁴⁴—锉_{名词,锉子}tʰɔ⁴⁴⁻³⁵　　　　叉_{动词}tsʰa⁴⁴—叉_{名词,叉子}tsʰa⁴⁴⁻³⁵
盖_{动词}kɔi⁴⁴—盖_{名词,盖子}kɔi⁴⁴⁻³⁵　　　　领_{动词}liaŋ⁵⁵—领_{名词,领子}liaŋ⁵⁵⁻²¹
锄_{动词}tsʰu²²—锄_{名词,锄头}tsʰu²²⁻³⁵　　　　钳_{动词}kʰɛm²²—钳_{名词,钳子}kʰɛm²²⁻³⁵

(2) 变调后由形容词转化为名词的。例如：

酸_{形容词}sɔn⁴⁴—酸_{名词,醋}sɔn⁴⁴⁻³⁵

(3) 变调后由名词转化为量词的。例如：

包_{名词、动词}pau⁴⁴—包_{量词}pau⁴⁴⁻²¹

(4) 变调后词义改变的。例如：

边_{这~}pɛn⁴⁴、边_{那~}pɛn⁴⁴—边_{~缘}pɛn⁴⁴⁻³⁵　　　相_{~貌}ɬiaŋ²¹—相_{~片}ɬiaŋ²¹⁻³⁵

其余大多数的变调都是连读变调。

变调以名词为多，可以出现在单音节词、双音节词和多音节词中。其中，35 高升变调出现得最多，55 高平变调最少。变调以出现在词的后一音节的最多，也有出现在词的前一音节和中间音节的。读 55 高平变调的主要是阳平 22 字，读 21 低降调的主要是阴平 44 字，而 35 高升变调则除了上阴入调，其他的 6 个调都有读的。

(1) 高平变调 55。
A. 单音节。例如：

阳平字：谁 sui²²⁻⁵⁵

B. 双音节词后字变调。
阳平字变调分 3 种情况。例如：

阴平字后面：烧鹅 siau⁴⁴ŋu²²⁻⁵⁵、阿姨 a⁴⁴ji²²⁻⁵⁵、乌蝇_{苍蝇}wu⁴⁴jeŋ²²⁻⁵⁵
阳平字后面：柠檬 neŋ²²muŋ²²⁻⁵⁵
上声字后面：马骝_{猴子}ma⁵⁵lau²²⁻⁵⁵

去声字变调。例如：

上声字后面：攞位_{订位}lɔ⁵⁵wai²¹⁻⁵⁵

下阴入字变调分两种情况。例如：

去声字后面：菩萨 pʰu²² ɬak³⁻⁵
阳平字前面：碎银_零钱_ɬui²¹⁻⁵⁵ ŋan²²⁻³⁵（此例后一音节读 35 变调，高平变调和高升变调连用）

（2）高升变调 35。
A. 单音节。例如：

阴平字：姜 kiaŋ⁴⁴⁻³⁵、葱 tsʰuŋ⁴⁴⁻³⁵、龟 kui⁴⁴⁻³⁵、砖 tsɔn⁴⁴⁻³⁵、厅 hiaŋ⁴⁴⁻³⁵、锉_锉刀_tʰɔ⁴⁴⁻³⁵、边_边缘_pɛn⁴⁴⁻³⁵、樽_瓶子_tun⁴⁴⁻³⁵、铛_锅_tsʰaŋ⁴⁴⁻³⁵、叉_叉子_tsʰa⁴⁴⁻³⁵、盖_盖子_kɔi⁴⁴⁻³⁵、酸_醋_sɔn⁴⁴⁻³⁵

阳平字：银_钱、硬币_ŋan²²⁻³⁵、铜 huŋ²²⁻³⁵、帘_窗帘_lim²²⁻³⁵、橙 tsʰaŋ²²⁻³⁵、梅 mɔi²²⁻³⁵、鱼 ŋui²²⁻³⁵、房_房间_fɔŋ²²⁻³⁵、楼 lau²²⁻³⁵、蚊 mun²²⁻³⁵、鹅 ŋu²²⁻³⁵、钳_钳子_kʰɛm²²⁻³⁵、锄_锄头_tsʰu²²⁻³⁵

上声字：野_东西_jɛ⁵⁵⁻³⁵、纽 niu⁵⁵⁻³⁵、搲 wa⁵⁵⁻³⁵、簿 pu⁵⁵⁻³⁵

去声字：蔗 tsɛ²¹⁻³⁵、蒜 ɬɔn²¹⁻³⁵、柿 si²¹⁻³⁵、荐_坐垫_tsin²¹⁻³⁵、蛋 an²¹⁻³⁵、脷_舌头_li²¹⁻³⁵、相_相片_ɬiaŋ²¹⁻³⁵、信 ɬin²¹⁻³⁵、粽 tuŋ²¹⁻³⁵、样_样子、款式_jɛŋ²¹⁻³⁵、磅 pɔŋ²¹⁻³⁵

阳入字：栗 lut²⁻³⁵、裂 lit²⁻³⁵、盒_箱子_hap²⁻³⁵

B. 双音节词后字变调。
阴平字变调分 5 种情况。例如：

阴平字后面：餐厅 tʰan⁴⁴ hiaŋ⁴⁴⁻³⁵、衣叉 ji⁴⁴ tsʰa⁴⁴⁻³⁵、担心 am⁴⁴ ɬim⁴⁴⁻³⁵、烧香 siau⁴⁴ hiaŋ⁴⁴⁻³⁵

阳平字后面：匙羹 tsʰi²² kaŋ⁴⁴⁻³⁵、毛辫 mɔ²² pin⁴⁴⁻³⁵

上声字后面：打针 a⁵⁵ tsim⁴⁴⁻³⁵、舞狮 mu⁵⁵ ɬu⁴⁴⁻³⁵、纸巾 tsi⁵⁵ kin⁴⁴⁻³⁵、把遮_雨伞_pa⁵⁵ tsɛ⁴⁴⁻³⁵

去声字后面：住家_住处_tsi²¹ ka⁴⁴⁻³⁵

上阴入字后面：竹叉 tsuk⁵ tsʰa⁴⁴⁻³⁵、笔盖 pit⁵ kɔi⁴⁴⁻³⁵

阳平字变调分 7 种情况。例如：

阴平字后面：英文 jeŋ⁴⁴ mun²²⁻³⁵、蚀银_亏本_si⁴⁴ ŋan²²⁻³⁵、飞鹞_放风筝_fi⁴⁴ jau²²⁻³⁵、番薯 fan⁴⁴ si²²⁻³⁵、芥蓝 kai⁴⁴ lan²²⁻³⁵、西梅 sai⁴⁴ mɔi²²⁻³⁵、书房 si⁴⁴ fɔŋ²²⁻³⁵、车房 tsʰɛ⁴⁴ fɔŋ²²⁻³⁵、监房 kam⁴⁴ fɔŋ²²⁻³⁵、瞓房_睡房_fun⁴⁴ fɔŋ²²⁻³⁵、劏鱼_杀鱼_hɔn⁴⁴ ŋui²²⁻³⁵、钓鱼 ɛu⁴⁴ ŋui²²⁻³⁵

阳平字后面：红红 huŋ²² huŋ²²⁻³⁵、黄黄 wɔŋ²² wɔŋ²²⁻³⁵、甜甜 him²² him²²⁻³⁵、还钱 wan²² tʰɛn²²⁻³⁵、田螺 hɛn²² lɔ²²⁻³⁵、茶柸_茶几_tsʰa²² hɔi²²⁻³⁵

上声字后面：耳环 ŋi⁵⁵ wan²²⁻³⁵、打牌 a⁵⁵ pʰai²²⁻³⁵、有钱 jiu⁵⁵ tʰɛn²²⁻³⁵、马蹄 ma⁵⁵ hai²²⁻³⁵、冇银_没有钱_ mɔ⁵⁵ ŋan²²⁻³⁵

去声字后面：我们 ŋɔ²¹ mun²²⁻³⁵、大厨_厨师_ ai²¹ tsʰu²²⁻³⁵、电筒 eŋ²¹ huŋ²²⁻³⁵、大鱼 ai³¹ ŋui²²⁻³⁵

上阴入字后面：笔盖_笔套_ pit⁵ kɔi⁴⁴⁻³⁵

下阴入字后面：阁楼 kɔk³ lau²²⁻³⁵、捉鱼 tsɔk³ ŋui²²⁻³⁵

阳入字后面：石榴 sɛk² liu²²⁻³⁵

去声字变调分 6 种情况。例如：

阴平字后面：烧卖 siau⁴⁴ mai²¹⁻³⁵、猪䐗_避,猪舌头_ tsi⁴⁴ li²¹⁻³⁵、生蛋 saŋ⁴⁴ an²¹⁻³⁵

阳平字后面：条带_带子_ hɛu²² ai²¹⁻³⁵、邮票 jiu²² pʰiau²¹⁻³⁵、黄豆 wɔŋ²² au²¹⁻³⁵、莲藕 lin²² ŋau²¹⁻³⁵、鱼蛋_鱼丸_ ŋui²² an²¹⁻³⁵、头垫_枕头_ hau²² tin²¹⁻³⁵、床垫 tsʰɔŋ²² tin²¹⁻³⁵、棉被 mɛn²² pʰei²¹⁻³⁵

上声字后面：扁豆 pɛn⁵⁵ au²¹⁻³⁵、丑样 tsʰiu⁵⁵ jɔŋ²¹⁻³⁵、考试 hau⁵⁵ si²¹⁻³⁵、耳环 ŋi⁵⁵ wan²²⁻³⁵

去声字后面：静静 teŋ²¹ teŋ²¹⁻³⁵、面镜_镜子_ min²¹ kiaŋ²¹⁻³⁵、电话 eŋ²¹ wa²¹⁻³⁵

下阴入字后面：雀蛋 tʰiak³ an²¹⁻³⁵

阳入字后面：画画 wak² wa²¹⁻³⁵

下阴入变调分 3 种情况。例如：

阴平字后面：中国 tsuŋ⁴⁴ kɔk³⁻³⁵
去声字后面：美国 mi²¹ kɔk³⁻³⁵
阳入字后面：垃圾 lap² sap³⁻³⁵

阳入字变调。例如：

上声字后面：锁盒_保险箱_ fɔ⁵⁵ hap²⁻³⁵

C. 双音节词前字变调。

阳平字变调分两种情况。例如：

阴平字前面：谁个_谁的_ sui²²⁻³⁵ kɔi⁴⁴
上声字前面：河粉 hɔ²²⁻³⁵ fun⁵⁵

上声字变调分 3 种情况。例如：

阴平字前面：冇衫_没有衣服_ mou⁵⁵⁻³⁵ sam⁴⁴、影戏_电影_ eŋ⁵⁵⁻³⁵ hi⁴⁴
阳平字前面：榄油 lam⁵⁵⁻³⁵ jiu²²

阳入字前面：粽叶 tuŋ⁵⁵⁻³⁵ jap²

去声字变调分两种情况。例如：

阳平字前面：蒜头 ɬon²¹⁻³⁵ hau²²
上声字前面：信纸 ɬin²¹⁻³⁵ tsi⁵⁵

阳入字变调。例如：

阳平字前面：石糖_{冰糖} sɛk²⁻³⁵ hɔŋ²²

D. 双音节词前后字均变调。例如：

信封 ɬin²¹⁻⁵⁵ fuŋ⁴⁴⁻³⁵、百合_{前为高平变调,后为高升变调} pak³⁻⁵ hap²⁻³⁵

E. 三音节词后字变调。例如：

阴平字：放炮仗_{放鞭炮} fɔŋ⁴⁴ pʰau⁴⁴ tsiaŋ⁴⁴⁻³⁵
阳平字：写字枱 sɛ⁵⁵ tsi²¹ hɔi²²⁻³⁵、喫饭枱_{饭桌} hɛt³ fan²¹ hɔi²²⁻³⁵、洗衫房 ɬai⁵⁵ ɬam⁴⁴ fɔŋ²²⁻³⁵、三文鱼 ɬam⁴⁴ mun²² ŋui²²⁻³⁵
上声字：徛颠倒_{倒立} kʰi⁵⁵ ɛn⁴⁴ ɔ⁵⁵⁻³⁵
去声字：江瑶柱 kɔŋ⁴⁴ jiu²² tsʰui²¹⁻³⁵、黑皮蛋_{皮蛋} hak⁵ pʰi²² an²¹⁻³⁵、唐人话_{汉语} hɔŋ²² ŋin²² wa²¹⁻³⁵、台山话 hɔi²² san⁴⁴ wa²¹⁻³⁵、讲大话_{说谎} kɔŋ⁵⁵ ai³¹ wa²¹⁻³⁵、打电话 a⁵⁵ eŋ²¹ wa²¹⁻³⁵

F. 三音节词前字变调。例如：

马蹄糕 ma⁵⁵⁻³⁵ hai²² kɔ⁴⁴

G. 三音节词中间字变调。例如：

阳平字：一楼屋_{平房} ŋit⁵ lau²²⁻³⁵ uk⁵
去声字：红豆冰 huŋ²² au²¹⁻³⁵ peŋ⁴⁴、绿豆冰 luk² au²¹⁻³⁵ peŋ⁴⁴

（3）低降变调21。
A. 单音节。例如：

阴平字：樽_{瓶子} tun⁴⁴⁻²¹、楼_{大衣} lau⁴⁴⁻²¹、包_{量词} pau⁴⁴⁻²¹
上声字：领_{领子} liaŋ⁵⁵⁻²¹

B. 双音节词后字变调。

阴平字变调分6种情况。例如：

阴平字后面：香蕉 hiaŋ^{44}tiau$^{44-21}$
上声字后面：底衫$_{内衣}$ai^{55}ɬam$^{44-21}$、好衫$_{西装、晚礼服}$hɔ^{55}ɬam$^{44-21}$、女衫$_{连衣裙}$nui^{55}ɬam$^{44-21}$
去声字后面：菜心 tʰɔi^{21}ɬim$^{44-21}$、揿钉$_{图钉}$kim^{21}ɛ$^{44-21}$、饭燶$_{饭糊}$fan^{21}nuŋ$^{44-21}$、晾衫 lɔŋ^{21}ɬam$^{44-21}$
上阴入字后面：竹竿 tsuk^{5}kɔn$^{44-21}$、恤衫$_{衬衣}$sut^{5}ɬam$^{44-21}$
下阴入字后面：铁钉 hek^{3}tɛŋ$^{44-21}$、铁钩 hek^{3}ŋau$^{44-21}$
阳入字后面：白沙$_{沙子}$pak^{2}sa$^{44-21}$

上声字变调。例如：

去声字后面：外母$_{岳母}$ŋɔi^{21}mu$^{55-21}$

C. 双音节词前字变调。

阴平字变调分3种情况。例如：

阴平字前面：爸爸 pa$^{44-21}$pa^{44}、妈妈 ma$^{44-21}$ma^{44}、衫袋$_{口袋}$ɬam$^{44-21}$ɔi^{21}
阳平字前面：马房$_{马厩}$ma$^{55-21}$fɔŋ^{22}
上声字前面：街火$_{街灯}$kai$^{44-21}$fɔ^{55}

D. 三音节词后字变调。例如：

阴平字：豉油渣$_{酱油残汁}$si^{21}jiu^{22}tsa$^{44-21}$、落水楼$_{雨衣}$lɔk^{2}sui^{21}lau$^{44-21}$

E. 三音节中间字变调。例如：

□浆糊$_{糨糊}$nat^{5}tiaŋ$^{44-21}$wu^{22}

2.2.1.7 声调与广东台山话的比较

洛杉矶台山话声调平声分阴阳，上、去不分，阴去大都归阴平，入声三分，阴入分上阴入和下阴入。

（1）《对照》所记的广东台山话有8个声调，平声、上声分阴阳，去声不分，入声分阴阳后，阴入又再分出上、下阴入。《研究》与《对照》一样，声调8个，古四声的分化亦相同，平声、上声分阴阳，去声不分，入声有3个，阴入分出上、下阴入。

（2）洛杉矶台山话共有7个声调，比《对照》《研究》中记录的少一个。其中最大的差别是，洛杉矶台山话只有一个上声，与我们调查过的东南亚缅甸仰光曼德勒台山话一致，也与我们实地调查的广东台山台城话一致。我们调查的广东台山台城话声调，平声分阴阳，上声、去声不分，阴去大都归阴平，入声三分，阴入分上阴入和下阴入。阴平调值为33，阳平为22，上声为55，去声为31，上阴入为5，下阴入为3，阳入为2。

同时，我们也注意到赵元任先生60多年前发表的《台山语料》①亦如此。

今日的洛杉矶台山话，平声分阴阳，阴平调值44，阳平调值22；上声、去声不分阴阳，上声调值55，去声调值21；入声分阴阳后，阴入又再分出上阴入和下阴入，上阴入调值5，下阴入调值3，阳入调值2。

由此可知，洛杉矶台山话声调与广东台山台城话声调除了阴平的调值和去声的调值有一点差异外，其余的都相同。

（3）仅从声调的数量上看，洛杉矶台山话比《对照》和《研究》的都少了一个调类，但是却与赵元任先生20世纪50年代初调查的《台山语料》的记录相同，也与我们调查的广东台山台城话相同。有一种观点认为，赵元任先生的调查点接近广东恩平，而恩平话是只有7个声调的。我们认为，海外的四邑话应该也是小地点方言特征不很明显的"大四邑话"，洛杉矶台山话不仅仅是台山籍的华人使用的社区汉语方言，也是其他祖籍地为广东开平、新会、恩平的四邑籍华人共同使用的社区汉语方言。同样，我们记录过的缅甸仰光台山话、缅甸曼德勒台山话也都是只有7个声调。

2.2.2　美国华人社区6个台山话语音与祖籍地源方言语音的比较

在详细阐述了洛杉矶台山话的语音后，我们再来看看华人社区所有6个台山话点的语音与祖籍地广东台山话语音的比较。

本节用于与美国6个华人社区台山话语音比较的中国祖籍地方言是广东台山话，用于比较的广东台山话语音材料主要来自实地调查的广东台山台城话，也有部分来自詹伯慧、张日昇的《对照》和甘于恩的《研究》。

由于粤方言广府话在华人圈中的地位和影响，我们也会将台山话与广东广州话做一些比较，广东广州话的资料也来自实地调查。

2.2.2.1　声母的比较

首先对比一下广东台山话与美国6个台山话的声母系统。

（1）广东台山话声母19个，包括零声母（甘于恩，2010）：

p pʰ m f v t tʰ n l ts tsʰ s j ɬ k kʰ ŋ h Ø

（2）广东台山话声母19个，包括零声母（詹伯慧、张日昇，1987）：

p pʰ ᵐb f v t tʰ ⁿd l ts tsʰ s z ɬ k kʰ ᵑg h Ø

（3）广东台山台城话声母19个，包括零声母（实地调查）：

p pʰ m f v t tʰ n l ts tsʰ s j ɬ k kʰ ŋ h Ø

---

① 参见赵元任《台山语料》，见《傅斯年先生纪念论文集》（上册），台北"中研院"历史语言研究所1951年版。

（4）广东广州话声母 20 个，包括零声母：

p pʰ m f w t tʰ n l ts tsʰ s j k kʰ kw kwʰ ŋ h ∅

（5）三藩市台山话的声母 19 个，包括零声母：

p pʰ m f w t tʰ n l ts tsʰ s ɬ j k kʰ ŋ h ∅

（6）洛杉矶台山话的声母 19 个，包括零声母：

p pʰ m f w t tʰ n l ts tsʰ s ɬ j k kʰ h ŋ ∅

（7）纽约台山话的声母 19 个，包括零声母：

p pʰ m f w t tʰ n l ts tsʰ s ɬ j k kʰ ŋ h ∅

（8）芝加哥台山话的声母 19 个，包括零声母：

p pʰ m f w t tʰ n l ts tsʰ s ɬ j k kʰ ŋ h ∅

（9）波特兰台山话的声母 19 个，包括零声母：

p pʰ m f w t tʰ n l ts tsʰ s ɬ j k kʰ ŋ h ∅

（10）圣安东尼奥台山话的声母 19 个，包括零声母：

p pʰ m f w t tʰ n l ts tsʰ s ɬ j k kʰ ŋ h ∅

首先，6 个美国台山话点的声母数量虽然与广东台山话一样，都是 19 个，但是均没有浊音 ᵐb－、ⁿd－、ᵑg－、z－、v－。与广东台山话浊音声母 ᵐb－、ⁿd－、ᵑg－相对应的是 m－、n－、ŋ－，而与 z－、v－相对应的则都是半元音性的 j－、w－。其次，美国 6 个台山话各点之间不但声母的数量相等，互相之间也能一一对应。当然，这只是最表面的比较，实质性的探讨将在下面展开。

此外，6 个美国台山话的声母均没有粤方言广州话圆唇的 kw－、kwʰ－声母。

2.2.2.1.1 古全浊声母的今读

国内广东台山话的古全浊声母字清化后，除古全浊上声字有部分念送气声母以外，基本上是平声送气、仄声不送气。美国的 6 个台山话也是如此。例如：

三藩市台山话：婆並 pʰɔ22、爬並 pʰa22、随邪 tʰui22、松邪 tsʰuŋ22、坐从 tʰu55、齐从 tsʰai22、材从 tʰɔi22、迟澄 tsʰi22、除澄 tsʰui22、厨澄 tsʰui22、肠澄 tsʰiaŋ22、柴床崇 tsʰai22、巢床崇 tsʰau22、骑群 kʰɛ22、裙群 kʰun22、步並 pu31、鼻並 pi31、座从 tsɔ31、就从 tsiu31、谢邪 tɛ31、住澄 tsi31、剩床船 tseŋ31、旧群 kiu31、局群 kuk2

洛杉矶台山话：婆並 pʰu22、爬並 pʰa22、斜 tʰɛ22、齐从 tsʰai22、坐从 tsʰu55、锄床 tsʰu22、厨澄 tsʰu22、迟澄 tsʰi22、肠澄 tsʰiaŋ22、柴床崇 tsʰai22、巢床崇 tsʰau22、裙群 kʰun22、徛群 kʰi55、步並 pu21、鼻並 pi21、薄並 pɔk2、杂从 tap2、住澄 tsi21、剩床船 tseŋ21、着澄,刪~ tsɛk2、丈澄 tsiaŋ21、局群 kuk2、焗群 kuk2

纽约台山话：婆並 pʰɔ22、爬並 pʰa22、松邪 tsʰuŋ22、坐从 tʰɔ31、齐从 tsʰai22、迟澄 tsʰi22、茶澄 tsʰa22、厨澄 tsʰui22、肠澄 tsʰɛŋ22、柴床崇 tsʰai22、巢床崇 tsʰau22、徛群 kʰei22、裙群 kʰun22、鼻並 pi31、杂从 tsap2、就从 tau31、谢邪 tsɛ31、住澄 tsi31、剩床船 tseŋ31、丈澄 tsiaŋ31、着澄,刪~ tsɛk2、局群 kuk2、焗群 kuk2

芝加哥台山话：婆並 pʰɔ22、旁並 pʰɔŋ22、松邪 tsʰuŋ22、坐从 tsʰɔ55、脐从 tsʰi22、齐从 tsʰai22、

茶澄tsʰa²²、厨澄tsʰui²²、柴床崇tsʰai²²、巢床崇tsʰau²²、床床崇tsʰɔŋ²²、徛群kʰi⁵⁵、鼻并pi³¹、杂从tap²、就从tiu³¹、谢邪tsɛ³¹、住澄tsi³¹、丈澄tsiaŋ³¹、着澄,䂡~tsiak²、剩床船tseŋ³¹、裙群kun²²、局群kuk²、焗群kuk²

波特兰台山话：婆并pʰɔ²²、爬并pʰa²²、邪邪tsʰɛ²²、松邪tsʰuŋ²²、脐从tʰei²、坐从tʰu⁵⁵、齐从tʰai²²、池澄tsʰi²²、茶澄tsʰa²²、厨澄tsʰui²²、肠tsʰiaŋ²²、柴床崇tsʰai²²、锄床崇tsʰɔ²²、床床崇tsʰɔŋ²²、徛群kʰi⁵⁵、裙群kʰun²²、鼻并pei³¹、杂从tap²、就从tiu³¹、谢邪tsia³¹、住澄tsi³¹、旧kiu³¹、焗群kuk²

圣安东尼奥台山话：婆并pʰɔ²²、爬并pʰa²²、松邪tsʰuŋ²²、坐从tʰɔ⁵⁵、脐从tʰei²²、齐从tʰai²²、迟澄tsʰi²²、茶澄tsʰa²²、厨澄tsʰui²²、柴床崇tsʰai²²、床床崇tsʰɔŋ²²、徛群kʰei⁵⁵、裙群kʰun²²、鼻并pei³¹、杂从tap²、就从tiu³¹、谢邪tɛ³¹、住澄tsi³¹、丈澄tsiaŋ³¹、着澄,䂡~tsɛk²、剩床船tseŋ³¹、局群kuk²、焗群kuk²

2.2.2.1.2　古端母、透母、定母的今读

h-声母是否一般出现在古溪、晓、匣母中（关于8个台山话古溪、晓、匣母的今读，参见下文2.2.2.1.10），抑或还可以出现在部分透母、定母中，是划分粤方言广府片粤语、桂南片粤语和四邑片粤语等的一个重要条件，用这一条件去检验美国华人社区的粤方言台山话，可以看到，h-声母除了出现在古溪、晓、匣母中，华人社区6个台山话的部分古透母、定母字如同广东台山话，不同于广东广州话，也读h-声母，保留了台山话的这个重要特点。例字见表2-5。①

表2-5　6个台山话古透、定母字的读音举例

方言	例字									
	跳	梯	台	天	汤	条	桃	头	臀	甜
	透母	透母	透母	透母	透母	定母	定母	定母	定母	定母
广东台山话	hiau³³	hai³³	hɔi²²	hen³³	hɔŋ³³	hiau²²	hau²²	hɛu²²	hun²²	hiam²²
三藩市台山话	hiu⁴⁴	hai⁴⁴	hɔi²²	heŋ⁴⁴	hɔŋ⁴⁴	hiau²²	hau²²	hɛu²²	hun²²	hiam²²
洛杉矶台山话	hɛu²¹	hai⁴⁴	hɔi²²	heŋ⁴⁴	hɔŋ⁴⁴	hiau²²	hɔ²²	hau²²	—	him²²
纽约台山话	hɛu²²	hai⁴⁴	hɔi²²	hɛn⁴⁴	hɔn⁴⁴	hɛu²²	hɛu²²	hɛu²²	—	hɛm²²

---

① 本节所有的表格都加注广东台山话、广东广州话的例子，以便于对比。表格中加"—"的，或者是发音人没有提供发音，或者是发音人使用了英语借词的说法。下同。

续表 2-5

方言	例字									
	跳	梯	台	天	汤	条	桃	头	臀	甜
	透母	透母	透母	透母	透母	定母	定母	定母	定母	定母
芝加哥台山话	hiu^{44}	hai^{44}	hɔi^{22}	hen^{44}	hɔŋ^{44}	hei^{22}	hau^{22}	hau^{22}	hun^{22}	hɛm^{22}
波特兰台山话	hiau^{31}	hai^{44}	hɔi^{44}	hɛn^{44}	hɔŋ^{44}	hiau^{22}	hou^{22}	hau^{22}	hun^{22}	hiam^{22}
圣安东尼奥台山话	hɛu^{44}	t^{h}ai^{44}	hɔi^{22}	t^{h}in^{44}	hɔŋ^{44}	hɛu^{22}	t^{h}ou^{22}	hai^{22}	hun^{22}/t^{h}un^{22}	t^{h}im^{22}
广东广州话	t^{h}iu^{33}	t^{h}ɐi^{55}	t^{h}ɔi^{21}	t^{h}in^{55}	t^{h}ɔŋ^{55}	t^{h}iu^{21}	t^{h}ou^{21}	t^{h}ɐu^{21}	t^{h}yn^{21}	t^{h}im^{21}

表 2-5 中，除了洛杉矶台山话和纽约台山话 "臀" 没有提供读音，圣安东尼奥台山话 "梯" "天" "桃" "甜" 4 个字例外地读 t^h-声母，"臀" 有 h-、t^h-两读以外，其余例子的声母都如同广东台山话读 h-声母。但是，古透母、定母在美国华社的台山话中也有读 t-、t^h-的，广东台山话也是这样。例如：

三藩市台山话：碟$_定$ tɛp^2、毒$_定$ tuk^2、兔$_透$ t^{h}u^{44}、吐$_透$ t^{h}u^{31}、套$_透$ t^{h}u^{44}、剃$_透$ t^{h}ai^{44}、敲$_透$ t^{h}au^{55}、退$_透$ t^{h}ui^{44}、探$_透$ t^{h}am^{44}、铁$_透$ t^{h}ɛt^3、踢$_透$ t^{h}ɛt^3、提$_定$ t^{h}i^{22}/t^{h}ai^{22}、跳$_透$ t^{h}iu^{44}

洛杉矶台山话：定$_定$ tɛŋ^{21}、垫$_定$ tin^{21}、蝶$_定$ tiap^2、兔$_透$ t^{h}u^{44}、拖$_透$ t^{h}u^{44}、腿$_透$ t^{h}ui^{55}、吐$_透$ t^{h}ui^{21}、挑$_透$ t^{h}ɛu^{44}、踢$_透$ t^{h}iak^3、提$_定$ t^{h}ai^{22}

纽约台山话：但$_定$ tan^{31}、垫$_定$ tɛn^{44}、叠$_定$ tap^2、毒$_定$ tuk^2、胎$_透$ t^{h}ai^{44}、退$_透$ t^{h}ui^{44}、透$_透$ t^{h}au^{44}、摊$_透$ t^{h}an^{44}、吞$_透$ t^{h}un^{44}、踢$_透$ t^{h}ɛk^3、徒$_定$ t^{h}u^{22}、提$_定$ t^{h}ai^{22}、唐$_定$ t^{h}ɔŋ^{22}/hɔŋ^{22}

芝加哥台山话：袋$_定$ tɔi^{31}、垫$_定$ tɛn^{44}、他$_透$ t^{h}a^{44}、退$_透$ t^{h}ui^{44}、胎$_透$ t^{h}ai^{44}、推$_透$ t^{h}ui^{44}、叹$_透$ t^{h}an^{44}、贴$_透$ t^{h}ip^3、铁$_透$ t^{h}it^3、驼$_定$ t^{h}ɔ^{22}、徒$_定$ t^{h}ou^{22}、抬$_定$ t^{h}ɔi^{22}、淡$_定$ t^{h}am^{55}

波特兰台山话：动$_定$ tuŋ^{44}、叠$_定$ tap^2/ap^2、笛$_定$ tɛk^2、特$_定$ tak^2、套$_透$ t^{h}ɔ^{44}、涕$_透$ t^{h}ai^{44}、梯$_透$ t^{h}aj^{44}、胎$_透$ t^{h}ai^{44}、挑$_透$ t^{h}iu^{44}、偷$_透$ t^{h}au^{44}、通$_透$ t^{h}uŋ^{44}、痛$_透$ t^{h}uŋ^{44}、铁$_透$ t^{h}it^3、踢$_透$ t^{h}ɛk^3、托$_透$ t^{h}ɔk^3、停$_定$ t^{h}ɛŋ^{22}

圣安东尼奥台山话：肚$_定$ tu^{55}、豆$_定$ tau^{31}、电$_定$ tin^{31}、诞$_定$ tan^{44}、蛋$_定$ tan^{31}、碟$_定$ tip^2、读$_定$ tuk^2、兔$_透$ t^{h}ou^{44}、胎$_透$ t^{h}ai^{44}、梯$_透$ t^{h}ai^{44}、痰$_透$ t^{h}am^{22}、田$_定$ t^{h}in^{22}、厅$_透$ t^{h}ɛŋ^{44}、捅$_透$ t^{h}uŋ^{55}、贴$_透$ t^{h}ip^3

2.2.2.1.3 零声母字是否只出现在古疑母和影母字中

汉语方言普遍都有零声母，对于粤方言广府话来说，零声母音节一般只是出现在古疑母和影母字中，广东四邑片的台山等地却不一样，端组字也有读零声母的。因此，零声母是否还可以出现在古端组字，主要是端组的端母、定母字中，是区分粤方言广府片与四邑片的另一个重要条件。拿这个条件去划分美国华人社区的粤方言，也可以清楚地分别属于广府片粤语与四邑片粤语的点。美国华人社区的台山话也保留了祖籍地方言的这个特殊特

第 2 章 美国华人社区汉语粤方言语音研究

点，如同广东台山话，古端母、定母字也有部分读零声母。（见表 2-6）

表 2-6 6 个台山话古端、定母字读零声母举例

方言	例字											
	倒	刀	单	短	凳	顶	肚~腹	大	弟	豆	电	蛋
	端母	端母	端母	端母	端母	端母	定母	定母	定母	定母	定母	定母
广东台山话	au^{55}	au^{33}	an^{33}	ɔn^{55}	aŋ^{31}	en^{55}	u^{31}	ai$^{:31}$	ai^{31}	eu^{31}	en^{31}	an^{31}
三藩市台山话	au^{55}	au^{44}	an^{44}	ɔn^{44}	aŋ^{44}	ɛŋ^{55}	u^{55}	ai$^{:31}$	ai^{31}	au$^{31-55}$	ɛn^{31}	an^{31}
洛杉矶台山话	ɔ^{55}	ɔ^{44}	an^{44}	ɔn^{55}	aŋ^{21}	ɛŋ^{55}	u^{55}	ai$^{:21}$	ai^{21}	au^{21}	eŋ^{31}	an^{21}
纽约台山话	ou^{55}	ou^{44}	an^{44}	ɔn^{44}	aŋ^{44}	ɛŋ^{55}	u^{55}	ai$^{:31}$	tai^{31}	eu^{31}	ɛn^{31}	an^{31}
芝加哥台山话	tou^{55}	ɔ^{44}	an^{44}	ɔn^{55}	aŋ^{31}	ɛŋ^{55}	u^{55}	ai$^{:31}$	ai^{31}	eu^{31}	ɛn^{31}	an^{31}
波特兰台山话	tou^{55}	au^{44}	tan^{44}	ɔn^{55}	aŋ^{31}	ɛŋ^{55}	ou^{55}	ai$^{:31}$	ai^{31}	au^{31}	ɛn^{31}	tan^{44}
圣安东尼奥台山话	au^{55}	tou^{44}	an^{44}	ɔn^{55}	taŋ^{44}	aŋ^{55}	ou^{55}/tu^{55}	ai$^{:31}$	ai^{31}	tau^{31}	tin^{31}	tan^{31}
广东广州话	tou^{35}	tou^{55}	tan^{33}	tyn^{35}	teŋ^{33}	tɛŋ^{35}白/teŋ^{35}文	t^{h}ou^{13}	tai$^{:22}$	tɐi$^{:22}$	tɐu^{22}	tin^{22}	tan^{22}

表 2-6 显示，美国华人社区的 6 个台山话基本保留了带自祖籍地的这个特点，但也有个别字发生了变化。其中，圣安东尼奥台山话的"肚"有零声母和非零声母两读，说明变化正在进行中。纽约台山话也有这方面的变化。例如，端母字两读的"刀 tou^{44}/ou^{44}""跌 tɛt^3/ɛt^3"。定母字两读的"弟 tai^{31}/ai^{31}""大 tai^{31}/ai^{31}"。这种读音的摇摆与同一社区内强有力的广府话的影响不无关系。

再看美国华人社区 6 个台山话古疑母字和影母字读零声母的表现。（见表 2-7）

表 2-7 6 个台山话古疑、影母字读零声母举例

方言	例字									
	鹅	牙	鱼	藕	五	阿~哥	哑	矮	呕	鸭
	疑母	疑母	疑母	疑母	疑母	影母	影母	影母	影母	影母
广东台山话	ŋɔ^{22}	ŋa^{22}	ŋui^{22}	ŋeu^{31}	m^{55}	a^{33}	a^{55}	ai^{55}	eu^{55}	ap^{33}
三藩市台山话	ŋu$^{22-55}$	ŋa^{22}	ŋui^{22}	ŋau^{31}	m^{55}	a^{44}	ŋa^{55}	ai$^{:55}$	au^{55}	ap$^{3-35}$

· 87 ·

续表 2-7

方言	例字									
	鹅	牙	鱼	藕	五	阿~哥	哑	矮	呕	鸭
	疑母	疑母	疑母	疑母	疑母	影母	影母	影母	影母	影母
洛杉矶台山话	ŋu²²⁻³⁵	ŋa²²	ŋui²²	ŋau²¹	m̩⁵⁵	a⁴⁴	a⁵⁵	—	au⁵⁵	ap³
纽约台山话	ŋɔ²²	ŋa²²	ŋui²²	ɛu³¹	m̩³¹⁻⁵⁵	a⁴⁴	a⁵⁵	ai⁵⁵	au⁵⁵	ap³
芝加哥台山话	ŋɔ²²⁻³⁵	ŋa²²	ŋui²²	ŋau⁵⁵	m̩⁵⁵	a⁴⁴	ŋa⁵⁵	ai⁵⁵	au⁵⁵	ap³
波特兰台山话	ŋɔ²²	ŋa²²	ŋui²²	ɛu³¹	m̩⁵⁵	a⁴⁴	ŋa⁵⁵	ai⁵⁵	au⁵⁵	ap³
圣安东尼奥台山话	ŋɔ²²	ŋa²²	jy²²	au⁵⁵	m̩⁵⁵	a⁴⁴	a⁵⁵	ai⁵⁵	ŋau⁵⁵	ap³
广东广州话	ŋɔ²¹	ŋa²¹	jy²¹	ŋɐu¹³/ɐu¹³	m̩¹³	a³³	a³⁵	ŋɐi³⁵/ɐi	ŋɐu³⁵/ɐu³⁵	ŋap³/ap³

从表 2-7 可见，美国华人社区的 6 个台山话读零声母的主要是古影母字，其祖籍地方言——广东台山话，甚至广东广州话也都是如此。

2.2.2.1.4 古心母、禅母及部分邪母、审母等的今读

从语音区分粤方言广东的广府片和四邑片，还有一个条件，古心母、禅母、邪母、审母等是否有部分读清边擦音 ɬ- 声母。广府片无这一特点，四邑片则不少点都有，我们记录的 6 个美国台山话点也是这样。ɬ- 声母的存在，是又一个让台山话的声母系统显得不一般的亮点，而这一点同样是美国华人社区的粤方言广府片和四邑片的一条分界线。例字见表 2-8。

表 2-8 6 个台山话古心母字等读清边擦音 ɬ- 声母举例

方言	例字									
	锁	须胡~	细	死	洗	碎	孙	十	泄	梳
	心母	心母	心母	心母	心母	心母	心母	禅母	邪母	审生母
广东台山话	ɬɔ⁵⁵	ɬu³³	ɬai³³	ɬei⁵⁵	ɬai⁵⁵	ɬui³³	ɬun³³	sip²	ɬe³³	sɔ³³
三藩市台山话	sɔ⁴⁴	ɬu⁴⁴	ɬai⁴⁴	ɬi⁵⁵	ɬai⁴⁴	sui³¹	ɬun⁴⁴	sip²	—	ɬu⁴⁴
洛杉矶台山话	ɬu⁴⁴	ɬu⁴⁴	sai⁴⁴	ɬi⁵⁵	ɬai⁵⁵	ɬui²¹	ɬun⁴⁴	sip²	ɬɛ⁴⁴	ɬɔ⁴⁴
纽约台山话	sɔ⁵⁵	ɬu⁴⁴	ɬai⁴⁴	ɬei⁵⁵	sai⁴⁴	sui⁴⁴	sun⁴⁴	sap²	—	sɔ⁴⁴
芝加哥台山话	ɬɔ⁵⁵	ɬu⁴⁴	ɬai⁴⁴	ɬi⁵⁵	ɬai⁵⁵	ɬui⁴⁴	ɬun⁴⁴	sap²	—	su⁴⁴
波特兰台山话	ɬou⁵⁵	ɬou⁴⁴	sai⁴⁴	ɬi⁵⁵	ɬai⁵⁵	ɬui⁴⁴	ɬun⁴⁴	ɬip²	ɬɛ⁵⁵	sou⁴⁴

续表 2-8

方言	例字									
	锁	须胡~	细	死	洗	碎	孙	十	泄	梳
	心母	心母	心母	心母	心母	心母	心母	禅母	邪母	审生母
圣安东尼奥台山话	ɬɔ⁵⁵	ɬou⁴⁴	ɬai⁴⁴	ɬi⁵⁵	ɬai⁵⁵	ɬui⁴⁴	ɬun⁴⁴	ɬip²	—	sɔ⁴⁴
广东广州话	sɔ³⁵	sou⁵⁵	sei³³	sei³⁵	sei³⁵	sœy³³	syn⁵⁵	sɐp²	sɛ³³	sɔ⁵⁵

调查说明，美国的 6 个台山话点都不同程度地保留了清边擦音 ɬ-声母，ɬ-声母主要出现在古心母字，其他如禅母、邪母、审母等也有读 ɬ-的。但是我们的调查也发现，台山话的这个重要特点开始有发生变化的迹象，能说明这点的是，有的字是否读 ɬ-声母两可，这一类表现在各个点我们都记录到了一些例子。

以下记录到的有两读的例子，有的也在上文出现过，值得继续追踪。例如：

三藩市台山话：西心ɬai⁴⁴/sai⁴⁴、碎心ɬui³¹/sui³¹、洗心ɬai⁵⁵/sai⁵⁵、细心ɬai⁴⁴/sai⁴⁴、小心ɬiau⁵⁵/siau⁵⁵、三心ɬam⁴⁴/sam⁴⁴、心ɬim⁴⁴/sim⁴⁴、新心ɬɐn⁴⁴/sɐn⁴⁴、想心ɬiaŋ⁵⁵/siaŋ⁵⁵、锡心ɬiak³/siak³、衫审生ɬam⁴⁴/sam⁴⁴、数审生sou⁵⁵/ɬu⁵⁵、手审书ɬiu⁵⁵/siu⁵⁵、身审书ɬin⁴⁴/sin⁴⁴

洛杉矶台山话：洗心ɬai⁵⁵/sai⁵⁵、小心ɬiau⁵⁵/siu⁵⁵、酸心ɬɔn⁴⁴/sɔn⁴⁴、信心ɬin⁴⁴/sin⁴⁴、送心ɬuŋ²¹/suŋ⁴⁴、沙审生ɬa⁴⁴/sa⁴⁴、晒审生ɬai⁴⁴/sai⁴⁴、手审书ɬiu⁵⁵/siu⁵⁵、世审书ɬai²¹/sai²¹、湿审书ɬap⁵/sip⁵

纽约台山话：碎心ɬui⁴⁴/sui⁴⁴、死心ɬi⁵⁵/sei⁵⁵、小心ɬiu⁵⁵/siau⁵⁵、细心ɬai⁴⁴/sai⁴⁴、信心,相~ɬan⁴⁴/信~用卡san⁴⁴、雪心,落~ɬut⁵/雪~碧sit³、数审生ɬu⁴⁴/su⁴⁴、晒审生ɬai⁴⁴/sai⁴⁴、手审书ɬiu⁵⁵/siu⁵、湿审书ɬap⁵/sap⁵

芝加哥台山话：小心ɬiau⁵⁵/siu⁵⁵、细心ɬɔi⁴⁴/sɔi⁴⁴、心ɬam⁴⁴/sam⁴⁴、三心ɬam⁴⁴/sam⁴⁴、新心ɬin⁴⁴/sin⁴⁴、锡心ɬiak³/siak³、西心ɬai⁴⁴/sai⁴⁴、事床崇ɬu³¹/su³¹、晒审生ɬai⁴⁴/sai⁴⁴、生审生ɬaŋ⁴⁴/saŋ⁴⁴、世审书ɬɔi⁴⁴/sɔi⁴⁴、声审书ɬɛŋ⁴⁴/ɬiaŋ⁴⁴、术床船ɬut²/sut²、上禅ɬiaŋ³¹/sɛŋ³¹

波特兰台山话：细心ɬai⁴⁴/sai⁴⁴、心ɬin⁴⁴/sim⁴⁴、信心,相~ɬin⁴⁴/信~号san⁴⁴、厕穿初ɬi⁴⁴/si⁴⁴、瘦审生ɬau⁴⁴/瘦~肉sai⁴⁴、手审书ɬiu⁵⁵/siu⁵⁵、圣ɬeŋ⁴⁴/seŋ⁴⁴、湿审书ɬiap⁵/siap⁵

圣安东尼奥台山话：洗心ɬai⁵⁵/sai⁵⁵、扫心ɬau⁴⁴/sou⁴⁴、线心,喊~、"电话"的老说法ɬan⁴⁴/sin⁴⁴、雪心ɬut³/sit³、数名,审生ɬu³¹/su³¹、圣审书ɬeŋ⁴⁴/seŋ⁴⁴

2.2.2.1.5 古明、微母的今读

国内的粤方言普遍有明、微合一，古明母和微母字都读双唇 m-声母的特点，广东台山话就是如此，美国华人社区的台山话也是这样。（见表 2-9）

表2-9　6个台山话古明、微母字读双唇 m - 声母举例

方言	例字									
	麻	马	满	慢	抹	舞	晚	尾	万	文
	明母	明母	明母	明母	明母	微母	微母	微母	微母	微母
广东台山话	ma^{22}	ma^{31}	mɔn^{55}	man^{31}	mɔt^3	mu^{55}	man^{31}	mi^{55}	man^{31}	mun^{22}
三藩市台山话	ma^{22}	ma^{55}	mɔn^{55}	man^{31}	mɔt^3	mu^{55}	man^{55}	mi^{55}	man^{31}	mun^{22}
洛杉矶台山话	ma^{22}	ma^{55}	mɔn^{55}	man^{21}	mɔt^3	mu^{55}	man^{55}	mi^{55}	man^{21}	mun^{22}
纽约台山话	ma^{22}	ma^{31}	mun^{31}	man^{31}	mɔt^3	mu^{31}	man^{31}	mi^{31}	man^{31}	man^{22}
芝加哥台山话	ma^{22}	ma^{55}	mɔn^{55}	man^{31}	mut^3	mu^{55}	man^{55}	mi^{55}	man^{31}	mun^{22}
波特兰台山话	ma^{22}	ma^{55}	mɔn^{55}	man^{31}	mat^3	mu^{55}	man^{31}	mi^{55}	man^{31}	mun^{22}
圣安东尼奥台山话	ma^{22}	ma^{55}	mɔn^{55}	man^{31}	mɔt^3	mou^{55}	man^{55}	mui^{55}	man^{31}	mun^{22}
广东广州话	ma^{21}	ma^{13}	mun^{13}	man^{22}	mat^3	mou^{13}	man^{13}	mei^{13}	man^{22}	mɐn^{21}

2.2.2.1.6　古泥、来母的今读

中古泥（娘）、来母字在今天中国国内的粤方言台山话里有分别，不相混，美国华人社区的6个台山话也一样，泥（娘）母读 n - ，来母读 l - 。（见表2-10）

表2-10　6个台山话古泥、来母字的今读

方言	例字									
	泥	闹	女	嫩	暖	路	旅	懒	兰	律
	泥母	泥母	泥母	泥母	泥母	来母	来母	来母	来母	来母
广东台山话	nai^{22}	nau^{31}	nui^{55}	nun^{31}	nɔn^{31}	lu^{31}	lui^{21}	lan^{33}	lan^{22}	lut^2
三藩市台山话	nai^{22}	nau^{31}	nui^{55}	nɔn^{31}	nɔn^{44}	lou^{31}	lui^{55}	lan^{55}	lan^{22}	lut^2
洛杉矶台山话	nai^{22}	nɔ^{21}	nui^{55}	nun^{21}	nɔn^{44}	lu^{21}	lui^{21}	lan^{55}	lan^{22}	lut^2
纽约台山话	nai^{22}	nau^{31}	nui^{55}	nun^{31}	nɔn$^{31-35}$	lu^{31}	lui^{31}	lan^{31}	lan^{22}	lut^2
芝加哥台山话	nai^{22}	nau^{31}	nui^{55}	nɔn^{31}	nuɔn^{55}	lu^{31}	li^{31}	lan^{55}	lan^{22}	lut^2
波特兰台山话	nai^{22}	nau^{31}	nui^{55}	—	nɔn^{55}	lu^{31}	lui^{55}	lan^{55}	lan^{22}	lut^2
圣安东尼奥台山话	nai^{22}／nɔi^{22}	nau^{31}	nui^{55}	nun^{31}	—	lou^{31}	lui^{31}	lan^{31}	lan^{22}	lut^2
广东广州话	nɐi^{21}	nau^{22}	nœy^{13}	nyn^{22}	nyn^{13}	lou^2	lœy^{13}	lan^{13}	lan^{21}	lœt^2

2.2.2.1.7　古精组、知组、照组的分合

广东台山话古精、知、照 3 组字以分为主，也有合，精组字读 t－、tʰ－，只有一套塞擦音 ts－、tsʰ－，但是有两个清擦音 s－、ɬ－。例如：

资_精 tu³³ ≠ 知_知 tsi³³、紫_精 tu⁵⁵ ≠ 只_照章 tsi⁵⁵、祭_精 tai³³ ≠ 制_照章 tsai³³、随_邪 tʰui²² ≠ 谁_蝉 sui²²、枪_清 tʰiaŋ³³ ≠ 昌_穿昌 tsʰiaŋ³³、瓷_从 ɬu²² ≠ 迟_澄 tsʰi²²、斯_心 ɬu³³ = 师_审生 ɬu³³、息_心 ɬet⁵⁵ ≠ 色_审生 set⁵⁵

美国华人社区 6 个台山话这方面的表现亦基本与广东祖籍地的源方言相同，古精、知、照 3 组字的分合比较复杂。总的来看，古精、知、照母字有合也有分，只有一套塞擦音 ts－、tsʰ－，还有舌尖前清擦音 s－和清边擦音 ɬ－。精组字不少读 t－、tʰ－，但是精母和清母等也有读 ts－、tsʰ－ 的，古心母字很多读 ɬ－，其他，如审母、禅母等也有读 ɬ－ 的；禅母读 s－，审_生、审_书母和床船母也有的读 s－。例如：

三藩市台山话：姊_精 tsi⁵⁵ = 煮_照章 tsi⁵⁵、知_知 tsi⁴⁴ = 支_照章 tsi⁴⁴、村_清 tsʰun⁴⁴ = 春_穿昌 tsʰun⁴⁴、迟_澄 tsʰi²² ≠ 脐_从 tʰi²²、墙_从 tʰiaŋ²² ≠ 场_澄 tsʰiaŋ²²、丝_心 su⁴⁴ ≠ 狮_审生 ɬu⁴⁴、须_心 ɬu⁴⁴ ≠ 书_审书 si⁴⁴、宵_心 ɬiau⁴⁴ ≠ 烧_审书 siau⁴⁴、相_心 ɬiɔŋ⁴⁴ ≠ 商_审书 siaŋ⁴⁴

洛杉矶台山话：知_知 tsi⁴⁴ = 支_照章 tsi⁴⁴、追_知 tsui⁴⁴ = 锥_照章 tsui⁴⁴、谢_邪 tɛ²¹ ≠ 蔗_照章 tsɛ²¹、姊_精 ti⁵⁵ ≠ 指_照章 tsi⁵⁵、粽_精 tuŋ⁵⁵ ≠ 总_精 tsuŋ⁵⁵、迟_澄 tʰi²² ≠ 池_澄 tsʰi²²、脆_清 tʰui⁴⁴ ≠ 炊_穿昌 tsʰui⁴⁴、墙_从 tʰiaŋ²² ≠ 场_澄 tsʰiaŋ²²、细_心 ɬai⁴⁴ ≠ 西_心 sai⁴⁴、死_心 ɬi⁵⁵ ≠ 屎_审书 si⁵⁵、四_心 ɬi⁴⁴ ≠ 书_审书 si⁴⁴、仙_心 ɬɛn⁴⁴ ≠ 先_心 sɛn⁴⁴

纽约台山话：猪_知 tsi⁴⁴ = 枝_照章 tsi⁴⁴、中_知,~间 tsuŋ⁴⁴ = 种_照章,~禾 tsuŋ⁴⁴、窗_穿初 tʰɔŋ⁴⁴ ≠ 疮_穿初 tsʰɔŋ⁴⁴、次_清 tsʰi⁴⁴ ≠ 厕_穿初 tsʰi⁴⁴、姊_精 ti⁵⁵ ≠ 指_照章 tsi⁵⁵、迟_澄 tsʰi²² ≠ 脐_从 tsʰi²²、细_心 ɬai⁴⁴ ≠ 西_心 sai⁴⁴、宵_心 siu⁴⁴ ≠ 烧_审书 siu⁴⁴、须_心 ɬu⁴⁴ ≠ 书_审书 si⁴⁴

芝加哥台山话：猪_知 tsi⁴⁴ = 注_照章 tsi⁴⁴、中_知,~间 tsuŋ⁴⁴ = 种_照章,~麦 tsuŋ⁴⁴、姊_精 ti⁵⁵ ≠ 纸_照章 tsi⁵⁵、错_清 tsʰɔ⁴⁴ = 初_穿初 tsʰɔ⁴⁴、村_清 tsʰun⁴⁴ = 春_穿昌 tsʰun⁴⁴、迟_澄 tʰi²² ≠ 脐_从 tsʰi²²、死_心 ɬi⁵⁵ ≠ 屎_审书 si⁵⁵、息_心 sek⁵ = 色_审生 sek⁵、四_心 ɬi⁴⁴ ≠ 书_审书 si⁴⁴

波特兰台山话：姊_精 tsi⁵⁵ = 指_照章 tsi⁵⁵、中_知,~间 tsuŋ⁴⁴ = 种_照章,~麦 tsuŋ⁴⁴、粽_精 tuŋ⁵⁵ ≠ 总_精 tsuŋ⁵⁵、脐_从 tʰei²² ≠ 池_澄 tsʰi²²、错_清 tʰɔ⁴⁴ ≠ 初_穿初 tsʰɔ⁴⁴、村_清 tʰun⁴⁴ ≠ 春_穿昌 tsʰun⁴⁴、四_心 ɬi⁴⁴ ≠ 书_审书 si⁴⁴、死_心 ɬi⁵⁵ ≠ 屎_审书 si⁵⁵、宵_心 ɬɛu⁴⁴ ≠ 烧_审书 sɛu⁴⁴

圣安东尼奥台山话：猪_知 tsi⁴⁴ = 枝_照章 tsi⁴⁴、中_知,~间 tsuŋ⁴⁴ = 种_照章,~麦 tsuŋ⁴⁴、粽_精 tuŋ⁵⁵ = 总_精 tsuŋ⁵⁵、错_清 tʰɔ⁴⁴ ≠ 初_穿初 tsʰɔ⁴⁴、脐_从 tʰei²² ≠ 迟_澄 tsʰi²²、细_心 ɬai⁴⁴ ≠ 西_心 sai⁴⁴、死_心 ɬi⁵⁵ ≠ 书_审书 si⁴⁴、撕_心 ɬi⁴⁴ ≠ 狮_审生 si⁴⁴、算_心 ɬun⁴⁴ ≠ 蒜_心 sun⁴⁴

2.2.2.1.8　关于半元音声母 j－、w－

与《对照》和《研究》记录的祖籍地广东台山话不一样，也与我们记录的广东台山台城话有差别，美国华人社区的粤方言台山话没有浊音声母 z－、v－，有类似粤方言广府

话半元音性的 j-、w-声母，j-声母通常出现在古日母、影母、喻母字中，w-声母通常出现在匣母、影母、喻母字中。例如，表 2-11 只有波特兰台山话的"入"字读 ŋ-声母。

表 2-11　6 个台山话的 j-、w-声母字

方言	例字									
	入	意	一	医	有	夜	话	碗	芋	维
	日母	日母	影母	影母	喻云母	喻以母	匣母	影母	喻云母	喻以母
广东台山话	jip²	ji³³	jit⁵	ji³³	jiu³¹	je³¹	va³¹	vɔn⁵⁵	vu³¹	vei²²
三藩市台山话	jap²	ji⁴⁴	jit⁵	ji⁴⁴	jiu⁵⁵	jɛ³¹	wa³¹	wɔn⁵⁵	wu³¹	wui²²
洛杉矶台山话	jip²	ji⁴⁴	ŋit⁵	ji⁴⁴	jiu⁵⁵	jɛ²¹	wa²¹	wɔn⁵⁵	wu²¹	wui²²
纽约台山话	jap²	ji⁴⁴	jat⁵	ji⁴⁴	jiu³¹	jɛ³¹	wa³¹	wun⁵⁵	wu³¹	wui²²
芝加哥台山话	jip²	ji⁴⁴	jit⁵	ji⁴⁴	jiu⁵⁵	jɛ³¹	wa³¹	wɔn⁵⁵	wu³¹	wai²²
波特兰台山话	ŋip²	ji⁴⁴	jit⁵	ji⁴⁴	jiu⁵⁵	jɛ³¹	wa³¹	wɔn⁵⁵	wu³¹	wui²²
圣安东尼奥台山话	jip²	ji⁴⁴	jit⁵	ji⁴⁴	jiu⁵⁵	jɛ³¹	wa³¹	wun⁵⁵	wu³¹	wui²²
广东广州话	jɐp²	ji³³	jɐt⁵	ji⁵⁵	jɐu¹³	je²²	wa²²	wun³⁵	wu²²	wɐi²¹

2.2.2.1.9　古溪母字、晓母字、匣母字是否部分读如古非、敷、奉母

国内的粤方言台山话、广州话等，有部分古溪母字、晓母字如同古非、敷、奉母，读唇齿清擦音 f-声母。美国华人社区的台山话也有这个特点。不过，广东台山话中有部分匣母字读 f-，甚至可以拼细音的特点，如"慧 fi³¹""辉 fei³³"等，在东南亚的缅甸仰光台山话中也有，如"慧 fi³¹""辉 fi⁴⁴"，但是我们未在美国的 6 个台山话中发现这个特点。（见表 2-12）

表 2-12　6 个台山话古溪、晓母字读音举例

方言	例字							
	裤	苦	阔	块	花	火	婚	虎
	溪母	溪母	溪母	溪母	晓母	晓母	晓母	晓母
广东台山话	fu³¹	fu⁵⁵	fɔt³	fai³³	fa³³	fɔ⁵⁵	fun³³	fu⁵⁵
三藩市台山话	fu⁴⁴	fu⁵⁵	fɔt³	fai⁴⁴	fa⁴⁴	fɔ⁵⁵	fun⁴⁴	fu⁵⁵
洛杉矶台山话	fu²¹	fu⁵⁵	fɔt³	fai⁴⁴	fa⁴⁴	fɔ⁵⁵	fun⁴⁴	fu⁵⁵
纽约台山话	fu⁴⁴	fu⁵⁵	fɔt³	fai⁴⁴	fa⁴⁴	fɔ⁵⁵	fun⁴⁴	fu⁵⁵
芝加哥台山话	fu³¹	fu⁵⁵	fɔt³	fai⁴⁴	fa⁴⁴	fɔ⁵⁵	fun⁴⁴	fu⁵⁵
波特兰台山话	fu³¹	fu⁵⁵	fut³	fai⁴⁴	fa⁴⁴	fɔ⁵⁵	fun⁴⁴	fu⁵⁵

续表 2-12

方言	例字							
	裤	苦	阔	块	花	火	婚	虎
	溪母	溪母	溪母	溪母	晓母	晓母	晓母	晓母
圣安东尼奥台山话	fu⁴⁴	fu⁵⁵	fɔt³	fai⁴⁴	fa⁴⁴	fɔ⁵⁵	fun⁴⁴	fu⁵⁵
广东广州话	fu³³	fu³⁵	fut³	fai³	fa⁵⁵	fɔ³⁵	fɐn⁵⁵	fu³⁵

2.2.2.1.10 古见组字保留 k-、kʰ-、h- 的读法

粤方言声母的特点之一是古见晓组字不腭化，无论在洪音还是细音前，大都保留 k-、kʰ-、h- 的读法，广东广州话是这样，广东台山话也是这样。表 2-13 的例字显示，不算发音人无法提供读音的，美国华人社区的粤方言台山话亦基本保留了这一特点。

美国华人社区的台山话中，也有一些字并非来自古见母、晓母、匣母，而是来自古端母、透母、定母，读 h- 声母，且洪音细音均可拼。这点上文 2.2.2.1.2 已有交代。

表 2-13 6 个台山话古见组字读音举例

方言	例字												
	举	今	金	去	契	气	茄	桥	棋	戏	乡	香	係	学
	见母	见母	见母	溪母	溪母	溪母	群母	群母	群母	晓母	晓母	晓母	匣母	匣母
广东台山话	kui⁵⁵	kim³³	kim³³	hui³³	kʰai³³	hei³³	kʰe²²	kʰiau²²	kʰei²²	hei³³	hiaŋ³³	hiaŋ³³	hai³¹	hɔk²
三藩市台山话	kui⁵⁵	kim⁴⁴	kim⁴⁴	hui⁴⁴	kʰai⁴⁴	hi³¹	kʰɛ²²	kʰiau²²	kʰi²²	hi³¹	hiaŋ⁴⁴	hiaŋ⁴⁴	hai³¹	hɔk²
洛杉矶台山话	ki⁵⁵	kim⁴⁴	kim⁴⁴	hui⁴⁴	kʰai⁴⁴	hi⁴⁴	kʰɛ²²	kʰiau²²	—	hi²¹	hiaŋ⁴⁴	hiaŋ⁴⁴	hai²¹	hɔk²
纽约台山话	kui⁵⁵	kam⁴⁴	kam⁴⁴	hui⁴⁴	kʰai⁴⁴	hi⁴⁴	kʰɛ²²	kʰiu²²	kʰi²²	hi⁴⁴	hɛŋ⁴⁴	hiaŋ⁴⁴	hai³¹	hɔk²
芝加哥台山话	kui⁵⁵	kam⁴⁴	kɔm⁴⁴	hui⁴⁴	kʰai⁴⁴	hi⁴⁴	kʰɛ²²	kʰiu²²	kʰi²²	hi⁴⁴	hɛŋ⁴⁴	hiaŋ⁴⁴	hai³¹	hɔk²
波特兰台山话	kui⁵⁵	kam⁴⁴	kim⁴⁴	hui⁴⁴	kʰai⁴⁴	hei⁴⁴	kʰɛ²²	kʰiu²²	kʰi²²	hei⁴⁴	hɛŋ⁴⁴	hiaŋ⁴⁴	hai³¹	hɔk²
圣安东尼奥台山话	kui⁵⁵	kam⁴⁴	kam⁴⁴	hui⁴⁴	kʰei⁴⁴	hei⁴⁴	kʰɛ²²	kʰiu²²	kʰei²²	hei⁴⁴	hɛŋ⁴⁴	hɛŋ⁴⁴	hai³¹	hɔk²

续表 2-13

方言	例字											
	举	今	金	去	契	气	茄	桥	棋	戏	乡	香	係	学
	见母	见母	见母	溪母	溪母	溪母	群母	群母	群母	晓母	晓母	晓母	匣母	匣母
广东广州话	kœy³⁵	kɐm⁵⁵	kɐm⁵⁵	hœy³³	kʰei³³	hei³³	kʰɛ²¹	kʰiu²¹	kʰei²¹	hei³³	hœŋ⁵⁵	hœŋ⁵⁵	hei²²	hɔk²

2.2.2.1.11 舌根音 ŋ- 声母的保留与变化

广东广州话有舌根音 ŋ- 声母，ŋ- 一般出现在古疑母字和影母字，但只出现在洪音前。近年来，ŋ- 声母在广州和香港、澳门地区的中青年中，正在逐渐丢失，变成零声母，有一种说法称这种现象为"懒音"，如"我 ɔ¹³""芽牙 a²¹""牛 ɐu²¹"。广东台山话也有 ŋ- 声母，不过和广州话不同，影母不读 ŋ-，ŋ- 一般出现在古日母和疑母中。

美国华人社区的 6 个台山话也都有舌根音 ŋ- 声母，ŋ- 声母出现的情况与祖籍地的广东台山话有同也有异，除古日母和疑母有读 ŋ- 的以外，影母字也出现了读 ŋ- 的情况。这说明美国华人社区的 6 个台山话既有对自己祖籍地方言特点的坚持，也受到了华人社区内强势的广州话读音的影响。三藩市台山话影母字"哑""矮"声母为 ŋ-，"鸭"声母 ŋ- 或 ∅- 两可；芝加哥和波特兰台山话"哑"读 ŋ-，就是受到影响的例子。（见表 2-14）

表 2-14　6 个台山话舌根音 ŋ- 声母的保留与变化

方言	例字								
	二	耳	人	我	牛	语	眼	哑	矮	鸭
	日母	日母	日母	疑母	疑母	疑母	疑母	影母	影母	影母
广东台山话	ŋi³¹	ŋei⁵⁵	ŋin²²	ŋɔi³¹	ŋiu²²	ŋui³¹	ŋan⁵⁵	a⁵⁵	ai⁵⁵	ap³
三藩市台山话	ŋi³¹	ŋi⁵⁵	ŋin²²	ŋɔi⁵⁵	ŋau²²	ji⁵⁵	ŋan⁵⁵	ŋa⁵⁵	ŋai⁵⁵	ŋap³/ap³
洛杉矶台山话	ŋi²¹	ŋi⁵⁵	ŋin²²	ŋɔi⁵⁵⁻³⁵/ŋɔ²¹	ŋau²²	ji⁵⁵	ŋan⁵⁵	a⁵⁵	—	ap³
纽约台山话	ŋei³¹	ji⁵⁵	jan²²	ŋɔi⁵⁵	ŋiu²²	ŋui²²	ŋan⁵⁵	a⁵⁵	ai⁵⁵	ap³
芝加哥台山话	ji³¹	ji⁵⁵	jan²²	ŋɔ⁵⁵	ŋiu²²	ji³¹	ŋan⁵⁵	ŋa⁵⁵	ai⁵⁵	ap³
波特兰台山话	ŋi³¹	ŋei⁵⁵	jan²²	ŋɔi⁵⁵	ŋiu²²	ji³¹	ŋan⁵⁵	ŋa⁵⁵	ai⁵⁵	ap³
圣安东尼奥台山话	ŋei³¹	ŋi⁵⁵	ŋin²²	ŋɔi⁵⁵	ŋau²²	ji⁵⁵	ŋan⁵⁵	a⁵⁵	ai⁵⁵	ap³

续表 2-14

方言	例字								
	二	耳	人	我	牛	语	眼	哑	矮	鸭
	日母	日母	日母	疑母	疑母	疑母	疑母	影母	影母	影母
广东广州话	ji²²	ji¹³	jɐn²¹	ŋɔ¹³/ɔ¹³	ŋɐu²¹/ɐu²¹	jy¹³	ŋan¹³/an¹³	ŋa³⁵/a³⁵	ŋɐi³⁵/ɐi³⁵	ŋap³/ap³

2.2.2.2 韵母的比较

首先对比一下广东台山话与美国华人社区6个台山话的韵母系统。

（1）广东台山话韵母42个。①

单元音韵母6个，即：

a ɔ ə e i u

复元音韵母9个，即：

ai ɔi ei au eu ia iu ui iau

鼻音韵尾韵母13个，即：

am em im iam

an en in un uɔn

aŋ ɔŋ ɵŋ iaŋ

声化韵母1个，即：

m̩（ŋ̍）

塞音韵尾韵母13个，即：

ap ep ip iap

at et it ut uɔt

ak ɔk ɵk iak

（2）广东台山话韵母42个。②

单元音韵母3个，即：

a i u

复元音韵母10个，即：

ai iɛ ei ᵘɔ ui ᵘɔi au eu iu iau

鼻音韵尾韵母14个，即：

am em im iam

an en øn in un ᵘɔn

aŋ øŋ ɔŋ iaŋ

---

① 参见甘于恩《广东四邑方言语法研究》，暨南大学出版社2010年版。
② 参见詹伯慧、张日昇主编《珠江三角洲方言字音对照》，广东人民出版社1987年版。

声化韵母1个，即：

ŋ̍

塞音韵尾韵母14个，即：

ap   ep   ip   iap

at   et   ɵt   it   ut   ᵘɔt

ak   ɵk   ɔk   iak

（3）广东台山台城话韵母49个。

单元音韵母6个，即：

a   ɔ   ə   e   i   u

复元音韵母11个，即：

ai   ɔi   ei   au   eu   ou   ia   iu   ui   iau   uai

鼻音韵尾韵母16个，即：

am   em   im   iam   an   en   ɔn   in   un   uɔn   aŋ   ɔŋ   eŋ   əŋ   iaŋ   iɔŋ

声化韵母1个，即：

m̩

塞音韵尾韵母15个，即：

ap   ep   ip   iap   at   et   ɔt   it   ut   uɔt   ak   ɔk   ek   ək   iak

（4）广东广州话韵母53个。

单元音韵母7个，即：

a   ɛ   œ   ɔ   i   u   y

复元音韵母10个，即：

ai   ɐi   ei   œy   ɔi   ou   iu   ui   au   ɐu

鼻音韵尾韵母17个，即：

am   ɐm   im

an   ɐn   œn   ɔn   in   un   yn

aŋ   ɐŋ   ɛŋ   œŋ   ɔŋ   eŋ   uŋ

声化韵母2个，即：

m̩   ŋ̍

塞音韵尾韵母17个，即：

ap   ɐp   ip

at   ɐt   œt   ɔt   it   ut   yt

ak   ɐk   ɛk   œk   ɔk   ek   uk

（5）三藩市台山话韵母62个（参见2.1.1）。其中，只出现在外来借词中的韵母6个，即：

ə   iɔ   ɐi   ne   ɐt   uat

（6）洛杉矶台山话韵母56个（参见2.1.2）。其中，只在外来借词中出现的韵母5个，即：

ə   ou   ia   ən   yt

（7）纽约台山话韵母 52 个（参见 2.1.3）。其中，只出现在外来借词中的韵母 3 个，即：

ə   ən   ɔp

（8）芝加哥台山话韵母 62 个（参见 2.1.4）。其中，只出现在外来借词中的韵母 3 个，即：

ə   iɔ   ət

（9）波特兰台山话韵母 59 个（参见 2.1.5）。其中，只出现在外来借词中的韵母 2 个，即：

ə   ən

（10）圣安东尼奥台山话韵母 58 个（参见 2.1.6）。其中，只出现在外来借词中的韵母 4 个，即：

ə   ɔp   yt   ət

2.2.2.2.1 有无只在借词中出现的韵母

上文各点拥有的韵母数字告诉我们，6 个台山话韵母的数量都比祖籍地广东台山话韵母多。这其中的一个重要原因就是，6 个点都有国内粤语所无的一个特点：有只在美国的主流语言英语借词中出现的韵母。其中，这类韵母数量最多的是三藩市台山话，共有 ə、iɔ、iə、ən、ət、uat 6 个，数量最少的波特兰台山话也有 ə、ən 2 个。

以下是 6 个点只在外来借词中出现的韵母的具体情况。

（1）三藩市台山话有 6 个（ə、iɔ、iə、ən、ət、uat），其中 4 个（iɔ、iə、ət、uat）分别只记录到一个例子。

ə   □□nuat⁵pə²²（橡胶，英语：rubber）、□□lei⁴⁴pə³¹（邻居，英语：neighbor）、□□□ou⁴⁴wə⁴⁴tʰam³¹（超时，英语：overtime）

iɔ   □□□mə³¹siɔ²²ti²²（柴刀，英语：machete）

iə   □□□□□□ə³¹mɛ⁴⁴li⁴⁴kʰən⁴⁴jin⁴⁴tiə²²si²²（美国印第安人，英语：American Indians）

ən   □□ə²²pʰak⁵mən²²（公寓，英语：apartment）、□□jiu⁴⁴tʰən³¹（公路 U 形回转，英语：U-turn）、□□pei⁴⁴kʰən²¹（熏肉，英语：bacon）

ət   □□mət²sou⁴⁴（蚌，英语：mussel）

uat   □□nuat⁵pə²²（橡胶，英语：rubber）

（2）洛杉矶台山话有 5 个（ə、ou、ia、ən、yt），其中 ia 只记录到一个例子。

ə   □□□lə⁴⁴pə⁴⁴pɛn²¹（橡皮筋，英语：rubber band）、□□pə²¹lek⁵（刹车器，英语：brake）、□□□ə²¹pʰak⁵mən²²（公寓，英语：apartment）

ou   □□win⁴⁴tou²²（窗户，英语：window）、□□□mai⁴⁴kʰou⁴⁴wei⁴⁴（微波炉，英语：microwave）、□□si⁴⁴kou²¹（海鸥，英语：seagull）

ia   尾□mei⁵⁵ia⁴⁴（后院，英语：backyard）

ən　　□□tai⁴⁴mən²¹（钻石，英语：diamond）、□□lai⁴⁴ən²²（狮子，英语：lion）、□□□kɔn⁴⁴nei⁵⁵sən²¹（康乃馨，英语：carnation）

yt　　□□lyt⁵tsʰyt³（田边、田埂，英语：ridge）、□□□wɔ⁴⁴si²¹tʰyt⁵（华尔街，英语：Wall Street）

（3）纽约台山话有3个（ə、ən、ɔp）。

ə　　□□□si³¹ta⁵⁵tə³¹（结巴，英语：stutter）、□□pə²²lek⁵（刹车器，英语：brake）、□□sam⁴⁴mə²²（夏季，英语：summer）、□□win⁴⁴tʰə²²（冬季，英语：winter）

ən　　□□pʰak⁵mən²²⁻³⁵（公寓，英语：apartment）、□□ak⁵sən²²（拍卖，英语：auction）、□□□□tsɛk⁵kən³¹fu³¹lai³¹（蜻蜓，英语：dragonfly）

ɔp　　□□□pə⁴⁴lɛk⁵tʰɔp³（沥青，英语：blacktop）、□□□□kə³¹la⁴⁴si³¹hɔp⁵pʰə³¹（蚱蜢，英语：grasshopper）

（4）芝加哥台山话有3个（ə、iɔ、ət），其中iɔ只记录到一个例子。

ə　　□□pə⁴⁴lek⁵（刹车器，英语：brake）、□□□in⁴⁴tʰə³¹wui²²（面试，英语：interview）、□□□sə⁴⁴wən⁴⁴ap⁵（七喜、雪碧，英语：sever up）

iɔ　　□□□pʰɛt⁵si³¹tsiɔ³¹（乘客，英语：passenger）

ət　　□□□□□tʰɛt⁵si³¹mət⁵si³¹tsʰə²²（发短信，英语：text messages）

（5）波特兰台山话有2个（ə、ən）。

ə　　□□nei⁴⁴pə²²（邻居，英语：neighbor）、□□kʰa⁴⁴pʰə²²（铜，英语：copper）、□□fan⁴⁴tə²²（雷、打雷，英语：thunder）

ən　　□□ə²²pʰak⁵mən²²（公寓，英语：apartment）、□□fou⁴⁴sən²²（冻住了，英语：frozen）、□□kʰu⁴⁴sən³¹（坐垫，英语：cushion）

（6）圣安东尼奥台山话有4个（ə、ɔp、yt、ət），其中ɔp、ət分别只记录到一个例子。

ə　　□□kʰɔ⁴⁴fə²²（保险箱，英语：coffer）、□□□□ɛ⁴⁴wə²²kʰa⁴⁴tou³¹（牛油果，英语：avocado）、□□□ji⁴⁴si²²tʰə³¹（复活节，英语：Easter）

ɔp　　□□□□ɔp⁵tʰə³¹pʰə²²si²²（章鱼，英语：octopus）

yt　　□□□ɛ⁴⁴wɔ⁵⁵tʰyt³（雪崩，英语：avalanche）、□□□mɔ⁴⁴kit⁵tsʰyt⁵（供楼，英语：mortgage）、□□pu⁴⁴tsʰyt²（胸针，英语：brooch）

ət　　□□□si³¹pit⁵kət²［（瓶）塞子，英语：spigot］

拥有只在外来借词中出现的韵母,这是海外粤方言与国内粤方言韵母的一大不同点。美国华人社区台山话韵母的此特点无疑是其长期脱离祖籍地母体方言,分别与居住国的主流语言英语不断接触后,受英语的影响而慢慢产生的。

综观各点来自借词的韵母,可见元音 ɔ 和以 ə 做主要元音的不少,这或许与英语中使用 ə 和以 ə 做主要元音的音节丰富有关。

2.2.2.2.2 古遇摄合口三等字的今读

韵母系统是否"四呼俱全",是考察方言语音一个少不了的问题。关于粤方言韵母,有一个笼统的说法是,不缺少撮口呼韵母。其实,应该说是粤语中的一大部分,比如广府片等粤语"四呼俱全",而四邑片的粤方言则是"四呼不全,三呼缺一"(缺少撮口呼韵母),广东台山话就是如此。

美国华人社区粤方言台山话古遇摄合口三等字的读法也基本显示了这一点,表 2-15 中的例字读 i、u、ɔ、ou、ui 的都有,只有圣安东尼奥台山话的"鱼 jy^{22}"字是个例外,读法与广府话相同。

表 2-15 6 个台山话古遇摄合口三等字的今读

方言	例字									
	猪	厨	女	旅	须(胡~)	树	去	所	书	鱼
	知母	澄母	泥母	来母	心母	禅母	溪母	审生母	审书母	疑母
广东台山话	tsi^{33}	tsʰui^{22}	nui^{55}	lui^{31}	ɬu^{33}	si^{31}	hui^{33}	sɔ^{55}	si^{33}	ŋui^{22}
三藩市台山话	tsi^{44}	tsʰui^{22}	nui^{55}	lui^{31}	ɬu^{44}	si^{31}	hui^{44}	sɔ^{44}	si^{44}	ŋui^{22}
洛杉矶台山话	tsi^{44}	tsʰui^{22}	nui^{55}	lui^{21}	ɬu^{44}	si^{21}	hui^{44}	ɬɔ^{55}	si^{44}	ŋui^{22}
纽约台山话	tsi^{44}	tsʰui^{22}	nui^{55}	lui^{55}	ɬu^{44}	si^{31}	hui^{44}	sɔ^{55}	si^{44}	ŋui^{22}
芝加哥台山话	tsi^{44}	tsʰui^{22}	nui^{55}	lui^{55}	ɬu^{44}	si^{31}	hui^{44}	ɬɔ^{55}	si^{44}	ŋui^{22}
波特兰台山话	tsi^{44}	tsʰui^{22}	nui^{55}	lui^{55}	ɬou^{44}	si^{31}	hui^{44}	sɔ^{55}	si^{44}	ŋui^{22}
圣安东尼奥台山话	tsi^{44}	tsʰui^{22}	nui^{55}	lui^{31}	ɬou^{44}	si^{31}	hui^{44}	sɔ^{55}	si^{44}	jy^{22}
广东广州话	tsy^{55}	tsʰœy^{21}/tsʰy^{21}	nœy^{13}	sou^{55}	tsʰɔ^{55}	sy^{22}	hœy^{33}	sɔ^{35}	sy^{55}	jy^{21}

虽然表 2-15 中台山话读撮口呼的字只有一个,但是,说美国华人社区的 6 个台山话古遇摄合口三等字的读法"基本保持了不读撮口呼",是因为除了纽约台山话和芝加哥台山话以外,其余 4 个点都各有一个撮口呼韵母,三藩市台山话和圣安东尼奥台山话有 y,洛杉矶台山话和波特兰台山话有 yt,不过,读这几个撮口呼韵母的字都不多。不排除 y 韵

母和 yt 韵母的出现是受到了主流语言英语，以及社区内强势的广府话、活跃在全世界华人圈中的广府话传媒等的影响的结果。

圣安东尼奥的华人人数不多，且居住分散，台山话读 y 韵母的字除了表 2-15 中的"鱼 jy^{22}"，还有另一个常用字"雨 jy^{31}"，以及几个来自英语的借词"□□pit^{5}ts^{h}y^{22}"（沙滩，英语：beach）、"□□p^{h}a^{44}si^{22}ts^{h}y^{31}"（牧场，英语：pasture）、"□□ɛk$^{5-35}$sy^{22}"（烟灰，英语：ash）。在这几个例子里，值得再说说的是"雨"。台山话本无此说法，"下雨"叫"落水"，"雨 jy^{31}"的出现与广府话的影响不无关系。

使用人数也不多的俄勒冈州波特兰台山话有一个撮口呼韵母 yt，除了"月亮"的"月"音 jyt^2，yt 也出现在英语借词中，如"□□□wɔ^{44}si^{22}t^{h}yt^5"（华尔街，英语：Wall Street）。

就是在华人较多的三藩市，我们也记录到了台山话"雨 jy$^{55-31}$"这个撮口呼的说法，三藩市台山话的 y 明显是来自粤方言广府话。上文已说，台山话本无"雨"一说，三藩市台山话"下雨"叫"落水"，也叫"落雨"，但是"雨停了"和"淋雨"却只能说"水停""淋水"就说明了这一点。

洛杉矶台山话读 yt 韵母的，都是来自英语的借词"□□□wɔ^{44}si^{21}t^{h}yt^5"（华尔街，英语：Wall Street）、"□□lyt^{5}ts^{h}yt^3"（田边、田埂，英语：ridge）。

撮口呼的有无，是在韵母系统区分粤语广府片与四邑片的一条界线。看来，美国的 6 个台山话点目前基本守住了这条底线，但是防线已被冲开了一点，变化也已经开始了。这是个值得继续跟踪的问题。

2.2.2.2.3 关于韵母中的 i、u 介音

i、u 介音的有无，是讨论粤方言语音系统的一个热门话题。广东台山话韵母有介音，甘于恩《研究》的音系中有 8 个含 i、u 介音的韵母，詹伯慧等《对照》的音系中有 9 个含 i、u 介音的韵母（我们将《对照》中韵母前上标的流音 u 也做介音处理），而这类韵母，我们调查的广东台山台城话中有 10 个。

美国 6 个台山话的韵母也有 i、u 介音，从纽约台山话最少的 9 个，到芝加哥台山话的 19 个（其中，芝加哥台山话的 iɔ 韵母和 uak 韵母只出现在英语借词中）不等，三藩市台山话是 15 个（其中，uat 韵母只出现在英语借词中），洛杉矶台山话是 12 个（其中，ia 韵母只出现在英语借词中），波特兰台山话是 14 个，圣安东尼奥台山话是 11 个。尽管有介音的韵母不完全一样，这类韵母的数量多少也不一致，但是关键是都有。例如：

（1）《研究》中有 8 个。即：

ia iau iam uɔn iaŋ iap tɔu iak

（2）《对照》中有 9 个。即：

^{u}ɔ ^{u}ɔi iau iam ^{u}nɔ iaŋ iap ^{u}tɔ iak（我们将流音 u 也做介音处理）

（3）广东台山台城话中 10 个。即：

ia iau iam iaŋ iɔi iap iak uai uɔn uɔt

（4）三藩市台山话中有 15 个。即：

ia：蔗 tsia$^{31-35}$、写 sia^{55}、扯 ts^{h}ia^{55}

ua：挂 kua⁴⁴

uɔ：过 kuɔ⁴⁴、果 kuɔ⁵⁵

iau：条 hiau²²、桥 kʰiau²²、票 pʰiau³¹、超 tsʰiau⁴⁴、招 tsiau⁴⁴、表 piau⁴⁴、宵 ɬiau⁴⁴、蕉 tiau⁴⁴

uai：拐 kuai⁵⁵、乖 kuai⁴⁴

iam：帘 liam²²、甜 hiam²²、尖 tsiam⁴⁴

ian：链 lian³¹

uan：惯 kuan⁴⁴

uɔn：管 kuɔn⁵⁵、欢 huɔn⁴⁴、乱 luɔn³¹

iaŋ：响 hiaŋ⁵⁵、惊 kiaŋ⁴⁴、庭 tʰiaŋ²²、醒 ɬiaŋ⁵⁵、命 miaŋ³¹、靓 liaŋ⁴⁴、掌 tsiaŋ⁵⁵、墙 tʰiaŋ²²

iɔŋ：亮 liɔŋ³¹、商 siɔŋ⁵⁵

iap：级 kʰiap⁵、夹 kiap²⁻³⁵、披 siap³

iak：踢 tʰiak³、着 tsiak³、呖 liak⁵、尺 tʰiak³、雀 tiak³、锡 ɬiak³

iɔk：狱 ŋiɔk²

uat：□□nuat⁵pə²² ₍橡胶,英语:rubber₎

（5）洛杉矶台山话中有 12 个。即：

ia：尾□mei⁵⁵ia⁴⁴ ₍后院,英语:backyard₎

ua：瓜 kua⁴⁴、寡 kua⁵⁵

uɔ：过 kuɔ⁴⁴、果 kuɔ⁵⁵

iau：票 piau²¹、苗 miau²²、庙 miau²¹、蕉 tsiau⁴⁴、嚼 tsiau²¹、消 ɬiau⁴⁴、叫 kiau⁴⁴、侨 kʰiau²¹

uai：□kʰuai²² ₍淘气₎

iam：尖 tsiam⁴⁴、廉 liam²¹、捡 kiam⁵⁵

uan：观 kuan⁴⁴

iaŋ：精 tiaŋ⁴⁴、酱 tiaŋ²¹、窗 tʰiaŋ⁴⁴、亮 liaŋ²¹、长~大 tsiaŋ⁵⁵、腥 ɬiaŋ⁴⁴、厅 hiaŋ⁴⁴、影 iaŋ²¹

iɔŋ：张 tsiɔŋ⁵⁵

iap：接 tiap³、碟 tiap²、贴 tʰiap³

uat：刮 kuat³

iak：劈 pʰiak³、脊 tiak³、雀 tʰiak⁵、尺 tʰiak³、呖 liak⁵、只 tsiak³、着~数 tsiak²

（6）纽约台山话中有 9 个。即：

ua：瓜 kua⁴⁴、□□kua⁴⁴wa⁴⁴ ₍番石榴,英语:guava₎

uɔ：过 kuɔ⁴⁴、果 kuɔ⁵⁵

iau：小 siau⁵⁵、□hiau⁴⁴（坐车觉得）颠

uai：乖 kuai⁴⁴

iam：检 kiam⁵⁵、钳 kʰiam²²、险 hiam⁵⁵

uan：关 kuan⁴⁴

iaŋ：柄 piaŋ⁴⁴、饼 piaŋ⁵⁵、酱 tiaŋ⁴⁴、墙 tʰiaŋ²²、粮 liaŋ²²、长（大）tsiaŋ⁵⁵、醒 ɬiaŋ⁵⁵、颈 kiaŋ⁵⁵、响 hiaŋ⁵⁵

iap：接 tiap³

iak：雀 tiak³、呖 liak⁵、锡 siak³、脚 kiak³

(7) 芝加哥台山话中有 19 个。即：

ia：靴 hia⁴⁴

iɔ：□□□pʰɛt⁵siɔ³¹tsiɔ³¹（乘客，英语:passenger）

ua：瓜 kua⁴⁴

uɔ：菠 puɔ⁴⁴、萝 luɔ²²、磨 muɔ²²、过 kuɔ⁴⁴、果 kuɔ⁵⁵

iau：票 pʰiau⁴⁴、烧 siau⁴⁴、小 ɬiau⁵⁵、晓 hiau⁵⁵

uai：桂 kuai⁴⁴、鬼 kuai⁵⁵

iam：拈 niam⁴⁴、帘 liam²²、签 tsʰiam⁴⁴、捡 kiam⁵⁵、钳 kʰiam²²、甜 hiam²²

uan：传 tʰuan²²、关 kuan⁴⁴、管 kuan⁵⁵、裙 kʰuan²²

uɔn：暖 nuɔn⁵⁵、酸 ɬuɔn⁴⁴

iaŋ：饼 piaŋ⁵⁵、墙 tʰiaŋ²²、领 liaŋ⁵⁵、掌 tsiaŋ⁴⁴、唱 tsʰiaŋ⁴⁴、醒 ɬiaŋ⁵⁵、姜 kiaŋ⁴⁴、听 hiaŋ⁴⁴

iɔŋ：相 ɬiɔŋ⁴⁴

uaŋ：梗 kuaŋ⁵⁵

uɔŋ：光 kuɔŋ⁴⁴

iap：接 tiap⁵、折 tiap³、湿 siap³、廿 ŋiap²、协 hiap³

uat：刮 kuat³

iak：席 tiak²、尺 tʰiak³、只 tsiak³、湿 siak³、鹊 ɬiak³、锡 ɬiak³、脚 kiak³、屐 kʰiak²、日 ŋiak²

iɔk：雀 tʰiɔk⁴⁴⁵

iuk：褥 ŋiuk²

uak：□tsʰuak³（货车，英语:truck）

(8) 波特兰台山话中有 14 个。即：

ia：谢 tia³¹、社 sia³¹、靴 hia⁴⁴

ua：挂 kua⁴⁴、□□lua³¹si²²（铁锈，英语:rust）

uɔ：过 kuɔ⁴⁴

iau：票 piau⁴⁴、庙 miau³¹、焦 tsiau⁴⁴、尿 niau³¹、娇 kiau⁴⁴、跳 hiau⁴⁴

uai：拐 kuai⁵⁵

iam：尖 tiam⁴⁴、惦 tiam³¹、帘 liam²²、签 tsʰiam⁴⁴、钳 kʰiam²²、甜 ɬiam²²、险 hiam⁵⁵

uan：关 kuan⁴⁴

iaŋ：命 miaŋ³¹、钉 tiaŋ⁴⁴、井 tiaŋ⁵⁵、娘 tiaŋ²²、净 tsiaŋ³¹、晴 tsʰiaŋ²²、腥 ɬiaŋ⁴⁴、响 hiaŋ⁵⁵

iɔŋ：酱 tiɔŋ⁴⁴、枪 tʰiɔŋ⁴⁴、墙 tʰiɔŋ²²、掌 tsiɔŋ⁵⁵、唱 tsʰiɔŋ⁴⁴、双 siɔŋ⁴⁴、箱 ɬiɔŋ⁴⁴、香 hiɔŋ⁴⁴

iap：接 tiap³、湿 siap⁵、碟 iap²

uat：刮 kuat³。

iak：脊 tiak³、尺 tsʰiak³、锡 ɬiak³、脚 kiak³

iɔk：雀 tiɔk³

iuk：肉 ŋiuk²

（9）圣安东尼奥台山话中有 11 个。即：

ua：瓜 kua⁴⁴

uɔ：过 kuɔ⁴⁴、果 kuɔ⁵⁵

iau：漂 pʰiau⁴⁴、料 liau³¹

uai：瑰 kuai⁴⁴、柜 kuai³¹

iam：签 tʰiam⁴⁴、险 hiam⁵⁵、□□□a⁴⁴lɔ⁴⁴mi⁴⁴niam⁴⁴ 铝,英语:aluminum、□□ pek²tsʰy⁴⁴liam³¹ 石油,英语:petroleum

uan：惯 kuam⁴⁴

iaŋ：精 tiaŋ⁴⁴、浆 tsiaŋ⁴⁴、丈 tsiaŋ³¹、常 tsʰiaŋ²²、腥 siaŋ²²、惊 kiaŋ⁴⁴、颈 kiaŋ⁵⁵

iɔŋ：枪 tsʰiɔŋ⁴⁴

iap：接 tsiap³、披 ɬiap³、歉 hiap³

iak：尺 tʰiak³

iɔk：雀 tʰiɔk³

2.2.2.2.4 关于 ɛ（e）系列韵母

有 ɐ 系列韵母和 œ 系列韵母是粤方言广府话韵母的特色，广东台山话没有 ɐ、œ 系列韵母，但是有 ɛ（e）系列韵母。美国的 6 个台山话如同祖籍地方言，也没有 ɐ、œ 系列韵母，但是都有开口度比 e 大的 ɛ 系列韵母，且 6 个点都同样有 8 个：ɛ、ɛu、ɛm、ɛn、ɛŋ、ɛp、ɛt、ɛk。例如：

三藩市台山话：乜 mɛ⁵⁵、遮 tsɛ⁵⁵、谢 tɛ³¹、头 hɛu²²、抽 tʰɛu⁴⁴、钩 ŋɛu⁴⁴、点 ɛm⁵⁵、㘭 kʰɛm⁵⁵、抌 hɛm³¹、边 pɛŋ⁴⁴、田 hɛŋ²²、善 sɛŋ³¹、饼 pɛŋ⁵⁵、镜 kɛŋ⁴⁴、听 hɛŋ⁴⁴、涩 kɛp³、碟 ɛp²、级 kʰɛp⁵、铁 tʰɛt³、结 kɛt³、跌 ɛt³、呖 lɛk⁵、约 jɛk³、脚 kɛk³

洛杉矶台山话：借 tɛ⁴⁴、射 sɛ²¹、爷 jɛ²²、挑 tʰɛu⁴⁴、交 kɛu⁴⁴、钓 ɛu⁴⁴、钳 kʰɛm²²、点 ɛm⁵⁵、棉 mɛŋ²²、先 ɬɛŋ⁴⁴、烟 jɛŋ⁴⁴、千 tʰɛŋ⁴⁴、命 mɛŋ²¹、请 tsʰɛŋ⁵⁵、样 jɛŋ²¹、杂 tɛp²、级 kʰɛp⁵、合 hɛp²、热 ŋɛt²、喫ʰɛt³、石 sɛk²、锡 ɬɛk³、药 jɛk²

纽约台山话：车 tsʰɛ⁴⁴、姐 tɛ⁵⁵、茄 kʰɛ²²、窦 tɛu⁴⁴、捞 lɛu²²、笑 ɬɛu⁴⁴、甜 hɛm²²、点 ɛm⁵⁵、店 ɛm⁴⁴、面 mɛŋ³¹、前 tsʰɛŋ²²、见 kɛŋ⁴⁴、井 tɛŋ⁵⁵、强 kʰɛŋ²²、顶 ɛŋ⁵⁵、涩 kɛp³、叠 tɛp²、碟 ɛp³、搣 mɛt⁵、虱 sɛt⁵、节 tɛt⁵、脊 tɛk³、屐 kʰɛk³、额 ŋɛk²

芝加哥台山话：弥 mɛ⁴⁴、谢 tsɛ³¹、写 sɛ⁵⁵、袖 tɛu³¹、尿 ŋɛu³¹、手 sɛu⁵⁵、凵 kʰɛm⁵⁵、面 mɛm³¹、甜 hɛm²²、垫 tɛŋ⁴⁴、线 sɛŋ³¹、件 kɛŋ³¹、名 mɛŋ²²、青 tʰɛŋ⁴⁴、羊 jɛŋ²²、镊 ŋɛp²、碟 ɛp²、铁 tʰɛt³、裂 lɛt²、杰 kɛt³、踢 tʰɛk³、石 sɛk²、药 jɛk²

波特兰台山话：者 tɛ⁵⁵、嘢 jɛ³¹、蛇 sɛ²²、表 pɛu⁵⁵、料 lɛu³¹、腰 jɛu⁴⁴、店 tɛm⁴⁴、心 ɬɛm⁴⁴、点 ɛm⁵⁵、片 pʰɛŋ⁴⁴、天 hɛŋ⁴⁴、扇 sɛŋ⁴⁴、冰 pɛŋ⁴⁴、醒 sɛŋ⁵⁵、乡 hɛŋ⁴⁴、湿 sɛp⁵、碟 ɛp²、别 pɛt²、热 ŋɛt²、喫 hɛt³、撇 pʰɛk³、只 tsɛk³、屐 kʰɛk³

圣安东尼奥台山话：蔗 tsɛ⁴⁴、椰 jɛ²²、啡 fɛ⁴⁴、条 hɛu²²、宵 ɬɛu⁴⁴、庙 mɛu³¹、谦 hɛm⁴⁴、点 ɛm⁵⁵、恬 ɛm³¹、钱 tʰɛŋ²²、莲 lɛŋ²²、见 kɛŋ⁴⁴、声 sɛŋ⁴⁴、亮 lɛŋ³¹、钉 tɛŋ⁴⁴、湿 ɬɛp⁵、叠 ɛp²、披 ɬɛp³、折 tsɛt³、喫 hɛt³、裂 lɛt²、啄 tɛk⁵、踢 tʰɛk³、石 sɛk²

2.2.2.2.5 古阳声韵尾的保留与变化

讨论汉语方言的韵母，古阳声韵尾的保留与变化是不能忽略的一点。在汉语方言中，粤方言总体来说，是阳声韵尾保留得比较好的，古 -m、-n、-ŋ 韵尾俱全。那么，美国华人社区的粤方言台山话在这方面的表现又如何？

（1）先看 6 个台山话点咸、深两摄阳声韵尾的保留与变化情况。（见表 2-16）

表 2-16　6 个台山话咸、深两摄阳声韵尾的保留与变化

方言	例字									
	衫	三	甜	咸	帆	今	饮	婶	心	淋
	咸摄	咸摄	咸摄	咸摄	咸摄	深摄	深摄	深摄	深摄	深摄
广东台山话	sam³¹	ɬam³³	hiam²²	ham²²	fan²²	kim³³	ŋim⁵⁵	sim⁵⁵	ɬim³³	lim²²
三藩市台山话	sam⁴⁴	ɬam⁴⁴	hiam²²	ham²²	fan²²	kim⁴⁴	ŋim⁵⁵	sim⁵⁵	ɬim⁴⁴	lim²²
洛杉矶台山话	ɬam⁴⁴	ɬam⁴⁴/sam⁴⁴	him²²	ham²²	—	kim⁴⁴	ŋim⁵⁵	sim⁵⁵	ɬim⁴⁴	lim²²
纽约台山话	ɬam⁴⁴	sam⁴⁴	hɛm²²	ham²²	fan²²	kam⁴⁴	ŋam⁵⁵	sam⁵⁵	sam⁴⁴	lam²²
芝加哥台山话	sam⁴⁴	ɬam⁴⁴	hiam²²	ham²²	—	kam⁴⁴	jim⁵⁵	sim⁵⁵	ɬim⁴⁴	lam²²
波特兰台山话	ɬam⁴⁴	ɬam⁴⁴	hiam²²	ham²²	fam⁴⁴	kam⁴⁴	ŋim⁵⁵	ɬim⁵⁵	ɬim⁴⁴/sim⁴⁴	lim²²

续表 2-16

方言	例字									
	衫	三	甜	咸	帆	今	饮	婶	心	淋
	咸摄	咸摄	咸摄	咸摄	咸摄	深摄	深摄	深摄	深摄	深摄
圣安东尼奥台山话	sam⁴⁴	ɬam⁴⁴	hɛm²²	ham²²	fan²²	kam⁴⁴	jim⁵⁵	sim⁵⁵	ɬam⁴⁴	lim²²
广东广州话	sam⁵⁵	sam⁵⁵	tʰim²¹	ham²¹	fan²¹	kɐm⁵⁵	jɐm³⁵	sɐm³⁵	sɐm⁵⁵	lɐm²¹

表 2-16 中的例子，"帆"在洛杉矶台山话和芝加哥台山话中没有读音。其余 4 个台山话咸、深两摄的 -m 韵尾只有咸摄合口三等字发生了变化，"帆"等如同广东广州话、广东台山话，收 -n 尾，读 fan。例如，三藩市台山话中"帆咸合三"读 fan²²。

（2）再看 6 个台山话点山、臻两摄阳声韵尾的保留与变化。下面的例子，洛杉矶台山话和波特兰台山话"嫩"没有提供读音，其余的都保留了 -n 尾的读法。（见表 2-17）

表 2-17　6 个台山话古山、臻两摄阳声韵尾的保留与变化

方言	例字									
	山	饭	懒	眼	酸	新	嫩	人	孙	文
	山摄	山摄	山摄	山摄	山摄	臻摄	臻摄	臻摄	臻摄	臻摄
广东台山话	san³³	fan³¹	lan³³	ŋan⁵⁵	ɬɔn³³	ɬin³³	nun³¹	ŋin²²	ɬun³³	mun²²
三藩市台山话	san⁴⁴	fan³¹	lan⁵⁵⁻³⁵	ŋan⁵⁵	sun⁴⁴	ɬɛn⁴⁴	nɔn³¹	ŋin²²	ɬun⁴⁴	mun²²
洛杉矶台山话	san⁴⁴	fan²¹	lan⁵⁵	ŋan⁵⁵	ɬɔn⁴⁴	ɬin⁴⁴	—	ŋin²²	ɬun⁴⁴	mun²²
纽约台山话	san⁴⁴	fan³¹	lan⁵⁵	ŋan⁵⁵	ɬɔn⁴⁴	sin⁴⁴	nun³¹	jan²²	sun⁴⁴	man²²
芝加哥台山话	san⁴⁴	fan³¹	lan⁵⁵	ŋan⁵⁵	ɬun⁴⁴	ɬin⁴⁴	nɔn³¹	jan²²	ɬun⁴⁴	man²²
波特兰台山话	san⁴⁴	fan³¹	lan⁵⁵	ŋan⁵⁵	ɬɔn⁴⁴	ɬin⁴⁴	—	jan²²	ɬun⁴⁴	man²²
圣安东尼奥台山话	san²²	fan³¹	lan⁴⁴	ŋan⁵⁵	ɬɔn⁴⁴	ɬin⁴⁴	nun³¹	ŋin²²	ɬun⁴⁴	mun²²
广东广州话	san⁵⁵	fan²²	lan¹³	ŋan¹³	syn⁵⁵	sɐn⁵⁵	nyn²²	jɐn⁵¹	syn⁵⁵	mɐn²¹

仅从表 2-17 中例子提供的信息来看，山、臻两摄的阳声韵尾 6 个台山话好像都保留得很好，但事实却有些出入，三藩市台山话和洛杉矶台山话山摄、臻摄的阳声韵尾就发生了不同程度的变化。请看下面的例子。

三藩市台山话山摄开口一、三、四等字，臻摄开口三等、合口三等字出现了混乱的现象。例如：

早_{山开一,匣} hɔŋ³¹、便_{山开三,并} peŋ³¹、天_{山开四,透} heŋ⁴⁴、莲_{山开四,来} leŋ²²、烟_{山开四,影} jɛŋ⁴⁴、震_{臻开三,照章} teŋ⁴⁴

也有的字有不止一个读法，不同的读法韵尾不一致，这同样显示了变化的存在，且说明变化正在进行中。例如：

面_{山开三,明} min²²/mɛn³¹/meŋ³¹、电_{山开四,定} ɛn³¹/eŋ³¹、边_{山开四,帮} pɛn⁴⁴/peŋ⁴⁴、前_{山开四,从} tsʰɛn²²/tʰeŋ²²

洛杉矶台山话部分山摄开口一、三、四等字，以及个别臻摄开口三等字的阳声韵尾 -n 变读 -ŋ。例如：

边_{山开四,帮} peŋ⁴⁴、便_{山开三,并} peŋ²¹、面_{山开三,明} meŋ²¹、件_{山开三,群} keŋ²¹、扁_{山开四,帮} peŋ⁵⁵、电_{山开四,定} eŋ²¹、年_{山开四,泥} neŋ²²、天_{山开四,透} heŋ⁴⁴、认_{臻开三,日} jeŋ²¹

（3）再就是6个台山话点宕、江、曾、梗、通五摄阳声韵尾的保留与变化。表 2-18 的例字在 6 个台山话的韵尾都是 -ŋ。

表 2-18　6个台山话古宕、江、曾、梗、通五摄阳声韵尾的保留与变化

方言	例字									
	汤	床	窗	讲	灯	绳	病	听	冻	公
	宕摄	宕摄	江摄	江摄	曾摄	曾摄	梗摄	梗摄	通摄	通摄
广东台山话	hɔŋ³³	tsʰɔŋ²²	tʰɔŋ³³	kɔŋ⁵⁵	aŋ³³	sen³³	piaŋ³¹	hiaŋ³³	əŋ³³	kəŋ³³
三藩市台山话	hɔŋ⁴⁴	tsʰɔŋ²²	tʰuŋ⁴⁴	kɔŋ⁵⁵	aŋ⁴⁴	seŋ²²⁻³⁵	piaŋ³¹	hɛŋ⁴⁴	uŋ³¹	kuŋ⁴⁴
洛杉矶台山话	hɔŋ⁴⁴	tsʰɔŋ²²	tʰiaŋ⁴⁴	kɔŋ⁴⁴	aŋ⁴⁴	seŋ²²	piaŋ²¹	hɛŋ⁴⁴	uŋ⁴⁴	kuŋ⁴⁴
纽约台山话	hɔŋ⁴⁴	tsʰɔŋ²²	tʰɔŋ⁴⁴	kɔŋ⁵⁵	aŋ⁴⁴	seŋ²²⁻³⁵	peŋ³¹	hɛŋ⁴⁴	uŋ⁴⁴	kuŋ⁴⁴
芝加哥台山话	hɔŋ⁴⁴	tsʰɔŋ²²	tʰɔŋ⁴⁴	kɔŋ⁵⁵	aŋ⁴⁴	seŋ²²⁻³⁵	piaŋ³¹	hiaŋ⁴⁴	huŋ⁴⁴	kuŋ⁴⁴
波特兰台山话	hɔŋ⁴⁴	tsʰɔŋ²²	tʰɔŋ⁴⁴⁻³⁵	kɔŋ⁵⁵	aŋ⁴⁴	seŋ²²	peŋ³¹	hɛŋ⁴⁴	uŋ⁴⁴	kuŋ⁴⁴
圣安东尼奥台山话	hɔŋ⁴⁴	tsʰɔŋ²²	tsʰɛŋ⁴⁴	kɔŋ⁵⁵	taŋ⁴⁴	seŋ²²	peŋ³¹	tʰɛŋ⁴⁴	tuŋ⁴⁴	kuŋ⁴⁴
广东广州话	tʰɔŋ⁵⁵	tsʰɔŋ²¹	tsʰœŋ⁵⁵	kɔŋ³⁵	tɐŋ⁵⁵	seŋ²¹	pɛŋ²²	tʰɛŋ⁵⁵	tuŋ³³	kuŋ⁵⁵

不过，我们注意到曾摄开口三等字"绳"广东台山话收 -n 尾，且这并非一个例外，广东台山话的曾摄开口三等字，梗摄开口三、四等字及合口三等的一些字都已经发生了

-ŋ尾变-n尾的变化。例如：

蒸曾开三,照章tsen³³、凝曾开三,疑ŋen²²、蝇曾开三,喻以jen²²、樱梗开二,影jen³³、京梗开三,见ken⁵⁵、迎梗开三,疑ŋen²²、亭梗开四,定hen²²、定梗开四,定en³¹、泳梗合三,喻云ven³¹、萤梗合四,匣jen²²

广东台山话的这些字韵母都是en。可是远离祖籍地的美国台山话反倒保持了曾摄、梗摄的-ŋ韵尾，没有发生变化。其中有一个可能就是，广东台山话曾摄开口三等字韵尾的变化是后来发生的，脱离祖籍地源方言近两百年，美国华人社区的台山话没有参与祖籍地方言的这个演变。

另外，中古通摄字广东台山话阳声韵读əŋ，广东台山话没有uŋ韵母，但美国的6个台山话通摄阳声韵却都读uŋ韵母，与广府片的粤语相似。这可能与美国台山话长期脱离祖籍地，受社区内强劲的广府片粤语影响有关，我们调查过的东南亚缅甸仰光台山话也是这样的情况。（见表2-19）

表2-19 6个台山话通摄阳声韵尾的保留与变化

方言	例字									
	风	梦	冬	桶	铜	笼	送	中~间	公	红
	非母	明母	端母	透母	定母	来母	心母	知母	见母	匣母
广东台山话	fəŋ³³	məŋ³¹	əŋ³³	həŋ⁵⁵	həŋ²²	ləŋ²²	ɬəŋ³³	tsəŋ³³	kəŋ³³	həŋ²²
三藩市台山话	fuŋ⁴⁴	muŋ³¹	uŋ⁴⁴	huŋ⁵⁵	huŋ²²	luŋ²²	suŋ³¹	tsuŋ⁴⁴	kuŋ⁴⁴	huŋ²²
洛杉矶台山话	fuŋ⁴⁴	muŋ²¹	uŋ⁴⁴	huŋ⁵⁵	huŋ²²⁻³⁵	luŋ²²	ɬuŋ²¹	tsuŋ⁴⁴	kuŋ⁴⁴	huŋ²²
纽约台山话	fuŋ⁴⁴	muŋ³¹	uŋ⁴⁴	huŋ⁵⁵	huŋ²²⁻³⁵	luŋ²²	suŋ⁴⁴	tsuŋ⁴⁴	kuŋ⁴⁴	huŋ²²
芝加哥台山话	fuŋ⁴⁴	muŋ³¹	uŋ⁴⁴	huŋ⁵⁵	huŋ²²	—	suŋ⁴⁴	tsuŋ⁴⁴	kuŋ⁴⁴	huŋ²²
波特兰台山话	fuŋ⁴⁴	muŋ³¹	uŋ⁴⁴	huŋ⁵⁵	—	luŋ²²	ɬuŋ⁴⁴	tsuŋ⁴⁴	kuŋ⁴⁴	huŋ²²
圣安东尼奥台山话	fuŋ⁴⁴	muŋ³¹	tuŋ⁴⁴	huŋ⁵⁵	—	luŋ²²	suŋ⁴⁴	tsuŋ⁴⁴	kuŋ⁴⁴	huŋ²²
广东广州话	fuŋ⁵⁵	muŋ²²	tuŋ⁵⁵	tʰuŋ³³	tʰuŋ²¹	luŋ²¹	suŋ³³	tsuŋ⁵⁵	kuŋ⁵⁵	huŋ²¹

2.2.2.2.6 古入声韵尾的保留与变化

国内各处的粤方言通常也都是汉语方言中入声韵尾保留得比较好的，广东广州话就是古-p、-t、-k塞音韵尾俱全，且与-m、-n、-ŋ阳声韵尾相对应，广东台山话也是如此。那么，美国华人社区的台山话在这方面的表现又如何？

（1）我们先看看华人社区6个台山话点咸、深两摄入声韵尾的保留与变化情况。（见表2-20）

表 2-20 6 个台山话咸、深两摄入声韵尾的保留与变化

方言	例字									
	腊	鸽	法	叶	鸭	十	涩	湿	入	级
	咸摄	咸摄	咸摄	咸摄	咸摄	深摄	深摄	深摄	深摄	深摄
广东台山话	lap²	ap³	fat³	jap²	ap³	sip²	kiap³	sep⁵/ɬip⁵	jip²	kʰip⁵
三藩市台山话	lap²	kap⁵	fat³	jap²	ŋap³/ap³	sip²	kɛp³/tip⁵	sɛp⁵	jap²/jip²	kʰiap⁵
洛杉矶台山话	lap²	—	—	jap²	ap³	sip²	—	sip⁵	jip²	kʰap⁵
纽约台山话	lap²	kap³	fat³	jip²	ap³	sap²	kɛp³	sap⁵	ŋip²	kʰap⁵
芝加哥台山话	lap²	kap³	fat³	jip²	ap³	sap²	kip³	siap³	jip²	kʰap⁵
波特兰台山话	lap²	ap³	fat³	jap²	ap³	ɬip²	kip³	siap⁵/ɬiap⁵	ŋip²	kʰip⁵
圣安东尼奥台山话	lap²	kap³	fat³	jip²	ap³	ɬap²	—	ɬip⁵	jip²	kʰap⁵
广东广州话	lap²	kap³	fat³	jip²	ŋap³/ap³	sɐp²	kip³	sɐp⁵	jɐp²	kʰɐp⁵

表 2-20 告诉我们，咸、深两摄入声韵的 -p 尾，除了没有提供读音的，以及咸摄合口三等字（如"法"等）同阳声韵尾一样，发生了 -p 变 -t 的变化以外，6 个台山话都与祖籍地方言一致，保留得不错。

（2）再看华人社区 6 个台山话点山、臻两摄入声韵尾的保留与变化。表 2-21 的例子除了三藩市、洛杉矶、芝加哥有 -t 变 -k 的现象，其余都保留了 -t 尾的读法。

表 2-21 6 个台山话山、臻两摄入声韵尾的保留与变化

方言	例字									
	辣	八	节	热	铁	七	笔	一	日	出
	山摄	山摄	山摄	山摄	山摄	臻摄	臻摄	臻摄	臻摄	臻摄
广东台山话	lat²	pat³³	tet³	ŋet²	het³	tʰit⁵	pit⁵	jit⁵	ŋit²	tsʰut⁵
三藩市台山话	lat²	pat³	tsit⁵	ŋek²	hek³/tʰɛt⁵	tʰit⁵	pɛt⁵	jit⁵	ŋit²	tsʰut⁵
洛杉矶台山话	lat²	pat³	tek⁵	ŋɛt²	hek³	tʰit⁵	pit⁵	jit⁵	ŋit²	tsʰut⁵

续表2-21

方言	例字									
	辣	八	节	热	铁	七	笔	一	日	出
	山摄	山摄	山摄	山摄	山摄	臻摄	臻摄	臻摄	臻摄	臻摄
纽约台山话	lat²	pat³	tɛt⁵	ŋɛt²	hɛt³	tsʰit⁵	pat⁵	jat⁵	jat²	tsʰut⁵
芝加哥台山话	lat²	pak³	tɛt³	jɛt²	hɛt³/ tʰit³/ tʰɛt³	tʰak⁵	pit⁵	jat⁵	ŋiak²	tsʰut⁵
波特兰台山话	lat²	pat³	tɛt⁵	ŋɛt²	hɛt³	tʰit⁵	pit⁵	jit⁵	jit²	tsʰut⁵
圣安东尼奥台山话	lat²	pat³	tsit³	jit²	tʰit³	tʰit⁵	pat⁵	jat⁵	ɲit²	tsʰat⁵
广东广州话	lat²	pat³	tsit³	jit²	tʰit³	tsʰɐt⁵	pɐt⁵	jɐt⁵	jɐt²	tsʰœt⁵

上文曾提到山摄开口一、三、四等字,臻摄开口三等、合口三等字三藩市台山话的阳声韵尾出现了一些混乱现象。同样的,其入声韵尾也出现了一些混乱现象,除了表2-21中的例子外,还有"物_{臻合三,微}mɔk²"等,变化似正在开始,如表2-21中的"铁"就有两读。洛杉矶台山话山摄入声韵 -t 尾变 -k 尾的例子还有"萨_{山开一,心}ɬak³"。圣安东尼奥台山话山摄的"结_{山开四,见}"有 kɛt⁵ 和 kak³ 两读。

在我们的记录中,芝加哥台山话属于山、臻两摄的字,除了表2-21中的"八""七""日"外,没有出现其他收 -k 尾的例子。

(3) 再就是6个台山话点宕、江、曾、梗、通五摄入声韵尾的保留与变化。美国华人社区的台山话大都很好地保留了宕、江、曾、梗、通五摄入声字的 -k 韵尾,表2-22中的例子只有一个例外,"色"字波特兰台山话与祖籍地方言广东台山话一致,均收 -t 尾。

表2-22 6个台山话宕、江、曾、梗、通五摄入声韵尾的保留与变化

方言	例字									
	落	镬	捉	学	贼	色	隔	踢	六	屋
	宕摄	宕摄	江摄	江摄	曾摄	曾摄	梗摄	梗摄	通摄	通摄
广东台山话	lɔk²	vɔk²	tsɔk³	hɔk²	tʰak²	set⁵	kak³	tʰiak³	lək²	ək⁵
三藩市台山话	lɔk²	wɔk²	tsɔk³	hɔk²	tʰak²	sek⁵	kak³	tʰiak³	luk²	uk⁵
洛杉矶台山话	lɔk²	wɔk²	tsɔk³	hɔk²	tʰak²	sek⁵	kak³	tʰiak³	luk²	uk⁵
纽约台山话	lɔk²	wɔk²	tsɔk³	hɔk²	tʰak²	sek⁵	kak³	tʰɛk³	luk²	uk⁵

续表 2-22

方言	例字									
	落	镬	捉	学	贼	色	隔	踢	六	屋
	宕摄	宕摄	江摄	江摄	曾摄	曾摄	梗摄	梗摄	通摄	通摄
芝加哥台山话	lɔk²	wɔk²	tsɔk³	hɔk³	tʰak²	sek⁵	kak³	tʰɛk³	luk²	uk⁵
波特兰台山话	lɔk²	wɔk²	tsuk⁵	hɔk³	tʰak²	ɫɛt⁵	kak³	tʰɛk³	luk²	uk⁵
圣安东尼奥台山话	lɔk²	wɔk²	tsɔk³	hɔk³	tʰak²	sɛk⁵	kak³	tʰɛk³	luk²	uk⁵
广东广州话	lɔk²	wɔk²	tsuk⁵	hɔk²	tsʰak³	sek⁵	kak³	tʰɛk³	luk²	ŋuk⁵/uk⁵

尽管广东台山话在曾摄和梗摄出现了 -t 尾，与其在曾摄和梗摄阳声韵出现的 -n 尾相呼应。例如：

逼曾开三,帮 pet⁵、力曾开三,来 let²、鲫曾开三,来 tat⁵、熄曾开三,心 ɫet⁵、直曾开三,澄 tset²、值曾开三,澄 tset²、式曾开三,审书 set⁵、亿曾开三,影 jet⁵、核~梗开二,匣 vut²、戟梗开三,见 ket⁵、壁梗开三,帮 pet⁵、僻梗开三,滂 pʰet⁵、迹梗开三,精 tet⁵、喫梗开四,溪 het⁵、戚梗开四,清 tʰet⁵、锡梗开四,心 ɫet³

但是，美国华人社区台山话除了圣奥东尼奥台山话的个别例子，其余基本没有这个表现。

总结本节和上一节的阐述，不难发现，美国华人社区的 6 个粤方言台山话，无一例外地延续了粤语广东台山话和广东广州话等，阳声韵和入声韵两两相应的特点。

（1）广东台山台城话 14 对。即：

am：ap、em：ep、im：ip、iam：iap

an：at、en：et、in：it、un：ut、ɔn：ɔt、uɔn：uɔt

aŋ：ak、əŋ：ək、ɔŋ：ɔk、iaŋ：iak

（2）广东广州话 17 对。即：

am：ap、ɐm：ɐp、im：ip

an：at、ɐn：ɐt、œn：œt、ɔn：ɔt、in：it、un：ut、yn：yt

aŋ：ak、ɐŋ：ɐk、ɛŋ：ɛk、œŋ：œk、ɔŋ：ɔk、eŋ：ek、uŋ：uk

（3）三藩市台山话 16 对。即：

am：ap、ɐm：ɐp、im：ip、iam：iap

an：at、ɐn：ɐt、ɔn：ɔt、in：it、un：ut

aŋ：ak、ɐŋ：ɐk、ɔŋ：ɔk、eŋ：ek、uŋ：uk、iaŋ：iak、iɔŋ：iɔk

另外，韵母 ɔm、ian、uan、uɔn、ɘŋ，以及只出现在借词中的韵母 ɘn、ɘt、uat 没有相应的配对。

(4) 洛杉矶台山话 16 对。即：

am：ap、ɛm：ɛp、im：ip、iam：iap

an：at、ɛn：ɛt、ɔn：ɔt、in：it、un：ut、uan：uat

aŋ：ak、ɛŋ：ɛk、ɔŋ：ɔk、eŋ：ek、uŋ：uk、iaŋ：iak

另外，韵母 əŋ、iɔŋ，以及只在借词中出现的韵母 ən、yt 没有相应的配对。

(5) 纽约台山话 15 对。即：

am：ap、ɛm：ɛp、im：ip、iam：iap

an：at、ɛn：ɛt、ɔn：ɔt、in：it、un：ut

aŋ：ak、ɛŋ：ɛk、ɔŋ：ɔk、eŋ：ek、uŋ：uk、iaŋ：iak

另外，韵母 uan，以及只出现在借词中的韵母 ən、ɔp 没有相应的配对。

(6) 芝加哥台山话 18 对。即：

am：ap、ɛm：ɛp、im：ip、iam：iap

an：at、ɛn：ɛt、ɔn：ɔt、in：it、un：ut、uan：uat

aŋ：ak、ɛŋ：ɛk、ɔŋ：ɔk、eŋ：ek、uŋ：uk、iaŋ：iak、iɔŋ：iɔk、uaŋ：uak

另外，韵母 ɔm、ən、uɔn、uɔŋ、iuk，以及只出现在借词中的韵母 ɪe 没有相应的配对。

(7) 波特兰台山话 18 对。即：

am：ap、ɛm：ɛp、ɔm：ɔp、im：ip、iam：iap

an：at、ɛn：ɛt、ɔn：ɔt、in：it、un：ut、uam：uat

aŋ：ak、ɛŋ：ɛk、ɔŋ：ɔk、eŋ：ek、uŋ：uk、iaŋ：iak、iɔŋ：iɔk

另外，韵母 yt、iuk，以及只在借词中出现的韵母 ən 没有相应的配对。

(8) 圣安东尼奥台山话 16 对。即：

am：ap、ɛm：ɛp、im：ip、iam：iap

an：at、ɛn：ɛt、ɔn：ɔt、in：it、un：ut

aŋ：ak、ɛŋ：ɛk、ɔŋ：ɔk、eŋ：ek、uŋ：uk、iaŋ：iak、iɔŋ：iɔk

另外，韵母 ɔm、ən、uan，以及只出现在借词中的韵母 ɔp、yt、ət 没有相应的配对。

2.2.2.2.7 有无自成音节的声化韵

国内粤语很多都有可以自成音节的声化韵母，声化韵母一般出现在遇摄合口一等的古疑母字，如广东广州话有 m̩、ŋ̍，广东台山话有 m̩/ŋ̍（读 m̩ 或 ŋ̍ 两可），也有一些粤语点只有一个的。美国华人社区的 6 个粤方言台山话都只有 m̩。例如：

三藩市台山话：唔 m̩^{22}、五 m̩^{55}、午 m̩^{55}

洛杉矶台山话：唔 m̩^{22}、五 m̩^{55}、误 m̩^{21}

纽约台山话：唔 m̩^{22}、五 m̩^{31}

芝加哥台山话：唔 m̩^{22}、梧 m̩^{55}、五 m̩^{55}

波特兰台山话：唔 m̩^{22}、五 m̩^{55}、误 m̩^{31}

圣安东尼奥台山话：唔 m̩^{22}、五 m̩^{55}

2.2.2.3 声调的比较

2.2.2.3.1 美国华人社区 6 个台山话的声调系统

粤方言的声调在汉语七大方言中是最多的,广东广州话就有 9 个声调。

(1) 广东台山台城话有 7 个声调,即阴平 33、阳平 22、上声 55、去声 31、上阴入 5、下阴入 3、阳入 2;还有 3 个变调,即高平变调 55、高升变调 35、中降变调 31。

(2) 三藩市台山话有 7 个声调,即阴平 44、阳平 22、上声 55、去声 31、上阴入 5、下阴入 3、阳入 2;还有 3 个变调,即高平变调 55、高升变调 35、中降变调 31。

(3) 洛杉矶台山话有 7 个声调,即阴平 44、阳平 22、上声 55、去声 21、上阴入 5、下阴入 3、阳入 2;还有 3 个变调,即高平变调 55、高升变调 35、半低降变调 21。

(4) 纽约台山话有 7 个声调,即阴平 44、阳平 22、上声 55、去声 31、上阴入 5、下阴入 3、阳入 2;还有 3 个变调,即高平变调 55、高升变调 35、中降变调 31。

(5) 芝加哥台山话有 7 个声调,即阴平 44、阳平 22、上声 55、去声 31、上阴入 5、下阴入 3、阳入 2;还有 3 个变调,即高平变调 55、高升变调 35、中降变调 31。

(6) 波特兰台山话 7 个声调,即阴平 44、阳平 22、上声 55、去声 31、上阴入 5、下阴入 3、阳入 2;还有 3 个变调,即高平变调 55、高升变调 35、中降变调 31。

(7) 圣安东尼奥台山话有 7 个声调,即阴平 44、阳平 22、上声 55、去声 31、上阴入 5、下阴入 3、阳入 2;还有 3 个变调,即高平变调 55、高升变调 35、中降变调 31。

6 个台山话的声调数量一样,都是 7 个,平声分阴阳,上声、去声都不分阴阳,入声三分。

各点 7 个声调的调型都比较一致,调值也基本相同。阴平半高平 44,比广东台山话的中平 33 稍高一点。阳平半低平 22,与广东台山话相同。上声高平 55,与广东台山话的阴上同。去声除了洛杉矶是半低降的 21,其余 5 个点都与广东台山话相同,是中降的 31。

入声三分,古入声依清浊分成阴入、阳入后,阴入再分出上阴入和下阴入,上阴入调值 5,下阴入调值 3,阳入调值 2。

6 个点也都是各有 3 个变调,高平变调都是 55,高升变调都是 35,洛杉矶还有半低降变调 21,其余 5 个点则还有中降变调 31。变调的数量都同祖籍地广东台山方言,比粤方言广府话的 2 个多。

2.2.2.3.2 美国华人社区台山话声调的古今演变

我们记录的广东台山话,包括广东本土的和美国华人社区的,声调都是 7 个,中古平、上、去、入四声在广东台山话中,平声依声母的清浊分阴阳,上声、去声各只有一个,古清去声字大都并入阴平,入声依声母的清浊分阴阳后,阴入再分出上阴入、下阴入。

总的来看,中古四声在美国华人社区 6 个台山话点中的演变都与《对照》《研究》记录的广东台山话有一点不同,但与我们记录的广东台山台城话是一致的。以下谈到声调与祖籍地的不同,指的是与《对照》《研究》记录的不同。

古平声在美国 6 个台山话中都是依声母的清浊平分阴阳。但是上声只有一个,古清音声母上声字和浊音声母上声字都有读上声的。去声也不分阴阳，古去声清声母字保留了台山话声调的典型特点，如同祖籍地广东台山话，大都归入阴平。古入声字依声母的清浊分阴阳后，阴入再分出上、下阴入。在广东广州话中，上、下阴入的区分主要依据的是韵母主要元音舌位的高低，台山话韵母在这方面的区分虽然没有高低元音之别，不过，有意思的是，读上阴入和下阴入的字与广州话的出入不大。

仅从声调的数量上看，美国6个台山话比《对照》和《研究》的都少了一个调类，但是与赵元任先生20世纪50年代初调查的《台山语料》①的记录相同，也与我们所记录的广东台山台城话一致。

有一种观点认为，赵元任先生的调查点接近恩平，而恩平话是只有7个调的。我们认为，海外的四邑话应该也是小地点方言特征不明显的"大四邑话"，美国华人社区的台山话不仅仅是祖籍广东台山的华人使用的社区汉语方言，也是其他祖籍地为广东开平、新会、恩平等地的四邑籍华人共同使用的社区汉语方言。除了我们调查的台山话，我们记录过的东南亚国家缅甸仰光、曼德勒的台山话也都只有7个声调。

以下是美国6个台山话声调古今演变的具体情况。

（1）三藩市台山话。

阴平字如：

花晓 fa⁴⁴、多端 tɔ⁴⁴、斋照庄 tsai⁴⁴、杯帮 pui⁴⁴、衫审生 sam⁴⁴、金见 kim⁴⁴、阴影 jim⁴⁴、亲清 tʰan⁴⁴、孙心 ɬun⁴⁴、村清 tsʰun⁴⁴、冰帮 peŋ⁴⁴、汤透 hɔŋ⁴⁴、星心 seŋ⁴⁴、裤溪 fu⁴⁴、刺清 tsʰi⁴⁴、布帮 pu⁴⁴、瘦审生 ɬau⁴⁴、探透 tʰam⁴⁴、汉晓 hɔn⁴⁴、半帮 pɔn⁴⁴、酱精 tiaŋ⁴⁴、唱穿昌 tsʰiaŋ⁴⁴、秤穿昌 tsʰeŋ⁴⁴、爆并 pau⁴⁴、帽明 mau⁴⁴

古平声清音声母字、古去声清音声母字读阴平，调值44。古去声次浊、全浊声母字也有读阴平的，如"帽明""爆并"。

阳平字如：

麻明 ma²²、蛇床船 sɛ²²、河匣 hɔ²²、泥泥 nai²²、头定 hɐu²²、咸匣 ham²²、淋来 lim²²、甜定 hiam²²、船床船 sɔn²²、银疑 ŋan²²、云喻云 wun²²、圆喻云 jɔn²²、床床崇 tsʰɔŋ²²、平并 pʰeŋ²²、穷群 kʰuŋ²²

古平声浊音声母字读阳平，调值22。

上声字如：

火晓 fɔ⁵⁵、可溪 hɔ⁵⁵、舞微 mu⁵⁵、蚁疑 ŋai⁵⁵、水审书 sui⁵⁵、表帮 piau⁵⁵、扭泥 niu⁵⁵、海晓 hɔi⁵⁵、闪审书 sim⁵⁵、感见 kim⁵⁵、眨照庄 tsam⁵⁵、铲穿初 tsʰan⁵⁵、粉非 fun⁵⁵、拣见 kan⁵⁵、顶端 ɛŋ⁵⁵、拥影

---

① 《傅斯年先生纪念论文集》上册，台北"中研院"历史语言研究所1951年版。

uŋ⁵⁵、市禅si⁵⁵、徛群kʰi⁵⁵、礼来lɔi⁵⁵、老来lou⁵、暖泥nuɔn⁵⁵、眼疑ŋan⁵⁵、蠢穿昌tsʰun⁵⁵、景见keŋ⁵⁵、冷来laŋ⁵⁵、养喻以jɛŋ⁵⁵。

古上声清音声母字读上声，调值55。古全浊、次浊声母上声字也有读上声的，如"市禅""徛群""舞微""老来""礼来""眼疑""扭泥""暖泥""养喻以""冷来"。

去声字如：

夜喻以jɛ³¹、野喻以jɛ³¹、地定ei³¹、企溪kʰi³¹、后匣hau³¹、雾微mou³¹、碎心sui³¹、念泥niam³¹、阵澄tsin³¹、近群~kin³¹、凭並paŋ³¹、撞澄tsɔŋ³¹、亮来liɔŋ³¹、尚禅siaŋ³¹、冻端uŋ³¹。

古去声浊音声母字读去声，调值31。古平声浊音声母字有读去声的，如"凭並"；古清音声母上声字和浊音声母上声字有读去声的，如"企溪""野喻以"；古去声清音声母字也有读去声的，如"冻端""碎心"。

上阴入字如：

湿审书sip⁵、汁照章tsip⁵、鸽见kap⁵、出穿昌tsʰut⁵、一影jit⁵、虱审生ɬɛt⁵、黑晓hak⁵、塞心ɬak⁵、侧照庄tsak⁵、色审生sek⁵、竹知tsuk⁵、叔审书suk⁵、屋影uk⁵、唎来liak⁵。

部分古入声清音声母字读上阴入，调值5；古入声次浊声母字也有读上阴入的，如"唎来"。

下阴入字如：

夹见kap³、贴透hip³、鸭影ap³/ŋap³、铁透tʰɛt³、结见kɛt³、雪心sut³、节精tsit⁵、发非fat³、切透tʰɛt³、客溪hak³、雀精tiak³、捉照庄tsɔk³、角见kɔk³、尺穿昌tʰiak³、恶影ɔk³、抹明mɔt³。

部分古入声清音声母字读下阴入，调值3。古次浊声母字也有读下阴入的，如"抹明"。

阳入字如：

煤床崇sap²、蜡来lap²、日日ŋit²、月疑ŋut²、物微mat²、蜜明mit²、食床船sek²、落来lɔk²、热日ŋek²、陆来luk²、白並pak²、石禅sɛk²、肉日ŋuk²、镬匣wɔk²、焗见kuk²、牧明muk²。

古入声全浊、次浊音声母字读阳入，调值2。入声清音声母字也有读阳入的，如"焗见"。

(2) 洛杉矶台山话。

阴平字如：

车穿昌tsʰɛ⁴⁴、开溪hɔi⁴⁴、吹穿昌tsʰui⁴⁴、担端am⁴⁴、尖精tiam⁴⁴/tim⁴⁴、干见kɔn⁴⁴、闩审生san⁴⁴、班帮pan⁴⁴、真照章tsin⁴⁴、轻溪hiaŋ⁴⁴、帮帮pɔŋ⁴⁴、借精tɛ⁴⁴、怕滂pʰa⁴⁴、意影ji⁴⁴、瘦审生

sau⁴⁴、脆_清 tʰui⁴⁴、爆_並 pau⁴⁴、喊_晓 ham⁴⁴、浸_精 tim⁴⁴、转_~轮,知 tsɔn⁴⁴、信_心 ɬin⁴⁴、冻_端 uŋ⁴⁴、向_晓 hiaŋ⁴⁴

古平声清音声母字、古去声清音声母字读阴平，调值44。古去声浊音声母字也有读阴平的，如"爆_並"。

阳平字如：

河_匣 hɔ²²、斜_邪 tʰɛ²²、肥_奉 fi²²/fei²²、条_定 hiau²²、甜_定 him²²、含_匣 ham²²、烦_奉 fan²²、圆_喻云 jɔn²²、还_匣 wan²²、容_喻以 juŋ²²、床_床崇 tsʰɔŋ²²、常_禅 tsʰɜŋ²²、同_定 huŋ²²

古平声浊音声母字读阳平，调值22。
上声字如：

好_晓 hɔ⁵⁵、几_见 ki⁵⁵、苦_溪 fu⁵⁵、使_审生 sɔi⁵⁵、点_端 ɛm⁵⁵、斩_照庄 tsam⁵⁵、稳_影 wun⁵⁵、短_端 ɔn⁵⁵、想_心 ɬiaŋ⁵⁵、哽_见 kʰaŋ⁵⁵、倚_群 kʰi⁵⁵、咬_疑 ŋau⁵⁵、淡_定 am⁵⁵、揽_来 lam⁵⁵、懒_来 lan⁵⁵、软_日 ŋun⁵⁵、网_微 mɔŋ⁵⁵、猛_明 maŋ⁵⁵

古上声清音声母字读上声，调值55。古全浊、次浊声母上声字也有读上声的，如"揽_来""懒_来""咬_疑""软_日""倚_群""淡_定""网_微""猛_明"。
去声字如：

帽_明 mɔ²¹、住_澄 tsi²¹、就_从 tiu²¹、做_精 tu²¹、係_匣 hai²¹、厚_匣 hau²¹、舅_群 kʰiu²¹、暂_从 tsam²¹、万_微 man²¹、馅_匣 ham²¹、妗_群 kʰim²¹、烂_来 lan²¹、恨_匣 han²¹、病_並 piaŋ²¹、净_从 tiaŋ²¹、定_定 teŋ²¹、用_喻以 juŋ²¹

古去声浊音声母字读去声，调值21。古上声浊音声母字有读去声的，如"舅_群""厚_匣"；古去声清音声母字也有读去声的，如"做_精"。
上阴入字如：

湿_审书 siap⁵/sip⁵/ɬap⁵、一_影 ŋit⁵、七_清 tʰit⁵、失_审书 sit⁵、出_穿昌 tsʰut⁵、哭_溪 huk⁵、得_端 tak⁵、黑_晓 hak⁵、戚_清 tʰek⁵、粥_照章 tsuk⁵、郁_影 ŋuk⁵、曲_溪 kʰuk⁵、督_端 uk⁵、呖_来 liak⁵

部分古入声清音声母字读上阴入，调值5；古入声次浊声母字也有读上阴入的，如"呖_来"。
下阴入字如：

腌_影 jap³、贴_透 tʰiap³、夹_见 kap³/kiap³、折_照章 tsiap³、八_帮 pat³、阔_溪 fɔt³、擦_清 tsʰat³、喫_溪 hɛt³、血_晓 hut³、抹_明 mɔt³、踢_透 tʰiak³、窄_照庄 tsak³、觉_~得,见 kɔk³、托_透 hɔk³、脚_见 kiak³

部分古入声清音声母字读下阴入，调值 3。古次浊声母字也有读下阴入的，如"抹₍明₎"。

阳入字如：

叠₍定₎ɛp², 十₍禅₎sip², 辣₍来₎lat², 滑₍匣₎wat², 热₍日₎ŋet², 力₍来₎lek², 绿₍来₎luk², 白₍并₎pak², 特₍定₎ak², 或₍匣₎wak², 极₍群₎kek², 熟₍禅₎suk², 服₍奉₎fuk², 毒₍定₎uk², 焗₍见₎kuk², 仆₍滂₎puk²

古入声全浊、次浊音声母字读阳入，调值 2。入声次清音声母字也有读阳入的，如"仆₍滂₎"。入声清音声母字也有读阳入的，如"焗₍见₎"。

（3）纽约台山话。

阴平字如：

沙₍审生₎sa⁴⁴、差₍穿初₎tsʰa⁴⁴、姑₍见₎ku⁴⁴、灰₍晓₎fui⁴⁴、叫₍见₎kiu⁴⁴、监₍见₎kam⁴⁴、三₍心₎sam⁴⁴、尖₍精₎tsim⁴⁴、天₍透₎hɛn⁴⁴、山₍审生₎san⁴⁴、方₍非₎fɔŋ⁴⁴、清₍清₎tʰeŋ⁴⁴、风₍非₎fuŋ⁴⁴、裤₍溪₎fu⁴⁴、教₍见₎kau⁴⁴、爆₍并₎pau⁴⁴、菜₍清₎tʰɔi⁴⁴、浸₍精₎tam⁴⁴、垫₍定₎tɛn⁴⁴、半₍帮₎pɔn⁴⁴、棍₍见₎kun⁴⁴、冻₍端₎uŋ⁴⁴

古平声清音声母字、古去声清音声母字读阴平，调值 44。古去声次浊、全浊声母字也有读阴平的，如"爆₍并₎""垫₍定₎"。

阳平字如：

禾₍匣₎wɔ²²、磨₍~刀,明₎mɔ²²、湖₍匣₎wu²²、雷₍来₎lui²²、潮₍澄₎tsʰiu²²、林₍来₎lam²²、琴₍群₎kʰam²²、尘₍澄₎tsʰan²²、存₍从₎tʰun²²、旁₍并₎pʰɔŋ²²、阳₍喻以₎jɛŋ²²、凉₍来₎lɛŋ²²、龙₍来₎luŋ²²、停₍定₎heŋ²²

古平声浊音声母字读阳平，调值 22。

上声字如：

瓦₍疑₎ŋa⁵⁵、尾₍微₎mi⁵⁵、岛₍端₎ɔ⁵⁵、徛₍群₎kʰi⁵⁵、首₍审书₎siu⁵⁵、底₍端₎ai⁵⁵、走₍精₎tiu⁵⁵、九₍见₎kau⁵⁵、女₍泥₎nui⁵⁵、老₍来₎lou⁵⁵、舅₍群₎kʰau⁵⁵、斩₍照庄₎tsam⁵⁵、减₍见₎kam⁵⁵、婶₍审书₎sam⁵⁵、闪₍审书₎sim⁵⁵、板₍帮₎pan⁵⁵、懒₍来₎lan⁵⁵、铲₍穿初₎tsʰan⁵⁵、选₍心₎ɬɔn⁵⁵、眼₍疑₎ŋan⁵⁵、桶₍透₎huŋ⁵⁵、梗₍溪₎kaŋ⁵⁵、整₍照章₎tseŋ⁵⁵、响₍晓₎hiaŋ⁵⁵

古上声清音声母字读上声，调值 55。古浊声母上声字也有很多读上声，如"徛₍群₎""女₍泥₎""老₍来₎""懒₍来₎""瓦₍疑₎""眼₍疑₎""舅₍群₎""尾₍微₎"。

去声字如：

地₍定₎i³¹、雾₍微₎mu³¹、做₍精₎tu³¹、市₍禅₎si³¹、柿₍床崇₎si³¹、美₍明₎mei³¹、被₍~子,并₎pʰi³¹、埠₍并₎fɛu³¹、柱₍澄₎tsʰui³¹、妗₍群₎kʰam³¹、暖₍泥₎nɔn³¹、电₍定₎ɛn³¹、棍₍见₎kun³¹、慢₍明₎man³¹、巷₍匣₎hɔŋ³¹、冷₍来₎laŋ³¹

古去声浊音声母字读去声，调值 31。古上声浊音声母字也有读去声的，如"美明""被~子,并""柱澄""柿床崇""暖泥""冷来"；古去声清音声母字有读去声的，如"做精"。

上阴入字如：

级见 $kʰap^5$、湿审书 $ɬap^5/sap^5$、汁照章 $tsip^5$、窟溪 fat^5、骨见 kut^5、雪心 $ɬut^5$、出穿昌 $tsʰut^5$、喫hɛt^5$、肋来 lak^5、呖来 $lɛk^5$、谷见 kuk^5、叔审书 $ɬuk^5$、刻溪 hak^5、黑晓 hak^5

部分古入声清音声母字读上阴入，调值 5；古入声次浊声母字也有读上阴入的，如"呖来"

下阴入字如：

鸭影 ap^3、甲见 kap^3、折照章 $tsip^3$、腌影 jip^3、发非 fat^3、挖影 wat^3、铁透 $hɛt^3$、渴溪 fut^3、抹明 $mat^3/mɔt^3$、擦清 $tsʰat^3$、伯帮 pak^3、拍滂 $pʰak^3$、角见 $kɔk^3$、隔见 kak^3、捉照庄 $tsɔk^3$、脚见 $kiak^3$

部分古入声清音声母字读下阴入，调值 3。古次浊声母字也有读下阴入的，如"抹明"。

阳入字如：

煤床崇 sap^2、合匣 hap^2、叶喻以 jip^2、碟定 $ɛp^2$、辣来 lat^2、栗来 lut^2、蜜明 mat^2、力来 lek^2、日日 jat^2、白并 pak^2、麦明 mak^2、木明 muk^2、镬匣 $wɔk^2$、毒定 tuk^2、薄并 $pɔk^2$、焗见 kuk^2

古入声全浊、次浊音声母字读阳入，调值 2。入声清音声母字也有读阳入的，如"焗见"。

（4）芝加哥台山话。

阴平字如：

花晓 fa^{44}、波帮 pu^{44}、瓜见 kua^{44}、针照章 $tsim^{44}$、阴影 jam^{44}、今见 kam^{44}、春穿昌 $tsʰun^{44}$、亲清 $tʰan^{44}$、荒晓 $fɔŋ^{44}$、冰帮 $peŋ^{44}$、做精 tu^{44}、晒审生 sai^{44}、菜清 $tʰɔi^{44}$、配滂 $pʰɔi^{44}$、扣溪 $kʰɛu^{44}$、爆并 pou^{44}、晏影 an^{44}、炭透 han^{44}、垫定 $tɛn^{44}$、喷~水,滂 $pʰun^{44}$、燕影 jin^{44}、帐知 $tsɛŋ^{44}$、送心 $suŋ^{44}$、圣审书 $seŋ^{44}$

古平声清音声母字、古去声清音声母字读阴平，调值 44。古去声次浊、全浊声母字也有读阴平的，如"爆并""垫定"。

阳平字如：

麻明 ma^{22}、爬并 $pʰa^{22}$、河匣 $hɔ^{22}$、邪邪 $tsʰɛ^{22}$、雷来 lui^{22}、刨并 $pʰou^{22}$、蚕从 $tʰam^{22}$、淋来 lam^{22}、年泥 $nɛn^{22}$、门明 $mɔn^{22}$、田定 $hɛn^{22}$、旁并 $pʰɔŋ^{22}$、凉来 $liaŋ^{22}$、穷群 $kʰuŋ^{22}$、融喻以 $juŋ^{22}$

古平声浊音声母字读阳平，调值22。

上声字如：

尾_微 mi⁵⁵、徛_群 kʰi⁵⁵、被_~子,並 pʰi⁵⁵、左_精 tɔ⁵⁵、水_审书 sui⁵⁵、米_明 mai⁵⁵、海_晓 hɔi⁵⁵、礼_来 lai⁵⁵、早_精 tou⁵⁵、纽_泥 niu⁵⁵、榄_来 lam⁵⁵、险_晓 him⁵⁵、暖_泥 nuɔn⁵⁵、滚_见 kuan⁵⁵、眼_疑 ŋan⁵⁵、晚_微 man⁵⁵、冷_来 laŋ⁵⁵、影_影 jeŋ⁵⁵、桶_透 huŋ⁵⁵、养_喻以 jɔŋ⁵⁵

古上声清音声母字读上声，调值55。古浊声母上声字也有很多读上声，如"米_明""被_~子,並""暖_泥""榄_来""眼_疑""礼_来""纽_泥""晚_微""养_喻以""徛_群""尾_微"。

去声字如：

路_来 lu³¹、美_明 mi³¹、糯_泥 nɔ³¹、右_喻云 jiu³¹、柱_澄 tsʰui²¹、烂_来 lan³¹、近_~路,群 kʰan³¹、蒜_心 ɬɔn³¹、慢_明 man³¹、阵_澄 tsan³¹、晾_来 lɔŋ³¹、尚_禅 siaŋ³¹、病_並 piaŋ³¹

古去声浊音声母字读去声，调值31。古上声浊音声母字也有读去声的，如"美_明""柱_澄"。

上阴入字如：

执_照章 tsap⁵、汁_照章 tsip⁵、接_精 tiap⁵、屈_溪 wat⁵、一_影 jat⁵、恤_心 sut⁵、吉_见 kat⁵、结_见 kɛt⁵、呖_来 lɛk⁵、北_帮 pak⁵、竹_知 tsuk⁵、畜_彻 tsʰuk⁵

部分古入声清音声母字读上阴入，调值5。古入声次浊声母字也有读上阴入的，如"呖_来"。

下阴入字如：

摄_审书 sip³、腌_影 jip³、鸭_影 ap³、割_见 kɔt³、抹_明 mat³、铁_透 tʰit³、杀_审生 ɬat³、擦_清 tsʰat³、客_溪 hak³、壳_溪 hɔk³、锡_心 ɬiak³、角_见 kɔk³、尺_穿昌 tʰiak³

部分古入声清音声母字读下阴入，调值3。古次浊声母字也有读下阴入的，如"抹_明"。

阳入字如：

入_日 jap²、十_禅 sap²、碟_定 ɛp²、腊_来 lap²、合_匣 hap²、裂_来 lɛt²、滑_匣 wat²、篾_明 mɛt²、蜜_明 mit²、辣_来 lat²、月_疑 ŋut²、翼_喻以 jek²、麦_明 mak²、雹_並 pɔk²、焗_见 kuk²、肉_ŋuk²

古入声全浊、次浊音声母字读阳入，调值2。入声清音声母字也有读阳入的，如"焗_见"。

第 2 章 美国华人社区汉语粤方言语音研究

（5）波特兰台山话。
阴平字如：

花$_{晓}$fa^{44}、车 ts^{h}ɛ^{44}、机$_{见}$ki^{44}、秋$_{清}$t^{h}iu^{44}、灰$_{晓}$fɔi^{44}、天$_{透}$hɛn^{44}、心$_{心}$sim^{44}、清$_{清}$t^{h}eŋ^{44}、霜$_{审生}$sɔŋ^{44}、星$_{心}$ɬeŋ^{44}、肺$_{敷}$fi^{44}、钓$_{端}$tiu^{44}、昼$_{知}$tisu^{44}、对$_{端}$tui^{44}、爆$_{并}$pau^{44}、菜$_{清}$t^{h}ɔi^{44}、芥$_{见}$kai^{44}、担$_{～杆,端}$am^{44}、片$_{滂}$p^{h}in^{44}、粽$_{精}$tsuŋ^{44}、壮$_{照庄}$tsɔŋ^{44}、放$_{非}$fɔŋ^{44}、动$_{定}$tuŋ^{44}

古平声清音声母字、古去声清音声母字读阴平，调值44。古上声浊音声母字有读阴平的，如"动$_{定}$"；古去声浊音字也有读阴平的，如"爆$_{并}$""动$_{定}$"。
阳平字如：

河$_{匣}$hɔ^{22}、肥$_{奉}$fi^{22}、锄$_{床崇}$ts^{h}ɔ^{22}、油$_{喻以}$jiu^{22}、林$_{来}$lim^{22}、篮$_{来}$lam^{22}、甜$_{定}$hiam^{22}、山$_{审生}$san^{44}、闻$_{微}$mun^{22}、钱$_{从}$t^{h}ɛn^{22}、云$_{喻云}$wun^{22}、晴$_{从}$ts hiaŋ^{22}、停$_{定}$heŋ^{22}、农$_{泥}$nuŋ^{22}、凉$_{来}$leŋ^{22}

古平声浊音声母字读阳平，调值22。
上声字如：

打$_{端}$a^{55}、尾$_{微}$mi^{55}、果$_{见}$kɔ^{55}、鬼$_{见}$kui^{55}、久$_{见}$kiu^{55}、表$_{帮}$pɛu^{55}、早$_{精}$tou^{55}、企$_{溪}$k^{h}ei^{55}、米$_{明}$mai^{55}、纽$_{泥}$niu^{55}、礼$_{来}$lai^{55}、徛$_{群}$k^{h}ei^{55}、舅$_{群}$k^{h}iu^{55}、斩$_{照庄}$tsam^{55}、婶$_{审书}$ɬim^{55}、榄$_{来}$lam^{55}、闪$_{审书}$sɛm^{55}、卷$_{见}$kun^{55}、暖$_{泥}$nɔn^{55}、粉$_{非}$fun^{55}、眼$_{疑}$ŋan^{55}、梗$_{溪}$kaŋ^{55}、养$_{喻以}$jɔŋ^{55}、整$_{照章}$tseŋ^{55}

古上声清音声母字读上声，调值55。古浊声母上声字也有读上声的，如"米$_{明}$""暖$_{泥}$""榄$_{来}$""眼$_{疑}$""礼$_{来}$""纽$_{泥}$""养$_{喻以}$""舅$_{群}$""徛$_{群}$""尾$_{微}$"。
去声字如：

市$_{禅}$si^{31}、地$_{定}$i^{31}、下$_{乡～,匣}$ha^{31}、糯$_{泥}$hɔ^{31}、味$_{微}$mi^{31}、后$_{匣}$hɛu^{31}、柱$_{澄}$ts^{h}ui^{31}、被$_{～子,并}$p^{h}ei^{31}、美$_{明}$mi^{31}、第$_{定}$ai^{31}、晚$_{微}$man^{31}、电$_{定}$ɛn^{31}、面$_{明}$mɛn^{31}、蒜$_{心}$ɬɔn^{31}、冷$_{来}$laŋ^{31}、病$_{并}$pɛŋ^{31}、凭$_{并}$p^{h}aŋ^{31}

古去声浊音声母字读去声，调值31。古平声浊声母字有读去声的，如"凭$_{并}$"；古上声浊音声母字也有读去声的，如"晚$_{微}$""被$_{～子,并}$""美$_{明}$""冷$_{来}$""柱$_{澄}$"。
上阴入字如：

吸$_{晓}$k^{h}ip^5、执$_{照章}$tsap^5、级$_{见}$k^{h}ip^5、色$_{审生}$ɬɜt^5、结$_{见}$kɛt^5、节$_{精}$tɛt^5、粟$_{心}$ɬuk^5、仆$_{滂}$p^{h}uk^5、竹$_{知}$tsuk^5、叻$_{来}$lɛk^5、刻$_{溪}$hak^5、屋$_{影}$uk^5

古入声清音声母字读上阴入，调值5。古入声次浊声母字也有读上阴入的，如"叻$_{来}$"。

下阴入字如：

折_照章_tsip³、腌_影_jip³、发_非_fat³、撒_心_ɬat³、铁_透_hɛt³、抹_明_mɔt³、喫_溪_hɛt³、角_见_kɔk³、恶_影_ɔk³、伯_帮_pak³、着_穿~、知_tsiɔk³

阳入字如：

叶_喻以_jap²、闸_床崇_tsap²、日_日_jit²、月_疑_jyt²、物_徽_mat²/mut²、辣_来_lat²、石_禅_sɛk²、木_明_muk²、墨_明_mak²、食_床船_sek²、药_喻以_jɛk²、焗_见_kuk²

古入声全浊、次浊音声母字读阳入，调值 2。入声清音声母字也有读阳入的，如"焗_见_"。

（6）圣安东尼奥台山话。
阴平字如：

花_晓_fa⁴⁴、初_穿初_tsʰɔ⁴⁴、多_端_tɔ⁴⁴、瓜_见_kua⁴⁴、开_溪_hɔi⁴⁴、金_见_kam⁴⁴、三_心_sam⁴⁴、先_心_ɬɛn⁴⁴、弯_影_wan⁴⁴、坑_溪_haŋ⁴⁴、装_照庄_tsɔŋ⁴⁴、壅_影_juŋ⁴⁴、裤_溪_fu⁴⁴、次_清_ɬi⁴⁴、去_溪_hui⁴⁴、爆_并_pau⁴⁴、过_见_kuɔ⁴⁴、晒_审生_sai⁴⁴、锈_心_sau⁴⁴、最_精_tui⁴⁴、吠_奉_fei⁴⁴、震_照章_tsan⁴⁴、晚_微_man⁴⁴、半_帮_pun⁴⁴、冻_端_tuŋ⁴⁴、趟_透_hɔŋ⁴⁴、放_非_fɔŋ⁴⁴、栋_端_uŋ⁴⁴

古平声清音声母字、古去声清音声母字读阴平，调值 44。古上声次浊声母字有读阴平的，如"晚_微_"；古去字浊音字也有读阴平的，如"吠_奉_""爆_并_"。

阳平字如：

麻_明_ma²²、湖_匣_wu²²、牛_疑_ŋan²²、头_透_hai²²、侯_匣_hau²²、钳_群_kʰim²²、田_定_tʰin²²、银_疑_ŋin²²、闻_微_mum²²、旁_并_pʰɔŋ²²、穷_群_kʰuŋ²²、凉_来_lɛŋ²²、成_禅_sɛŋ²²、绳_床船_seŋ²²、唐_定_hɔŋ²²

古平声浊音声母字读阳平，调值 22。
上声字如：

起_溪_hi⁵⁵、火_晓_fɔ⁵⁵、煮_照章_tis⁵⁵、泄_心_sɛ⁵⁵、被_~子，并_pʰei⁵⁵、尾_微_mei⁵⁵/mui⁵⁵、企_溪_kʰei⁵⁵、倚_群_kʰei⁵⁵、礼_来_lai⁵⁵、有_喻云_iu⁵⁵、买_明_mai⁵⁵、米_明_mai⁵⁵、纽_泥_nau⁵⁵、点_端_tim⁵⁵、饮_影_jim⁵⁵、揽_来_lam⁵⁵、揞_影_am⁵⁵、眼_疑_ŋan⁵⁵、暖_泥_nin⁵⁵/mun⁵⁵、滚_见_kun⁵⁵、满_明_mɔn⁵⁵、软_日_ŋun⁵⁵、拣_见_kan⁵⁵、冷_来_laŋ⁵⁵、绑_帮_pɔŋ⁵⁵、爽_审生_sɔŋ⁵⁵、饼_帮_pɛŋ⁵⁵、养_喻以_jɔŋ⁵⁵

古上声清音声母字读上声，调值 55。古浊声母上声字也有读上声的，如"米_明_""买_明_""暖_泥_""被_~子，并_""有_喻云_""软_日_""满_明_""揽_来_""眼_疑_""礼_来_""冷_来_""纽_泥_""养_喻以_"

"倚_群""尾_微"。

去声字如：

树_禅si³¹、做_精tu³¹、味_微mei³¹、埠_並fau³¹、舅_群kʰiu³¹、雾_微mou³¹、旧_群kau³¹、厚_匣hai³¹、店_端ɛm³¹、慢_明man³¹、凭_並paŋ³¹、硬_疑ŋaŋ³¹、讲_见kɔŋ⁵⁵、重_轻~,澄tsʰuŋ⁵⁵、用_喻以juŋ³¹

古去声浊音声母字读去声，调值31。另外，古平声浊声母字有读去声的，如"凭_並"；古上声浊音声母字也有读去声的，如"舅_群""厚_匣""重_轻~,澄"；古去声清音声母字也有读去声的，如"做_精"。

上阴入字如：

执_照章tsap⁵、级_见kʰap⁵、湿_审书ɬip⁵、恤_心sut⁵、一_影jit⁵、不_帮put⁵、七_清tʰit⁵、侧_照庄tsak⁵、屋_影uk⁵、哭_溪huk⁵、黑_晓hak⁵、呖_来lɛk⁵、啄_知tɛk⁵

部分古入声清音声母字读上阴入，调值5。古入声次浊声母字也有读上阴入的，如"呖_来"。

下阴入字如：

腌_影jip³、鸭_影ap³、搭_端ap³、八_帮pat³、雪_心ɬut³、抹_明mat³、刮_见kat³、泼_滂pʰɔt³、结_见kit³、铁_透tʰit³、阔_溪fɔt³、索_心sɔk³、只_照章tsɛk³、踢_透tʰɛk³、隔_见kak³、角_见kɔk³、雀_精tiɔk³

部分古入声清音声母字读下阴入，调值3。古次浊声母字也有读下阴入的，如"抹_明"。

阳入字如：

入_日jap²、十_禅ɬap²、杂_从tap²、叠_定ap²、热_日jit²、辣_来lat²、蜜_明mat²、滑_匣wat²、裂_来lit²、焗_见kuk²、历_来lek²、略_来lɛk²、鹿_来luk²、仆_滂puk²、食_床船sek²

古入声全浊、次浊音声母字读阳入，调值2。入声清音声母字也有读阳入的，如"焗_见""仆_滂"。

2.2.2.4　美国华人社区台山话的变调

2.2.2.4.1　美国华人社区6个台山话变调的表现

（1）三藩市台山话。三藩市台山话有3个变调：高平变调55、高升变调35、中降变调31。变调以35高升变调最多，中降变调最少，去声字常读中降变调。发生变调的主要是名词，动词、形容词等①也有少量的例子。变调可以出现在单音节词，连读的前一音节、后一音节或中间音节，以出现在连读后一音节为多，也有变调音节在连读中连用的情况。

1）高平变调55。

A. 出现在单音节。

阳平22 变读55：鹅 ŋu²²⁻⁵⁵

B. 出现在两字连读的前一音节。

阳平22 变读55：椰奶 jɛ²²⁻⁵⁵ nai⁴⁴
去声31 变读55：豆仔红豆 au³¹⁻⁵⁵ tɔi⁵⁵、舅仔 kʰiu³¹⁻⁵⁵ tɔi⁵⁵

C. 出现在两字连读的后一音节。

阳平22 变读55：柠檬 neŋ²² muŋ²²⁻⁵⁵、车厘樱桃 tsʰɛ⁴⁴ lei²²⁻⁵⁵、水鱼 sui⁵⁵ ŋui²²⁻⁵⁵、阿姨 a⁴⁴ ji²²⁻⁵⁵、乞儿乞丐 hak⁵ ji²²⁻⁵⁵、爷爷 jɛ²² jɛ²²⁻⁵⁵、新郎 łɛn⁴⁴ lɔŋ²²⁻⁵⁵、铺头商店 pʰu⁴⁴ hau²²⁻⁵⁵、烧鹅 siau⁴⁴ ŋu²²⁻⁵⁵
去声31 变读55：黄豆 wɔŋ²² au³¹⁻⁵⁵、妹妹 mɔi³¹ mɔi³¹⁻⁵⁵、车位 tsʰɛ⁴⁴ wui³¹⁻⁵⁵
阳入2 变读5：蝴蝶 wu²² ɛp²⁻⁵

D. 出现在三音节连读的中间。

阳平22 变读55：毛毛果猕猴桃 mau²² mau²²⁻⁵⁵ kuɔ⁵⁵
去声31 变读55：慢慢行 man³¹ man³¹⁻⁵⁵ haŋ²²
下阴入3 变读5：混血儿 wun³¹ hut³⁻⁵ ŋi²²

E. 出现在多音节连读的中间或后面。例如：

条绳好短 hiau⁵ seŋ²²⁻⁵⁵ hau⁵⁵ ɔn⁵⁵、一样长个的绳 jit⁵ jɔŋ³¹ tsɛŋ²² kɔ⁴⁴ seŋ²²⁻⁵⁵

2）高升变调35。

A. 出现在单音节。

阴平44 变读35：姜 kiaŋ⁴⁴⁻³⁵、厅 hiaŋ⁴⁴⁻³⁵、梯 hai⁴⁴⁻³⁵、垫垫子 tɛm⁴⁴⁻³⁵、杯 pɔi⁴⁴⁻³⁵、羹调羹 kaŋ⁴⁴⁻³⁵、叉叉子 tʰa⁴⁴⁻³⁵、钻钻子 tsɔn⁴⁴⁻³⁵、钉钉子 iaŋ⁴⁴⁻³⁵、包包子 pau⁴⁴⁻³⁵、声 sɛŋ⁴⁴⁻³⁵、奶 nai⁴⁴⁻³⁵、针 tsim⁴⁴⁻³⁵

---

① 名词之外的其他词在例子的右下角标"动""形""量"等字表示，需要解释的词也在词的右下角，以下标的小字表示。下同。

第 2 章　美国华人社区汉语粤方言语音研究

阳平 22 变读 35：绳_{绳子}seŋ$^{22-35}$、梅_{梅子}mɔi$^{22-35}$、梨_{梨子}lei$^{22-35}$、房_{房子、房间}fɔŋ$^{22-35}$、楼_{楼房}lɛu$^{22-35}$、锤_{锤子}tsʰui$^{22-35}$、钱 tʰɛn$^{22-35}$。

上声 55 变读 35：养_动jeŋ$^{55-35}$、柱_{柱子}tsʰui$^{55-35}$、尾 mei$^{55-35}$、领_{领子}liaŋ$^{55-35}$、抱 pʰau$^{55-35}$、淡 ham$^{55-35}$。

去声 31 变读 35：蔗_{甘蔗}tsia$^{31-35}$、帽 mɔ$^{31-35}$/mau$^{31-35}$、样_{式样、样子}jɔŋ$^{31-35}$、慢_{磨蹭}man$^{31-35}$、泅 ŋɛn$^{31-35}$、画 wa$^{31-35}$。

下阴入 3 变读 35：鸭 ap$^{3-35}$、脚_{蹄子}kiak$^{3-35}$、雀 tiak$^{3-35}$、挖 wat$^{3-35}$。

阳入 2 变读 35：栗_{栗子}lut$^{2-35}$、鹿 luk$^{2-35}$、夹_{夹子}kiap$^{2-35}$。

B. 出现在双音节连读的前一音节。

上声 55 变读 35：老鼠 lou$^{55-35}$ si^{55}、老虎 lou$^{55-35}$ fu^{55}、晚服_{晚礼服}man$^{55-35}$ fuk^{22}、午饭 m̩$^{55-35}$ fan^{31}。

C. 出现在双音节连读的后一音节。

阴平 44 变读 35：月初 ŋut^{2}tsʰɔ$^{44-35}$、阵间_{一会}tsin^{31} kan$^{44-35}$、花棯_{番石榴}fa^{44} nɔm$^{44-35}$、竹根 tsuk^5 kin$^{44-35}$、蜜蜂 mit^2 fuŋ$^{44-35}$、乌龟 wu^{44} kei$^{44-35}$、海龟 hɔi^{55} kei$^{44-35}$、饭厅 fan^{31} hiaŋ$^{44-35}$、楼梯 lɛu^{22} hai$^{44-35}$、烟通 ɛn^{44} huŋ$^{44-35}$、鸡窦_{鸡窝}kai^{44} ɛu$^{44-35}$、浴缸 juk^2 kɔŋ$^{44-35}$、毛巾 mau^{22} kin$^{44-35}$、面镜_{镜子}mɛn^{31} kiaŋ$^{44-35}$、菜刀 tʰɔi^{44} au$^{44-35}$、水衣_{雨衣}sui^{55} ji$^{44-35}$、背心 pɔi^{44} łim$^{44-35}$、鞋垫 hai^{22} tɛn$^{44-35}$、猪肝 tsi^{44} kɔn$^{44-35}$、早餐 tau^{44} tʰan$^{44-35}$、云吞_{馄饨}wun^{22} hun$^{44-35}$、肉串 ŋuk^2 tʰun$^{44-35}$、胡须 wu^{22} łu$^{44-35}$、情夫 tʰeŋ^{22} fu$^{44-35}$、肠气_{疝气}tsʰiaŋ^{22} hi$^{44-35}$、信封 łɛn^{44} fuŋ$^{44-35}$、动画 uŋ^{31} wa$^{44-35}$、唱歌 tsʰiaŋ^{44} kɔ$^{44-35}$、电梯 ɛn^{31} hai$^{44-35}$。

阳平 22 变读 35：日头_{太阳}ŋit^2 hau$^{22-35}$、钓鱼 ɛu^{31} ŋui$^{22-35}$、抹柁 mɔm^3 hɔi$^{22-35}$、番薯 fan^{44} si$^{22-35}$、捉鱼 tsɔk^3 ŋui$^{22-35}$、番茄 fan^{44} kʰɛ$^{22-35}$、芥蓝 kai^{44} lan$^{22-35}$、马蹄_{荸荠}ma^{55} tʰai$^{22-35}$、菠萝 pɔ^{44} lɔ$^{22-35}$、西梅 sai^{44} mɔi$^{22-35}$、□蝇_{苍蝇}wɔ^{33} jeŋ$^{22-35}$、田螺 hɛn^{22} lɔ$^{22-35}$、狐狸 wu^{22} lei$^{22-35}$、客房 hak^3 fɔŋ$^{22-35}$、书房 si^{44} fɔŋ$^{22-35}$、天台 hin^{44} hɔi$^{22-35}$、骑楼_{街廊}kʰɛ^{22} lɛu$^{22-35}$、厨房 tsʰui^{22} fɔŋ$^{22-35}$、鱼饵 ŋui^{22} li$^{22-35}$、茶壶 tsʰa^{22} wu$^{22-35}$、暖壶 nun^{13} wu$^{22-35}$、蒸笼 tseŋ^{44} luŋ$^{22-35}$、耳环 ji^{55} wan$^{22-35}$、肉丸 ŋuk^2 ŋun$^{22-35}$、雪条_{冰棒}sut^3 tʰiau$^{22-35}$、汤圆 hɔŋ^{44} jun$^{22-35}$、牛扒 ŋau^{22} pʰa$^{22-35}$、婆婆_{外祖母}pʰɔ^{22} pʰɔ$^{22-35}$、契爷_{干爹}kʰai^{44} jɛ$^{22-35}$、新娘 łɛn^{44} liaŋ$^{22-35}$、出麻_{麻疹}tsʰut^5 ma$^{22-35}$、热瘤_{瘊子}ŋet^2 lau$^{22-35}$、红牌 huŋ^{22} pʰai$^{22-35}$、黄牌 wɔŋ^{22} pʰai$^{22-35}$、围棋 wui^{22} kʰi$^{22-35}$、捉棋_{下棋}tsɔk^3 kʰi$^{22-35}$、桥牌 kʰiau^{22} pʰai$^{22-35}$、攞牌_{拿牌}lɔ^{55} pʰai$^{22-35}$、洗牌 sai^{55} pʰai$^{22-35}$、跳房_{跳房子}hiu^{55} fɔŋ$^{22-35}$、舞龙 mu^{55} luŋ$^{22-35}$、猜拳 tsʰai^{44} kʰun$^{22-35}$、退房 tʰui^{44} fɔŋ$^{22-35}$、柜台 kei^{31} hɔi$^{22-35}$、还钱 wan^{22} tʰɛn$^{22-35}$、追钱 tui^{44} tʰɛn$^{22-35}$、算盘 sɔn^{44} pʰɔn$^{22-35}$、搵钱_{(去)赚钱}wun^{55} tʰɛn$^{22-35}$。

上声 55 变读 35：公所_{老,华人社团}kuŋ^{55} sɔ$^{55-35}$、工友 kuŋ^{44} jiu$^{55-35}$、家姐_{姐姐}ka^{44} ti$^{55-35}$、哮喘 hau^{44} tʰun$^{55-35}$、英语 eŋ^{44} ji$^{55-35}$、汉语 hɔn^{44} ji$^{55-35}$、国语 kɔk^3 ji$^{55-35}$、超市 tsʰiau^{44} si$^{55-35}$、自

· 123 ·

己 tu³¹ki⁵⁵⁻³⁵。

去声 31 变读 35：鸡蛋 kai⁴⁴an³¹⁻³⁵、雀蛋 tiak³an³¹⁻³⁵、瓦片 ŋa⁵⁵pʰɛn³¹⁻³⁵、外套 ŋɔi³¹hau³¹⁻³⁵、颈链 kiaŋ⁵⁵lian³¹⁻³⁵、衫袋 sam⁴⁴ɔi³¹⁻³⁵、□袋手提袋 hɛt²ɔi³¹⁻³⁵、草帽 tʰou⁵⁵mɔ³¹⁻³⁵、尿片 niau³¹pʰɛn³¹⁻³⁵、烧卖 siau⁴⁴mai³¹⁻³⁵、咸蛋 ham²²an³¹⁻³⁵、皮蛋 ham²²an³¹⁻³⁵、芝士 tsi⁴⁴si³¹⁻³⁵、宵夜夜宵 ɬiau³¹jɛ³¹⁻³⁵、配料 pʰui⁴⁴liau³¹⁻³⁵、姑丈 ku⁴⁴tsiaŋ³¹⁻³⁵、舅舅 kʰiu³¹kʰiu³¹⁻³⁵、大舅 ai³¹kʰiu³¹⁻³⁵、介绍 kai⁴⁴siau³¹⁻³⁵、文件 mun²²kɛn³¹⁻³⁵、订位 tiaŋ³¹wui³¹⁻³⁵、贴士小费 tʰip⁵si³¹⁻³⁵、徒弟 hu²²ai³¹⁻³⁵、巴士 pa⁴⁴si³¹⁻³⁵、座位 tsɔ³¹wui³¹⁻³⁵、跟住 kin⁴⁴tsi³¹⁻³⁵。

下阴入 3 变读 35：牙刷 ŋa²²tsʰat³⁻³⁵。

阳入 2 变读 35：由甲蟑螂 kak²tat²⁻³⁵、监狱 kam⁴⁴ŋiɔk²⁻³⁵、床褥 tsʰɔŋ²²ŋuk²⁻³⁵、可乐 hɔ⁵⁵lɔk²⁻³⁵、酒凹酒窝 tiu⁵⁵nip²⁻³⁵、蜜月 mut²ŋut²⁻³⁵。

D. 出现在三音节连读的前一音节。

上声 55 变读 35：老移民 lɔ⁵⁵⁻³⁵ji²²min²²。

E. 出现在三音节连读的中间。

阴平 44 变读 35：高□鞋高跟鞋 kɔ⁴⁴ŋa⁴⁴⁻³⁵hai²²
上声 55 变读 35：喫午饭 hɛt³m̩⁵⁵⁻³⁵fan³¹

F. 出现在三音节连读的后一音节。

阴平 44 变读 35：冲凉缸浴缸 tsʰuŋ⁴⁴liaŋ²²kɔŋ⁴⁴⁻³⁵、玻璃杯 pu⁴⁴li⁴⁴pɔi⁴⁴⁻³⁵、电饭煲 ɛn³¹fan³¹pau⁴⁴⁻³⁵、喫早餐 hɛt³tau⁴⁴tʰan⁴⁴⁻³⁵、自助餐 tsi³¹tu³¹tʰan⁴⁴⁻³⁵、加时赛 ka⁴⁴si²²tʰɔi⁴⁴⁻³⁵、打跟斗翻跟斗 a⁵⁵kun⁴⁴tiu⁴⁴⁻³⁵。

阳平 22 变读 35：树菠萝波罗蜜 si³¹pɔ⁴⁴lɔ²²⁻³⁵、主人房 tsi⁵⁵ŋin²²fɔŋ²²⁻³⁵、冲凉房浴室 tsʰuŋ⁴⁴liaŋ²²fɔŋ²²⁻³⁵、咖啡壶 kʰa⁴⁴fɛ⁴⁴wu²²⁻³⁵、芝麻糊 tsi⁴⁴ma²²wu²²⁻³⁵、争人钱欠钱 tsaŋ⁴⁴ŋin²²tʰɛn²²⁻³⁵。

去声 31 变读 35：鸡落蛋鸡生蛋 kai⁴⁴lɔk²an³¹⁻³⁵、啦啦队 la⁴⁴la⁴⁴tui³¹⁻³⁵、狗仔队 kiu⁵⁵tɔi⁵⁵tui³¹⁻³⁵。

G. 出现在多音节连读的后面。

阳平 22 变读 35：士多啤梨草莓 si²²tɔ⁴⁴pɛ⁴⁴lei²²⁻³⁵、中国象棋 tsuŋ⁴⁴kɔk³tiɔŋ³¹kʰi²²⁻³⁵。
上声 55 变读 35：西班牙语 sai⁴⁴pan⁴⁴ŋa²²ji⁵⁵⁻³⁵。

H. 出现在多音节连读的中间。

去声 31 变读 35：玻璃弹子 pɔ⁴⁴li⁴⁴an³¹⁻³⁵ti⁵⁵

3）中降变调 31。

A. 出现在单音节。

阴平 44 变读 31：樽_瓶子_ tun$^{44-31}$、衫_衣服_ sam$^{44-31}$、街 kai$^{44-31}$
上声 55 变读 31：雨 jy$^{55-31}$

B. 出现在双音节连读的前一音节。

阴平 44 变读 31：丝带 su$^{44-31}$ai^{31}
上声 55 变读 31：市长 ɬi$^{55-31}$tsiaŋ^{55}、姐姐 ti$^{55-31}$ti^{55}、旅游 lui$^{55-31}$jiu^{22}、码头 ma$^{55-31}$hɛu^{22}

C. 出现在双音节连读的后一音节。

阴平 44 变读 31：底衫_内衣_ ai^{55}sam$^{44-31}$、冷衫_毛衣_ laŋ^{44}sam$^{44-31}$、一□_一些_ jit^{5}nai$^{44-31}$
上声 55 变读 31：朋友 pʰaŋ^{22}jiu$^{55-31}$、中暑 tsuŋ^{44}si$^{55-31}$、过敏 kuɔ^{44}min$^{55-31}$

D. 出现在三音节连读的后一音节。

阴平 44 变读 31：豆腐干 au^{55}fu^{31}kɔn$^{44-31}$
阳平 22 变读 31：糯米糍_糍粑_ nɔ^{31}mai^{55}ɬu$^{22-31}$
上声 55 变读 31：毛毛雨 mau^{22}mau^{22}jy$^{55-31}$

4）变调的连用。

55 高平变调、35 高升变调、31 中降变调可以在连读中交替出现。例如：

姨丈 ji$^{22-55}$tsiaŋ$^{31-35}$、阿谁个_谁的_ a^{44}sui$^{22-55}$kɔi$^{44-31}$

（2）洛杉矶台山话。洛杉矶台山话有 3 个变调：高平变调 55、高升变调 35、半低降变调 21。变调以 35 高升变调最多，高平变调最少，去声字常读半低降变调。发生变调的主要是名词，动词、形容词等也有少量的例子。变调可以出现在单音节词中，可以出现在连读的前一音节、后一音节或中间音节，以出现在连读后一音节的为多，也有变调在音节中连用的现象。

1）高平变调 55。
A. 出现在单音节。

阳平 22 变读 55：银_银子、钱_ ŋan$^{22-55}$

B. 出现在双音节连读的前一音节。

下阴入 3 变读 5：卜碌_(西柚) puk$^{3-5}$luk^5

C. 出现在双音节连读的后一音节。

阳平 22 变读 55：柠檬 neŋ^{22}muŋ$^{22-55}$、车厘_(樱桃) ts^{h}ɛ^{55}li$^{22-55}$、马骝_(猴子) ma^{55}lau$^{22-55}$、乌蝇_(苍蝇) wu^{44}jeŋ$^{22-55}$、烧鹅 siau^{44}ŋu$^{22-55}$、阿姨 a^{44}ji$^{22-55}$

去声 21 变读 55：搵位_(找位子) lɔ^{55}wai$^{21-55}$

下阴入 3 变读 5：菩萨 p^{h}u^{22}ɬak$^{3-5}$

D. 出现在三音节连读的后一音节。

下阴入 3 变读 5：拜菩萨 pai^{44}p^{h}u^{22}ɬak$^{3-5}$

E. 出现在多音节连读的中间。

下阴入 3 变读 5：唐人卜碌_(柚子) hɔŋ^{22}ŋin^{22}puk$^{3-5}$luk^5

2）高升变调 35。
A. 出现在单音节。

阴平 44 变读 35：葱 ts^{h}uŋ$^{44-35}$、龟 kui$^{44-35}$、砖 tsɔn$^{44-35}$、厅 hiaŋ$^{44-35}$、樽_(瓶子) tun$^{44-35}$、叉_(叉子) ts^{h}a$^{44-35}$、铛_(锅) ts^{h}aŋ$^{44-35}$、盖_(盖子) kɔi$^{44-35}$、锉_(锉刀) t^{h}ɔ$^{44-35}$、锥_(锥子) tsui$^{44-35}$、边 pɛn$^{44-35}$、酸 sɔn$^{44-35}$、信 ɬin$^{44-35}$

阳平 22 变读 35：铜 huŋ$^{22-35}$、姜 kiaŋ$^{44-35}$、锄_(锄头) ts^{h}u$^{22-35}$、茄_(茄子) k^{h}ɛ$^{22-35}$、橙_(橙子) ts^{h}aŋ$^{22-35}$、梅_(梅子) mɔi$^{22-35}$、鹅 ŋu$^{22-35}$、蚊_(蚊子) mun$^{22-35}$、鱼 ŋui$^{22-35}$、楼_(楼房) lau$^{22-35}$、房_(房子、房间) fɔŋ$^{22-35}$、枱_(桌子) hɔi$^{22-35}$、帘_(窗帘) lim$^{22-35}$、钳_(钳子) k^{h}ɛm$^{22-35}$、刨_(刨子) p^{h}au$^{22-35}$、银_(纸币、硬币) ŋan$^{22-35}$

上声 55 变读 35：嘢_(东西) jɛ$^{55-35}$、纽_(纽扣) niu$^{55-35}$、簿 pu$^{55-35}$、搲_(动) wa$^{55-35}$

去声 21 变读 35：蒜 ɬɔn$^{21-35}$、蛋 an$^{21-35}$、柿_(柿子) si$^{21-35}$、蔗_(甘蔗) tsɛ$^{21-35}$、垫_(垫子) tin$^{21-35}$、荐_(坐垫) tsin$^{21-35}$、样_(式样、样子) jɛŋ$^{21-35}$、相_(相片) ɬiaŋ$^{21-35}$、磅_(名) pɔŋ$^{21-35}$、脷_(避、舌头) li$^{21-35}$

阳入 2 变读 35：盒_(盒子) hap$^{2-35}$、裂_(裂痕) lit$^{2-35}$

B. 出现在双音节连读的前一音节。

阴平 44 变读 35：信纸 ɬin$^{44-35}$tsi^{55}

上声 55 变读 35：粽叶 tuŋ$^{55-35}$ jap^2、榄油_{橄榄油} lam$^{55-35}$ jiu^{22}、冇衫_{没(穿)衣服} mou$^{55-35}$ sam^{44}、影戏_{电影} eŋ$^{55-35}$ hi^{44}

去声 21 变读 35：蒜头 ɬɔn$^{21-35}$ hau^{22}

阳入 2 变读 35：石糖_{冰糖} sɛk$^{2-35}$ hɔŋ^{22}。

C. 出现在双音节连读的后一音节。

阴平 44 变读 35：住家 tsi^{21} ka$^{44-35}$、餐厅 tʰan^{44} hiaŋ$^{44-35}$、匙羹 tsʰi^{22} kaŋ$^{44-35}$、把遮_{雨伞} pa^{55} tsɛ$^{44-35}$、纸巾 tsi^{55} kin$^{44-35}$、竹叉 tsuk^5 tsʰa$^{44-35}$、衣叉 ji^{44} tsʰa$^{44-35}$、毛辫_{辫子} mɔ^{22} pin$^{44-35}$、烧香 siau^{44} hiaŋ$^{44-35}$、打针 a^{55} tsim$^{44-35}$、唱歌 tsʰɔŋ^{44} ku$^{44-35}$、舞狮 mu^{55} ɬu$^{44-35}$、担心 am^{44} ɬim$^{44-35}$

阳平 22 变读 35：网鱼 mɔŋ^{55} ŋui$^{22-35}$、捉鱼 tsɔk^3 ŋui$^{22-35}$、钓鱼 ɛu^{44} ŋui$^{22-35}$、劏鱼_{杀鱼} hɔŋ^{44} ŋui$^{22-35}$、西梅 sai^{44} mɔi$^{22-35}$、番薯 fan^{44} si$^{22-35}$、芥蓝 kai^{44} lan$^{22-35}$、石榴 sɛk^2 liu$^{22-35}$、大鱼_{鲸鱼} ai^{31} ŋui$^{22-35}$、田螺 hɛn^{22} lɔ$^{22-35}$、鱿鱼 jiu^{22} ŋui$^{22-35}$、墨鱼 mak^2 ŋui$^{22-35}$、金鱼 kim^{44} ŋui$^{22-35}$、聊房_{睡房} fun^{44} fɔŋ$^{22-35}$、书房 si^{44} fɔŋ$^{22-35}$、阁楼 kɔk^3 lau$^{22-35}$、厨房 tsʰui^{22} fɔŋ$^{22-35}$、监房 kam^{44} fɔŋ$^{22-35}$、车房 tsʰɛ^{44} fɔŋ$^{22-35}$、茶枱_{茶几} tsʰa^{22} hɔi$^{22-35}$、电筒 eŋ^{21} huŋ$^{22-35}$、□绳_{电线} hek^3 seŋ$^{22-35}$、木□_{齿子} muk^2 tʰɛu$^{22-35}$、耳环 ŋi^{55} wan$^{22-35}$、大厨_{厨师} ai^{21} tsʰu$^{22-35}$、英文 jeŋ^{44} mun$^{22-35}$、飞鹞_{放风筝} fi^{44} jau$^{22-35}$、有钱 jiu^{35} tʰɛn$^{22-35}$、赚钱 tsan^{21} tʰɛn$^{22-35}$、还钱 wan^{22} tʰɛn$^{22-35}$、蚀银_{亏本} si^{44} ŋan$^{22-35}$、冇银_{没钱} mɔ^{55} ŋan$^{22-35}$、红红_{红红的} huŋ^{22} huŋ$^{22-35}$、黄黄_{黄黄的} wɔŋ^{22} wɔŋ$^{22-35}$、甜甜_{甜甜的} him^{22} him$^{22-35}$

上声 55 变读 35：执野_{收拾东西} tsap^5 jɛ$^{55-35}$、□纽子_{母扣} pak^5 niu$^{55-35}$

去声 21 变读 35：扁豆 pɛn^{55} au$^{21-35}$、黄豆 wɔŋ^{22} au$^{21-35}$、花棯_{番石榴} fa^{44} nim$^{21-35}$、莲藕 lin^{22} ŋau$^{21-35}$、生蛋 saŋ^{44} an$^{21-35}$、雀蛋 tʰiak^3 an$^{21-35}$、鱼蛋_{鱼丸、鱼卵} ŋui^{22} an$^{21-35}$、床垫 tsʰɔŋ^{22} tin$^{21-35}$、棉被 mɛn^{22} pʰei$^{21-35}$、头垫_{枕头} hau^{22} tin$^{21-35}$、面镜_{镜子} min^{21} kiaŋ$^{21-35}$、□锯_{锯子} liaŋ^{22} kui$^{21-35}$、条带_{带子} hɛu^{22} ai$^{21-35}$、烧卖 siau^{44} mai$^{21-35}$、猪脷_{猪舌} tsi^{44} li$^{21-35}$、咸蛋 ham^{22} an$^{21-35}$、邮票 jiu^{22} pʰiau$^{21-35}$、画画 wak^2 wa$^{21-35}$、巴士 pa^{44} si$^{21-35}$、的士 tʰek^5 si$^{21-35}$、静静_{静静地} teŋ^{21} teŋ$^{21-35}$

下阴入 3 变读 35：中国 tsuŋ^{44} kɔk$^{3-35}$、美国 mi^{21} kɔk$^{3-35}$、垃圾 lap^2 sap$^{3-35}$

D. 出现在三音节连读的前一音节。

上声 55 变读 35：马蹄糕_{用荸荠粉做的甜点心} ma$^{55-35}$ hai^{22} kɔ^{44}

E. 出现在三音节连读的中间。

阳平 22 变读 35：一楼屋_{平房} ŋit^5 lau$^{22-35}$ uk^5

去声 21 变读 35：红豆冰 huŋ^{22} au$^{21-35}$ peŋ^{44}

F. 出现在三音节连读的后一音节。

阴平44变读35：乒乓波 pʰeŋ⁴⁴ pʰaŋ⁴⁴ pɔ⁴⁴⁻³⁵
阳平22变读35：唐人橙_{柑子} hɔŋ²² ŋin²² tsʰaŋ²²⁻³⁵、三文鱼 ɬam⁴⁴ mun²² ŋui²²⁻³⁵、冲凉房_{浴室} tsʰuŋ⁴⁴ lɛŋ²² fɔŋ²²⁻³⁵、洗衫房_{洗衣房(店)} ɬai⁵⁵ ɬam⁴⁴ fɔŋ²²⁻³⁵、喫饭枱_{饭桌} hɛt³ fan²¹ hɔi²²⁻³⁵、写字枱_{书桌} sɛ⁵⁵ tsi²¹ hɔi²²⁻³⁵、唔够银_{透支} m̩²² kau⁴⁴ ŋan²²⁻³⁵、至□时_{至今} tsi⁴⁴ kʰɔi²² si²²⁻³⁵
上声55变读35：徛颠倒_{倒立} kʰi⁵⁵ ɛn⁴⁴ ɔ⁵⁵⁻³⁵
去声21变读35：黑皮蛋_{皮蛋} hak⁵ pʰi²² an²¹⁻³⁵、江瑶柱 kɔŋ⁴⁴ jiu²² tsʰui²¹⁻³⁵、讲大话_{说谎} kɔŋ⁵⁵ ai³¹ wa²¹⁻³⁵、台山话 hɔi²² san⁴⁴ wa²¹⁻³⁵、打电话 a⁵⁵ eŋ²¹ wa²¹⁻³⁵、放炮仗_{放鞭炮} fɔŋ⁴⁴ pʰau⁴⁴ tsiaŋ²¹⁻³⁵

3) 低降变调21。
A. 出现在单音节。

阴平44变读21：褛_{大衣、外套} lau⁴⁴⁻²¹、街 kai⁴⁴⁻²¹
上声55变读21：寡_{寡妇} kua⁵⁵⁻²¹

B. 出现在双音节连读的前一音节。

阴平44变读21：街火_{电灯柱、街灯} kai⁴⁴⁻²¹ fɔ⁵⁵、衫袋_{衣服口袋} ɬam⁴⁴⁻²¹ ɔi²¹、爸爸 pa⁴⁴⁻²¹ pa⁴⁴、妈妈 ma⁴⁴⁻²¹ ma⁴⁴

C. 出现在双音节连读的后一音节。

阴平44变读21：白沙 pak² sa⁴⁴⁻²¹、晾衫_{晾衣服} lɔŋ²¹ ɬam⁴⁴⁻²¹、菜心 tʰɔi²¹ ɬim⁴⁴⁻²¹、香蕉 hiaŋ⁴⁴ tiau⁴⁴⁻²¹、竹竿 tsuk⁵ kɔn⁴⁴⁻²¹、铁钩 hek³ ŋau⁴⁴⁻²¹、好衫_{晚礼服、西装} hɔ⁴⁴ ɬam⁴⁴⁻²¹、恤衫_{衬衣} sut⁵ ɬam⁴⁴⁻²¹、底衫_{内衣} ai⁵⁵ ɬam⁴⁴⁻²¹、女衫_{连衣裙} nui⁵⁵ ɬam⁴⁴⁻²¹、饭燶_{饭糊} fan²¹ nuŋ⁴⁴⁻²¹、生疮 saŋ⁴⁴ tsʰɔŋ⁴⁴⁻²¹
上声55变读21：外母_{岳母} ŋɔi²¹ mu⁵⁵⁻²¹、喂奶 wui⁴⁴ nai⁵⁵⁻²¹

D. 出现在三音节连读的后一音节。

阴平44变读21：豉油渣_{酱油残汁} si²¹ jiu²² tsa⁴⁴⁻²¹

4) 变调的连用。
55高平变调、35高升变调、21中降变调可以在连读中交替出现，或重复出现。例如：

碎银_{零钱} ɬui²¹⁻⁵⁵ ŋan²²⁻³⁵、百合 pak³⁻⁵ hap²⁻³⁵、信封 ɬin⁴⁴⁻³⁵ fuŋ⁴⁴⁻³⁵、晾衫竿 lɔŋ²¹ ɬam⁴⁴⁻²¹ kɔn⁴⁴⁻²¹

（3）纽约台山话。纽约台山话有 3 个变调：高平变调 55、高升变调 35、中降变调 31。变调以 35 高升变调最多，55 高平变调最少，读中降变调 31 的基本上是去声字，上声字也有读 31 变调的。发生变调的主要是名词、动词、形容词、数词等也有少量的例子。变调可以出现在单音节词中，连读的前一音节、后一音节或中间音节，以出现在连读后一音节的为多，也有变调的音节连用的现象。

1）高平变调 55。

A. 出现在单音节。

阴平 44 变读 55：数 $_{动}$ łu$^{44-55}$

去声 31 变读 55：暖 $_{形}$ nɔn$^{31-55}$、万 $_{数}$ man$^{31-55}$

B. 出现在双音节连读的前一音节。

去声 31 变读 55：暖水 $_{温水}$ nɔn$^{31-55}$ sui^{55}

下阴入 3 变读 5：接生 tiap$^{3-5}$ saŋ^{44}

C. 出现在双音节连读的后一音节。

阳平 22 变读 55：柠檬 neŋ^{22} muŋ$^{22-55}$、马骝 $_{猴子}$ ma^{55} lau$^{22-55}$、乞儿 $_{乞丐}$ hat^{5} ŋi$^{22-55}$

去声 31 变读 55：风猛 fuŋ^{44} maŋ$^{31-55}$、黄豆 wɔŋ^{22} ɛu$^{31-55}$、麦豆 $_{豌豆}$ mak^{2} ɛu$^{31-55}$、扁豆 pɛn^{44} ɛu$^{31-55}$、颈链 $_{项链}$ kiaŋ^{55} lɛn$^{31-55}$、配料 p^{h}ui^{44} lei$^{31-55}$、宵夜 $_{夜宵}$ siu^{44} jɛ$^{31-55}$、好善 hou^{55} łɛn$^{31-55}$、姑丈 $_{姑父}$ ku^{44} tsiaŋ$^{31-55}$、姨丈 $_{姨父}$ ji^{44} tsiaŋ$^{31-55}$、舅父 k^{h}au^{44} fu$^{31-55}$、细妹 łɔi^{44} mui$^{31-55}$、百万 pak^{3} man$^{31-55}$

下阴入 3 变读 5：豆角 $_{豇豆}$ ɛu^{31} kɔk$^{3-5}$

D. 出现在三音节连读的后一音节。

去声 31 变读 55：羊角豆 jɛŋ^{22} kɔk^{3} ɛu$^{31-55}$、青春痘 t^{h}eŋ^{44} t^{h}un^{44} au$^{31-55}$

2）高升变调 35。

A. 出现在单音节。

阴平 44 变读 35：星 łeŋ$^{44-35}$、金 $_{金子}$ kam$^{44-35}$、虾 ha$^{44-35}$、蚊 $_{蚊子}$ man$^{44-35}$、窿 $_{窟窿}$ luŋ$^{44-35}$

阳平 22 变读 35：绳 $_{绳子}$ seŋ$^{22-35}$、银 $_{银子、钱}$ ŋan$^{22-35}$、铜 huŋ$^{22-35}$、茄 $_{茄子}$ k^{h}ɛ$^{22-35}$、梨 $_{梨子}$ li$^{22-35}$、橙 $_{橙子}$ ts^{h}aŋ$^{22-35}$、梅 $_{梅子}$ mɔi$^{22-35}$、狼 lɔŋ$^{22-35}$、螺 $_{螺蛳}$ lɔ$^{22-35}$、楼 $_{楼房}$ lau$^{22-35}$、房 $_{房子、房间}$ fɔŋ$^{22-35}$、钳 $_{钳子}$ k^{h}iam$^{22-35}$、棋 k^{h}i$^{22-35}$、枱 $_{桌子}$ hɔi$^{22-35}$、牌 $_{牌子、执照}$ p^{h}ai$^{22-35}$、轮 $_{方向盘}$ lun$^{22-35}$

去声 31 变读 35：样 $_{样子、式样}$ jaŋ$^{31-35}$、帽 mou$^{31-35}$

上阴入 5 变读 35：屈动 wut⁵⁻³⁵
下阴入 3 变读 35：雀 tiak³⁻³⁵
阳入 2 变读 35：月 jut²⁻³⁵

B. 出现在双音节连读的前一音节。

上声 55 变读 35：滚水开水 kun⁵⁵⁻³⁵sui⁵⁵、啷口漱口 lɔŋ⁵⁵⁻³⁵hɛu⁵⁵
去声 31 变读 35：市长 si³¹⁻³⁵tsiaŋ⁵⁵

C. 出现在双音节连读的后一音节。

阴平 44 变读 35：水晶 sui⁵⁵tseŋ⁴⁴⁻³⁵、慈姑 tsʰi²²ku⁴⁴⁻³⁵、松豆松果 tsʰuŋ²²ɛu⁴⁴⁻³⁵、龙虾 luŋ²²ha⁴⁴⁻³⁵、床垫 tsʰɔŋ²²tɛn⁴⁴⁻³⁵、邮票 jiu²²pʰei⁴⁴⁻³⁵、相片照片 łiaŋ⁴⁴pʰɛn⁴⁴⁻³⁵。

阳平 22 变读 35：今年 kam⁴⁴nɛn²²⁻³⁵、旧年去年 kiu³¹nɛn²²⁻³⁵、下年明年 ha³¹nɛn²²⁻³⁵、清明 tʰeŋ⁴⁴meŋ²²⁻³⁵、捉鱼 tsɔk³ŋui²²⁻³⁵、钓鱼 tiu⁴⁴ŋui²²⁻³⁵、劏鱼杀鱼 hɔŋ⁴⁴ŋui²²⁻³⁵、存钱 tʰun²²tsʰɛn²²⁻³⁵、番薯 fan⁴⁴si²²⁻³⁵、番茄 fan⁴⁴kʰɛ²²⁻³⁵、芥蓝 kai⁴⁴lan²²⁻³⁵、藻蒲浮萍 pʰɛu²²pʰu²²⁻³⁵、石榴 sɛk²liu²²⁻³⁵、蓝莓 lam²²mɔi²²⁻³⁵、红莓 huŋ²²mɔi²²⁻³⁵、西梅 sai⁴⁴mɔi²²⁻³⁵、雁鹅大雁 jin⁴⁴ŋɔ²²⁻³⁵、□蟧蜘蛛 kʰa²²lau²²⁻³⁵、鲸鱼 kʰeŋ²²ŋui²²⁻³⁵、石螺 sɛk²lɔ²²⁻³⁵、供钱供楼 kuŋ⁴⁴tsʰin²²⁻³⁵、骑楼街廊 kʰɛ²²lau²²⁻³⁵、厨房 tsʰui²²fɔŋ²²⁻³⁵、茶柸茶几 tsʰa²²hɔi²²⁻³⁵、书柸书桌 si⁴⁴hɔi²²⁻³⁵、窗帘 tʰɔŋ⁴⁴lim²²⁻³⁵、面盆脸盆 mɛn³¹pʰɔn²²⁻³⁵、风筒 fuŋ⁴⁴huŋ²²⁻³⁵、耳环 ji⁵⁵wan²²⁻³⁵、烧鹅 siu⁴⁴ŋɔ²²⁻³⁵、肉丸 ŋuk²jɔn²²⁻³⁵、黑毛 hak⁵mou²²⁻³⁵、黄毛 wɔŋ²²mou²²⁻³⁵、红毛 huŋ²²mou²²⁻³⁵、□牙豫牙 sai⁵⁵ŋa²²⁻³⁵、佛堂 fut²tʰɔŋ²²⁻³⁵、教堂 kau⁴⁴tʰɔŋ²²⁻³⁵、寄银寄钱 ki⁴⁴ŋan²²⁻³⁵、出麻麻疹 tsʰut⁵ma²²⁻³⁵、英文 jeŋ⁴⁴man²²⁻³⁵、车牌 tsʰɛ⁴⁴pʰai²²⁻³⁵、信皮信封 łan⁴⁴pʰi²²⁻³⁵、红牌 huŋ²²pʰai²²⁻³⁵、黄牌 wɔŋ²²pʰai²²⁻³⁵、唐棋中国象棋 hɔŋ²²kʰi²²⁻³⁵、捉棋下棋 tɔk³kʰi²²⁻³⁵、洗牌 sai⁵⁵pʰai²²⁻³⁵、借钱 tsɛ⁴⁴tsʰɛn²²⁻³⁵、欠钱 him⁴⁴tʰɛn²²⁻³⁵、找钱 tsau⁵⁵tʰɛn²²⁻³⁵、悭钱省钱 han⁴⁴tʰɛn²²⁻³⁵。

上声 55 变读 35：水滚水开 sui⁵⁵kun⁵⁵⁻³⁵、黄蚖蚯蚓 wɔŋ²²hun⁵⁵⁻³⁵、屋企家 uk⁵kʰei⁵⁵⁻³⁵、水管 sui⁵⁵kun⁵⁵⁻³⁵。

去声 31 变读 35：鸡蛋 kɔi⁴⁴an³¹⁻³⁵、生蛋 saŋ⁴⁴an³¹⁻³⁵、雀蛋 tiak³an³¹⁻³⁵、鱼蛋鱼丸、鱼卵 ŋui²²an³¹⁻³⁵、黄鳝 wɔŋ²²sɛn³¹⁻³⁵、草帽 tʰɔ⁵⁵mou³¹⁻³⁵、猪脷避、猪舌头 tsi⁴⁴li³¹⁻³⁵、咸蛋 ham²²an³¹⁻³⁵、皮蛋 pʰi²²an³¹⁻³⁵、膦蛋睾丸 lin⁵⁵an³¹⁻³⁵、弟弟 tai³¹tai³¹⁻³⁵、电话 ɛn³¹wa³¹⁻³⁵、订位 ɛŋ³¹wui³¹⁻³⁵、贴士小费 tʰip⁵si³¹⁻³⁵、巴士 pa⁴⁴si³¹⁻³⁵、的士 tʰɛk⁵si³¹⁻³⁵、车位 tsʰɛ⁴⁴wui³¹⁻³⁵。

下阴入 3 变读 35：菱角 leŋ²²kɔk³⁻³⁵、白鸽 pak²kap³⁻³⁵。
阳入 2 变读 35：邮局 jiu²²kuk²⁻³⁵。

D. 出现在三音节连读的中间。

阳平 22 变读 35：钓鱼棍鱼竿 jiu⁴⁴ŋui²²⁻³⁵kun³¹、收钱机收款机 łiu⁴⁴tsʰin²²⁻³⁵ki⁴⁴

第 2 章　美国华人社区汉语粤方言语音研究

去声 31 变读 35：茉莉花 mut²li³¹⁻³⁵fa⁴⁴、长袖衫 tsʰɛŋ²²tiu³¹⁻³⁵ɬam⁴⁴、红豆冰 huŋ²²ɐu³¹⁻³⁵peŋ⁴⁴、绿豆沙 luk²ɐu³¹⁻³⁵sa⁴⁴

E. 出现在三音节连读的后一音节。

阴平 44 变读 35：粮食券_{美国政府提供给低收入人士的购物券}liaŋ²²sek²hun⁴⁴⁻³⁵

阳平 22 变读 35：下两年_{后年}ha³¹lɛŋ⁵⁵nɛn²²⁻³⁵、冲凉房_{浴室}tsʰuŋ⁴⁴lɛŋ²²fɔŋ²²⁻³⁵、食饭枱_{饭桌}sek²fan³¹hɔi²²⁻³⁵、芝麻糊 tsi⁴⁴ma²²wu²²⁻³⁵、拉二胡 lai⁴⁴ŋi³¹wu²²⁻³⁵

上声 55 变读 35：煤气管 mui²²hi⁴⁴kun⁵⁵⁻³⁵、暖气管 nɔn³¹hi⁴⁴kun⁵⁵⁻³⁵

去声 31 变读 35：运动帽 wan³¹uŋ³¹mou³¹⁻³⁵、台山话 hɔi²²san⁴⁴wa³¹⁻³⁵、广东话_{广府话}kɔŋ⁵⁵tuŋ⁴⁴wa³¹⁻³⁵、打电话 a⁵⁵ɛn³¹wa³¹⁻³⁵

阳入 2 变读 35：开礼物 hɔi⁴⁴lai⁵⁵mat²⁻³⁵

F. 出现在多音节连读的中间。

去声 31 变读 35：皮蛋瘦肉粥 pʰiːan³¹⁻³⁵sau⁴⁴ŋuk²tsuk⁵

G. 出现在多音节连读的最后一个音节。

阳平 22 变读 35：士多啤梨_{草莓}si³¹tɔ⁴⁴pɛ⁵⁵li²²⁻³⁵

3）中降变调 31。

A. 出现在单音节。

阴平 44 变读 31：柄_{(锄)把}piaŋ⁴⁴⁻³¹、筛_{筛子}sai⁴⁴⁻³¹、蒜 ɬon⁴⁴⁻³¹、罐 kun⁴⁴⁻³¹、盖_{盖子}kɔi⁴⁴⁻³¹、堆_量ui⁴⁴⁻³¹、鸠 kau⁴⁴⁻³¹

B. 出现在双音节连读的前一音节。

阴平 44 变读 31：最尾_{最后}tuiː⁴⁴⁻³¹mi⁵⁵、桑果_{桑椹}sɔŋ⁴⁴⁻³¹kɔ⁵⁵、蚊仔_{蚊子}man⁴⁴⁻³¹tsi⁵⁵、书房 si⁴⁴⁻³¹fɔŋ²²、菜刀 tʰɔi⁴⁴⁻³¹ou⁴⁴、桑树 sɔŋ⁴⁴⁻³¹si³¹、桑叶 sɔŋ⁴⁴⁻³¹jip²、裤浪_{裤裆}fu⁴⁴⁻³¹lɔŋ³¹、春袋_{阴囊}tsʰun⁴⁴⁻³¹ɔi³¹、春核_{睾丸}tsʰun⁴⁴⁻³¹wut²、妈妈 ma⁴⁴⁻³¹ma⁴⁴、爸爸 pa⁴⁴⁻³¹pa⁴⁴、畅销 tsʰiaŋ⁴⁴⁻³¹siu⁴⁴、浸死_{淹死}tsam⁴⁴⁻³¹ɬi⁵⁵

上声 55 变读 31：码头 ma⁵⁵⁻³¹hɐu²²

C. 出现在双音节连读的后一音节。

阴平 44 变读 31：渌亲_{烫着}luk²tsʰan⁴⁴⁻³¹、香蕉 hiaŋ⁴⁴tei⁴⁴⁻³¹、野兽 jɛ⁵⁵sau⁴⁴⁻³¹、雀窦_{鸟窝}tiak³tɐu⁴⁴⁻³¹、鸡窦_{鸡窝}kai⁴⁴tɐu⁴⁴⁻³¹、竹叉 tsuk⁵tsʰa⁴⁴⁻³¹、点心 ɛm⁵⁵ɬam⁴⁴⁻³¹、髀丫_{大腿缝}peiː⁵⁵

a$^{44-31}$、脚印 kiak^{3}jin$^{44-31}$、老太 lou^{55}hai$^{44-31}$、强壮 k^{h}ɛŋ^{22}tsɔŋ$^{44-31}$、笔盖笔套 pat^{5}kɔi$^{44-31}$、考试 hau^{55}si$^{44-31}$、彩票 ts^{h}ɔi^{55}p^{h}ei$^{44-31}$、斩价砍价 tsam^{55}ka$^{44-31}$、减价 kam^{55}ka$^{44-31}$、降价 kɔŋ^{44}ka$^{44-31}$、车票 ts^{h}ɛ^{44}p^{h}ei$^{44-31}$

上声 55 变读 31：汁嘴乳头 tsip^{5}tsɔi$^{55-31}$

D. 出现在三音节连读的中间。

阴平 44 变读 31：唔畅销不畅销 m^{22}ts^{h}iaŋ$^{44-31}$siu^{44}

E. 出现在三音节连读的最后一个音节。

阴平 44 变读 31：大排档 ai^{31}p^{h}ai^{22}ɔŋ$^{44-31}$

F. 出现在多音节连读的中间。

上声 55 变读 31：虱姆市场跳蚤市场 sɛt^{5}na^{55}si$^{55-31}$ts^{h}ɛŋ^{22}

4）变调的连用。
35 高升变调、31 中降变调可以在连读中交替出现，或重复出现。例如：

嗰个雀识讲指鹦鹉 kɔ^{55}kɔ$^{44-31}$tiak^3^{-35}sek^{5}kɔŋ^{55}、乌蝇苍蝇 wu$^{44-31}$jeŋ$^{22-35}$、坐位座位 ts^{h}ɔ$^{31-35}$wui$^{31-35}$

（4）芝加哥台山话。芝加哥台山话有 3 个变调：高平变调 55、高升变调 35、中降变调 31。变调以 35 高升变调最多，55 高平变调最少，去声字读中降变调 31 的最多，上声字和上阴入字也有读 31 变调的。发生变调的主要是名词、动词、形容词等也有少量的例子。变调可以出现在单音节词中，连读的前一音节、后一音节或中间音节，但以出现在连读后面的为多，也有变调的音节连用的情况。

1）高平变调 55。
A. 出现在单音节。

阳平 22 变读 55：枱桌子 hɔi$^{22-55}$、厨厨师 ts^{h}ui$^{22-55}$
去声 31 变读 55：转搬来搬去、调换 tɔn$^{31-55}$

B. 出现在双音节连读的前一音节。

去声 31 变读 55：奶嘴 nai$^{31-55}$tui^{55}、转路绕道 tsɔn$^{31-55}$lu^{31}

第2章 美国华人社区汉语粤方言语音研究

C. 出现在双音节连读的后一音节。

阳平22变读55：车厘_樱桃_ tsʰɛ⁴⁴li²²⁻⁵⁵、苍蝇 tsʰɔŋ⁴⁴jeŋ²²⁻⁵⁵、镬捞_锅底的黑灰_ wɔk²lou²²⁻⁵⁵、笊篱 tsau⁴⁴li²²⁻⁵⁵、乞儿_乞丐_ hak⁵ji²²⁻⁵⁵、饮枱_赴宴_ ŋam⁵⁵tʰui²²⁻⁵⁵

去声31变读55：黄豆 wɔŋ²²ɛu³¹⁻⁵⁵、扁豆 pɛn⁵⁵ɛu³¹⁻⁵⁵、婚礼 fun⁴⁴lɔi³¹⁻⁵⁵

阳入2变读5：蝴蝶 wu²²ɛp²⁻⁵

D. 出现在三音节连读的中间。

阳平22变读55：伯爷婆_老太婆_ pak³jɛ²²⁻⁵⁵pʰɔ²²、伯爷公_老大爷_ pak³jɛ²²⁻⁵⁵kuŋ⁴⁴、慢慢行_慢慢走_ man²²man²²⁻⁵⁵haŋ²²

E. 出现在三音节连读的最后一个音节。

阳平22变读55：喫饭枱_饭桌_ hɛk⁵fan³¹hɔi²²⁻⁵⁵

2）高升变调35
A. 出现在单音节。

阴平44变读35：沙 sa⁴⁴⁻³⁵

阳平22变读35：绳_绳子_ seŋ²²⁻³⁵、梨_梨子_ li²²⁻³⁵、鹅 ŋɔ²²⁻³⁵、楼_楼房_ lau²²⁻³⁵、刨_刨子_ pʰau²²⁻³⁵、牌_执照、徽章、商标_ pʰai²²⁻³⁵、钱 tsʰin²²⁻³⁵、钳_钳子_ kʰiam²²⁻³⁵

上声55变读35：铲_铲子_ tsʰan⁵⁵⁻³⁵、表_表格_ piu⁵⁵⁻³⁵

去声31变读35：位_座位_ wui³¹⁻³⁵

阳入2变读35：麦=_麸_ mak²⁻³⁵、褥_褥子_ ŋiuk²⁻³⁵、侄_侄子_ tsak²⁻³⁵

B. 出现在双音节连读的后一音节。

阴平44变读35：特区 ak²kʰui⁴⁴⁻³⁵、石灰 sɛk²fui⁴⁴⁻³⁵、通胜_避、历书_ huŋ⁴⁴seŋ⁴⁴⁻³⁵、花棯_番石榴_ fa⁴⁴nɛm⁴⁴⁻³⁵、铁钉 hɛt³jaŋ⁴⁴⁻³⁵、鞋垫 hai²²tɛn⁴⁴⁻³⁵、信封 ɬin⁴⁴fuŋ⁴⁴⁻³⁵、邮票 jiu²²pʰiau⁴⁴⁻³⁵、快快_快快地_ fai⁴⁴fai⁴⁴⁻³⁵、香香_香香的_ hiaŋ⁴⁴hiaŋ⁴⁴⁻³⁵、臭臭_臭臭的_ tsʰiu⁴⁴tsʰiu⁴⁴⁻³⁵、轻轻_轻轻地_ hiaŋ⁴⁴hiaŋ⁴⁴⁻³⁵、干干_干干的_ kuɔn⁴⁴kuɔn⁴⁴⁻³⁵

阳平22变读35：网鱼 mɔŋ⁵⁵ŋui²²⁻³⁵、钓鱼 ei⁴⁴ŋui²²⁻³⁵、劏鱼_杀鱼_ hɔn⁴⁴ŋui²²⁻³⁵、芋头 wu³¹hɛu²²⁻³⁵、香芹 hɛŋ⁴⁴kʰan²²⁻³⁵、西芹 ɬai⁴⁴kʰan²²⁻³⁵、芥蓝 kai⁴⁴lan²²⁻³⁵、石榴 sɛk²liu²²⁻³⁵、青苔 tʰɛŋ⁴⁴hɔi²²⁻³⁵、水鱼_鳖_ sui⁵⁵ŋui²²⁻³⁵、鲸鱼 kʰeŋ²²ŋui²²⁻³⁵、田螺 hɛn²²lɔ²²⁻³⁵、鲨鱼 sa⁴⁴ŋui²²⁻³⁵、鱿鱼 jiu²²ŋui²²⁻³⁵、章鱼 tsiaŋ⁴⁴ŋui²²⁻³⁵、墨鱼 mak²ŋui²²⁻³⁵、鲍鱼 pau⁴⁴ŋui²²⁻³⁵、鲤鱼 li⁵⁵ŋui²²⁻³⁵、鲫鱼 tsek⁵ŋui²²⁻³⁵、金鱼 kam⁴⁴ŋui²²⁻³⁵、买楼_买房_ mai⁵⁵lɛu²²⁻³⁵、供楼 kuŋ⁴⁴ lɛu²²⁻³⁵、洋楼 jɛŋ²² lau²²⁻³⁵、骑楼街廊 kʰɛ²² lau²²⁻³⁵、窗帘 tʰɔŋ⁴⁴ liam²²⁻³⁵、火柴 fɔ⁵⁵ tsʰai²²⁻³⁵、烧鹅 siu⁴⁴ ŋɔ²²⁻³⁵、肉丸 ŋuk² jin²²⁻³⁵、油条 jiu²² tʰiu²²⁻³⁵、咸鱼 ham²² ŋui²²⁻³⁵、雪条冰棒 ɬut⁵ tʰiau²²⁻³⁵、汤圆 hɔŋ⁴⁴ wun²²⁻³⁵、肉条烤肉串 ŋuk² tʰiu²²⁻³⁵、光头 kɔŋ⁴⁴ hau²²⁻³⁵、肚腩 u⁵⁵ nam²²⁻³⁵、花名 fa⁴⁴ mɛn²²⁻³⁵、胎盘 hɔi⁴⁴ pʰun²²⁻³⁵、红牌 huŋ²² pʰai²²⁻³⁵、黄牌 wɔŋ²² pʰai²²⁻³⁵、象棋 tsiaŋ³¹ kʰi²²⁻³⁵、玩棋 wan⁵⁵ kʰi²²⁻³⁵、分牌 fun⁴⁴ pʰai²²⁻³⁵、浆糊 tsiaŋ⁴⁴ wu²²⁻³⁵、菲林胶卷 fei⁴⁴ lam²²⁻³⁵、舞龙 mu⁵⁵ luŋ²²⁻³⁵、猜枚 tsʰai⁴⁴ mui²²⁻³⁵、有钱 jiu⁵⁵ tʰɛn²²⁻³⁵、铺头商店 pʰu⁴⁴ hau²²⁻³⁵、搵银(去)赚钱 wun⁵⁵ ŋan²²⁻³⁵、车牌 tsʰɛ⁴⁴ pʰai²²⁻³⁵、呔盘方向盘 tʰai⁴⁴ pʰun²²⁻³⁵、爆轮爆胎 pau⁴⁴ lun²²⁻³⁵、肥肥胖胖的,肥肥的 fi²² fi²²⁻³⁵、凉凉凉凉的 liaŋ²² liaŋ²²⁻³⁵、红红红红的 huŋ²² huŋ²²⁻³⁵、黄黄黄黄的 wɔŋ²² wɔŋ²²⁻³⁵、甜甜甜甜的 hɛm²² hɛm²²⁻³⁵

上声 55 变读 35：腐乳 fu³¹ ŋui⁵⁵⁻³⁵、重重重重的 tsʰuŋ⁵⁵ tsʰuŋ⁵⁵⁻³⁵、软软软软的 ŋun⁵⁵ ŋun⁵⁵⁻³⁵

去声 31 变读 35：肥料 fi²² liu³¹⁻³⁵、生蛋 suŋ⁴⁴ an³¹⁻³⁵、雀蛋 tiɔk⁵ an³¹⁻³⁵、烟袋 jin⁴⁴ tɔi³¹⁻³⁵、衫样衣服式样 sam⁴⁴ jaŋ³¹⁻³⁵、咸蛋 ham²² an³¹⁻³⁵、皮蛋 pʰi²² an³¹⁻³⁵、宵夜夜宵 siu⁴⁴ jɛ³¹⁻³⁵、随便 tʰui²² pin³¹⁻³⁵、唐话汉语,中国话 hɔŋ²² wa³¹⁻³⁵、贴士小费,英语:tip tʰip⁵ si³¹⁻³⁵、早市 tɔ⁵⁵ si³¹⁻³⁵、夜市 jɛ³¹ si³¹⁻³⁵、街市市场 kai⁴⁴ si³¹⁻³⁵、车站 tsʰɛ⁴⁴ am³¹⁻³⁵、巴士 pa⁴⁴ si³¹⁻³⁵、的士 tʰɛk⁵ si³¹⁻³⁵、车位 tsʰɛ⁴⁴ wui³¹⁻³⁵、乱乱乱乱的 lɔn³¹ lɔn³¹⁻³⁵、慢慢慢慢地 man³¹ man³¹⁻³⁵、硬硬硬硬的 ŋaŋ³¹ ŋaŋ³¹⁻³⁵

下阴入 3 变读 35：白鸽 pak² kap³⁻³⁵、湿湿湿湿的 siap³ siap³⁻³⁵、鰛鰛䐃䐃的 ŋat³ ŋat³⁻³⁵

阳入 2 变读 35：头额额头 hau²² ŋak²⁻³⁵、热热热热的 jɛt² jɛt²⁻³⁵、绿绿绿绿的 luk² luk²⁻³⁵、白白白白的 pak² pak²⁻³⁵

C. 出现在三音节连读的中间。

去声 31 变读 35：慢慢行慢慢走 man³¹ man³¹⁻³⁵ haŋ²²

D. 出现在三音节连读的最后一个音节。

阴平 44 变读 35：财主区富人区 tsʰɔi²² tsi⁵⁵ kʰui⁴⁴⁻³⁵、穷人区 kʰuŋ²² jan²² kʰui⁴⁴⁻³⁵

阳平 22 变读 35：三文鱼 ɬam⁴⁴ mun²² ŋui²²⁻³⁵、八爪鱼 pat³ tsau⁵⁵ ŋui²²⁻³⁵、芝麻糊 tsi⁴⁴ ma²² wu²²⁻³⁵、神主牌 sin²² tu⁵⁵ pʰai²²⁻³⁵、飞机场 fi⁴⁴ ki⁴⁴ tsʰiaŋ²²⁻³⁵、停车场 tʰɛŋ²² tsʰɛ⁴⁴ tsʰiaŋ²²⁻³⁵

去声 31 变读 35：录音带 luk² jim⁴⁴ ai³¹⁻³⁵、录影带 luk² jeŋ⁵⁵ ai³¹⁻³⁵、冇晒面没有面子 mɔ⁵⁵ sai⁵⁵ mɛn³¹⁻³⁵

E. 出现在多音节连读的中间。

去声 31 变读 35：皮蛋瘦肉粥 pʰi²² an³¹⁻³⁵ siu⁴⁴ ŋuk² tsuk⁵

3）中降变调 31。
A. 出现在单音节。

阴平 44 变读 31：村 tsʰun⁴⁴⁻³¹、蔗_甘蔗_tsɛ⁴⁴⁻³¹

B. 出现在双音节连读的前一音节。

阴平 44 变读 31：蕉果_香蕉_tiu⁴⁴⁻³¹kuɔ⁵⁵、桑果_桑椹_ɬɔŋ⁴⁴⁻³¹kuɔ⁴⁴、桑树 ɬɔŋ⁴⁴⁻³¹si³¹、太极 hai⁴⁴⁻³¹kek²

上声 55 变读 31：奶牛 nai⁵⁵⁻³¹ŋiu²²、铝煲_铝锅_lui⁵⁵⁻³¹pau⁴⁴、买布 mai⁵⁵⁻³¹pu⁴⁴、领呔_领带_liaŋ⁵⁵⁻³¹tʰai⁴⁴、奶茶 nai⁵⁵⁻³¹tsʰa²²

上阴入 5 变读 31：执笠_倒闭_tsip⁵⁻³¹lap⁵

C. 出现在双音节连读的后一音节。

阴平 44 变读 31：担杆_扁担_am⁴⁴kɔn⁴⁴⁻³¹、镬盖_锅盖_wɔk²kɔi⁴⁴⁻³¹、簸箕 pɔ⁴⁴ki⁴⁴⁻³¹、竹篙 tsuk⁵kou⁴⁴⁻³¹、菜心 tʰɔi⁴⁴ɬam⁴⁴⁻³¹

D. 出现三音节连读的最前一个音节。

上声 55 变读 31：艇仔粥 tʰɛŋ⁵⁵⁻³¹tɔi⁵⁵tuk⁵

E. 出现在三音节连读的最后一个音节。

阴平 44 变读 31：刨木碎_刨花_pʰou²²muk²ɬui⁴⁴⁻³¹
上声 55 变读 31：挤牛奶 tsai⁴⁴ŋiu²²nai⁵⁵⁻³¹

F. 出现在多音节连读的中间。

上声 55 变读 31：大城市人 ai³¹seŋ²²si⁵⁵⁻³¹jan²²

4）变调的连用。
35 高升变调、31 中降变调可以在连读中交替出现或连用。例如：

马蹄_荸荠_ma⁵⁵⁻³¹hɔi²²⁻³⁵、马蹄糕 ma⁵⁵⁻³⁵hai²²⁻³⁵kɔ⁴⁴

（5）波特兰台山话。波特兰台山话有 3 个变调：高平变调 55、高升变调 35、中降变调 31。变调以 35 高升变调最多，55 高平变调最少。读高平变调 55 的是阳平和去声音节。

读中降变调 31 的多是阴平字，上声字也有读中降变调的。发生变调的主要是名词、动词、形容词等也有少量的例子。变调可以出现在单音节词中，连读的前一音节、后一音节或中间音节，以出现在连读后一音节为多，也有变调的音节连用的表现。

1）高平变调 55。

A. 出现在单音节。

阳平 22 变读 55：曳$_{调皮}$ jai$^{22-55}$
去声 31 变读 55：帽 mau$^{31-55}$

B. 出现在双音节连读的前一音节。

阳平 22 变读 55：椰奶 jɛ$^{22-55}$ nai^{31}
去声 31 变读 55：奶茶 nai$^{31-55}$ tsʰa^{22}

C. 出现在双音节连读的后一音节。

阳平 22 变读 55：电筒 ɛn^{31} huŋ$^{22-55}$、乞儿$_{乞丐}$ hak^5 ji$^{22-55}$
去声 31 变读 55：水帽$_{斗笠}$ sui^{55} mau$^{31-55}$、草帽 tʰɔ^{55} mau$^{31-55}$

D. 出现在三音节连读的最后一个音节。

阳平 22 变读 55：弹二胡$_{拉二胡}$ han^{22} ŋi^{31} wu$^{22-55}$
去声 31 变读 55：运动帽 wun^{31} uŋ^{31} mau$^{31-55}$

2）高升变调 35。

A. 出现在单音节。

阴平 44 变读 35：蕉$_{香蕉}$ tiau$^{44-35}$、蚊 mun$^{44-35}$、厅 hɛŋ$^{44-35}$、窗 tʰɔŋ$^{44-35}$、钻$_{钻子}$ tuɔn$^{44-35}$、线 ɬɛn$^{44-35}$、边 pɛn$^{44-35}$、晏 an$^{44-35}$、转 tsɔn$^{44-35}$
阳平 22 变读 35：茄$_{茄子}$ kʰɛ$^{22-35}$、梨$_{梨子}$ li$^{22-35}$、橙$_{橙子}$ tsʰaŋ$^{22-35}$、鹅 ŋɔ$^{22-35}$、蚝 hau$^{22-35}$、楼$_{楼房}$ lau$^{22-35}$、房$_{房子、房间}$ fɔŋ$^{22-35}$、枱$_{桌子}$ hɔi$^{22-35}$、钳$_{钳子}$ kʰiam$^{22-35}$、刨$_{刨子}$ pʰau$^{22-35}$、厨$_{厨师}$ tsʰui$^{22-35}$
上声 55 变读 35：榄$_{橄榄}$ lam$^{55-35}$、柿$_{柿子}$ si$^{55-35}$、敁$_{解开、休息}$ hai$^{55-35}$、软 ŋun$^{55-35}$
去声 31 变读 35：鳝$_{黄鳝}$ sɛn$^{31-35}$、袋 ɔi$^{31-35}$、庙 miau$^{31-35}$、瘤$_{累}$ kui$^{31-35}$
上阴入 3 变读 35：塞$_{重孙}$ ɬak$^{5-35}$、乜$_{什么、怎么}$ mɔt$^{5-35}$
阳入 2 变读 35：浊 tuk$^{2-35}$、焫$_{烫}$ nat$^{2-35}$

第 2 章　美国华人社区汉语粤方言语音研究

B. 出现在双音节连读的前一音节。

去声 31 变读 35：蛋糕 tan$^{31-35}$kau^{44}

C. 出现在双音节连读的后一音节。

阴平 44 变读 35：冰雹 pɛŋ^{44}pau$^{44-35}$、水晶 sui^{55}teŋ$^{44-35}$、地震 i^{31}tsin$^{44-35}$、晚昼_{夜晚}man^{31}tsiu$^{44-35}$、头先_{刚才}hau^{22}ɬɛn$^{44-35}$、蜜蜂 mit^{2}fuŋ$^{44-35}$、黄蜂 wɔŋ^{22}fuŋ$^{44-35}$、餐厅 tʰan^{44}hɛŋ$^{44-35}$、电线 ɛn^{31}ɬɛn$^{44-35}$、云吞_{馄饨}wun^{22}hun$^{44-35}$、唱歌 tsʰiɔi^{44}kɔ$^{44-35}$、热气_{上火}ŋɛt^{2}hi$^{44-35}$

阳平 22 变读 35：番茄 fan^{44}kʰɛ$^{22-35}$、咖喱 ka^{44}li$^{22-35}$、芥蓝 kai^{44}lan$^{22-35}$、车厘_{樱桃}tsʰɛ^{44}li$^{22-35}$、蚕虫 tsʰam^{22}tsʰuŋ$^{22-35}$、吞拿_{吞拿鱼}tʰun^{44}na$^{22-35}$、客房 hak^{3}fɔŋ$^{22-35}$、书房 si^{44}fɔŋ$^{22-35}$、厨房 tsʰui^{22}fɔŋ$^{22-35}$、饭枱_{饭桌}fan^{31}hɔi$^{22-35}$、茶枱_{茶几}tsʰa^{22}hɔi$^{22-35}$、蒸笼 tsɛŋ^{44}luŋ$^{22-35}$、捞篱 lau^{22}lei$^{22-35}$、水壶 sui^{55}wu$^{22-35}$、茶壶 tsʰa^{22}wu$^{22-35}$、耳环 ŋei^{55}wan$^{22-35}$、肉丸 ŋiuk^{2}ŋɔn$^{22-35}$、雪条_{冰棒}ɬut^{3}tʰɛu$^{22-35}$、汤圆 hɔŋ^{44}jɔn$^{22-35}$、尾枱_{餐后甜点}mi^{55}hɔi$^{22-35}$、教堂 kau^{44}hɔŋ$^{22-35}$、婆婆_{外祖母}pʰɔ^{22}pʰɔ$^{22-35}$、花名_{绰号}fa^{44}mɛŋ$^{22-35}$、出麻_{出麻疹}tsʰut^{5}ma$^{22-35}$、象棋 tiaŋ^{31}kʰi$^{22-35}$、捉棋_{下棋}tsuk^{5}kʰi$^{22-35}$

上声 55 变读 35：春卷 tsʰun^{44}kun$^{55-35}$、汽艇 hi^{44}tʰiaŋ$^{55-35}$、好软_{很软}hou^{55}ŋun$^{55-35}$

去声 31 变读 35：黄豆 wɔŋ^{22}au$^{31-35}$、雪豆_{豌豆}ɬut^{5}au$^{31-35}$、生蛋 saŋ^{44}tan$^{31-35}$、雀蛋 tiɔk^{3}an$^{31-35}$、鱼蛋_{鱼丸、鱼卵}ŋui^{22}an$^{31-35}$、咸蛋 ham^{22}tan$^{31-35}$、皮蛋 pʰei^{22}tan$^{31-35}$、宵夜_{夜宵}ɬeu^{44}jɛ$^{31-35}$、胶袋 kau^{44}ɔi$^{31-35}$、手袋_{手提袋}siu^{55}ɔi$^{31-35}$、洗礼 ɬai^{55}lai$^{31-35}$、阿妹 a^{44}mɔi$^{31-35}$、近视 kin^{31}si$^{31-35}$、画画 wak^{2}wa$^{31-35}$、订位 tɛŋ^{31}wui$^{31-35}$、贴士_{小费}tʰip^{5}si$^{31-35}$

下阴入 3 变读 35：白鸽 pak^{2}ap$^{3-35}$、裤脚_{裤腿}fu^{44}kiak$^{3-35}$、大约 ai^{31}jɛk$^{3-35}$

阳入 2 变读 35：甲由_{蟑螂}kak^{2}tsak$^{2-35}$、蝴蝶 wu^{22}ɛp$^{2-35}$、毒药_{毒品}uk^{2}jɔk$^{2-35}$

D. 出现在三音节连读的中间。

执蛋节_{复活节}tsap^{5}tan$^{44-35}$tɛt^{5}、番茄仔_{圣女果}fan^{44}kʰɛ$^{22-35}$tɔi^{55}、及第粥 kap^{2}tai$^{31-35}$tsuk^{5}、外国人 ŋɔi^{31}kɔk$^{3-35}$jan^{22}

E. 出现在三音节连读的最后一个音节。

阴平 44 变读 35：下冰雹 ha^{31}pɛŋ^{44}pau$^{44-35}$、暖气窿_{暖气管道}nɔn^{44}hei^{44}luŋ$^{44-35}$、仆街工_{劳工、粗重工}pʰuk^{5}kai^{44}kuŋ$^{44-35}$

阳平 22 变读 35：隔篱房_{隔壁房间}kak^{3}lei^{22}fɔŋ$^{22-35}$、主人房 tsi^{55}jan^{22}fɔŋ$^{22-35}$、写字枱_{书桌}ɬɛ^{55}ti^{31}hɔi$^{22-35}$、咖啡壶 ka^{44}fɛ^{44}wu$^{22-35}$、暖水壶 nɔn^{55}sui^{55}wu$^{22-35}$、横□肠_{疝气}waŋ^{22}wak^{2}tsʰɛŋ$^{22-35}$

上声 55 变读 35：返屋企_{回家}fan^{44}uk^{5}kʰei$^{55-35}$

去声 31 变读 55：麻包袋 ma^{22}pau^{44}ɔi$^{31-35}$、黑社会 hak^{5}sia^{31}wui$^{31-35}$、广东话_{广府话}kɔŋ^{55}

tuŋ⁴⁴wa³¹⁻³⁵、台山话 hɔi²²san²²wa³¹⁻³⁵、客家话 hak³ka⁴⁴wa³¹⁻³⁵

阳入 2 变读 35：使毒药 吸毒 sɔi⁵⁵uk²jɔk²⁻³⁵

3）中降变调 31。
A. 出现在单音节。

阴平 44 变读 31：饏 饭菜 ɬuŋ⁴⁴⁻³¹、疮 tsʰɔŋ⁴⁴⁻³¹、痂 ka⁴⁴⁻³¹、盖 盖子 kɔi⁴⁴⁻³¹

上声 55 变读 31：馅 ham⁵⁵⁻³¹

B. 出现在双音节连读的前一音节。

阴平 44 变读 31：钻石 tsɔn⁴⁴⁻³¹sɛk²、饏尾 剩菜 ɬuŋ⁴⁴⁻³¹mi⁵⁵、丝带 ɬi⁴⁴⁻³¹ai⁴⁴、樽水 瓶装水 tun⁴⁴⁻³¹sui⁵⁵

上声 55 变读 31：被面 pʰei⁵⁵⁻³¹mɛn³¹

C. 出现在双音节连读的后一音节。

阴平 44 变读 31：担杆 扁担 am⁴⁴kɔn⁴⁴⁻³¹、煮饏 做菜 tsi⁵⁵ɬuŋ⁴⁴⁻³¹、铁钉 hɛt³tian⁴⁴⁻³¹、肉饏 肉菜 ŋiuk²ɬuŋ⁴⁴⁻³¹、老坑 贬,老人 lau⁵⁵haŋ⁴⁴⁻³¹、结痂 kɛt⁵ka⁴⁴⁻³¹、邮票 jiu⁴⁴pʰiau⁴⁴⁻³¹

上声 55 变读 31：莲藕 lɛn²²ɛu⁵⁵⁻³¹、老嘢 贬,老人 lau⁵⁵iɛ⁵⁵⁻³¹、师傅 ɬi⁴⁴fu⁵⁵⁻³¹

D. 出现在三音节连读的最后一个音节。

阴平 44 变读 31：整屋盖 修屋顶 tseŋ⁵⁵uk⁵kɔi⁴⁴⁻³¹

上声 55 变读 31：大粒嘢 大人物 ai³¹lip⁵jɛ⁵⁵⁻³¹

4）变调的连用。

35 高升变调、31 中降变调可以在连读中交替出现或连用。例如：

被袋 pʰei⁵⁵⁻³¹ɔi³¹⁻³⁵、钓鱼竿 鱼竿 ɛu⁴⁴ŋui²²⁻³⁵kun⁴⁴⁻³¹、软软哋 有点儿软 ŋun⁵⁵⁻³⁵ŋun⁵⁵⁻³⁵ti⁵⁵

（6）圣安东尼奥台山话。圣安东尼奥台山话有 3 个变调：高平变调 55、高升变调 35、中降变调 31。变调以 35 高升变调最多，55 高平变调最少，去声字常读 31 中降变调。发生变调的主要是名词，动词、形容词等也有少量的例子。变调可以出现在单音节词中，连读的前一音节、后一音节或中间音节，以出现在连读后一音节的为多，也有变调的音节连用的现象。

1）高平变调 55。
A. 出现在单音节。

阳平 22 变读 55：橙 橙子 tsʰaŋ²²⁻⁵⁵

B. 出现在双音节连读的前一音节。

去声 31 变读 55：码头 ma$^{31-55}$t^{h}au^{22}

C. 出现在双音节连读的后一音节。

阳平 22 变读 55：抹枱_{擦桌子}mat^{3}hɔi$^{22-55}$、马骝_{猴子}ma^{55}lau$^{22-55}$、乌蝇_{苍蝇}wu^{44}jeŋ$^{22-55}$、电筒_{手电筒}tin^{31}huŋ$^{22-55}$、阿谁_谁a^{44}sui$^{22-55}$

去声 31 变读 55：鱼蛋_{鱼丸、鱼卵}ji^{22}tan$^{31-55}$、颈链_{项链}kɛŋ^{55}lin$^{31-55}$、姑丈_{姑父}ku^{44}tsiaŋ$^{31-55}$、姨丈_{姨父}ji^{22}tsiaŋ$^{31-55}$、出瘤_{长瘅子}ts^{h}ut^{5}liu$^{31-55}$、□样_{这样，那样}k^{h}ɔi^{31}jɛŋ$^{31-55}$

D. 出现在多音节连读的中间。

下阴入 3 变读 5：美国足球_{橄榄球}mei^{31}kɔk$^{3-5}$tsuk^{3}k^{h}iu^{22}

2）高升变调 35。
A. 出现在单音节。

阴平 44 变读 35：街 kai$^{44-35}$、樽_{瓶子}tun$^{44-35}$、羹_{调羹}kaŋ$^{44-35}$、板 pan$^{44-35}$、刀 tou$^{44-35}$、褛_{大衣、外套}lau$^{44-35}$、辫_{辫子}pin$^{44-35}$、相_{照片}tɛŋ$^{44-35}$、票 p^{h}iu$^{44-35}$

阳平 22 变读 35：房_{房子、房间}fɔŋ$^{22-35}$、枱_{桌子}hɔi$^{22-35}$、梨_{梨子}lei$^{22-35}$、银_{银子、钱}ŋan$^{22-35}$、钱 t^{h}ɛn$^{22-35}$

上声 55 变读 35：李_{李子}lei$^{55-35}$、榄_{橄榄}lam$^{55-35}$、粽_{粽子}tuŋ$^{55-35}$

去声 31 变读 35：巷_{巷子}hɔŋ$^{31-35}$、帽 mou$^{31-35}$、钻_{钻子}tɔn$^{31-35}$、庙 mɛu$^{31-35}$、画 wa$^{31-35}$

上阴入 5 变读 35：塞_{重孙}ɬak$^{5-35}$

阳入 2 变读 35：侄_{侄子}tsit$^{2-35}$

B. 出现在双音节连读的后一音节。

阴平 44 变读 35：上高_{上面}sɛŋ^{31}kɔ$^{44-35}$、毛虾_{婴儿}mou^{22}ha$^{44-35}$、喊线_{老,电话}ham^{44}ɬan$^{44-35}$、唱歌 ts^{h}eŋ^{44}kɔ$^{44-35}$、粉丝 fɛŋ^{44}si$^{44-35}$、蚀本_{亏本}sɛt^{2}pun$^{44-35}$、赊数_{赊账}sɛ^{44}su$^{44-35}$

阳平 22 变读 35：钓鱼 tiu^{44}jy$^{22-35}$、劏鱼_{杀鱼}hɔn^{44}jy$^{22-35}$、芥蓝 kai^{44}lan$^{22-35}$、鲨鱼 sa^{44}jy$^{22-35}$、鱿鱼 jau^{22}jy$^{22-35}$、金鱼 kam^{44}jy$^{22-35}$、骑楼_{街廊}k^{h}ɛ^{22}lau$^{22-35}$、鲸鱼 k^{h}eŋ^{22}ji$^{22-35}$、客房 hak^{3}fɔŋ$^{22-35}$、书房 si^{44}fɔŋ$^{22-35}$、阁楼 kak^{3}lau$^{22-35}$、厨房 ts^{h}iu^{22}fɔŋ$^{22-35}$、餐枱_{餐桌}ts^{h}an^{44}hɔi$^{22-35}$、车房 ts^{h}ɛ^{44}fɔŋ$^{22-35}$、写枱_{书桌}sɛ^{55}hɔi$^{22-35}$、雪条_{冰棒}ɬut^{3}hɛu$^{22-35}$、烧鹅 siu^{44}ŋɔ$^{22-35}$、肉丸 juk^{2}jɔn$^{22-35}$、汤圆 hɔŋ^{44}jɔn$^{22-35}$、膦丸_{睾丸}laŋ^{55}jɔn$^{22-35}$、阿毛_{老,婴儿}a^{44}mou$^{22-35}$、教堂 kau^{44}hɔŋ$^{22-35}$、新娘 ɬim^{44}nɛŋ$^{22-35}$、出麻_{麻疹}ts^{h}ut^{5}ma$^{22-35}$、菲林_{胶卷}fei^{44}lim$^{22-35}$、打拳 ta^{44}

kʰun²²⁻³⁵、对联 tui⁴⁴lun²²⁻³⁵、象棋 tsɛŋ³¹kʰei²²⁻³⁵、围棋 wai²²kʰei²²⁻³⁵、作棋 下棋 tɔk³kʰei²²⁻³⁵、桥牌 kʰɐu²²pʰai²²⁻³⁵、洗牌 ɬai⁵⁵pʰai²²⁻³⁵、赌钱 ou⁵⁵tʰɛn²²⁻³⁵、猜枚 tsʰai⁴⁴mɔi²²⁻³⁵、夹钱 kap³tʰɛn²²⁻³⁵、揾钱(去)赚钱 wun⁵⁵tʰɛn²²⁻³⁵、大洋整钱 ai³¹jɛŋ²²⁻³⁵、散银零钱 ɬan⁵⁵ŋan²²⁻³⁵、有银有钱 jiu⁵⁵ŋan²²⁻³⁵、还钱 wan²²tʰɛn²²⁻³⁵、差银差钱 tsʰa⁴⁴ŋan²²⁻³⁵、收银收钱 siu⁴⁴ŋan²²⁻³⁵

上声 55 变读 35：阿嫂 a⁴⁴ɬau⁵⁵⁻³⁵、送礼 suŋ⁴⁴lai⁵⁵⁻³⁵、接礼 tiap³lai⁵⁵⁻³⁵

去声 31 变读 35：黄豆 wɔŋ²²tau³¹⁻³⁵、鸡蛋 kai⁴⁴tan³¹⁻³⁵、雀蛋 tiɔk³tan³¹⁻³⁵、瓦片 ŋa⁵⁵pʰin³¹⁻³⁵、胶袋 kau⁴⁴tɔi³¹⁻³⁵、衫袋 衣袋 sam⁴⁴tɔi³¹⁻³⁵、手袋 手提包 sau⁵⁵tɔi³¹⁻³⁵、草帽 tsʰou⁵⁵mou³¹⁻³⁵、咸蛋 ham²²tan³¹⁻³⁵、皮蛋 pʰei³¹tan³¹⁻³⁵、上味盐 seŋ³¹mei³¹⁻³⁵、道士 ou³¹ɬi³¹⁻³⁵、外父岳父 ŋɔi³¹fu³¹⁻³⁵、拆数离婚 tsʰak³ɬu³¹⁻³⁵、炮仗鞭炮 pʰau⁴⁴tseŋ³¹⁻³⁵、电话 ɛn³¹wa³¹⁻³⁵、省话 省城话、广府话 saŋ⁴⁴wa³¹⁻³⁵、夹份 凑份子 kap³fun³¹⁻³⁵、股市 ku⁵⁵si³¹⁻³⁵、柜面 kuai³¹man³¹⁻³⁵、徒弟 hou²²ai³¹⁻³⁵、座位 tsɔ²wai³¹⁻³⁵、超市 tsʰɛu⁴⁴si³¹⁻³⁵、订位 ɛŋ³¹wai³¹⁻³⁵、贴士小费,英语:tip tʰip⁵si³¹⁻³⁵、的士 tʰɛk⁵si³¹⁻³⁵

上阴入变读 35：胶捽橡皮擦 kau⁴⁴tut⁵⁻³⁵

下阴入变读 35：油角 jau²²kɔk³⁻³⁵、美国 mei³¹kɔk³⁻³⁵、白鸽 pak²kap³⁻³⁵、梳发 sou⁴⁴fat³⁻³⁵

阳入变读 35：蝴蝶 wu²²tip²⁻³⁵、吹笛 tsʰui⁴⁴tɛk²⁻³⁵、略略 lɛk²lɛk²⁻³⁵

C. 出现在三音节连读的中间。

阳平 22 变读 35：有钱区富人区 jiu⁵⁵tʰɛn²²⁻³⁵kʰi⁴⁴、白兰花 pak²lan²²⁻³⁵fa⁴⁴

去声 31 变读 35：茉莉花 mut²lei³¹⁻³⁵fa⁴⁴、绿豆沙 luk²tau³¹⁻³⁵sa⁴⁴、红豆冰 hu²²tau³¹⁻³⁵peŋ⁴⁴、好市情股市升 hou⁵⁵si³¹⁻³⁵tsʰeŋ²²、难为你 nan²²wei³¹⁻³⁵nei³¹

D. 出现在三音节连读的最后一个音节。

阴平 44 变读 35：豆腐干 tau³¹fu³¹kɔn⁴⁴⁻³⁵、打喊线老,打电话 ta⁵⁵ham⁴⁴ɬan⁴⁴⁻³⁵

阳平 22 变读 35：月份牌日历 ŋut²fun³¹pʰai²²⁻³⁵、细番茄圣女果 ɬai⁴fan⁴⁴kʰɛ²²⁻³⁵、三文鱼 sam⁴⁴man²²jy²²⁻³⁵、八爪鱼 pat³tsau⁵⁵ji²²⁻³⁵、主人房 tsi³¹ɲin²²fɔŋ²²⁻³⁵、冲凉房浴室 tsʰuŋ⁴⁴lɛŋ²²fɔŋ²²⁻³⁵、洗衣房洗衣房(店) sai⁵⁵ji⁴⁴fɔŋ²²⁻³⁵、芝麻糊 tsi⁴⁴ma²²wu²²⁻³⁵、糯米丸 nɔ³¹mai⁵⁵jɔn²²⁻³⁵、烂头□瘌痢头 lan²²hai²²jeŋ²²⁻³⁵、去生银贷款 hui⁴⁴saŋ⁴⁴ŋan²²⁻³⁵

上声 55 变读 35：倒□倚倒立 ou⁵⁵an⁴⁴kʰei⁵⁵⁻³⁵、老老哋有点老 lou⁵⁵lou⁵⁵tei⁵⁵⁻³⁵、乱乱哋有点乱 lɔn³¹lɔn³¹tei⁵⁵⁻³⁵、慢慢哋有点慢 man³¹man³¹tei⁵⁵⁻³⁵、冻冻哋有点冷 tuŋ⁴⁴tuŋ⁴⁴tei⁵⁵⁻³⁵、红红哋有点红 huŋ²²huŋ²²tei⁵⁵⁻³⁵、黄黄哋有点黄 wɔŋ²²wɔŋ²²tei⁵⁵⁻³⁵、绿绿哋有点绿 luk²luk²tei⁵⁵⁻³⁵、青青哋有点绿 tʰɛŋ⁴⁴tʰɛŋ⁴⁴tei⁵⁵⁻³⁵、白白哋有点白 pak²pak²tei⁵⁵⁻³⁵、黑黑哋有点黑 hak⁵hak⁵tei⁵⁵⁻³⁵、甜甜哋有点甜 tʰim²²tei⁵⁵⁻³⁵、苦苦哋有点苦 fu⁵fu⁵tei⁵⁵⁻³⁵、香香哋有点香 hɛŋ⁴⁴hɛŋ⁴⁴tei⁵⁵⁻³⁵、餲餲哋有点臊 ŋat³ŋat³tei⁵⁵⁻³⁵、滑滑哋有点滑 wat²wat²tei⁵⁵⁻³⁵、重重哋有点重 tsʰuŋ⁵⁵tsʰuŋ⁵⁵tei⁵⁵⁻³⁵、轻轻哋有点轻 hɛŋ⁴⁴hɛŋ⁴⁴tei⁵⁵⁻³⁵、干干哋有点干 kɔn⁴⁴kɔn⁴⁴tei⁵⁵⁻³⁵、湿湿哋有点湿 ɬip⁵ɬip⁵tei⁵⁵⁻³⁵、硬硬哋有点硬

ŋaŋ³¹ŋaŋ³¹tei⁵⁵⁻³⁵、软软哋₍有点软₎ŋun⁵⁵ŋun⁵⁵tei⁵⁵⁻³⁵

去声 31 变读 35：鸡生蛋 kai⁴⁴ɬaŋ⁴⁴tan³¹⁻³⁵、广东话₍广府话₎kɔŋ⁵⁵tuŋ⁴⁴wa³¹⁻³⁵、台山话 hɔi²² san⁴⁴wa³¹⁻³⁵、打电话 ta⁵⁵ɛn³¹wa³¹⁻³⁵、啦啦队 la⁴⁴la⁴⁴tui³¹⁻³⁵、录音带 luk²jim⁴⁴ai³¹⁻³⁵、录像带 luk²teŋ³¹ai³¹⁻³⁵、烧炮仗₍放鞭炮₎siu⁴⁴pʰau⁴⁴tsɛŋ³¹⁻³⁵

下阴入 3 变读 35：新面壳₍面具₎ɬin⁴⁴man³¹hɔk³⁻³⁵

E. 出现在多音节连读的中间。

去声 31 变读 35：唔好市情₍股市下跌₎m̩²²hou⁵⁵si³¹⁻³⁵tsʰeŋ²²

F. 出现在多音节连读的最后一个音节。

阳平 22 变读 35：国际象棋 kɔk³tsai⁴⁴tsɛŋ³¹kʰei²²⁻³⁵

3) 中降变调 31。
A. 出现在单音节。

阴平 44 变读 31：亲₍动₎han⁴⁴⁻³¹、樽₍瓶子₎tun⁴⁴⁻³¹、痂 ka⁴⁴⁻³¹、疮 tsʰɔŋ⁴⁴⁻³¹、揸₍量₎tsa⁴⁴⁻³¹
上声 55 变读 31：蟹 hai⁵⁵⁻³¹

B. 出现在双音节连读的前一音节。

上声 55 变读 31：奶油 nai⁵⁵⁻³¹jau²²、吕宋₍墨西哥₎lei⁵⁵⁻³¹ɬuŋ⁴⁴

C. 出现在双音节连读的后一音节。

阴平 44 变读 31：脚印 kɛk³jin⁴⁴⁻³¹、结痂 kɛt³ka⁴⁴⁻³¹、彩票 tʰɔi⁵⁵pʰiu⁴⁴⁻³¹
上声 55 变读 31：食粽 sek²tsuŋ⁵⁵⁻³¹、飞鼠₍蝙蝠₎fei⁴⁴si⁵⁵⁻³¹、椰奶 jɛ²²nai⁵⁵⁻³¹、腐乳 fu³¹ŋui⁵⁵⁻³¹、发冷 fat³laŋ⁵⁵⁻³¹、水抱₍救生圈₎sui⁵⁵pʰou⁵⁵⁻³¹

D. 出现在三音节连读的最前一个音节。

上声 55 变读 31：你行先₍你先走₎nei⁵⁵⁻³¹haŋ²²ɬɛn⁴⁴、艇仔粥 hɛŋ⁵⁵⁻³¹tɔi⁵⁵tuk⁵

E. 出现在三音节连读的中间。

上声 55 变读 31：老友记 lou⁵⁵jiu⁵⁵⁻³¹kei⁴⁴

F. 出现在三音节连读的最后一个音节。

上声 55 变读 31：骑膊马 _{骑肩膀} k^{h}ε^{22} pɔk^3 ma$^{55-31}$

G. 出现在多音节连读的最前一个音节。

上声 55 变读 31：你行第一 _{你先走} nei$^{55-31}$ haŋ^{22} tɔi^{44} jit^5

4）变调的连用。
55 高平变调、35 高升变调可以在连读中交替连用或重复出现。例如：

摸牌 mɔ$^{44-35}$ ai$^{22-35}$、荷兰豆 hɔ^{22} lan$^{22-55}$ tau$^{31-35}$、臭臭哋_{有点臭} ts^{h}iu^{44} ts^{h}iu$^{44-55}$ tei$^{55-35}$

2.2.2.4.2　美国华人社区台山话变调研究

游汝杰在《汉语方言学教程》中指出："声调的变化往往是由连读引起的。连读变调（tone sandhi）的现象，各种方言都有，只是情况不一样，有的简单一些，有的复杂一些。"①

虽然粤方言的变调在汉语方言中不算复杂，但是粤方言普遍都有变调，其中广府话的变调一般是两个，台山话的变调则通常是 3 个。美国华人社区的 6 个台山话也有变调，变调的数量与祖籍地方言广东台山话相同，都是 3 个，除了广府话通常也有的高平变调、高升变调以外，还有一个国内广东台山话也有的中（半低）降变调。我们在东南亚调查过的缅甸仰光、曼德勒等地的台山话也是如此。

关于台山话的变调，历来研究广东台山话的学者都已经注意到并做了相关的记录。大部分的观点认为，台山话变调属于跨层面的音义变调，与名词密切相关，起到标明词性（Don，1884；陈锡梧，1966；Cheng，1973；汤翠兰，1997）、引申词义（甘于恩，2010）、小称变调（McCoy，1966；余蔼芹，2005；谭雨田，2011）、标识白读音（甘于恩，2010）、标识外来词（甘于恩，2010）和标明亲属称谓（谭雨田，2011）等作用。

根据以往的讨论，台山话变调大致可分为高升调、降调、高平调几种，还有通过实验语音手段发现屈折变调的。②汤翠兰（1997）认为，广东新会司前话形态变调表现为舒声调读 53 和 13，促声调读 5，主要起到区别词性、区别词义、区别书面语和口语词的作用。③

不过，分析美国 6 个台山话的变调，我们发现并非完全如此。

在上文 2.2.2.4.1 中举出的变调例子，都是出现在我们收录了 3000 多个词条的《海外汉语方言词汇调查表》中的，可以发现，6 个台山话的变调，都或多或少有与构词或者

---

① 游汝杰：《汉语方言学教程》，上海教育出版社 2004 年版，第 47 页。
② 参见谭洁莹《粤方言台山话语音特征的实验语音学研究》，暨南大学 2016 年硕士学位论文。
③ 参见汤翠兰《广东新会司前话的音韵研究》，暨南大学 2004 年博士学位论文。

构形有关的表现，且变调改变词性主要发生在 35 高升变调，这恐怕与读 35 变调的现象发生得比较多有关。

我们认为，美国华人社区台山话的变调有两大类。

（1）音义变调。

1）变调改变词性的例子。

三藩市台山话"垫 tɛm$^{44-35}$""叉 tʰa$^{44-35}$""锤 tsʰui$^{22-35}$""钻 tsɔn$^{44-35}$""钉 iaŋ$^{44-35}$""包 pau$^{44-35}$""夹 kiap$^{2-35}$"读 35 变调后，从表示动作的动词性词语变成了名词性的"垫子""叉子""锤子""钻子""钉子""包子""夹子"。

洛杉矶台山话"锄 tsʰu$^{22-35}$""垫 tin$^{22-35}$""磅 pɔŋ$^{44-35}$""叉 tsʰa$^{44-35}$""盖 kɔi$^{44-35}$""钳 kʰɛm$^{22-35}$""锉 tʰɔ$^{44-35}$""锥 tsui$^{44-35}$""刨 pʰau$^{22-35}$"读 35 变调后，从表示动作的动词性词语变成了名词性的"锄头""垫子""磅秤""叉子""盖子""钳子""锉刀""锥子""刨子"。"寡 kua$^{55-21}$"读 21 变调后，从形容词性的"寡"变成了名词性的"寡妇"。

纽约台山话"钳 kʰiam$^{22-35}$""轮 lun$^{22-35}$"读 35 变调后，从表示动作的动词性词语变成了名词性的"钳子""方向盘"。"数 ɬu$^{44-55}$"读 55 变调后，从名词变成了动词。"筛 sai$^{44-31}$""盖 kɔi$^{44-31}$""堆 ui$^{44-31}$"读 31 变调后，前两例从动词变成了名词"筛子""盖子"，后一例从动词"堆"变成了量词"（一）堆"。

芝加哥台山话"铲 tsʰan$^{55-35}$""钳 kʰiam$^{22-35}$""刨 pʰau$^{22-35}$"读 35 变调后，从表示动作的动词性词语变成了名词性的"铲子""钳子""刨子"。

波特兰台山话"塞 ɬak$^{5-35}$""钳 kʰiam$^{22-35}$""钻 tuɔn$^{22-35}$""刨 pʰau$^{22-35}$"读 35 变调后，从表示动作的动词性词语变成了名词性的"重孙子""钳子""钻子""刨子"。"盖 kɔi$^{44-31}$"读 31 变调后，从表示动作的动词性词语变成了名词性的"盖子"。

圣安东尼奥台山话"塞 ɬak$^{5-35}$""钻 tɔn$^{31-35}$"读 35 变调后，从表示动作的动词性词语变成了名词性的"重孙子""钻子"。"亲 han$^{44-31}$""揸 tsa$^{44-31}$"读 31 变调后，"亲"从形容词性的"亲密""亲切"变成了动词性的"亲吻"，"揸"从表示动作的动词"拿"变成了量词"（一）揸_把"。

2）变调改变词义的例子。

三藩市台山话的"脚"无论变调与否词性都不产生变化。在单念 35 变调 kiak$^{3-35}$ 时，表示动物的"蹄子"的意思；而表示人的器官时，不管是在单音节、双音节或三音节词中，都只读原调，即"脚 kɛk^3""脚踭_{脚跟}kɛk^{3}tsaŋ^{44}""脚趾 kɛk^{3}tsi^{55}""脚印 kɛk^{3}jin^{44}""脚髀囊_{腿肚子}kɛk^{3}pi^{55}nɔŋ^{22}""脚板底 kɛk^{3}pan^{55}ai^{55}"。

芝加哥台山话"厨房 tsʰui^{22}fɔŋ^{22}"、波特兰台山话"厨房 tsʰui^{22}fɔŋ$^{22-35}$"中的"厨"作为构词语素不变调。若单用则表示"厨师"的意思。芝加哥台山话读 55 变调，即"厨 tsʰui$^{22-55}$"；波特兰台山话读 35 变调，即"厨 tsʰui$^{22-35}$"。

圣安东尼奥台山话"弟"无论变调与否词性都不产生变化，但在"徒弟 hou^{22}ai$^{31-35}$"一词中读 35 变调，与读原调的"兄弟 heŋ^{44}ai^{31}""两兄弟 liɔŋ^{55}heŋ^{44}ai^{31}""两姊弟 liɔŋ^{55}ti^{55}ai^{31}""堂兄弟 hɔŋ^{22}heŋ^{44}ai^{31}"相比，就产生了这几个不变调的词中的"弟"除了"弟弟"之意以外的"弟子"含义。

三藩市、洛杉矶、纽约、芝加哥、圣安东尼奥五地台山话的"马"，当作为构词语素不变调时，表示的是它的本义"马牛羊"的"马"，变读 35 调或 31 调时，意义就发生了变化，表示荸荠或用荸荠粉做的一种粤式甜点心。

三藩市：马□_{马厩}ma⁵⁵hɔi²²、马蹄糕_{用荸荠粉做的甜点心}ma⁵⁵⁻³⁵hai²²kɔ⁴⁴
洛杉矶：马屋_{马厩}ma⁵⁵uk⁵、马蹄糕_{用荸荠粉做的甜点心}ma⁵⁵⁻³⁵hai²²kɔ⁴⁴
纽约：马屋_{马厩}ma⁵⁵uk⁵、马蹄糕_{用荸荠粉做的甜点心}ma⁵⁵⁻³¹hai⁴⁴kou⁴⁴
芝加哥：马房_{马厩}ma⁵⁵fɔŋ²²、马蹄_{荸荠}ma⁵⁵⁻³¹hɔi²²⁻³⁵、马蹄糕_{用荸荠粉做的甜点心}ma⁴⁴⁻³⁵hai²²⁻³⁵kɔ⁴⁴

波特兰台山话"马房 ma³¹fɔŋ²²"不变调，表示"荸荠"的"马蹄 ma³¹hai²²⁻³⁵"中的"马"不变调，"蹄"变调。表示荸荠，三藩市台山话"马蹄_{荸荠}ma⁵⁵tʰai²²⁻³⁵"和洛杉矶台山话"马蹄_{荸荠}ma⁵⁵hai²²⁻³⁵"，变调的也是后一音节"蹄"，纽约台山话"荸荠"用"马□ma³¹hɛu⁵⁵"表示。例外的是圣安东尼奥台山话，"马蹄 ma⁵⁵hai²²""马蹄糕 ma⁵⁵hai²²kou⁴⁴"都不变调。

3）变调表示程度稍减的小称意义。

以下洛杉矶台山话和芝加哥台山话的例子，都是单音节形容词重叠后，后一音节读 35 高升变调，表示的是形容的程度稍减。

洛杉矶：静静_{静静地}teŋ²¹teŋ²¹⁻³⁵、红红_{红红的}huŋ²²huŋ²²⁻³⁵、黄黄_{黄黄的}wɔŋ²²wɔŋ²²⁻³⁵、甜甜_{甜甜的}him²²him²²⁻³⁵

芝加哥：乱乱_{乱乱的}lɔn³¹lɔn³¹⁻³⁵、快快_{快快地}fai⁴⁴fai⁴⁴⁻³⁵、慢慢_{慢慢地}man³¹man³¹⁻³⁵、热热_{热热的}jet²jet²⁻³⁵、凉凉_{凉凉的}liaŋ²²liaŋ²²⁻³⁵、白白_{白白的}pak²pak²⁻³⁵、重重_{重重的}tsʰuŋ⁵⁵tsʰuŋ⁴⁴⁻³⁵、硬硬_{硬硬的}ŋaŋ³¹ŋaŋ³¹⁻³⁵、软软_{软软的}ŋun⁵⁵ŋun⁵⁵⁻³⁵

上文的例子，全出现在我们收录了 3000 多个词条的词表中。可以发现，6 个台山话的变调现象丰富多彩，都或多或少有与构词、构形有关的表现，且变调改变词性、词义主要发生在 35 高升变调，这恐怕与读 35 变调的现象比较多有关。

（2）语音变调。

调查也显示，6 个台山话中，变调现象最多的还是在连读中出现的。下面的不少例子，同一构词语素在不同的词语中，不论变调与否，均不会导致词性的变化，也不产生词义的改变，变调只是连读引起的语流音变。这种类型的变调占了美国 6 个台山话变调的绝大多数。

1）连读变调的认定。

一些学者认为，台山话变调属于语义层面上的变调，承载着语法功能。甘于恩在《广东四邑方言语法研究》中说，"四邑方言没有连读变调，所有的变调皆与构词或构形有

第 2 章 美国华人社区汉语粤方言语音研究

关"①。汤翠兰发现新会司前话有连读变调，调值为 31 的阴平调和下阴入调作为前字时变为 33 或 3，认为这种变调的作用是使前后音节连贯不间断。

美国台山话的连读变调有 3 个：低降变调 21/31、高升变调 35 和高平变调 55。

有学者认为，低降 21/31 变调起标明体词（名词、量词、代词）和区分白读音的作用，例如，"衫"读为 21 调有白读屈折的意味。② 如前文所述，部分 21/31 变调确实是音义层面的变调，但我们也发现有连读变调的存在，并找到了连读变调与非连读变调的例子。③

表 2-23 是洛杉矶"衫"连读变调的例子，44 是古阴平字"衫"的本调，但我们发现该字在语流中还有读为低降 21 的。我们认为，在"好衫_{晚礼服、西装} hɔ⁴⁴ ɬam⁴⁴⁻²¹""衫袋_{衣服口袋} ɬam⁴⁴⁻²¹ ɔi²¹"等字组中，"衫"存在连读变调的现象。变调后其语义和语法功能均未发生改变，最小对立"衫袖_{衣服袖子}"和"衫袋_{衣服口袋}"中的"衫"字语义和用法完全相同，但声调发生了变化，这符合语音变调的特点。

表 2-23　洛杉矶台山话"衫"连读变调情况

例子	不变调	变调
衫_{衣服}	洗衫房_{洗衣房} ɬai⁵⁵ ɬam⁴⁴ fɔŋ²²⁻³⁵、衫袖_{衣服袖子} ɬam⁴⁴ tiu²¹	好衫_{晚礼服、西装} hɔ⁴⁴ ɬam⁴⁴⁻²¹、衫袋_{衣服口袋} ɬam⁴⁴⁻²¹ ɔi²¹

35 变调在台山话中数量最多，也最常见，因为 35 变调是在台山话单字声调系统以外出现的，故历来是台山话研究的热点。王力、钱淞生（1950）和陈锡梧（1966）等曾列举大量的 35 变调的例子。陈锡梧认为该变调用来标识名词（名词词性）。还有学者认为，35 变调的功能还有包括小称变调在内的引申词义等（McCoy，1966；汤翠兰，1997；余蔼芹，2005；甘于恩，2010）。但是，我们也发现 35 变调还有不少属于语音层面的连读变调表现。（见表 2-24 至表 2-29）

表 2-24　三藩市台山话 35 变调举例

例子	不变调	变调
姐_{姐姐}	姐夫 ti⁵⁵ fu²²	家姐 ka⁴⁴ ti⁴⁴⁻³⁵
所_{机关或其他办事地方的名称}	公所伯_{华人社团的老员工} kuŋ⁵⁵ sɔ⁵⁵ pak³	公所_{华人社团} kuŋ⁵⁵ sɔ⁵⁵⁻³⁵
餐_{饭食}	西餐 ɬai⁴⁴ tʰan⁴⁴、快餐 fai⁴⁴ tʰan⁴⁴、中餐 tsuŋ⁴⁴ tʰan⁴⁴	早餐 tau⁵⁵ tʰan⁴⁴⁻³⁵

---

① 甘于恩：《广东四邑方言语法研究》，暨南大学出版社 2010 年版，第 29 页。
② 甘于恩：《广东四邑方言语法研究》，暨南大学出版社 2010 年版，第 29 页。
③ 下文各点例字的释义参见中国社会科学院语言研究所词典编辑组编《现代汉语词典》，商务印书馆 2014 年版。

续表 2-24

例子	不变调	变调
鱼 脊椎动物的一大类，生活在水中	鲸鱼 kʰeŋ²² ŋui²²、鳄鱼 ŋɔk² ŋui²²、鲨鱼 sa⁴⁴ ŋui²²、三文鱼 ɬam⁴⁴ mun²² ŋui²²、八爪鱼 pat² jau⁵⁵ ŋui²²、鱿鱼 jiu²² ŋui²²、鲍鱼 pau⁵⁵ ŋui²²、金鱼 kim⁴⁴ ŋui²²	捉鱼 tsɔk³ ŋui²²⁻³⁵、钓鱼 ɛu³¹ ŋui²²⁻³⁵

表 2-25　洛杉矶台山话 35 变调举例

例子	不变调	变调
房 房子、房间	马房 ma²¹ fɔŋ²²	房 fɔŋ²²⁻³⁵、书房 si⁴⁴ fɔŋ²²⁻³⁵、瞓房 睡房,主人房 fun⁴⁴ fɔŋ²²⁻³⁵、冲凉房 浴室 tsʰuŋ⁴⁴ lɛŋ²² fɔŋ²²⁻³⁵、厨房 tsʰui²² fɔŋ²²⁻³⁵、洗衫房 洗衣房 ɬai⁴⁴ ɬam⁴⁴ fɔŋ²²⁻³⁵
鱼 脊椎动物的一大类，生活在水中	鳄鱼 ŋɔk² ŋui²²	鱼 ŋui²²⁻³⁵、网鱼 mɔŋ⁵⁵ ŋui²²⁻³⁵、捉鱼 tsɔk³ ŋui²²⁻³⁵、钓鱼 ɛu⁴⁴ ŋui²²⁻³⁵、劏鱼 杀鱼 hɔŋ⁴⁴ ŋui²²⁻³⁵、大鱼 鲸鱼 ai³¹ ŋui²²⁻³⁵、鱿鱼 jiu²² ŋui²²⁻³⁵、墨鱼 mak² ŋui²²⁻³⁵、金鱼 kim⁴⁴ ŋui²²⁻³⁵
钱 货币、钱财	争银钱 欠钱 tsaŋ⁴⁴ ŋan²² tʰɛn²²、减价钱 降价 kam⁵⁵ ka⁴⁴ tʰɛn²²、讨价钱 砍价 tʰɔ⁵⁵ ka⁴⁴ tʰɛn²²⁻³⁵	还钱 jiu³⁵ tʰɛn²²⁻³⁵、有钱 jiu³⁵ tʰɛn²²⁻³⁵

表 2-26　纽约台山话 35 变调举例

例子	不变调	变调
房 房子、房间	洗衫房 洗衣房(店) sai⁵⁵ ɬam⁴⁴ fɔŋ²²、主人房 tsi⁵⁵ jan²² fɔŋ²²、书房 si⁴⁴⁻³¹ fɔŋ²²	冲凉房 浴室 tsʰuŋ⁴⁴ lɛŋ²² fɔŋ²²⁻³⁵、厨房 tsʰui²² fɔŋ²²⁻³⁵
鱼 脊椎动物的一大类，生活在水中	鳄鱼 ŋɔk² ŋui²²、鲨鱼 sa⁴⁴ ŋui²²、鱿鱼 jau²² ŋui²²、墨鱼 mak² ŋui²²、鲍鱼 pau⁴⁴ ŋui²²、鲤鱼 lei²² ŋui²²、鲫鱼 takʰ ŋui²²、金鱼 kam⁴⁴ ŋui²²、八爪鱼 pat³ tsau⁵⁵ ŋui²²、三文鱼 sam⁴⁴ mɛn²² ŋui²²	劏鱼 杀鱼 hɔŋ⁴⁴ ŋui²²⁻³⁵、捉鱼 tsɔk³ ŋui²²⁻³⁵、钓鱼 tiu⁴⁴ ŋui²²⁻³⁵
蛋 鸟、龟、蛇等所产的卵	蛋糕 an³¹ kou⁴⁴、蛋挞 an³¹ tʰat⁵	鱼蛋 鱼卵、鱼丸 ŋui²² an³¹⁻³⁵、鸡蛋 kɔi⁴⁴ an³¹⁻³⁵、雀蛋 tiak³ an³¹⁻³⁵、咸蛋 ham²² an³¹⁻³⁵、皮蛋 pʰi²² an³¹⁻³⁵、生蛋 (鸡)生蛋 saŋ⁴⁴ an³¹⁻³⁵、皮蛋瘦肉粥 pʰi²² an³¹⁻³⁵ sau²² ŋuk² tsuk⁵

表 2-27　芝加哥台山话 35 变调举例

例子	不变调	变调
楼 楼房、楼梯 架设在楼房的两层之间供人上下的设备	楼梯 liu²² hai⁴⁴	买楼 买房 mai⁵⁵ lɛu²²⁻³⁵、供楼 kuŋ⁴⁴ lɛu²²⁻³⁵、洋楼 jɛŋ²² lau²²⁻³⁵、骑楼 街廊 kʰɛ²² lau²²⁻³⁵
鱼 脊椎动物的一大类，生活在水中	鱼子 鱼卵 ŋui²² tu⁵⁵、鳄鱼 ŋɔk² ŋui²²、鱼鳞 ŋui²² lan²²	鲨鱼 sa⁴⁴ ŋui²²⁻³⁵、鱿鱼 jiu²² ŋui²²⁻³⁵、章鱼 tsiaŋ⁴⁴ ŋui²²⁻³⁵、墨鱼 mak² ŋui²²⁻³⁵、鲍鱼 pau⁴⁴ ŋui²²⁻³⁵、鲤鱼 li⁵⁵ ŋui²²⁻³⁵、鲫鱼 tsek⁵ ŋui²²⁻³⁵、金鱼 kam⁴⁴ ŋui²²⁻³⁵、咸鱼 ham²² ŋui²²⁻³⁵、三文鱼 ɬam⁴⁴ mun²² ŋui²²⁻³⁵
蛋 鸟、龟、蛇等所产的卵	蛋糕 an³¹ kɔ⁴⁴、蛋挞 an³¹ tʰak⁵	咸蛋 ham²² an³¹⁻³⁵、皮蛋 pʰi²² an³¹⁻³⁵、雀蛋 tiɔk⁵ an³¹⁻³⁵、生蛋 (鸡)生蛋 suŋ⁴⁴ an³¹⁻³⁵、皮蛋瘦肉粥 pʰi²² an³¹⁻³⁵ siu⁴⁴ ŋuk² tsuk⁵

表 2-28　波特兰台山话 35 变调举例

例子	不变调	变调
蛋 鸟、龟、蛇等所产的卵	蛋挞 an³¹ tʰak⁵	蛋糕 an³¹⁻³⁵ kau⁴⁴、咸蛋 ham²² an³¹⁻³⁵、皮蛋 pʰei²² an³¹⁻³⁵、雀蛋 tiɔk³ an³¹⁻³⁵、生蛋 (鸡)生蛋 saŋ⁴⁴ an³¹⁻³⁵、执蛋节 复活节 tsap⁵ an³¹⁻³⁵ tɛt⁵、皮蛋瘦肉粥 pʰei²² an³¹⁻³⁵ sai⁴⁴ ŋuik² tsuk⁵
夜 从天黑到天亮的一段时间	夜市 jɛ³¹ si⁵⁵	宵夜 夜宵 ɬɛu⁴⁴ jɛ³¹⁻³⁵
妹 妹妹	姊妹 ti⁵⁵ mɔi³¹、两姊妹 liɔŋ⁵⁵ ti⁵⁵ mɔi³¹、两兄妹 liɔŋ⁵⁵ hɛŋ⁴⁴ mɔi³¹	阿妹 a⁴⁴ mɔi³¹⁻³⁵

表 2-29　圣安东尼奥台山话 35 变调举例

例子	不变调	变调
银 金属元素，跟货币有关的	银柜 收款机 ŋaŋ²² kei³¹、收银机 收款机 siu⁴⁴ ŋaŋ²² kei⁴⁴	散银 零钱 ɬan⁵⁵ ŋaŋ²²⁻³⁵、有银 有钱 jiu⁵⁵ ŋaŋ²²⁻³⁵、差银 差钱 tsʰa⁴⁴ ŋaŋ²²⁻³⁵、收银 收钱 siu⁴⁴ ŋaŋ²²⁻³⁵
蛋 鸟、龟、蛇等所产的卵	蛋挞 tan³¹ tʰat⁵	蛋 tan³¹⁻³⁵、蛋糕 tan³¹⁻³⁵ kau⁴⁴、鱼蛋 鱼丸、鱼卵 ji²² tan³¹⁻³⁵、咸蛋 ham²² tan³¹⁻³⁵、皮蛋 pʰei²² tan³¹⁻³⁵、雀蛋 tiɔk³ tan³¹⁻³⁵、生蛋 (鸡)生蛋 saŋ⁴⁴ tan³¹⁻³⁵、皮蛋瘦肉粥 pʰei²² an³¹⁻³⁵ sai⁴⁴ ŋuik² tsuk⁵
楼 楼房、楼梯 架设在楼房的两层之间供人上下的设备	楼梯 lau²² hai⁴⁴	楼 楼房 lau²²⁻³⁵、骑楼 街廊 kʰɛ²² lau²²⁻³⁵
夜 从天黑到天亮的一段时间	夜市 jɛ³¹ si⁵⁵	宵夜 夜宵 ɬɛu⁴⁴ jɛ³¹⁻³⁵
父 父亲、家族或亲戚中的长辈男子	父母 fu³¹ mou³¹、后父 继父 hau³¹ fu³¹	外父 岳父 ŋɔi³¹ fu³¹⁻³⁵

以上的例子说明，美国台山话的各个调查点均存在连读变调的现象，变调情况与本土台山话的情况略有不同。如"鱼""房"等字，本土台山话多变为低降，但在美国的 6 个调查点中均变为高升 35。阳平字"鱼"本调为 22，在本土台山话中一般变读 11/21。

甘于恩（2010）认为，台山话部分阳平字本调代表的是抽象概念，用低降变调来标明具体名词的功能，将非名词或名词具象化。

但美国台山话的具体名物词"鱼"，也有变调与不变的区别，芝加哥台山话"鳄鱼 ŋɔk² ŋui²²"不变调，而"鲨鱼 sa⁴⁴ ŋui²²⁻³⁵""鲤鱼 li⁵⁵ ŋui²²⁻³⁵"等则发生变调，由此可推测"鱼"存在语音层面的连读变调。"房"情况亦同，纽约台山话"房"本调为 22，在"洗衫房洗衣房(店) sai⁵⁵ ɬam⁴⁴ fɔŋ²²""主人房 tsi⁴⁴ jan²² fɔŋ²²""书房 si⁴⁴⁻³¹ fɔŋ²²"等词中读原调，但在"冲凉房浴室 tsʰuŋ⁴⁴ lɛŋ²² fɔŋ²²⁻³⁵""厨房 tsʰui²² fɔŋ²²⁻³⁵"等词中均读成 35。这些词中，"房"的意义功能具体，但词义和语法功能相同的词却发生了变调，很明显，这只能是连读变调而非形态变调。三藩市台山话"中餐 tsuŋ⁴⁴ tʰan⁴⁴""早餐 tau⁴⁴ tʰan⁴⁴⁻³⁵"两个"餐"的表现也能说明这一点。

以往有的研究认为，55 变调一般有两种情况：一是借自广州话，起着标示名词化特征和外来概念的功能（甘于恩，2010）；还有一种是亲属称谓（谭雨田，2011）。

不过，以下两例出现 55 变调的字，代表了不同的意见。例如，"夜"在广州话中未见读为 55，其在纽约台山话中本调 31，如"夜市 jɛ³¹ si³¹"，变调后读为 55，如"宵夜夜宵 siu⁴⁴ jɛ³¹⁻⁵⁵"。可见，纽约台山话"夜"的 55 变调既非广州话的借音，也非亲属称谓，而是属于连读变调。更多例子见表 2-30。

表 2-30　纽约、波特兰台山话的"市""夜""奶"变调情况

方言	例子	不变调	变调
纽约台山话	市集中买卖货物的固定场所	市场 si³¹ tsʰɛŋ²²、超市 tsʰiu⁴⁴ si³¹	虱乸市场跳蚤市场 sɛt⁵ na⁵⁵ si³¹⁻⁵⁵ tsʰɛŋ²²
	夜从天黑到天亮的一段时间	夜市 jɛ³¹ si³¹	宵夜夜宵 siu⁴⁴ jɛ³¹⁻⁵⁵
波特兰台山话	奶乳房、乳汁的通称	奶乳汁 nai³¹、奶头 nai³¹ hau²²、椰奶 jɛ²²⁻⁵⁵ nai³¹、奶嘴 nai³¹ tui⁵⁵、喫人奶 kɛt⁵ jan²² nai³¹	奶茶 nai³¹⁻⁵⁵ tsʰa²²

2）美国台山话连读变调与中古音韵地位的关系。

就掌握的材料看，两字组连读变调的多是后字变调，个别为前字变调或多音节连读的中间变调。变调后的调值高升调 35、高平调 55、半低（低）降调 31/21 的都有。连读变调较多的是高升调 35，该调在美国华人社区 6 个台山话调查点的单字调中均未出现，在连读中却不鲜见。其中，平声与去声比较容易发生变调，且多变为高升调 35，去声部分变为上声，但各点的变调情况又略有不同。（见表 2-31）

表 2-31　6 个台山话连读变调与中古音韵地位的关系

方言点	35			55		31/21	
三藩市	阳平	阴平	阴上	阳去	—	—	—
洛杉矶	阳平	阳上	—	阳平	—	阳上	阴平
纽约	阳平	阳去	—	阳上	阳去	—	—
芝加哥	阳平	阳去	—	—	—	—	—
波特兰	阳上	阳去	—	—	—	—	—
圣安东尼奥	阳平	阳上	阳去	—	—	—	—

调查表明，美国台山话连读变调经常在中古的阳平、阳上和阳去字中发生。三藩市和洛杉矶这两个调查点有少数连读变调发生在中古的阴平字和阴上字。大部分变调后读高升 35，少数变为 55 和 31/21。

变调情况基本上由变调字本身的音韵地位决定，与其在字组中所处的位置和其前后字的声调关系不大。同一个字，位于字组不同位置、与不同调值的字组合，其变调结果不变，如圣安东尼奥台山话的"蛋"字，本调值为 31，其在连读中变读为 35。例如：

（阳去）蛋 31-35
（阴平+阳去）生 44 蛋 31-35
（阳平+阳去）咸 22 蛋 31-35
（阴入+阳去）雀 3 蛋 31-35
（阳去+阴平）蛋 31-35 糕 44
（阳平+阳去+阴去+阳入+阴入）皮 22 蛋 31-35 瘦 44 肉 2 粥 5

上面的例子说明，无论"蛋"字在字组中所处位置如何、其前后字的声调高低，"蛋"字变调后都读为 35。

我们认为，美国华人社区台山话的变调现象源于其祖籍地源方言，中国广东台山话在其迁移到美国后，在异国与英语等外族语言及兄弟汉语方言，如粤方言广府话等不断地碰撞、互相影响，经过近 200 年的演变，又在具体的变调例子上各自有所发展。

2.2.2.5　关于音变

除了有丰富的变调现象，有时，一个小小的语音变化，也可能会在台山话里显示出完全不同的意义。

例如，汉语普通话的"现在"，得州圣安东尼奥台山话说"□时 kʰɔ²² si²²"，而"刚才"说"□时 kʰɔ⁴⁴ si²²"，两个词仅仅是前一个有音无字的音节"□kʰɔ"的声调有一点区别，第一例的第一个有音无字音节声调为阳平，调值 22，第二例的第一个有音无字音节声调为阴平，调值 44，其余都一样，语音意义的变化仅以这一音节声调的不同显示。

语音变化不仅会发生在声调部分，也会发生在声调之外，芝加哥台山话的"未

曾 还没有、还未 mɛn²², 是 "未 mei³¹" 和 "曾 tsʰang²²" 的合音, 合音取了前一音节的声母、后一音节的声调, 韵母则发生了变化。

本节要讨论音变的现象, 是语音的屈折变化引起的意义变化。这方面, 台山话单复数人称代词的表示可以说是典型的例子。(见表2-32)

表2-32　6个台山话单复数人称代词的语音屈折变化

方言	第一人称单数	第一人称复数	第二人称单数	第二人称复数	第三人称单数	第三人称复数
广东台山话	我 ŋɔi³¹	□ŋi³¹	你 nei³¹	□niak²	渠 kʰui³¹	□kʰiak²
三藩市台山话	我 ŋɔi⁵⁵	□ŋui³¹	你 ni⁵⁵	□niak²	渠 kʰui⁵⁵	□kʰɛt²
洛杉矶台山话	我 ŋɔi⁵⁵⁻³⁵ / ŋɔ²¹	我们 ŋɔi²¹ mun²²⁻³⁵	你 ni⁵⁵	□niak²	渠 kʰui⁵⁵	□kʰiak²
纽约台山话	我 ŋɔi⁵⁵	□ŋui²²	你 nei⁵⁵	□niak²	渠 kʰui⁵⁵	□kʰiak²
芝加哥台山话	我 ŋɔ⁵⁵	□ŋui²²	你 nei⁵⁵	□niak²	渠 kʰui⁵⁵	□kʰiak²
波特兰台山话	我 ŋɔ⁵⁵	□ŋɔi²²	你 ni⁵⁵	□niak²	渠 kʰi⁵⁵	□kʰiak²
圣安东尼奥台山话	我 ŋɔi⁵⁵	□ŋɔi⁵⁵	你 nei⁵⁵	□niak²	渠 kʰui⁵⁵	□kʰiak²

从表2-32可知, 如同祖籍地方言广东台山话, 美国6个台山话的人称代词的复数表达方式, 基本上保留了祖籍地方言利用语音变化的方式。具体地说, 就是用改变单数人称代词的韵母和声调来表示, 其中, 第二、第三人称代词复数还变成了入声音节。发生了变化的只是洛杉矶台山话的一个点。

洛杉矶台山话第一人称单数有两个表达方式, 其中一个是类似广府话"我 ŋɔ¹³"的"ŋɔ²¹", 这点, 芝加哥台山话的第一人称代词"我 ŋɔ⁵⁵"也是。但是洛杉矶台山话第一人称复数的表达方式却非常明显不是用语音屈折的方法, 而是用加了词缀"们"的"我们"。这是一个非同一般的变化。要知道, 粤方言无论是台山话, 还是广府话, 都没有用类似汉语普通话加后缀"们"的方式表示人称代词的复数的。不过, 幸好其第二、第三人称代词复数的表示方式还是与华人社区其他地点的台山话一样, 仍然沿袭了祖籍地方言的语音屈折方式, 用改变单数代词的韵母和声调的办法来表达。这也说明了后缀"们"并非其原生的复数表示方法。非常明显, 洛杉矶台山话"我们"的表示方式是后起的, 很可能是受了汉语普通话的影响产生的。

2.2.2.6　关于文白异读

海外华人社区的汉语方言, 因为长期只是在华人圈中流通, 与华人居住国的教育文化等完全脱节, 海外华人日常接受的教学语言、工作使用的语言与华人圈中的汉语方言大都没有任何关联, 方言语音的文白系统基本崩溃。这种表现, 就是在祖籍地方言原来文白异读各成系统的海外闽方言闽南话中, 都是如此(如东南亚华人社区的闽方言), 更不要说文白异读在其祖籍地的方言中原本的表现就很一般,没有什么突出特点的海外粤方言了。

国内粤方言广府话的文白异读主要出现在梗摄开口三四等字,我们仅记录到个别点的台山话的个别文白异读的例子,如洛杉矶台山话的"请 t^{h}eŋ^{55}文/t^{h}iaŋ^{55}白"。不过,从出现在美国华人社区的6个台山话里的一些梗摄开口三四等字的读音来看,6个台山话保留的大都是白读层面的读音,这是与美国华人社区台山话一般只是作为台山籍华人圈中日常用语之地位相符合的。(见表2-33)

表2-33 6个台山话梗摄开口三、四等字读音举例

方言	井梗开三	病梗开三	镜梗开三	颈梗开三	声梗开三	尺梗开三	钉梗开四	听梗开四	顶梗开四	锡梗开四
广东台山话	tiaŋ^{55}	piaŋ^{31}	kiaŋ$^{31-35}$	kiaŋ^{55}	siaŋ^{33}	t^{h}iak^3	tiaŋ$^{33-31}$	hiaŋ^{33}	iaŋ^{55}	ɬiak^5
三藩市台山话	tsiaŋ^{55}	piaŋ^{31}	kiaŋ^{44}	kiaŋ^{55}	siaŋ^{44}	t^{h}ɛt^3	iaŋ^{44}	hεŋ^{44}	εŋ^{55}	siak^3
洛杉矶台山话	—	piaŋ^{21}	kiaŋ^{21}	kiaŋ^{55}	tiaŋ^{44}	t^{h}iak^3	—	hεŋ^{44}	eŋ^{55}	ɬɛk^3
纽约台山话	tεŋ^{55}	pεŋ^{31}	kiaŋ^{44}	kiaŋ^{55}	sεŋ^{44}	t^{h}ɛk^3	εŋ^{44}	hεŋ^{44}	εŋ^{55}	siak^3
芝加哥台山话	tiaŋ^{55}	piaŋ^{31}	kiaŋ^{44}	kiaŋ^{55}	tiaŋ^{44}	t^{h}iak^3	jaŋ^{44}	hiaŋ^{44}	εŋ^{55}	siak^3
波特兰台山话	tiaŋ^{44}	pεŋ^{31}	kεŋ^{44}	kiaŋ^{55}	sεŋ^{44}	ts^{h}ɛk^3	tiaŋ^{44}	hεŋ^{44}	eŋ^{55}	ɬiak^3
圣安东尼奥台山话	tεŋ^{55}	pεŋ^{31}	kεŋ^{44}	kεŋ^{55}	sεŋ^{44}	t^{h}ɛk^3	tεŋ^{44}	t^{h}ɛŋ^{44}	aŋ^{55}	ɬɛk^3

2.3 美国华人社区粤方言广府话的语音

虽然最先抵达美国的华人主要是广东四邑地区的,但是其中也不乏广东珠江三角洲一带广府地区的华人。因为最早的华人移民四邑籍的最多,所以广东广府话原先并非美国华人社区位列第一的交际用语。不过,完全可以说,它是华人社区中"后来居上",现如今的使用人数和地位都超越了台山话的汉语方言。

从20世纪七八十年代起,中国广州、香港、澳门等通行广府话地区的华人不断涌入美国,这些新一代的移民普遍都受过良好的教育,他们中的不少人很快就融入了美国的主流社会,他们带来的广府话也在华人社区流通。同时,亦由于其时广府话的传媒——电影、电视、歌曲、报刊书籍等在全世界华人圈中风靡,迅速影响了世界各国华人社区的交际用语,故美国华人社区的交际用语似乎也就在大家的不经意间,慢慢地从粤方言台山话变成了粤方言广府话。现在,广府话在美国华人社区不仅是广府籍华人之间的用语,也是

来自中国粤语区其他地方的华人,甚至是来自中国其他汉语方言区的一些华人使用的汉语方言,美国的一些学校也开设了粤语广府话的课程。

虽然远离祖籍地,但是从大的方面来看,美国华人社区的广府话语音与中国广州等地的广府话语音并无大的差异,或者可以说只是"大同小异"。当然,成就这一点,在全世界各国华人社区中流通顺畅的粤语传媒付出的功劳不可抹杀。

本节将首先详细分析、阐述美国华人的主要聚居地之一、美国最大的城市、世界重要的金融经济文化中心纽约市华人社区广府话的语音,然后再对我们所调查的6个广府话点的语音做一个全面的论述,让大家一起来感受美国华人社区广府话语音与中国广州等地广府话语音的"大同"和"小异"。

2.3.1 纽约广府话语音系统的详细分析

2.3.1.1 20个声母及其与中古音的对应

声母20个(包括零声母):p、p^h、m、f、w、t、t^h、n、l、ts、ts^h、s、j、k、k^h、kw、kw^h、ŋ、h、Ø。

(1) p,来自中古帮母、並母。例如:

帮母:波 $pɔ^{55}$、菠 $pɔ^{55}$、疤 pa^{55}、把 pa^{35}、巴 pa^{55}、秘 pei^{33}、碑 pei^{55}、拜 pai^{33}、摆 pai^{35}、表 piu^{35}、杯 pui^{55}、背 pui^{33}、包 pau^{55}、爆 pau^{33}、保 pou^{35}、布 pou^{33}、标 piu^{55}、板 pan^{35}、扮 pan^{22}、班 pan^{55}、宾 $pɐn^{55}$、本 pun^{35}、扁 pin^{35}、蝙 pin^{35}、边 pin^{55}、搬 pun^{55}、绑 $pɔŋ^{35}$、冰 $peŋ^{55}$、帮 $pɔŋ^{55}$、饼 $pɛŋ^{35}$、兵 $peŋ^{55}$、八 pat^3、笔 $pɐt^5$、百 pak^3、伯 pak^3、卜~萝 pak^2、驳 $pɔk^3$、博 $pɔk^3$。

並母:部 pou^{22}、备 pei^{22}、鼻 pei^{22}、弊 $pɐi^{22}$、鲍 pau^{55}、簿 pou^{35}、便 pin^{22}、办 pan^{22}、辫 pin^{55}、病 $pɛŋ^{22}$、别 pit^2、白 pak^2。

个别来自滂母。例如:

滂母:玻~璃 $pɔ^{55}$、品 $pɐn^{35}$。

(2) p^h,来自中古滂母、並母。例如:

滂母:怕 p^ha^{33}、屁 p^hei^{33}、普 p^hou^{35}、炮 p^hau^{33}、铺~床 p^hou^{55}、铺~头 p^hou^{33}、票 p^hiu^{33}、漂 p^hiu^{55}、喷 $p^hɐn^{33}$、拍 p^hak^3、泊 p^hak^3。

並母:婆 $p^hɔ^{21}$、爬 p^ha^{21}、牌 p^hai^{21}、皮 p^hei^{21}、脾 p^hei^{21}、倍 p^hui^{13}、刨 p^hau^{21}、菩 p^hou^{21}、被~子 p^hei^{13}、跑 p^hau^{35}、抱 p^hou^{13}、便~宜 $p^hɛn^{21}$、盘 p^hun^{21}、盆 p^hun^{21}、平 $p^heŋ^{21}$、朋 $p^heŋ^{21}$。

第2章 美国华人社区汉语粤方言语音研究

（3）m，来自中古明母、微母。例如：

明母：妈 ma⁵⁵、麻 ma²¹、磨 mɔ²²、摩 mɔ⁵⁵、马 ma¹³、码 ma¹³、埋 mai²¹、买 mai¹³、卖 mai²²、米 mei¹³、眉 mei²¹、美 mei¹³、妹 mui²²、帽 mou²²、墓 mou²²、冒 mou²²、毛 mou²¹、猫 mau⁵⁵、母 mou¹³、帽 mou²²、梅 mui²¹、煤 mui²¹、蛮 man²¹、慢 man²²、馒 man²²、棉 min²¹、面 min²²、满 mun¹³、民 mɐn²¹、敏 mɐn¹³、门 mun²¹、猛 maŋ¹³、明 mɛŋ²¹、盲 maŋ²¹、芒 mɔŋ⁵⁵、抹 mat³、蜜 mɐt²、密 mɐt²、墨 mɐt²、木 muk²、脉 mɐk²、麦 mɐk²

微母：无 mou²¹、舞 mou¹³、尾 mei¹³、未 mei²²、味 mei²²、务 mou²²、雾 mou²²、万 man²²、晚 man¹³、蚊 mɐn⁵⁵、文 mɐn²¹、纹 mɐn²¹、闻 mɐn²¹、网 mɔŋ¹³、袜 mɐt²、物 mɐt²

个别来自帮母。例如：

帮母：剥 mɔk⁵

（4）f，来自中古非母、敷母、奉母、溪母、晓母。例如：

非母：夫 fu⁵⁵、府 fu³⁵、斧 fu³⁵、废 fei³³、飞 fei⁵⁵、反 fan³⁵、分 fɐn⁵⁵、粉 fɐn³⁵、方 fɔŋ⁵⁵、放 fɔŋ³³、风 fuŋ⁵⁵、封 fuŋ⁵⁵、法 fat³、发 fat³、蝠 fuk⁵、福 fuk⁵

敷母：费 fei³³、番 fan⁵⁵、翻 fan⁵⁵、芬 fɐn⁵⁵、访 fɔŋ³⁵、蜂 fuŋ⁵⁵

奉母：扶 fu²¹、符 fu²¹、父 fu²²、腐 fu²²、附 fu³³、吠 fei³³、肥 fei²¹、妇 fu²²、烦 fan²¹、份 fɐn²²、饭 fan²²、坟 fɐn²¹、房 fɔŋ²¹、缝 fuŋ²¹、凤 fuŋ²²、罚 fɐt²、佛 fɐt²、服 fuk²

溪母：课 fɔ³³、苦 fu³⁵、裤 fu³³、库 fu³³、筷 fai³³、快 fai³³、块 fai³³、款 fun³⁵、窟 fɐt⁵、阔 fut³

晓母：火 fɔ³⁵、货 fɔ³³、花 fa⁵⁵、虎 fu³⁵、灰 fui⁵⁵、徽 fei⁵⁵、婚 fɐn⁵⁵、训 fɐn³³

个别来自中古并母。例如：

并母：埠 fɐu²²

（5）w，来自中古匣母、影母、喻云母。例如：

匣母：话 wa²²、画 wa³⁵、和 wɔ²¹、华 wa²¹、湖 wu²¹、胡 wu²¹、狐 wu²¹、壶 wu²¹、护 wu²²、回 wui²¹、会 wui²²、怀 wai²¹、淮 wai²¹、坏 wai²²、惠 wei²²、换 wun²²、混 wɐn²²、环 wan²¹、还 wan²¹、黄 wɔŋ²¹、滑 wat²、核 wɐt²、镬 wɔk²、或 wak²、划 wak²

影母：窝 wɔ⁵⁵、蛙 wa⁵⁵、污 wu⁵⁵、乌 wu⁵⁵、稳 wɐn⁵⁵、碗 wun³⁵、弯 wan⁵⁵、温 wɐn⁵⁵、瘟 wɐn⁵⁵、郁 wɐt⁵

喻云母：芋 wu²²、围 wei²¹、为（难~）wei²¹、位 wei²²、晕 wɐn²¹、云 wɐn²¹、运 wɐn²²、旺 wɔŋ²²

个别来自中古溪母、疑母、喻以母。例如：

溪母：屈 wɐt⁵
疑母：玩 ₍骈₎~wan³⁵
喻以母：维 wɐi²¹

(6) t，来自中古端母、定母。例如：

端母：打 ta³⁵、打 ₍~₎ta⁵⁵、多 tɔ⁵⁵、带 tai³³、都 tou⁵⁵、赌 tou³⁵、倒 tou³⁵、道 tou²²、兜 tɐu⁵⁵、豆 tɐu²²、刀 tou⁵⁵、岛 tou³⁵、斗 tɐu³⁵、低 tɐi⁵⁵、底 tɐi³⁵、对 tœy³³、钓 tiu³³、点 tim³⁵、店 tim³³、单 tan⁵⁵、短 tyn³⁵、灯 tɐŋ⁵⁵、等 tɐŋ³⁵、凳 tɐŋ³³、顶 tɐŋ³⁵₍文₎/tɛŋ³⁵₍白₎、钉 tɛŋ⁵⁵、订 tɛŋ²²、东 tuŋ⁵⁵、冬 tuŋ⁵⁵、冻 tuŋ³³、搭 tap³、跌 tit³、得 tɐk⁵/tɛt⁵、督 tuk⁵

定母：大 tai²²、地 tei²²、度 tou²²、代 tɔi²²、袋 tɔi²²、第 tɐi²²、弟 tɐi²²、诞 tan³³、蛋 tan²²、电 tin²²、定 tɛŋ²²、动 tuŋ²²、蝶 tip、碟 tip²、叠 tip²、突 tɐt²、特 tɐt²、独 tuk²、毒 tuk²、读 tuk²

个别来自中古知母。例如：

知母：爹 tɛ⁵⁵

(7) tʰ，来自中古透母、定母。例如：

透母：他 tʰa⁵⁵、拖 tʰɔ⁵⁵、土 tʰou³⁵、太 tʰai³³、台 tʰɔi²¹、梯 tʰɐi⁵⁵、剃 tʰɐi³³、涕 tʰɐi³³、胎 tʰɔi⁵⁵、腿 tʰœy³⁵、推 tʰœy⁵⁵、偷 tʰɐu⁵⁵、吐 tʰou³³、套 tʰou³³、探 tʰam³³、炭 tʰan³³、天 tʰin⁵⁵、吞 tʰɐn⁵⁵、汤 tʰɔŋ⁵⁵、烫 tʰɔŋ³³、听 tʰɛŋ⁵⁵、桶 tʰuŋ³⁵、痛 tʰuŋ³³、铁 tʰit³、托 tʰɔk³、踢 tʰɛk³

定母：驼 tʰɔ²¹、头 tʰɐu²¹、投 tʰɐu²¹、桃 tʰou²¹、肚 tʰou¹³、抬 tʰɔi²¹、蹄 tʰɐi²¹、跳 tʰiu³³、条 tʰiu²¹、痰 tʰam²¹、淡 ₍咸₎~tʰam¹³、甜 tʰim²¹、田 tʰin²¹、豚 tʰyn²¹、堂 tʰɔŋ²¹、唐 tʰɔŋ²¹、糖 tʰɔŋ²¹、停 tʰɛŋ²¹、庭 tʰɛŋ²¹、艇 tʰɛŋ¹³、同 tʰuŋ²¹、铜 tʰuŋ²¹、筒 tʰuŋ²¹

(8) n，来自中古泥（娘）母。例如：

泥（娘）母：糯 nɔ²²、奶 nai¹³、尼 nɐi²¹、你 nei¹³、女 nœy¹³、尿 niu²²、耐 nɔi²²、泥 nɐi²¹、纽 niu³⁵、闹 nau²²、南 nam²¹、年 nin²¹、暖 nyn¹³、嫩 nyn²²、柠 nɛŋ²¹、娘 nœŋ²¹

(9) l，来自中古来母。例如：

来母：萝 lɔ²¹、拉 lai⁵⁵、赖 lai²²、李 lei¹³、荔 lɐi²²、楼 lɐu²¹、雷 lœy²¹、旅 lœy¹³、璃

第 2 章　美国华人社区汉语粤方言语音研究

lei⁵⁵、篱 lei²¹、离 lei²¹、礼 lɐi¹³、老 lou¹³、炉 lou²¹、路 lou²²、流 lɐu²¹、蓝 lam²¹、篮 lam²¹、淋 lɐm²¹、林 lɐm²¹、帘 lim²¹、兰 lan²¹、烂 lan²²、懒 lan¹³、怜 lin²¹、莲 lin²¹、轮 lœn²¹、乱 lyn²²、凉 lœŋ²¹、两 lœŋ¹³、亮 lœŋ²²、冷 laŋ¹³、狼 lɔŋ²¹、郎 lɔŋ²¹、螂 lɔŋ²¹、靓 lɛŋ³³、零 lɛŋ²¹、龙 luŋ²¹、咙 luŋ²¹、笼 luŋ²¹、窿 luŋ⁵⁵、弄 luŋ²²、蜡 lap²、垃 lap²、辣 lat²、裂 lit²、栗 lœt²、律 lœt²、肋 lak³、历 lek²、力 lek³³、乐 lɔk²、录 luk²、绿 luk²、鹿 luk²、碌 luk⁵、六 luk²、落 lɔk²

个别来自中古日母。例如：

日母：饵 lei¹³

（10）ts，来自中古精母、从母、邪母、知母、澄母、照庄母、照章母。例如：

精母：左 tsɔ³⁵、子 tsi³⁵、姊 tsi³⁵、滋 tsi⁵⁵、借 tsɛ³³、姐 tsɛ³⁵、枣 tsou³⁵、椒 tsiu⁵⁵、蕉 tsiu⁵⁵、焦 tsiu⁵⁵、再 tsɔi³³、灾 tsɔi⁵⁵、祖 tsou³⁵、糟 tsou⁵⁵、遭 tsou⁵⁵、做 tsou²²、最 tsœy³³、嘴 tsœy³⁵、酒 tsɐu³⁵、早 tsou³⁵、尖 tsim⁵⁵、浸 tsɐm³³、剪 tsin³⁵、荐 tsin³³、钻 tsyn³³、葬 tsɔŋ³³、井 tsɛŋ³⁵、晶 tsɛŋ⁵⁵、奖 tsœŋ³⁵、浆 tsœŋ⁵⁵、酱 tsœŋ³³、总 tsuŋ³⁵、粽 tsuŋ³⁵、接 tsip³、节 tsit³、鲫 tsɐt⁵、雀 tsœk³、脊 tsɛk³、作 tsɔk³、足 tsuk⁵

从母：座 tsɔ²²、自 tsi²²、就 tsɐu²²、造 tsou²²、暂 tsam²²、贱 tsin²²、脏 tsɔŋ²²、静 tsɛŋ²²、净 tsɛŋ²²、杂 tsap²

知母：猪 tsy⁵⁵、蛛 tsy⁵⁵、蜘 tsi⁵⁵、知 tsi⁵⁵、追 tsœy⁵⁵、朝 tsiu⁵⁵、昼 tsɐu³³、站 tsam²²、转 tsyn³⁵、珍 tsɐn⁵⁵、张 tsœŋ⁵⁵、帐 tsœŋ³³、中 tsuŋ⁵⁵、竹 tsuk⁵、着~衫 tsœk³

澄母：住 tsy²²、阵 tsɐn²²、赚 tsan²²、丈 tsœŋ²²、仗 tsœŋ³⁵、撞 tsɔŋ²²、仲 tsuŋ²²、侄 tsɐt²、着睡 tsœk²、浊 tsuk²、直 tsek²

照庄：炸 tsa³³、渣 tsa⁵⁵、楂 tsa⁵⁵、斋 tsai⁵⁵、债 tsai³³、找 tsau³⁵、爪 tsau³⁵、斩 tsam³⁵、张 tsœŋ⁵⁵、装 tsɔŋ⁵⁵、筝 tsɐŋ⁵⁵、争 tsaŋ⁵⁵、侧 tsɐk⁵、窄 tsak³

照章母：之 tsi⁵⁵、芝 tsi⁵⁵、枝 tsi⁵⁵、支 tsi⁵⁵、纸 tsi³⁵、指 tsi³⁵、痣 tsi²²、至 tsi³³、煮 tsy³⁵、主 tsy³⁵、遮 tsɛ⁵⁵、招 tsiu⁵⁵、州 tsɐu⁵⁵、周 tsɐu⁵⁵、针 tsɐm⁵⁵、枕 tsɐm³⁵、斟 tsɐm⁵⁵、疹 tsɐn³⁵、砖 tsyn⁵⁵、颤 tsɐn³³、震 tsɐn³³、真 tsɐn⁵⁵、章 tsœŋ⁵⁵、掌 tsœŋ³⁵、整 tsɛŋ³⁵、政 tsɛŋ³³、钟 tsuŋ⁵⁵、种 tsuŋ³³、折 tsip³、汁 tsɐp⁵、执 tsɐp⁵、只 tsɛk³、烛 tsuk⁵、粥 tsuk⁵

少量来自中古邪母。例如：

邪母：谢 tsɛ²²、袖 tsɐu²²、象 tsœŋ²²、橡 tsœŋ³³

（11）tsʰ，来自中古清母、从母、澄母、穿初母、穿昌母。例如：

清母：错 tsʰɔ³³、次 tsʰi³³、刺 tsʰi³³、粗 tsʰou⁵⁵、猜 tsʰai⁵⁵、菜 tsʰɔi³³、彩 tsʰɔi³⁵、脆

tsʰœy³³、砌 tsʰɐi³³、秋 tsʰɐu⁵⁵、凑 tsʰɐu³³、草 tsʰou³⁵、醋 tsʰou³³、娶 tsʰou³⁵、餐 tsʰan⁵⁵、亲 tsʰɐn⁵⁵、村 tsʰyn⁵⁵、迁 tsʰin⁵⁵、千 tsʰin⁵⁵、清 tsʰeŋ⁵⁵、青 tsʰeŋ⁵⁵、蜻 tsʰeŋ⁵⁵、请 tsʰeŋ³⁵ 文/ tsʰɛŋ³⁵ 白、枪 tsʰiaŋ⁴⁴、葱 tsʰuŋ⁵⁵、聪 tsʰuŋ⁵⁵、七 tsʰɐt⁵、擦 tsʰat³、戚 tsʰek⁵

从母：坐 tsʰɔ¹³、齐 tsʰɐi²¹、糍 tsʰi²¹、材 tsʰɔi²¹、钱 tsʰin²¹、前 tsʰin²¹、残 tsʰan²¹、全 tsʰyn²¹、墙 tsʰœŋ²¹、从 tsʰuŋ²¹、贼 tsʰak²

澄母：茶 tsʰa²¹、搽 tsʰa²¹、除 tsʰœy²¹、迟 tsʰi²¹、厨 tsʰy²¹、锤 tsʰœy²¹、潮 tsʰiu²¹、沉 tsʰɐm²¹、传~染 tsʰyn²¹、尘 tsʰɐn²¹、肠 tsʰœŋ²¹、橙 tsʰaŋ²¹、长~短 tsʰœŋ²¹、场 tsʰœŋ²¹、虫 tsʰuŋ²¹、重轻~tsʰuŋ¹³

穿初母：差~别 tsʰa⁵⁵、叉 tsʰa⁵⁵、初 tsʰɔ⁵⁵、厕 tsʰi³³、差出~tsʰai⁵⁵、炒 tsʰau³⁵、铲 tsʰan³⁵、产 tsʰan³⁵、衬 tsʰɐn³³、疮 tsʰɔŋ⁵⁵、窗 tsʰœŋ⁵⁵、插 tsʰap³、察 tsʰat³

穿昌母：车 tsʰɛ⁵⁵、吹 tsʰœy⁵⁵、臭 tsʰɐu³³、喘 tsʰyn³⁵、春 tsʰœn⁵⁵、蠢 tsʰœn³⁵、厂 tsʰɔŋ³⁵、唱 tsʰœŋ³³、冲 tsʰuŋ⁵⁵、出 tsʰœt⁵、尺 tsʰɛk³

少量来自中古彻母、床崇母。例如：

彻母：超 tsʰiu⁵⁵、丑 tsʰɐu³⁵、抽 tsʰɐu⁵⁵
床崇母：柴 tsʰai²¹、巢 tsʰau²¹、床 tsʰɔŋ²¹

个别来自中古邪母、审生母、禅母。例如：

邪母：斜 tsʰɛ²¹、随 tsʰœy²¹
审生母：刷 tsʰat³
禅母：匙~羹 tsʰi:²¹

(12) s，来自中古心母、审生母、审书母、禅母。例如：

心母：锁 sɔ³⁵、丝 si⁵⁵、私 si⁵⁵、司 si⁵⁵、死 sei³⁵、西 sɐi⁵⁵、洗 sɐi³⁵、细 sɐi³³、婿 sɐi³³、四 sei³³、嫂 sou³⁵、扫 sou³³、诉 sou³³、须 sou⁵⁵、锈 sɐu³³、小 siu³⁵、宵 siu⁵⁵、需 sœy⁵⁵、三 sam⁵⁵、心 sɐm⁵⁵、散 san³³、先 sin⁵⁵、线 sin³³、孙 syn⁵⁵、蒜 syn³³、算 syn³³、酸 syn⁵⁵、新 sɐn⁵⁵、仙 sin⁵⁵、信 sœn³³、星 seŋ⁵⁵、醒 seŋ³⁵ 文/sɛŋ³⁵ 白、性 seŋ³³、腥 seŋ⁵⁵、箱 sœŋ⁵⁵、相 sœŋ⁵⁵、想 sœŋ³⁵、送 suŋ³³、膝 sɐt⁵、雪 syt³、熄 sek⁵、息 sek⁵、锡 sɛk³、粟 suk⁵

审生母：沙 sa⁵⁵、傻 sɔ²¹、梳 sɔ⁵⁵、所 sɔ³⁵、师 si⁵⁵、狮 si⁵⁵、晒 sai³³、瘦 sɐu³³、数动 sou³⁵、衫 sam⁵⁵、山 san⁵⁵、闩 san⁵⁵、生 sɐŋ⁵⁵ 文/saŋ⁵⁵ 白、爽 sɔŋ³⁵、双 sœŋ⁵⁵、杀 sat³、虱 sɐt⁵、色 sek⁵

审书母：书 sy⁵⁵、暑 sy³⁵、鼠 sy³⁵、屎 si³⁵、试 si³³、世 sɐi³³、收 sɐu⁵⁵、手 sɐu³⁵、守 sɐu³⁵、兽 sɐu³³、税 sœy³³、水 sœy³⁵、烧 siu⁵⁵、婶 sɐm³⁵、闪 sim³⁵、扇 sin³³、身 sɐn⁵⁵、声 sɛŋ⁵⁵、圣 seŋ³³、升 seŋ⁵⁵、商 sœŋ⁵⁵、湿 sɐp⁵、摄 sip³、式 sek⁵、叔 suk⁵

第2章 美国华人社区汉语粤方言语音研究

禅母：社 sɛ¹³、薯 sy²¹、署 sy¹³、树 sy²²、时 si²¹、氏 si²²、视 si²²、是 si²²、市 si¹³、授 sɐu²²、善 sin²²、晨 sɐn²¹、尚 sœŋ²²、上~面 sœŋ²²、成 sɛŋ²¹/sɛŋ²¹、城 sɛŋ²¹、承 sɛŋ²¹、十 sɐp²、折~本 sit²、石 sɛk²、熟 suk²

少量来自中古床船母。例如：

床船母：蛇 sɛ²¹、射 sɛ²²、神 sɐn²¹、船 syn²¹、唇 sœn²¹、实 sɐt²、食 sek²

个别来自中古彻母、澄母、床崇母。例如：

彻母：撒 sa³⁵
澄母：术 sœt²
床崇母：事 si²²、士 si²²

（13）j，来自中古日母、影母、喻云母、喻以母。例如：

日母：乳 jy¹³、儿 ji²¹、而 ji²¹、耳 ji¹³、尔 ji¹³、二 ji²²、染 jim¹³、然 jin²¹、软 jyn¹³、人 jɐn²¹、仍 jɛŋ²¹、入 jɐp²、热 jit²、日 jɐt²、肉 juk²、褥 juk²
影母：衣 ji⁵⁵、医 ji⁵⁵、椅 ji³⁵、意 ji³³、淤 jy³⁵、妖 jiu⁵⁵、邀 jiu⁵⁵、要 jiu³³、优 jɐu⁵⁵、幼 jɐu³³、右 jɐu²²、音 jɐm⁵⁵、饮 jɐm³⁵、烟 jin⁵⁵、鹰 jɛŋ⁵⁵、英 jɛŋ⁵⁵、影 jɛŋ³⁵、应 jiŋ⁵⁵、拥 juŋ⁵⁵、腌 jip³、一 jɐt⁵、约 jœk³、郁 juk⁵
喻云母：雨 jy¹³、邮 jɐu²¹、又 jɐu²²、右 jɐu²²、有 jɐu¹³、炎 jim²¹、圆 jyn²¹、员 jyn²¹、园 jyn²¹、远 jyn¹³、院 jyn²²、越 jyt²、粤 jyt²
喻以母：爷 jɛ²¹、野 jɛ¹³、夜 jɛ²²、姨 ji²¹、移 ji²¹、已 ji¹³、以 ji¹³、易难~ ji²²、摇 jiu²¹、油 jɐu²¹、游 jɐu²¹、盐 jim²¹、演 jin³⁵、铅 jyn²¹、赢 jɛŋ²¹、羊 jœŋ²¹、样 jœŋ²²、养 jœŋ¹³、蝇 jɛŋ²¹、融 juŋ²¹、容 juŋ²¹、用 juŋ²²、叶 jip²、翼 jek²、疫 jek²、药 jœk²、浴 juk²

少量来自中古疑母、匣母。例如：

疑母：鱼 jy²¹、语 jy¹³、疑 ji²¹、愿 jyn²²、月 jyt²
匣母：完 jyn²¹、丸 jyn²¹、形 jɛŋ²¹、型 jɛŋ²¹、萤 jɛŋ²¹

个别来自中古溪母、晓母。例如：

溪母：丘 jɐu⁵⁵
晓母：休 jɐu⁵⁵

（14）k 来自中古见母。例如：

见母：哥 kɔ⁵⁵、家 ka⁵⁵、加 ka⁵⁵、假 ka³⁵、价 ka³³、个 kɔ³³、锯 kœ³³、姑 ku⁵⁵、估 ku³⁵、股 ku³⁵、故 ku³³、街 kai⁵⁵、戒 kai³³、芥 kai³³、鸡 kɐi⁵⁵、计 kɐi³³、机 kei⁵⁵、记 kei³³、交 kau⁵⁵、搞 kau³⁵、觉~刪 kau³³、教 kau³³、铰 kau³³、较 kau³³、胶 kau⁵⁵、糕 kou⁵⁵、高 kou⁵⁵、膏 kou⁵⁵、狗 kɐu³⁵、韭 kɐu³⁵、九 kɐu³⁵、救 kɐu³³、叫 kiu³³、居 kœy⁵⁵、今 kɐm⁵⁵、感 kɐm³⁵、监 kam⁵⁵、减 kam³⁵、剑 kim³³、间 kan⁵⁵、拣 kan³⁵、根 kɐn⁵⁵、筋 kɐn⁵⁵、巾 kɐn⁵⁵、跟 kɐn⁵⁵、根 kɐn⁵⁵、斤 kɐn⁵⁵、紧 kɐn³⁵、干 kɔn⁵⁵、肝 kɔn⁵⁵、见 kin³³、罐 kun³³、卷 kyn³⁵、棺 kun⁵⁵、耕 kaŋ⁵⁵、羹 kɐŋ⁵⁵、更 kɐŋ³³、哽 kɐŋ³⁵、缸 kɔŋ⁵⁵、江 kɔŋ⁵⁵、讲 kɔŋ³⁵、景 kɐŋ³⁵、警 kɐŋ³⁵、劲 kɐŋ²²、颈 kɐŋ³⁵、镜 kɐŋ³³、姜 kœŋ⁵⁵、公 kuŋ⁵⁵、工 kuŋ⁵⁵、功 kuŋ⁵⁵、供 kuŋ⁵⁵、宫 kuŋ⁵⁵、夹 kap³、甲 kap³、橘 kɐt⁵、吉 kɐt⁵、结 kit³、隔 kak³、格 kak³、国 kɔk³、角 kɔk³、击 kek⁵、脚 kœk³、菊 kuk⁵、焗 kuk²。

少量来自中古群母。例如：

群母：忌 kei³³、具 kœy²²、旧 kɐu²²、近~视 kɐn²²、件 kin²²、共 kuŋ²²、杰 kit²、极 kek²、局 kuk²。

个别来自中古溪母。例如：

溪母：揿 kɐm²²、券 kyn³³、梗 kaŋ³⁵。

（15）kʰ，来自中古群母。例如：

群母：茄 kʰɛ²¹、骑 kʰɛ²¹、渠水~ kʰœy²¹、渠他 kʰœy¹³、期 kʰei²¹、棋 kʰei²¹、倚 kʰei¹³、桥 kʰiu²¹、侨 kʰiu²¹、球 kʰɐu²¹、舅 kʰɐu¹³、琴 kʰɐm²¹、拳 kʰyn²¹、权 kʰyn²¹、勤 kʰɐi²¹、芹 kʰɐn²¹、鲸 kʰeŋ²¹、穷 kʰuŋ²¹、咳 kʰɐt⁵。

少量来自中古溪母。例如：

溪母：区 kʰœy⁵⁵、契 kʰɐi³³、企 kʰei³⁵、抠 kʰɐu⁵⁵、倾 kʰeŋ⁵⁵、曲 kʰuk⁵。

个别来自中古见母。例如：

见母：概 kʰɔi³³。

（16）kw，来自中古见母。例如：

见母：过 kwɔ³³、果 kwɔ³⁵、瓜 kwa⁵⁵、寡 kwa³⁵、挂 kwa³³、乖 kwai⁵⁵、桂 kwɐi³³、贵 kwɐi³³、龟 kwɐi⁵⁵、鬼 kwɐi³⁵、关 kwan⁵⁵、滚 kwɐn³⁵、棍 kwɐn³³、军 kwɐn⁵⁵、君 kwɐn⁵⁵、光

kwɔŋ⁵⁵、广 kwɔŋ³⁵、刮 kwat³、骨 kwɐt⁵

个别来自中古群母。例如：

群母：柜 kwɐi²²

(17) kwʰ，来自中古群母。例如：

群母：葵 kwʰɐi²¹、裙 kwʰɐn²¹

(18) ŋ，来自中古疑母、影母。例如：

疑母：牙 ŋa¹³/a²¹、芽 ŋa²¹/a²¹、外 ŋɔi²²、牛 ŋɐu²¹/ɐu²¹、颜 ŋan²¹、眼 ŋan¹³/an¹³、硬 ŋaŋ²²/aŋ²²

个别来自中古影母。例如：

影母：晏 ŋan³³、鸭 ŋap³/ap³

(19) h，来自中古溪母、晓母、匣母。例如：

溪母：可 hɔ³⁵、开 hɔi⁵⁵、起 hei³⁵、气 hei³³、汽 hei³³、去 hœy³³、敲 hau⁵⁵、考 hau³⁵、口 hɐu³⁵、肯 hɐn³⁵、轻 hɐŋ⁵⁵/heŋ⁵⁵、空 huŋ⁵⁵、恐 huŋ³⁵、歉 hip³、吃 hɐt³、渴 hɔt³、客 hak³、乞 hɐk⁵、刻 hak⁵
晓母：虾 ha⁵⁵、靴 hœ⁵⁵、戏 hei³³、海 hɔi³⁵、许 hœy³⁵、好 hou³⁵、翼 hiu⁵⁵、喊 ham³³、鼾 hɔn²¹、汉 hɔn³³、乡 hœŋ⁵⁵、香 hœŋ⁵⁵、享 hœŋ³⁵、向 hœŋ³³、兄 heŋ⁵⁵、胸 huŋ⁵⁵、黑 hak⁵、血 hyt³
匣母：下 ha²²、河 hɔ²¹、蟹 hai¹³、鞋 hai²¹、係 hɐi²²、号 hou²²、校 hau²²、效 hau²²、喉 hɐu²¹、厚 hɐu¹³、后 hɐu²²、咸 ham²¹、含 hɐm²¹、馅 ham³⁵、痕 hɐn²¹、行慢～;～雷:打雷 haŋ²¹、杏 hɐŋ²²、红 huŋ²¹、合 hɐp²、学 hɔk²

个别来自中古喻云母。例如：

喻云母：熊 huŋ²¹

(20) ∅，来自中古疑母、影母。例如：

疑母：鹅 ɔ²¹、我 ɔ¹³、饿 ɔ²²、崖 ai²¹、蚁 ɐi¹³、外 ɔi²²/ŋɔi²²、藕 ɐu¹³、咬 au¹³、牙 a²¹/

ŋa¹³、芽 a²¹/ŋa²¹、牛 ɐu²¹/ŋɐu²¹、眼 an¹³/ŋan¹³、银 ɐn²¹、硬 aŋ²²/ŋaŋ²²、五 m̩¹³、午 m̩¹³

影母：鸦 a⁵⁵、阿~叔 a³³、挨 ai⁵⁵、矮 ei³⁵、爱 ɔi³³、呕 ɐu³⁵、暗 am³³、晏 an³³、安 ɔn⁵⁵、鸭 ap³/ŋap³、握 ak⁵、屋 uk⁵

个别来自中古见母。例如：

见母：勾 ɐu⁵⁵、钩 ɐu⁵⁵

2.3.1.2 声母与广东广州话的比较

（1）纽约广府话有包括零声母在内的 20 个声母，数量与粤方言广州话一致。古全浊声母清化后，如同广州话，部分全浊上声字读送气音。例如：

坐从 tsʰɔ¹³、徛群 kʰei¹³、抱並 pʰou¹³、肚定 tʰou¹³

其余基本上平声送气，仄声不送气。例如：

爬並 pʰa²¹、病並 pɛŋ²²、脾並 pʰei²¹、鼻並 pei²²、抬定 tʰɔi²¹、地定 tei²²、厨澄 tsʰœy²¹、住澄 tsy²²、残从 tsʰan²¹、杂从 tsap²、葵群 kwʰɐi²¹、柜群 kwɐi²²

（2）国内的粤方言广州话等有的，古非、敷、奉、溪、晓母等字有不少读 f - 声母的特点，纽约广府话也有。例如：

府非 fu³⁵、付非 fu²²、斧非 fu³⁵、费敷 fei³³、番敷 fan⁵⁵、蜂敷 fuŋ⁵⁵、肥奉 fei²¹、饭奉 fan²²、房奉 fɔŋ²¹、灰溪 fui⁵⁵、苦溪 fu³⁵、款溪 fun³⁵、花晓 fa⁵⁵、虎晓 fu³⁵、货晓 fɔ³³

（3）与国内粤方言广州话等一样，古微母字今念 m - 声母，与明母字合流。例如：

麻明 ma²¹、马明 mei¹³、买明 mai¹³、蛮明 man²¹、盲明 maŋ²¹、芒明 mɔŋ⁵⁵、抹明 mat³、蜜明 mɐt²、舞微 mou¹³、味微 mei²²、雾微 mou²²、尾微 mei¹³、晚微 man¹³、文微 mɐn²¹、袜微 mɐt²、物微 mɐt²

（4）纽约广府话声母中没有腭化的现象，古见组字除了溪母的合口字有读 f - 声母的以外，不论洪音细音，均保持舌根塞音 k -、kʰ - 和喉塞音 h - 的读法。这也是与国内广州话等粤方言一致的特点。例如：

家见 ka⁵⁵、居见 kœy³⁵、九见 kɐu³⁵、起溪 hei³⁵、撳溪 kɐm²²、券溪 kyn³³、梗溪 kaŋ³⁵、骑群 kʰɛ²¹、棋群 kʰei²¹、琴群 kʰɐm²¹、穷群 kʰuŋ²¹、虾晓 ha⁵⁵、许晓 hœy³⁵、汉晓 hɔn³³、乡晓 hœŋ⁵⁵

（5）只有一套塞擦音和擦音声母，和国内广州话等其他粤方言一样，古精、知、照 3 组声母合流，读 ts－、tsʰ－、s－。有的二代以上的年轻华人把舌尖清塞擦音和擦音 ts－、tsʰ－、s－读成了舌叶清塞擦音和擦音 tʃ－、tʃʰ－、ʃ－，但 ts－、tsʰ－、s－和 tʃ－、tʃʰ－、ʃ－没有音位的区别。本书依大多数人的发音，塞擦音和擦音仍记为 ts－、tsʰ－、s－。例如：

子精tsi³⁵ = 纸照章tsi³⁵、椒精tsiu⁵⁵ = 朝知tsiu⁵⁵、接精tsip³ = 折照章tsip³，糍从tsʰi²¹ = 迟澄tsʰi²¹、聪清tsʰuŋ⁵⁵ = 冲穿昌tsʰuŋ⁵⁵、擦清tsʰat³ = 察穿初tsʰat³、私心si⁵⁵ = 师审生si⁵⁵、新心sɐn⁵⁵ = 身审书sɐn⁵⁵、粟心suk⁵ = 叔审书suk⁵

（6）n－、l－有别，中古泥（娘）母读 n－，来母读 l－。例如：

女nœy¹³ ≠ 旅lœy¹³、泥nɐi²¹ ≠ 黎lɐi²¹、脑nou¹³ ≠ 老lou¹³、年nin²¹ ≠ 莲lin²¹、南nam²¹ ≠ 篮lam²¹、娘nœŋ²¹ ≠ 凉lœŋ²¹

（7）半元音声母 w－主要出现在影母、匣母、喻云母中，疑母也有一些读 w－的。例如：

蛙影wa⁵⁵、弯影wan⁵⁵、稳影wɐn³⁵、和匣wɔ²¹、华匣wa²¹、滑匣wat²、云喻云wɐn²¹、运喻云wɐn²²、旺喻云wɔŋ²²、玩疑wan³⁵

（8）半元音声母 j－主要出现在日母、影母和喻母中，疑母和匣母也有一些读 j－的。例如：

耳日ji¹³、人日jɐn²¹、日日jɐt²、医影ji⁵⁵、要影jiu³³、影影jeŋ³⁵、雨喻云jy¹³、远喻云jyn¹³、越喻云jyt²、移喻以ji²¹、盐喻以jim²¹、叶喻以jip²、鱼疑jy²¹、愿疑jyn²²、月疑jyt²、完匣jyn²¹、丸匣jyn²¹、型匣jeŋ²¹

（9）读舌根鼻音 ŋ－声母的音节不多，主要出现在疑母和影母中。例如：

外疑ŋɔi²²、颜疑ŋan²¹、晏影ŋan³³

（10）与读舌根鼻音 ŋ－的音节少相反，零声母字比较多，零声母字主要来自疑母、影母，见母字也有读零声母的。在当代中国穗港澳粤方言中常见的，ŋ－声母字转读零声母的所谓"懒音"现象，在纽约广府话中有明显的表现。从发展趋势来看，读 ŋ－声母的音节可能会越来越少，读零声母的音节可能会越来越多。例如：

饿疑ɔ²²、崖疑ai²¹、蚁疑ɐi¹³、外疑ɔi²²、藕疑ɐu¹³、咬疑au¹³、银疑ɐn²¹、五疑m̩¹³、鸦影a⁵⁵、

矮_影ɐi³⁵、爱_影ɔi³³、呕_影ɐu³⁵、暗_影am³³、安_影ɔn⁵⁵、握_影ak⁵、勾_见ɐu⁵⁵、钩_见ɐu⁵⁵

目前，这个变化仍在进行中，在一些常用疑母字和影母字中出现的，同一个字可有ŋ-声母和没有ŋ-声母的两读现象，说明了这点。例如：

牙_疑ŋa²¹/a²¹、芽_疑ŋa²¹/a²¹、外_疑ŋɔi²²/ɔi²²、牛_疑ŋɐu²¹/ɐu²¹、眼_疑ŋan¹³/an¹³、硬_疑ŋaŋ²²/aŋ²²、鸭_影ŋap³/ap³

2.3.1.3　62个韵母及其与中古音的对应

纽约广府话有62个韵母。如下：

单元音韵母（7个）：

a ɔ ɛ œ i u y

复元音韵母（10个）：

ai ɐi ɔi ei au ɐu ou œy iu ui

鼻音韵尾韵母（19个）：

am ɐm ɛm im

an ɐn ɔn ɛn œn in un yn

aŋ ɐŋ ɔŋ œŋ ɔŋ eŋ uŋ

声化韵（1个）：

m̩

塞音韵尾韵母（18个）：

ap ɐp ip

at ɐt ɛt œt ɔt it ut yt

ak ɐk ɛk œk ɔk ek uk

只出现在外来借词中的韵母（7个）：

ə ɛu ɜy ne ɔp up ɐt

纽约广府话韵母与中古音的对应，除了只出现在外来借词中的韵母ə、ɛu、ɜy、ne、ɔp、up、ɐt以"有音无字"标注列出该音节以外，涉及其他韵母的有音无字音节均不列出。（见表2-34）

表2-34　纽约广府话韵母与中古音的对应

韵母	音韵地位	例字
a	果摄开口一等	他 tʰa⁵⁵、阿_{~哥}a³³
	假摄开口二等	把 pa³⁵、怕 pʰa³³、巴_{哑~}pa⁵⁵、爬 pʰa²¹、妈 ma⁵⁵、麻 ma²¹、马 ma¹³、码 ma¹³、楂 tsa⁵⁵、渣 tsa⁵⁵、炸 tsa³³、差_{~别}tsʰa⁵⁵、搽 tsʰa²¹、茶 tsʰa²¹、叉 tsʰa⁵⁵、沙 sa⁵⁵、下 ha²²、家 ka⁵⁵、加 ka⁵⁵、假_{真~}ka³⁵、假_{放~}ka³³、价 ka³³、牙 ŋa²¹/a²¹、芽_疑ŋa²¹/a²¹、虾 ha⁵⁵、夏 ha²²、鸦 a⁵⁵、哑 a³⁵

续表2-34

韵母	音韵地位	例字
a	假摄合口二等	瓜 kwa^{55}、寡 kwa^{35}、花 fa^{55}、化 fa^{33}、华 wa^{21}、蛙 wa^{55}
	蟹摄合口二等	挂 kwa^{33}、画 wa^{22}、话 wa^{22}、蛙 wa^{55}
	咸摄开口二等	炸 tsa^{33}
	山摄开口一等	撒 sa^{35}
	梗摄开口二等	打 ta^{35}
ɔ	果摄开口一等	多 tɔ^{55}、拖 t^{h}ɔ^{55}、驼 t^{h}ɔ^{21}、罗 lɔ^{21}、左 tsɔ^{35}、歌 kɔ^{55}、个 kɔ^{33}、哥 kɔ^{55}、河 hɔ^{21}、可 hɔ^{35}、我 ɔ^{13}、鹅 ɔ^{21}、饿 ɔ^{22}
	果摄合口一等	波 pɔ^{55}、菠 pɔ^{55}、玻 pɔ^{55}、婆 p^{h}ɔ^{21}、魔 mɔ^{55}、摩 mɔ^{55}、磨$_动$ mɔ^{21}、磨$_名$ mɔ^{22}、和 wɔ^{21}、螺 lɔ^{21}、糯 nɔ^{22}、坐 tsɔ^{13}、锁 sɔ^{35}、过 kwɔ^{33}、果 kwɔ^{35}、伙 fɔ^{35}、火 fɔ^{35}、货 fɔ^{33}
	假摄合口二等	傻 sɔ^{21}
	遇摄合口三等	初 ts^{h}ɔ^{55}、所 sɔ^{35}、梳 sɔ^{55}
	宕摄开口一等	错 ts^{h}ɔ^{33}
ɛ	果摄开口三等	茄 k^{h}ɛ^{21}
	假摄开口三等	爹 tɛ^{55}、写 sɛ^{35}、姐 tsɛ^{35}、斜 ts^{h}ɛ^{21}、借 tsɛ^{33}、谢 tsɛ^{22}、遮 tsɛ^{55}、车 ts^{h}ɛ^{5}、扯 ts^{h}ɛ^{35}、蛇 sɛ^{21}、者 tsɛ^{35}、社 sɛ^{13}、射 sɛ^{22}、爷 jɛ^{21}、野 jɛ^{13}、夜 jɛ^{22}
	止摄开口三等	骑 k^{h}ɛ^{21}
	梗摄开口三等	射 sɛ^{22}
œ	果摄合口一等	朵 tœ^{35}
	果摄合口三等	靴 hœ^{55}
	遇摄合口三等	锯 kœ^{33}
i	蟹摄开口四等	脐 ts^{h}i^{21}
	止摄开口三等	芝 tsi^{55}、知 tsi^{55}、蜘 tsi^{55}、枝 tsi^{55}、姊 tsi^{35}、指 tsi^{35}、子 tsi^{35}、纸 tsi^{35}、治 tsi^{33}、自 tsi^{22}、痣 tsi^{22}、刺 ts^{h}i^{33}、师 si^{55}、狮 si^{55}、匙 ts^{h}i^{21}、糍 ts^{h}i^{21}、迟 ts^{h}i^{21}、慈 ts^{h}i^{21}、始 ts^{h}i^{35}、柿 ts^{h}i^{35}、厕 ts^{h}i^{33}、次 ts^{h}i^{33}、丝 si^{55}、司 si^{55}、私 si^{55}、时 si^{21}、屎 si^{35}、市 si^{13}、试 si^{33}、是 si^{22}、事 si^{22}、士 si^{22}、视 si^{22}、医 ji^{55}、衣 ji^{55}、儿 ji^{21}、姨 ji^{21}、移 ji^{21}、而 ji^{21}、疑 ji^{21}、耳 ji^{13}、尔 ji^{13}、以 ji^{13}、二 ji^{22}、意 ji^{33}
u	遇摄合口一等	姑 ku^{55}、估 ku^{35}、股 ku^{35}、故 ku^{33}、苦 fu^{35}、裤 fu^{33}、乌 wu^{55}、污 wu^{55}、湖 wu^{21}、胡 wu^{21}、壶 wu^{21}、狐 wu^{21}、护 wu^{22}
	遇摄合口三等	夫 fu^{55}、符 fu^{21}、斧 fu^{35}、傅 fu^{35}、府 fu^{35}、父 fu^{33}、腐 fu^{22}、芋 wu^{22}
	流摄开口三等	妇 fu^{22}
y	遇摄合口三等	猪 tsy^{55}、蛛 tsy^{55}、珠 tsy^{55}、煮 tsy^{35}、主 tsy^{35}、住 tsy^{22}、厨 ts^{h}y^{21}、舒 sy^{55}、书 sy^{55}、薯 sy^{21}、鼠 sy^{35}、暑 sy^{35}、署 sy^{13}、树 sy^{22}、鱼 jy^{21}、淤 jy^{35}、语 jy^{13}、乳 jy^{13}、雨 jy^{13}

续表 2-34

韵母	音韵地位	例字
ai	果摄开口一等	大 tai²²
	蟹摄开口一等	带 tai³³、太 tʰai³³、胎 tʰai⁵⁵/tʰɔi⁵⁵、赖 lai²²、猜 tsʰai⁵⁵
	蟹摄开口二等	拜 pai³³、排 pʰai²¹、牌 pʰai²¹、埋 mai²¹、买 mai¹³、卖 mai²²、奶 nai¹³、斋 tsai⁵⁵、债 tsai³³、柴 tsʰai²¹、差_出~ tsʰai⁵⁵、晒 sai³³、街 kai⁵⁵、鞋 hai²¹、蟹 hai¹³、戒 kai³³、挨 ai⁵⁵、崖 ai²¹
	蟹摄合口二等	筷 fai³³、快 fai³³、乖 kwai⁵⁵、怀 wai²¹、坏 wai²²
	咸摄开口一等	拉 lai⁵⁵
ɐi	果摄合口一等	跛 pɐi⁵⁵
	蟹摄开口二等	矮 ɐi³⁵
	蟹摄开口三等	弊 pɐi²²、制 tsɐi³³、世 sɐi³³
	蟹摄开口四等	米 mɐi¹³、泥 nɐi²¹、礼 lɐi¹³、低 tɐi⁵⁵、底 tɐi³⁵、梯 tʰɐi⁵⁵、蹄 tʰɐi²¹、弟 tɐi²²、第 tɐi²²、剃 tʰɐi³³、涕 tʰɐi³³、齐 tsʰɐi²¹、砌 tsʰɐi³³、西 sɐi⁵⁵、犀 sɐi⁵⁵、鸡 kɐi⁵⁵、洗 sɐi³⁵、细 sɐi³³、计 kɐi³³、契 kʰɐi³³、系 hɐi²²
	蟹摄合口三等	吠 fɐi²²
	蟹摄合口四等	桂 kwɐi³³、惠 wɐi²²
	止摄开口三等	荔 lɐi²²、腻 nɐi²²、蚁 ɐi¹³
	止摄合口三等	费 fɐi³³、徽 fɐi⁵⁵、龟 kwɐi⁵⁵、柜 kwɐi²²、鬼 kwɐi³⁵、贵 kwɐi³³、葵 kʷʰɐi²¹、为_难,以~ wɐi²¹、围 wɐi²¹、位 wɐi²²
ɔi	蟹摄开口一等	代 tɔi²²、待 tɔi²²、胎 tʰɔi⁵⁵/tʰai⁵⁵、台 tʰɔi²¹、抬 tʰɔi²¹、袋 tɔi²²、耐 nɔi²²、再 tsɔi³³、在 tsɔi²²、材 tsʰɔi²¹、彩 tsʰɔi³⁵、菜 tsʰɔi³³、盖 kɔi³³、概 kʰɔi³³、开 hɔi⁵⁵、海 hɔi³⁵、爱 ɔi³³
	蟹摄合口一等	外 ŋɔi²²/ɔi²²
ei	止摄开口三等	碑 pei⁵⁵、秘 pei³³、备 pei²²、皮 pʰei²¹、脾 pʰei²¹、被_~子 pʰei¹³、鼻 pei²²、屁 pʰei³³、眉 mei²¹、美 mei¹³、地 tei²²、你 nei¹³、痢 lei²²、饵 lei²¹、璃 lei⁵⁵、梨 lei²¹、离 lei²¹、狸 lei²¹、李 lei¹³、理 lei¹³、利 lei²²、死 sei³⁵、四 sei³³、机 kei⁵⁵、己 kei³⁵、几 kei³⁵、忌 kei²²、记 kei³³、棋 kʰei²¹、期 kʰei²¹、倚 kʰei¹³、企 kʰei³⁵、起 hei³⁵、汽 hei³³、气 hei³³、戏 hei³³
	止摄合口三等	微 mei²¹、尾 mei¹³、味 mei²²、飞 fei⁵⁵、肥 fei²¹
au	效摄开口一等	烤 hau³⁵、考 hau³⁵
	效摄开口二等	包 pau⁵⁵、鲍 pau²¹、饱 pau³⁵、爆 pau³³、豹 pau³³、刨 pʰau²¹、跑 pʰau³⁵、炮 pʰau³³、闹 nau²²、爪 tsau³⁵、找 tsau³⁵、巢 tsʰau²¹、炒 tsʰau³⁵、交 kau⁵⁵、胶 kau⁵⁵、搞 kau³⁵、搅 kau³⁵、教 kau³³、敲 hau⁵⁵、铰 kau³³、较 kau³³、觉_睡~ kau³³、校 hau³³、效 hau²²、咬 au¹³

续表2-34

韵母	音韵地位	例字
au	效摄开口三等	猫 mau⁵⁵
	江摄开口二等	饺 kau³⁵
ɐu	遇摄合口一等	埠 fɐu²²
	流摄开口一等	兜 tɐu⁵⁵、豆 tɐu²²、斗 tɐu³⁵、投 tʰɐu²¹、头 tʰɐu²¹、楼 lɐu²¹、走 tsɐu³⁵、凑 tsʰɐu³³、狗 kɐu³⁵、抠 kʰɐu⁵⁵、口 hɐu³⁵、喉 hɐu²¹、厚 hɐu¹³、后 hɐu²²、勾 ɐu⁵⁵、钩 ɐu⁵⁵、呕 ɐu³⁵、藕 ɐu¹³
	流摄开口三等	扭 nɐu³⁵、纽 nɐu³⁵、流 lɐu²¹、榴 lɐu²¹、溜 lɐu²²、州 tsɐu⁵⁵、周 tsɐu⁵⁵、酒 tsɐu³⁵、昼 tsɐu³³、袖 tsɐu²²、就 tsɐu²²、秋 tsʰɐu⁵⁵、抽 tsʰɐu⁵⁵、丑 tsʰɐu³⁵、臭 tsʰɐu³³、收 sɐu⁵⁵、手 sɐu³⁵、守 sɐu³⁵、兽 sɐu³³、瘦 sɐu³³、锈 sɐu³³、授 sɐu²²、优 jɐu⁵⁵、休 jɐu⁵⁵、游 jɐu²¹、邮 jɐu²¹、油 jɐu²¹、有 jɐu¹³、友 jɐu¹³、右 jɐu²²、幼 jɐu³³、又 jɐu²²、九 kɐu³⁵、救 kɐu³³、旧 kɐu²²、球 kʰɐu²¹、舅 kʰɐu¹³、牛 ŋɐu²¹/ɐu²¹
ou	遇摄合口一等	簿 pou³⁵、布 pou³³、部 pou²²、步 pou²²、铺~床 pʰou⁵⁵、菩 pʰou²¹、普 pʰou³⁵、铺~头 pʰou³³、墓 mou²²、赌 tou³⁵、都 tou⁵⁵、度 tou²²、徒 tʰou²¹、土 tʰou³⁵、肚 tʰou¹³、吐 tʰou³³、兔 tʰou³³、炉 lou²¹、路 lou²²、做 tsou²²、祖 tsou³⁵、粗 tsʰou⁵⁵、醋 tsʰou³³、诉 sou³³
	遇摄合口三等	舞 mou¹³、务 mou²²、娶 tsʰou³⁵、须 sou⁵⁵、数动 sou³⁵
	效摄开口一等	保 pou³⁵、抱 pʰou¹³、毛 mou²¹、帽 mou²²、冒 mou²²、刀 tou⁵⁵、岛 tou³⁵、倒 tou³⁵、到 tou³³、道 tou²²、桃 tʰou²¹、套 tʰou³³、脑 nou²²、捞 lou⁵⁵、老 lou¹³、糟 tsou⁵⁵、枣 tsou³⁵、早 tsou³⁵、造 tsou²²、草 tsʰou³⁵、嫂 sou³⁵、扫 sou³³、高 kou⁵⁵、膏 kou⁵⁵、糕 kou⁵⁵、毫 hou²¹、好 hou³⁵、号 hou²²
	流摄开口一等	母 mou¹³
œy	遇摄合口三等	女 nœy¹³、旅 lœy¹³、除 tsʰœy²¹、需 sœy⁵⁵、居 kœy⁵⁵、举 kœy³⁵、区 kʰœy⁵⁵、渠~水 kʰœy²¹、渠他 kʰœy²¹、许 hœy³⁵、去 hœy³³、具 kœy²²
	蟹摄合口一等	堆 tœy⁵⁵、对 tœy³³、队 tœy²²、推 tʰœy⁵⁵、腿 tʰœy³⁵、退 tʰœy³³、雷 lœy²¹、最 tsœy³³、碎 sœy³³
	蟹摄合口三等	脆 tsʰœy³³、岁 sœy³³、税 sœy³³
	止摄合口三等	累连~ lœy²²、追 tsœy⁵⁵、嘴 tsœy³⁵、醉 tsœy³³、吹 tsʰœy⁵⁵、随 tsʰœy²¹、锤 tsʰœy²¹、水 sœy³⁵
iu	效摄开口三等	标 piu⁵⁵、表 piu³⁵、漂 pʰiu³³、票 pʰiu³³、庙 miu²²、招 tsiu⁵⁵、蕉 tsiu⁵⁵、焦 tsiu⁵⁵、超 tsʰiu⁵⁵、潮 tsʰiu²¹、小 siu³⁵、笑 siu³³、烧 siu⁵⁵、妖 jiu⁵⁵、邀 jiu⁵⁵、摇 jiu²¹、要 jiu³³、桥 kʰiu²¹、侨 kʰiu²¹、嚣 hiu⁵⁵
	效摄开口四等	吊 tiu³³、钓 tiu³³、条 tʰiu²¹、跳 tʰiu³³、尿 niu²²、叫 kiu³³
	流摄开口三等	彪 piu⁵⁵、丢 tiu⁵⁵

续表 2-34

韵母	音韵地位	例字
ui	蟹摄合口一等	杯 pui⁵⁵、倍 pʰui¹³、背~脊 pui³³、梅 mui²¹、煤 mui²¹、妹 mui²²、灰 fui⁵⁵、回 wui²¹、会~计 wui²²
am	咸摄开口一等	担 tam⁵⁵、淡咸~ tʰam¹³、探 tʰam³³、南 nam²¹、男 nam²¹、篮 lam²¹、蓝 lam²¹、揽 lam³⁵、暂 tsam²²、三 sam⁵⁵、喊 ham³³
am	咸摄开口二等	站 tsam²²、斩 tsam³⁵、衫 sam⁵⁵、监~牢 kam⁵⁵、减 kam³⁵、咸 ham²¹、馅 ham³⁵、岩 ŋam²¹
ɐm	咸摄开口一等	敢 kɐm³⁵、感 kɐm³⁵、含 hɐm²¹、揞 ɐm³⁵、暗 ɐm³³
ɐm	深摄开口三等	林 lɐm²¹、淋 lɐm²¹、蟫 tsɐm⁵⁵、沉 tsʰɐm²¹、针 tsɐm⁵⁵、枕 tsɐm³⁵、浸 tsɐm³³、心 sɐm⁵⁵、深 sɐm⁵⁵、婶 sɐm³⁵、音 jɐm⁵⁵、饮 jɐm³⁵、今 kɐm⁵⁵、金 kɐm⁵⁵、禁 kɐm³³、撳 kɐm²²、琴 kʰɐm²¹
ɛm	咸摄开口四等	舔 lɛm³⁵
im	咸摄开口三等	廉 lim²¹、尖 tsim⁵⁵、占 tsim³³、签 tsʰim⁵⁵、闪 sim³⁵、盐 jim²¹、严 jim²¹、染 jim¹³、检 kim³⁵、剑 kim³³、险 him³⁵、欠 him³³
im	咸摄开口四等	店 tim³³、惦 tim²²、点 tim³⁵、添 tʰim⁵⁵、甜 tʰim²¹、念 nim²²、嫌 him²¹、歉 him³³
im	山摄开口三等	蝉 sim²¹
an	咸摄合口三等	帆 fan²¹、凡 fan²¹
an	山摄开口一等	单 tan⁵⁵、诞 tan³³、但 tan²²、滩 tʰan⁵⁵、难~易 nan²¹、兰 lan²¹、懒 lan¹³、餐 tsʰan⁵⁵、残 tsʰan²¹、蛋 tan²²、叹 tʰan³³、炭 tʰan³³、烂 lan²²、散~步 san³³
an	山摄开口二等	班 pan⁵⁵、板 pan³⁵、扮 pan²²、办 pan²²、蛮 man²¹、慢 man²²、铲 tsʰan³⁵、山 san⁵⁵、拣 kan³⁵、眼 ŋan¹³/an¹³、闲 han²¹、间 kan⁵⁵、奸 kan⁵⁵、颜 ŋan²¹、晏 an³³
an	山摄合口一等	馒 man²¹、玩游~ wan³⁵
an	山摄合口二等	闩 san⁵⁵、关 kwan⁵⁵、惯 kwan³³、还 wan²¹、环 wan²¹、湾 wan⁵⁵、弯 wan⁵⁵
an	山摄合口三等	晚 man¹³、万 man²²、番 fan⁵⁵、翻 fan⁵⁵、烦 fan²¹、饭 fan²²
ɐn	深摄开口三等	品 pɐn³⁵
ɐn	臻摄开口一等	吞 tʰɐn⁵⁵、跟 kɐn⁵⁵、根 kɐn⁵⁵、痕 hɐn²¹
ɐn	臻摄开口三等	宾 pɐn⁵⁵、民 mɐn²¹、敏 mɐn¹³、珍 tsɐn⁵⁵、真 tsɐn⁵⁵、疹 tsɐn³⁵、震 tsɐn³³、阵 tsɐn²²、亲 tsʰɐn⁵⁵、尘 tsʰɐn²¹、衬 tsʰɐn³³、新 sɐn⁵⁵、身 sɐn⁵⁵、晨 sɐn²¹、神 sɐn²¹、因 jɐn⁵⁵、人 jɐn²¹、忍 jɐn¹³、印 jɐn³³、巾 kɐn⁵⁵、紧 kɐn³⁵、筋 kɐn⁵⁵、斤 kɐn⁵⁵、近附~ kɐn²²、芹 kʰɐn²¹、勤 kʰɐn²¹、近 kʰɐn¹³、银 ɐn²¹

续表 2-34

韵母	音韵地位	例字
ɐn	臻摄合口一等	喷 pʰɐn³³、婚 fɐn⁵⁵、瘟 wɐn⁵⁵、混 wɐn²¹、温 wɐn⁵⁵、稳 wɐn³⁵、滚 kwɐn⁵⁵、棍 kwɐn³³
	臻摄合口三等	蚊 mɐn⁵⁵、文 mɐn²¹、纹 mɐn²¹、闻 mɐn²¹、问 mɐn²²、分 fɐn⁵⁵、粉 fɐn³⁵、份 fɐn²²、晕 wɐn²¹、云 wɐn²¹、运 wɐn²²、裙 kwʰɐn²¹
	曾摄开口一等	肯 hɐn³⁵
ɔn	山摄开口一等	肝 kɔn⁵⁵、干 kɔn³³、鼾 hɔn²¹、汗 hɔn²²、安 ɔn⁵⁵
ɛn	山摄开口三等	便~宜 pʰɛn²¹
œn	臻摄开口三等	鳞 lœn²¹、进 tsœn³³、信 sœn³³
	臻摄合口一等	论 lœn²²
	臻摄合口三等	轮 lœn²¹、准 tsœn³⁵、春 tsʰœn⁵⁵、蠢 tsʰœn³⁵、唇 sœn²¹、笋 sœn³⁵、顺 sœn²²
in	山摄开口三等	变 pin³³、便 pin²²、骗 pʰin³³、棉 min²¹、面 min²²、连 lin²¹、毡 tsin⁵⁵、剪 tsin³⁵、迁 tsʰin⁵⁵、钱 tsʰin²¹、善 sin²¹、然 jin²¹、演 jin³⁵、贱 tsin²²、仙 sin⁵⁵、线 sin³³、扇 sin³³、建 kin³³、件 kin²²
	山摄开口四等	边 pin⁵⁵、辫 pin⁵⁵、扁 pin³⁵、蝙 pin³⁵、片 pʰin³³、面~条 min²²、颠 tin⁵⁵、电 tin²²、天 tʰin⁵⁵、田 tʰin²¹、年 nin²¹、怜 lin²¹、莲 lin²¹、练 lin²²、荐 tsin³³、千 tsʰin⁵⁵、前 tsʰin²¹、先 sin⁵⁵、烟 jin⁵⁵、现 jin²²、见 kin³³
	山摄合口三等	铅 jin²¹
un	山摄合口一等	搬 pun⁵⁵、半 pun³³、盘 pʰun²¹、满 mun¹³、款 fun³⁵、碗 wun³⁵、换 wun²²、观 kun⁵⁵、官 kun⁵⁵、馆 kun³⁵、管 kun³⁵、罐 kun³³
	臻摄合口一等	本 pun³⁵、盆 pʰun²¹、门 mun²¹、闷 mun²²
yn	山摄合口一等	短 tyn³⁵、团 tʰyn²¹、断 tʰyn¹³、暖 nyn¹³、乱 lyn²²、钻 tsyn³³、酸 syn⁵⁵、算 syn³³、蒜 syn³³、完 jyn²¹、丸 jyn²¹
	山摄合口三等	砖 tsyn⁵⁵、全 tsʰyn²¹、传~染 tsʰyn²¹、喘 tsʰyn³⁵、船 syn²¹、冤 jyn⁵⁵、园 jyn²¹、铅 jyn²¹、缘 jyn²¹、员 jyn²¹、软 jyn¹³、远 jyn¹³、院 jyn²²、愿 jyn²²、怨 jyn³³、捐 kyn⁵⁵、卷 kyn³⁵、券 kyn³³、拳 kʰyn²¹、劝 hyn³³、圈圆~ hyn⁵⁵
	臻摄合口一等	豚 tʰyn²¹、嫩 nyn²²、村 tsʰyn⁵⁵、存 tsʰyn²¹、寸 tsʰyn³³、孙 syn⁵⁵
aŋ	梗摄开口二等	盲 maŋ²¹、猛 maŋ¹³、冷 laŋ¹³、橙 tsʰaŋ²¹、生白 saŋ⁵⁵、硬 ŋaŋ²²/aŋ²²、耕 kaŋ⁵⁵、梗 kaŋ³⁵、行 haŋ²¹
ɐŋ	曾摄开口一等	朋 pʰɐŋ²¹、灯 tɐŋ⁵⁵、登 tɐŋ⁵⁵、等 tɐŋ³⁵、凳 tɐŋ³³、能 nɐŋ²¹
	梗摄开口二等	生文 sɐŋ⁵⁵、羹 kɐŋ⁵⁵、哽 kɐŋ³⁵、更 kɐŋ³³、杏 hɐŋ²²
ɛŋ	梗摄开口三等	饼 pɛŋ³⁵、病 pɛŋ²²、命 mɛŋ²²、井 tsɛŋ³⁵、净 tsɛŋ²²、请 tsʰɛŋ³⁵、声 sɛŋ⁵⁵、成白 sɛŋ²¹、赢 jɛŋ²¹、颈 kɛŋ³⁵、镜 kɛŋ³³、轻 hɛŋ⁵⁵
	梗摄开口四等	钉 tɛŋ⁵⁵、顶白 tɛŋ³⁵、订 tɛŋ²²、厅 tʰɛŋ⁵⁵、听 tʰɛŋ⁵⁵、艇 tʰɛŋ¹³、醒 sɛŋ³⁵、腥 sɛŋ⁵⁵

续表2-34

韵母	音韵地位	例字
œŋ	宕摄开口三等	娘 nœŋ²¹、良 lœŋ²¹、凉 lœŋ²¹、两~个 lœŋ¹³、亮 lœŋ²²、浆 tsœŋ⁵⁵、张 tsœŋ⁵⁵、章 tsœŋ⁵⁵、仗 tsœŋ³⁵、掌 tsœŋ³⁵、奖 tsœŋ³⁵、帐 tsœŋ³³、橡 tsœŋ²²、象 tsœŋ²²、丈 tsœŋ²²、场 tsʰœŋ²¹、长~凳 tsʰœŋ²¹、墙 tsʰœŋ²¹、肠 tsʰœŋ²¹、唱 tsʰœŋ³³、相~信 sœŋ⁵⁵、箱 sœŋ⁵⁵、商 sœŋ⁵⁵、酱 tsœŋ³³、想 sœŋ³⁵、尚 sœŋ²²、上~山 sœŋ¹³、上~面 sœŋ²²、相 sœŋ³³、羊 jœŋ²¹、洋 jœŋ²¹、阳 jœŋ²¹、养 jœŋ¹³、样 jœŋ²²、姜 kœŋ⁵⁵、香 hœŋ⁵⁵、乡 hœŋ⁵⁵、响 hœŋ³⁵、享 hœŋ³⁵、向 hœŋ³³
	江摄开口二等	窗 tsʰœŋ⁵⁵、双 sœŋ⁵⁵
ɔŋ	宕摄开口一等	帮 pɔŋ⁵⁵、芒 mɔŋ⁵⁵、郎 lɔŋ²¹、狼 lɔŋ²¹、螂 lɔŋ²¹、挡 tɔŋ³⁵、汤 tʰɔŋ⁵⁵、糖 tʰɔŋ²¹、唐 tʰɔŋ²¹、堂 tʰɔŋ²¹、螳 tʰɔŋ²¹、烫 tʰɔŋ³³、葬 tsɔŋ³³、脏~心 tsɔŋ²²、缸 kɔŋ⁵⁵、航 hɔŋ²¹
	宕摄开口三等	装 tsɔŋ⁵⁵、疮 tsʰɔŋ⁵⁵、床 tsʰɔŋ²¹、厂 tsʰɔŋ³⁵、爽 sɔŋ³⁵
	宕摄合口一等	黄 wɔŋ²¹、光 kwɔŋ⁵⁵、广 kwɔŋ³⁵
	宕摄合口三等	网 mɔŋ¹³、方 fɔŋ⁵⁵、房 fɔŋ²¹、放 fɔŋ³³、旺 wɔŋ²²
	江摄开口二等	绑 pɔŋ³⁵、撞 tsɔŋ²²、江 kɔŋ⁵⁵、讲 kɔŋ³⁵
eŋ	曾摄开口三等	冰 peŋ⁵⁵、蒸 tseŋ⁵⁵、证 tseŋ³³、症 tseŋ³³、剩 tseŋ²²、升 seŋ⁵⁵、绳 seŋ²¹、承 seŋ²¹、应 jeŋ⁵⁵、鹰 jeŋ⁵⁵、蝇 jeŋ²¹
	梗摄开口三等	兵 peŋ⁵⁵、平 pʰeŋ²¹、明 meŋ²¹、命 meŋ²²、晶 tseŋ⁵⁵、整 tseŋ³⁵、政 tseŋ³³、静 tseŋ²²、净 tseŋ²²、清 tsʰeŋ⁵⁵、请文 tsʰeŋ³⁵、成文 seŋ²¹、城 seŋ²¹、性 seŋ³³、圣 seŋ³³、英 jeŋ⁵⁵、迎 jeŋ²¹、影 jeŋ³⁵、景 keŋ³⁵、警 keŋ³⁵、劲 keŋ²²、鲸 kʰeŋ²¹、轻 heŋ⁵⁵
	梗摄开口四等	零 leŋ²¹、青 tsʰeŋ²¹、蜻 tsʰeŋ⁵⁵、星 seŋ⁵⁵、醒~目 seŋ³⁵、顶文 teŋ³⁵、定 teŋ²²、庭 tʰeŋ²¹、停 tʰeŋ²¹、蜓 tʰeŋ²¹、型 jeŋ²¹
	梗摄合口三等	倾 kʰeŋ⁵⁵、兄 heŋ⁵⁵
uŋ	通摄合口一等	冬 tuŋ⁵⁵、东 tuŋ⁵⁵、冻 tuŋ³³、动 tuŋ²²、通 tʰuŋ⁵⁵、同 tʰuŋ²¹、铜 tʰuŋ²¹、筒 tʰuŋ²¹、桶 tʰuŋ³⁵、痛 tʰuŋ³³、浓 nuŋ²¹、脓 nuŋ²¹、农 nuŋ²¹、聋 luŋ²¹、弄 luŋ²²、总 tsuŋ³⁵、粽 tsuŋ³⁵、葱 tsʰuŋ⁵⁵、聪 tsʰuŋ⁵⁵、送 suŋ³³、工 kuŋ⁵⁵、公 kuŋ⁵⁵、功 kuŋ⁵⁵、蚣 kuŋ⁵⁵、空 huŋ⁵⁵、红 huŋ²¹、虹 huŋ²¹
uŋ	通摄合口三等	梦 muŋ²²、缝 fuŋ²¹、浓 nuŋ²¹、笼 luŋ²¹、龙 luŋ²¹、风 fuŋ⁵⁵、蜂 fuŋ⁵⁵、封 fuŋ⁵⁵、凤 fuŋ²²、中 tsuŋ⁵⁵、钟 tsuŋ⁵⁵、种~子 tsuŋ³⁵、中~暑 tsuŋ³³、种~菜 tsuŋ³³、仲 tsuŋ²²、冲 tsʰuŋ⁵⁵、虫 tsʰuŋ²¹、从 tsʰuŋ²¹、重~轻 tsʰuŋ¹³、松 suŋ²¹、拥 juŋ²¹、融 juŋ²¹、容 juŋ²¹、用 juŋ²²、供 kuŋ⁵⁵、宫 kuŋ⁵⁵、共 kuŋ²²、穷 kʰuŋ²¹、胸 huŋ⁵⁵、熊 huŋ²¹、恐 huŋ³⁵
m̩		唔否定副词 m̩²¹
	遇摄合口一等	五 m̩¹³

续表 2-34

韵母	音韵地位	例字
ap	咸摄开口一等	搭 tap³、腊 lap²、蜡 lap²、鸽 kap³
	咸摄开口二等	插 tsʰap³、夹 kap³、甲 kap³、鸭 ŋap³/ap³
	深摄开口三等	袭 tsap²
ɐp	咸摄开口一等	合 hɐp²、盒 hɐp²
	深摄开口三等	立 lɐp²、粒 lɐp⁵、笠 lɐp⁵、汁 tsɐp⁵、执 tsɐp⁵、湿 sɐp⁵、十 sɐp²、入 jɐp²、急 kɐp³
ip	咸摄开口三等	接 tsip³、折 tsip³、摄 sip³、叶 jip²、页 jip²、劫 kip³
	咸摄开口四等	叠 tip²、碟 tip²、蝶 tip²、歉 hip³、协 hip³
at	咸摄开口二等	压 at³
	咸摄合口三等	法 fat³
	山摄开口一等	达 tat²、辣 lat²、擦 tsʰat³、萨 sat³
	山摄开口二等	八 pat³、抹 mat³、扎 tsat³、察 tsʰat³、杀 sat³
at	山摄合口二等	挖 wat³、滑 wat²、刷 tsʰat³、刮 kwat³
	山摄合口三等	发 fat³
ɐt	山摄合口三等	罚 fɐt²、袜 mɐt²
	臻摄开口三等	笔 pɐt⁵、毕 pɐt⁵、蜜 mɐt²、密 mɐt²、侄 tsɐt²、七 tsʰɐt⁵、膝 sɐt⁵、虱 sɐt⁵、实 sɐt²、日 jɐt²、吉 kɐt⁵、一 jɐt⁵
	臻摄合口一等	窟 fɐt⁵、核_果~ wɐt²、突 tɐt²、骨 kwɐt⁵
	臻摄合口三等	橘 kɐt⁵、佛 fɐt²、物 mɐt²、屈 wɐt⁵
	曾摄开口一等	墨 mɐt²、得 tɐt²、特 tɐt²
	通摄合口三等	郁_抑~ wɐt⁵
ɛt	梗摄开口三等	尺 tsʰɛt³
	梗摄开口四等	吃 hɛt³
œt	臻摄开口三等	栗 lœt²
	臻摄合口三等	律 lœt²、出 tsʰœt⁵、恤 sœt⁵、术 sœt²
ɔt	山摄开口一等	渴 hɔt³
it	咸摄开口三等	折_打~ tsit³、折_本 sit²
	咸摄开口四等	跌 tit³
	山摄开口三等	别 pit²、裂 lit²、热 jit²、杰 kit²
	山摄开口四等	铁 tʰit³、节 tsit³、结 kit³
	臻摄开口三等	吉_~他 kit⁵
ut	山摄合口一等	阔 fut³

续表 2-34

韵母	音韵地位	例字
yt	山摄合口三等	雪 syt³、月 jyt²
	山摄合口四等	血 hyt³
ak	蟹摄合口二等	画 wak²
	江摄开口二等	握 ak⁵
	曾摄开口一等	肋 lak³、贼 tsʰak²、刻 hak⁵、黑 hak⁵
	曾摄合口一等	或 wak²
	宕摄开口一等	泊~车 pʰak³
	梗摄开口二等	百 pak³、伯 pak³、白 pak²、拍 pʰak³、窄 tsak³、摘 tsak²、拆 tsʰak³、格 kak³、客 hak³、额 ak²、隔 kak³
	梗摄合口二等	划 wak²
	通摄合口一等	卜~萝~ pak²
ɐk	曾摄开口一等	得 tɐk⁵
	曾摄开口三等	侧 tsɐk⁵、乞 hɐk⁵
	梗摄开口二等	麦 mɐk²、脉 mɐk²
ɛk	假摄开口三等	席~子 tsɛk²
	梗摄开口三等	脊 tsɛk³、只 tsɛk³、石 sɛk²
	梗摄开口四等	锡 sɛk³、笛 tɛk²、踢 tʰɛk³
œk	宕摄开口三等	雀 tsœk³、着~衣 tsœk³、脚 kœk³、约 jœk³、药 jœk²
ɔk	果摄合口一等	薄 pɔk²
	遇摄合口一等	恶可~ ɔk³
	宕摄开口一等	博 pɔk²、薄 pɔk²、托 tʰɔk³、乐 lɔk³、落 lɔk²、作 tsɔk³、恶 ɔk³
	宕摄合口一等	镬 wɔk²
	江摄开口二等	驳 pɔk³、剥 mɔk⁵、觉 kɔk³、角 kɔk³、壳 hɔk³、学 hɔk²
	曾摄合口一等	国 kɔk³
ek	曾摄开口三等	力 lek²、即 tsek⁵、值 tsek²、熄 sek⁵、直 tsek²、色 sek⁵、息 sek⁵、食 sek²、式 sek⁵、亿 jek⁵、翼 jek²、极 kek²
	梗摄开口三等	益 jek⁵
	梗摄开口四等	历 lek²、戚 tsʰek⁵、击 kek⁵
	梗摄合口三等	疫 jek²

续表 2-34

韵母	音韵地位	例字
uk	江摄开口二等	捉 tsuk⁵、浊 tsuk²
	通摄合口一等	仆 pʰuk²、木 muk²、毒 tuk²、独 tuk²、读 tuk²、鹿 luk²、督 tuk⁵
	通摄合口三等	福 fuk⁵、蝠 fuk⁵、复 fuk⁵、服 fuk²、绿 luk²、六 luk²、竹 tsuk⁵、筑 tsuk⁵、祝 tsuk⁵、粥 tsuk⁵、烛 tsuk⁵、足 tsuk⁵、叔 suk⁵、粟 suk⁵、熟 suk²、郁 juk⁵、肉 juk²、菊 kuk⁵、褥 juk²、玉 juk²、浴 juk²、锔 kuk²、局 kuk²、曲 kʰuk⁵、屋 uk⁵

ə、ɛu、yɛ、ən、ɔp、up、ət 7 个韵母均只出现在来自英语的借词中。(见表 2-35)

表 2-35 只出现在来自英语的借词中的 7 个韵母

韵母	例词
ə	□□□sɛt⁵tʰə²¹lai²²（卫星，英语：satellite）、□□pʰi⁵⁵lə²¹（柱子，英语：pillar）、□□nei⁵⁵pə²¹（邻居，英语：neighbor）、□□mei⁵⁵pʰə²¹（枫树，英语：maple）、□□□□fə⁵⁵si²¹kʰə²¹la²¹si²¹（头等舱，英语：first class）、□□□□si²¹pu⁵⁵lin⁵⁵wə⁵⁵tʰə²¹（矿泉水，英语：spring water）、□□□kʰɔk⁵kʰə³tʰai³³（鸡尾酒，英语：cocktail）、□□□⁵⁵li²¹wə²¹si²¹（橄榄，英语：olives）、□□fou⁵⁵tə²¹（文件夹，英语：folder）、□□fiu⁵⁵nə²¹lə²¹（葬礼，英语：funeral）、□□kʰɛn⁵⁵sə²¹（癌症，英语：cancer）
ɛu	□□hou³³tʰɛu²¹（旅店，英语：hotel）
yɛ	□□□si²¹tʰɛn²²tsyɛ²¹（陌生人，英语：stranger）、□□□□pu³³lit⁵tsyɛ²¹kɛm²¹（桥牌，英语：bridge game）、□□□pʰɛ⁵⁵sin²¹tsyɛ²¹（乘客，英语：passenger）
ən	□□wɔk⁵mən²¹（随身听，英语：walkman）、□□□□pʰu²¹lɛt⁵si²¹tən²¹（总统，英语：president）、□□jiu⁵⁵tʰən⁵⁵：（公路 U 形回转，英语：U-turn）□□□kʰa⁵⁵si²¹tʰən²¹（海关，英语：customs）、□□□nɛt⁵sən⁵⁵nou⁵⁵tei²¹（国庆节，英语：National Day）□□□kʰa⁵⁵sɛt³sən²¹（剖腹产，英语：caesarean）、□□mi⁵⁵lən²¹（百万，英语：million）
ɔp	□□tʰip⁵tʰɔp⁵⁵（顶呱呱，英语：tiptop）
up	□□up⁵hiu⁵⁵（上坡，英语：uphill）
ət	□□□□□□□lɛt⁵lai³¹tit⁵si²¹lʰə²²li²¹tʰət³（红灯区，英语：red light district）□□□□mit⁵ni²¹si²¹kʰət²（超短裙，英语：miniskirt）

2.3.1.4 韵母与广东广州话的比较

广东广州话有韵母 53 个。

单元音韵母（7 个）：

a ɛ œ ɔ i u y

复元音韵母（10 个）：

ai ɐi ei œy ɔi au ɐu ou iu ui

鼻音韵尾韵母（17 个）：

am ɐm im

an ɐn œn ɔn in un yn

aŋ ɐŋ eŋ ɔŋ œŋ oŋ uŋ

声化韵母（2 个）：

m̩ ŋ̩

塞音韵尾韵母（17 个）：

ap ɐp ip

at ɐt œt ɔt it ut yt

ak ɐk ɛk œk ɔk ek uk

（1）美国纽约广府话韵母的数量为 62 个，比广州话的 53 个多了 9 个。

（2）有国内的粤方言没有的，只出现在外来借词中的韵母，这是海外汉语方言的普遍特点。纽约广府话也一样，韵母与中国国内粤方言广州话等最明显的不同是拥有 7 个只出现在来自英语借词中的韵母，即 ə、ɛu、yɛ、ən、ɔp、up、ət。其中，ɛu、ɔp、up 3 个分别只记录到一个例子。

有的韵母，如 ɛn，虽然并非只出现在外来借词中，但是我们记录到的例子只有"便~宜pʰɛn²¹"一个是有字的，其余有 ɛn 韵母的例子，都是来自英语的借词。例如：

□□pʰɛn⁵⁵nek²（慌张，英语：panic）、□□□□si²¹tɛn⁵⁵ap⁵sai⁵⁵tam²¹（倒立，英语：stand upside down）、□tʰɛn⁵⁵（帐篷，英语：tent）、□□si²¹tʰɐn²²tsyɛ²¹（陌生人，英语：stranger）、□□kʰɛn⁵⁵sə²¹（癌症，英语：cancer）、□□ɛn⁵⁵tsin²¹（引擎，英语：engine）

（3）同广东广州话一样，开、齐、合、撮四呼俱全，古遇摄合口三等字读 ɔ、u、y、ou、œy 的都有。例如：

玻 pɔ⁵⁵、婆 pʰɔ²¹、魔 mɔ⁵⁵、和 wɔ²¹、火 fɔ³⁵、货 fɔ³³、糯 nɔ²²、螺 lɔ²¹、初 tsʰɔ⁵⁵、梳 sɔ⁵⁵、锁 sɔ³⁵、过 kwɔ³³、夫 fu⁵⁵、父 fu³³、腐 fu²²、芋 wu²²、猪 tsy⁵⁵、薯 sy²¹、鱼 jy²¹、舞 mou¹³、娶 tsʰou³⁵、须 sou⁵⁵、女 nœy¹³、除 tsʰœy²¹、举 kœy³⁵、区 kʰœy⁵⁵、去 hœy³³

（4）粤方言广府话韵母特有的，有对立的长、短元音 a、ɐ 系列韵母，在纽约广府话中保留得很好，a、ɐ 系列对立的韵母如同广州话，共有 ai—ɐi、au—ɐu、am—ɐm、an—ɐn、aŋ—ɐŋ、ap—ɐp、at—ɐt、ak—ɐk 8 对。例如：

买 mai¹³ ≠ 米 mɐi¹³、柴 tsʰai²¹ ≠ 齐 tsʰɐi²¹、晒 sai³³ ≠ 细 sɐi³³、街 kai⁵⁵ ≠ 鸡 kɐi⁵⁵

找 tsau³⁵ ≠ 酒 tsɐu³⁵、较 kau³³ ≠ 救 kɐu³³、搞 kau³⁵ ≠ 狗 kɐu³⁵、效 hau²² ≠ 后 hɐu²²

蓝 lam²¹ ≠ 淋 lɐm²¹、斩 tsam³⁵ ≠ 枕 tsɐm³⁵、三 sam⁵⁵ ≠ 心 sɐm⁵⁵、咸 ham²¹ ≠ 含 hɐm²¹

慢 man²² ≠ 问 mɐn²²、弯 wan⁵⁵ ≠ 温 wɐn⁵⁵、闩 san⁵⁵ ≠ 新 sɐn⁵⁵、奸 kan⁵⁵ ≠ 斤 kɐn⁵⁵

争 tsaŋ⁵⁵ ≠ 憎 tsɐŋ⁵⁵、生₍白₎ saŋ⁵⁵ ≠ 生₍文₎ sɐŋ⁵⁵、耕 kaŋ⁵⁵ ≠ 羹 kɐŋ⁵⁵、梗 kaŋ³⁵ ≠ 哽 kɐŋ³⁵
袭 tsap² ≠ 执 tsɐp⁵、腊 lap² ≠ 立 lɐp²、蜡 lap² ≠ 笠 lɐp⁵、甲 kap³ ≠ 急 kɐp⁵
抹 mat³ ≠ 物 mɐt²、滑 wat² ≠ 核₍果~₎ wɐt²、达 tat² ≠ 特 tɐt²、杀 sat³ ≠ 实 sɐt²
窄 tsak³ ≠ 侧 tsɐk⁵、册 tsʰak³ ≠ 测 tsʰɐk⁵、隔 kak³ ≠ 刮 kɐk⁵、黑 hak⁵ ≠ 乞 hɐk⁵

（5）拥有广州话等粤方言另一特有的韵母，œ 系列韵母 œ、œy、œn、œŋ、œt、œk，但读单韵母 œ 的字很少。例如：

朵 tœ³⁵、靴 hœ⁵⁵、锯 kœ³³
堆 tœy⁵⁵、推 tʰœy⁵⁵、女 nœy¹³、旅 lœy¹³、最 tsœy³³、除 tsʰœy²¹、需 sœy⁵⁵、举 kœy³⁵、区 kʰœy⁵⁵、去 hœy³³
轮 lœn²¹、春 tsʰœn⁵⁵、论 lœn²²、进 tsœn³³、信 sœn³³、准 tsœn³⁵、唇 sœn²¹
娘 nœŋ²¹、亮 lœŋ²²、浆 tsœŋ⁵⁵、场 tsʰœŋ²¹、箱 sœŋ⁵⁵、羊 jœŋ²¹、姜 kœŋ⁵⁵、香 hœŋ⁵⁵
栗 lœt²、律 lœt²、出 tsʰœt⁵、恤 sœt⁵、术 sœt²
雀 tsœk³、着₍~衣₎ tsœk³、脚 kœk³、约 jœk³、药 jœk²

（6）中古阳声韵尾和入声韵尾也一如国内的广州话，-m、-n、-ŋ 和 -p、-t、-k 保留完整，部分还两两相对。例如：

篮 lam²¹—腊 lap²、尖 tsim⁵⁵—接 tsip³、心 sɐm⁵⁵—湿 sɐp⁵、减 kam³⁵—甲 kap³
凡 fan²¹—发 fat³、款 fun³⁵—阔 fut³、问 mɐn²²—袜 mɐt²、面 min²²—灭 mit²、轮 lœn²¹—律 lœt²、汉 hɔn³³—渴 hɔt³、换 wun²²—活 wut²
坑 haŋ⁵⁵—黑 hak⁵、掹 mɐŋ⁵⁵—唛 mɐk⁵、黄 wɔŋ²¹—镬 wɔk²、证 tsɐŋ³³—直 tsɐk²、艇 tʰɛŋ¹³—踢 tʰɛk³、姜 kœŋ⁵⁵—脚 kœk³、风 fuŋ⁵⁵—蝠 fuk⁵

2.3.1.5 9个声调及其与古平、上、去、入四声的对应

纽约广府话有9个声调。即：

阴平 55　　高、天、车、家、猪、书、监、风
阳平 21　　婆、埋、茶、河、时、鱼、林、农
阴上 35　　好、手、酒、狗、底、苦、敢、粽
阳上 13　　你、坐、企、蚁、乳、尾、有、冷
阴去 33　　裤、去、菜、盖、店、靓、痛、放
阳去 22　　大、号、在、病、订、命、动、用
上阴入 5　　湿、执、黑、七、笔、得、福、竹
下阴入 3　　鸭、达、铁、发、窄、国、拍、阔
阳入 2　　　十、蜡、碟、日、镬、毒、绿、白

还有两个变调，即高平变调 55、高升变调 35。

古平、上、去、入四声在今日纽约广府话中的具体演变如下：

古平、上、去三声各依声母的清浊分阴阳，但古全浊上声字有少量归阳去。入声在主要按照声母的清、浊平分阴入、阳入后，阴入又依照主要元音舌位高低的不同，再分出上阴入和下阴入，上阴入的主要元音一般是舌位较高的 ɐ 等。例如：

阴平：玻㳂 pɔ⁵⁵、多端 tɔ⁵⁵、初穿初 tsʰɔ⁵⁵、些心 sɛ⁵⁵、家见 ka⁵⁵、乌影 wu⁵⁵、区溪 kʰœy⁵⁵、添透 tʰim⁵⁵、班帮 pan⁵⁵、珍知 tsɐn⁵⁵、千清 tsʰin⁵⁵、吞透 tʰɐn⁵⁵、登端 tɐŋ⁵⁵、方非 fɔŋ⁵⁵、撑彻 tsʰaŋ⁵⁵、蜂敷 fuŋ⁵⁵、香晓 hœŋ⁵⁵

阳平：爬並 pʰa²¹、驼定 tʰɔ²¹、斜邪 tsʰɛ²¹、厨澄 tsʰy²¹、时禅 si²¹、爷喻以 jɛ²¹、鹅疑 ɔ²¹、围喻云 wei²¹、炉来 lou²¹、含匣 ham²¹、琴群 kʰɐm²¹、凡奉 fan²¹、人日 jɐn²¹、床床崇 tsʰɔŋ²¹、明明 miŋ²¹、娘娘 nœŋ²¹、容喻以 juŋ²¹

阴上：左精 tsɔ³⁵、府非 fu³⁵、体透 tʰɐi³⁵、起溪 hei³⁵、爪照庄 tsau³⁵、丑彻 tsʰɐu³⁵、补帮 pou³⁵、许晓 hœy³⁵、水审书 sœy³⁵、掩影 ɐm³⁵、检见 kim³⁵、点端 tim³⁵、浅清 tsʰin³⁵、款溪 fun³⁵、请清 tsʰɛŋ³⁵、蠢穿昌 tsʰœn³⁵、捧敷 puŋ³⁵

阳上：坐从 tsʰɔ¹³、社禅 sɛ¹³、我疑 ɔ¹³、惹日 jɛ¹³、野喻以 jɛ¹³、雨喻云 jy¹³、奶娘 nai¹³、美明 mei¹³、抱並 pʰou¹³、舅群 kʰɐu¹³、藕疑 ŋɐu¹³、旅来 lœy¹³、淡咸~，定 tʰam¹³、重轻~，澄 tsʰuŋ¹³、晚微 man¹³、养喻云 jœŋ¹³、冷来 laŋ¹³

阴去：个见 kɔ³³、著知 tsy³³、晒审生 sai³³、再精 tsɔi³³、喊晓 ham³³、店端 tim³³、酱精 tsœŋ³³、放非 fɔŋ³³、证照章 tsiŋ³³、送心 suŋ³³、凳端 tɐŋ³³、镜见 kɛŋ³³、汽溪 hei³³、透透 tʰɐu³³、裤溪 fu³³、怕滂 pʰa³³、唱穿昌 tsʰœŋ³³

阳去：护匣 wu²²、二日 ji²²、饿疑 ɔ²²、卖明 mai²²、大定 tai²²、后匣 hɐu²²、路来 lou²²、暴並 pou²²、暂从 tsam²²、范奉 fan²²、烂来 lan²²、撞澄 tsɔŋ²²、样喻以 jœŋ²²、望微 mɔŋ²²、父奉 fu²²、腐豆~，奉 fu²²、是禅 si²²（最后 3 例为全浊上声读去声）

上阴入：笠来 lɐp⁵、执照章 tsɐp⁵、急见 kɐp⁵、笔帮 pɐt⁵、屈溪 wɐt⁵、七清 tsʰɐt⁵、膝心 sɐt⁵、虱审生 sɐt⁵、骨见 kwɐt⁵、乞溪 hɐt⁵、黑晓 hak⁵、乞溪 hɐk⁵、剥帮 mɔk⁵、则精 tsɐk⁵、捉照庄 tsuk⁵、握影 ŋak⁵、式审书 sek⁵

下阴入：答端 tap³、贴透 tʰip³、插穿初 tsʰap³、摄审书 sip³、鸽见 kap³、鸭影 ap³、八帮 pat³、法非 fat³、擦清 tsʰat³、渴溪 hɔt³、泄心 sit³、铁透 tʰit³、踢透 tʰɛk³、雀精 tsœk³、国见 kɔk³、着~衣，知 tsœk³、壳溪 hɔk³

阳入：碟定 tip²、腊来 lap²、杂从 tsap²、闸床崇 tsap²、盒匣 hɐp²、叶喻以 jip²、灭明 mit²、蜜明 mɐt²、佛奉 fɐt²、辣来 lat²、活匣 wut²、术澄 sœt²、肋来 lɐk²、浊澄 tsuk²、食床船 sik²、玉疑 juk²、局群 kuk²

2.3.1.6 声调与广东广州话的比较

（1）纽约市广府话有9个声调：阴平55、阳平21、阴上35、阳上13、阴去33、阳去22、上阴入5、下阴入3、阳入2。其中，3个入声的调值分别与阴平55、阴去33、阳去22相同，但由于入声塞音韵尾的作用，读得相对短促，故分别记为5、3、2。整体上，无论是声调的调类还是声调的调值，都完全与广东广州话没有差别，广州话有"九声六调"之说，纽约市的广府话可以说也是如此。

（2）有两个主要在连读音节中出现的高平变调55和高升变调35，变调可以出现在连读的前一音节、连读的后一音节，或单音节词中。变调以名词为多，其他词类如动词、形容词等也有变调的，35变调比55变调多得多，其中又以阳调类的字，特别是阳平字变读35的为最多。只有少量变调有区别词义的作用。

1）高平变调55。

A. 出现在单音节。

阴上35变读55：烤 hau$^{35-55}$

B. 出现在双音节的后一音节。

阳平21变读55：马骝$_{猴子}$ ma^{13} lɐu$^{21-55}$、乌蝇$_{苍蝇}$ wu^{55} jeŋ$^{21-55}$、乞儿$_{乞丐}$ hɐk^{5} ji$^{21-55}$、阿姨 a^{33} ji$^{21-55}$

阴上35变读55：家姐$_{姐姐}$ ka^{55} tsɛ$^{35-55}$

阳上13变读55：拉尾$_{最后}$ lai^{55} mei$^{13-55}$、二奶 ji^{22} nai$^{13-55}$、兜尾$_{最后一名}$ tɐu^{55} mei$^{13-55}$

C. 出现在双音节的前一音节。

阳去22变读55：溜冰 lɐu$^{22-55}$ peŋ^{55}

D. 出现在三音节的最后一个音节。例如：

阳上13变读55：手指尾$_{尾指}$ sɐu^{35} tsi^{35} mei$^{13-55}$

E. 出现在三音节的中间。例如：

阳入变读5：膈肋底$_{腋下}$ kak^{3} lak$^{2-5}$ tɐi^{35}

2）高升变调35。

A. 出现在单音节。

阳平21变读35：绳 seŋ$^{21-35}$、桃 tʰou$^{21-35}$、梨 lei$^{21-35}$、橙 tsʰaŋ$^{21-35}$、楼 lɐu$^{21-35}$、房 foŋ$^{21-35}$、怡 tʰɔi$^{21-35}$、糖$_{～果}$ tʰoŋ$^{21-35}$、刨$_{～子}$ pʰau$^{21-35}$、牌$_{执照}$ pʰai$^{21-35}$、钱 tsʰin$^{21-35}$

阳上 13 变读 35：李~子 lei$^{13-35}$、女~儿 nœy$^{13-35}$

阳去 22 变读 35：鳝~鱼 sin$^{22-35}$、帽 mou$^{22-35}$、庙 miu$^{22-35}$、相~片 sœŋ$^{33-35}$、位 wɐi$^{22-35}$

B. 出现在双音节的前一音节。

阳平 21 变读 35：茄子 kʰɛ$^{21-35}$tsi^{35}、锤子 tsʰœy$^{21-35}$tsi^{35}、肠粉 tsʰœŋ$^{21-35}$fɐn^{35}

阳去 22 变读 35：蛋节$_{复活节}$tan$^{22-35}$tsit^{3}

C. 出现在双音节的后一音节。

阳平 21 变读 35：今年 kɐm^{55}nin$^{21-35}$、上年 sœŋ^{22}nin$^{21-35}$、下年$_{明年}$ha^{22}nin$^{21-35}$、明年 mɐŋ^{21}nin$^{21-35}$、日头$_{白天}$jɐt^{2}tʰɐu$^{21-35}$、钓鱼 tiu^{33}jy$^{21-35}$、劏鱼$_{杀鱼}$tʰɔŋ^{55}jy$^{21-35}$、番薯 fan^{55}sy$^{21-35}$、芋头 wu^{22}tʰɐu$^{21-35}$、番茄 fan^{55}kʰɛ$^{21-35}$、马蹄$_{荸荠}$ma^{13}tʰɐi$^{21-35}$、石榴 sɛk^{2}lɐu$^{21-35}$、西梅 sɐi^{55}mui$^{21-35}$、狐狸 wu^{21}lei$^{21-35}$、鲸鱼 kʰɐŋ^{21}jy$^{21-35}$、石螺$_{蜗牛}$sɛk^{2}lɔ$^{21-35}$、鱿鱼 jɐu^{21}jy$^{21-35}$、鲫鱼 tsɐt^{5}jy$^{21-35}$、金鱼 kɐm^{5}jy$^{21-35}$、靓楼$_{高级公寓}$lɛŋ^{33}lɐu$^{21-35}$、起楼$_{建房子}$hei^{35}lɐu$^{21-35}$、书房 sy^{55}fɔŋ$^{21-35}$、买楼$_{买房}$mai^{13}lɐu$^{21-35}$、顶楼$_{阁楼}$tɛŋ^{35}lɐu$^{21-35}$、供楼 kuŋ^{55}lɐu$^{21-35}$、厨房 tsʰy^{21}fɔŋ$^{21-35}$、茶枱$_{茶几}$tsʰa^{21}tʰɔi$^{21-35}$、书枱$_{书桌}$sy^{55}tʰɔi$^{21-35}$、窗帘 tsʰœŋ^{55}lim$^{21-35}$、风筒 fuŋ^{55}tʰuŋ$^{21-35}$、电筒 tin^{22}tʰuŋ$^{21-35}$、耳环 ji^{13}wan$^{21-35}$、拉肠 lai^{55}tsʰœŋ$^{21-35}$、烧鹅 siu^{55}ɔ$^{21-35}$、咸鱼 ham^{21}jy$^{21-35}$、雪条$_{冰棒}$syt^{3}tʰiu$^{21-35}$、汤圆 tʰɔŋ^{55}jyn$^{21-35}$、男人 nam^{21}jɐn$^{21-35}$、女人 nœy^{13}jɐn$^{21-35}$、教堂 kau^{33}tʰɔŋ$^{21-35}$、有钱 jɐu^{13}tsʰin$^{21-35}$、婆婆$_{外祖母}$pʰɔ^{21}pʰɔ$^{21-35}$、英文 jɐŋ^{55}mɐn$^{21-35}$、车牌 tsʰɛ^{55}pʰai$^{21-35}$、红牌 huŋ^{21}pʰai$^{21-35}$、黄牌 wɔŋ^{21}pʰai$^{21-35}$、围棋 wɐi^{21}kʰei$^{21-35}$、捉棋 tsuk^{5}kʰei$^{21-35}$、洗牌 sɐi^{35}pʰai$^{21-35}$、收银$_{收钱}$sɐu^{55}ɐn$^{21-35}$、散钱$_{零钱}$san^{35}tsʰin$^{21-35}$、零钱 lɛŋ^{21}tsʰin$^{21-35}$、借钱 tsɛ^{33}tsʰin$^{21-35}$、有钱 jɐu^{13}tsʰin$^{21-35}$

阳上 13 变读 35：契女$_{干女儿}$kʰei^{33}nœy$^{13-35}$、仔女$_{儿女}$tsɐi^{35}nœy$^{13-35}$、细女$_{小女儿}$sɐi^{33}nœy$^{13-35}$、孙女 syn^{55}nœy$^{13-35}$、侄女 tsɐt^{2}nœy$^{13-35}$

阴去 33 变读 35：丝带 si^{55}tai$^{33-35}$

阳去 22 变读 35：黄豆 wɔŋ^{21}tɐu$^{22-35}$、碌柚$_{柚子}$luk^{5}jɐu$^{22-35}$、西柚 sɐi^{55}jɐu$^{22-35}$、鸡蛋 kɐi^{55}tan$^{22-35}$、鱼蛋$_{鱼卵、鱼丸}$jy^{21}tan$^{22-35}$、后院 hɐu^{22}jyn$^{22-35}$、胶袋 kau^{55}tɔi$^{22-35}$、颈链$_{项链}$kɛŋ^{21}lin$^{22-35}$、衫袋$_{衣服口袋}$sam^{55}tɔi$^{22-35}$、手袋$_{手提包}$sɐu^{35}tɔi$^{22-35}$、烧卖 siu^{55}mai$^{22-35}$、咸蛋 ham^{21}tan$^{22-35}$、皮蛋 pʰei^{21}tan$^{22-35}$、宵夜$_{夜宵}$siu^{55}jɛ$^{22-35}$、和尚 wɔ^{21}sœŋ$^{22-35}$、随便 tsʰœy^{21}pin$^{22-35}$、姑丈 ku^{55}tsœŋ$^{22-35}$、姨丈 ji^{21}tsœŋ$^{22-35}$、舅父 kʰɐu^{13}fu$^{22-35}$、外父$_{岳父}$ɔi^{22}fu$^{22-35}$、食蛋$_{不及格}$sɛk^{2}tan$^{22-35}$、电话 tin^{22}wa$^{22-35}$、画画 wak^{2}wa$^{22-35}$、徒弟 tʰou^{21}tɐi$^{22-35}$、车位 tsʰɛ^{55}wɐi$^{22-35}$、订位 tɛŋ^{22}wɐi$^{22-35}$

下阴入 3 变读 35：白鸽 pak^{2}kap$^{3-35}$、麻雀$_{麻将}$ma^{21}tsœk$^{3-35}$

阳入 2 变读 35：蝴蝶 wu^{21}tip$^{2-35}$

D. 出现在三音节的中间。

阳平 21 变读 35：有钱区$_{富人区}$jɐu^{13}tsʰin$^{21-35}$kʰœy^{55}、番茄仔$_{圣女果}$fan^{55}kʰɛ$^{21-35}$tsɐi^{35}、红红

哋红红的 huŋ²¹ huŋ²¹⁻³⁵ tei³⁵、黄黄哋黄黄的 wɔŋ²¹ wɔŋ²¹⁻³⁵ tei³⁵、甜甜哋甜甜的 tʰim²¹ tʰim²¹⁻³⁵ tei³⁵、肥肥哋胖胖的、肥肥的 fei²¹ fei²¹⁻³⁵ tei³⁵

阳上 13 变读 35：重重哋重重的 tsʰuŋ¹³ tsʰuŋ¹³⁻³⁵ tei³⁵、软软哋软软的 jyn¹³ jyn¹³⁻³⁵ tei³⁵

阴去 33 变读 35：瘦瘦哋瘦瘦的 sɐu³³ sɐu³³⁻³⁵ tei³⁵、冻冻哋冷冷的 tuŋ³³ tuŋ³³⁻³⁵ tei³⁵、臭臭哋臭臭的 tsʰɐu³³ tsʰɐu³³⁻³⁵ tei³⁵

阳去 22 变读 35：身份证 sɐn⁵⁵ fɐn²²⁻³⁵ tsɐŋ³³、乱乱哋乱乱的 lyn²² lyn²²⁻³⁵ tei³⁵、硬硬哋硬硬的 aŋ²² aŋ²²⁻³⁵ tei³⁵、点样做怎样做 tim²² jœŋ²²⁻³⁵ tsou²²

阳入 2 变读 35：热热哋热热的 jit² jit²⁻³⁵ tei³⁵、绿绿哋绿绿的 luk² luk²⁻³⁵ tei³⁵、白白哋白白的 pak² pak²⁻³⁵ tei³⁵

E. 出现在三音节的最后一个音节。

阳平 21 变读 35：番石榴 fan⁵⁵ sɛk² lɐu²¹⁻³⁵、三文鱼 sam⁵⁵ mɐn²¹ jy²¹⁻³⁵、政府楼政府建的房子 tsɐŋ³³ fu³⁵ lɐu²¹⁻³⁵、主人房 tsy³⁵ jɐn²¹ fɔŋ²¹⁻³⁵、冲凉房浴室 tsʰuŋ⁵⁵ lœŋ²¹ fɔŋ²¹⁻³⁵、角落头 kɔk³ lɔk⁵ tʰɐu²¹⁻³⁵、食饭枱餐桌 sek² fan²² tʰɔi²¹⁻³⁵、麦芽糖 mɐt² a²¹ tʰɔŋ²¹⁻³⁵、大肚婆孕妇 tai²² tʰou¹³ pʰɔ²¹⁻³⁵、欠人钱 him³³ jɐn²¹ tsʰin²¹⁻³⁵

阳上 13 变读 35：后生女姑娘 hɐu²² saŋ⁵⁵ nœy¹³⁻³⁵、细路女小女孩 sɐi³³ lou²² nœy¹³⁻³⁵、外孙女 ɔi²² syn⁵⁵ nœy¹³⁻³⁵

阴去 33 变读 35：洗衣铺洗衣店 sɐi³⁵ ji⁵⁵ pʰou³³⁻³⁵、卡通片动画片 kʰa⁵⁵ tʰuŋ⁵⁵ pʰin³³⁻³⁵、录音带 luk² jɐm⁵⁵ tai³³⁻³⁵、录影带录像带 luk² jeŋ³⁵ tai³³⁻³⁵

阳去 22 变读 35：鸡生蛋 kɐi⁵⁵ saŋ⁵⁵ tan²²⁻³⁵、雀仔蛋小鸟蛋 tsœk³ tsɐi³⁵ tan²²⁻³⁵、黑社会 hak⁵ sɛ¹³ wui²²⁻³⁵、台山话 tʰɔi²¹ san⁵⁵ wa²²⁻³⁵、广东话广府话 kwɔŋ³⁵ tuŋ⁵⁵ wa²²⁻³⁵、打电话 ta³⁵ tin²² wa²²⁻³⁵、啦啦队 la⁵⁵ la⁵⁵ tœy²²⁻³⁵、狗仔队 kɐu³⁵ tsɐi³⁵ tœy²²⁻³⁵

F. 出现在四音节的中间。

阳去 22 变读 35：冇身份证指偷渡者 mou¹³ sɐn⁵⁵ fɐn²²⁻³⁵ tsɐŋ³³

G. 出现在四音节最后一个音节。

阳平 21 变读 35：士多啤梨草莓 si²² tɔ⁵⁵ pɛ⁵⁵ lei²¹⁻³⁵、国际象棋 kɔk³ tsɐi³³ tsœŋ²² kʰei²¹⁻³⁵、中国象棋 tsuŋ⁵⁵ kɔk³ tsœŋ²² kʰei²¹⁻³⁵

H. 在连读中连续出现。

55 变调连续出现：纽约 niu³⁵⁻⁵⁵ jœk³⁻⁵

广府话以上的习惯性连读变调，与祖籍地方言广州话一致。另外，也有少量变调可用于区别不同词义和词性的，这也与广东广州话相同。例如：

女_女性_ nœy¹³——女_女儿_ nœy¹³⁻³⁵、李_姓_ lei¹³——李_~子_ lei¹³⁻³⁵、糖 tʰɔŋ²¹——糖_~果_ tʰɔŋ²¹⁻³⁵、刨_动_ pʰau²¹——刨_~子_ pʰau²¹⁻³⁵、马蹄_马的蹄子_ ma¹³tʰɐi²¹——马蹄_荸荠_ ma¹³tʰɐi²¹⁻³⁵

2.3.2 美国华人社区6个广府话语音与祖籍地源方言语音的比较

美国华人社区的汉语方言原先最强势的是粤方言台山话，因为台山籍华人[①]最早大批进入美国，台山话是美国不少地方的唐人街，如三藩市、洛杉矶、纽约、芝加哥等地原先通行的交际用语，台山话曾经是华人社区位列第一的汉语方言。

但是从20世纪七八十年代开始，使用粤方言广府话的穗港澳（广州、香港、澳门），以及广东珠江三角洲一带的移民大批进入美国。这些新一代移民的到来，改变了美国华人社区的构成，新移民与老一代移民最明显的不同，就是大都有文化，英语熟练，他们很快就融入了美国的主流社会，也在华人社区发挥着引领潮流的作用。他们使用的粤方言广府话跟随他们在华人社区内流通，加上其时粤语广府话的电影、电视剧、歌曲、书籍报刊等开始风靡世界华人圈，美国唐人街的用语也就渐渐发生了变化，台山话第一的位置逐渐被广府话取代，广府话后来居上，成了美国唐人街的第一交际用语。

目前，在美国华人社区，广府籍的华人使用广府话，台山籍的华人也有不少会说广府话，就算是祖籍地非广东省的华人，也有会说广府话的，但广府籍的华人却大都不会说台山话。

本节分析美国华人社区粤方言广府话的语音，用于与美国华人社区广府话语音比较的是广东广州话，广东广州话的材料来自实地调查。广州话是粤方言的代表，调查表明，尽管与祖籍地远隔千万里，目前，美国华人社区广府话的语音与广东广州话仍然是以同为主，差异只是小部分。

2.3.2.1 声母的比较

首先对比一下中国广东广州话与美国华人社区6个广府话的声母系统。
（1）广东广州话声母20个（包括零声母）：
p pʰ m f w t tʰ n l ts tsʰ s j k kʰ kw kwʰ ŋ h Ø
（2）三藩市广府话声母20个（包括零声母）：
p pʰ m f w t tʰ n l ts tsʰ s j k kʰ kw kwʰ ŋ h Ø
（3）洛杉矶广府话声母20个（包括零声母）：
p pʰ m f w t tʰ n l ts tsʰ s j k kʰ kw kwʰ ŋ h Ø
（4）纽约广府话声母20个（包括零声母）：
p pʰ m f w t tʰ n l ts tsʰ s j k kʰ kw kwʰ ŋ h Ø

[①] 本书的台山人指的是"大台山人"，即中国广东四邑地区台山、恩平、开平、新会人；台山话指的是"大台山话"，即广东四邑地区人讲的话。

(5) 芝加哥广府话声母 20 个（包括零声母）：

p pʰ m f w t tʰ n l ts tsʰ s j k kʰ kw kwʰ ŋ h ∅

(6) 波特兰广府话声母 20 个（包括零声母）：

p pʰ m f w t tʰ n l ts tsʰ s j k kʰ kw kwʰ ŋ h ∅

(7) 休斯敦广府话声母 20 个（包括零声母）：

p pʰ m f w t tʰ n l ts tsʰ s j k kʰ kw kwʰ ŋ h ∅

不难发现，美国华人社区 6 个点广府话的声母，以及数量等方面，均与广东广州话没有差别。

方言语音的演变是缓慢的，有的时候仅从一些很细微的地方表现出来。从表面上看，若从上列声母的数量等的比对，我们看不出美国华人社区的广府话与中国广东的广州话在声母方面有什么不一样的地方，但是，与祖籍地方言长期的时空隔离，造成的细微差别还是有的，下文将详细阐述。

2.3.2.1.1 古全浊声母的今读

古全浊声母清化后，国内粤方言广东广州话除了古全浊上声字有部分念送气声母以外，基本上是平声送气，仄声不送气。美国华人社区的 6 个广府话也如此，但也有古全浊声母上声字读送气音的，以下例子中古全浊声母上声字读送气音的例子均列在每个点例子的后面，大都是阳上字。例如：

三藩市广府话：爬$_{并}$ pʰa²¹、婆$_{并}$ pʰɔ²¹、盆$_{并}$ pʰun²¹、朋$_{并}$ pʰeŋ²¹、病$_{并}$ pɐŋ²²、驼$_{定}$ tʰɔ²¹、头$_{定}$ tʰɐu²¹、甜$_{定}$ tʰim²¹、材$_{从}$ tsʰɔi²¹、钱$_{从}$ tsʰin²¹、从$_{从,跟~}$ tsʰuŋ²¹、谢$_{邪}$ tsɛ²²、茶$_{澄}$ tsʰa²¹、潮$_{澄}$ tsʰiu²¹、除$_{澄}$ tsʰœy²¹、锄$_{崇}$ tsʰɔ²¹、床$_{床崇}$ tsʰɔŋ²¹、琴$_{群}$ kʰɐm²¹、裙$_{群}$ kwʰɐŋ²¹、穷$_{群}$ kʰuŋ²¹，大$_{定}$ tai²²、袋$_{定}$ tɔi²²、度$_{定}$ tou²²、阵$_{澄}$ tsɐn²²、电$_{定}$ tin²²、蝶$_{定}$ tip²、碟$_{定}$ tip²、橡$_{邪}$ tsœŋ²²、丈$_{澄}$ tsœŋ²²、柜$_{群}$ kwɐi²²（抱$_{并}$ pʰou¹³、被$_{并,~子}$ pʰei¹³、倍$_{并}$ pʰui¹³、肚$_{定,腹}$ tʰou¹³、坐$_{从}$ tsʰɔ¹³、柱$_{澄}$ tsʰy¹³、重$_{澄,轻~}$ tsʰuŋ¹³、近$_{群,好~}$ kʰɐn¹³、徛$_{群}$ kʰei¹³例外）

洛杉矶广府话：爬$_{并}$ pʰa²¹、婆$_{并}$ pʰɔ²¹、盆$_{并}$ pʰun²¹、朋$_{并}$ pʰeŋ²¹、驼$_{定}$ tʰɔ²¹、头$_{定}$ tʰɐu²¹、徒$_{定}$ tʰou²¹、甜$_{定}$ tʰim²¹、材$_{从}$ tsʰɔi²¹、钱$_{从}$ tsʰin²¹、从$_{从,跟~}$ tsʰuŋ²¹、邪$_{邪}$ tsʰɛ²¹、寺$_{邪}$ tsi²²、茶$_{澄}$ tsʰa²¹、传$_{澄,~菜}$ tsʰyn²¹、柴$_{床崇}$ tsʰai²¹、床$_{床崇}$ tsʰɔŋ²¹、琴$_{群}$ kʰɐm²¹、裙$_{群}$ kwɐŋ²¹、穷$_{群}$ kʰuŋ²¹，病$_{并}$ pɐŋ²²、大$_{定}$ tai²²、袋$_{定}$ tɔi²²、度$_{定}$ tou²²、电$_{定}$ tin²²、蝶$_{定}$ tip²、碟$_{定}$ tip²、谢$_{邪}$ tsɛ²²、象$_{邪}$ tsœŋ²²、阵$_{澄}$ tsɐn²²、丈$_{澄}$ tsœŋ²²、柜$_{群}$ kwɐi²²（被$_{并,~子}$ pʰei¹³、倍$_{并}$ pʰui¹³、肚$_{定,腹~}$ tʰou¹³、淡$_{定,咸}$ tʰam¹³、坐$_{从}$ tsʰɔ¹³、柱$_{澄}$ tsʰy¹³、徛$_{群}$ kʰei¹³、妗$_{群}$ kʰɐm¹³例外）

纽约广府话：爬$_{并}$ pʰa²¹、盆$_{并}$ pʰun²¹、徒$_{定}$ tʰou²¹、头$_{定}$ tʰɐu²¹、甜$_{定}$ tʰim²¹、材$_{从}$ tsʰɔi²¹、钱$_{从}$ tsʰin²¹、全$_{从}$ tsʰyn²¹、从$_{从,跟~}$ tsʰuŋ²¹、斜$_{邪}$ tsʰɛ²¹、茶$_{澄}$ tsʰa²¹、迟$_{澄}$ tsʰi²¹、除$_{澄}$ tsʰœy²¹、柴$_{床崇}$ tsʰai²¹、床$_{床崇}$ tsʰɔŋ²¹、琴$_{群}$ kʰɐm²¹、裙$_{群}$ kwɐŋ²¹、穷$_{群}$ kʰuŋ²¹、病$_{并}$ pɐŋ²²、大$_{定}$ tai²²、袋$_{定}$ tɔi²²、度$_{定}$ tou²²、电$_{定}$ tin²²、碟$_{定}$ tip²、谢$_{邪}$ tsɛ²²、橡$_{邪}$ tsœŋ²²、阵$_{澄}$ tsɐn²²、直$_{澄}$ tsek²、柜$_{群}$ kwɐi²²（倍$_{并}$ pʰui¹³、抱$_{并}$ pʰou¹³、被$_{并,~子}$ pʰei¹³、肚$_{定,腹~}$ tʰou¹³、淡$_{定,咸}$ tʰam¹³、坐$_{从}$ tsʰɔ¹³、重$_{澄,轻~}$ tsʰuŋ¹³、徛$_{群}$ kʰei¹³、渠$_{群,他}$ kʰœy¹³例外）

芝加哥广府话：爬$_{并}$ pʰa²¹、婆$_{并}$ pʰɔ²¹、盆$_{并}$ pʰun²¹、盘$_{并}$ pʰun²¹、朋$_{并}$ pʰeŋ²¹、驼$_{定}$ tʰɔ²¹、

头_定tʰɐu²¹、徒_定tʰou²¹、甜_定tʰim²¹、材_从tsʰɔi²¹、邪_邪tsʰɛ²¹、茶_澄tsʰa²¹、厨_澄tsʰy²¹、柴_崇tsʰai²¹、床_{床崇}tsʰɔŋ²¹、钳_群kʰim²¹、裙_群kwʰɐn²¹、穷_群kʰuŋ²¹、病_並pɐŋ²²、薄_並pɔk²、大_定tai²²、袋_定tɔi²²、度_定tou²²、电_定tin²²、蝶_定tip²、谢_邪tsɛ²²、橡_邪tsœŋ²²、阵_澄tsɐn²²、直_澄tsek²、柜_群kwɐi²²、局_群kuk²（抱_並pʰou¹³、倍_並pʰui¹³、被_{並，~子}pʰei¹³、肚_{定，腹}~tʰou¹³、坐_从tsʰɔ¹³、柱_澄tsʰy¹³、重_{澄,轻}tsʰuŋ¹³、似_邪tsʰi¹³、徛_群kʰei¹³、妗_群kʰɐm¹³例外）

波特兰广府话：爬_並pʰa²¹、盆_並pʰun²¹、朋_並pʰɐŋ²¹、驼_定tʰɔ²¹、头_定tʰɐu²¹、徒_定tʰou²¹、甜_定tʰim²¹、材_从tsʰɔi²¹、钱_从tsʰin²¹、邪_邪tsʰɛ²¹、茶_澄tsʰa²¹、潮_澄tsʰiu²¹、厨_澄tsʰœy²¹、传_{~莱}tsʰyn²¹、床_{床崇}tsʰɔŋ²¹、葵_群kwʰia²¹、裙_群kwʰɐn²¹、穷_群kʰuŋ²¹、病_並pɐŋ²²、薄_並pɔk²、大_定tai²²、袋_定tɔi²²、度_定tou²²、蝶_定tip²、碟_定tip²、谢_邪tsɛ²²、杂_从tsap²、阵_澄tsɐn²²、直_澄tsek²、柜_群kwɐi²²、局_群kuk²（抱_並pʰou¹³、被_{並，~子}pʰei¹³、倍_並pʰui¹³、肚_{定，腹}~tʰou¹³、淡_{定，咸}~tʰam¹³、坐_从tsʰɔ¹³、柱_澄tsʰy¹³、重_{澄,轻}tsʰuŋ¹³、徛_群kʰei¹³例外）

休斯敦广府话：爬_並pʰa²¹、盆_並pʰun²¹、朋_並pʰɐŋ²¹、驼_定tʰɔ²¹、头_定tʰɐu²¹、甜_定tʰim²¹、材_从tsʰɔi²¹、钱_从tsʰin²¹、斜_邪tsʰɛ²¹、邪_邪tsʰɛ²¹、茶_澄tsʰa²¹、迟_澄tsʰi²¹、厨_澄tsʰœy²¹、除_澄tsʰœy²¹、床_{床崇}tsʰɔŋ²¹、葵_群kwʰei²¹、琴_群kʰɐm²¹、强_群kʰœŋ²¹、穷_群kʰuŋ²¹、病_並pɐŋ²²、薄_並pɔk²、大_定tai²²、袋_定tɔi²²、度_定tou²²、电_定tin²²、蝶_定tip²、碟_定tip²、阵_澄tsɐn²²、丈_澄tsœŋ²²、直_澄tsek²、象_邪tsœŋ²¹、柜_群kwɐi²²、局_群kuk²（抱_並pʰou¹³、被_{並，~子}pʰei¹³、肚_{定，腹}~tʰou¹³、淡_{定，咸}~tʰam¹³、坐_从tsʰɔ¹³、重_{澄,轻}tsʰuŋ¹³、徛_群kʰei¹³例外）

2.3.2.1.2 古明母、微母的今读

国内的粤方言普遍有明、微合一，古明母字和微母字都读双唇 m - 声母的特点，美国华人社区的粤方言广府话也如此，例字见表 2 - 36。（本节所有的表格都加注广东广州话的例子，以便于对比）

表 2 - 36 6 个广府话古明、微母字的今读

方言	例字											
	马	买	米	梅	慢	蜜	尾	舞	晚	万	文	袜
	明母	明母	明母	明母	明母	明母	微母	微母	微母	微母	微母	微母
广东广州话	ma¹³	mai¹³	mei¹³	mui²¹	man²²	mɐt²	mei¹³	mou¹³	man¹³	man²²	mɐn²¹	mɐt²
三藩市广府话	ma¹³	mai¹³	mei¹³	mui²¹	man²²	mɐt²	mei¹³	mou¹³	man¹³	man²²	mɐn²¹	mɐt²
洛杉矶广府话	ma¹³	mai¹³	mei¹³	mui²¹	man²²	mɐt²	mei¹³	mou¹³	man¹³	man²²	mɐn²¹	mɐt²
纽约广府话	ma¹³	mai¹³	mei¹³	mui²¹	man²²	mɐt²	mei¹³	mou¹³	man¹³	man²²	mɐn²¹	mat²

续表 2-36

方言	例字											
	马	买	米	梅	慢	蜜	尾	舞	晚	万	文	袜
	明母	明母	明母	明母	明母	明母	微母	微母	微母	微母	微母	微母
芝加哥广府话	ma¹³	mai¹³	mei¹³	mui²¹	man²²	mɐt²	mei¹³	mou¹³	man¹³	man²²	mɐn²¹	mɐt²
波特兰广府话	ma¹³	mai¹³	mei¹³	mui²¹	man²²	mɐt²	mei¹³	mou¹³	man¹³	man²²	mɐn²¹	mɐt²
休斯敦广府话	ma¹³	mai¹³	mei¹³	mui²¹	man²²	mɐt²	mei¹³	mou¹³	man¹³	man²²	mɐn²¹	mɐt²

2.3.2.1.3 古泥母、来母的今读

中古泥、来母字在今天的广州话里的区分并不严格，广州老市区有相当一部分人，泥母字与来母字相混，泥母归来母读 l-，表 2-37 广州话的泥母字有两读，反映的就是这种两可情况。但美国华人社区的粤方言广府话并未出现这一现象，基本保留了泥母字读 n-声母，来母读 l-声母的区分。

表 2-37　6 个广府话古泥、来母字的今读

方言	例字											
	糯	你	脑	女	南	年	礼	李	路	老	旅	篮
	泥母	泥母	泥母	泥母	泥母	泥母	来母	来母	来母	来母	来母	来母
广东广州话	nɔ²² / lɔ²²	nei¹³ / lei¹³	nou¹³ / lou¹³	nœy¹³ / lœy¹³	nam²¹ / lam²¹	nin²¹ / lin²¹	lei¹³	lei¹³	lou²²	lou¹³	lœy¹³	lam²¹
三藩市广府话	nɔ²²	nei¹³	nou¹³	nœy¹³	nam²¹	nin²¹	lei¹³	lei¹³	lou²²	lou¹³	lœy¹³	lam²¹
洛杉矶广府话	nɔ²²	nei¹³	nou¹³	nœy¹³	nam²¹	nin²¹	lei¹³	lei¹³	lou²²	lou¹³	lœy¹³	lam²¹
纽约广府话	nɔ²²	nei¹³	nou¹³	nœy¹³	nam²¹	nin²¹	lei¹³	lei¹³	lou²²	lou¹³	lœy¹³	lam²¹
芝加哥广府话	nɔ²²	nei¹³	nou¹³	nœy¹³	nam²¹	nin²¹	lei¹³	lei¹³	lou²²	lou¹³	lœy¹³	lam²¹
波特兰广府话	nɔ²²	nei¹³	nou¹³	nœy¹³	nam²¹	nin²¹	lei¹³	lei¹³	lou²²	lou¹³	lœy¹³	lam²¹
休斯敦广府话	nɔ²²	nei¹³	nou¹³	nœy¹³	nam²¹	nin²¹	lei¹³	lei¹³	lou²²	lou¹³	lœy¹³	lam²¹

2.3.2.1.4 古精组、知组、照组的分合

广东广州话只有一套塞擦音和擦音声母 ts-、tsʰ-、s-，古精、知、照 3 组字合流。

例如：

紫$_{精}$tsi^{35} = 只$_{照章}$tsi^{35}、资$_{精}$tsi^{55} = 芝$_{照章}$tsi^{35}、祭$_{精}$tsɐi^{33} = 制$_{照章}$tsɐi^{33}，秋$_{清}$ts^{h}ɐu^{55} = 抽$_{彻}$ts^{h}ɐu^{55}、刺$_{清}$ts^{h}i^{33} = 翅$_{审}$ts^{h}i^{33}、村$_{清}$ts^{h}yn^{55} = 穿$_{穿昌}$ts^{h}yn^{55}、撕$_{心}$si^{55} = 施$_{审书}$si^{55}、私$_{心}$si^{55} = 师$_{审生}$si^{55}、随$_{邪}$sœy^{21} = 谁$_{禅}$sœy^{21}

美国华人社区的 6 个广府话在这方面亦基本与祖籍地的源方言相同，没有特别的表现。

另外，中国穗港澳三地均有部分人，尤其是年轻人，把舌尖前的 ts－、ts^h－、s－声母念成近似于舌叶的 ʧ－、ʧ^h－、ʃ－。这种现象在我们接触过的美国年轻华人，尤其是年轻女性中也一样。不过，声母 ts－、ts^h－、s－与声母 ʧ－、ʧ^h－、ʃ－没有音位的对立，综合多数人的情况，我们还是选择以舌尖前的 ts－、ts^h－、s－记录塞擦音和擦音。例如：

三藩市广府话：蕉$_{精}$tsiu^{55} = 招$_{照章}$tsiu^{55}、子$_{精}$tsi^{35} = 趾$_{照章}$tsi^{35}、姊$_{精}$tsi^{35} = 指$_{照章}$tsi^{35}，墙$_{从}$ts^{h}œŋ^{21} = 长$_{澄,~短}$ts^{h}œŋ^{21}、枪$_{清}$ts^{h}œŋ^{55} = 窗$_{穿初}$ts^{h}œŋ^{55}、全$_{从}$ts^{h}yn^{21} = 传$_{穿昌}$ts^{h}yn^{21}、宵$_{心}$siu^{55} = 烧$_{审书}$siu^{55}、细$_{心}$sɐi^{33} = 世$_{审书}$sɐi^{33}、修$_{心}$sɐi^{55} = 收$_{审书}$sɐu^{55}

洛杉矶广府话：足$_{精}$tsuk^5 = 竹$_{知}$tsuk^5、椒$_{精}$tsiu^{55} = 招$_{照章}$tsiu^{55}、子$_{精}$tsi^{35} = 趾$_{照章}$tsi^{35}，从$_{从}$ts^{h}uŋ^{21} = 虫$_{澄}$ts^{h}uŋ^{21}、墙$_{从}$ts^{h}œŋ^{21} = 长$_{澄,~短}$ts^{h}œŋ^{21}、秋$_{清}$ts^{h}ɐu^{55} = 抽$_{彻}$ts^{h}ɐu^{55}、细$_{心}$sɐi^{33} = 世$_{审书}$sɐi^{33}、线$_{心}$sin^{33} = 扇$_{审书}$sin^{33}、宵$_{心}$siu^{55} = 烧$_{审书}$siu^{55}

纽约广府话：姊$_{精}$tsi^{35} = 指$_{照章}$tsi^{35}、子$_{精}$tsi^{35} = 纸$_{照章}$tsi^{35}、足$_{精}$tsuk^5 = 竹$_{知}$tsuk^5，糍$_{从}$ts^{h}i^{21} = 迟$_{澄}$ts^{h}i^{21}、墙$_{从}$ts^{h}œŋ^{21} = 长$_{澄,~短}$ts^{h}œŋ^{21}、从$_{从}$ts^{h}uŋ^{21} = 虫$_{澄}$ts^{h}uŋ^{21}、箱$_{心}$sœŋ^{55} = 商$_{审书}$sœŋ^{55}、宵$_{心}$siu^{55} = 烧$_{审书}$siu^{55}、息$_{心}$sek^5 = 色$_{审生}$sek^5

芝加哥广府话：子$_{精}$tsi^{35} = 纸$_{照章}$tsi^{35}、蕉$_{精}$tsiu^{55} = 招$_{照章}$tsiu^{55}、足$_{精}$tsuk^5 = 竹$_{知}$tsuk^5，磁$_{从}$ts^{h}i^{21} = 迟$_{澄}$ts^{h}i^{21}、秋$_{清}$ts^{h}ɐu^{55} = 抽$_{彻}$ts^{h}ɐu^{55}、墙$_{从}$ts^{h}œŋ^{21} = 长$_{澄,~短}$ts^{h}œŋ^{21}、线$_{心}$sin^{33} = 扇$_{审书}$sin^{33}、细$_{心}$sɐi^{33} = 世$_{审书}$sɐi^{33}、息$_{心}$sek^5 = 色$_{审生}$sek^5。

波特兰广府话：椒$_{精}$tsiu^{55} = 招$_{照章}$tsiu^{55}、姊$_{精}$tsi^{35} = 指$_{照章}$tsi^{35}、子$_{精}$tsi^{35} = 趾$_{照章}$tsi^{35}，秋$_{清}$ts^{h}ɐu^{55} = 抽$_{彻}$ts^{h}ɐu^{55}、墙$_{从}$ts^{h}œŋ^{21} = 长$_{澄,~短}$ts^{h}œŋ^{21}、从$_{从}$ts^{h}uŋ^{21} = 虫$_{澄}$ts^{h}uŋ^{21}、宵$_{心}$siu^{55} = 烧$_{审书}$siu^{55}、细$_{心}$sɐi^{33} = 世$_{审书}$sɐi^{33}、修$_{心}$sɐu^{55} = 收$_{审书}$sɐu^{55}。

休斯敦广府话：雀$_{精}$tsœk^3 = 着$_{知,~衣}$tsœk^3、椒$_{精}$tsiu^{55} = 招$_{照章}$tsiu^{55}、足$_{精}$tsuk^5 = 竹$_{知}$tsuk^5，秋$_{清}$ts^{h}ɐu^{55} = 抽$_{彻}$ts^{h}ɐu^{55}、墙$_{从}$ts^{h}œŋ^{21} = 长$_{澄,~短}$ts^{h}œŋ^{21}、从$_{从}$ts^{h}uŋ^{21} = 虫$_{澄}$ts^{h}uŋ^{21}、息$_{心}$sek^5 = 色$_{审生}$sek^5、细$_{心}$sɐi^{33} = 世$_{审书}$sɐi^{33}、线$_{心}$sin^{33} = 扇$_{审书}$sin^{33}

2.3.2.1.5　半元音声母 j－、w－和圆唇声母 kw－、kw^h－的有无

粤语有无介音长期以来一直是汉语方言学界讨论的热门话题。我们认为，中国国内今日之粤方言广府话，介音的缺失起码发生在穗港澳市区的粤语中。这种现象的存在不妨考虑有少数民族语言底层的因素在起作用，在百越大地成长，糅合了百越语而生成的粤方言，不可避免地存在着百越语的一些因素特点，壮侗语就普遍没有介音。从这点出发去考

虑，这个问题就绝不只是一个简单的音系处理问题。

粤方言广州话没有介音，却有圆唇的 kw‐、kwʰ‐声母，这两个唇化音声母也是一些壮侗语语言所有而其他汉语方言没有的。例如，壮语中有 kw‐声母①，湘西苗语和布努瑶语中也有 kw‐、kwʰ‐声母②。"黄瓜"湘西苗语叫 kwɑ¹，广州话的"瓜"是 kwa⁵⁵；表示"跪"这一动作，广州话叫 kwɐi²²，布努瑶语是 kwai⁶。笔者 2011 年春到广东阳江调查当地的粤方言，当读到宕摄合口一等字"光""广"等时，发音人特别强调它们的声母 kw‐与前面宕摄开口一等的"岗""钢"等字的声母 k‐是不一样的。或许这也可以在我们讨论粤语的 kw‐、kwʰ‐声母时做一个参考。

美国华人社区的 6 个粤方言广府话有 j‐、w‐声母，也有 kw‐、kwʰ‐声母。其中，j‐通常出现在古日母、匣母、影母、喻母中，w‐通常出现在古匣母、影母、喻母中；kw‐、kwʰ‐通常出现在古见母、群母中。（见表 2‐38）

表 2‐38　6 个广府话 j‐、w‐声母字举例

方言	例字											
	二	人	现	音	有	夜	华	黄	碗	弯	云	维
	日母	日母	匣母	影母	喻云母	喻以母	匣母	匣母	影母	影母	喻云母	喻以母
广东广州话	ji:²¹	jɐn²¹	jin²²	jɐm⁵⁵	jɐu¹³	jɛ²²	wa²¹	wɔŋ²¹	wun³⁵	wan⁵⁵	wɐn²¹	wɐi²¹
三藩市广府话	ji:²¹	jɐn²¹	jin²²	jɐm⁵⁵	jɐu¹³	jɛ²²	wa²¹	wɔŋ²¹	wun³⁵	wan⁵⁵	wɐn²¹	wɐi²¹
洛杉矶广府话	ji:²¹	jɐn²¹	jin²²	jɐm⁵⁵	jɐu¹³	jɛ²²	wa²¹	wɔŋ²¹	wun³⁵	wan⁵⁵	wɐn²¹	wɐi²¹
纽约广府话	ji:²¹	jɐn²¹	jin²²	jɐm⁵⁵	jɐu¹³	jɛ²²	wa²¹	wɔŋ²¹	wun³⁵	wan⁵⁵	wɐn²¹	wɐi²¹
芝加哥广府话	ji:²¹	jɐn²¹	jin²²	jɐm⁵⁵	jɐu¹³	jɛ²²	wa²¹	wɔŋ²¹	wun³⁵	wan⁵⁵	wɐn²¹	wɐi²¹
波特兰广府话	ji:²¹	jɐn²¹	jin²²	jɐm⁵⁵	jɐu¹³	jɛ²²	wa²¹	wɔŋ²¹	wun³⁵	wan⁵⁵	wɐn²¹	wɐi²¹
休斯敦广府话	ji:²¹	jɐn²¹	jin²²	jɐm⁵⁵	jɐu¹³	jɛ²²	wa²¹	wɔŋ²¹	wun³⁵	wan⁵⁵	wɐn²¹	wɐi²¹

表 2‐38 的例字，美国 6 个广府话的读音均与广州话一致。再如表 2‐39 例字。③

---

① 参见韦庆稳、覃国生编著《壮语简志》，民族出版社 1980 年版。
② 参见中央民族学院苗瑶语研究室编《苗瑶语方言词汇集》，中央民族学院出版社 1987 年版。
③ 表格中"—"符号，说明发音人无法提供发音，表格中有两个注音，表明例字有两读。下同。

表 2-39 6 个广府话 kw-、kwʰ- 声母字举例

方言	例字									
	瓜	寡	果	过	关	光	广	葵	柜	裙
	见母	见母	见母	见母	见母	见母	见母	裙母	群母	群母
广东广州话	kwa⁵⁵	kwa³⁵	kwɔ³⁵	kwɔ³³	kwan⁵⁵	kwɔŋ⁵⁵/kɔŋ³⁵	kwɔŋ³⁵/kɔŋ³⁵	kwʰɐi²¹	kwɐi²²	kwɐn²¹
三藩市广州话	kwa⁵⁵	kwa³⁵	kwɔ³⁵	kwɔ³³	kwan⁵⁵	kwɔŋ⁵⁵	kɔŋ⁵⁵	—	kwɐi²²	kwɐn²¹
洛杉矶广州话	kwa⁵⁵	kwa³⁵	kwɔ³⁵	kwɔ³³	kwan⁵⁵	kwɔŋ⁵⁵	kɔŋ⁵⁵	kwʰɐi²¹	kwɐi²²	kwɐn²¹
纽约广府话	kwa⁵⁵	kwa³⁵	kwɔ³⁵	kwɔ³³	kwan⁵⁵	kwɔŋ⁵⁵	kɔŋ⁵⁵	kwʰɐi²¹	kwɐi²²	kwɐn²¹
芝加哥广府话	kwa⁵⁵	kwa³⁵	kwɔ³⁵	kwɔ³³	kwan⁵⁵	kwɔŋ⁵⁵	kwɔŋ³⁵	—	kwɐi²²	kwɐn²¹
波特兰广府话	kwa⁵⁵	kwa³⁵	kwɔ³⁵	kwɔ³³	kwan⁵⁵	kwɔŋ⁵⁵	kwɔŋ⁵⁵	kwʰɐi²¹	kwɐi²²	kwɐn²¹
休斯敦广府话	kwa⁵⁵	kwa³⁵	kwɔ³⁵	kwɔ³³	kwan⁵⁵	kɔŋ⁵⁵	kɔŋ³⁵	—	kwɐi²²	kwɐn²¹

表 2-39 显示，广州话的 kw-、kwʰ- 声母开始有了一点变化，例字"光""广"的两读说明了这点。美国的 6 个广府话都有 kw-、kwʰ- 声母，但是也开始有了一点变化，"广"字三藩市、洛杉矶、纽约、休斯敦四地的读法，还有休斯敦"光"字的读法，kw- 声母变为 k- 声母，都可说明。

另外，溪母字在广州话中也有读 kwʰ- 的，如"跨 kwʰa⁵⁵""夸 kwʰa⁵⁵""亏 kwʰɐi⁵⁵"等，但是在我们的《海外汉语方言词汇调查表》中，美国的 6 个广府话都没有对应的说法，因此我们没有列出溪母字的例子。

2.3.2.1.6 古溪母字、晓母字是否部分读如古非母、敷母、奉母

有部分古溪母字、晓母字，如古非母、敷母、奉母，读唇齿清擦音 f- 声母，是国内的粤方言广州话等声母的一个特点。比对美国华人社区的 6 个粤方言广府话，可知也都具有这个特点，与广东广州话一样，除了非母、敷母、奉母字外，美国 6 个广府话读 f- 声母的字通常都是出现在溪母和晓母。表 2-40 中的例字，除了发音人无法提供读音的，如三藩市、休斯敦广府话的"款"，其余的都如此。

表 2-40　6 个广府话古溪、晓母字读如古非、敷母、奉母举例

方言	例字											
	裤	苦	块	快	款	阔	花	火	虎	灰	训	婚
	溪母	溪母	溪母	溪母	溪母	溪母	晓母	晓母	晓母	晓母	晓母	晓母
广东广州话	fu³³	fu³⁵	fai³³	fai³³	fun³⁵	fut³	fa⁵⁵	fɔ³⁵	fu³⁵	fui⁵⁵	fɐn³³	fɐn⁵⁵
三藩市广府话	fu³³	fu³⁵	fai³³	fai³³	—	fut³	fa⁵⁵	fɔ³⁵	fu³⁵	fui⁵⁵	fɐn³³	fɐn⁵⁵
洛杉矶广府话	fu³³	fu³⁵	fai³³	fai³³	fun³⁵	fut³	fa⁵⁵	fɔ³⁵	fu³⁵	fui⁵⁵	fɐn³³	fɐn⁵⁵
纽约广府话	fu³³	fu³⁵	fai³³	fai³³	fun³⁵	fut³	fa⁵⁵	fɔ³⁵	fu³⁵	fui⁵⁵	fɐn³³	fɐn⁵⁵
芝加哥广府话	fu³³	fu³⁵	fai³³	fai³³	fun³⁵	fut³	fa⁵⁵	fɔ³⁵	fu³⁵	fui⁵⁵	fɐn³³	fɐn⁵⁵
波特兰广府话	fu³³	fu³⁵	fai³³	fai³³	fun³⁵	fut³	fa⁵⁵	fɔ³⁵	fu³⁵	fui⁵⁵	fɐn³³	fɐn⁵⁵
休斯敦广府话	fu³³	fu³⁵	fai³³	fai³³	—	fut³	fa⁵⁵	fɔ³⁵	fu³⁵	fui⁵⁵	fɐn³³	fɐn⁵⁵

2.3.2.1.7　古见组字保留 k-、kʰ-、h- 的读法

粤方言声母的特点之一是古见晓组字基本不腭化，见母字、溪母字、群母字、晓母字、匣母字无论在洪音还是细音前都保留了舌根清音和清喉擦音 k-、kʰ-、h- 的读法。广东广州话是这样，美国华人社区的 6 个粤方言广府话亦同样保留了此一特点。（见表 2-41）

表 2-41　6 个广府话古见组字保留 k-、kʰ-、h- 读法举例

方言	例字												
	家	街	鸡	撳	契	去	桥	棋	球	虾	戏	险	係	蟹	咸
	见母	见母	见母	溪母	溪母	溪母	群母	群母	群母	晓母	晓母	晓母	匣母	匣母	匣母
广东广州话	ka⁵⁵	kai⁵⁵	kɐi⁵⁵	kɐm²²	kʰɐi³³	hœy³³	kʰiu²¹	kʰei²¹	kʰɐu²¹	ha⁵⁵	hei³³	him³⁵	hɐi²²	hai¹³	ham²¹
三藩市广府话	ka⁵⁵	kai⁵⁵	kɐi⁵⁵	kɐm²²	kʰɐi³³	hœy³³	kʰiu²¹	kʰei²¹	kʰɐu²¹	ha⁵⁵	hei³³	him³⁵	hɐi²²	hai¹³	ham²¹
洛杉矶广府话	ka⁵⁵	kai⁵⁵	kɐi⁵⁵	kɐm²²	kʰɐi³³	hœy³³	kʰiu²¹	kʰei²¹	kʰɐu²¹	ha⁵⁵	hei³³	him³⁵	hɐi²²	hai¹³	ham²¹
纽约广府话	ka⁵⁵	kai⁵⁵	kɐi⁵⁵	kɐm²²	kʰɐi³³	hœy³³	kʰiu²¹	kʰei²¹	kʰɐu²¹	ha⁵⁵	hei³³	him³⁵	hɐi²²	hai¹³	ham²¹
芝加哥广府话	ka⁵⁵	kai⁵⁵	kɐi⁵⁵	kɐm²²	kʰɐi³³	hœy³³	kʰiu²¹	kʰei²¹	kʰɐu²¹	ha⁵⁵	hei³³	him³⁵	hɐi²²	hai¹³	ham²¹

续表 2-41

方言	例字													
	家	街	鸡	揿	契	去	桥	棋	球	虾	戏	险	係	蟹	咸
	见母	见母	见母	溪母	溪母	溪母	群母	群母	群母	晓母	晓母	晓母	匣母	匣母	匣母
波特兰广府话	ka⁵⁵	kai⁵⁵	kɐi⁵⁵	kɐm²²	kʰɐi³³	hœy³³	kʰiu²¹	kʰei²¹	kʰɐu²¹	ha⁵⁵	hei³³	him³⁵	hɐi²²	hai¹³	ham²¹
休斯敦广府话	ka⁵⁵	kai⁵⁵	kɐi⁵⁵	kɐm²²	kʰɐi³³	hœy³³	kʰiu²¹	kʰei²¹	kʰɐu²¹	ha⁵⁵	hei³³	him³⁵	hɐi²²	hai¹³	ham²¹

2.3.2.1.8 舌根音 ŋ- 声母的保留与变化

詹伯慧主编的《汉语方言及方言调查》指出:"粤方言大多数地区都有 ŋ 声母。广府片、高阳片、桂南片除个别地方（如番禺市桥、顺德大良等）丧失 ŋ 声母外，其余有 ŋ 声母的，大致上这个 ŋ 来源于古疑母一、二等韵的字及部分古影母开口一、二等韵的字。"①

李新魁等的《广州方言研究》指出:"近郊各方言点对中古影母开口一、二等字（现代普通话念为 Ø 声母，如'哀''安''奥'等），有的保持读 Ø，有的则与疑母字相混，念成 ŋ（或 ⁿg），有的 ŋ、Ø 两读。"②

广东广州话有舌根音 ŋ- 声母，ŋ- 声母一般出现在古疑母字和影母字，但只出现在洪音前。近年来，ŋ- 声母在广州、香港、澳门等地的中青年中正在逐渐丢失，变成零声母，如"我 ɔ¹³""芽 a²¹""牛 ɐu²¹"。目前，据我们的调查，说广州话的人部分仍然完全保留古疑母字和影母字的 ŋ- 声母读法，也有部分（以年轻人为多）完全丢失了 ŋ-。

美国华人社区 6 个粤方言广府话与国内的粤方言一样，也都有 ŋ- 声母，ŋ- 声母出现的情况与祖籍地源方言相同。但是，我们发现，中国穗港澳粤语近几十年来的那种日益泛滥的丢失 ŋ- 声母的所谓"懒音"现象，也已经在美国华人社区里的粤方言发生了。这在美国华人社区的 6 个广府话中，世界一线大城市之一的纽约广府话表现得最为明显。（见表 2-42）

表 2-42 6 个广府话舌根音 ŋ- 声母举例

方言	例字											
	我	鹅	牙	蚁	牛	咬	哑	矮	外	呕	暗	鸭
	疑母	疑母	疑母	疑母	疑母	疑母	影母	影母	影母	影母	影母	影母
广东广州话	ŋɔ¹³/ɔ¹³	ŋɔ²¹/ɔ²¹	ŋa²¹/a²¹	ŋei¹³/ei¹³	ŋɐu²¹/ɐu²¹	ŋau¹³/au¹³	ŋa³⁵/a³⁵	ŋɐi³⁵/ɐi³⁵	ŋɔi²²/ɔi²²	ŋɐu³⁵/ɐu³⁵	ŋɐm³³/ɐm³³	ŋap³/ap³
三藩市广府话	ŋɔ¹³	ŋɔ²¹	ŋa²¹	ŋei¹³	ŋɐu²¹	ŋau¹³	ŋa³⁵	ŋɐi³⁵	ŋɔi²²	ŋɐu³⁵	ŋɐm³³	ŋap³

---

① 詹伯慧主编:《汉语方言及方言调查》，湖北教育出版社 1991 年版，第 100 页。
② 李新魁等:《广州方言研究》，广东人民出版社 1995 年版，第 72 页。

续表 2-42

方言	例字											
	我	鹅	牙	蚁	牛	咬	哑	矮	外	呕	暗	鸭
	疑母	疑母	疑母	疑母	疑母	疑母	影母	影母	影母	影母	影母	影母
洛杉矶广府话	ŋɔ¹³	ŋɔ²¹	ŋa²¹	ŋei¹³	ŋeu²¹	ŋau³⁵	ŋa³⁵	ŋei³⁵	ŋɔi²²	ŋeu³⁵	ŋɐm³³	ŋap³
纽约广府话	ɔ¹³	ɔ²¹	ŋa²¹/a²¹	ei¹³	ŋeu²¹	au³⁵	a³⁵	ei³⁵	ɔi²²	eu³⁵	ɐm³³	ap³
芝加哥广府话	ŋɔ¹³	ŋɔ²¹	ŋa²¹	ŋei¹³	ŋeu²¹	ŋau³⁵	ŋa³⁵	ŋei³⁵	ŋɔi²²	ŋeu³⁵	ŋɐm³³	ŋap³
波特兰广府话	ŋɔ¹³	ŋɔ²¹	ŋa²¹	ŋei¹³	ŋeu²¹	ŋau³⁵	a³⁵	ŋei³⁵	ŋɔi²²	ŋeu³⁵	ŋɐm³³	ŋap³
休斯敦广府话	ŋɔ¹³	ŋɔ²¹	ŋa²¹	ŋei¹³	ŋeu²¹	ŋau³⁵	a³⁵	ŋei³⁵	ŋɔi²²	ŋeu³⁵	ŋɐm³³	ŋap³

2.3.2.1.9 零声母字只出现在古疑母和影母中

汉语方言普遍都有零声母。对粤方言来说，零声母音节一般只出现在古疑母和影母字中，还可以出现在古端、透、定母字中，这是区分粤语广府片、桂南片和四邑片的一个重要条件。广东广州话的零声母字主要出现在古影母字中，古疑母字也有不少读零声母的。这方面，美国的 6 个广府话也基本一样，在零声母字最多的纽约广府话中，见母字也有个别读零声母的。例如：

三藩市广府话：五疑m̩¹³、阿影,~哥a³³、晏影an³³、安影ɔn⁵⁵

洛杉矶广府话：五疑m̩¹³、午疑m̩¹³、阿影,~哥a³³、安影ɔn⁵⁵、爱影ɔi³³

纽约广府话：我疑ɔ¹³、鹅疑ɔ²¹、饿疑ɔ²²、崖疑ai²¹、蚁疑ei¹³、咬疑au¹³、眼疑an¹³、银疑ɐn²¹、额疑ak²、阿影,~哥a³³、哑影a³⁵、矮影ei³⁵、外影ɔi²²、呕影eu³⁵、暗影ɐm³³、安影ɔn⁵⁵、鸭影ap³、屋影uk⁵、钩见eu⁵⁵

芝加哥广府话：午疑m̩¹³、五疑m̩¹³、阿影,~哥a³³

波特兰广府话：五疑m̩¹³、午疑m̩¹³、阿影,~哥a³³、哑影a³⁵

休斯敦广府话：五疑m̩¹³、午疑m̩¹³、阿影,~哥a³³、哑影a³⁵

2.3.2.1.10 古透母、定母及部分溪母、晓母、匣母的今读

h-声母是否一般出现在古溪母、晓母、匣母中，或者是还可以出现在古透母、定母中，是区分广府片粤语、桂南片粤语和四邑片粤语的一个重要条件，广东广府片的粤方言没有透母、定母读 h- 的现象，美国华人社区的 6 个广府话与祖籍地源方言一样，也没有这种现象。（见表 2-43）

表 2-43　6 个广府话古透、定母及部分溪、晓、匣母字今读举例

方言	例字									
	土	汤	头	甜	去	客	海	香	鞋	咸
	透母	透母	定母	定母	溪母	溪母	晓母	晓母	匣母	匣母
广东广州话	tʰou³⁵	tʰɔŋ⁵⁵	tʰɐu²¹	tʰim²¹	hœy³³	hak³	hɔi³⁵	hœŋ⁵⁵	hai²¹	ham²¹
三藩市广府话	tʰou³⁵	tʰɔŋ⁵⁵	tʰɐu²¹	tʰim²¹	hœy³³	hak³	hɔi³⁵	hœŋ⁵⁵	hai²¹	ham²¹
洛杉矶广府话	tʰou³⁵	tʰɔŋ⁵⁵	tʰɐu²¹	tʰim²¹	hœy³³	hak³	hɔi³⁵	hœŋ⁵⁵	hai²¹	ham²¹
纽约广府话	tʰou³⁵	tʰɔŋ⁵⁵	tʰɐu²¹	tʰim²¹	hœy³³	hak³	hɔi³⁵	hœŋ⁵⁵	hai²¹	ham²¹
芝加哥广府话	tʰou³⁵	tʰɔŋ⁵⁵	tʰɐu²¹	tʰim²¹	hœy³³	hak³	hɔi³⁵	hœŋ⁵⁵	hai²¹	ham²¹
波特兰广府话	tʰou³⁵	tʰɔŋ⁵⁵	tʰɐu²¹	tʰim²¹	hœy³³	hak³	hɔi³⁵	hœŋ⁵⁵	hai²¹	ham²¹
休斯敦广府话	tʰou³⁵	tʰɔŋ⁵⁵	tʰɐu²¹	tʰim²¹	hœy³³	hak³	hɔi³⁵	hœŋ⁵⁵	hai²¹	ham²¹

2.3.2.1.11　古心母、禅母及部分邪母、审母的今读

区分粤方言广府片、四邑片、桂南片还有一个条件,即古心母、禅母、邪母、审母等是否有读边擦音ɬ-声母的现象。广府片没有这一特点,四邑片则有,美国华人社区的 6 个广府话一如广东广州话,古心母、禅母、邪母、审母等都不读ɬ-。(见表 2-44)

表 2-44　6 个广府话古心、禅母及部分邪、审母字今读举例

方言	例字											
	锁	西	心	薯	树	熟煮~	谢	象	梳	瘦	手	婶
	心母	心母	心母	禅母	禅母	禅母	邪母	邪母	审生母	审生母	审书母	审书母
广东广州话	sɔ³⁵	sɐi⁵⁵	sɐm⁵⁵	sy²¹	sy²²	suk²	tsɛ²²	tsœŋ²²	sɔ⁵⁵	sɐu³³	sɐu³⁵	sɐm³⁵
三藩市广府话	sɔ³⁵	sɐi⁵⁵	sɐm⁵⁵	sy²¹	sy²²	suk²	tsɛ²²	tsœŋ²²	sɔ⁵⁵	sɐu³³	sɐu³⁵	sɐm³⁵
洛杉矶广府话	sɔ³⁵	sɐi⁵⁵	sɐm⁵⁵	sy²¹	sy²²	suk²	tsɛ²²	tsœŋ²²	sɔ⁵⁵	sɐu³³	sɐu³⁵	sɐm³⁵
纽约广府话	sɔ³⁵	sɐi⁵⁵	sɐm⁵⁵	sy²¹	sy²²	suk²	tsɛ²²	tsœŋ²²	sɔ⁵⁵	sɐu³³	sɐu³⁵	sɐm³⁵
芝加哥广府话	sɔ³⁵	sɐi⁵⁵	sɐm⁵⁵	sy²¹	sy²²	suk²	tsɛ²²	tsœŋ²²	sɔ⁵⁵	sɐu³³	sɐu³⁵	sɐm³⁵
波特兰广府话	sɔ³⁵	sɐi⁵⁵	sɐm⁵⁵	sy²¹	sy²²	suk²	tsɛ²²	tsœŋ²²	sɔ⁵⁵	sɐu³³	sɐu³⁵	sɐm³⁵
休斯敦广府话	sɔ³⁵	sɐi⁵⁵	sɐm⁵⁵	sy²¹	sy²²	suk²	tsɛ²²	tsœŋ²²	sɔ⁵⁵	sɐu³³	sɐu³⁵	sɐm³⁵

2.3.2.2 韵母的比较

在比较了广东广州话和美国华人社区 6 个广府话的声母后，我们再来比较广东广州话和美国华人社区 6 个广府话的韵母。

首先，对比一下广东广州话和美国华人社区 6 个广府话的韵母系统：

(1) 广东广州话韵母 53 个。

单元音韵母（7 个）：

a ɛ œ ɔ i u y

复元音韵母（10 个）：

ai ɐi ei œy ɔi ou iu ui au ɐu

鼻音韵尾韵母（17 个）：

am ɐm im

an ɐn œn ɔn in un yn

aŋ ɐŋ ɛŋ œŋ ɔŋ eŋ uŋ

声化韵母（2 个）：

m̩ ŋ̩

塞音韵尾韵母（17 个）：

ap ɐp ip

at ɐt œt ɔt it ut yt

ak ɐk ɛk œk ɔk ek uk

(2) 三藩市广府话韵母 64 个（参见 2.1.7）。其中，只出现在英语外来词中的韵母 9 个，即 ə、ɛu、əm、ɔm、ən、əŋ、ɔp、ɛp、ət。

(3) 洛杉矶广府话韵母 60 个（参见 2.1.8）。其中，只出现在英语外来词中的韵母 6 个，即 ə、ɛu、iam、ən、ɔp、ɜt。

(4) 纽约广府话韵母 62 个（参见 2.1.9）。其中，只出现在英语外来词中的韵母 7 个，即 ə、ɛu、yɜ、ən、ɔp、up、ət。

(5) 芝加哥广府话韵母 57 个（参见 2.1.10）。其中，只出现在英语外来词中的韵母 5 个，即 ə、ɛu、ɛm、ən、ɜt。

(6) 波特兰广府话韵母 60 个（参见 2.1.11）。其中，只出现在英语外来词中的韵母 7 个，即 ə、ɛu、ɛm、ɔm、iam、ən、ɜt。

(7) 休斯敦广府话韵母 57 个（参见 2.1.12）。其中，只出现在英语外来词中的韵母 4 个，即 ə、ɛu、ən、ɜn。

仅从数量来看，美国 6 个广府话点的韵母，每一个点都比广东广州话的多。

2.3.2.2.1 有无只在借词中出现的韵母

美国华人社区 6 个粤方言点的韵母之所以都比国内广东广州话的多，有一个不能忽略的原因就是，有国内粤方言所无而只在外来借词中出现的韵母。这是美国华人社区广府话与国内粤方言广州话韵母的一大不同点。

华人社区粤方言韵母的此特点无疑是其长期脱离祖籍地母体方言，分别与居住国的主流、非主流语言，以及社区里的其他兄弟汉语方言不断接触后，慢慢产生的。这个特点美国华人社区台山话也有，海外汉语方言，如我们调查过的东南亚华人社区的汉语方言也都具有，无疑，此是海外汉语方言语音方面的一个典型特点。

英语是美国的主流语言，本书所涉及的 6 个广府话只出现在外来借词中的韵母基本上都是来自英语借词的。这样的韵母三藩市广府话最多，共有 9 个，洛杉矶广府话有 6 个，纽约广府话有 7 个，芝加哥广府话有 5 个，波特兰广府话有 7 个，休斯敦广府话有 4 个。三藩市最多，休斯敦最少。

除了个别来自法语和马来语的借词，如"冷 毛线,法语:lain""交寅 结婚,马来语:kwin"等，我们没有记录到来自其他语言或汉语方言的借词。因此，可以说，这类来自外来语借词中的韵母，基本上就是来自英语借词的。

我们也注意到各点的这类来自英语借词的韵母中，都少不了 ə 或以 ə 做主要元音的韵母，这恐怕与英语中有丰富的 ə 音素不无关系。另外，以 ɛ 做主要元音的系列韵母也不少。

以下是 6 个点只在外来借词中出现的韵母的具体情况。

(1) 三藩市 9 个，即 ə、ɛu、əm、ɔm、ən、əŋ、ɛp、ɔp、ət。

ə、ɛu、əm、ɔm、ən、əŋ、ɛp、ɔp、ət 9 个韵母只出现在英语借词中。其中，ɛu、əm、ɔm、əŋ、ɔp 5 个分别只记录到一个例子。例如：

ə　□□□si²¹ ta⁵⁵ tə²¹（结巴，英语：stutter）、□□□pʰə²¹ lɛn²¹ tʰə²¹（播种机，英语：planter）、□□tsʰɛ⁵tʰə²¹（拖拉机，英语：tractor）、□□sɛn⁵⁵tʰə⁵⁵（圣诞老人，英语：Santa Claus）、□□mei³⁵jə²¹（市长，英语：mayor）、□□ji³⁵ə²¹（鳝鱼，英语：eel）

ɛu　□□□kə²¹la³³sɛu⁵⁵（车库销售，英语：garage sale）

əm　□□□kʰak⁵si²¹tʰəm²¹（海关，英语：customs）

ɔm　□□□□pʰɔm⁵⁵pʰə²¹jin²¹tʰu²¹（遇见、碰见，英语：bump into）

ən　□□□ə²¹pʰak⁵mən²¹（公寓，英语：apartment）、□pʰən⁵³（漆，英语：paint）、□fən⁵⁵（蕨，英语：fern）、□□ɔ⁵⁵fən⁵⁵（孤儿，英语：orphan）、□□lai⁵⁵sən³⁵（执照，英语：license）、□□ai⁵⁵ən²²（铁，英语：iron）

əŋ　□□□si²¹pʰəŋ³³lɛŋ⁵⁵（春天，英语：spring）

ɛp　□□tʰɛp⁵pʰou²¹（蝌蚪，英语：tadpole）、□□□kʰə²¹lɛp⁵fut⁵（西柚，英语：grapefruit）、□□□□sɛp⁵pʰə²¹lei²¹ti²¹（分居，英语：separated）、□□□□si²¹tɛp⁵fa⁵⁵tə²¹（继父，英语：stepfather）、□□□ɛp⁵pə²¹kʰɛt³si²¹（算盘，英语：abacus）、□□□ɛp²pə²¹tɛm⁵⁵mek²（瘟疫，英语：epidemic）

ɔp　□□tsɔp⁵teŋ⁵⁵（漂流，英语：drifting）

ət　□□□pʰət⁵tsʰiu⁵⁵lɛm²¹（石油，英语：petroleum）、□□□sɛt⁵tʰət³lai²²（卫星，英语：satellite）

(2) 洛杉矶 6 个，即 ə、ɛu、iam、ən、ɔp、ɛt。

ə、ɛu、iam、ən、ɔp、ɛt 6 个韵母只出现在外来借词中。其中，iam、ɔp 两个仅记录

第2章　美国华人社区汉语粤方言语音研究

到一个例子。例如：

ə　□□nei⁵⁵pə²¹（邻居，英语：neighbor）、□faŋ⁵⁵tə²¹（雷，英语：thunder）、□□tit²tsə²¹（餐后甜点，英语：dessert）、□□□wei⁵⁵wə⁵⁵pɛn⁵³（河岸，英语：riverbank）、□□□wə²¹kʰei⁵⁵lou²¹（火山，英语：volcano）、□□win⁵⁵tʰə⁵⁵（冬天，英语：winter）

ɛu　□hɛu⁵³（冰雹，英语：hail）、□□ɛu⁵⁵ei⁵⁵［LA.（洛杉矶的简称），英语：Los Angeles］

iam　□□□□a⁵⁵lɔ⁵⁵mi⁵⁵liam⁵⁵（铝，英语：aluminum）

ən　□□sɛm⁵⁵mən²¹（水泥，英语：cement）、□□ɛu⁵⁵mən⁵⁵（历书，英语：almanac）、□□kʰa⁵⁵tən²¹（棉花，英语：cotton）、□□□fu²¹lou⁵⁵tsən²¹（冻住，英语：frozen）

ɔp　□□lɛt⁵tʰɔp⁵（手提电脑，英语：laptop）

ɛt　□pʰɛt⁵（宠物，英语：pet）、□□fɛt⁵si³⁵（传真，英语：fax）、□□□nɛt⁵si²¹jɛ²¹（明年，英语：next year）、□□□ɔn⁵⁵lai⁵⁵tsʰɛt⁵（网聊，英语：online chat）、□□□si²¹kɛt⁵tsiu²¹（时间表，英语：schedule）、□□□kʰɛt⁵pʰit³tʰou²¹（首都，英语：capital）

（3）纽约7个，即ə、ɛu、yɛ、ən、ɔp、up、ət。

ə、ɛu、yɛ、ən、ɔp、up、ət 7个韵母只出现在来自英语的借词中。其中，ɛu、yɛ、ɔp、up 4个均只记录到一个例子。例如：

ə　□□nei⁵⁵pə²¹（邻居，英语：neighbor）、□□mei⁵⁵pʰə²¹（枫树，英语：maple）、□□□□fə⁵⁵si²¹kʰə²¹la⁵⁵si²¹（头等舱，英语：first class）、□□□□□si²¹pu⁵⁵lin⁵⁵wə⁵⁵tʰə²¹（矿泉水，英语：spring water）、□□□□ɔ⁵⁵li²¹wə²¹si²¹（橄榄，英语：olives）、□□fou⁵⁵tə²¹（文件夹，英语：folder）

ɛu　□□hou³³tʰɛu²¹（旅店，英语：hotel）

yɛ　□□□si²¹tʰɛn²²tsyɛ²¹（陌生人，英语：stranger）

ən　□□wɔk⁵mən²¹（随身听，英语：walkman）、□□□□pʰu²¹lɛt⁵si²¹tən²¹（总统，英语：president）、□□jiu⁵⁵tʰən⁵⁵（公路U形回转，英语：U-turn）、□□□kʰa⁵⁵si²¹tən²¹（海关，英语：customs）、□□□□nɛt⁵sən⁵⁵nou⁵⁵tei²¹（国庆节，英语：National Day）、□□□kʰa⁵⁵sɛt³sən²¹（剖腹产，英语：caesarean）

ɔp　□□tʰip⁵tʰɔp⁵⁵（顶呱呱，英语：tiptop）

up　□□up⁵hiu⁵⁵（上坡，英语：uphill）

ət　□□□□□□lɛt⁵lai¹³tit⁵si²¹tʰə²²li²¹tʰət³（红灯区，英语：red light district）、□□□mit⁵ni²¹si²¹kʰət²（超短裙，英语：miniskirt）

（4）芝加哥5个，即ə、ɛu、ɛm、ən、ɛt。

ə、ɛu、ɛm、ən、ɛt 5个韵母只出现在来自英语的借词中。其中，ɛu、ən、ɛt 3个只记录到一个例子。例如：

ə □□□kʰiu⁵⁵kʰam³³pə²¹（黄瓜，英语：cucumber）、□□kʰə²¹nu⁵⁵（独木舟，英语：canoe）、□□tʰœt⁵tʰə³³（拖拉机，英语：tractor）、□□□□pʰa⁵⁵mɐt⁵kə²¹lei²¹（石榴，英语：pomegranate）、□□□ə²¹pʰak⁵mən²¹（公寓，英语：apartment）。

ɛu □□kʰɔk⁵tʰɛu⁵⁵（鸡尾酒，英语：cocktail）

ɛm 起□hei³⁵tɛm⁵⁵（筑坝，英语：dam）、□□□sɐm⁵⁵ma⁵⁵kɛm⁵⁵（夏令营，英语：summer game）

ən □□□ə²¹pʰak⁵mən²¹（公寓，英语：apartment）

ɛt □pʰɛt⁵（宠物，英语：pet）

（5）波特兰7个，即ə、ɛu、ɛm、ɔm、iam、ən、ɛt。

ə、ɛu、ɛm、ɔm、iam、ən、ɛt 7个韵母只出现在英语借词中。其中，ɔm、iam 两个只记录到一个例子。例如：

ə □□mei⁵⁵pʰə²¹（枫树，英语：maple）、□□□mə⁵⁵si²¹tʰi²¹（柴刀，英语：machete）、□□kʰap⁵pʰə²¹（鲤鱼、鲫鱼，英语：carp）、□□□ɔ⁵⁵li⁵⁵wə²¹（橄榄，英语：olives）、□□□la⁵⁵wɛn⁵⁵tə²¹（薰衣草，英语：lavender）、□□□□fɔ⁵⁵lyt³si²¹tʰə²¹（霜，英语：frost）

ɛu □□ji⁵⁵mɛu⁵⁵（电邮，英语：email）、□□□kə²¹lɐt⁵sɐu⁵⁵（车库销售，英语：garage sale）

ɛm □lɛ²¹（公羊，英语：ram）、□tsɛm⁵⁵（果酱，英语：jam）、□□sɛm⁵⁵pou²²（样品，英语：sample）、□tɛm⁵⁵（河坝，英语：dam）、□tsɛm⁵⁵（果酱，英语：jam）

ɔm □□kɔm⁵⁵mit²（彗星，英语：comet）

iam □□□□a³³lɔ⁵⁵mi⁵⁵liam⁵⁵（铝，英语：aluminum）

ən □fən⁵⁵（蕨，英语：fern）、U □jiu²¹tʰən⁵⁵（公路U形回转，英语：U-turn）、□□□fu²¹lou⁵⁵sən²¹（冻住了，英语：frozen）、□□□ɔ⁵⁵si²¹mən²¹tʰə²¹（桂花，英语：osmanthus）、□□pei⁵⁵kʰən²¹（熏肉、腊肉，英语：bacon）

ɛt □pʰɛt⁵tʰou²¹（天井，英语：patio）、□□sɛ²¹mɐt³（水泥，英语：cement）、□□□□nɛt⁵sɐn⁵⁵nou⁵⁵tei³³（国庆节，英语：National Day）、□□□kə²¹lɐt⁵sɐu⁵⁵（车库销售，英语：garage sale）、□□□□tsɛt⁵kən²¹fu²¹lai²¹（蜻蜓，英语：dragonfly）、□□□wai⁵⁵ɔ⁵⁵tsʰɛt³（白兰花，英语：white orchid）、□□□kɛt⁵lɛk²si²¹（银河，英语：galaxy）、□□□□fi²¹li⁵⁵ma⁵⁵kʰɛt³（跳蚤市场，英语：flea market）

（6）休斯敦4个，即ə、ɛu、ən、ɛn。

ə、ɛu、ən、ɛn 4个韵母只出现在来自英语的借词中。例如：

ə 汉堡□hɛn⁵⁵pə²¹kə²¹（汉堡包，英语：hamburger）、□□mei⁵⁵pʰə²¹（枫树，英语：maple）、□□□□san⁵⁵fu²¹lau⁵⁵wə²¹（向日葵，英语：sunflower）、□□□ji⁵⁵si²¹tʰə²¹（复活节，英语：Easter）、□□□□tʰə²¹nə²¹nei⁵⁵tou²¹（龙卷风，英语：tornado）、□□□wɔ⁵⁵tʰə⁵⁵lɔ⁵⁵tsin²¹（水涝，英语：waterlogging）、□□kʰə²¹lim⁵⁵（奶油，英语：cream） ɛu □□ji⁵⁵ mɛu⁵⁵（电邮，英语：e-mail）、□□□kɛ⁵⁵ lə³³ sɛu³³（车库销售，英语：garage sale）

ən □□□ə²¹ pʰak⁵ mən²¹（公寓，英语：apartment）、□□pei⁵⁵ kʰən²¹（熏肉，英语：bacon）

ɛn 汉堡□hɛn⁵⁵ pə²¹ kə²¹（汉堡包，英语：hamburger）、□□ɛn⁵⁵ tsyn²¹（发动机，英语：engine）

2.3.2.2.2 古阳声韵尾的保留与变化

国内各处的粤方言，可以说是汉语方言中阳声韵尾保留得比较好的，古 – m、– n、– ŋ 韵尾俱全，广东广州话就是如此。如上所述，美国华人社区的粤方言台山话也如此，华人社区的广府话在这方面的表现又如何？

（1）6 个粤方言点咸、深两摄阳声韵尾的保留。

虽然美国华人社区的汉语方言调查不可能使用《方言调查字表》（中国社会科学院语言研究所），但是表 2 – 45 的例子显示，6 个粤方言点咸、深两摄的韵尾均保留得不错，只有咸摄合口三等字"帆"发生了变化，此字纽约的发音人没有提供读音，其余 5 个点都如同广东广州话收 – n 尾读 fan²¹。从"帆"字的读法，我们可以进一步推测咸摄合口三等字的韵尾已经发生了变化。另外也有个别非咸、深摄的字转读 – m 韵尾的，如得州休斯敦广府话臻摄开口三等字"阵"有 tsɐm²²/ tsɐn²² 两读。

表 2 – 45 6 个广府话咸、深两摄阳声韵尾今读举例

方言	例字											
	男	篮	三	咸	杂	帆	针	枕	心	今	琴	饮
	咸摄	咸摄	咸摄	咸摄	咸摄	咸摄	深摄	深摄	深摄	深摄	深摄	深摄
广东广州话	nam²¹	lam²¹	sam⁵⁵	ham²¹	tsap²	fan²¹	tsɐm⁵⁵	tsɐm³⁵	sɐm⁵⁵	kɐm⁵⁵	kʰɐm⁵⁵	jɐm³⁵
三藩市广府话	nam²¹	lam²¹	sam⁵⁵	ham²¹	tsap²	fan²¹	tsɐm⁵⁵	tsɐm³⁵	sɐm⁵⁵	kɐm⁵⁵	kʰɐm⁵⁵	jɐm³⁵
洛杉矶广府话	nam²¹	lam²¹	sam⁵⁵	ham²¹	tsap²	fan²¹	tsɐm⁵⁵	tsɐm³⁵	sɐm⁵⁵	kɐm⁵⁵	kʰɐm⁵⁵	jɐm³⁵
纽约广府话	nam²¹	lam²¹	sam⁵⁵	ham²¹	tsap²	—	tsɐm⁵⁵	tsɐm³⁵	sɐm⁵⁵	kɐm⁵⁵	kʰɐm⁵⁵	jɐm³⁵
芝加哥广府话	nam²¹	lam²¹	sam⁵⁵	ham²¹	tsap²	fan²¹	tsɐm⁵⁵	tsɐm³⁵	sɐm⁵⁵	kɐm⁵⁵	kʰɐm⁵⁵	jɐm³⁵
波特兰广府话	nam²¹	lam²¹	sam⁵⁵	ham²¹	tsap²	fan²¹	tsɐm⁵⁵	tsɐm³⁵	sɐm⁵⁵	kɐm⁵⁵	kʰɐm⁵⁵	jɐm³⁵
休斯敦广府话	nam²¹	lam²¹	sam⁵⁵	ham²¹	tsap²	fan²¹	tsɐm⁵⁵	tsɐm³⁵	sɐm⁵⁵	kɐm⁵⁵	kʰɐm⁵⁵	jɐm³⁵

（2）6个粤方言广府话点山、臻两摄阳声韵尾的保留与变化。

表2-46的例字表明，古山、臻两摄的阳声韵尾-n，在6个广府话点中保留完好。

表2-46 6个广府话山、臻两摄阳声韵尾今读举例

方言	例字											
	班	边	慢	暖	烂	山	文	真	亲	孙	人	斤
	山摄	山摄	山摄	山摄	山摄	山摄	臻摄	臻摄	臻摄	臻摄	臻摄	臻摄
广东广州话	pan^{55}	pin^{55}	man^{22}	nyn^{13}	lan^{22}	san^{55}	mɐn^{21}	tsɐn^{55}	tsʰɐn^{55}	syn^{55}	jɐn^{21}	kɐn^{55}
三藩市广府话	pan^{55}	pin^{55}	man^{22}	nyn^{13}	lan^{22}	san^{55}	mɐn^{21}	tsɐn^{55}	tsʰɐn^{55}	syn^{55}	jɐn^{21}	kɐn^{55}
洛杉矶广府话	pan^{55}	pin^{55}	man^{22}	nyn^{13}	lan^{22}	san^{55}	mɐn^{21}	tsɐn^{55}	tsʰɐn^{55}	syn^{55}	jɐn^{21}	kɐn^{55}
纽约广府话	pan^{55}	pin^{55}	man^{22}	nyn^{13}	lan^{22}	san^{55}	mɐn^{21}	tsɐn^{55}	tsʰɐn^{55}	syn^{55}	jɐn^{21}	kɐn^{55}
芝加哥广府话	pan^{55}	pin^{55}	man^{22}	nyn^{13}	lan^{22}	san^{55}	mɐn^{21}	tsɐn^{55}	tsʰɐn^{55}	syn^{55}	jɐn^{21}	kɐn^{55}
波特兰广府话	pan^{55}	pin^{55}	man^{22}	nyn^{13}	lan^{22}	san^{55}	mɐn^{21}	tsɐn^{55}	tsʰɐn^{55}	syn^{55}	jɐn^{21}	—
休斯敦广府话	pan^{55}	pin^{55}	man^{22}	nyn^{13}	lan^{22}	san^{55}	mɐn^{21}	tsɐn^{55}	tsʰɐn^{55}	syn^{55}	jɐn^{21}	—

（3）6个粤方言广府话点宕、江、曾、梗、通五摄阳声韵尾的保留与变化。

表2-47的例字表明，美国华人社区粤方言广府话的宕、江、曾、梗、通五摄的阳声韵尾-ŋ都保留完好。

表2-47 6个广府话宕、江、曾、梗、通五摄阳声韵尾今读举例

方言	例字											
	房	汤	香	窗	讲	朋	凳	冷	钉	英	龙	东	公
	宕摄	宕摄	宕摄	江摄	江摄	曾摄	曾摄	梗摄	梗摄	梗摄	通摄	通摄	通摄
广东广州话	fɔŋ^{21}	tʰɔŋ^{55}	hœŋ^{55}	tsʰœŋ^{55}	kɔŋ^{35}	pʰɐŋ^{21}	tɐŋ^{33}	laŋ^{13}	tɛŋ^{55}	jɛŋ^{55}	luŋ^{21}	tuŋ^{55}	kuŋ^{55}
三藩市广府话	fɔŋ^{21}	tʰɔŋ^{55}	hœŋ^{55}	tsʰœŋ^{55}	kɔŋ^{35}	pʰɐŋ^{21}	tɐŋ^{33}	laŋ^{13}	tɛŋ^{55}	jɛŋ^{55}	luŋ^{21}	tuŋ^{55}	kuŋ^{55}
洛杉矶广府话	fɔŋ^{21}	tʰɔŋ^{55}	hœŋ^{55}	tsʰœŋ^{55}	kɔŋ^{35}	pʰɐŋ^{21}	tɐŋ^{33}	laŋ^{13}	tɛŋ^{55}	jɛŋ^{55}	luŋ^{21}	tuŋ^{55}	kuŋ^{55}
纽约广府话	fɔŋ^{21}	tʰɔŋ^{55}	hœŋ^{55}	tsʰœŋ^{55}	kɔŋ^{35}	pʰɐŋ^{21}	tɐŋ^{33}	laŋ^{13}	tɛŋ^{55}	jɛŋ^{55}	luŋ^{21}	tuŋ^{55}	kuŋ^{55}

续表 2-47

方言	例字											
	房	汤	香	窗	讲	朋	凳	冷	钉	英	龙	东	公
	宕摄	宕摄	宕摄	江摄	江摄	曾摄	曾摄	梗摄	梗摄	梗摄	通摄	通摄	通摄
芝加哥广府话	fɔŋ²¹	tʰɔŋ⁵⁵	hœŋ⁵⁵	tsʰœŋ⁵⁵	kɔŋ³⁵	pʰɐŋ²¹	tɐŋ³³	laŋ¹³	tɛŋ⁵⁵	jeŋ⁵⁵	luŋ²¹	tuŋ⁵⁵	kuŋ⁵⁵
波特兰广府话	fɔŋ²¹	tʰɔŋ⁵⁵	hœŋ⁵⁵	tsʰœŋ⁵⁵	kɔŋ³⁵	pʰɐŋ²¹	tɐŋ³³	laŋ¹³	tɛŋ⁵⁵	jeŋ⁵⁵	luŋ²¹	tuŋ⁵⁵	kuŋ⁵⁵
休斯敦广府话	fɔŋ²¹	tʰɔŋ⁵⁵	hœŋ⁵⁵	tsʰœŋ⁵⁵	kɔŋ³⁵	pʰɐŋ²¹	tɐŋ³³	laŋ¹³	tɛŋ⁵⁵	jeŋ⁵⁵	luŋ²¹	tuŋ⁵⁵	kuŋ⁵⁵

2.3.2.2.3 古入声韵尾的保留与变化

国内各处粤方言的入声韵尾都保留得比较好，广东广州话就是古-p、-t、-k塞音韵尾俱全，且与-m、-n、-ŋ阳声韵尾相对呼应的，美国华人社区的粤方言广府话也是如此。

（1）美国华人社区6个广府话点咸、深两摄入声韵尾的保留与变化。

表2-48中的例字，6个广府话点咸、深两摄的-p韵尾只有个别发生了变化。发生变化的是咸摄合口三等的"法"，此字6个点的读法与广东广州话相同，均收-t尾。这说明美国华人社区广府话咸摄合口三等字入声韵尾的变化，是与上述咸摄合口三等的阳声韵字的变化一致，且与国内的粤方言广府话同步的。这也说明，粤方言广府话咸摄合口三等字的变化很可能早在美国粤方言脱离祖籍地之前就已经发生了。

表 2-48　6个广府话咸、深两摄入声韵尾今读举例

方言	例字											
	杂	腊	叶	碟	鸭	法	笠	执	汁	湿	十	入
	咸摄	咸摄	咸摄	咸摄	咸摄	咸摄	深摄	深摄	深摄	深摄	深摄	深摄
广东广州话	tsap²	lap²	jip²	tip²	ŋap³	fat²	lɐp⁵	tsɐp⁵	tsɐp⁵	sɐp⁵	sɐp²	jɐp²
三藩市广府话	tsap²	lap²	jip²	tip²	ŋap³	fat²	lɐp⁵	tsɐp⁵	tsɐp⁵	sɐp⁵	sɐp²	jɐp²
洛杉矶广府话	tsap²	lap²	jip²	tip²	ŋap³	fat²	lɐp⁵	tsɐp⁵	tsɐp⁵	sɐp⁵	sɐp²	jɐp²
纽约广府话	tsap²	lap²	jip²	tip²	ap³	fat²	lɐp⁵	tsɐp⁵	tsɐp⁵	sɐp⁵	sɐp²	jɐp²
芝加哥广府话	tsap²	lap²	jip²	tip²	ŋap³	fat²	lɐp⁵	tsɐp⁵	tsɐp⁵	sɐp⁵	sɐp²	jɐp²

续表 2-48

方言	例字										
	杂	腊	叶	碟	鸭	法	笠	执	汁	湿	十	入
	咸摄	咸摄	咸摄	咸摄	咸摄	咸摄	深摄	深摄	深摄	深摄	深摄	深摄
波特兰广府话	tsap²	lap²	jip²	tip²	ŋap³	fat²	lɐp⁵	tsɐp⁵	tsɐp⁵	sɐp⁵	sɐp²	jɐp²
休斯敦广府话	tsap²	lap²	jip²	tip²	ŋap³	fat²	lɐp⁵	tsɐp⁵	tsɐp⁵	sɐp⁵	sɐp²	jɐp²

(2) 6个广府话点山、臻两摄入声韵尾的保留与变化。

表 2-49 的例字都如同广东广州话，完整保留了-t尾的读法。

表 2-49 6个广府话山、臻两摄入声韵尾今读举例

方言	例字											
	八	抹	辣	擦	铁	热	笔	蜜	七	出	日	一
	山摄	山摄	山摄	山摄	山摄	山摄	臻摄	臻摄	臻摄	臻摄	臻摄	臻摄
广东广州话	pat³	mat³	lat²	tsʰat³	tʰit³	jit²	pɐt⁵	mɐt²	tsʰɐt⁵	tsʰœt⁵	jɐt²	jɐt⁵
三藩市广府话	pat³	mat³	lat²	tsʰat³	tʰit³	jit²	pɐt⁵	mɐt²	tsʰɐt⁵	tsʰœt⁵	jɐt²	jɐt⁵
洛杉矶广府话	pat³	mat³	lat²	tsʰat³	tʰit³	jit²	pɐt⁵	mɐt²	tsʰɐt⁵	tsʰœt⁵	jɐt²	jɐt⁵
纽约广府话	pat³	mat³	lat²	tsʰat³	tʰit³	jit²	pɐt⁵	mɐt²	tsʰɐt⁵	tsʰœt⁵	jɐt²	jɐt⁵
芝加哥广府话	pat³	mat³	lat²	tsʰat³	tʰit³	jit²	pɐt⁵	mɐt²	tsʰɐt⁵	tsʰœt⁵	jɐt²	jɐt⁵
波特兰广府话	pat³	mat³	lat²	tsʰat³	tʰit³	jit²	pɐt⁵	mɐt²	tsʰɐt⁵	tsʰœt⁵	jɐt²	jɐt⁵
休斯敦广府话	pat³	mat³	lat²	tsʰat³	tʰit³	jit²	pɐt⁵	mɐt²	tsʰɐt⁵	tsʰœt⁵	jɐt²	jɐt⁵

(3) 6个广府话点宕、江、曾、梗、通五摄入声韵尾的保留与变化。

表 2-50 中的例字表明，美国华人社区的粤方言均很好地保留了中古宕、江、曾、梗、通五摄的入声韵尾-k，一如广东广州话。

第2章 美国华人社区汉语粤方言语音研究

表2-50 6个广府话宕、江、曾、梗、通五摄入声韵尾今读举例

方言	例字											
	落	药	镬	捉	学	贼	色	麦	石	客	木	六	肉
	宕摄	宕摄	宕摄	江摄	江摄	曾摄	曾摄	梗摄	梗摄	梗摄	通摄	通摄	通摄
广东广州话	lɔk²	jœk²	wɔk²	tsuk⁵	hɔk²	tsʰak²	sek⁵	mɐk²	sɛk²	hak³	muk²	luk²	juk²
三藩市广府话	lɔk²	jœk²	wɔk²	tsuk⁵	hɔk²	tsʰak²	sek⁵	mɐk²	sɛk²	hak³	muk²	luk²	juk²
洛杉矶广府话	lɔk²	jœk²	wɔk²	tsuk⁵	hɔk²	tsʰak²	sek⁵	mɐk²	sɛk²	hak³	muk²	luk²	juk²
纽约广府话	lɔk²	jœk²	wɔk²	tsuk⁵	hɔk²	tsʰak²	sek⁵	mɐk²	sɛk²	hak³	muk²	luk²	juk²
芝加哥广府话	lɔk²	jœk²	wɔk²	tsuk⁵	hɔk²	tsʰak²	sek⁵	mɐk²	sɛk²	hak³	muk²	luk²	juk²
波特兰广府话	lɔk²	jœk²	wɔk²	tsuk⁵	hɔk²	tsʰak²	sek⁵	mɐk²	sɛk²	hak³	muk²	luk²	juk²
休斯敦广府话	lɔk²	jœk²	wɔk²	wɔk²	hɔk²	tsʰak²	sek⁵	mɐk²	sɛk²	hak³	muk²	luk²	juk²

综观上一节和本节的阐述，不难发现，美国华人社区的6个粤方言广府话无一例外地延续了广东粤方言阳声韵和入声韵两两相应的特点。例如：

1）广东广州话有17对配对的阳声韵和入声韵。

am：ap、ɐm：ɐp、im：ip

an：at、ɐn：ɐt、œn：œt、ɔn：ɔt、in：it、un：ut、yn：yt

aŋ：ak、ɐŋ：ɐk、ɛŋ：ɛk、ɔŋ：ɔk、œŋ：œk、eŋ：ek、uŋ：uk

2）三藩市广府话有21对配对的阳声韵和入声韵。

am：ap、ɐm：ɐp、im：ip

an：at、ɐn：ɐt、ɛn：ɛt、œn：œt、ɔn：ɔt、in：it、un：ut、yn：yt

aŋ：ak、ɐŋ：ɐk、ɛŋ：ɛk、œŋ：œk、ɔŋ：ɔk、eŋ：ek、uŋ：uk

另外，韵母 ɛm 可与只出现在英语借词中的 ɛp 配成一对，其他只出现在英语借词中的 ɔm 韵母与 ɔp、ɐn 与 ɐt 也可配对，即 ɛm：ɛp、ɔm：ɔp、ɐn：ɐt。这样，可以配对的韵母就达到了21对。

还有两个只出现在借词中的阳声韵母 əm、əŋ 没有配对。

3）洛杉矶广府话有18对配对的阳声韵和入声韵。

am：ap、ɐm：ɐp、im：ip

an：at、ɐn：ɐt、ɔn：ɔt、in：it、un：ut、yn：yt、œn：œt

aŋ：ak、ɐŋ：ɐk、ɛŋ：ɛk、ɔŋ：ɔk、œŋ：œk、ek：ek、œŋ：œk、uŋ：uk

阳声韵母 ɛn 和只出现在借词中的入声韵 ɛt 也可以配成一对，即 ɛn：ɛt，合共18对。另外，韵母 ɛm 没有配对。只出现在英语借词中的阳声韵母 ɐn、入声韵母 ɔp 也没有

配对。

4）纽约广府话有 18 对配对的阳声韵和入声韵。

am：ap、ɐm：ɐp、im：ip

an：at、ɐn：ɐt、ɔn：ɔt、ɛn：ɛt、œn：œt、in：it、un：ut、yn：yt

aŋ：ak、ɐŋ：ɐk、ɛŋ：ɛk、ɔŋ：ɔk、œŋ：œk、eŋ：ek、uŋ：uk

另外，阳声韵母 ɛm 没有配对，只出现在英语借词中的阳声韵母 ne，入声韵母 ɔp、up、ət 也没有配对。

5）芝加哥广府话有 17 对配对的阳声韵和入声韵。

am：ap、ɐm：ɐp、im：ip

an：at、ɐn：ɐt、ɔn：ɔt、in：it、œn：œt、un：ut、yn：yt

aŋ：ak、ɐŋ：ɐk、ɛŋ：ɛk、ɔŋ：ɔk、œŋ：œk、eŋ：ek、uŋ：uk

另外，只出现在英语借词中的阳声韵母 ɛm 和 ən、入声韵母 ɛt 没有配对。

6）波特兰广府话有 18 对配对的阳声韵和入声韵。

am：ap、ɐm：ɐp、im：ip

an：at、ɐn：ɐt、ɔn：ɔt、in：it、œn：œt、un：ut、yn：yt

aŋ：ak、ɐŋ：ɐk、ɛŋ：ɛk、ɔŋ：ɔk、œŋ：œk、eŋ：ek、uŋ：uk

另外，阳声韵母 ɛn 可与只出现在英语中的入声韵母 ɛt 配成一对，即 ɛn：ɛt，合共 18 对。其他只出现在英语借词中的阳声韵母 ɛm、ɔm、iam、ən 没有配对。

7）休斯敦广府话有 18 对配对的阳声韵和入声韵。

am：ap、ɐm：ɐp、im：ip

an：at、ɐn：ɐk、ɔm：ɔt、in：it、œn：œt、un：ut、yn：yt

aŋ：ak、ɐŋ：ɐk、ɛŋ：ɛk、œŋ：œk、ɔŋ：ɔk、eŋ：ek、uŋ：uk

另外，入声韵母 ɛt 可与只出现在英语借词中的阳声韵母 ɛn 配对，即 ɛn：ɛt，合共 18 对。

只出现在英语借词中的阳声韵母 ən 没有配对。

2.3.2.2.4 古遇摄合口三等字的今读（见表 2-51）

表 2-51 6 个广府话古遇摄合口三等字今读举例

方言	例字									
	猪	鱼	树	煮	女	腐	芋	初	所	须
	知母	疑母	禅母	照章母	泥母	奉母	喻云母	穿初母	审生母	心母
广东广州话	tsy^{55}	jy^{21}	sy^{22}	tsy^{35}	nœy^{13}	fu^{22}	wu^{22}	ts^{h}ɔ^{55}	sɔ^{35}	sou^{55}
三藩市广府话	tsy^{55}	jy^{21}	sy^{22}	tsy^{35}	nœy^{13}	fu^{22}	wu^{22}	ts^{h}ɔ^{55}	sɔ^{35}	sou^{55}
洛杉矶广府话	tsy^{55}	jy^{21}	sy^{22}	tsy^{35}	nœy^{13}	fu^{22}	wu^{22}	ts^{h}ɔ^{55}	sɔ^{35}	sou^{55}

续表 2-51

方言	例字									
	猪	鱼	树	煮	女	腐	芋	初	所	须
	知母	疑母	禅母	照章母	泥母	奉母	喻云母	穿初母	审生母	心母
纽约广府话	tsy⁵⁵	jy²¹	sy²²	tsy³⁵	nœy¹³	fu²²	wu²²	tsʰɔ⁵⁵	sɔ³⁵	sou⁵⁵
芝加哥广府话	tsy⁵⁵	jy²¹	sy²²	tsy³⁵	nœy¹³	fu²²	wu²²	tsʰɔ⁵⁵	sɔ³⁵	sou⁵⁵
波特兰广府话	tsy⁵⁵	jy²¹	sy²²	tsy³⁵	nœy¹³	fu²²	wu²²	tsʰɔ⁵⁵	sɔ³⁵	sou⁵⁵
休斯敦广府话	tsy⁵⁵	jy²¹	sy²²	tsy³⁵	nœy¹³	fu²²	wu²²	—	sɔ³⁵	sou⁵⁵

尽管表 2-51 中休斯敦广府话发音人没有提供"初"字的读音，但是我们仍然可以清晰地看到，美国华人社区 6 个广府话点"四呼俱全"，古遇摄合口三等字读 y、u、ɔ、œy、ou 的都有，这是粤方言广府话韵母的特点。

撮口呼的有无，是区分国内粤方言广府片与四邑片的一条界线。上文显示，美国 6 个台山话基本上"四呼缺一"，6 个广府话"四呼俱全"。在这方面，美国的粤方言广府话和台山话都各自保留了祖籍地方言的特点，没有逾越界线。

2.3.2.2.5　ɐ 系列韵母与 œ 系列韵母的保留

（1）所谓"ɐ 系列韵母"，是指以舌面央、半低元音 ɐ 为主要元音的韵母。ɐ 系列韵母是粤方言广府话的特色韵母，ɐ 系列韵母与以舌面前低元音 a 为主要元音的系列韵母在粤方言广府话中构成对立，并两两相对，广东广州话共有 8 对这样的韵母，即 ai：ɐi、au：ɐu、am：ɐm、an：ɐn、aŋ：ɐŋ、ap：ɐp、at：ɐt、ak：ɐk。例如：

街 kai⁵⁵：鸡 kɐi⁵⁵、考 kau³⁵：口 kɐu³⁵、三 sam⁵⁵：心 sɐm⁵⁵、班 pan⁵⁵：宾 pɐn⁵⁵、乓 paŋ⁵⁵：崩 pɐŋ⁵⁵、鸽 kap³：蛤 kɐp⁵、八 pat³：笔 pɐt⁵、客 hak³：核～心 hɐk²

韵母中有无 ɐ 系列韵母，是划分粤方言广府片与四邑片的一个标准。美国华人社区的 6 个广府话都保留了这一特点，且各点都如同广东广州话，有 8 对这样两两相对的韵母。

三藩市广府话 8 对韵母为 ai：ɐi、au：ɐu、am：ɐm、an：ɐn、aŋ：ɐŋ、ap：ɐp、at：ɐt、ak：ɐk。例如：

街 kai⁵⁵：鸡 kɐi⁵⁵、猫 mau⁵⁵：踎 mɐu⁵⁵、监 kam⁵⁵：金 kɐm⁵⁵、番 fan⁵⁵：婚 fɐn⁵⁵、踭 tsaŋ⁵⁵：憎 tsɐŋ⁵⁵、叠 tap²：耷 tɐp²、滑 wat²：核果～wɐt²、擘 mak³：麦 mɐk²

洛杉矶广府话 8 对韵母为 ai：ɐi、au：ɐu、am：ɐm、an：ɐn、aŋ：ɐŋ、ap：ɐp、at：ɐt、ak：ɐk。例如：

街 kai⁵⁵：鸡 kɐi⁵⁵、罩 tsau³³：昼 tsɐu³³、眨 tsam³⁵：枕 tsɐm³⁵、弯 wan⁵⁵：温 wɐn⁵⁵、乓 paŋ⁵⁵：崩 pɐŋ⁵⁵、煠 sap²：十 sɐp²、滑 wat²：核~wɐt²、擘 mak³：墨 mɐk²

纽约广府话 8 对韵母为 ai：ɐi、au：ɐu、am：ɐm、an：ɐn、aŋ：ɐŋ、ap：ɐp、at：ɐt、ak：ɐk。例如：

街 kai⁵⁵：鸡 kɐi⁵⁵、捞 lau²¹：榴 lɐu²¹、监 kam⁵⁵：金 kɐm⁵⁵、班 pan⁵⁵：彬 pɐn⁵⁵、耕 kaŋ⁵⁵：羹 kɐŋ⁵⁵、圾 sap³：十 sɐp²、发 fat³：佛 fɐt²、窄 tsak³：侧 tsɐk⁵

芝加哥广府话 8 对韵母为 ai：ɐi、au：ɐu、am：ɐm、an：ɐn、aŋ：ɐŋ、ap：ɐp、at：ɐt、ak：ɐk。例如：

街 kai⁵⁵：鸡 kɐi⁵⁵、考 kau³⁵：口 kɐu³⁵、三 sam⁵⁵：心 sɐm⁵⁵、班 pan⁵⁵：宾 pɐn⁵⁵、乓 paŋ⁵⁵：崩 pɐŋ⁵⁵、鸽 kap³：蛤 kɐp⁵、八 pat³：笔 pɐt⁵、客 hak³：核果~hɐk²

波特兰广府话 8 对韵母为 ai：ɐi、au：ɐu、am：ɐm、an：ɐn、aŋ：ɐŋ、ap：ɐp、at：ɐt、ak：ɐk。例如：

乖 kwai⁵⁵：龟 kwɐi⁵⁵、挠 ŋau⁵⁵：欧 ŋɐu⁵⁵、监 kam⁵⁵：金 kɐm⁵⁵、餐 tsʰan⁵⁵：亲 tsʰɐn⁵⁵、耕 kaŋ⁵⁵：羹 kɐŋ⁵⁵、煠 sap²：十 sɐp²、滑 wat²：核 wɐt²、擘 mak³：麦 mɐk²

休斯敦广府话 8 对韵母为 ai：ɐi、au：ɐu、am：ɐm、an：ɐn、aŋ：ɐŋ、ap：ɐp、at：ɐt、ak：ɐk。例如：

带 tai³³：帝 tɐi³³、抄 tsʰau⁵⁵：抽 tsʰɐu⁵⁵、篮 lam²¹：淋 lɐm²¹、滩 tʰan⁵⁵：吞 tʰɐn⁵⁵、争 tsaŋ⁵⁵：憎 tsɐŋ⁵⁵、蜡 lap²：立 lɐp²、八 pat³：笔 pɐt⁵、窄 tsak³：侧 tsɐk⁵

(2) 所谓 "œ 系列韵母"，是指舌面前半低圆唇元音 œ 和以 œ 为主要元音的韵母。œ 系列韵母也是粤方言广府片的特色韵母，粤语四邑片的台山话没有这个系列韵母。广东广州话共有 6 个这样的韵母，即 œ、ey、œn、œŋ、œt、œk。美国华人社区 6 个广府话点也全都有这 6 个韵母，不过读单元音 œ 韵母的字却都非常少。这一点，国内广东广州话等粤方言也一样。（见表 2-52）

表 2-52　6 个广府话的 œ 系列韵母举例

方言	例字										
	靴	锯	队	去	春	笋	香	娘	律	恤	脚	药
广东广州话	hœ⁵⁵	kœ³³	tœy²²	hœy³³	tsʰœn⁵⁵	sœn³⁵	hœŋ⁵⁵	nœŋ²¹	lœt²	sœt⁵	kœk³	jœk²

续表2-52

方言	例字											
	靴	锯	队	去	春	笋	香	娘	律	恤	脚	药
三藩市广府话	—	kœ³³	tœy²²	hœy³³	—	sœn³⁵	hœŋ⁵⁵	nœŋ²¹	lœt²	sœt⁵	kœk³	jœk²
洛杉矶广府话	hœ⁵⁵	kœ³³	tœy²²	hœy³³	tsʰœn⁵⁵	sœn³⁵	hœŋ⁵⁵	nœŋ²¹	lœt²	sœt⁵	kœk³	jœk²
纽约广府话	hœ⁵⁵	kœ³³	tœy²²	hœy³³	tsʰœn⁵⁵	—	hœŋ⁵⁵	nœŋ²¹	lœt²	sœt⁵	kœk³	jœk²
芝加哥广府话	hœ⁵⁵	kœ³³	tœy²²	hœy³³	tsʰœn⁵⁵	sœn³⁵	hœŋ⁵⁵	nœŋ²¹	lœt²	sœt⁵	kœk³	jœk²
波特兰广府话	hœ⁵⁵	kœ³³	tœy²²	hœy³³	tsʰœn⁵⁵	sœn³⁵	hœŋ⁵⁵	nœŋ²¹	lœt²	sœt⁵	kœk³	jœk²
休斯敦广府话	hœ⁵⁵	kœ⁵⁵	tœy²²	hœy³³	tsʰœn⁵⁵	sœn³⁵	hœŋ⁵⁵	nœŋ²¹	lœt²	sœt⁵	kœk³	jœk²

2.3.2.2.6 有无自成音节的声化韵

国内的粤方言很多都有自成音节的声化韵,声化韵一般出现在遇摄合口一等古疑母字,粤方言的否定副词"唔"通常也读声化韵。例如,广东广州话有两个声化韵母m̩、ŋ̍,广东台山话有m̩、ŋ̍(读m̩或ŋ̍两可),也有一些粤方言点只有一个的。美国华人社区的6个粤方言广府话都是只有一个自成音节的m̩。例如:

广东广州话:蜈_疑_ŋ̍²¹、吴_疑_ŋ̍²¹、梧_疑_ŋ̍²¹、悟_疑_ŋ̍²²、误_疑_ŋ̍²²、吾_疑_m̩²¹、五_疑_m̩¹³、午_疑_m̩¹³、伍_疑_m̩¹³、唔_否定副词_m̩²¹

三藩市广府话:五_疑_m̩¹³、误_疑_m̩²²、唔_否定副词_m̩²¹

洛杉矶广府话:五_疑_m̩¹³、误_疑_m̩²²、唔_否定副词_m̩²¹

纽约广府话:五_疑_m̩¹³、吴_疑_m̩²¹、午_疑_m̩¹³、唔_否定副词_m̩²¹

芝加哥广府话:五_疑_m̩¹³、午_疑_m̩¹³、误_疑_m̩²²、唔_否定副词_m̩²¹

波特兰广府话:五_疑_m̩¹³、误_疑_m̩²²、唔_否定副词_m̩²¹

休斯敦广府话:五_疑_m̩¹³、误_疑_m̩²²、唔_否定副词_m̩²¹

2.3.2.3 声调的比较

2.3.2.3.1 美国华人社区6个广府话的声调系统

众所周知,粤方言的声调在汉语方言中相对较多,而在粤方言内部,广府片粤方言的声调又比其他片的相对较多。

(1) 粤方言的代表点广东广州话有9个声调,即阴平55、阳平21、阴上35、阳上

13、阴去 33、阳去 22、上阴入 5、下阴入 3、阳入 2；还有两个变调，即高平变调 55、高升变调 35，高升变调多，高平变调少。

（2）三藩市广府话声调 9 个，即阴平 55/53、阳平 21、阴上 35、阳上 13、阴去 33、阳去 22、上阴入 5、下阴入 3、阳入 2；变调两个，即高平变调 55 和高升变调 35，高升变调比高平变调多。

（3）洛杉矶广府话声调 9 个，即阴平 55/53、阳平 21、阴上 35、阳上 13、阴去 33、阳去 22、上阴入 5、下阴入 3、阳入 2；变调两个，即高平变调 55 和高升变调 35，高升变调比高平变调多。

（4）纽约广府话声调 9 个，即阴平 55、阳平 21、阴上 35、阳上 13、阴去 33、阳去 22、上阴入 5、下阴入 3、阳入 2；变调两个，即高平变调 55 和高升变调 35，高升变调比高平变调多。

（5）芝加哥广府话声调 9 个，即阴平 55、阳平 21、阴上 35、阳上 13、阴去 33、阳去 22、上阴入 5、下阴入 3、阳入 2；变调两个，即高平变调 55 和高升变调 35，高升变调比高平变调多。

（6）波特兰广府话声调 9 个，即阴平 55、阳平 21、阴上 35、阳上 13、阴去 33、阳去 22、上阴入 5、下阴入 3、阳入 2；变调两个，即高平变调 55 和高升变调 35，高升变调比高平变调多。

（7）休斯敦广府话声调 9 个，即阴平 55、阳平 21、阴上 35、阳上 13、阴去 33、阳去 22、上阴入 5、下阴入 3、阳入 2；变调两个，即高平变调 55 和高升变调 35，高升变调比高平变调多。

美国华人社区的 6 个广府话的调类和调值基本与广东广州话一致。区别只是在 6 个广府话中，有两个点，即三藩市和洛杉矶的广府话的阴平调均有两个调值，即 55 和 53。不过，两地的阴平调读 53 调值的都很少，且记录到例子都是来自外来借词的。例如：

三藩市广府话：□□wai^{55} wai^{53}（白葡萄酒，英语：white wine）、□wɔ^{53}（羊毛，英语：wool）、□pʰu^{53}（池塘，英语：pool）。

洛杉矶广府话：□fɔ^{53}（秋天，英语：fall）、□□sɛ^{53} tou^{21}（影子，英语：shadow）、□□□wei^{55} wə^{55} pɛn^{53}（河岸，英语：riverbank）。

根据记录，广州话的阴平调原有 55、53 两个调值。现在，有的广州老年人仍有少量阴平 53 调的读法，念 53 的阴平字主要是名词，如 "超$_{～级}$ tsʰiu^{55} ≠ 超$_{～市}$ tsʰiu^{53}、香$_{好～}$ hœŋ^{55} ≠ 香$_{～桩}$ hœŋ^{53}、筛$_{～米}$ sɐi^{55} ≠ 筛$_{名,～子}$ sɐi^{53}"。有一种观点认为，53 才是广州话阴平的本调，55 是其变调。但是，阴平 53 调现在广州市区，尤其是在中青年中已经基本消失，在广州周边，珠江三角洲的佛山、顺德一带还有一些阴平 53 调的保留。

三藩市和洛杉矶广府话阴平的 53 调值应该是早年带自祖籍地的，是粤方言广府话阴平 53 调的残存，而并非迁移到美国后声调的新生长。从 53 调只是在个别外来借词中出现这种残存的状况来看，53 的消失只是迟早的问题。不过，三藩市、洛杉矶广府话声调的这一表现也从一个方面印证了粤方言广府话中阴平 53 调曾经存在过。

除了声调的调类和调值与祖籍地方言无甚差异，6个华人社区广府话的变调也与广东广州话等相同，都是只有两个，即高平变调55和高升变调35。变调主要习惯性地出现在连读的后一音节，也有的单音节词也习惯读变调，只有少量变调有改变词义和词性的功能，且35高升变调出现得比55高平变调多。

关于变调，我们将在下文详细分析。

2.3.2.3.2　美国华人社区6个广府话声调的古今演变

美国华人社区粤方言广府话的声调与广东广州话的声调系统完全一致，古四声的演变也一样，都是9个调类，调值也分别是阴平55/53、阳平21、阴上35、阳上13、阴去33、阳去22、上阴入5、下阴入3、阳入22，完全相同。

中古平、上、去、入四声在广东广州话中各平分阴阳，但古全浊上声字有部分归阳去。入声三分，即依声母的清浊分阴、阳入后，阴入又依主要元音舌位的高低，再分出上阴入和下阴入。上阴入音节的主要元音一般舌位比较高，调值比下阴入高，下阴入的调值则比阳入的高。广州话的声调素有"九声六调"之说，即9个调类，6个调位，因为3个入声调5、3、2，如果忽略其短促的特征，调型、调值其实分别与阴平、阴去和阳去的高平55、中平33、半低平22相同。

以下是美国华人社区的6个广府话声调演变的具体情况。

（1）三藩市广府话。

阴平：巴$_{帮}$pa^{55}、家$_{见}$ka^{55}、斋$_{照庄}$tsɔi^{55}、烧$_{审书}$siu^{55}、金$_{见}$kɐm^{55}、签$_{清}$tsʰim^{55}、滩$_{透}$tʰan^{55}、酸$_{心}$syn^{55}、欢$_{晓}$fun^{55}、砖$_{照章}$tsyn^{55}、乡$_{晓}$hœŋ^{55}、灯$_{端}$tɐŋ^{55}

阳平：河$_{匣}$hɔ^{21}、茶$_{澄}$tsʰa^{21}、才$_{从}$tsʰɔi^{21}、条$_{定}$tʰiu^{21}、南$_{泥}$nam^{21}、民$_{明}$mɐn^{21}、钱$_{从}$tsʰin^{21}、圆$_{喻云}$jyn^{21}、房$_{奉}$fɔŋ^{21}、墙$_{从}$tsʰœŋ^{21}、糖$_{定}$tʰɔŋ^{21}、横$_{匣}$waŋ^{21}、蝇$_{喻以}$jeŋ^{21}

阴上：左$_{精}$tsɔ^{35}、火$_{晓}$fɔ^{35}、写$_{心}$sɛ^{35}、丑$_{彻}$tsʰɐu^{35}、点$_{端}$tim^{35}、揞$_{影}$ŋɐm^{35}、剪$_{精}$tsin^{35}、卷$_{见}$kyn^{35}、粉$_{非}$fɐn^{35}、厂$_{穿昌}$tsʰɔŋ^{35}、桶$_{透}$tʰuŋ^{35}、拥$_{影}$uŋ^{35}

阳上：我$_{疑}$ŋɔ^{13}、坐$_{从}$tsʰɔ^{13}、社$_{禅}$sɛ^{13}、女$_{泥}$nœy^{13}、晚$_{微}$mam^{13}、敏$_{明}$mɐn^{13}、近$_{群}$kʰɐn^{13}、远$_{喻云}$jyn^{13}、暖$_{泥}$nyn^{13}、养$_{喻以}$jœŋ^{13}、蚌$_{并}$pʰɔŋ^{13}、领$_{来}$lɛŋ^{13}

阴去：霸$_{帮}$pa^{33}、刺$_{清}$tsʰi^{33}、婿$_{心}$sɐi^{33}、斗$_{端}$tɐu^{33}、喊$_{晓}$ham^{33}、炭$_{透}$tʰan^{33}、棍$_{见}$kwɐn^{33}、信$_{精}$sœn^{33}、钢$_{见}$kɔŋ^{33}、放$_{非}$fɔŋ^{33}、送$_{心}$suŋ^{33}、痛$_{透}$tʰuŋ^{33}

阳去：地$_{定}$tei^{22}、埠$_{并}$fɐu^{22}、谢$_{邪}$tsɛ^{22}、效$_{匣}$hau^{22}、站$_{澄}$tsam^{22}、办$_{并}$pan^{22}、但$_{定}$tan^{22}、砚$_{疑}$jin^{22}、面$_{明}$min^{22}、酿$_{泥}$nœŋ^{22}、定$_{定}$teŋ^{22}、父$_{奉}$fu^{22}、是$_{禅}$si^{22}、件$_{见}$kin^{22}、杏$_{匣}$hɐŋ^{22}（后4例为古全浊上声字归阳去）

上阴入：粒$_{来}$lɐp^5、执$_{照章}$tsɐp^5、汁$_{照章}$tsɐp^5、湿$_{审书}$sɐp^5、出$_{穿昌}$tsʰœt^5、笔$_{帮}$pɐt^5、橘$_{见}$kɐt^5、七$_{清}$tsʰɐt^5、黑$_{晓}$hak^5、福$_{非}$fuk^5、戚$_{清}$tsʰek^5、督$_{端}$tuk^5

下阴入：塔$_{透}$tʰap^3、鸭$_{影}$ŋap^3、插$_{穿初}$tsʰap^3、腌$_{影}$jip^3、节$_{精}$tsit^3、渴$_{溪}$hɔt^3、八$_{帮}$pat^3、铁$_{透}$tʰit^3、脚$_{见}$kœk^3、约$_{影}$jœk^3、窄$_{照庄}$tsak^3、尺$_{穿昌}$tsʰɛk^3

阳入：盒$_{匣}$hap^2、闸$_{床崇}$tsap^2、入$_{日}$jɐp^2、辣$_{来}$lat^2、物$_{微}$mɐt^2、核$_{匣}$wɐt^2、食$_{床船}$sek^2、落$_{来}$lɔk^2、镬$_{匣}$wɔk^2、麦$_{明}$mɐk^2、药$_{喻以}$jœk^2、局$_{群}$kuk^2

(2) 洛杉矶广府话。

阴平：初穿初tsʰɔ⁵⁵、遮照章tsɛ⁵⁵、花晓fa⁵⁵、哥见kɔ⁵⁵、龟见kwei⁵⁵、三心sam⁵⁵、班帮pan⁵⁵、天透tʰin⁵⁵、汤透tʰɔŋ⁵⁵、香晓hœŋ⁵⁵、登端teŋ⁵⁵、英影jeŋ⁵⁵。

阳平：鹅疑ŋɔ²¹、扶奉fu²¹、湖匣wu²¹、厨澄tsʰœy²¹、毛明mou²¹、蓝来lam²¹、闲匣han²¹、民明men²¹、人日len²¹、横匣waŋ²¹、棚并pʰaŋ²¹、红匣huŋ²¹。

阴上：虎晓fu³⁵、煮照章tsy³⁵、矮影ŋai³⁵、枕照章tsem³⁵、婶审sem³⁵、险晓him³⁵、铲穿初tsʰan³⁵、滚见kwen³⁵、款溪fun³⁵、爽审生sɔŋ³⁵、颈见kɛŋ³⁵、懵明muŋ³⁵。

阳上：坐从tsʰɔ¹³、野喻以je¹³、奶泥nai¹³、柱澄tsʰy¹³、妗群kʰem¹³、敏明men¹³、眼疑ŋan¹³、暖泥nyn¹³、满明mun¹³、荞喻以jœŋ¹³、冷来laŋ¹³、猛明maŋ¹³。

阴去：架见ka³³、菜清tsʰɔi³³、晒审生sai³³、岁心sœy³³、暗影ŋem³³、探透tʰam³³、殡帮pen³³、建见kin³³、证照章tseŋ³³、向晓hœŋ³³、唱穿昌tsʰœŋ³³、痛透tʰuŋ³³。

阳去：大定tai²²、护匣wu²²、预喻以jy²²、字从tsi²²、尿泥niu²²、站澄tsam²²、电定tin²²、愿疑jyn²²、烂来lan²²、凭并peŋ²²、病并peŋ²²、硬疑ŋaŋ²²、父奉fu²²、在从tsɔi²²、件见kin²²、杏匣heŋ²²（后4例为古全浊上声字归阳去）

上阴入：湿审书sep⁵、粒来lep⁵、执照章tsep⁵、汁照章tsep⁵、级见kʰep⁵、吉见ket⁵、乞溪het⁵、一影jet⁵、恤心sœt⁵、侧照庄tsek⁵、捉照庄tsuk⁵、福非fuk⁵。

下阴入：插穿初tsʰap³、接精tsip³、法非fat³、抹明mat³、雪心syt³、铁透tʰit³、泼滂pʰut³、喝晓hɔt³、结见kit³、拍滂pʰak³、角见kɔk³、托透tʰɔk³。

阳入：杂从tsap²、叶喻以jip²、碟定tip²、辣来lat²、佛奉fet²、侄澄tset²、实床船set²、滑匣wat²、月疑jyt²、药喻以jœk²、学匣hɔk²、直澄tsek²、镬匣wɔk²。

(3) 纽约广府话。

阴平：歌见kɔ⁵⁵、车穿昌tsʰɛ⁵⁵、区溪kʰœy⁵⁵、西心sei⁵⁵、包帮pau⁵⁵、三心sam⁵⁵、尖精tsim⁵⁵、餐清tsʰan⁵⁵、干见kɔn⁵⁵、春穿昌tsʰœn⁵⁵、灯端teŋ⁵⁵、葱清tsʰuŋ⁵⁵。

阳平：蛇床船sɛ²¹、摇喻以jiu²¹、回匣wui²¹、皮并pʰei²¹、台透tʰɔi²¹、棉明min²¹、甜定tʰim²¹、兰来lan²¹、娘泥nœŋ²¹、常禅sœŋ²¹、房奉fɔŋ²¹、农泥nuŋ²¹。

阴上：左精tsɔ³⁵、哑影a³⁵、举见kœy³⁵、腿透tʰœy³⁵、小心siu³⁵、饮影jem³⁵、闪审书sim³⁵、剪精tsin³⁵、款溪fun³⁵、享晓hœŋ³⁵、爽审生sɔŋ³⁵、桶透tʰuŋ³⁵。

阳上：瓦疑a¹³、社禅sɛ¹³、女泥nœy¹³、脑泥nou¹³、雨喻云jy¹³、买明mai¹³、染日jim¹³、懒来lan¹³、眼疑ŋan¹³、忍日jen¹³、网微mɔŋ¹³、重澄,~量tsʰuŋ¹³。

阴去：裤溪fu³³、再精tsɔi³³、费敷fei³³、岁心sœy³³、喊晓ham³³、剑见kim³³、探透tʰam³³、印影jen³³、扇审书sin³³、凳端teŋ³³、痛透tʰuŋ³³、送心suŋ³³。

阳去：夜喻以jɛ²²、树禅sy²²、耐泥nɔi²²、卖明mai²²、具群kœy²²、站澄tsam²²、问微men²²、

汗_匣hɔn²²、电_定tin²²、旺_{喻云}wɔŋ²²、样_{喻以}jœŋ²²、梦_明muŋ²²、父_奉fu²²、在_从tsɔi²²、件_见kin²²、近_{群,附近}kɐn²²（后4例为古全浊上声字归阳去）

上阴入：粒_来lɐp⁵、执_{照章}tsɐp⁵、湿_{审书}sɐp⁵、吸_晓kʰɐp⁵、乞_溪hɐt⁵、一_影jɐt⁵、出_{穿昌}tsʰœt⁵、骨_见kwɐt⁵、击_见kek⁵、郁_影juk⁵、屋_影uk⁵、福_非fuk⁵

下阴入：搭_端tap³、插_{穿初}tsʰap³、接_精tsip³、鸭_影ap³、跌_端tit³、渴_溪hɔt³、八_帮pat³、托_端tʰɔk³、约_影jœk³、拍_滂pʰak³、客_溪hak³、踢_透tʰɛk³

阳入：合_见hap²、袭_邪tsap²、碟_定tip²、叶_{喻以}jip²、佛_奉fɐt²、别_帮pit²、滑_匣wat²、律_来lɵt²、石_禅sɛk²、木_明muk²、肉_日juk²、族_从tsuk²

（4）芝加哥广府话。

阴平：他_透tʰa⁵⁵、靴_晓hœ⁵⁵、该_见kɔi⁵⁵、堆_端tøy⁵⁵、飞_非fei⁵⁵、监_见kam⁵⁵、尖_精tsim⁵⁵、谦_溪him⁵⁵、餐_清tsʰan⁵⁵、山_{审生}san⁵⁵、装_{照庄}tsɔŋ⁵⁵、灯_端tɐŋ⁵⁵

阳平：河_匣hɔ²¹、牙_疑ŋa²¹、湖_匣wu²¹、梅_明mui²¹、雷_来lœy²¹、南_泥nam²¹、钳_群kʰim²¹、烦_奉fan²¹、盆_並pʰun²¹、床_{床崇}tsʰɔŋ²¹、朋_並pʰɐŋ²¹、棚_並pʰaŋ²¹

阴上：火_晓fɔ³⁵、者_照tsɛ³⁵、苦_溪fu³⁵、底_端tɐi³⁵、起_溪hei³⁵、惨_清tsʰam³⁵、险_晓him³⁵、演_{喻以}jin³⁵、短_端tyn³⁵、访_敷fɔŋ³⁵、讲_见kɔŋ³⁵、饼_帮pɛŋ³⁵

阳上：我_疑ŋɔ¹³、马_明ma¹³、瓦_疑ŋa¹³、社_禅sɛ¹³、女_泥nœy¹³、李_来lei¹³、懒_来lan¹³、暖_泥nyn¹³、软_日jyn¹³、猛_明maŋ¹³、冷_来laŋ¹³、重_{澄,~量}tsʰuŋ¹³

阴去：货_晓fɔ³³、兔_透tʰou³³、菜_清tsʰɔi³³、拜_帮pai³³、费_敷fei³³、喊_晓ham³³、店_端tim³³、散_心san³³、蒜_心syn³³、葬_精tsɔŋ³³、众_{照章}tsuŋ³³、宋_心suŋ³³

阳去：糯_泥nɔ²²、夜_{喻以}jɛ²²、芋_{喻云}wu²²、泪_来lœy²²、队_定tøy²²、阵_澄tsɐm²²、慢_明man²²、乱_来lyn²²、样_{喻以}jœŋ²²、撞_澄tsɔŋ²²、净_从tseŋ²²、父_奉fu²²、诞_定tan²²、件_群kin²²、杏_匣hɐŋ²²（后4例为古全浊上声字归阳去）

上阴入：执_{照章}tsɐp⁵、级_见kʰɐp⁵、湿_{审书}sɐp⁵、七_清tsʰɐt⁵、吉_见kɐt⁵、一_影jɐt⁵、塞_心sɐk⁵、黑_晓hak⁵、色_{审生}sek⁵、击_见kek⁵、织_{照章}tsek⁵、竹_知tsuk⁵

下阴入：甲_见kap³、鸭_影ap³、察_{穿初}tsʰat³、渴_溪hɔt³、萨_心sat³、铁_透tʰit³、阔_溪fut³、托_透tʰɔk³、雀_精tsœk³、窄_{照庄}tsak³、脊_精tsɛk³、角_见kɔk³

阳入：杂_从tsap²、叶_{喻以}jip²、十_禅sɐp²、蜜_明mɐt²、裂_来lit²、活_匣wut²、袜_微mɐt²、白_並pak²、镬_匣wɔk²、药_{喻以}jœk²、学_匣hɔk²、族_从tsuk²

（5）波特兰广府话。

阴平：波_帮pɔ⁵⁵、车_{穿昌}tsʰɛ⁵⁵、斋_{照庄}tsai⁵⁵、梯_透tʰei⁵⁵、龟_见kwɐi⁵⁵、庵_影ɐm⁵⁵、兼_见kim⁵⁵、单_端tan⁵⁵、偏_滂pʰin⁵⁵、欢_溪fun⁵⁵、张_知tsœŋ⁵⁵、灯_端tɐŋ⁵⁵

阳平：和_匣wɔ²¹、锄_{床崇}tsʰɔ²¹、薯_禅sy²¹、期_群kʰei²¹、才_从tsʰɔi²¹、蓝_来lam²¹、甜_定tʰim²¹、

林来 lɐm²¹、银疑 ŋɐn²¹、轮来 lœn²¹、忙明 mɔŋ²¹、能泥 nɐŋ²¹

阴上：寡见 kwa³⁵、写心 sɛ³⁵、苦溪 fu³⁵、矮疑 ŋɐi³⁵、指照章 tsi³⁵、水审书 sœy³⁵、点端 tim³⁵、枕照章 tsɐm³⁵、演喻以 jin³⁵、笋心 sœn³⁵、响晓 hœŋ³⁵、等端 tɐŋ³⁵

阳上：妥透 tʰɔ¹³、野喻以 jɛ¹³、瓦疑 ŋa¹³、舞微 mou¹³、雨喻云 jy¹³、女泥 nœy¹³、淡定 tʰam¹³、染日 jim¹³、眼疑 ŋan¹³、暖泥 nyn¹³、网微 mɔŋ¹³、猛明 maŋ¹³

阴去：过见 kwɔ³³、菜清 tsʰɔi³³、块溪 fai³³、碎心 sœy³³、刺清 tsʰi³³、喊晓 ham³³、厌影 jim³³、汉晓 hɔn³³、线心 sin³³、寸清 tsʰyn³³、唱穿昌 tsʰœŋ³³、放非 fɔŋ³³

阳去：糯泥 nɔ²²、夜喻以 jɛ²²、漏来 lɐu²²、闭帮 pei²²、位喻云 wɐi²²、暂从 tsam²²、蛋定 tan²²、现匣 jin²²、电定 tin²²、命明 mɛŋ²²、浪来 lɔŋ²²、病并 pɐŋ²²、父奉 fu²²、件群 kin²²、氏禅 si²²、道定 tou²²（后4例为古全浊上声字归阳去）

上阴入：急见 kɐp⁵、七清 tsʰɐt⁵、笔帮 pɐt⁵、骨见 kwɐt⁵、失审书 sɐt⁵、乞溪 hɐt⁵、出穿昌 tsʰœt⁵、蟀审生 sœt⁵、剥帮 mɔk⁵、则精 tsɐk⁵、戚清 tsʰek⁵、屋影 ŋuk⁵

下阴入：塔透 tʰap³、插穿初 tsʰap³、涩审生 kip³、察穿初 tsʰat³、切清 tsʰit³、雪心 syt³、削心 sœk³、壳溪 hɔk³、脚见 kœk³、恶影 ŋɔk³、踢透 tʰɛk³

阳入：蜡来 lap²、闸床崇 tsap²、叶喻以 jip²、碟定 tip²、入日 jɐp²、核匣果~ wɐt²、篾明 mit²、术床船 sœt²、药喻以 jœk²、镬匣 wɔk²、玉疑 juk²、极群 kek²

（6）休斯敦广府话。

阴平：家见 ka⁵⁵、夫非 fu⁵⁵、师审生 si⁵⁵、斋照庄 tsai⁵⁵、杯帮 pui⁵⁵、三心 sam⁵⁵、金见 kɐm⁵⁵、音影 jim⁵⁵、边帮 pin⁵⁵、番敷 fan⁵⁵、窗穿初 tsʰœŋ⁵⁵、憎精 tsɐŋ⁵⁵、听透 tʰɛŋ⁵⁵

阳平：茶澄 tsʰa²¹、鱼疑 jy²¹、牌并 pʰai²¹、柴床崇 tsʰai²¹、离来 lei²¹、潜从 tsʰim²¹、咸匣 ham²¹、帆奉 fan²¹、门明 mun²¹、床床崇 tsʰɔŋ²¹、凝疑 kʰɐŋ²¹、朋并 pʰɐŋ²¹

阴上：哑影 ŋa³⁵、估见 ku³⁵、土透 tʰou³⁵、海晓 hɔi³⁵、手审书 sɐu³⁵、感见 kɐm³⁵、枕照章 tsɐm³⁵、粉非 fan³⁵、碗影 wun³⁵、绑帮 pɔŋ³⁵、等端 tɐŋ³⁵、整照章 tsɐŋ³⁵

阳上：瓦疑 ŋa¹³、野喻以 jɛ¹³、女泥 nœy¹³、老来 lou¹³、有喻云 jɐu¹³、淡定 tʰam¹³、染日 jim¹³、懒来 lan¹³、满明 mun¹³、眼疑 ŋan¹³、网微 mɔŋ¹³、领来 lɐŋ¹³

阴去：货晓 fɔ³³、裤溪 fu³³、盖见 kɔi³³、晒审生 sai³³、背帮 pui³³、最精 tsœy³³、探透 tʰam³³、欠溪 him³³、印影 jɐn³³、见见 kin³³、烫透 tʰɔŋ³³、向晓 hœŋ³³、放非 fɔŋ³³

阳去：夏匣 ha²²、附奉 fu²、系匣 hei²²、位喻云 wɐi²²、就从 tsɐu²²、阵澄 tsɐm²²、饭奉 fan²²、面明 min²²、乱来 lyn²²、电定 tin²²、认日 jɐn²²、忘微 mɔŋ²²、父奉 fu²²、限匣 han²²、件群 kin²²、杏匣 hɐŋ²²（后4例为古全浊上声字归阳去）

上阴入：粒来 lɐp⁵、湿审书 sɐp⁵、急见 kɐp⁵、匹滂 pʰɐt⁵、膝心 sɐt⁵、笔帮 pɐt⁵、出穿昌 tsʰœt⁵、骨见 kwɐt⁵、出照章 tsʰœt⁵、握影 ŋak⁵、侧照庄 tsɐk⁵、菊见 kuk⁵

下阴入：搭端 tap³、夹见 kap³、接精 tsip³、杀审生 sat³、节精 tsit³、铁透 tʰit³、阔溪 fut³、血晓 hyt³、国见 kɔk³、约影 jœk³、客溪 hak³、尺穿昌 tsʰɛk³

阳入：叠_定 tap²、杂_从 tsap²、叶_喻以 jip²、入_日 jɐp²、辣_来 lat²、灭_明 mit²、活_匣 wut²、月_疑 jyt²、律_来 lœt²、镬_匣 wɔk²、药_喻以 jœk²、翼_喻以 jek²、划_匣 wak²

2.3.2.3.3　美国华人社区6个广府话声调的变调

美国华人社区6个广府话点的变调与广东广州话一样，都是两个，即高平连读变调55和高升连读变调35。变调以35变调为多，大量的35变调中又以阳平字变读35调为最多，其他阳调类的字，如阳去等读35变调的也不少。单音节词、双音节词，以及多音节词都可以变调。变调可以出现在连读的前一音节、中间和后一音节，以出现在连读后一音节为最常见。

只有极少量变调有区别词性和词义等的作用，如洛杉矶广府话中的"锤_锤子 tsʰœy²¹⁻³⁵""钳_钳子 kʰim²¹⁻³⁵""刨_刨子 pʰau²¹⁻³⁵""糖_糖果 tʰɔŋ²¹⁻³⁵""李_李子 lei¹³⁻³⁵"，前3例变调后词性改变了，后两例变调后意义改变了。这几个例子若读原调，分别表示"锤_动""钳_动""刨_动""糖_糖,非糖果""李_姓氏"等意思。

各点有关这方面表现的讨论，将在下面展开。

下面是6个点变调的具体例子。

（1）三藩市广府话。

1）高平变调。

A. 出现在双音节连读的后一音节。

阳平21变读55：柠檬 neŋ²¹ muŋ²¹⁻⁵⁵、乞儿_乞丐 hɐt⁵ ji²¹⁻⁵⁵、阿姨 a³³ ji²¹⁻⁵⁵

阴上35变读55：烧烤 siu⁵⁵ hau³⁵⁻⁵⁵

下阴入3变读35：麻雀 ma²¹ tsœk³⁻⁵

B. 出现在三音节连读的中间。

阳平21变读55：伯爷公_老大爷 pak³ jɛ²¹⁻⁵⁵ kuŋ⁵⁵

C. 出现在三音节连读的最后一个音节。

阳平21变读55：隔⁼家⁼儿_假装 kak³ ka⁵⁵ ji²¹⁻⁵⁵

2）高升变调。

A. 出现在单音节。

阳平21变读35：绳 seŋ²¹⁻³⁵、桃 tʰou²¹⁻³⁵、鹅 ŋɔ²¹⁻³⁵、抬 tou²¹⁻³⁵、帘 lim²¹⁻³⁵、房 fɔŋ²¹⁻³⁵、钱 tsʰin²¹⁻³⁵

阳上13变读35：李_李子 lei¹³⁻³⁵

阴去33变读35：相_相片 sœŋ³³⁻³⁵

阳去 22 变读 35：帽 mou²²⁻³⁵、样_式样、样子_ jœŋ²²⁻³⁵、画 wa²²⁻³⁵

阳入 2 变读 35：鹿 luk²⁻³⁵

B. 出现在双音节连读的前一音节。

阳平 21 变读 35：茄子 kʰɛ²¹⁻³⁵tsi³⁵

C. 出现在双音节连读的后一音节。

阳平 21 变读 35：日头 jɐt²tʰɐu²¹⁻³⁵、重阳 tsʰuŋ²¹jœŋ²¹⁻³⁵、钓鱼 tiu³³jy²¹⁻³⁵、劏鱼_杀鱼_ tʰɔŋ⁵⁵jy²¹⁻³⁵、抹枱 mat³tou²¹⁻³⁵、悭钱_省钱_ han⁵⁵tsʰin²¹⁻³⁵、番薯 fan⁵⁵sy²¹⁻³⁵、芋头 wu²²tʰɐu²¹⁻³⁵、番茄 fan⁵⁵kʰɛ²¹⁻³⁵、芥蓝 kai³³lan²¹⁻³⁵、马蹄_荸荠_ ma¹³tʰɐi²¹⁻³⁵、合桃_核桃_ hɐp²tʰou²¹⁻³⁵、蟛蜞_蜘蛛_ kʰɐm²¹lou²¹⁻³⁵、水鱼_鳖_ sœy³⁵jy²¹⁻³⁵、鱿鱼 jɐu²¹jy²¹⁻³⁵、金鱼 kɐm⁵⁵jy²¹⁻³⁵、厨房 tsʰy²¹fɔŋ²¹⁻³⁵、车房 tsʰɛ⁵⁵fɔŋ²¹⁻³⁵、餐枱_饭桌_ tsʰan⁵⁵tɔi²¹⁻³⁵、电筒 tin²²tʰuŋ²¹⁻³⁵、耳环 ji¹³wan²¹⁻³⁵、客房 hak³fɔŋ²¹⁻³⁵、围裙 wɐi²¹kʰwɐn²¹⁻³⁵、拉肠 lai⁵⁵tsʰœŋ²¹⁻³⁵、肉丸 juk²jyn²¹⁻³⁵、咸鱼 ham²¹jy²¹⁻³⁵、雪条_冰棒_ syt³tʰiu²¹⁻³⁵、汤圆 tʰɔŋ⁵⁵jyn²¹⁻³⁵、牛扒 ŋɐu²²pʰa²¹⁻³⁵、婆婆_外祖母_ pʰɔ²¹pʰɔ²¹⁻³⁵、菲林 fei⁵⁵lɐm²¹⁻³⁵、洗牌 sɐi³⁵pʰai²¹⁻³⁵、赌钱 tou³⁵tsʰin²¹⁻³⁵、搵钱_赚钱_ wɐn³⁵tsʰin²¹⁻³⁵

阴去 33 变读 35：丝带 si⁵⁵tai³³⁻³⁵、香片_茉莉花茶_ hœŋ⁵⁵pʰin³³⁻³⁵

阳去 22 变读 35：肥料 fei²¹liu²²⁻³⁵、黄豆 wɔŋ²¹tɐu²²⁻³⁵、碌柚_柚子_ luk⁵jɐu²²⁻³⁵、鸡蛋 kɐi⁵⁵tan²²⁻³⁵、生蛋 saŋ⁵⁵tan²²⁻³⁵、鱼蛋_鱼卵、鱼丸_ jy²¹tan²²⁻³⁵、胶袋_塑料袋_ kau⁵⁵tɔi²²⁻³⁵、颈链_项链_ kɛŋ³⁵lin²²⁻³⁵、衫袋_口袋_ sam⁵⁵tɔi²²⁻³⁵、后院 hɐu²²jyn²²⁻³⁵、手袋 sɐu³⁵tɔi²²⁻³⁵、草帽 tsʰou³⁵mou²²⁻³⁵、烧卖 siu⁵⁵mai²²⁻³⁵、咸蛋 ham²¹tan²²⁻³⁵、皮蛋 pʰei²¹tan²²⁻³⁵、宵夜_夜宵_ siu⁵⁵jɛ²²⁻³⁵、和尚 wɔ²¹sœŋ²²⁻³⁵、姑丈_姑父_ ku⁵⁵tsœŋ²²⁻³⁵、姨丈_姨夫_ ji²¹tsœŋ²²⁻³⁵、细妹 sɐi³³mui²²⁻³⁵、炮仗_鞭炮_ pʰau²²tsœŋ²²⁻³⁵、电话 tin²²wa²²⁻³⁵、夹份_合伙_ kap³fɐn²²⁻³⁵、车位 tsʰɛ⁵⁵wɐi²²⁻³⁵

下阴入 3 变读 35：白鸽 pak²kap³⁻³⁵、梳发_沙发_ sɔ⁵⁵fat³⁻³⁵

阳入 2 变读 35：由甲_蟑螂_ kak³tsak²⁻³⁵、蝴蝶 wu²¹tip²⁻³⁵

D. 出现在三音节连读的中间。

阳平 21 变读 35：收钱机 sɐu⁵⁵tsʰin²¹⁻³⁵kei⁵⁵

阳去 22 变读 35：茉莉花 mut²lei²²⁻³⁵fa⁵⁵、红豆冰 huŋ²¹tɐu²²⁻³⁵pɛŋ⁵⁵、绿豆沙 luk²tɐu²²⁻³⁵sa⁵⁵、慢慢哋_慢慢地_ man²²man²²⁻³⁵tei³⁵、慢慢行_慢慢走_ man²²man²²⁻³⁵haŋ²¹

E. 出现在三音节连读的最后一个音节。

阳平 21 变读 35：番石榴 fan⁵⁵sɛk²lɐu²¹⁻³⁵、三文鱼 sam⁵⁵mɐn²¹jy²¹⁻³⁵、沙甸鱼 sa⁵⁵tin⁵⁵jy²¹⁻³⁵、主人房 tsy²¹jɐn²¹fɔŋ²¹⁻³⁵、冲凉房_浴室_ tsʰuŋ⁵⁵lœŋ²¹fɔŋ²¹⁻³⁵、洗衫房_洗衣房_ sɐi³⁵sam⁵⁵fɔŋ²¹⁻³⁵、芝麻糊 tsi⁵⁵ma²¹wu²¹⁻³⁵、清补凉 tsʰɛŋ⁵⁵pou³⁵lœŋ²¹⁻³⁵、大肚婆_孕妇_ tai²²tʰou¹³pʰɔ²¹⁻³⁵、拉二胡 lai⁵⁵ji²²wu²¹⁻³⁵、欠人钱 him³³jɐn²¹tsʰin²¹⁻³⁵

阴去 33 变读 35：洗衫铺_(洗衣店)_ sɐi³⁵ sam⁵⁵ pʰou³³⁻³⁵

阳去 22 变读 35：美国地_(美国)_ mei¹³ kɔk³ tei²²⁻³⁵、太阳帽 tʰai³³ jœŋ²¹ mou²²⁻³⁵、台山话 tʰɔi²¹ san⁵⁵ wa²²⁻³⁵、广州话 kwɔŋ³⁵ tsɐu⁵⁵ wa²²⁻³⁵、中山话 tsuŋ⁵⁵ san⁵⁵ wa²²⁻³⁵、潮州话 tsʰiu²¹ tsɐu⁵⁵ wa²²⁻³⁵、福建话 fuk⁵ kin³³ wa²²⁻³⁵、打电话 ta³⁵ tin²² wa²²⁻³⁵

F. 出现在多音节连读的中间。

阳平 21 变读 35：有钱佬区_(富人区)_ jɐu¹³ tsʰin²¹⁻³⁵ lou³⁵ kʰœy⁵⁵

阳去 22 变读 35：皮蛋瘦肉粥 pʰei²¹ tan²²⁻³⁵ sɐu³³ juk² tsuk⁵

G. 出现在多音节连读的最后一个音节。

阳平 21 变读 35：好短嘅_(的)_绳 hou³⁵ tyn³⁵ kɛ³³ sɛŋ²¹⁻³⁵、一样长嘅_(的)_绳 jɐt⁵ jœŋ²² tsʰœŋ²¹ kɛ³³ sɛŋ²¹⁻³⁵

阳上 13 变读 35：士多啤梨_(草莓)_ si²¹ tɔ⁵⁵ pɛ⁵⁵ lei¹³⁻³⁵

3）变调的连用。
高平变调 55 和高升变调 35 也可以在连读中同时出现。例如：

角落头 kɔk³ lɔk²⁻⁵ tʰɐu²¹⁻³⁵、伯爷婆_(老太婆)_ pak³ jɛ²¹⁻⁵⁵ pʰɔ²¹⁻³⁵

（2）洛杉矶广府话。
1）高平变调。
A. 出现在单音节。

阴上 35 变读 55：烤 hau³⁵⁻⁵⁵

B. 出现在双音节连读的前一音节。

阴去 33 变读 55：看住 hɔn³³⁻⁵⁵ tsy²²

C. 出现在双音节连读的后一音节。

阳平 21 变读 55：柠檬 nɛŋ²¹ muŋ²¹⁻⁵⁵、乌蝇_(苍蝇)_ wu⁵⁵ jeŋ²¹⁻⁵⁵、牛蝇 ŋɐu²¹ jeŋ²¹⁻⁵⁵、阿姨 a³³ ji²¹⁻⁵⁵

阴上 35 变读 55：姑姐_(姑姑，未婚)_ ku⁵⁵ tsɛ³⁵⁻⁵⁵

D. 出现在三音节连读的中间。

阳上 13 变读 55：第尾名_(最后一名)_ tɐi²² mei¹³⁻⁵⁵ mɛŋ²¹

E. 出现在三音节连读的最后一个音节。

阳上 13 变读 55：手指尾 小指 sɐu³⁵ tsi³⁵ mei¹³⁻⁵⁵

2）高升变调。
A. 出现在单音节。

阳平 21 变读 35：桃 tʰou²¹⁻³⁵、梨 lei²¹⁻³⁵、橙 tsʰaŋ²¹⁻³⁵、鹅 ŋɔ²¹⁻³⁵、楼 lɐu²¹⁻³⁵、房 fɔŋ²¹⁻³⁵、锤 锤子 tsʰœy²¹⁻³⁵、钳 钳子 kʰim²¹⁻³⁵、刨 刨子 pʰau²¹⁻³⁵、糖 糖果 tʰɔŋ²¹⁻³⁵

阳上 13 变读 35：李 李子 lei¹³⁻³⁵
阴去 33 变读 35：样 式样、样子 jœŋ³³⁻³⁵、相 相片 sœŋ³³⁻³⁵
阳去 22 变读 35：帽 mou²²⁻³⁵、庙 miu²²⁻³⁵

B. 出现在双音节连读的前一音节。

阳平 21 变读 35：茄瓜 kʰɛ²¹⁻³⁵kwa⁵⁵、肠粉 tsʰœŋ²¹⁻³⁵fɐn³⁵
下阴入 3 变读 35：雀窦 鸟窝 tsœk³⁻³⁵tɐu³³

C. 出现在双音节连读的后一音节。

阳平 21 变读 35：日头 jɐt²tʰɐu²¹⁻³⁵、网鱼 mɔŋ³⁵jy²¹⁻³⁵、捉鱼 tsuk⁵jy²¹⁻³⁵、钓鱼 tiu³³jy²¹⁻³⁵、劏鱼 杀鱼 tʰɔŋ⁵⁵jy²¹⁻³⁵、存钱 tsʰyn²¹tsʰin²¹⁻³⁵、番茄 fan⁵⁵kʰɛ²¹⁻³⁵、马蹄 荸荠 ma¹³tʰɐi²¹⁻³⁵、番薯 fan⁵⁵sy²¹⁻³⁵、芋头 wu²²tʰɐu²¹⁻³⁵、狐狸 wu²¹lei²¹⁻³⁵、蟾蜍 蜘蛛 kʰɐm²¹lou²¹⁻³⁵、蟛蜞 癞蛤蟆 kʰɐm²¹kʰœy²¹⁻³⁵、水鱼 鳖 sœy³⁵jy²¹⁻³⁵、鲸鱼 kʰeŋ²¹jy²¹⁻³⁵、石螺 sɛk²lɔ²¹⁻³⁵、田螺 tʰin²¹lɔ²¹⁻³⁵、鲨鱼 sa⁵⁵jy²¹⁻³⁵、鲳鱼 tsʰɔŋ⁵⁵jy²¹⁻³⁵、鱿鱼 jɐu²¹jy²¹⁻³⁵、鲤鱼 lei¹³jy²¹⁻³⁵、鲫鱼 tsɐk⁵jy²¹⁻³⁵、金鱼 kɐm⁵⁵jy²¹⁻³⁵、楼盘 lɐu²¹pʰun²¹⁻³⁵、骑楼 街廊 kʰɛ²¹wɔŋ²¹⁻³⁵、厢房 sœŋ⁵⁵fɔŋ²¹⁻³⁵、客房 hak³fɔŋ²¹⁻³⁵、书房 sy⁵⁵fɔŋ²¹⁻³⁵、花园 fa⁵⁵jyn²¹⁻³⁵、厨房 tsʰœy²¹fɔŋ²¹⁻³⁵、窗帘 tsʰœŋ⁵⁵lim²¹⁻³⁵、面盆 脸盆 min²²pʰun²¹⁻³⁵、电筒 tin²²tʰuŋ²¹⁻³⁵、痰盂 tʰam²¹wu²¹⁻³⁵、耳环 ji¹³wan²¹⁻³⁵、烧鹅 siu⁵⁵ŋɔ²¹⁻³⁵、油条 jɐu²¹tʰiu²¹⁻³⁵、咸鱼 ham²¹jy²¹⁻³⁵、雪条 冰棒 syt³tʰiu²¹⁻³⁵、男人 nam²¹jɐn²¹⁻³⁵、女人 nœy¹³jɐn²¹⁻³⁵、婆婆 外祖母 pʰɔ²¹pʰɔ²¹⁻³⁵、小名 siu³⁵mɛŋ²¹⁻³⁵、乳名 jy¹³mɛŋ²¹⁻³⁵、花名 绰号 fa⁵⁵mɛŋ²¹⁻³⁵、英文 jeŋ⁵⁵mɐn²¹⁻³⁵、红牌 huŋ²¹pʰai²¹⁻³⁵、黄牌 wɔŋ²¹pʰai²¹⁻³⁵

阳上 13 变读 35：老母 lou¹³mou¹³⁻³⁵
阴去 33 变读 35：瓦片 ŋa¹³pʰin³³⁻³⁵、丝带 si⁵⁵tai³³⁻³⁵、香片 茉莉花茶 hœŋ⁵⁵pʰin³³⁻³⁵
阳去 22 变读 35：黄豆 wɔŋ²¹tɐu²²⁻³⁵、蚕豆 tsʰam²¹tɐu²²⁻³⁵、碌柚 柚子 luk⁵jɐu²²⁻³⁵、西柚 sɐi⁵⁵jɐu²²⁻³⁵、鱼蛋 鱼卵、鱼丸 jy²¹tan²²⁻³⁵、鸡蛋 kɐi⁵⁵tan²²⁻³⁵、生蛋 saŋ⁵⁵tan²²⁻³⁵、雀蛋 tsœk³dan²²⁻³⁵、黄鳝 wɔŋ²¹sin²²⁻³⁵、胶袋 塑料袋 kau⁵⁵tɔi²²⁻³⁵、纸袋 塑料袋 tsi³⁵tɔi²²⁻³⁵、颈链 kɛŋ³⁵lin²²⁻³⁵、衫袋 衣服口袋 sam⁵⁵tɔi²²⁻³⁵、被面 pʰei¹³min²²⁻³⁵、手袋 手提袋 sɐu³⁵tɔi²²⁻³⁵、草帽 tsʰou³⁵mou²²⁻³⁵、烧卖

siu^{55} mai$^{22-35}$、咸蛋 ham^{21} tan$^{22-35}$、皮蛋 p^{h}ei^{21} tan$^{22-35}$、宵夜_夜宵_ siu^{55} jɛ$^{22-35}$、配料 p^{h}ui^{33} liu$^{22-35}$、丑样_难看_ ts^{h}ɐu^{35} jœŋ$^{22-35}$、姑丈_姑父_ ku^{55} tsœŋ$^{22-35}$、姨丈_姨父_ ji^{21} tsœŋ$^{22-35}$、舅父 k^{h}ɐu^{13} fu$^{22-35}$、细妹_小妹_sɐi^{33} mui$^{22-35}$、外父_岳父_ ŋɔi^{22} fu$^{22-35}$、电话 tin^{22} wa$^{22-35}$、冇面_没面子_mou^{35} min$^{22-35}$、车位 ts^{h}ɛ^{55} wɐi$^{22-35}$、座位 tou^{35} wɐi$^{22-35}$、噉样_这样、那样_ kɐn^3 jœŋ$^{22-35}$、点样_怎样_tim^{35} jœŋ$^{22-35}$

下阴入 3 变读 35：白鸽 pak^2 kap$^{3-35}$、麻雀 ma^{21} tsœk$^{3-35}$

阳入 2 变读 35：前日 ts^{h}in^{21} jɐt$^{2-35}$、风栗_栗子_ fuŋ^{55} lœt$^{2-35}$、蝴蝶 wu^{21} tip$^{2-35}$、荐褥_褥子_ tsin^{33} juk$^{2-35}$、油角 jɐu^{21} kɔk$^{2-35}$

D. 出现在三音节连读的中间。

阳平 21 变读 35：白兰花 pak^2 lan$^{21-35}$ fa^{55}、红红哋_有点红_huŋ^{21} huŋ$^{21-35}$ tei^{35}、黄黄哋_有点黄_ wɔŋ^{21} wɔŋ$^{21-35}$ tei^{35}、甜甜哋_有点甜_ t^{h}im^{21} t^{h}im$^{21-35}$ tei^{35}

阳上 13 变读 35：重重哋_有点重_ts^{h}uŋ^{13} ts^{h}uŋ$^{13-35}$ tei^{35}、软软哋_有点软_ jyn^{13} jyn$^{13-35}$ tei^{35}

阴去 33 变读 35：臭臭哋_有点臭_ts^{h}ɐu^{22} ts^{h}ɐu$^{33-35}$ tei^{35}、冻冻哋_有点冷_ tuŋ^{33} tuŋ$^{33-35}$ tei^{35}

阳去 22 变读 35：执蛋节_复活节_tsɐp^5 tan$^{22-35}$ tsit^3、红豆冰 huŋ^{21} tɐu$^{22-35}$ peŋ^{55}、绿豆沙 luk^2 tɐu$^{22-35}$ sa^{55}、慢慢哋_慢慢地_ man^{22} man$^{22-35}$ tei^{35}、硬硬哋_有点硬_ ŋaŋ^{22} ŋaŋ$^{22-35}$ tei^{35}、慢慢行_慢慢走_ man^{22} man$^{22-35}$ haŋ^{21}

下阴入 3 变读 35：餲餲哋_臊臊的_ŋat^3 ŋat$^{3-35}$ tei^{35}

阳入 2 变读 35：热热哋_有点热_ jit^2 jit$^{2-35}$ tei^{35}、绿绿哋_有点绿_ luk^2 luk$^{2-35}$ tei^{35}、白白哋_有点白_ pak^2 pak$^{2-35}$ tei^{35}、滑滑哋_有点滑_ wat^2 wat$^{2-35}$ tei^{35}

E. 出现在三音节连读的最后一个音节。

阳平 21 变读 35：好_很_有钱 hou^{35} jɐu^{13} ts^{h}in$^{21-35}$、番石榴 fan^{55} sɛk^2 lɐu$^{21-35}$、细番茄_圣女果_ sɐi^{33} fan^{55} k^{h}ɛ$^{21-35}$、三文鱼 sam^{55} mɐn^{21} jy$^{21-35}$、沙丁鱼 sa^{55} teŋ^{55} jy$^{21-35}$、主人房 tsy^{35} jɐn^{21} fɔŋ$^{21-35}$、前花园 ts^{h}in^{21} fa^{55} jyn$^{21-35}$、后花园 hɐu^{22} fa^{55} jyn$^{21-35}$、冲凉房_浴室_ ts^{h}uŋ^{55} lœŋ^{21} fɔŋ$^{21-35}$、洗衣房_洗衣店_ sɐi^{35} ji^{55} fɔŋ$^{21-35}$、角落头 kɔk^3 lɔk^2 t^{h}ɐu$^{21-35}$、芝麻糊 tsi^{55} ma^{21} wu$^{21-35}$、清补凉 ts^{h}eŋ^{55} pou^{35} lœŋ$^{21-35}$、大肚婆_孕妇_tai^{22} t^{h}ou^{13} p^{h}ɔ$^{21-35}$、拉二胡 lai^{55} ji^{22} wu$^{21-35}$

阴去 33 变读 35：录音带 luk^2 jɐm^{55} tai$^{33-35}$、录像带 luk^2 tsœŋ^{22} tai$^{33-35}$

阳去 22 变读 35：清真寺 ts^{h}eŋ^{55} tsɐn^{55} tsi$^{22-35}$、打电话 ta^{35} tin^{22} wa$^{22-35}$

F. 出现在多音节连读的中间。

阳去 22 变读 35：皮蛋瘦肉粥 p^{h}ei^{21} tan$^{22-35}$ sɐu^{33} juk^2 tsuk^5

G. 出现在多音节连读的最后一个音节。

阳平 21 变读 35：士多啤梨_草莓_si^{21} tɔ^{55} pɛ^{55} lei$^{21-35}$、短短嘅_的_绳 tyn^{35} tyn^{35} kɛ^{33} seŋ$^{21-35}$

3）变调的连用。
35 高升变调也可以在连读中连续出现。例如：

同样长嘅_的绳 tʰuŋ²¹ jœŋ²²⁻³⁵ tsʰœŋ²¹ kɛ³³ seŋ²¹⁻³⁵

（3）纽约广府话。
1）高平变调。
A. 出现在单音节。

阴上 35 变读 55：烤 hau³⁵⁻⁵⁵

B. 出现在双音节连读的前一音节。

阳平 21 变读 55：溜冰 lɐu²¹⁻⁵⁵ peŋ⁵⁵

C. 出现在双音节连读的后一音节。

阳平 21 变读 35：乌蝇_{苍蝇}wu⁵⁵ jeŋ²¹⁻⁵⁵、马骝_{猴子}ma¹³ lɐu²¹⁻⁵⁵、乞儿_{乞丐}hɐk⁵ ji²¹⁻⁵⁵、阿姨 a³³ ji²¹⁻⁵⁵
阴上 35 变读 55：姑姐_{姑姑}ku⁵⁵ tsɛ³⁵⁻⁵⁵、家姐_{姐姐}ka⁵⁵ tsɛ³⁵⁻⁵⁵
阳上 13 变读 55：拉尾_{最后}lai⁵⁵ mei¹³⁻⁵⁵、二奶 ji²² nai¹³⁻⁵⁵、兜尾_{最后（一名）}tɐu⁵⁵ mei¹³⁻⁵⁵

D. 出现在三音节连读的中间。

阳去 22 变读 35：痢痢头 lat³ lei²²⁻⁵⁵ tʰɐu²¹

2）高升变调。
A. 出现在单音节。

阳平 21 变读 35：绳 seŋ²¹⁻³⁵、桃 tʰou²¹⁻³⁵、梨 lei²¹⁻³⁵、楼 lɐu²¹⁻³⁵、房 fɔŋ²¹⁻³⁵、怡 tʰɔi²¹⁻³⁵、刨_{刨子}pʰau²¹⁻³⁵、钱 tsʰin²¹⁻³⁵、糖_{糖果}tʰɔŋ²¹⁻³⁵
阳上 13 变读 35：李_{李子}lei¹³⁻³⁵
阴去 33 变读 35：相_{相片}sœŋ³³⁻³⁵
阳去 22 变读 35：鳝_{鳝鱼}sin²²⁻³⁵、帽 mou²²⁻³⁵、庙 miu²²⁻³⁵

B. 出现在双音节连读的前一音节。

阳平 21 变读 35：茄子 kʰɛ²¹⁻³⁵ tsi³⁵、肠粉 tsʰœŋ²¹⁻³⁵ fɐn³⁵

第 2 章　美国华人社区汉语粤方言语音研究

阳去 22 变读 35：蛋节_复活节 tan$^{22-35}$ tsit^3

C. 出现在双音节连读的后一音节。

阳平 21 变读 35：今年 kɐm^{55} nin$^{21-35}$、上年_去年 sœŋ^{22} nin$^{21-35}$、下年_明年 ha^{22} nin$^{21-35}$、明年 mɐŋ^{21} nin$^{21-35}$、日头_太阳、白天 jɐt^2 tʰɐu$^{21-35}$、钓鱼 tiu^{33} jy$^{21-35}$、劏鱼_杀鱼 tʰɔŋ^{55} jy$^{21-35}$、黄豆 wɔŋ^{21} tɐu$^{22-35}$、番薯 fan^{55} sy$^{21-35}$、芋头 wu^{22} tʰɐu$^{21-35}$、番茄 fan^{55} kʰɛ$^{21-35}$、石榴 sɛk^2 lɐu$^{21-35}$、狐狸 wu^{21} lei$^{21-35}$、鲸鱼 kʰɐŋ^{21} jy$^{21-35}$、石螺 sɛk^2 lɔ$^{21-35}$、鱿鱼 jɐu^{21} jy$^{21-35}$、鲫鱼 tsɐt^5 jy$^{21-35}$、买楼 mai^{13} lɐu$^{21-35}$、供楼 kuŋ^{55} lɐu$^{21-35}$、靓楼 lɛŋ^{33} lɐu$^{21-35}$、起楼_建房子 hei^{35} lɐu$^{21-35}$、书房 sy^{55} fɔŋ$^{21-35}$、马蹄_荸荠 ma^{13} tʰei$^{21-35}$、西梅 sei^{55} mui$^{21-35}$、金鱼 kɐm^5 jy$^{21-35}$、顶楼 tɛŋ^{35} lɐu$^{21-35}$、茶柯 tsʰa^{21} tʰɔi$^{21-35}$、书柯 sy^{55} tʰɔi$^{21-35}$、窗帘 tsʰœŋ^{55} lim$^{21-35}$、风筒 fuŋ^{55} tʰuŋ$^{21-35}$、电筒 tin^{22} tʰuŋ$^{21-35}$、耳环 ji^{13} wan$^{21-35}$、拉肠 lai^{55} tsʰœŋ$^{21-35}$、雪条_冰棒 syt^3 tʰiu$^{21-35}$、汤圆 tʰɔŋ^{55} jyn$^{21-35}$、男人 nam^{21} jɐn$^{21-35}$、女人 nœy^{13} jɐn$^{21-35}$、教堂 kau^{33} tʰɔŋ$^{21-35}$、有钱 jɐu^{13} tsʰin$^{21-35}$、婆婆_外祖母 pʰɔ^{21} pʰɔ$^{21-35}$、药丸 jœk^{22} jyn$^{21-35}$、英文 jɛŋ^{55} mɐn$^{21-35}$、中文 tsuŋ^{55} mɐn$^{21-35}$、车牌_驾照 tsʰɛ^{55} pʰai$^{21-35}$、黄牌 wɔŋ^{21} pʰai$^{21-35}$、红牌 huŋ^{21} pʰai$^{21-35}$、围棋 wei^{21} kʰei$^{21-35}$、捉棋 tsuk^5 kʰei$^{21-35}$、洗牌 sɐi^{35} pʰai$^{21-35}$、借钱 tsɛ^{33} tsʰin$^{21-35}$、收银_收钱 sɐu^{55} ɐn$^{21-35}$、零钱 lɛŋ^{21} tsʰin$^{21-35}$、散钱_零钱 san^{35} tsʰin$^{21-35}$

阳上 13 变读 35：契女_干女儿 kʰɐi^{33} nœy$^{13-35}$、仔女_儿女 tsɐi^{35} nœy$^{13-35}$、细女_小女儿 sɐi^{33} nœy$^{13-35}$、孙女 syn^{55} nœy$^{13-35}$、侄女 tsɐt^2 nœy$^{13-35}$

阴去 33 变读 35：丝带 si^{55} tai$^{33-35}$

阳去 22 变读 35：碌柚_柚子 luk^5 jɐu$^{22-35}$、西柚 sɐi^{55} jɐu$^{22-35}$、鱼蛋_鱼卵、鱼丸 jy^{21} tan$^{22-35}$、后院 hɐu^{22} jyn$^{22-35}$、胶袋_塑料袋 kau^{55} tɔi$^{22-35}$、颈链_项链 kɛŋ^{35} lin$^{22-35}$、衫袋_衣袋 sam^{55} tɔi$^{22-35}$、手袋_手提包 sɐu^{35} tɔi$^{22-35}$、烧卖 siu^{55} mai$^{22-35}$、咸蛋 ham^{21} tan$^{22-35}$、皮蛋 pʰei^{21} tan$^{22-35}$、和尚 wɔ^{21} sœŋ$^{22-35}$、随便 tsʰœy^{21} pin$^{22-35}$、姑丈_姑父 ku^{55} tsœŋ$^{22-35}$、姨丈_姨父 ji^{21} tsœŋ$^{22-35}$、舅父 kʰɐu^{13} fu$^{22-35}$、外父_岳父 ɔi^{22} fu$^{22-35}$、食蛋_考零分 sek^2 tan$^{22-35}$、菲林_胶卷 fei^{55} lɐm$^{22-35}$、电话 tin^{22} wa$^{22-35}$、画画 wak^2 wa$^{22-35}$、订位 tɛŋ^{22} wei$^{22-35}$、徒弟 tʰou^{21} tɐi$^{22-35}$

下阴入 3 变读 35：白鸽 pak^2 kap$^{3-35}$、麻雀 ma^{21} tsœk$^{3-35}$
阳入 2 变读 35：蝴蝶 wu^{21} tip$^{2-35}$

D. 出现在三音节连读的中间。

阳平 21 变读 35：有钱区_富人区 jɐu^{13} tsʰin$^{21-35}$ kʰœy^{55}、番茄仔_圣女果 fan^{55} kʰɛ$^{21-35}$ tsɐi^{35}、肥肥哋_有点胖、有点肥 fei^{21} fei$^{21-35}$ tei^{35}、红红哋_有点红 huŋ^{21} huŋ$^{21-35}$ tei^{35}、黄黄哋_有点黄 wɔŋ^{21} wɔŋ$^{21-35}$ tei^{35}、甜甜哋_有点甜 tʰim^{21} tʰim$^{21-35}$ tei^{35}

阳上 13 变读 35：重重哋_有点重 tsʰuŋ^{13} tsʰuŋ$^{13-35}$ tei^{35}、软软哋_有点软 jyn^{13} jyn$^{13-35}$ tei^{35}

阴去 33 变读 35：瘦瘦哋_有点瘦 sɐu^{33} sɐu$^{33-35}$ tei^{35}、冻冻哋_有点冷 tuŋ^{33} tuŋ$^{33-35}$ tei^{35}、臭臭哋_有点臭 tsʰɐu^{33} tsʰɐu$^{33-35}$ tei^{35}

阳去 22 变读 35：身份证 sɐn⁵⁵ fɐn²²⁻³⁵ tseŋ³³、乱乱哋_有点乱_ lyn²² lyn²²⁻³⁵ tei³⁵、硬硬哋_有点硬_ aŋ²² aŋ²²⁻³⁵ tei³⁵、点样做_怎样做_ tim³⁵ jœŋ²²⁻³⁵ tsou²²、慢慢行_慢慢走_ man²² man²²⁻³⁵ haŋ²¹

阳入 2 变读 35：热热哋_有点热_ jit² jit²⁻³⁵ tei³⁵、绿绿哋_有点绿_ luk² luk²⁻³⁵ tei³⁵、白白哋_有点白_ pak² pak²⁻³⁵ tei³⁵

E. 出现在三音节连读的后一音节。

阳平 21 变读 35：番石榴 fan⁵⁵ sɛk² lɐu²¹⁻³⁵、三文鱼 sam⁵⁵ mɐn²¹ jy²¹⁻³⁵、政府楼_政府建的房子_ tseŋ³³ fu³⁵ lɐu²¹⁻³⁵、主人房 tsy³⁵ jɐn²¹ fɔŋ²¹⁻³⁵、角落头 kɔk³ lɔk⁵ tʰɐu²¹⁻³⁵、食饭枱_饭桌_ sek² fan²² tʰɔi²¹⁻³⁵、麦芽糖 mɐt² a²¹ tʰɔŋ²¹⁻³⁵、大肚婆_孕妇_ tai²² tʰou¹³ pʰɔ²¹⁻³⁵、神主牌 sɐn²¹ tsy³⁵ pʰai²¹⁻³⁵、欠人钱 him³³ jɐn²¹ tsʰin²¹⁻³⁵

阳上 13 变读 35：后生女_年轻女孩_ hɐu²² saŋ⁵⁵ nœy¹³⁻³⁵、细路女_小女孩_ sei³³ lou²² nœy¹³⁻³⁵、外孙女 ɔi²² syn⁵⁵ nœy¹³⁻³⁵

阴去 33 变读 35：洗衣铺_洗衣店_ sei³⁵ ji⁵⁵ pʰou³³⁻³⁵、卡通片_动画片_ kʰa⁵⁵ tʰuŋ⁵⁵ pʰin³³⁻³⁵、录音带 luk² jɐm⁵⁵ tai³³⁻³⁵、录影带 luk² jeŋ³⁵ tai³³⁻³⁵

阳去 22 变读 35：鸡生蛋 kɐi⁵⁵ saŋ⁵⁵ tan²²⁻³⁵、雀仔蛋_鸟蛋_ tsœk³ tsɐi³⁵ tan²²⁻³⁵、黑社会 hak⁵ sɛ¹³ wui²²⁻³⁵、广东话_广府话_ kwɔŋ³⁵ tuŋ⁵⁵ wa²²⁻³⁵、台山话 tʰɔi²¹ san⁵⁵ wa²²⁻³⁵、打电话 ta³⁵ tin²² wa²²⁻³⁵、啦啦队 la⁵⁵ la⁵⁵ tœy²²⁻³⁵、狗仔队 kɐu³⁵ tsɐi³⁵ tœy²²⁻³⁵

F. 出现在多音节连读的中间。

阳平 21 变读 35：呢_这_条绳好短 ni⁵⁵ tʰiu²¹ sɛŋ²¹⁻³⁵ hou³⁵ tyn³⁵

阳去 22 变读 35：皮蛋瘦肉粥 pʰei²¹ tan²²⁻³⁵ sɐu³³ juk² tsuk⁵、冇_没有_身份证 mou¹³ sɐn⁵⁵ fɐn²²⁻³⁵ tseŋ³³

G. 出现在多音节连读的后一音节。

阳平 21 变读 35：士多啤梨_草莓_ si²² tɔ⁵⁵ pɛ⁵⁵ lei²¹⁻³⁵、国际象棋 kɔk³ tsɐi³³ tsœŋ²² kʰei²¹⁻³⁵、中国象棋 tsuŋ⁵⁵ kɔk³ tsœŋ²² kʰei²¹⁻³⁵

阴去 33 变读 35：太阳眼镜 tʰai²² jœŋ²¹ an¹³ kɛŋ³³⁻³⁵

（4）芝加哥广府话。
1）高平变调。
A. 出现在双音节连读的前一音节。

阴去 33 变读 55：靓仔_小伙子_ lɛŋ³³⁻⁵⁵ tsɐi³⁵

B. 出现在双音节连读的后一音节。

阳平 21 变读 55：马骝猴子 ma^{13}lɐu$^{21-55}$、乌蝇苍蝇 wu^{55}jeŋ$^{21-55}$、阿姨比母小 a^{33}ji$^{21-55}$
阴上 35 变读 55：姑姐姑姑,比父小 ku^{55}tsɛ$^{35-55}$、家姐姐姐 ka^{55}tsɛ$^{35-55}$
阳上 13 变读 55：最尾最后 tsœy^{33}mei$^{13-55}$
阳去 2 变读 55：角落 kɔk^{3}lɔk$^{2-5}$

C. 出现在三音节连读的中间。

阳平 21 变读 55：乞儿兜钵子 hɐt^{5}ji$^{21-55}$tɐu^{55}、伯爷公老大爷 pak^{3}jɛ$^{21-55}$kuŋ^{55}

D. 高平变调 55 也可以在连读中连续出现。

在双音节连读中连续出现：靓妹女孩 lɛŋ$^{33-55}$mui$^{22-55}$
在三音节连读中连续出现：捉儿人捉迷藏 tsuk^{5}ji$^{21-55}$jɐn$^{21-55}$

2）高升变调。
A. 出现在单音节。

阳平 21 变读 35：油油漆 jɐu$^{21-35}$、银钱 ŋɐn$^{21-35}$、绳 sɐŋ$^{21-35}$、桃 t^{h}ou$^{21-35}$、李李子 lei$^{21-35}$、橙 ts^{h}aŋ$^{21-35}$、梅 mui$^{21-35}$、鹅 ŋɔ$^{21-35}$、楼 lɐu$^{21-35}$、房 fɔŋ$^{21-35}$、枱 t^{h}ɔi$^{21-35}$、钳钳子 k^{h}im$^{21-35}$、刨刨子 p^{h}au$^{21-35}$、棋 k^{h}ei$^{21-35}$、轮轮子 lœn$^{21-35}$、糖糖果 t^{h}ɔŋ$^{21-35}$、牌执照,徽章 p^{h}ai$^{21-35}$
阴去 33 变读 35：散撒 san$^{33-35}$、相相片 sœŋ$^{33-35}$
阳上 13 变读 35：女女儿 nœy$^{13-35}$
阳去 22 变读 35：袋袋子 tɔi$^{22-35}$、帽 mou$^{22-35}$、粽 tsuŋ$^{22-35}$、庙 miu$^{22-35}$
下阴入 3 变读 35：鸭 ŋap$^{3-35}$
阳入 2 变读 35：席席子 tsɛk$^{2-35}$、碟 tip$^{2-35}$

B. 出现在双音节连读的前一音节。

阳平 21 变读 35：肠粉 ts^{h}œŋ$^{21-35}$fɐn^{35}、枱波桌球 t^{h}ɔi$^{21-35}$pɔ^{55}

C. 出现在双音节连读的后一音节。

阳平 21 变读 35：日头太阳,白天 jɐt^{2}t^{h}ɐu$^{21-35}$、捉鱼 tsuk^{5}jy$^{21-35}$、钓鱼 tiu^{33}jy$^{21-35}$、劏鱼杀鱼 t^{h}ɔŋ^{55}jy$^{21-35}$、抹枱 mat^{3}t^{h}ɔi$^{21-35}$、竹篮 tsuk^{5}lam$^{21-35}$、芋头 wu^{22}t^{h}ɐu$^{21-35}$、番茄 fan^{55}k^{h}ɛ$^{21-35}$、芥蓝 kai^{33}lan$^{21-35}$、马蹄荸荠 ma^{13}t^{h}ɐi$^{21-35}$、啤梨梨子 pɛ^{55}lei$^{21-35}$、红莓 huŋ^{21}mui$^{21-35}$、蓝莓 lam^{21}

mui²¹⁻³⁵、狐狸 wu²¹ lei²¹⁻³⁵、野鹅⁽大雁⁾ jɛ¹³ ŋ²¹⁻³⁵、檐蛇⁽蜥蜴、壁虎⁾ jim²¹ sɛ²¹⁻³⁵、水鱼⁽鳖⁾ sœy³⁵ jy²¹⁻³⁵、鲸鱼 kʰeŋ²¹ jy²¹⁻³⁵、田螺 tʰin²¹ lɔ²¹⁻³⁵、鱿鱼 jɐu²¹ jy²¹⁻³⁵、鲤鱼 lei¹³ jy²¹⁻³⁵、鲫鱼 tsɐk⁵ jy²¹⁻³⁵、金鱼 kɐm⁵⁵ jy²¹⁻³⁵、骑楼⁽街廊⁾ kʰɛ²¹ lɐu²¹⁻³⁵、侧房⁽厢房⁾ tsɐk⁵ fɔŋ²¹⁻³⁵、客房 hak³ fɔŋ²¹⁻³⁵、书房 sy⁵⁵ fɔŋ²¹⁻³⁵、厨房 tsʰy²¹ fɔŋ²¹⁻³⁵、窗帘 tsʰœŋ⁵⁵ lim²¹⁻³⁵、面盆⁽脸盆⁾ min²² pʰun²¹⁻³⁵、风筒 fuŋ⁵⁵ tʰuŋ²¹⁻³⁵、茶壶 tsʰa²¹ wu²¹⁻³⁵、暖壶⁽暖水瓶⁾ nyn¹³ wu²¹⁻³⁵、电筒 tin²² tʰuŋ²¹⁻³⁵、耳环 ji¹³ wan²¹⁻³⁵、围裙 wei²¹ kwʰɐn²¹⁻³⁵、拉肠 lai⁵⁵ tsʰœŋ²¹⁻³⁵、烧鹅 siu⁵⁵ ŋɔ²¹⁻³⁵、咸鱼 ham²¹ jy²¹⁻³⁵、雪条⁽冰棒⁾ syt³ tʰiu²¹⁻³⁵、汤圆 tʰɔŋ⁵⁵ jyn²¹⁻³⁵、男人 nam²¹ jɐn²¹⁻³⁵、女人 nœy¹³ jɐn²¹⁻³⁵、教堂 kau³³ tʰɔŋ²¹⁻³⁵、家婆⁽婆婆⁾ ka⁵⁵ pʰɔ²¹⁻³⁵、药丸 jœk² jyn²¹⁻³⁵、英文 jeŋ⁵⁵ mɐn²¹⁻³⁵、红牌 huŋ²¹ pʰai²¹⁻³⁵、黄牌 wɔŋ²¹ pʰai²¹⁻³⁵、象棋 tsœŋ²² kʰei²¹⁻³⁵、围棋 wei²¹ kʰei²¹⁻³⁵、捉棋 tsuk⁵ kʰei²¹⁻³⁵、桥牌 kʰiu²¹ pʰai²¹⁻³、执牌⁽抓牌⁾ tsɐp⁵ pʰai²¹⁻³⁵、洗牌 sei³⁵ pʰai²¹⁻³⁵、赌钱 tou³⁵ tsʰin²¹⁻³⁵、夹钱⁽凑钱、AA制⁾ kap³ tsʰin²¹⁻³⁵、借钱 tsɛ³³ tsʰin²¹⁻³⁵、有钱 jɐu¹³ tsʰin²¹⁻³⁵、铺头⁽商店⁾ pʰou³³ tʰɐu²¹⁻³⁵、柜台 kwɐi²² tʰɔi²¹⁻³⁵、事头⁽老板⁾ si²² tʰɐu²¹⁻³⁵、还钱 wan²¹ tsʰin²¹⁻³⁵、碎钱 sœy³³ tsʰin²¹⁻³⁵、蚀钱⁽亏本⁾ sit² tsʰin²¹⁻³⁵

阳上 13 变读 35：老母 lou¹³ mou¹³⁻³⁵、契女⁽干女儿⁾ kʰei³³ nœy¹³⁻³⁵、仔女⁽儿女⁾ tsɐi³⁵ nœy¹³⁻³⁵、细女⁽小女儿⁾ sei³³ nœy¹³⁻³⁵、孙女 syn³³ nœy¹³⁻³⁵、侄女 tsɐt² nœy¹³⁻³⁵

阴去 33 变读 35：丝带 si⁵⁵ tai³³⁻³⁵、卡片⁽名片⁾ kʰa⁵⁵ pʰin³³⁻³⁵、听带⁽听录音带⁾ tʰɛŋ⁵⁵ tai³³⁻³⁵

阳去 22 变读 35：地下 tei²² ha²²⁻³⁵、肥料 fei²¹ liu²²⁻³⁵、黄豆 wɔŋ²¹ tɐu²²⁻³⁵、碌柚⁽柚子⁾ luk⁵ jɐu²²⁻³⁵、西柚 sei⁵⁵ jɐu²²⁻³⁵、鸡蛋 kɐi⁵⁵ tan²²⁻³⁵、鸡肾 kɐi⁵⁵ sɐn²²⁻³⁵、生蛋 saŋ⁵⁵ tan²²⁻³⁵、雀蛋 tsœk³ tan²²⁻³⁵、黄鳝 wɔŋ²¹ sin²²⁻³⁵、胶袋⁽塑料袋⁾ kau⁵⁵ tɔi²²⁻³⁵、手袋⁽手提包⁾ sɐu³⁵ tɔi²²⁻³⁵、草帽 tsʰou²¹ mou²²⁻³⁵、烧卖 siu⁵⁵ ma²²⁻³⁵、咸蛋 ham²¹ tan²²⁻³⁵、皮蛋 pʰei²¹ tan²²⁻³⁵、宵夜⁽夜宵⁾ siu⁵⁵ jɛ²²⁻³⁵、香料 hœŋ⁵⁵ liu²²⁻³⁵、和尚 wɔ²¹ sœŋ²²⁻³⁵、有料 jɐu¹³ liu²²⁻³⁵、丑样⁽难看⁾ tsʰɐu³⁵ tsœŋ²²⁻³⁵、姑丈⁽姑父⁾ ku⁵⁵ tsœŋ²²⁻³⁵、姨丈⁽姨父⁾ ji²¹ tsœŋ²²⁻³⁵、舅父 kʰɐu²¹ fu²²⁻³⁵、弟弟 tɐi²² tɐi²²⁻³⁵、妹妹 mui²² mui²²⁻³⁵、细妹⁽小妹⁾ sei³³ mui²²⁻³⁵、外父⁽岳父⁾ ŋɔi²² fu²²⁻³⁵、平话 pʰeŋ²¹ wa²²⁻³⁵、过位⁽越位⁾ kwɔ³³ wei²²⁻³⁵、订位 tɐŋ²² wei²²⁻³⁵、花利⁽台、小费⁾ fa⁵⁵ lei²²⁻³⁵、徒弟 tʰou²¹ tɐi²²⁻³⁵、噉样⁽这样、那样⁾ kɐm³⁵ jœŋ²²⁻³⁵、点样⁽怎样⁾ tim³⁵ jœŋ²²⁻³⁵、第样⁽别的⁾ tei²² jœŋ²²⁻³⁵

下阴入 3 变读 35：麻雀 ma²¹ tsœk³⁻³⁵、胶擦⁽橡皮擦⁾ kau⁵⁵ tsʰat³⁻³⁵

阳入 2 变读 35：风栗⁽果子⁾ fuŋ⁵⁵ lœt²⁻³⁵、甲由⁽蟑螂⁾ kat² tsak²⁻³⁵、蝴蝶 wu²¹ tip²⁻³⁵、手钑⁽镯子⁾ sɐu³⁵ ŋak²⁻³⁵、坐月 tsʰɔ³⁵ jyt²⁻³⁵、吹笛 tsʰœy⁵⁵ tɛk²⁻³⁵

D. 出现在三音节连读中间。

阳平 21 变读 35：番茄仔⁽圣女果⁾ fan⁵⁵ kʰɛ²¹⁻³⁵ tsɐi³⁵、厨房刀⁽菜刀⁾ tsʰœy²¹ fɔŋ²¹⁻³⁵ tou⁵⁵、收银机 sɐu⁵⁵ ŋɐn²¹⁻³⁵ kei³⁵、三轮车 sam⁵⁵ lœn²¹⁻³⁵ tsʰɛ³⁵、肥肥哋⁽有点胖、有点肥⁾ fei²¹ fei²¹⁻³⁵ tei³⁵、黄黄哋⁽有点黄⁾ wɔŋ²¹ wɔŋ²¹⁻³⁵ tei³⁵、甜甜哋⁽有点甜⁾ tʰim²¹ tʰim²¹⁻³⁵ tei³⁵

阳上 13 变读 35：重重哋⁽有点重⁾ tsʰuŋ¹³ tsʰuŋ¹³⁻³⁵ tei³⁵、软软哋⁽有点软⁾ jyn¹³ jyn¹³⁻³⁵ tei³⁵

阳去 22 变读 35：排队节⁽黑色星期五排队购物⁾ pʰai²¹ tœy²²⁻³⁵ tsit³、红豆冰 huŋ²¹ tɐu²²⁻³⁵ peŋ⁵⁵、绿豆沙 luk² tɐu²²⁻³⁵ sa⁵⁵、身份证 sɐn⁵⁵ fɐn²²⁻³⁵ tseŋ²²、硬硬哋⁽有点硬⁾ ŋaŋ²² ŋaŋ²²⁻³⁵ tei³⁵

第 2 章 美国华人社区汉语粤方言语音研究

下阴入 3 变读 35：鎴鎴哋_{腺腺的} ŋat³ ŋat³⁻³⁵ tei³⁵

阳入 2 变读 35：立立乱_{很乱} lɐp² lɐp²⁻³⁵ lyn²²、绿绿哋_{有点绿} luk² luk²⁻³⁵ tei³⁵

E. 出现在三音节连读的最后一个音节。

阳平 21 变读 35：沙甸鱼 sa⁵⁵ tin⁵⁵ jy²¹⁻³⁵、三文鱼 sam⁵⁵ mɐn²¹ jy²¹⁻³⁵、八爪鱼 pat³ tsau³⁵ jy²¹⁻³⁵、主人房 tsy³⁵ jɐn²¹ fɔŋ²¹⁻³⁵、电脑房 tin²² nou¹³ fɔŋ²¹⁻³⁵、冲凉房_{浴室} tsʰuŋ⁵⁵ lœŋ²¹ fɔŋ²¹⁻³⁵、食饭枱_{饭桌} sek² fan²² tʰɔi²¹⁻³⁵、芝麻糊 tsi⁵⁵ ma²¹ wu²¹⁻³⁵、勾男人 ŋɐu⁵⁵ nam²¹ jɐn²¹⁻³⁵、拉二胡 lai⁵⁵ ji²² wu²¹⁻³⁵、利是钱 lei²² si²² tsʰin²¹⁻³⁵、争欠人钱 tsaŋ⁵⁵ jɐn²¹ tsʰin²¹⁻³⁵、使用钱_{开支} sɐi³⁵ juŋ²² tsʰin²¹⁻³⁵、游水钱_{凑起来的钱} jɐu²¹ sœy³⁵ tsʰin²¹⁻³⁵

阳上 13 变读 35：后生女_{年轻女孩} hɐu²² saŋ⁵⁵ nœy¹³⁻³⁵、外孙女 ŋɔi²² syn⁵⁵ nœy¹³⁻³⁵、外甥女 ŋɔi²² saŋ⁵⁵ nœy¹³⁻³⁵

阴去 33 变读 35：卡通片_{动画片} kʰa⁵⁵ tʰuŋ⁵⁵ pʰin³³⁻³⁵、录音带 luk² jɐm⁵⁵ tai³³⁻³⁵、录影带 luk² jeŋ³⁵ tai³³⁻³⁵、烧炮仗_{放鞭炮} siu⁵⁵ pʰau³³ tsœŋ³³⁻³⁵

阳去 22 变读 35：垃圾巷_{专用于堆放垃圾的} lap² sap³ hɔŋ²²⁻³⁵、整肥料_{沤肥} tseŋ³⁵ fei²¹ liu²²⁻³⁵、落肥料 lɔk² fei²¹ liu²²⁻³⁵、千年蛋_{皮蛋} tsʰin⁵⁵ nin²¹ tan²²⁻³⁵、回教庙_{清真寺} wui²¹ kau³³ miu²²⁻³⁵、瞇一下_{眯一下} hɐp⁵ jɐt⁵ ha²²⁻³⁵、广州话 kwɔŋ³⁵ tsɐu⁵⁵ wa²²⁻³⁵、台山话 tʰɔi²¹ san⁵⁵ wa²²⁻³⁵、潮州话 tsʰiu²¹ tsɐu⁵⁵ wa²²⁻³⁵、客家话 hak³ ka⁵⁵ wa²²⁻³⁵、福建话 fuk⁵ kin³³ wa²²⁻³⁵、四川话 sei³³ tsʰyn⁵⁵ wa²²⁻³⁵、闽南话 mɐn¹³ nam²¹ wa²²⁻³⁵、闽东话 mɐn¹³ tuŋ⁵⁵ wa²²⁻³⁵、闽北话 mɐn¹³ pɐt⁵ wa²²⁻³⁵、玉林话 juk² lɐm²¹ wa²²⁻³⁵、打电话 ta³⁵ tin²² wa²²⁻³⁵、啦啦队 la⁵⁵ la⁵⁵ tœy²²⁻³⁵、停车位 tʰeŋ²¹ tsʰɛ⁵⁵ wɐi²²⁻³⁵、头等位 tʰɐu²¹ tɐŋ³⁵ wɐi²²⁻³⁵、商务位 sœŋ⁵⁵ mou²² wɐi²²⁻³⁵、经济位 keŋ⁵⁵ tsɐi³³ wɐi²²⁻³⁵

阳去 2 变读 35：大人物 tai²² jɐn²¹ mɐt²⁻³⁵

F. 出现在多音节连读的中间。

阳平 21 变读 35：有钱人区_{富人区} jɐu¹³ tsʰin²¹⁻³⁵ jɐn²¹ kʰœy⁵⁵

阳去 22 变读 35：皮蛋瘦肉粥 pʰei²¹ tan²²⁻³⁵ sɐu³³ juk² tsuk⁵、有料伙计_{师傅} jɐu¹³ liu²²⁻³⁵ fɔ³⁵ kei³³

G. 出现在多音节连读的最后一个音节。

阳平 21 变读 35：后便花园_{后花园} hɐu²² pin²² fa⁵⁵ jyn²¹⁻³⁵、老番油条_{甜甜圈} lou¹³ fan⁵⁵ jɐu²¹ tiu²¹⁻³⁵、嗌_叫人还钱 ŋai³³ jɐn²¹ wan²¹ tsʰin²¹⁻³⁵、短短条绳_{短短的绳子} tyn³⁵ tyn³⁵ tʰiu²¹ seŋ²¹⁻³⁵

阳上 13 变读 35：老窦老母_{父母亲} lou¹³ tɐu³³ lou¹³ mou¹³⁻³⁵

阳去 22 变读 35：有机肥料 jɐu¹³ kei⁵⁵ fei²¹ liu²²⁻³⁵、手提电话 sɐu³⁵ tʰei²¹ tin²² wa²²⁻³⁵

在连读中连续出现。例如：

同样长嘅_的绳 tʰuŋ²¹ jœŋ²²⁻³⁵ tsʰœŋ²² kɛ³³ seŋ²¹⁻³⁵

3）变调的连用。
高平变调 55 和高升变调 35 也可以在连读中同时出现。例如：

伯爷婆_{老太婆} pak³ jɛ²¹⁻⁵⁵ pʰɔ²¹⁻³⁵

（5）波特兰广府话。
1）高平变调。
　　A. 出现在双音节连读的后一音节。

阳平 21 变读 55：乞儿_{乞丐} hɐt⁵ ji²¹⁻⁵⁵
阴上 35 变读 55：烧烤 siu⁵⁵ hau³⁵⁻⁵⁵、家姐_{姐姐} ha⁵⁵ tsɛ³⁵⁻⁵⁵

　　B. 出现在三音节连读的最后一个音节。

阳平 21 变读 55：捉儿人_{捉迷藏} tsuk⁵ ji²¹⁻⁵⁵ jɐn²¹⁻⁵⁵
阳上 13 变读 55：手指尾_{小指} sɐu³⁵ mei¹³⁻⁵⁵

2）高升变调。
　　A. 出现在单音节。

阳平 21 变读 35：油_{油漆} jɐu²¹⁻³⁵、橙 tsʰaŋ²¹⁻³⁵、楼 lɐu²¹⁻³⁵、房 fɔŋ²¹⁻³⁵、枱 tʰɔi²¹⁻³⁵、糖_{糖果} tʰɔŋ²¹⁻³⁵、钱 tsʰin²¹⁻³⁵
阳上 13 变读 35：女_{女儿} nœy¹³⁻³⁵
阳去 22 变读 35：巷 hɔŋ²²⁻³⁵、袋_{袋子} tɔi²²⁻³⁵、帽 mou²²⁻³⁵、画 wa²²⁻³⁵
阳入 2 变读 35：合_{箱子} hɐp²⁻³⁵、麦_{=麸} mɐk²⁻³⁵

　　B. 出现在双音节连读的前一音节。

阳平 21 变读 35：茄子 kʰɛ²¹⁻³⁵ tsi³⁵、枱仔_{茶几} tʰɔi²¹⁻³⁵ tsɐi³⁵、银仔_{硬币} ŋɐn²¹⁻³⁵ tsɐi³⁵
阳去 22 变读 35：乱讲 lyn²²⁻³⁵ kɔŋ³⁵

　　C. 出现在双音节连读的后一音节。

阳平 21 变读 35：日头_{太阳、白天} jɐt² tʰɐu²¹⁻³⁵、捉鱼 tsuk⁵ jy²¹⁻³⁵、钓鱼 tiu³³ jy²¹⁻³⁵、劏鱼_{杀鱼} tʰɔŋ⁵⁵ jy²¹⁻³⁵、悭钱_{省钱} han⁵⁵ tsʰin²¹⁻³⁵、芋头 wu²² tʰɐu²¹⁻³⁵、番茄 fan⁵⁵ kʰɛ²¹⁻³⁵、啤梨 pɛ⁵⁵ lei²¹⁻³⁵、鱿鱼 jɐu²¹ jy²¹⁻³⁵、八手鱼_八爪鱼_ sɐu²¹ sɐu³⁵ jy²¹⁻³⁵、金鱼 kɐm⁵⁵ jy²¹⁻³⁵、鱼蛋_鱼卵、鱼丸_ jy²¹ tan²²⁻³⁵、客房 hak³ fɔŋ²¹⁻³⁵、书房 sy⁵ fɔŋ²¹⁻³⁵、窗帘 tsʰœŋ⁵⁵ lim²¹⁻³⁵、耳环 ji¹³ wan²¹⁻³⁵、烧鹅 siu⁵⁵ ŋɔ²¹⁻³⁵、肉丸 juk² jyn²¹⁻³⁵、汤圆 tʰɔŋ⁵⁵ jyn²¹⁻³⁵、男人 nam²¹ jɐn²¹⁻³⁵、女人 nœy¹³ jɐn²¹⁻³⁵、豆皮 tɐn²² pʰei²¹⁻³⁵、教堂 kau³³ tʰɔŋ²¹⁻³⁵、出麻_麻疹_ tsʰœt⁵ ma²¹⁻³⁵、药丸 jœk³ jyn²¹⁻³⁵、英文 jɐŋ⁵⁵ mɐn²¹⁻³⁵、中文 tsuŋ⁵⁵ mɐn²¹⁻³⁵、红牌 huŋ²¹ pʰai²¹⁻³⁵、黄牌 wɔŋ²¹ pʰai²¹⁻³⁵、象棋 tsœŋ²² kʰei²¹⁻³⁵、捉棋_下棋_ tsuk⁵ kʰei²¹⁻³⁵、摸牌 mɔ⁵⁵ pʰai²¹⁻³⁵、洗牌 sei³⁵ pʰai²¹⁻³⁵、赌钱 tou³⁵ tsʰin²¹⁻³⁵

阳上 13 变读 35：细女_小女儿_ sɐi³³ nœy¹³⁻³⁵、孙女 syn⁵⁵ nœy¹³⁻³⁵、侄女 tsɐt² nœy¹³⁻³⁵

阴去 33 变读 35：卡片_名片_ kʰa⁵⁵ pʰin³³⁻³⁵

阳上 22 变读 35：黄豆 wɔŋ²¹ tɐu²²⁻³⁵、碌柚_柚子_ luk⁵ jɐu²²⁻³⁵、西柚 sɐi⁵⁵ jɐu²²⁻³⁵、鸡蛋 kɐi⁵⁵ tan²²⁻³⁵、生蛋 taŋ⁵⁵ tan²²⁻³⁵、胶袋_塑料袋_ kau⁵⁵ tɔi²²⁻³⁵、手袋_手提包_ sɐu³⁵ tɔi²²⁻³⁵、烧卖 siu⁵⁵ mai²²⁻³⁵、宵夜_夜宵_ siu⁵⁵ jɛ²²⁻³⁵、配料 pʰui³³ liu²²⁻³⁵、舅父 kʰɐu¹³ fu²²⁻³⁵、细妹_小妹_ sɐi³³ mui²²⁻³⁵、外父_岳父_ ŋɔi²² fu²²⁻³⁵、车位 tsʰɛ⁵⁵ wɐi²²⁻³⁵

阳入 2 变读 35：床褥 tsʰɔŋ²¹ juk²⁻³⁵、面膜_面具_ min²² mɔk²⁻³⁵

C. 出现在三音节连读的中间。

阳平 21 变读 35：有钱区_富人区_ jɐn¹³ tsʰin²¹⁻³⁵ kʰœy⁵⁵、肥肥哋_有点胖、有点肥_ fei²¹ fei²¹⁻³⁵ tei³⁵、红红哋_有点红_ huŋ²¹ huŋ²¹⁻³⁵ tei³⁵、黄黄哋_有点黄_ wɔŋ²¹ wɔŋ²¹⁻³⁵ tei³⁵、甜甜哋_有点甜_ tʰim²¹ tʰim²¹⁻³⁵ tei³⁵

阳上 13 变读 35：重重哋_有点重_ tsʰuŋ¹³ tsʰuŋ¹³⁻³⁵ tei³⁵、软软哋_有点软_ jyn¹³ jyn¹³⁻³⁵ tei³⁵

阴去 33 变读 35：瘦瘦哋_有点瘦_ sɐu³³ sɐu³³⁻³⁵ tei³⁵、冻冻哋_有点冷_ tuŋ³³ tuŋ³³⁻³⁵ tei³⁵

阳去 22 变读 35：执蛋节_复活节_ tsɐp⁵ tan²²⁻³⁵ tsit³、红豆冰 huŋ²¹ tɐu²²⁻³⁵ pɐŋ⁵⁵、绿豆沙 luk² tɐu²²⁻³⁵ sa⁵⁵、身份证 sɐn⁵⁵ fɐn²²⁻³⁵ tsɐŋ³³、慢慢行_慢慢走_ man²² man²²⁻³⁵ haŋ²¹、慢慢哋_慢慢地_ man²² man²²⁻³⁵ tei³⁵、硬硬哋_有点硬_ ŋaŋ²² ŋaŋ²²⁻³⁵ tei³⁵、噉样做_这样做、那样做_ kɐm³⁵ jœŋ²²⁻³⁵ tsou²²、点样做_怎样做_ tim³⁵ jœŋ²²⁻³⁵ tsou²²、臭臭哋_有点臭_ tsʰɐu³³ tsʰɐu³³⁻³⁵ tei³⁵

下阴入 3 变读 35：腽腽哋_腺腺的_ ŋat³ ŋat³⁻³⁵ tei³⁵

阳入 2 变读 35：热热哋_有点热_ jit² jit²⁻³⁵ tei³⁵、绿绿哋_有点绿_ luk² luk²⁻³⁵ tei³⁵、白白哋_有点白_ pak² pak²⁻³⁵ tei³⁵、滑滑哋_有点滑_ wat² wat²⁻³⁵ tei³⁵

D. 出现在三音节连读的后一音节。

阳平 21 变读 35：三文鱼 sam⁵⁵ mɐn²¹ jy²¹⁻³⁵、主人房 tsy³⁵ jɐn²¹ fɔŋ²¹⁻³⁵、食饭枱_饭桌_ sek² fan²² tʰɔi²¹⁻³⁵、写字枱_书桌_ sɛ³⁵ tsi²² tʰɔi²¹⁻³⁵、芝麻糊 tsi⁵⁵ ma²¹ wu²¹⁻³⁵、清补凉 tsʰɐŋ⁵⁵ pou³⁵ lœŋ²¹⁻³⁵、麦芽糖 mɐk² ŋa²¹ tʰɔŋ²¹⁻³⁵、大肚婆_孕妇_ tai²² tʰou¹³ pʰɔ²¹⁻³⁵、神主牌 sɐn²¹ tsy³⁵ pʰai²¹⁻³⁵、拉二胡 lai⁵⁵ ji²² wu²¹⁻³⁵

阳上 13 变读 35：后生女_年轻女孩_ hɐu²² saŋ⁵⁵ nœy¹³⁻³⁵、外孙女 ŋɔi²² syn⁵⁵ nœy¹³⁻³⁵、外甥女 ŋɔi²² saŋ⁵⁵ nœy¹³⁻³⁵

阴去 33 变读 35：录音带 luk² jɐm⁵⁵ tai³³⁻³⁵

阳去 22 变读 35：荷兰豆 hɔ²¹lan⁵⁵tɐu²²⁻³⁵、大人物 tai²²jɐn²²⁻³⁵mɐt²²⁻³⁵、青春痘 tsʰɐŋ⁵⁵tsʰœn⁵⁵tɐu²²⁻³⁵、广东话₍广府话₎kwɔŋ³⁵tuŋ³⁵wa²²⁻³⁵、客家话 hak³ka⁵⁵wa²²⁻³⁵、上海话 sœŋ²²hɔi³⁵wa²²⁻³⁵、打电话 ta³⁵tin²²wa²²⁻³⁵、啦啦队 la⁵⁵la⁵⁵tœy²²⁻³⁵、狗仔队 kɐu³⁵tsɐi³⁵tœy²²⁻³⁵

E. 出现在多音节连读的中间。

阳去 22 变读 35：皮蛋瘦肉粥 pʰei²¹tan²²⁻³⁵sɐu³³juk²tsuk⁵

F. 出现在多音节连读的后一音节。

阳平 21 变读 35：士多啤梨₍草莓₎si²²tɔ⁵⁵pɛ⁵⁵lei²¹⁻³⁵、一样长嘅₍的₎绳 jɐt⁵jœŋ²²tsʰœŋ²¹kɛ³³sɐŋ²¹⁻³⁵

(6) 休斯敦广府话。
1) 高平变调。
A. 出现在双音节连读的后一音节。

阳平 21 变读 55：乌蝇₍苍蝇₎wu⁵⁵jɐŋ²¹⁻⁵⁵、乞儿₍乞丐₎hɐt⁵ji²¹⁻⁵⁵

B. 出现在三音节连读的中间。

阳平 21 变读 55：伯爷公₍老大爷₎pak³jɛ²¹⁻⁵⁵kuŋ⁵⁵

2) 高升变调。
A. 出现在单音节。

阳平 21 变读 35：油₍油漆₎jɐu²¹⁻³⁵、绳 sɐŋ²¹⁻³⁵、桃 tʰou²¹⁻³⁵、梨 lei²¹⁻³⁵、橙 tsʰaŋ²¹⁻³⁵、楼 lɐu²¹⁻³⁵、锤₍锤子₎tsʰœy²¹⁻³⁵、钳₍钳子₎kʰim²¹⁻³⁵、糖₍糖果₎tʰɔŋ²¹⁻³⁵、钱 tsʰin²¹⁻³⁵

阳上 13 变读 35：李₍李子₎lei¹³⁻³⁵

阳去 22 变读 35：样₍式样、样子₎jœŋ²²⁻³⁵、袋₍口袋₎tɔi²²⁻³⁵、帽 mou²²⁻³⁵、庙 miu²²⁻³⁵

下阴入 3 变读 35：雀 tsœk³⁻³⁵

阳入 2 变读 35：鹿 luk²⁻³⁵

B. 出现在双音节连读的前一音节。

阳平 21 变读 35：银仔₍硬币₎ŋɐn²¹⁻³⁵tsɐi³⁵

阳去 22 变读 35：乱讲 lyn²²⁻³⁵kɔŋ³⁵

第2章 美国华人社区汉语粤方言语音研究

C. 出现在双音节连读的后一音节。

阳平21变读35：捉鱼 tsuk⁵ jy²¹⁻³⁵、钓鱼 tiu³³ jy²¹⁻³⁵、劏鱼₍杀鱼₎ tʰɔŋ⁵⁵ jy²¹⁻³⁵、芋头 wu²² tʰɐu²¹⁻³⁵、番茄 fan⁵⁵ kʰɛ²¹⁻³⁵、鲸鱼 kʰeŋ²¹ jy²¹⁻³⁵、鱿鱼 jɐu²¹ jy²¹⁻³⁵、金鱼 kɐm⁵⁵ jy²¹⁻³⁵、客房 hak³ fɔŋ²¹⁻³⁵、书房 sy⁵⁵ fɔŋ²¹⁻³⁵、厨房 tsʰœy²¹ fɔŋ²¹⁻³⁵、窗帘 tsʰœŋ⁵⁵ lim²¹⁻³⁵、面盆₍脸盆₎ min²² pʰun²¹⁻³⁵、耳环 ji¹³ wan²¹⁻³⁵、拖鞋 tʰɔ⁵⁵ hai²¹⁻³⁵、围裙 wei²¹ kwʰɐn²¹⁻³⁵、烧鹅 siu⁵⁵ ŋɔ²¹⁻³⁵、肉丸 juk² jyn²¹⁻³⁵、油条 jɐu²¹ tʰiu²¹⁻³⁵、咸鱼 ham²¹ jy²¹⁻³⁵、雪条₍冰棒₎ syt³ tʰiu²¹⁻³⁵、汤圆 tʰɔŋ⁵⁵ jyn²¹⁻³⁵、女人 nœy¹³ jɐn²¹⁻³⁵、男人 nam²¹ jɐn²¹⁻³⁵、爷爷 jɛ²¹ jɛ²¹⁻³⁵、婆婆₍外祖母₎ pʰɔ²¹ pʰɔ²¹⁻³⁵、小名 siu³⁵ mɛŋ²¹⁻³⁵、花名₍绰号₎ fa⁵⁵ mɛŋ²¹⁻³⁵、出麻₍麻疹₎ tsʰœt⁵ ma²¹⁻³⁵、英文 jeŋ⁵⁵ mɐn²¹⁻³⁵、中文 tsuŋ³³ mɐn²¹⁻³⁵、菲林₍胶卷₎ fei⁵⁵ lɐm²¹⁻³⁵、红牌 huŋ²¹ pʰai²¹⁻³⁵、黄牌 wɔŋ²¹ pʰai²¹⁻³⁵、象棋 tsœŋ²² kʰei²¹⁻³⁵、捉棋₍下棋₎ tsuk⁵ kʰei²¹⁻³⁵、摸牌 mɔ⁵⁵ pʰai²¹⁻³⁵、洗牌 sɐi⁵⁵ pʰai²¹⁻³⁵、赌钱 tou³⁵ tsʰin²¹⁻³⁵、有钱 jɐu¹³ tsʰin²¹⁻³⁵、欠钱 him³³ tsʰin²¹⁻³⁵、追钱 tsœy⁵⁵ tsʰin²¹⁻³⁵、夹钱₍凑钱₎ kap³ tsʰin²¹⁻³⁵、揾钱₍赚钱₎ wɐn³⁵ tsʰin²¹⁻³⁵、赚钱 tsan²² tsʰin²¹⁻³⁵

阳上13变读35：老母 lou¹³ mou¹³⁻³⁵

阴去33变读35：卡片₍名片₎ kʰa⁵⁵ pʰin³³⁻³⁵

阳去22变读35：乡下 hœŋ⁵⁵ ha²²⁻³⁵、肥料 fei²¹ liu²²⁻³⁵、生蛋 saŋ⁵⁵ tan²²⁻³⁵、鱼蛋₍鱼卵、鱼丸₎ jy²¹ tan²²⁻³⁵、颈链₍项链₎ kɛŋ³⁵ lin²²⁻³⁵、衫袋₍衣袋₎ sam⁵⁵ tɔi²²⁻³⁵、姑丈₍姑父₎ ku⁵⁵ tsœŋ²²⁻³⁵、姨丈₍姨父₎ ji²¹ tsœŋ²²⁻³⁵、弟弟 tei²² tei²²⁻³⁵、妹妹 mui²² mui²²⁻³⁵、外父₍岳父₎ ŋɔi²² fu²²⁻³⁵、咸蛋 ham²¹ tan²²⁻³⁵、皮蛋 pʰei²¹ tan²²⁻³⁵、烧卖 siu⁵⁵ mai²²⁻³⁵、宵夜₍夜宵₎ siu⁵⁵ jɛ²²⁻³⁵、电话 tin²² wa²²⁻³⁵、徒弟 tʰou²¹ tei²²⁻³⁵、夹份₍凑份子₎ kap³ fɐn²²⁻³⁵

下阴入3变读35：油角 jɐu²¹ kɔk³⁻³⁵

阳入2变读35：甲由₍蟑螂₎ kak² tsak²⁻³⁵、蝴蝶 wu²¹ tip²⁻³⁵、邮局 jɐu²¹ kuk²⁻³⁵

D. 出现在三音节连读的中间。

阳平21变读35：收银机₍收款机₎ sɐu⁵⁵ ŋɐn²¹⁻³⁵ kei⁵⁵、肥肥哋₍有点胖、有点肥₎ fei²¹ fei²¹⁻³⁵ tei³⁵、红红哋₍有点红₎ huŋ²¹ huŋ²¹⁻³⁵ tei³⁵、黄黄哋₍有点黄₎ wɔŋ²¹ wɔŋ²¹⁻³⁵ tei³⁵、甜甜哋₍有点甜₎ tʰim²¹ tʰim²¹⁻³⁵ tei³⁵

阳上13变读35：重重哋₍有点重₎ tsʰuŋ¹³ tsʰuŋ¹³⁻³⁵ tei³⁵、软软哋₍有点软₎ jyn¹³ jyn¹³⁻³⁵ tei³⁵

阴去33变读35：瘦瘦哋₍有点瘦₎ sɐu³³ sɐu³³⁻³⁵ tei³⁵、冻冻哋₍有点冷₎ tuŋ³³ tuŋ³³⁻³⁵ tei³⁵、臭臭哋₍有点臭₎ tsʰɐu³³ tsʰɐu³³⁻³⁵ tei³⁵

阳去22变读35：红豆冰 huŋ²¹ tɐu²²⁻³⁵ peŋ⁵⁵、绿豆沙 luk² tɐu²²⁻³⁵ sa⁵⁵、慢慢哋₍慢慢地₎ man²² man²²⁻³⁵ tei³⁵、慢慢行₍慢慢走₎ man²² man²²⁻³⁵ haŋ²¹、硬硬哋₍有点硬₎ ŋaŋ²² ŋaŋ²²⁻³⁵ tei³⁵、噉样做₍这样做、那样做₎ kɐm³⁵ jœŋ²²⁻³⁵ tsou²²、点样做₍怎么做₎ tim³⁵ jœŋ²²⁻³⁵ tsou²²

下阴入3变读35：餲餲哋₍臊臊的₎ ŋat³ ŋat³⁻³⁵ tei³⁵

阳入2变读35：绿绿哋₍有点绿₎ luk² luk²⁻³⁵ tei³⁵、白白哋₍有点白₎ pak² pak²⁻³⁵ tei³⁵、滑滑哋₍有点滑₎ wat² wat²⁻³⁵ tei³⁵

E. 出现在三音节连读的最后一个音节。

阳平 21 变读 35：三文鱼 sam⁵⁵ mɐn²¹ jy²¹⁻³⁵、冲凉房₍浴室₎ tsʰuŋ⁵⁵ lœŋ²¹ fɔŋ²¹⁻³⁵、洗衫房₍洗衣店₎ sɐi³⁵ sam⁵⁵ fɔŋ²¹⁻³⁵、主人房 tsy³⁵ jɐn²¹ fɔŋ²¹⁻³⁵、角落头 kɔk³ lɔk⁵ tʰɐu²¹⁻³⁵、食饭柗₍饭桌₎ sek² fan²² tʰɔi²¹⁻³⁵、写字柗₍书桌₎ sɛ³⁵ tsi²² tʰɔi²¹⁻³⁵、拉二胡 lai⁵⁵ ji²² wu²¹⁻³⁵

阴去 33 变读 35：录音带 luk² jɐm⁵⁵ tai³³⁻³⁵

阳去 22 变读 35：广东话₍广府话₎ kɔŋ³⁵ tuŋ⁵⁵ wa²²⁻³⁵、打电话 ta³⁵ tin²² wa²²⁻³⁵、啦啦队 la⁵⁵ la⁵⁵ tœy²²⁻³⁵、狗仔队 kɐu³⁵ tsɐi³⁵ tœy²²⁻³⁵、雀仔蛋₍小鸟蛋₎ tsœk³ tsɐi³⁵ tan²²⁻³⁵

阳入 2 变读 35：大人物 tai²² jɐm²¹ mɐt²⁻³⁵

F. 出现在多音节连读的中间。

阳平 21 变读 35：有钱地方₍富人区₎ jɐu¹³ tsʰin²¹⁻³⁵ tei²² fɔŋ⁵⁵

G. 出现在多音节连读的最后一个音节。

阳平 21 变读 35：士多啤梨₍草莓₎ si²² tɔ⁵⁵ pɛ⁵⁵ lei²¹⁻³⁵、好短嘅₍绳₎ hou³⁵ tyn³⁵ kɛ³³ sɐŋ²¹⁻³⁵、一样长嘅₍绳₎ jɐt⁵ jœŋ²² tsʰœŋ²¹ kɛ³³ sɐŋ²¹⁻³⁵

阳上 13 变读 35：老窦老母₍父母亲₎ lou¹³ tɐu²² lou¹³ mou¹³⁻³⁵

阳去 22 变读 35：手提电话 sɐu³⁵ tʰɐi²¹ tin²² wa²²⁻³⁵

3）变调的连用。
55 高平变调和 35 高升变调也可以在连读中交替出现或连续出现。例如：

伯爷婆₍老太婆₎ pak³ jɛ²¹⁻⁵⁵ pʰɔ²¹⁻³⁵、捉儿人₍捉迷藏₎ tsuk⁵ ji²¹⁻⁵⁵ jɐn²¹⁻⁵⁵

2.3.2.3.4　美国华人社区 6 个广府话变调的类属

以上各个点的实例，说明美国华人社区广府话的变调，无论是变调的数量，还是变调的类型，都一如祖籍地广东广州话。也就是说，变调基本上是语流中的习惯性连读变调，而有区别词性和词义的变调，各点都只记录到非常少的几个，且大都出现在单音节词中。在我们的《海外汉语方言词汇调查表》里，即使出现这类例子最多的芝加哥广府话，也仅收集到 7 个例子。（见表 2-53 至表 2-58）①

三藩市广府话变调改变词义的例子见表 2-53 中例①、例②。

---

① 各点例字的释义，参见中国社会科学院语言研究所词典编辑组编《现代汉语词典》，商务印书馆 2014 年版。

第2章 美国华人社区汉语粤方言语音研究

表2-53 三藩市广府话变调举例

例字	不变调	变调
①相	相 sæŋ^{33}：相貌	相 sæŋ$^{33-35}$：相片
②李	李 lei^{13}：姓	李 lei$^{13-35}$：李子

洛杉矶广府话变调改变词义的例子见表2-54中例①、例②，变调改变词性的例子见表2-54中例③、例④、例⑤。

表2-54 洛杉矶广府话变调举例

例字	不变调	变调
①糖	糖 t^{h}ɔŋ^{21}：有机化合物，食用糖	糖 t^{h}ɔŋ$^{21-35}$：糖果
②李	李 lei^{13}：姓	李 lei$^{13-35}$：李子
③锤	锤 ts^{h}œy^{21}：动词，用锤子敲打	锤 ts^{h}œy$^{21-35}$：名词，锤子
④钳	钳 k^{h}im^{21}：动词，用钳子夹	钳 k^{h}im$^{21-35}$：名词，钳子
⑤刨	刨 p^{h}au^{21}：动词，用刨子刮平木料或钢材	刨 p^{h}au$^{21-35}$：名词，刨子

纽约广府话变调改变词义的例子见表2-55中例①、例②，变调改变词性的例子见表2-55中例③。

表2-55 纽约广府话变调例字

例字	不变调	变调
①糖	糖 t^{h}ɔŋ^{21}：有机化合物，食用糖	糖 t^{h}ɔŋ$^{21-35}$：糖果
②李	李 lei^{13}：姓	李 lei$^{13-35}$：李子
③刨	刨 p^{h}au^{21}：动词，用刨子刮平木料或钢材	刨 p^{h}au$^{21-35}$：名词，刨子

芝加哥广府话变调改变词义的例子见表2-56中例①、例②、例③、例④，变调改变词性的例子见表2-56中例⑤、例⑥、例⑦。

表2-56 芝加哥广府话变调举例

例字	不变调	变调
①油	油 jɐu^{21}：动植物体内所含的液态脂肪或矿产的碳氢化合物的混合液体	油 jɐu$^{21-35}$：专指油漆
②糖	糖 t^{h}ɔŋ^{21}：有机化合物，食用糖	糖 t^{h}ɔŋ$^{21-35}$：糖果
③李	李 lei^{13}：姓	李 lei$^{13-35}$：李子
④女	女 nœy^{13}：属性词，女性	女 nœy$^{13-35}$：女儿

续表 2-56

例字	不变调	变调
⑤袋	袋 tɔi^{22}：动词，（把东西）放入（口袋）	袋 tɔi$^{22-35}$：名词，口袋
⑥钳	钳 kʰim^{21}：动词，用钳子夹	钳 kʰim$^{21-35}$：名词，钳子
⑦刨	刨 pʰau^{21}：动词，用刨子刮平木料或钢材	刨 pʰau$^{21-35}$：名词，刨子

波特兰广府话变调改变词义的例子见表 2-57 中例①、例②、例③，变调改变词性的例子见表 2-57 中例④。

表 2-57 波特兰广府话变调举例

例字	不变调	变调
①油	油 jɐu^{21}：动植物体内所含的液态脂肪或矿产的碳氢化合物的混合液体	油 jɐu$^{21-35}$：专指油漆
②糖	糖 tʰɔŋ^{21}：有机化合物，食用糖	糖 tʰɔŋ$^{21-35}$：糖果
③女	女 nœy^{13}：属性词，女性	女 nœy$^{13-35}$：女儿
④袋	袋 tɔi^{22}：动词，（把东西）放入（口袋）	袋 tɔi$^{22-35}$：名词，袋子

休斯敦广府话变调改变词义的例子见表 2-58 中例①、例②、例③，变调改变词性的例子见表 2-58 中例④、例⑤、例⑥。

表 2-58 休斯敦广府话变调举例

例字	不变调	变调
①糖	糖 tʰɔŋ^{21}：有机化合物，食用糖	糖 tʰɔŋ$^{21-35}$：糖果
②油	油 jɐu^{21}：动植物体内所含的液态脂肪或矿产的碳氢化合物的混合液体	油 jɐu$^{21-35}$：专指油漆
③李	李 lei^{13}：姓	李 lei$^{13-35}$：李子
④钳	钳 kʰim^{21}：动词，用钳子夹	钳 kʰim$^{21-35}$：名词，钳子
⑤锤	锤 tsʰœy^{21}：动词，用锤子敲打	锤 tsʰœy$^{21-35}$：名词，锤子
⑥袋	袋 tɔi^{22}：动词，（把东西）放入（口袋）	袋 tɔi$^{22-35}$：名词，口袋

2.3.2.4 关于文白异读

尽管今日美国华人社区的粤方言广府话已经超越粤方言台山话，成为华人社区中生长势头最好的汉语方言，但是，由于美国学校的教学语言，公、私企事业单位的办公用语，整个社会上的交际用语等都不是广府话，因此广府话只是在华人圈中流通的汉语方言，是在美国为少数人所使用的日常生活用语,而文白异读在粤方言广东广州话中的表现原本就是仅限于古梗摄部分二、三、四等字,故我们根据《海外汉语方言词汇调查表》记录收集到的华人社区广府话文白异读的例子也非常少,只有三两零星的表现。

以下是古梗摄一些二、三、四等字在华人社区6个广府话点里的表现(与广东广州话的对照)。例字若有文白两种不同的读法,则分别在国际音标后下标"文""白"字样注明。若例子只有一读的,比对祖籍地方言广东广州话,可知亦基本上保留了广州话白读层面的说法。

从这些有限的例子中也可知,凡是美国华人社区的广府话保留了粤方言广府话白读音的音节,主要元音无一例外都是与广州话一样的前低元音 a 和前半低元音 ε,如洛杉矶、纽约、波特兰三地广府话的"生 saŋ^{55}",三藩市广府话的"成 sεŋ^{21}",芝加哥广府话的"听 t^{h}εŋ^{55}",休斯敦广府话的"病 pεŋ^{22}"等。(见表 2-59)

表 2-59　6个广府话的文白异读举例

方言	生_{梗开二}	净_{梗开三}	病_{梗开三}	轻_{梗开三}	请_{梗开三}	声_{梗开三}	成_{梗开三}	顶_{梗开四}	听_{梗开四}	锡_{梗开四}
广东广州话	seŋ^{55}文 saŋ^{55}白	tseŋ^{22}文 tsεŋ^{22}白	peŋ^{22}文 pεŋ^{22}白	heŋ^{55}文 hεŋ^{55}白	ts^{h}eŋ^{35}文 ts^{h}εŋ^{35}白	seŋ^{55}文 sεŋ^{55}白	seŋ^{21}文 sεŋ^{21}白	teŋ^{35}文 tεŋ^{35}白	t^{h}eŋ^{55}文 t^{h}εŋ^{55}白	sek^{5}文 sεk^{3}白
三藩市广府话	saŋ^{55}	tseŋ^{22}文 tsεŋ^{22}白	pεŋ^{22}	hεŋ^{55}	ts^{h}eŋ^{35}文 ts^{h}εŋ^{35}白	sεŋ^{55}	sεŋ^{21}	teŋ^{35}文 tεŋ^{35}白	t^{h}εŋ^{55}	sεk^3
洛杉矶广府话	seŋ^{55}文 saŋ^{55}白	tseŋ^{22}文 tsεŋ^{22}白	pεŋ^{22}	heŋ^{55}文 hεŋ^{55}白	ts^{h}εŋ^{35}	sεŋ^{55}	sεŋ^{21}	teŋ^{35}文 tεŋ^{35}白	t^{h}εŋ^{55}	sεk^3
纽约广府话	seŋ^{55}文 saŋ^{55}白	tseŋ^{22}文 tsεŋ^{22}白	pεŋ^{22}	heŋ^{55}文 hεŋ^{55}白	ts^{h}εŋ^{35}	sεŋ^{55}	sεŋ^{21}	teŋ^{35}文 tεŋ^{35}白	t^{h}εŋ^{55}	sεk^3
芝加哥广府话	seŋ^{55}文 saŋ^{55}白	tseŋ^{22}文 tsεŋ^{22}白	pεŋ^{22}	heŋ^{55}文 hεŋ^{55}白	ts^{h}εŋ^{35}	sεŋ^{55}	sεŋ^{21}	teŋ^{35}文 tεŋ^{35}白	t^{h}εŋ^{55}	sεk^3
波特兰广府话	seŋ^{55}文 saŋ^{55}白	tseŋ^{22}文 tsεŋ^{22}白	pεŋ^{22}	heŋ^{55}文 hεŋ^{55}白	ts^{h}εŋ^{35}	sεŋ^{55}	sεŋ^{21}	teŋ^{35}文 tεŋ^{35}白	t^{h}εŋ^{55}	sεk^2
休斯敦广府话	seŋ^{55}文 saŋ^{55}白	tsεŋ^{22}	pεŋ^{22}	hεŋ^{55}	ts^{h}εŋ^{35}	sεŋ^{55}	seŋ^{21}文 sεŋ^{21}白	tεŋ^{35}	t^{h}εŋ^{55}	sεk^3

2.4　语音小结

"停滞"与"发展"、"固守"与"改革",或者说"保留"与"变化",是语言和方言永恒的两方面。我们认为,讨论国内汉语方言的语音,需要从这两个方面入手;讨论海外汉语方言的语音,更是必须从这两个方面入手。

从保留与变化这两方面入手去检查、展示美国华人社区粤方言台山话、广府话的语音面貌，首先就是要探讨台山话和广府话脱离祖籍地移居美国以后，一直保留的带自古代汉语、带自祖籍地源方言广东台山话和广东广州话的语音特点，以及其与源方言语音保持一致的地方。而变化则是这两个方言在迁移到美国后，与美国社会的主流语言英语、与美国华人社区中的华语、与社区内的其他汉语方言等互相接触碰撞后发生的。

关于美国华人社区粤方言台山话、广府话语音不变的一面，在本章的阐述中多有体现。例如：华人社区台山话对国内台山话具有的，颇有特色的古心、禅、邪、审母今读清边擦音 ɬ – 声母的保留；对台山话古端、透、定母的清喉擦音 h – 、零声母 ∅ – 读法的保留；像广东台山话一样，有丰富的，以 ε 做主要元音系列的韵母（这些特点及下文中提到的特点，具体例子均可详见上文）；对声调中古去声清音声母字读归阴平的坚持。还有，华人社区的台山话和广府话都一致的，对各自方言中的阳声韵尾和入声韵尾（– m、– n、– ŋ和 – p、– t、– k）的保留。

上文的阐述也显示了美国华人社区广府话的语音系统，得益于粤方言广府话传媒在全世界华人圈中的传播，如同海外其他地方华人社区的粤方言，像目前我们所知的其他海外华人社区粤方言广府话，如东南亚华人社区的广府话一样，几乎都是全盘照搬地复制了广东广州话语音声母、韵母、声调的基本成分。美国华人社区广府话在声母、韵母、声调这3个方面，尤其是在声母和声调方面，对国内广府话的传承毫无二致。所以，美国华人社区内的各个广府话点之间，语音也是基本相同的。

不止广府话，美国华人社区内的6个台山话的语音系统，其相互之间的相同点也占了绝大多数。比如，6个台山话声调的调类和调值就基本一样，差异只在于洛杉矶台山话的去声半低降调调值21，不同于其余5个点台山话去声的中降调值31。

语言、方言语音的演变非常缓慢，华人社区汉语方言与祖籍地方言相同的地方固然要了解，这是海外汉语粤方言台山话、广府话仍然叫作"汉语方言"，叫作"粤方言台山话""粤方言广府话"的根本原因。这也从语音方面印证了美国华人社区粤方言台山话、广府话与中国广东粤方言台山话、广府话的同根同源。但是，我们更要了解离开本土后，海外汉语方言的发展变化，美国华人社区台山话和广府话与祖籍地方言语音之间的差异更是要一一细数。以下的论述将更多地涉及与祖籍地源方言语音出现较多差别的华人社区台山话。

第一，语音系统中有只在外来借词中出现的成分。美国华人社区的台山话和广府话虽然不似东南亚华人社区的一些汉语方言，在声母中出现了祖籍地所没有而只在外来借词中出现的声母，但是每一个点都有国内汉语方言所无的一个表现，有只在主流语言英语借词中出现的韵母。其中，台山话点拥有这类韵母最多的是三藩市台山话，有6个，最少的波特兰台山话也有两个。相较于台山话点，广府话点更多，最多的三藩市广府话有9个，最少的休斯敦广府话也有4个。

有只出现在外来借词中的声母或韵母，是海外汉语方言的一个普遍特点。我们可以在海外其他华人社区的汉语方言，如东南亚华人社区汉语方言中看到此特点，美国华人社区的台山话和广府话也不例外。

第二，广东台山话和广东广州话在各自的韵母系统中，都有两个自成音节的声化韵母

m̩、ŋ̍，美国华人社区的台山话和广府话的语音系统则都与祖籍地方言不一样，都是只有一个自成音节的声化韵母m̩。这或许可以看作语音系统趋简的一个小表现。

第三，在美国华人社区的6个台山话点里，除了纽约台山话和芝加哥台山话以外，其余4个点均有一个应该引起注意的小改变：三藩市台山话和得州的圣安东尼奥台山话各有一个撮口呼韵母y，加利福尼亚州洛杉矶和俄勒冈州波特兰的台山话各有一个撮口呼韵母yt。虽然这4个点读这些撮口呼韵母的字都很少，但是，广东四邑片台山话韵母"四呼缺一"的格局在美国华人社区开始被打破，却是一个不能再回避的问题。

第四，广东的台山话古曾摄阳声韵尾的字，韵尾有由后鼻音 -ŋ 转为前鼻音 -n 的变化，而美国华人社区的6个台山话古曾摄字均没有出现这一改变，韵尾仍旧保留 -ŋ 的读法。对此，或许我们可以有两种推测：一是广东台山话曾摄字韵尾的变化可能是在美国华人社区台山话迁离出广东本土之后，才在广东发生的，而美国华人社区的台山话没有参与这个演变；二是美国华人社区内强盛的广府话古曾摄字 -ŋ 韵尾的读法，影响了华人社区内的台山话，致使台山话在同一社区内随众了。

第五，古通摄字广东广州话读 uŋ/uk 韵母，广东台山话不读 uŋ/uk 韵母，而读 əŋ/ək 或 øŋ/øk 韵母。美国华人社区的广府话与祖籍地一致，通摄字读 uŋ/uk 韵母。但是，华人社区6个台山话点的通摄字不同广东台山话，却同广府话，也读 uŋ/uk 韵母。台山话的表现是否也与社区内强势的广府话有关，值得探讨。

第六，美国的6个台山话声调调类都是7个，古平、上、去、入四声中，上声不分阴阳，与我们记录的广东台山台城话相同，也与我们在亚洲缅甸记录过的仰光、曼德勒台山话一样，但是与《对照》《研究》记录的广东台山话的8个调类，平、上、去、入均分阴阳不同。

第七，无论华人社区中的台山话还是广府话，声调的变调主要都是连读变调，是在连读中的语流音变，有区别词性和词义的变调只占变调的少数。

世界在飞快地发展变化，小问题也有可能改变大格局，语言和方言也不例外。

目前，我们看到的华人社区台山话、广府话的语音变化并不多，且每个差异也都只是出现了为数很少的例子。不过，尽管问题不多，记录到的例子也不多，但是每一个微乎其微的问题都值得进一步关注和研究。

我们记录了美国华人社区台山话、广府话语音与祖籍地方言语音的异同，我们也将继续注视美国华人社区语音出现的每一个细小的改变，关注它们的每一个细小的发展。

第 3 章　美国华人社区汉语粤方言词汇研究

关于海外汉语方言研究，我们一直认为，迄今，词汇研究都是所有要素中的重中之重。在《试论词汇研究在海外汉语方言研究中的重要性》[①]和《东南亚华人社区汉语方言概要》[②]等论述里，我们都表达过相同的观点。

语言、方言的语音、语法系统之变化非常缓慢，世界上现存的海外华人社区，大都存在一两百年。一两百年时间，迁移到海外的汉语方言，即使其语音和语法发生了变化，也可能只是微乎其微的，人们在交际时也可能不容易感觉到那些细微的变化。本书第 2 章阐述的美国华人社区台山话和广府话的语音与祖籍地方言同远大于异的现状，亦说明了这一点。

语言、方言中的词汇则是最活跃、最善变的，并且拥有超强的包容兼并能力。中国本土的汉语方言随着华人的脚步，每迁移到一个新国家、新环境，马上就会感知到新语言环境中的新事物，接触到周边的新语言，方言的词汇库也就会随即敏感地因应交际的需要，不断地增添、储存这些出现在新环境中，表现新事物的新语言、新词语，并随之修改原有的词汇系统。而使用这些汉语方言的人则会迅速学习、掌握、使用这些新词语，使得这些新词语在该汉语方言里鲜活起来，变成方言使用者的交际工具，使得汉语方言在新生活环境、新语言环境中的交际功能迅速地跟上周围的变化。

新词语的增添既有赖于华人的创造，也有赖于从周边包围汉语方言的异族语言中借用。方言新词语的不断出现对已有的旧词汇系统必然产生冲击，使旧有的词语发生变化，进而使方言的整体面貌发生变化。本书第 2 章所述美国华人社区的 6 个台山话和 6 个广府话都增添了只出现在英语借词中的韵母，通过新增的韵母，创造出新的借词，就是一个例证。

本章讨论美国华人社区粤方言台山话、广府话的词汇。讨论将从两方面展开：一是讨论方言词汇的一般特点，即所有的汉语方言词汇，包括国内的汉语方言词汇通常也都拥有的特点，在华人社区台山话和广府话中的表现及保留；二是讨论词汇的典型特点，即国内祖籍地汉语方言所无、华人社区台山话和广府话词汇特有的新创特点、创新词，以及与国内源方言在数量、使用频率等方面都不一样的借词。

考虑到词条的对应问题，本章用于与美国华人社区台山话比较的广东台山话条目，除了参考《珠江三角洲方言词汇对照》[③]以外，主要来自我们广东台山台城的实地调查。与

[①] 参见陈晓锦《试论词汇研究在海外汉语方言研究中西重要性》，载《暨南学报》（哲学社会科学版）2013 年第 9 期。

[②] 参见陈晓锦《东南亚华人社区汉语方言概要》（中），世界图书出版广东有限公司 2014 年版。

[③] 参见詹伯慧、张日昇主编《珠江海洲方言词汇对照》，广东人民出版社 1988 年版。

美国华人社区广府话比较的广东广州话,也是来自我们的实地调查。

3.1 美国华人社区粤方言词汇的一般特点

本节讨论的词汇特点,不仅是美国华人社区的汉语粤方言词汇,也是海外其他国家华人社区的汉语方言词汇,还有中国本土的汉语方言词汇都具备的特点。

讨论将分别从美国华人社区粤方言台山话和广府话两个角度进行。

3.1.1 华人社区粤方言单音节词

3.1.1.1 华人社区台山话词汇中的单音节词

词汇中的单音节词多,是广东粤方言台山话、广府话与中国南方的其他汉语方言都保留的一大特色,中国南方汉语方言词汇的双音节化速度远不如现代汉语普通话,迄今仍保留了较多的单音节词。通常,单音节词里名词最多,也有其他词类。

单音节词多,也是古代汉语词汇的特点之一,关于这一点,我们将在下一节讨论古代汉语词部分时阐述。本节主要关注,美国华人社区的粤方言台山话和广府话中各自保留的老方言词语里的单音节词,以及华人创造的新词语中的单音节词。

表3-1中的例子,会附上广东本土台山话的表达对比,台山话的资料主要来自广东台山的实地调查,以及《珠江三角洲方言词汇对照》(詹伯慧、张日昇,1988),下同。

表3-1 6个台山话单音节词举例

方言	例词									
	灰尘	绳子	塑料	碎末	尾巴	螃蟹	面条	女儿	凳子	咳嗽
广东台山话	灰尘 fɔi^{33} tsʰin^{22}	绳 sen^{55}	塑料 ɬɔk^{5} liau$^{31-35}$	碎 ɬui^{31}	尾 mi^{55}	蟹 hai^{55}	面 men^{31}	女 nui^{55}	凳 aŋ^{31}	咳 kʰak^{5}
三藩市台山话	尘 tsʰin^{22}	绳 seŋ$^{22-35}$	胶 kau^{44}	碎 sui^{31}	尾 mei$^{55-35}$	蟹 hai^{55}	面 mɛn^{31}	女 nui^{55}	凳 aŋ^{44}	咳 kʰɛt^{5}
洛杉矶台山话	尘 tsʰin^{22}	绳 seŋ^{22}	□ŋa^{44}	碎 ɬui^{21}	尾 mi^{55}	蟹 hai^{55}	面 meŋ^{21}	女 nœy^{35}	凳 aŋ^{21}	嗽 ɬau^{44}
纽约台山话	尘 tsʰan^{22}	绳 seŋ$^{22-35}$	胶 kau^{44}	碎 ɬui^{44}	尾 mi^{55}	蟹 hai^{55}	面 mɛn^{31}	女 nui^{55}	凳 aŋ^{44}	咳 kʰak^{5}
芝加哥台山话	尘 tsʰan^{22}	绳 seŋ$^{22-35}$	胶 kau^{44}	粉 fan^{55}	尾 mi^{55}	蟹 hai^{55}	面 mɛn^{31}	女 nui^{55}	凳 aŋ^{31}	咳 kʰak^{5}
波特兰台山话	尘 tsʰin^{22}	绳 seŋ^{22}	胶 kau^{44}	碎 ɬui^{44}	尾 mi^{55}	蟹 hai$^{55-31}$	面 mɛn^{31}	女 nui^{55}	凳 aŋ^{31}	嗽 sai^{44}

续表 3-1

方言	例词									
	灰尘	绳子	塑料	碎末	尾巴	螃蟹	面条	女儿	凳子	咳嗽
圣安东尼奥台山话	尘 tsʰan²²	绳 seŋ²²	胶 kau⁴⁴	碎末 ɫui⁴⁴	尾 mei⁵⁵	蟹 hai⁵⁵⁻³¹	面 min³¹	女 nui⁵⁵	凳 taŋ⁴⁴	嗽 ɫai⁴⁴

表 3-1 中的 10 个例子，美国的 6 个台山话无一例外地都以单音节词表达，反倒是广东本土的台山话有两个词"灰尘 fʰɔi³³ tsʰin²²""塑料 ɫɔk⁵ liau³¹⁻³⁵"用双音节表达，这其中的一个原因，恐怕是本土的台山话受到共同语普通话强有力的影响，注重表达与共同语的同步、词语释义的准确所致。

我们知道，在汉语普通话里，"塑料"与"胶"是两个不同的概念："塑料"是"以树脂等高分子化合物为基本成分，与配料混合后加热加压而成的、具有一定形状的材料"；"胶"是"某些具有黏性的物质，用动物的皮、角等熬成，或由植物分泌出来，也有人工合成的"。（《现代汉语词典》）从词的含义出发，广东本土的台山话使用者严格区分了两者，美国 6 个台山话的使用者将这两种有某些共同点的物质合而为一，汉语普通话的"塑料"和"胶"都用同一单音节词"胶"指称。

对共同语双音节词"咳嗽"这个意思的表达，美国华人社区的 6 个点与祖籍地方言一样，使用的都是单音节词。不过，广东台山话取了与普通话双音节词相同的前一语素"咳"表示，三藩市、纽约、芝加哥的表达方式与广东台山话相同；而另外 3 个点的方言——洛杉矶、波特兰、圣安东尼奥台山话却取与普通话双音节词相同的后一音节的"嗽"来表达。

3.1.1.2 华人社区广府话词汇中的单音节词

美国华人社区的广府话也很好地保留了单音节词多的特点，表 3-2 加附广东广州话的表达，广州话的材料来自实地调查，下同。

表 3-2 6 个广府话单音节词举例

方言	例词										
	声音	房子	窟窿	本子	尾巴	柜子	鸭子	相片	面条	被子
广东广州话	声 sɛŋ⁵⁵	屋 ŋuk⁵	窿 luŋ⁵⁵	簿 pou³⁵	尾 mei¹³	柜 kwɐi²²	鸭 ŋap³	相 sœŋ³³⁻³⁵	面 min²²	被 pʰei¹³
三藩市广府话	声 sɛŋ⁵⁵	屋 uk⁵	窿 luŋ⁵⁵	簿 pou³⁵	尾 mei¹³	柜 kwɐi²²	鸭 ŋap³	相 sœŋ³³⁻³⁵	面 min²²	被 pʰei¹³
洛杉矶广府话	声 sɛŋ⁵⁵	屋 ŋuk⁵	窿 luŋ⁵⁵	簿 pou³⁵	尾 mei¹³	柜 kwɐi²²	鸭 ŋap³	相 sœŋ³³⁻³⁵	面 min²²	被 pʰei¹³

续表 3-2

方言	例词									
	声音	房子	窟窿	本子	尾巴	柜子	鸭子	相片	面条	被子
纽约广府话	声 sɛŋ⁵⁵	屋 uk⁵	窿 luŋ⁵⁵	簿 pou³⁵	尾 mei¹³	柜 kwɐi²²	鸭 ap³	相 sœŋ³³⁻³⁵	面 min²²	被 pʰei¹³
芝加哥广府话	声 sɛŋ⁵⁵	屋 ŋuk⁵	窿 luŋ⁵⁵	簿 pou³⁵	尾 mei¹³	柜 kwɐi²²	鸭 ŋap³⁻³⁵	相 sœŋ³³⁻³⁵	面 min²²	被 pʰei¹³
波特兰广府话	声 sɛŋ⁵⁵	屋 ŋuk⁵	窿 luŋ⁵⁵	簿 pou³⁵	尾 mei¹³	柜 kwɐi²²	鸭 ŋap³	相 sœŋ³³⁻³⁵	粉 fɐn³⁵	被 pʰei¹³
休斯敦广府话	声 sɛŋ⁵⁵	屋 uk⁵	窿 luŋ⁵⁵	簿 pou³⁵	尾 mei¹³	柜 kwɐi²²	鸭 ŋap³	相 sœŋ³³⁻³⁵	面 min²²	被 pʰei¹³

广东广州话,"面"的一个义项指"面条","粉"一个义项指以米粉制作的粉条,两者区分明确。表 3-2 中的例子,各点的说法除了波特兰广府话叫"面条"为"粉",其"粉条"也叫"粉",出现了"粉条""面条"不分的情况以外,其余的说法都与广东广州话一致。

其实,不仅上面的例子,各点还有很多单音节的表达。例如,华人社区 6 个广府话点仅芝加哥一地广府话叫"素菜"为"斋菜 tsai⁵⁵ tsʰɔi³³",另外 5 点都是单音节的"斋 tsai⁵⁵";三藩市、芝加哥、波特兰、休斯敦 4 个点"蚂蚁"都是单音节的"蚁 ŋɐi¹³";三藩市、芝加哥、波特兰三地"头发旋儿"只说"钻 tsyn³³";三藩市、洛杉矶"传染"就叫"惹 jɛ¹³";三藩市"推测"叫"估 ku³⁵";洛杉矶"处方"叫"单 tan⁵⁵";纽约"野蛮"叫"蛮 man²¹";芝加哥"徽章"和"执照"都叫"牌 pʰai²¹⁻³⁵";波特兰"埋怨"叫"怨 jyn³³";休斯敦"座位"叫"位 wɐi²²⁻³⁵";等等。

总之,一句话,美国华人社区的台山话、广府话都保留了大量单音节词的说法。关于这个特点,我们还会在下面的阐释中看到更多的例子。

3.1.2 华人社区粤方言词汇中的古代汉语词

粤方言是由古代汉语与南方百越族的语言慢慢糅合演变成的。比起汉语普通话,甚至是同样传承自古代汉语的北方汉语方言,流传在中国南方广东、广西,以及香港、澳门地区的南方汉语粤方言留存的古代汉语词语更多,且这些词语很多都是日常用语。

源于中国的海外华人社区汉语方言同样留存了不少古代汉语的词语,美国华人社区的粤方言台山话和广府话也不例外,其保留的古代汉语词不少是汉语普通话不用或少用的。本节就谈谈美国华人社区的 6 个台山话、6 个广府话中保留的古代汉语词语。

3.1.2.1 华人社区台山话和广府话词汇中都保留的古代汉语词

先看看美国华人社区粤方言台山话和广府话这两种方言都共同保留的古代汉语词。表 3-3 的例子都附了广东台山话、广州话的说法,以便对比。

表3-3 6个台山话和6个广府话共同保留的古代汉语词举例

方言	例词									
	镬	粥	翼	颈	面面孔	髀	行行走	徛	畀	饮
广东台山话	vɔk²¹	tsək⁵	ek²	kiaŋ⁵⁵	men³¹	pi⁵⁵	haŋ²²	kʰi⁵⁵	i⁵⁵	jim⁵⁵/ŋim⁵⁵
三藩市台山话	wɔk²	tsuk⁵	jak²	kiaŋ⁵⁵	mɛn³¹	pi⁵⁵	haŋ²²	kʰi⁵⁵	ji⁵⁵	ŋim⁵⁵
洛杉矶台山话	wɔk²	tsuk⁵	jek²	kiaŋ⁵⁵	men²¹	pi⁵⁵	haŋ²²	kʰi⁵⁵	ei⁵⁵	ŋim⁵⁵
纽约台山话	wɔk²	tsuk⁵	jek²	kiaŋ⁵⁵	mɛn³¹	pi⁵⁵	haŋ²²	kʰi⁵⁵	i⁵⁵	ŋam⁵⁵
芝加哥台山话	wɔk²	tsuk⁵	jek²	kiaŋ⁵⁵	mɛn³¹	pi⁵⁵	haŋ²²	kʰi⁵⁵	ji⁵⁵	ŋim⁵⁵
波特兰台山话	wɔk²	tsuk⁵	jak²	kiaŋ⁵⁵	mɛn³¹	pi⁵⁵	haŋ²²	kʰei⁵⁵	ji⁵⁵	ŋim⁵⁵
圣安东尼奥台山话	wɔk²	tsuk⁵	jek²	kɛŋ⁵⁵	min³¹	pei⁵⁵	haŋ²²	kʰei⁵⁵	ei⁵⁵	jim⁵⁵
广东广州话	wɔk²	tsuk⁵	jek²	kɛŋ³⁵	min²²	pei³⁵	haŋ²¹	kʰei³⁵	pei³⁵	jɐm³⁵
三藩市广府话	wɔk²	tsuk⁵	jek²	kɛŋ³⁵	min²²	pei³⁵	haŋ²¹	kʰei³⁵	pei³⁵	jɐm³⁵
洛杉矶广府话	wɔk²	tsuk⁵	jek²	kɛŋ³⁵	min²²	pei³⁵	haŋ²¹	kʰei³⁵	pei³⁵	jɐm³⁵
纽约广府话	wɔk²	tsuk⁵	jek²	kɛŋ³⁵	min²²	pei³⁵	haŋ²¹	kʰei³⁵	pei³⁵	jɐm³⁵
芝加哥广府话	wɔk²	tsuk⁵	jek²	kɛŋ³⁵	min²²	pei³⁵	haŋ²¹	kʰei³⁵	pei³⁵	jɐm³⁵
波特兰广府话	wɔk²	tsuk⁵	jek²	kɛŋ³⁵	min²²	pei³⁵	haŋ²¹	kʰei³⁵	pei³⁵	jɐm³⁵
休斯敦广府话	wɔk²	tsuk⁵	jek²	kɛŋ³⁵	min²²	pei³⁵	haŋ²¹	kʰei³⁵	pei³⁵	jɐm³⁵

方言	例词									
	笮	揽	斟	睇	着~衣	孻	细	靓	阔	渠他
广东台山话	tsak³	lam⁵⁵	tsim³³	hai⁵⁵	tsiak³	niu³³	ɬai³³	liaŋ³³	fuɔt³	kʰui³¹
三藩市台山话	tsak³	lam⁵⁵	tsim⁴⁴	hai⁵⁵	tsiak³	nau⁴⁴	ɬai⁴⁴	liaŋ⁴⁴	fɔt³	kʰui⁵⁵
洛杉矶台山话	tsak³	lam⁵⁵	tsim⁴⁴	hai⁵⁵	tsiak³	nau⁴⁴	sai⁴⁴	liaŋ⁴⁴	fɔt³	kʰui⁵⁵
纽约台山话	tsak³	lam⁵⁵	tsam⁴⁴	hai⁵⁵	tsɛk³	nau⁴⁴	ɬai⁴⁴	liaŋ⁴⁴	fɔt³	kʰui⁵⁵

续表 3-3

方言	例词									
	筜	揽	斟	睇	着~衣	獳	细	靓	阔	渠他
芝加哥台山话	tsak³	lam⁵⁵	tsim⁴⁴	hɔi⁵⁵	tsiak³	niu⁴⁴	ɬai⁴⁴	liaŋ⁴⁴	fɔt³	kʰui⁵⁵
波特兰台山话	tsak³	lam⁵⁵	tsim⁴⁴	hai⁵⁵	tsiɔk³	niu⁴⁴	sai⁴	liaŋ⁴⁴	fut³	kʰi⁵⁵
圣安东尼奥台山话	tsak³	lam⁵⁵	tsim⁴⁴	hai⁵⁵	tsɛk³	niu⁴⁴	ɬai⁴⁴	lɛŋ⁴⁴	fɔt³	kʰui⁵⁵
广东广州话	tsak³	lam³⁵	tsɐm⁵⁵	tʰɐi³⁵	tsœk³	nɐu⁵⁵	sɐi³³	lɛŋ³³	fut³	kʰœy¹³
三藩市广府话	tsak³	lam³⁵	tsɐm⁵⁵	tʰɐi³⁵	tsœk³	nɐu⁵⁵	sɐi³³	lɛŋ³³	fut³	kʰœy¹³
洛杉矶广府话	tsak³	lam³⁵	tsɐm⁵⁵	tʰɐi³⁵	tsœk³	nɐu⁵⁵	sɐi³³	lɛŋ³³	fut³	kʰœy¹³
纽约广府话	tsak³	lam³⁵	tsɐm⁵⁵	tʰɐi³⁵	tsœk³	nɐu⁵⁵	sɐi³³	lɛŋ³³	fut³	kʰœy¹³
芝加哥广府话	tsak³	lam³⁵	tsɐm⁵⁵	tʰɐi³⁵	tsœk³	nɐu⁵⁵	sɐi³³	lɛŋ³³	fut³	kʰœy¹³
波特兰广府话	tsak³	lam³⁵	tsɐm⁵⁵	tʰɐi³⁵	tsœk³	nɐu⁵⁵	sɐi³³	lɛŋ³³	fut³	kʰœy¹³
休斯敦广府话	tsak³	lam³⁵	tsɐm⁵⁵	tʰɐi³⁵	tsœk³	nɐu⁵⁵	sɐi³³	lɛŋ³³	fut³	kʰœy¹³

表 3-3 中列出的 20 个例子，都保留在了美国华人社区粤方言台山话和广府话中，是两种粤方言 12 个点的华人至今都在日常生活中频繁使用、活跃在两种方言的祖籍地源方言广东台山话、广东广州话中的，却在汉语共同语普通话中不用或不在、少在日常交际中使用的，请看具体分析。

（1）名词。

镬，《广韵》："入声铎韵胡郭切，鼎镬。"《集韵》："入声铎韵黄郭切。"炒菜用的锅，华人社区的广府话洛杉矶、纽约、休斯敦 3 个点都以这个单音节的"镬 wɔk²"表示，台山话三藩市、纽约、芝加哥、波特兰、圣安东尼奥 5 个点的台山话也都叫"镬 wɔk²"，音义皆合。我们虽然没有记录到"镬"在三藩市广府话、芝加哥广府话、波特兰广府话、洛杉矶台山话中单独成词的说法，但是它可以作为构词语素，出现在常用合成词里，例如：

三藩市广府话：镬铲锅铲 wɔk²tsʰan³⁵
芝加哥广府话：老番镬平底锅 lou¹³fan⁵⁵wɔk²、镬捞锅垫子 wɔk²lou⁵⁵、镬擦炊帚 wɔk²tsʰat³
波特兰广府话：镬铲锅铲 wɔk²tsʰan³⁵
洛杉矶台山话：炊镬蒸笼 tsʰui⁵⁵wɔk²

粥，《广韵》："入声屋韵之六切，糜也。"《集韵》："入声屋韵之六切，糜也。""稀饭"粤方言台山话、广府话都叫"粥",音义俱合,华人社区的12个方言点也都使用"粥",在广东流行的艇仔粥、及第粥、皮蛋瘦肉粥等,美国华人社区的中餐馆也都有售卖。

翼,《说文解字》:"翄也,从飞异声,与职切。"《广韵》:"入声职韵与职切,羽翼。"《集韵》:"入声职韵逸职切,《说文》翄也。"表示禽类的翅膀,美国的12个粤方言点都说"翼",各点音义皆合。例如,"鸡翅膀",12个点的方言就都叫"鸡翼"。

颈,《广韵》:"上声静韵居郢切,又巨成切,项也。"《集韵》:"上声静韵经郢切,《说文》头颈也。""脖子"美国的12个粤方言点都叫"颈",音义均合。除了单用,这个古汉语词在粤方言中也仍然有强大的生命力,在华人社区的台山话、广府话里也都能够作为构词语素出现在双音节、三音节的词里面(表3-4中的"—"表示:①发音人没有提供说法;②发音人提供的不是词语,而是词组的说法;③发音人提供的是不含语素"颈"的词)。

表3-4 6个台山话和6个广府话中"颈"作为构词语素的词语

方言	例词					
	围巾	项链	歪脖子	落枕	执拗	顶撞
三藩市台山话	颈巾 kiaŋ^{55} kin^{44}	颈链 kiaŋ^{55} lian$^{31-35}$	—	瞓㡥颈 fun^{44} lai^{55} kiaŋ^{55}	硬颈 ŋaŋ^{31} kiaŋ^{55}	顶颈 eŋ^{55} kɐŋ^{55}
洛杉矶台山话	—	—	曲颈 k^{h}uk^5 kiaŋ^{55}	梗颈 kaŋ^{55} kiaŋ^{55}	—	拗颈 au^{44} kiaŋ^{55}
纽约台山话	颈巾 kiaŋ^{55} kin^{44}	颈链 kiaŋ^{55} lɛn$^{31-55}$	乜颈 mɛ^{55} kiaŋ^{55}	—	硬颈 ŋaŋ^{31} kiaŋ^{55}	—
芝加哥台山话	颈巾 kiaŋ^{55} kan^{44}	颈链 kiaŋ^{55} lɛn^{55}	—	瞓㡥颈 fun^{44} lai^{55} kiaŋ^{55}	硬颈 ŋaŋ^{31} kiaŋ^{55}	—
波特兰台山话	颈巾 kiaŋ^{55} kin^{44}	颈链 kiaŋ^{55} lɛn^{55}	梗颈 kaŋ^{55} kiaŋ^{55}	硬颈 ŋaŋ^{31} kiaŋ^{55}	硬颈 ŋaŋ^{31} kiaŋ^{55}	顶颈 teŋ^{55} kiaŋ^{55}
圣安东尼奥台山话	颈巾 kɛŋ^{55} kan^{44}	颈链 kɛŋ^{55} lin$^{31-35}$	乜颈 mɛ^{55} kɛŋ^{55}	梗颈 kaŋ^{55} kɛŋ^{55}	硬颈 ŋaŋ^{31} kɛŋ^{55}	顶颈 aŋ^{55} kiaŋ^{55}
三藩市广府话	颈巾 kɐŋ^{35} kɐn^{55}	颈链 kɐŋ^{35} lin$^{22-35}$	—	—	硬颈 ŋaŋ^{22} kɐŋ^{35}	—
洛杉矶广府话	颈巾 kɐŋ^{35} kɐn^{55}	颈链 kɐŋ^{35} lin$^{22-35}$	乜颈 mɛ^{35} kɐŋ^{35}	瞓㡥颈 fɐn^{33} lɐi^{35} kɐŋ^{35}	硬颈 ŋaŋ^{22} kɐŋ^{35}	—
纽约广府话	颈巾 kɐŋ^{35} kɐn^{55}	颈链 kɐŋ^{35} lin$^{22-35}$	瞓㡥颈 fɐn^{33} lɐi^{35} kɐŋ^{35}	瞓㡥颈 fɐn^{33} lɐi^{35} kɐŋ^{35}	拗颈 au^{33} kɐŋ^{35}	—
芝加哥广府话	—	颈链 kɐŋ^{35} lin$^{22-35}$	乜颈 mɛ^{35} kɐŋ^{35}	颈痛 kɐŋ^{35} t^{h}uŋ^{33}	硬颈 ŋaŋ^{22} kɐŋ^{35}	顶颈 teŋ^{35} kɐŋ^{35}
波特兰广府话	颈巾 kɐŋ^{35} kɐn^{55}	颈链 kɐŋ^{35} lin^{35}	—	瞓硬颈 fɐn^{33} ŋaŋ^{22} kɐŋ^{35}	硬颈 ŋaŋ^{22} kɐŋ^{35}	顶颈 teŋ^{35} kɐŋ^{35}
休斯敦广府话	颈巾 kɐŋ^{35} kɐn^{55}	颈链 kɐŋ^{35} lin$^{22-35}$	—	—	硬颈 ŋaŋ^{22} kɐŋ^{35}	顶颈 teŋ^{35} kɐŋ^{35}

面₍面孔₎，《广韵》："去声线韵弥箭切，想也，前也……颜前也。"《集韵》："去声线韵弥前切，《说文》颜前也，象人面形。""面"即"脸"。此词华人社区的 12 个方言点均用，音义皆合，汉语普通话的"洗脸"，华人社区的台山话和广府话都说"洗面"。

髀，《广韵》："上声纸韵并弭切，股也，又步米切。"《集韵》："上声纸韵补弭切，《说文》股也，或从足从肉。""大腿"12 个点的粤方言除了洛杉矶台山话单说"髀"，保留了单音节词的用法以外，其他点都叫"大髀"，"髀"是构词语素，音义均合。

另外，"小腿"三藩市台山话说"细髀ɬai⁴⁴pi⁵⁵"，波特兰台山话叫"细髀 sai⁴⁴pi⁵⁵"，圣安东尼奥台山话叫"脚髀 kɛk³pei⁵⁵"；洛杉矶广府话还是单叫"髀"，纽约广府话叫"小髀 siu³⁵pei³⁵"，休斯敦广府话叫"脚髀 kœk³pei³⁵"。

（2）动词。

行，《广韵》："平声庚韵户庚切，又户刚、户浪、下孟三切，行步也，适也，往也，去也。"《集韵》："平声庚韵何庚切，《说文》人之步趋也。""走"叫"行"，"慢慢走"就是"慢慢行"，美国 12 个方言点的意义皆合，语音则合户庚、下孟、何庚切。

徛，《广韵》："上声纸韵渠绮切，立也。"在华人社区的 12 个粤方言点里，表示"站"的意思都用"徛"，"罚站"就是"罚徛"，音义均合。

畀，《广韵》："去声至韵必至切，与也。"《集韵》："去声至韵必至切，《说文》相付与之。"表示动作的"给"，美国华人社区的粤方言无论台山话还是广府话，都说"畀"，音义皆合。

饮，《广韵》："上声寝韵於锦切，《说文》曰歠也。"《集韵》："上声寝韵於锦切，《说文》歠也。""喝水""喝茶""喝酒"的"喝"，美国华人社区台山话、广府话各点都说"饮"，音义全合，就连"赴宴"的表示，各点的表示也与"饮"有关。例如：

台山话：饮酒 jim⁵⁵tiu⁵⁵（三藩市）、饮酒 ŋim⁵⁵tiu⁵⁵（洛杉矶）、去饮酒 hui⁴⁴jam⁵⁵tiu⁵⁵（纽约）、饮枱₍此意不是喝桌子，而是吃酒席₎ ŋam⁵⁵tʰui²²⁻⁵⁵（芝加哥）、饮酒 ŋim⁵⁵tiu⁵⁵（圣安东尼奥）、去饮₍赴宴₎hui⁴⁴ŋim⁵⁵（波特兰）

广府话：饮酒 jɐm³⁵tsɐu³⁵（三藩市）、饮酒 jɐm³⁵tsɐu³⁵（洛杉矶）、饮酒 jɐm³⁵tsɐu³⁵（纽约）、去饮₍赴宴₎hœy³³jɐm³⁵（芝加哥）、去饮₍赴宴₎hœy³³jɐm³⁵（休斯敦）、去饮酒 hœy³³jɐm³⁵tsɐu³⁵（波特兰）

揽，《广韵》："上声敢韵庐感切，手擥取。"《集韵》："上声敢韵庐敢切，《说文》撮持也。"以双手搂抱人或物，粤方言台山话和广府话都叫"揽"，美国华人社区的 12 个点也一样，音义均合。

斟，《广韵》："平声侵韵职深切，斟酌也，益也。"《集韵》："平声侵韵诸深切，《说文》勺也。"普通话的"倒茶""倒酒"，粤方言台山话、广府话说"斟茶""斟酒"，美国华人社区 12 个点的音义均合。

笮，《广韵》："入声陌韵侧伯切，迫也。"《集韵》："入声陌韵侧格切，《说文》迫也。"表示"以重物压"，粤方言台山话、广府话说"笮"，美国华人社区 12 个点音义均合。

睇，《方言》："卷二，陈楚之间，南楚之外曰睇。"《说文·目部》："目小视也。"

"看"粤方言台山话、广府话就是"睇",华人社区的12个方言点均没有例外。

着~衣,《广韵》:"入声药韵张略切,服衣于身,又直略张豫二切。"《集韵》:"入声药韵,被服也,一曰置也。"表示"穿衣服""穿鞋"等的"穿",华人社区的台山话和广府话都与祖籍地方言相同,用"着",如"着衫""着鞋"。

(3)形容词。

嬲,《广韵》:"平声侯韵奴钩切,犬怒。"《集韵》:"平声侯韵奴侯切,怒犬貌。""嬲"即"生气",粤方言台山话、广府话"生气"都说"嬲",华人社区12个点均与祖籍地源方言相同。俗以"两男夹一女"的方言会意字"嬲"表示,音义均合。

细,《广韵》:"去声霁韵苏计切,小也。"《集韵》:"去声霁韵思计切,《说文》微也。""小"就是"细",华人社区12个点的表达与广东台山话、广府话相同,音义均合。

靓,《广韵》:"去声劲韵疾政切,装饰也。"《集韵》:"去声劲韵疾正切。""漂亮""好"华人社区的台山话、广府话点都说"靓",与祖籍地源方言同。

阔,《广韵》:"入声末韵苦栝切,广也,远也,疏也。"《集韵》:"入声末韵苦活切,《说文》疏也,一曰远也。"表示汉语普通话"宽"的意思,粤方言台山话、广府话都说"阔",华人社区的12个点也是,音义俱合。

(4)代词。

渠,《集韵》:"平声鱼韵求於切,吴人呼彼称,通作渠。"第三人称单数代词"他""她""它",国内广东粤方言台山话、广府话都称"渠",美国华人社区的台山话、广府话同样也用这个"渠"。古平声浊音声母字,台山话和广府话今应读阳平,但华人社区的广府话与中国广州话一样,受第一、第二人称单数代词"我""你"声调阳上的类化,今读阳上。华人社区的台山话上声只有一个,"渠"读上声。

3.1.2.2 华人社区台山话和广府话词汇中保留的其他古代汉语词

除了以上在华人社区台山话和广府话12个点中都同样保存的古代汉语词,美国华人社区台山话和广府话中,还有一些分别为两种方言常用的,多点或单点使用的古代汉语词,以下分别阐述。

(1)台山话中常用的古汉语词。(见表3-5)

表3-5 6个台山话常用古汉语词举例

方言	例词					
	姊	臀	喫	凭靠	惊	皓
广东台山话	tei^{55}	hun^{22}	hɛt^{3}	p^{h}aŋ^{22}	kiaŋ^{33}	hau^{31}
三藩市台山话	ti^{55}	hun^{22}	hɛt^{3}	paŋ^{31}	kiaŋ^{44}	hau^{31}
洛杉矶台山话	ti^{55}	hun^{22}	hɛt^{3}	paŋ^{21}	kiaŋ^{44}	hau^{21}
纽约台山话	ti^{55}	hun^{22}	hɛt^{5}	paŋ^{31}	kiaŋ^{44}	hau^{31}
芝加哥台山话	ti^{55}	hun^{22}	hɛt^{5}	paŋ^{31}	kiaŋ^{44}	hau^{31}
波特兰台山话	tsi^{55}	hum^{22}	hɛt^{3}	paŋ^{31}	kiaŋ^{44}	hau^{31}

续表 3-5

方言	例词					
	姊	臀	喫	凭靠	惊	皓
圣安东尼奥台山话	tei⁵⁵	tʰun²²/hun²²	hɛt³	paŋ³¹	kiaŋ⁴⁴	hau³¹

以上 6 个古汉语词，两个名词"姊""臀"、两个动词"喫""凭"、两个形容词"惊""皓"，均是华人社区 6 个台山话点都使用的。

姊，《广韵》："上声旨韵将几切，《尔雅》曰男子谓女子先生为姊。"《集韵》："上声旨韵蒋兕切，《说文》女兄也。"三藩市台山话中有"家姊 ka⁴⁴tiʰ⁵⁵⁻³⁵""姊夫 ti⁵⁵fu²²"，洛杉矶台山话中有"阿姊 a⁴⁴ti⁵⁵""姊夫 ti⁵⁵fu⁴⁴"，纽约台山话中有"姊妹 ti⁵⁵mɔi³¹""两姊弟 lɛŋ⁵⁵ti⁵⁵ai³¹"，芝加哥台山话中有"阿姊 a⁴⁴ti⁵⁵""姊夫 ti⁵⁵fu⁴⁴"，波特兰台山话中有"阿姊 a⁴⁴tsi⁵⁵""姊夫 tsi⁵⁵fu⁴⁴"，圣安东尼奥台山话中有"阿姊 a⁴⁴tei⁵⁵""姊妹 tei⁵⁵mɔi³¹"。

臀，《广韵》："下平声魂韵徒浑切，《广雅》云臀谓之脽，亦谓之胖也，《说文》作尻髖也。"《集韵》："平声魂韵徒浑切，《说文》髖也。"

以"臀"指称臀部，在汉语普通话中只出现在书面语中，但美国使用台山话的华人如同祖籍地的使用者一样，至今仍在日常生活中使用它。

除了单用，三藩市台山话指没穿裤子，光屁股为"打出臀 a⁴⁴tsʰut⁵hun²²"。"擦屁股"，洛杉矶台山话叫"擦臀 tsʰat³hun²²"，纽约台山话、芝加哥台山话、波特兰台山话的说法更斯文，分别叫"缴臀 kei⁵⁵hun²²""缴臀 kiu⁵⁵hun²²""缴臀 kiu⁵⁵hun²²"。圣安东尼奥台山话将"男阴"叫"臀鼓 hun²²ku⁵⁵"。"臀"在这些组合里都成了构词语素。

最有意思的是芝加哥台山话，将汉语普通话的"拍马屁"说成"锡臀 siak³hun²²"，粤方言的"锡"做动词时表示"亲"。此词字面上的意义是"亲屁股"，"拍马屁"是引申义。

喫，《广韵》："入声锡韵苦击切，吃食。"《集韵》："入声锡韵诘历切，《说文》食也。"

与粤方言的广府话常用的另一表示同一意思的古汉语词"食"不同，表示"进食"这个动作的动词"喫"，可以说是粤方言台山话的一个特征词。"喫"在华人社区的台山话中普遍使用，意义涵盖了汉语普通话的"吃""喝""抽"等。例如，"饭桌"洛杉矶台山话叫"喫饭枱 hɛt³fan²¹hɔi²²⁻³⁵"；"抽烟"可用"喫"表示，如三藩市台山话说"喫烟 hɛt³jɛn⁴⁴"，波特兰台山话说"喫烟 hɛt³jan⁴⁴"；"吃素"纽约台山话、芝加哥台山话、圣安东尼奥台山话分别叫"喫斋 hɛt⁵tsai⁴⁴""喫斋 hɛt³tsai⁴⁴""喫斋 hɛt³tsai⁴⁴"。

凭，《广韵》："下平声蒸韵扶冰切，依几也。"《集韵》："平声蒸韵皮冰切，《说文》依几也。"

表示"凭靠"这一动作，华人社区 6 个台山话点都说"凭"。普通话的"梯子"，纽约台山话就叫"凭椅 paŋ³¹kʰi⁵⁵"，波特兰台山话叫"凭椅 pʰaŋ³¹kʰei⁵⁵"。

惊，《广韵》："平声庚韵举卿切，惧也，《说文》曰马骇也。"《集韵》："平声庚韵居卿切，《说文》马骇也。"

表示"害怕、恐怕"等意思,华人社区6个台山话点都用"惊",音义俱合。

皓,《广韵》:"上声晧韵胡老切,光也,明也,日出貌也。"《集韵》:"上声晧韵下老切,《说文》日出貌。"

"皓"可以说也是台山话的一个特征词。"光亮",广东台山话说"皓","天亮"就是"天皓"。美国华人社区的6个台山话点也都说"皓",保留了古汉语的音和义。中国的广州话和美国华人社区的广府话都不用此词。

(2)广府话中常用的古汉语词。(见表3-6)

表3-6　6个广府话常用古汉语词举例

方言	例词					
	窦	食	敨	郁	揽	曳
广东广州话	tɐu^{33}	sek^2	tʰɐu^{35}	juk^5	lam^{35}	jɐi^{13}
三藩市广府话	tɐu^{33}	sek^2	tʰɐu^{35}	juk^5	lam^{35}	jɐi^{13}
洛杉矶广府话	tɐu^{33}	sek^2	tʰɐu^{35}	juk^5	lam^{35}	jɐi^{13}
纽约广府话	tɐu^{33}	sek^2	tʰɐu^{35}	juk^5	lam^{35}	jɐi^{13}
芝加哥广府话	tɐu^{33}	sek^2	tʰɐu^{35}	juk^5	lam^{35}	jɐi^{13}
波特兰广府话	tɐu^{33}	sek^2	tʰɐu^{35}	juk^5	lam^{35}	jɐi^{13}
休斯敦广府话	tɐu^{33}	sek^2	tʰɐu^{35}	juk^5	lam^{35}	jɐi^{13}

以上6个古汉语词,一个名词"窦"、4个动词"食""敨""郁""揽"、一个形容词"曳",华人社区6个点的广府话都使用。

窦,《广韵》:"去声候韵田候切,空也,穴也,水窦也。"《集韵》:"去声候韵大透切,《说文》空也。"

"鸟巢""狗窝"等中的"巢"和"窝",美国华人社区广府话和广东广州话相同,都用读阴去33调的"窦 tɐu^{33}"表示,音合大透切。"窦"在华人社区广府话中另有一个也与广东广州话一样,不读阴去调33,读阳去调22(tɐu^{22})的说法,用于对父亲的指称和面称——"老窦"。

食,《说文解字》:"乘力切。"《广韵》:"入声职韵乘力切,饮食。"

"食"在华人社区6个广府话与祖籍地的广州话都常用,除了纽约台山话中"食饭枱$_{饭桌}$"一条用"食"不用"喫"以外(不排除纽约的台山话此说法受到了广府话的影响),基本与台山话所保留的"喫"形成了对比,在两个方言之间形成一条界线,广府话用"食",台山话用"喫"。"食"在粤方言广府话中可以表示汉语普通话的"吃""抽"等动作。以下的例子,只有波特兰广府话的"抽烟 tsʰɐu^{55}jin^{55}"是个例外,明显受到了汉语普通话的影响。(见表3-7)

第3章 美国华人社区汉语粤方言词汇研究

表3-7 6个广府话有关"吃"的几个词语

方言	例词						
	吃饭	吃早餐	吃午饭	吃晚饭	吃自助餐	吃素	抽烟
广东广州话	食饭 sek² fan²²	食早餐 sek² tsou³⁵ tsʰan⁵⁵	食午饭 sek² m̩¹³ fan²²	食晚饭 sek² man¹³ fan²²	食自助餐 sek² tsi²² tsɔ²¹ tsʰan⁵⁵	食斋 sek² tsai⁵⁵	食烟 sek² jin⁵⁵
三藩市广府话	食饭 sek² fan²²	食早餐 sek² tsou³⁵ tsʰan⁵⁵	食晏昼 sek² an³³ tsɐu³³	食晚饭 sek² man¹³ fan²²	食布菲 sek² pɔ³³ fei⁵⁵（英语：buffet）	食斋 sek² tsai⁵⁵	食烟 sek² jin⁵⁵
洛杉矶广府话	食饭 sek² fan²²	食早餐 sek² tsou³ tsʰan⁵⁵	食□□ sek² lan⁵⁵ tsʰy²¹（英语：lunch）	食晚黑餐 sek² man¹³ hak⁵ tsʰan⁵⁵	食布菲 sek² pu³³ fei⁵⁵（英语：buffet）	食斋 sek² tsai⁵⁵	食烟 sek² jin⁵⁵
纽约广府话	食饭 sek² fan²²	食早餐 sek² tsou³ tsʰan⁵⁵	食晏 sek² an³³	食饭 sek² fan²²	食布菲 sek² pou³³ fei⁵⁵（英语：buffet）	食斋 sek² tsai⁵⁵	食烟 sek² jin⁵⁵
芝加哥广府话	食饭 sek² fan²²	食早餐 sek² tsou³⁵ tsʰan⁵⁵	食晏昼 sek² ŋan³³ tsɐu³³	食晚餐 sek² man¹³ tsʰan⁵⁵	食自助餐 sek² tsi:²² tsɔ²² tsʰan⁵⁵	食斋 sek² tsai⁵⁵	食烟 sek² jin⁵⁵
波特兰广府话	食饭 sek² fan²²	食早餐 sek² tsou³⁵ tsʰan⁵⁵	食午餐 sek² m̩¹³ tsʰan⁵⁵	食晚餐 sek² man¹³ tsʰan⁵⁵	食自助餐 sek² tsi:²² tsɔ²² tsʰan⁵⁵	食斋 sek² tsai⁵⁵	抽烟华 tsʰɐu⁵⁵ jin⁵⁵
休斯敦广府话	食饭 sek² fan²²	食早餐 sek² tsou³⁵ tsʰan⁵⁵	食中午 sek² tsuŋ⁵⁵ m̩¹³	食晚餐 sek² man¹³ tsʰan⁵⁵	食布菲 sek² pou³³ fei⁵⁵（英语：buffet）	食斋 sek² tsai⁵⁵	食烟 sek² jin⁵⁵

敨，《集韵》："上声厚韵他口切，展也。"

美国华人社区的广府话如同广东广州话，都使用这个古汉语词，"解开包着的东西，呼吸，歇息"都可以叫"敨"，如"敨开""敨气""敨一下"。

郁，《广韵》："入声屋韵於六切。"《集韵》："入声屋韵乙六切，地名，《说文》右扶风郁夷也。"

"郁"在广东广州话以及美国华人社区的广府话中表示的都是"动"的意思。例如，普通话"站着别动"一句6个点的表达为：

三藩市广府话：徛住唔好郁！ kʰei¹³ tsy²² m̩²¹ hou³⁵ juk⁵！
洛杉矶广府话：徛住唔好郁！ kʰei¹³ tsy²² m̩²¹ hou³⁵ juk⁵！
纽约广府话：徛响度唔好郁！ kʰei¹³ hœŋ³⁵ tou²² m̩²¹ hou³⁵ juk⁵！
芝加哥广府话：徛住咪郁！ kʰei¹³ tsy² mɐi¹³ juk⁵！
波特兰广府话：徛响度唔好郁！ kʰei¹³ hœŋ³⁵ tou²² m̩²¹ hou³⁵ juk⁵！
休斯敦广府话：徛定唔好郁！ kʰei¹³ teŋ²² m̩²¹ hou³⁵ juk⁵！

揽，《广韵》："上声敢韵赏感切，手擎取。"《集韵》："上声敢韵庐敢切，《说文》撮持也。"

以双手搂抱人或物，6个广府话与祖籍地方言广州话相同，都可以说"揽"。

曳，《广韵》："去声祭韵余制切，牵也，引也。"《集韵》："去声祭韵以制切，《说文》更曳也。"

美国华人社区的6个广府话点与广州话一样，"曳"的声母、韵母与"余制切""以制切"合，声调有点变化，读阳上，意义变成"淘气、顽皮、不听话"。

（3）其他常被华人社区的台山话、广府话使用的古代汉语词。

以下所举的例子与上面的不同，在华人社区里，并非6个台山话点或6个广府话点全都保留使用，而只是出现在台山话和广府话的某些或某个点中。

1）名词。

痂，《广韵》："下平声麻韵古牙切，疮痂。"《集韵》："平声麻韵居牙切，《说文》疥也。"

《现代汉语词典》中，"痂"的意思为"伤口或疮口表面上由血小板和纤维蛋白等凝结而成的块状物"。美国华人社区台山话多个点叫"痂"，音义俱合。其中，三藩市台山话读作 ka^{44-31}，芝加哥、波特兰、圣安东尼奥台山话都是 ka^{44}。

芝加哥广府话也用这个"痂"，音 ka^{55}。

妗，《集韵》："去声沁韵巨禁切，俗谓舅母曰妗。"《广韵》中去声沁韵无此字，故"妗"之称谓可能自宋代开始才比较流行。

美国三藩市、洛杉矶、纽约、芝加哥的台山话中，"舅妈"称"阿妗"，"妗"音分别为 $k^h\varepsilon n^{31}$、k^him^{21}、k^ham^{31}、k^ham^{31}。

洛杉矶广府话可称舅妈为"阿妗 $a^{33}k^h\textrm{e}m^{13}$"，也可称为"妗母 $k^h\textrm{e}m^{13}mou^{13}$"；芝加哥广府话称"妗母 $k^h\textrm{e}m^{13}mou^{13}$"。

昼，《广韵》："去声宥韵陟救切，日中。"《集韵》："去声宥韵陟救切，《说文》日之出与夜为界。"

三藩市、芝加哥、波特兰、圣安东尼奥4个台山话保留了"昼"的"日中"含义，三藩市、洛杉矶、纽约、芝加哥、波特兰5个广府话也保留了此义（美国华人对时间名词的使用，有一些异于祖籍地方言的表现，此处各点的例子仅说明对古汉语词"昼"的保留，对例子意义的变异等方面，将在3.2.1.2.2 "美国华人常用时间名词使用特点研究"部分专门论述）。例如：

三藩市台山话：上昼_{上午}$s\varepsilon\eta^{31} tsiu^{44}$、中昼_{中午}$tsu\eta^{44} tsiu^{44}$、下昼_{下午}$ha^{55} tsiu^{44}$、晏昼_{下午}$an^{31} tsiu^{31}$

芝加哥台山话：上昼_{上午}$s\varepsilon\eta^{31} tiu^{44}$、晏昼_{中午、下午}$an^{44} tiu^{44}$

波特兰台山话：晚昼_{傍晚}$man^{31} tsin^{44-35}$

圣安东尼奥台山话：上昼_{上午}$s\varepsilon\eta^{31} \textlyoghlig^{44}$、下昼_{下午}$ha^{31} \textlyoghlig^{44}$

三藩市广府话：晏昼_{中午}$an^{33} ts\textrm{e}u^{33}$

洛杉矶广府话：上昼_{上午}$s\textrm{e}\eta^{22} ts\textrm{e}u^{33}$、晏昼_{下午}$\eta an^{33} ts\textrm{e}u^{33}$、下昼_{傍晚}$ha^{22} ts\textrm{e}u^{33}$

纽约广府话：晏昼_{中午} ŋan³³ tsɐu³³
芝加哥广府话：上昼_{上午} sœŋ²² tsɐu³³、下昼_{下午} ha²² tsɐu³³
波特兰广府话：下昼_{下午} ha²² tsɐu³³

鹞，《广韵》："去声笑韵弋照切，鸷鸟也。"《集韵》："去声笑韵弋笑切，《说文》鸷鸟也。"

"鹞"本指一种鸟，但在美国华人社区的一些台山话和广府话中，它的词义如同广东本土的台山话和广州话，有点变化，被引申为能像鸟一样飞的风筝。例如，"放风筝"各点的说法为：

洛杉矶台山话：飞鹞 fi⁴⁴ jau²²⁻³⁵
纽约台山话：放纸鹞 fɔŋ⁴⁴ tsi⁵⁵ ɛu⁵⁵
芝加哥台山话：飞纸鹞 fi⁴⁴ tsi⁵⁵ jau⁵⁵
波特兰台山话：放纸鹞 fɔŋ⁴⁴ tsi⁵⁵ jiu⁵⁵
圣安东尼奥台山话：放纸鹞 fɔŋ⁴⁴ tsi⁵⁵ jau⁵⁵
洛杉矶广府话：放纸鹞 fɔŋ⁵⁵ tsi³⁵ jiu³⁵
芝加哥广府话：放纸鹞 fɔŋ³³ tsi³⁵ jiu³⁵
波特兰广府话：放纸鹞 fɔŋ³³ tsi³⁵ jiu³⁵
休斯敦广府话：放纸鹞 fɔŋ³³ tsi³⁵ jiu³⁵

类似的说法在广东台山话、广东广州话中也有。

緤，《集韵》："入声屑韵力结切，绥谓之緤。"（绳）结"粤方言广州话叫"緤 lit³"，音义俱合。

三藩市、洛杉矶、纽约、芝加哥的广府话保留此说法，音 lit³。

禾，《广韵》："下平声戈韵户戈切，粟苗。"《集韵》："平声戈韵胡戈切，《说文》嘉谷也，二月始生，八月而熟，得时之中，故谓之禾。"

国内的粤方言仍用此词指代水稻，美国的华人因为离开祖籍地已久，且少有从事农业生产的，故农耕用语通常发音人都无法提供。不过，难能可贵的是，洛杉矶、纽约和芝加哥三地的台山话都保留了这一用法，音都是 wɔ²²。

洛杉矶广府话也保留了这一用法，音 wɔ²¹。

谷，《广韵》："入声屋韵古禄切，五谷也。"《集韵》："入声屋韵古禄切，百谷之总名。"

洛杉矶、纽约、芝加哥三地的台山话，还有洛杉矶广府话均保留了这一说法，音相同，都是 kuk⁵。

棘，《广韵》："入声职韵林直切，赵魏间呼棘，出《方言》。"《集韵》："入声职韵六直切，赵魏之间谓棘曰棘"。

此词只在纽约、芝加哥和圣安东尼奥三地的台山话中保留，音 lak³，指植物的刺，俗作"簕"，音义俱合。

屐，《说文解字》："屩也，从履省支声，奇逆切。"《广韵》："入声陌韵奇逆切，履屐。""屐"即木拖鞋。《集韵》："入声陌韵竭戟切，《说文》屩也。"

保留此一古汉语单音节词用法的是波特兰的台山话和广府话，音都是 $k^h\epsilon k^2$，芝加哥台山话和洛杉矶广府话"屐"是双音节词"木屐"的构词语素，前者音 $muk^2k^hiak^2$，后者音 $muk^2k^h\epsilon k^2$。

唇，《释名·释形体》："唇，缘也。唇者口之缘也。"《诗经·伐檀》："坎坎伐轮兮，置之河之漘兮。""漘"即"唇"。《广韵》："上平声谆韵食伦切，口唇。"《集韵》："谆韵船伦切。"

指称物体的"边缘"为"边唇"是广东客家方言特有的习惯，此词可以说是客家方言的特征词。而纽约台山话也将"器物的边缘"称为"唇 sun^{22}"则很特别，这在美国华人社区的 12 个方言点中是独有的。

2）动词。

噍，《广韵》："去声笑韵才笑切，又子幺、子由切，嚼也。"《集韵》："去声笑韵才笑切，《说文》齿也，或作噍。"

此动词国内的粤方言有用，粤方言音合子幺、子由切。三藩市、洛杉矶、芝加哥、圣安东尼奥 4 个点的台山话保留此说法，"嚼"就叫"噍"，四地的音分别为 $tsiau^{31}$、$tiau^{21}$、$tsiau^{31}$、tiu^{31}。

三藩市和洛杉矶两个广府话也有此说法，音都是 $tsiu^{22}$。

撳，《广韵》："去声沁韵巨禁切，《说文》云持止也，亦作撳。"《集韵》："去声沁韵巨禁切，持也。"

用手往下按，粤方言说"撳"，俗作"揿"，音义俱合。台山话，三藩市、洛杉矶、纽约、芝加哥、波特兰、圣安东尼奥 6 个台山话都有此用法，音分别为 kim^{31}、kim^{21}、kam^{31}、kim^{31}、$k\mathrm{o}m^{31}$、kim^{31}。

洛杉矶、纽约、芝加哥、波特兰、休斯敦广府话也都有，音都是 $k\mathrm{e}m^{22}$。

擘，入声麦韵博厄切，分擘。《集韵》："入声麦韵博厄切。"

表示"张开"或"用手把东西掰开"，三藩市、纽约、圣安东尼奥的台山话用"擘"，音分别是 $m\epsilon t^2$、muk^2、mak^3。三藩市、纽约、芝加哥的广府话也用"擘"，音都是 mak^3。

走，《说文·走部》："趋也。"《玉篇·走部》："奔也。"《广韵》："上声厚韵子苟切，又音奏，趋也。"《集韵》："上声厚韵子口切。"

"走"的"奔跑"义在美国华人社区保留在部分台山话和广府话中，如洛杉矶台山话的"走 tau^{55}"、纽约台山话的"走 tiu^{55}"、芝加哥台山话的"走 tau^{55}"、波特兰台山话的"走 tau^{55}"、圣安东尼奥台山话的"走 tau^{55}"。在这 5 个台山话点中，洛杉矶台山话将"运动鞋"称为"走鞋"。最有意思的是纽约台山话，汉语普通话的"短跑"竟然被其称作"走短 $teu^{55}\mathrm{o}n^{55}$"，且修饰性的语素"短"被放在动词性中心语素"走"的后面。三藩市、洛杉矶、芝加哥的广府话也保留了"走"的奔跑义，3 个点的音都是 $ts\mathrm{e}u^{35}$。不过，表示这个意思，芝加哥广府话也说"跑 p^hau^{35}"。

僻，《广韵》："去声劲韵防正切，又蒲径切，隐僻也，无人处。"《集韵》："去声劲韵毗正切，僻窶也。"

第3章 美国华人社区汉语粤方言词汇研究

把东西藏起来，在美国华人社区的三藩市、洛杉矶、芝加哥的台山话中就分别叫"偋埋 piaŋ⁴⁴mai²²""偋 piaŋ⁴⁴""偋埋 pɛŋ⁴⁴mɔi²²"。

三藩市广府话也叫"偋 pɛŋ³³"，音义俱合。

揞，《广韵》："上声感韵乌感切，手覆。"《集韵》："上声邬感切，《博雅》藏也。"

用手把东西捂住，芝加哥和圣安东尼奥台山话分别说"揞住 ŋem³⁵tsy²²""揞住 am⁵⁵tsi³¹"。三藩市和洛杉矶广府话也说"揞住 ŋem³⁵tsy²²"。

壅，《广韵》："平声钟韵於容切，塞，又音拥。"《集韵》："平声钟韵於容切，塞也。"

用土等将物体埋起来，三藩市、洛杉矶、纽约、波特兰、圣安东尼奥的台山话中仍保留了古汉语"壅"的说法，5个点的音分别为 uŋ⁴⁴、uŋ⁴⁴、uŋ⁴⁴、uŋ⁴⁴、juŋ⁴⁴。另外，洛杉矶广府话也用"壅 uŋ⁵⁵"表示同一意思，音义与古汉语俱合。

汩，《集韵》："入声质韵莫笔切，潜藏也。"

"潜水"，国内的粤方言广东台山话和广州话都说"汩水"，音义皆合。美国华人社区只有3个点保留此古汉语词的用法，即波特兰台山话的"汩水 mi³¹sui⁵⁵"、圣安东尼奥台山话的"汩水 mei³¹sui⁵⁵"和休斯敦广府话的"汩水 mei²²sœy³⁵"。

吟，《广韵》："下平声侵韵鱼金切，叹也，《说文》云呻吟也。"《集韵》："平声侵韵鱼音切，《说文》呻也。"

美国华人社区纽约台山话的"吟吟 ŋam²²ŋam²²"、波特兰台山话的"吟 ŋam²²"表示的都是不停地责备、数落的意思。不过，圣安东尼奥台山话"吟沉 ŋam²²tsʰam²²"的"吟"只是双音节词"吟沉形容啰唆"的构词语素。三藩市、洛杉矶和波特兰广府话也都有音同的"吟 ŋɐm²¹"，表示的也是数落的意思。留存在华人社区台山话和广府话中的这些意义，应该是从"呻吟"引申出来的。

煠，《广韵》："入声叶韵与涉切，又式涉切，煠爁。"《集韵》："入声叶韵弋涉切，爁也。"

用清水煮物，如煮鸡蛋，国内的粤方言台山话、广州话说"煠 sap²"，如"煠鸡蛋"，义同，音合式涉切。表示同样的意思，美国华人社区三藩市和纽约的台山话都说"煠 sap²"，音同。

洛杉矶、芝加哥、波特兰的广府话说"煠 sap²"，音义也同。

戽，《广韵》："去声暮韵荒故切，又火姑切，戽斗，舀水器也。"《集韵》："去声莫韵荒故切，戽斗，抒水器。"

但保留了古汉语这个词说法的3个华人社区点均将"戽"的名词"戽斗"义转化成了动词义，表示"戽水"的动作，如纽约台山话的"戽水 fu⁴⁴⁻³¹sui⁵⁵"、波特兰台山话的"戽水 fu⁴⁴sui⁵⁵"、波特兰广府话的"戽水 fu³³sœy³⁵"。

捽，《广韵》："入声没韵昨没切，手捽也。"《集韵》："入声没韵苍没切，捼索也。"

国内的粤方言用这个词表示擦、搓揉的动作，美国华人社区只有芝加哥台山话"捽 tsut⁵"、纽约广府话"捽 tsœt⁵"使用。

挼，《说文·手部》："两手相切摩也。"《集韵》："平声灰韵奴回切。"用两手搓东西，美国华人社区只有两个点用此词，即圣安东尼奥台山话用"挼 lɔ²¹"，洛杉矶广府话用"挼 lɔ²¹"。圣安东尼奥台山话音义均合；洛杉矶广府话的意义合，声母变读成边音 l-。

3）形容词。

悭，《广韵》："平声山韵苦闲切，悋也。"《集韵》："平声山韵何间切，老人智也。"

"节俭"华人社区广东粤方言广州话、台山话都说"悭"，义合《广韵》的"悋也"，音合《集韵》的何间切。美国华人社区有 3 个台山话——洛杉矶、纽约、波特兰的台山话保留了"悭"的说法，音都是 han^{44}。华人社区的 6 个广府话则全都保留了"悭"，音都是 han^{55}。

餲，《广韵》："入声曷韵胡葛切，饼名。"《集韵》："入声曷韵何葛切，《尔雅》食饐谓之餲。"

"饐"在《现代汉语词典》中的释义为："＜书＞食物腐败变味。"而"餲"在广东台山话、广州话中，意义是古汉语词的引申义，指"尿骚味"，美国华人社区的台山话、广府话中"餲"的意义如同祖籍地方言，表示的也是这个引申义。华人社区所有 6 个台山话点"餲"音都是 ŋat^3，华人社区洛杉矶、芝加哥、波特兰、休斯敦广府话的"餲"音也都是 ŋat^3。

晏，《广韵》："去声谏韵乌涧切，柔也，天清也，又晚也。"《集韵》："去声谏韵於谏切，《说文》天清也，《尔雅》晏晏柔也，一曰晚也。"

"晚""迟"国内的粤方言广东广州话说"晏"，中午叫"晏昼"，"吃午饭"可以说"食晏""食晏昼"；广东台山话"吃午饭"叫"喫晏昼"，音义均合。

美国华人社区的台山话和广府话也保留了这个古汉语词，但对比祖籍地方言，有的意思与祖籍地方言相比有一点差异。例如，表示"迟（了）"的意思，波特兰台山话可说"晏 an$^{44-35}$"。三藩市、纽约台山话"晏昼 an^{31}tsiu^{31}""晏昼 ŋan^{33}tsɐu^{33}"指"下午"；芝加哥台山话"晏昼 an^{44}tiu^{44}"既可指中午，也可指下午。

三藩市广府话"晏昼 an^{33}tsɐu^{33}"指"中午"，洛杉矶广府话"晏昼 ŋan^{33}tsɐu^{33}"指"下午"，芝加哥广府话"晏昼 ŋan^{33}tsɐu^{33}"指"午饭"。

以"吃晏昼"或"食晏"指称"吃午饭"的有芝加哥台山话的"喫晏昼 hɐt^{5}ŋan^{44}tsiu^{31}"、三藩市广府话的"食晏昼 sek^{2}an^{33}tsɐu^{33}"、纽约广府话的"食晏 sek^{2}an^{33}"、芝加哥广府话的"食晏昼 sek^{2}ŋan^{33}tsɐu^{33}"。

乌，《广韵》："平声模韵哀都切，《说文》曰，孝鸟也。《尔雅》曰，纯黑而返哺者谓之乌。"《集韵》："平声模韵汪胡切。"

以"乌"表示"黑"，美国华人社区只有两个点，即三藩市台山话"乌云 wu^{44}wun^{22}"的"乌"，波特兰广府话"乌云 wu^{55}wɐn^{21}"的"乌"，两个点的音合，意义引自乌之颜色。

3.1.3 华人社区粤方言词汇中的汉语方言老词语

要判断一个方言的系属，词汇是重要的因素之一。

我们已在古代汉语词的保留与使用方面，阐述了美国华人社区粤方言台山话、广府话的表现，华人社区的台山话和广府话，都对古代汉语词有不同程度的保留。古代汉语词的保留，除了彰显了华人社区汉语方言对祖籍地的汉语、对祖籍地的源方言的传承以外，也从一个方面划分了华人社区台山话和广府话的界限。例如，上文提到的，华人社区的 6 个

第3章 美国华人社区汉语粤方言词汇研究

台山话有对古汉语词"喫"和"皓"的保留和使用，6个广府话就都没有。

不过，古汉语词只占了汉语方言词汇的一小部分，这点海内外的汉语方言都一样。除了占词汇总量不多的古代汉语词，汉语方言词汇中的方言特征更多地留存于方言的使用者自己创造的方言词语中。每一个方言都有属于自己的方言特征词，有属于自己的、被同一方言的人群代代传承使用的方言老词语。在方言使用者中千百年来一直流传使用的方言老词语，常常是帮助我们区分不同汉语方言的重要准则，也是帮助我们判断使用者是否掌握了某一方言的一个重要标准。

虽然美国华人社区的汉语方言也有丢失祖籍地源方言老词语的现象，如"盐"，广东台山话叫"上味"，美国华人社区台山话点除了两个点，即波特兰、圣安东尼奥台山话的"上味 sɛŋ³¹mi³¹""上味 seŋ³¹mei³¹⁻³⁵"保留了这个用法外，其余4个点都没有保留，而是改说汉语通用的"盐"，即三藩市台山话的"盐 jam²²"、洛杉矶台山话的"盐 jam²²"、纽约台山话的"盐 jam²²"、芝加哥台山话的"盐 jim²²"。此外，对于海外华人社区汉语方言来说，方言老词语也指华人在迁移到居住国后，自己在社区里创造的，早年在社区内流通的一些方言老词语。

但是，目前来看，美国华人社区各点对方言老词语保留的还是比丢失、改变的多。

例如，关于华人社区的社团组织，三藩市台山话保留了华人社区一个老的自创说法"公所₈ kuŋ⁵⁵sɔ⁵⁵⁻³⁵"，社团组织的老年男性工作人员就叫"公所伯₈ kuŋ⁵⁵sɔ⁵⁵pak³"。三藩市广府话则以"堂口₈ tʰɔŋ²¹hɐu³⁵"这个老说法指代华人社区的社团组织。这3个词就是华人早年到美国后创造的，在华人社区内部流通的老说法。不过，在现时的美国华人社区，使用的人都已经不多了。

又如，"商埠"的"埠"如今在国内的粤方言中已少用，但是美国华人日常仍有称唐人街为"华埠""唐人埠"的习惯，在美国俄勒冈州波特兰市唐人街的大牌坊上就写着"砵仑华埠"（"砵仑"为英语"Portland"的粤语音译）几个大字，费城唐人街的大牌坊上也写着"费城华埠"几个大字。纽约使用广府话的华人把"进城"叫"过埠₈ kwɔ³³fɐu²²"，使用台山话的华人则说"去过埠₈ hui⁴⁴kɔ⁴⁴fau³¹"。休斯敦说广府话的华人称呼"码头"为"埠头₈ pou²²tʰɐu²¹"，且休斯敦广府话这个例子里的並母字"埠"不读唇齿清擦音 f−，读双唇音 p−。

再如，美国一些台山籍的老华人至今仍把"电话"称为"喊线"或"喊人线"，如芝加哥台山话的"喊人线₈ ham⁴⁴ŋin²²ɬɛn⁴⁴"就保留了在电话出现之初，人们对这个由一根电线系联着的新鲜事物的指称，"打电话"就是"打喊线₈ a⁵⁵ham⁴⁴ɬɛn⁴⁴"。波特兰台山话也有"喊线₈ ham⁴⁴ɬɛn⁴⁴""打喊线₈ a⁵⁵ham⁴⁴ɬɛn⁴⁴"的说法。纽约台山话也同样有"喊线₈ ham⁴⁴ɬɛn⁴⁴"的说法，甚至连三藩市讲广府话的华人都受影响，同样使用了"喊线_{台,老} ham³³sin³³"来指代"电话"。"喊线""喊人线""打喊线"，在电话这个事物出现之初是了不起的方言创新词，可是到了科技昌明的今天，就是方言老词语了。

在中国广东珠江三角洲的水网地带，过去出门少不了乘船划船，于是，"水脚"就成了指示"路费"的方言词。不过，如今中国的交通网四通八达，国内的粤方言广州话等早已少用"水脚"的说法，但圣安东尼奥的台山话仍旧保留了"路费"的"水脚₈ sui⁵⁵kɛk³"这一老说法。

同样，国内的粤方言广州话等，现在已少有人把"轮船"叫"火船"，但三藩市台山话仍然称之为"火船_老 fɔ⁵⁵ sɔn²²"。

老台山话有称小费为"花利"的，芝加哥台山话至今还是说"花利_老 fa⁴⁴li³¹"。这个说法甚至被同在芝加哥华人社区内的广府话借用，称"花利_台 fa⁵⁵lei²²⁻³⁵"。

洛杉矶台山话把"上学"叫"返馆_老 fan⁴⁴kɔn⁵⁵"。这个说法国内广东的台山话也还保留着，即"返馆 fan³³kuɔn⁵⁵"，但已经少说了。洛杉矶台山话还叫番石榴这种南方特有的水果做"花棯_老 fa⁴⁴nim²¹⁻³⁵"。"花棯"也是个典型的老说法，广东台山话也还说"花棯 fa³³lim³¹⁻³⁵"。

洛杉矶广府话叫"蜘蛛"为"蟢蟧_老 kʰɐm²¹ lou²¹⁻³⁵"，叫"蜻蜓"为"塘尾_老 tʰɔŋ²¹ mei⁵⁵"，叫"癞蛤蟆"为"蟢蟆_老 kʰɐm²¹ kʰœy²¹⁻³⁵"。"蟢蟧""塘尾""蟢蟆"等老说法广东广州话也同样保留。

纽约台山话至今仍称"电影"为"电戏_老 ɛn³¹ hi⁴⁴"。三藩市广府话则叫"电影"为"影画_老 jeŋ³⁵ wa³⁵"。

波特兰台山话仍称"电灯"为"电火_老 ɛn³¹ fɔ⁵⁵"，称"蜡烛"为"洋烛_老 jeŋ²² tsuk⁵"，仍旧保留了叫律师为"状师_老 tsɔn³¹ ɬu⁴⁴"，叫"邮电局"为"书信馆_老 si⁴⁴ sin⁴⁴ kun⁵⁵"等的老说法。

圣安东尼奥的台山籍华人至今仍把"熄灯"叫"闩火_老 san⁴⁴ fɔ⁵⁵"；把"妓女"叫"老举_老 lou⁵⁵ kei⁵⁵"；把"电梯"叫"升降机_老 seŋ⁴⁴ kɔŋ⁴⁴ kei⁴⁴"；"订婚"还是说"落定_老 lɔk² ɛŋ³¹"；不指称"婴儿"为美国人、美国华人，甚至广东台山人、广州人都广泛使用的"BB_英语;baby"，而叫"阿毛_老 a⁴⁴ mou²²⁻³⁵"；还有连国内广东的台山话都少用的日食、月食的叫法"□□食日_老 ham²² ha²² sek² ŋit²""□□食月_老 ham²² ha²² sek² jit²"。

茉莉花茶有个老叫法为"香片"，但如今这个说法在国内的粤方言流行区已渐渐没人使用了，可是三藩市、洛杉矶广府话还在用，读作"香片_老 hœŋ⁵⁵ pʰin³³⁻³⁵""香片_老 hœŋ⁵⁵ pʰin³³⁻³⁵"。

现如今国内广州的年轻人可能已经不知道早已退出我们日常使用的"锑煲_铝锅"为何物了，洛杉矶讲广府话的华人还会说"锑煲_老 tʰɐi⁵⁵ pou⁵⁵"；同样，广州的年轻人未必知道"水烟筒"方言怎么说，可洛杉矶讲广府话的华人还知道叫"大碌竹_老 tai²² luk⁵ tsuk⁵"；等等。

遗留在华人社区的方言老词语值得我们去收集和梳理。

时光流逝，生活在与祖籍地完全不同的环境中，也有不少方言的老说法被华人遗忘，或者被英语借词的说法所取代，或者发音人不知该如何作答，无法提供的。

类似的华人社区方言事实，我们都将在下文披露，以展示美国华人社区台山话和广府话在词汇方面与祖籍地方言的异同，以及与汉语普通话的差异。本节将先从方言老词语的留存入手，探讨脱离祖籍地长达一两百年，没有与祖籍地方言同步发展的美国华人社区汉语方言在这方面的表现，让大家感受到华人社区的台山话和广府话各自在这方面与祖籍地方言的异同。

下文的论述将分别从华人社区粤方言台山话和广府话两个方面进行，我们将选取与两

第3章 美国华人社区汉语粤方言词汇研究

种粤方言有关的自然界事物和时间、生活与生产资料、人体部位和疾病、亲属关系和人品称谓、婚嫁丧葬红白事、有关传统节庆和宗教信仰、人和事物行为变化、人和事物性质状态、指代和数量,以及有关否定、程度、范围、关联、语气10个方面的相关例子,尽可能通过比较多的例子,用事实说明华人社区台山话和广府话对属于自己方言的老词语的维护和使用。

为了便于美国华人社区台山话和广府话之间的横向比较,两种方言我们都选取一致的条目。另外,两种方言的每一类词语,我们也都将先以表格列出调查的所得,然后再加以必要的分析,以求能够比较全面地展示美国华人社区汉语方言留存了母体方言老词语的事实,用词语的实例坐实华人社区粤方言台山话和广府话的方言系属。

在下文出现的表格中,"—"表示发音人无法提供相应的说法,"＊"表示该条目方言发音人只使用借词表达。因为本节讨论的是方言老词语,故假若词条是以英语借词表达的,一律不收录。仅有的例外为"有关指代和数量"一栏中,有的点在"多少斤"一条中以"几多磅"作答,虽然出现了借词"磅"(英语为"bound"),但因为该条目的询问点不在量词"斤"的表达,而在"多少"的表达,因此也收录。方言借词的问题将另文讨论。假如表格中既有方言的说法,也有"＊",则表示该点方言的说法和借词都使用,但借词的说法也不列出。若需要对方言词语加以解释的,则在例子的右下角以小字说明。

例子的右下角下加了"老""新""避""华""台""广"等小字的,表示是老说法、新说法、避忌的委婉说法,华语(汉语普通话)的说法,或是广府话借用了台山话、台山话借用了广府话的说法。例子中的右上角加了"="的,表示使用的是同音字。有音无字的用"□"表示。条目及例子如有不止一个说法的,例子之间以"/"隔开。

这些规则,本书其他章节的内容也同样遵守。

本节的所有例子都加附国际音标注音。我们也将美国华人社区台山话、广府话的词语,与国内同一方言的代表点做比较。我们选取广东台山话与华人社区台山话相比较,广东台山话的例子主要来自广东台山的实地调查,部分选自詹伯慧、张日昇的《对照》和甘于恩的《研究》。选取粤方言广东广州话与华人社区的广府话相比较,广州话的例子来自调查。

需要特别说明的是,由于各个方言点不同的发音人掌握汉语方言的程度参差,本节收录的词条又比较多,因此,下文某些条目有的地点可能会出现一些发音人无法提供说法的空白(提供英语借词说法的,不算空白,下同),或者出现的内容与条目不完全契合的情况。比如,提供的是短语而不是词;又比如,在谈方言老词语的保留时,有的地点提供的却是自造的创新词;等等。诸如此类的问题,本节都暂不做分析,我们将会留待下文进一步探讨。

还有一些小遗憾,各个方言点保留的方言老词语远不止我们所列举的这些,限于篇幅,无法尽数列出。有的方言老词语的保留只是某个点的表现,如纽约台山话至今仍将"门槛"叫"地栿$_{老}$ei^{31}fuk^2"。这就是个典型的、如假包换的老方言词,因为如今的房子少有门槛,即使国内使用粤方言的年轻人也都未必能掌握这个词。

还有,芝加哥台山话叫婴儿为"毛仔$_{老}$mou^{22}tɔi^{55}"、波特兰台山话称律师为"状师$_{老}$tsɔŋ^{31}ɬu^{44}"等,也都是祖籍地方言老词语的保留。诸如此类的老方言词别的点也还有一些，因为只是个别，所以下文的表格中无法逐一罗列。还有一些老词语，如"老泥"（粤方言称皮肤上的泥垢），虽然使用的点不止一个，但是因为还有一些点不用，我们也就没有把它作为条目列出。

另外，关于华人社区台山话、广府话中出现的，以解释的方式表述有关词条的说法，有关时间词、动物性别表达方式等在词汇方面比较突出的问题，我们还会在下文中做专题性的研究。

3.1.3.1 有关自然界事物、时间的（见表3-8、表3-9）

表3-8 6个台山话有关自然界事物、时间的说法

条目	方言						
	广东台山话	三藩市台山话	洛杉矶台山话	纽约台山话	芝加哥台山话	波特兰台山话	圣安东尼奥台山话
太阳	日头 ŋit² heu²²	太阳 hai³¹ jiaŋ²²	日头 ŋit² hau²²	太阳 hai⁴⁴ jɛŋ²²	太阳 hai⁴⁴ jɛŋ²²	太阳 hai⁴⁴ jɛŋ²²	太阳 hai⁴⁴ jɔŋ²²/日头 ŋit² hai²²
月亮	月□ ŋut² tet⁵	月亮 ŋut² liɔŋ³¹	月 ŋut²	月 jut²⁻³⁵	月 ŋut²	月亮 jyt² lɛŋ³¹	月亮 jit² lɛŋ³¹
祖居地	老家 lou⁵⁵ ka³³/乡下 hiaŋ³³ ha³³	大陆 ai³¹ luk²	唐山 hɔŋ²² san⁴⁴	乡下 hɛŋ⁴⁴ ha⁵⁵	唐山 hɔŋ²² san⁴⁴	中国 tsuŋ⁴⁴ kɔk³⁻⁵/台山 hɔi²² san⁴⁴	唐山 hɔŋ²² san⁴⁴
居住国	中国 tsuŋ³³ kɔk⁵	美国 mei⁵⁵ kɔk⁵	美国 mi²¹ kɔk³⁻³⁵	美国 mei³¹ kɔk⁵	美国 mi³¹ kɔk⁵/北美 pak⁵ mi³¹	美国 mi³¹ kɔk³⁻³⁵	美国 mei³¹ kɔk³⁻³⁵
巷子	巷 hɔŋ³¹	冷巷 laŋ⁵⁵ hɔŋ⁵⁵	条巷 heu²² hɔŋ⁴⁴	巷仔 hɔŋ³¹ tɔi⁵⁵	*	*	巷 hɔŋ³¹⁻³⁵
池塘	眼塘 ŋan⁵⁵ hɔŋ²	—	水池 sui⁵⁵ tsʰi²²	*	眼塘 ŋan⁵⁵ hɔŋ²²/水塘 sui⁵⁵ hɔŋ²²	—	*
石头	石鼓 siak² ku⁵⁵	石头 sɛk² hɛu²²	石 sɛk²	石头 sɛk² hɛu²²	石头 sɛk² hau²²	石头 sɛk² hau²²	石 sɛk²
穷困地区	穷鬼窦 kʰəŋ²² kei⁵⁵ eu³¹	好穷□□ hau⁵⁵ kʰuŋ⁴⁴ kɛ⁴⁴ tou³¹	*	穷地方 kʰuŋ²² i³¹ fɔŋ⁴⁴	穷人区 kʰuŋ²² jan²² kʰui⁴⁴⁻³⁵	有钱处 mou⁵⁵ tʰɛn²² tsʰui¹⁴⁴	穷人区 kʰuŋ²² ŋin²² kʰi⁴⁴

续表 3-8

条目	方言						
	广东台山话	三藩市台山话	洛杉矶台山话	纽约台山话	芝加哥台山话	波特兰台山话	圣安东尼奥台山话
富人区	有钱佬住嘅地方 iu^{55} t^{h}en^{22} lou^{55} tsi^{31} ke^{33} ei^{31} fɔŋ^{33}	高尚区 kou^{44} siaŋ^{31} k^{h}ui^{44}/好耀眼 hau^{55} jiu^{31} ŋan^{55}	—	财主佬地方 tsʰɔi^{22} tsi^{55} lou^{55} i^{31} fɔŋ^{44}	财主区 tsʰɔi^{22} tsi^{55} kʰui$^{44-35}$	有钱处 jiu^{55} tʰen^{22} tsʰui^{44}	有钱区 jiu^{55} tʰen$^{22-35}$ kʰi^{44}
火灾	火烛 fɔ^{55} tsək^5	火烛 fɔ^{55} tsuk^5	火烧 fɔ^{55} ɬɛu^{55}/火烛 fɔ^{55} tsuk^5	火烛 fɔ^{55} tsuk^5	火烛 fɔ^{55} tsuk^5	火烛 fɔ^{55} tsuk^5	火烛 fɔ^{55} tsuk^5
垃圾	垃圾 lep^2 sep$^{3-35}$	垃圾 lap^2 sap^3	垃圾 lap^2 sap$^{3-35}$	垃圾 lap^2 sap$^{3-5}$	垃圾 lap^2 ɬap^5	垃圾 lap^2 sɛk^5	垃圾 lap^2 sap^2
水泥	红毛泥 hɔŋ^{22} mou^{22} nai^{22}	水泥 sui^{55} nai^{22}	□沙泥 tu^{55} ɬa^{44} nai^{22}/红毛泥 huŋ^{22} mɔ^{22} nai^{22}	水泥 sui^{55} nai^{22}	红毛泥 huŋ^{22} mou^{22} nai^{22}	水泥 sui^{55} nai^{22}	红毛泥 huŋ^{22} mou^{22} nai^{22}
磁石	吸石 kʰip^5 siak^2	吸石 kʰip^5 sɛk^2	—	□石 lap^5 sɛk^2	协石 hiap^3 sɛk^2	吸石 kʰip^5 sɛk^2	*
铁锈	鍟 ɬiaŋ^{33}	生锈 saŋ^{44} sau^{44}	生鍟 saŋ^{44} ɬeŋ^{44}	化铁 fa^{44} hɛt^3	生鍟 ɬaŋ^{44} ɬeŋ^{44}	*	生锈 ɬaŋ^{44} sau^{44}
热水	热水 ŋet^2 ɬui^{55}	炳水 nat^3 sui^{55}	热水 ŋet^2 sui^{55}	热水 ŋet^2 sui^{55}	热水 jet^2 sui^{55}	热水 ŋet^2 sui^{55}	热水 jit^2 sui^{55}
沸水	滚水 kun^{55} ɬui^{55}	滚水 kun^{55} sui^{55}	滚水 kun^{55} sui^{55}	滚水 kun$^{55-35}$ sui^{55}	滚水 kuan^{55} sui^{55}	滚水 kun^{55} sui^{55}	滚水 kun^{55} sui^{55}
东西	嘢 je^{55}/闲嘢 hen^{22} je^{55}	□嘢 heŋ^{22} jɛ^{31}	嘢 je$^{55-35}$	闲□hen^{22} liaŋ^{55}	嘢 je^{55}	嘢 jɛ^{31}	嘢 jɛ^{31}
隔壁	隔篱 kak^3 lei^{22}	隔篱 kak^3 lei^{22}	隔篱 kak^3 li^{22}	隔篱 kak^3 lei^{22}	隔篱 kak^3 li^{22}	隔篱 kak^3 li^{22}	隔篱 kak^3 lei^{22}
里面	里头 ŋe^{55} heu^{22}	入便 jip^2 peŋ^{31}	入便 jip^2 peŋ^{21}	入便 jap^2 pɛŋ^{31}	入便 jap^2 pɛŋ^{31}	入便 jap^2 pɛŋ^{31}	入便 jap^2 pin^{31}
外面	外底 ŋai^{31} tai^{55}	出便 tsʰut^5 peŋ^{31}	出便 tsʰut^5 peŋ^{21}	出便 tsʰut^5 pɛŋ^{31}	出便 tsʰut^5 pɛŋ^{31}	出便 tsʰut^5 pɛŋ^{31}	出便 tsʰat^5 pin^{31}

续表 3-8

条目	方言						
	广东台山话	三藩市台山话	洛杉矶台山话	纽约台山话	芝加哥台山话	波特兰台山话	圣安东尼奥台山话
去年	旧年 kiu³¹ nen²²	上年 sɛŋ³¹ nɛn²²	上年 sɛŋ²¹ nɛn²²	旧年 kiu³¹ nɛn²²⁻³⁵	旧年 kiu³¹ nɛn²²	上年 sɛŋ³¹ nɛn²²	旧年 kau³¹ nin²²
明天	□早 hen³¹ tau⁵⁵	听早 hen⁴⁴ tau⁴⁴	听早 hen⁴⁴ tɔ⁵⁵	听日 tʰɛŋ⁴⁴ jat²	□早 han⁴⁴ tou⁴⁴	□早 tʰɛn²² tou⁵⁵	听日 hɛŋ⁴⁴ ŋit²
昨天	琴晚 tam³¹ man⁵⁵	昨晚 ta⁴⁴ man⁵⁵	昨晚 tɔ²¹ man⁵⁵	琴晚 kʰam²² man⁵⁵	□晚 tam³¹ man⁵⁵	昨晚 tsɔ⁴⁴ man³¹	□晚 tam⁵⁵ man⁵⁵
次日	第二日 ai³¹ ŋi³¹ ŋit²	第二日 ai³¹ ŋi³¹ ŋit²	第二日 ai²¹ ŋi²¹ ŋit²	第日 ai³¹ jat²	□早 han⁴⁴ tou⁴⁴	第二日 ai³¹ ŋi³¹ jit²	听早 hɛŋ⁴⁴ tsou⁵⁵
小时 几个~	钟头 tsəŋ³³ hɛu²²	钟头 tsuŋ⁴⁴ hɛu²²/小时 siau⁵⁵ si²²	钟头 tsuŋ⁴⁴ hau²²	钟头 tsuŋ⁴⁴ hɛu²²	钟头 tsuŋ⁴⁴ hau²²	钟头 tsuŋ⁴⁴ hau²²	钟 tsuŋ⁴⁴
上午	早昼 tau⁵⁵ tsiu³³	上昼 sɛŋ³¹ tsiu⁴⁴	上天 sɛŋ²¹ hɛŋ⁴⁴	上午 sɛŋ³¹ m̩⁵⁵	上昼 sɛŋ³¹ tiu⁴⁴	上午 sɛŋ³¹ ŋu³¹	上昼 sɛŋ³¹ ɬiu⁴⁴
中午	中昼 tsəŋ³³ tsiu³³	中昼 tsuŋ⁴⁴ tsiu⁴⁴	—	中午 tsuŋ⁴⁴ m̩⁵⁵	晏昼 an⁴⁴ tiu⁴⁴	中午 tsuŋ⁴⁴ ŋu³¹	十二点 ɬap² ŋei³¹ tim⁵⁵
下午	下昼 ha³³ tsiu³³	下昼 ha⁵⁵ tsiu⁴⁴/晏昼 an³¹ tsiu³¹	下天 ha²¹ hɛŋ⁴⁴	下午 ha³¹ m̩⁵⁵	晏昼 an⁴⁴ tiu⁴⁴	下午 ha³¹ ŋu³¹	下昼 ha³¹ ɬiu⁴⁴
黎明 天明、日出前	皓啰 hau³¹ lɔ²¹	*	天皓 hɛŋ⁴⁴ hau²¹	天光 hɛn⁴⁴ kɔŋ⁴⁴	天皓 hɛn⁴⁴ hɛu³¹	天皓 hɛn⁴⁴ hau³¹	天光 hɛn⁴⁴ kɔŋ⁴⁴
整天	成日 siaŋ²² ŋit²	成日 sɛŋ²² ŋit²	成日 sɛŋ²² ŋit²	全日 tʰun²² jat²	成日 ɬɛŋ²² ŋiak²	全日 tʰun²² jit²	成日 sɛŋ²² ŋit²
星期一	礼拜一 lai⁵⁵ pai³³ jit⁵	拜一 pai⁴⁴ jit⁵	拜一 pai³³ jit⁵	拜一 pai⁴⁴ jit⁵	拜一 pai⁵⁵ jit⁵	拜一 pai⁴⁴ jit⁵	拜一 pai⁴⁴ jit⁵
星期天	礼拜日 lai⁵⁵ pai³³ ŋit²	礼拜 lai⁵⁵ pai⁴⁴	礼拜 lai⁵⁵ pai³³	礼拜 lai⁵⁵ pai⁴⁴	礼拜 lai⁵⁵ pai⁴⁴	礼拜 lai⁵⁵ pai⁴⁴	礼拜 lai⁵⁵ pai⁴⁴
一辈子	一世 jit⁵ sai³³	一世 jit⁵ sai³¹	成世 sɛŋ²² sai²¹	一世 jat⁵ sai⁴⁴	一世 jat⁵ sai⁴⁴	一世 jat⁵ ɬoi⁴⁴	一世 jat⁵ sai⁴⁴	一世 jat⁵ sai⁴⁴
一会儿	一阵久 jit⁵ tsin³¹ kiu⁵⁵	一阵 jit⁵ tsin³¹	一阵间 ŋit⁵ tsin²¹ kan⁴⁴	一阵间 jat⁵ tsan³¹ kan⁴⁴	一阵间 jat⁵ tsun⁴⁴ kan⁴⁴	一阵间 jit⁵ tsin³¹ kan⁴⁴	一阵间 jat⁵ tsan³¹ kan⁴⁴

续表 3-8

条目	方言						
	广东台山话	三藩市台山话	洛杉矶台山话	纽约台山话	芝加哥台山话	波特兰台山话	圣安东尼奥台山话
最后	后尾 heu³¹ mei⁵⁵	最尾 tui⁴⁴ mei⁵⁵	后尾 hau²¹ mi⁵⁵	最尾 tui⁴⁴⁻³¹ mi⁵⁵	最尾 tui⁴⁴ mi⁵⁵	第尾 ai³¹ mi⁵⁵	至尾 tsi⁴⁴ mei⁵⁵
从前	旧时 kiu³¹ si²²	好耐 hau⁵⁵ nɔi³¹	好久 hɔ⁴⁴ kiu⁵⁵	以前 ji³¹ tsʰɛn²²	好耐 hou⁵⁵ nɔi³¹	好久 hou⁵⁵ kiu⁵⁵	好多年 hou⁵⁵ tɔ⁴⁴ nin²²
现在	□时 kʰɔi²² si²²	□时 kʰɔi³¹ si²²	□时 kʰɔi²¹ si²²	而家 ji²² ka⁴⁴	□时 kʰɔi²² si²²⁻³⁵	□时 kʰɔi²² si²²	□时 kʰɔ²² si²²
刚才	啱啱 ŋam³³ ŋam³³	啱啱 ŋam⁴⁴ ŋam⁴⁴	啱啱 ŋam⁴⁴ ŋam⁴⁴	啱啱 ŋam⁴⁴ ŋam⁴⁴	□阵 kʰɔ²² tsan⁴⁴	头先 hau²² ɬɛn⁴⁴⁻³⁵	—

表 3-9 6 个广府话有关自然界事物、时间的说法

条目	方言						
	广东广州话	三藩市广府话	洛杉矶广府话	纽约广府话	芝加哥广府话	波特兰广府话	休斯敦广府话
太阳	日头 jɐt² tʰɐu²¹⁻³⁵ / 热头 jit² tʰɐu²¹⁻³⁵	太阳 tʰai³³ jɔŋ²¹	太阳 tʰai³³ jɔŋ²¹ / *	太阳 tʰai³³ jɔŋ²¹	太阳 tʰai³³ jɔŋ²¹ / 日 jɐt²	太阳 tʰai³³ jɔŋ²¹	太阳 tʰai³³ jɔŋ²¹
月亮	月光 jyt² kwɔŋ⁵⁵	月光 jyt² kwɔŋ⁵⁵	*	月亮 jyt² lœŋ²²	月光 jyt² kwɔŋ⁵⁵	月光 jyt² kwɔŋ⁵⁵ / 月亮 jyt² lœŋ²²	月光 jyt² kɔŋ⁵⁵
祖居地	祖居地 tsou³⁵ kœy⁵⁵ tei²² / 乡下 hœŋ⁵⁵ hai³⁵	*	中国 tsuŋ⁵⁵ kɔk³ / 乡下 hœŋ⁵⁵ ha³⁵ / 唐山 tʰɔŋ²¹ san⁵⁵ / *	中国 tsuŋ⁵⁵ kɔk³	乡下 hœŋ⁵⁵ ha³⁵	中国 tsuŋ⁵⁵ kɔk³ / 乡下 hœŋ⁵⁵ ha³⁵	唐山 hɔŋ²² san⁴⁴
居住国	中国 tsuŋ⁵⁵ kɔk³	美国地 mei¹³ kɔk³ tei²²⁻³⁵ / *	美国 mei¹³ kɔk³	美国 mei¹³ kɔk³	美国 mei¹³ kɔk³	美国 mei¹³ kɔk³	美国 mei³¹ kɔk³⁻³⁵
巷子	巷仔 hɔŋ³⁵ tsɐi³⁵	巷仔 hɔŋ³⁵ tsɐi³⁵	巷 hɔŋ³⁵	垃圾巷 lap² sap³ hɔŋ²²⁻³⁵	—	巷 hɔŋ²²⁻³⁵	—
池塘	塘 tʰɔŋ²¹	*	—	—	水池 sœy³⁵ tsʰi²¹	—	*

续表 3-9

条目	方言						
	广东广州话	三藩市广府话	洛杉矶广府话	纽约广府话	芝加哥广府话	波特兰广府话	休斯敦广府话
石头	石头 sɛk² tʰɐu²¹	石 sɛk²	石头 sɛk² tʰɐu²¹	石头 sɛk² tʰɐu²¹	石头 sɛk² tʰɐu²¹	石头 sɛk² tʰɐu²¹	石头 sɛk² tʰɐu²¹
穷困地区	贫困地区 pʰɐn²¹ kwʰɐn²¹ tei²² kʰœy⁵⁵	穷人区 kʰuŋ²¹ jɐn²¹ kʰœy⁵⁵/黑鬼窦 hak⁵ kwei³⁵ tɐu³³	好穷 hou³⁵ kʰuŋ²¹ / *	穷人区 kʰuŋ²¹ jɐn²¹ kʰœy⁵⁵	穷人区 kʰuŋ²² jɐn²¹ kʰœy⁵⁵	穷人区 kʰuŋ²¹ jɐn²¹ kʰœy⁵⁵	—
富人区	富人区 fu³³ jɐn²¹ kʰœy⁵⁵	有钱佬区 jɐu¹³ tsʰin²¹⁻³⁵ lou³⁵ kʰœy⁵⁵	好有钱 hou³⁵ jɐu¹³ tsʰin²¹⁻³⁵ / *	有钱区 jɐu¹³ tsʰin²¹⁻³⁵ kʰœy⁵⁵	有钱人区 jɐu¹³ tsʰin²¹⁻³⁵ jɐn²¹ kʰœy⁵⁵	有钱区 jɐu¹³ tsʰin²¹⁻³⁵ kʰœy⁵⁵	—
火灾	火烛 fɔ³⁵ tsuk³⁵	火烛 fɔ³⁵ tsuk³⁵	火烛 fɔ³⁵ tsuk⁵	火灾 fɔ³⁵ tsɔi⁵⁵	火烛 fɔ⁵⁵ tsuk⁵	火烛 fɔ³⁵ tsuk⁵	火烛 fɔ³⁵ tsuk⁵
垃圾	垃圾 lap²sap³	垃圾 lap²sap³	垃圾 lap²sap³	垃圾 lap²sap³	垃圾 lap²sap³	垃圾 lap²sap³	垃圾 lap²sap³
水泥	红毛泥 huŋ²¹ mou²¹ nɐi·²¹	红毛泥 huŋ²¹ mou²¹ nɐi·²¹	*	水泥 sœy³⁵ nɐi·²¹	红毛泥 huŋ²¹ mou²¹ nɐi·²¹	*	—
磁石	摄石 sip³ sɛk²	—	*	摄石 sip³ sɛk²	磁铁 tsʰi·²¹ tʰit³	摄石 sip³ sɛk²	—
铁锈	生锈 saŋ⁵⁵ sɐu³³	—	*	生锈 saŋ⁵⁵ sɐu³³	生锈 saŋ⁵⁵ sɐu³³	生锈 saŋ⁵⁵ sɐu³³	—
热水	热水 jit²² sœy³⁵	焫水 nat³ sœy³⁵	热水 jit²² sœy³⁵	热水 jit² sœy³⁵	热水 jit² sœy³⁵	热水 jit² sœy³⁵	热水 jit² sœy³⁵
沸水	滚水 kwɐn³⁵ sœy³⁵	滚水 kwɐn³⁵ sœy³⁵	滚水 kwɐn³⁵ sœy³⁵	滚水 kwɐn³⁵ sœy³⁵	煲水 pou⁵⁵ sœy³⁵	滚水 kwɐn³⁵ sœy³⁵	滚水 kwɐn³⁵ sœy³⁵
东西	嘢 jɛ¹³	嘢 jɛ¹³	嘢 jɛ¹³	嘢 jɛ¹³	嘢 jɛ¹³	嘢 jɛ¹³	嘢 jɛ¹³
隔壁	隔篱 kak³ lei²¹	隔篱 kak³ lei²¹	隔篱 kak³ lei²¹	隔篱 kak³ lei²¹	隔篱 kak³ lei²¹	隔篱 kak³ lei²¹	隔篱 kak³ lei²¹
里面	入便 jɐp² pin²²	入便 jɐp² pin²²	入便 jɐp² pin²²	入便 jɐp² pin²²	里便 lœy¹³ pin²²/里头 lœy¹³ tʰɐu²¹	入便 jɐp² pin²²/里便 lœy¹³ pin²²	入便 jɐp² pin²²
外面	出便 tsʰœt⁵ pin²²	出便 tsʰœt⁵ pin²²	出便 tsʰœt⁵ pin²²	出便 tsʰœt⁵ pin²²	出便 tsʰœt⁵ pin²²	出便 tsʰœt⁵ pin²²	出便 tsʰœt⁵ pin²²

续表 3-9

条目	方言						
	广东广州话	三藩市广府话	洛杉矶广府话	纽约广府话	芝加哥广府话	波特兰广府话	休斯敦广府话
去年	旧年 kɐu²² nin²¹⁻³⁵	旧年 kɐu²² nin²¹	旧年 kɐu²² nin²¹	上年 sœŋ²² nin²¹⁻³⁵	后年 hɐu²² nin²¹	上年 sœŋ²² nin²¹/旧年 kɐu²² nin²¹	上年 sœŋ²² nin²¹
明天	听日 tʰeŋ⁵⁵ jɐt²	听日 tʰeŋ⁵⁵ jɐt²	听日 tʰeŋ⁵⁵ jɐt²	听日 tʰeŋ⁵⁵ jɐt²	听日 tʰeŋ⁵⁵ jɐt²	听日 tʰeŋ⁵⁵ jɐt²	听日 tʰeŋ⁵⁵ jɐt²
昨天	琴日 kʰɐm²¹ jɐt²	琴日 kʰɐm²¹ jɐt²	琴日 kʰɐm²¹ mɐt²	琴日 kʰɐm²¹ jɐt²	琴日 kʰɐm²¹ jɐt²/寻日 tsʰɐm²¹ jɐt²	琴日 kʰɐm²¹ jɐt²	琴日 kʰɐm²¹ jɐt²
次日	第日 tɐi²² jɐt²	第日 tɐi²² jɐt²	第日 tɐi²² jɐt²	第日 tɐi²² jɐt²	第日 tɐi²² jɐt²	第日 tɐi²² jɐt²	听日 tʰeŋ⁵⁵ jɐt²
小时 ~几个	钟 tsuŋ⁵⁵/钟头 tsuŋ⁵⁵ tʰɐu²¹	钟 tsuŋ⁵⁵	点 tim³⁵	钟 tsuŋ⁵⁵	钟头 tsuŋ⁵⁵ tʰɐu²¹	小时 siu³⁵ si²¹/钟头 tsuŋ⁵⁵ tʰɐu²¹	钟头 tsuŋ⁵⁵ tʰɐu²¹
上午	上昼 sœŋ²² tsɐu³³	*	上昼 sœŋ²² tsɐu³³	朝早 tsiu⁵⁵ tsou³⁵	上昼 sœŋ²² tsɐu³³	上午 sœŋ²² m̩¹³/朝早 tsiu⁵⁵ tsou³⁵	早上 tsou³⁵ sœŋ²²
中午	晏昼 an³³ tsɐu³³	晏昼 an³³ tsɐu³³	中午 tsuŋ⁵⁵ m̩¹³	中午 tsuŋ⁵⁵ m̩¹³	中午 tsuŋ⁵⁵ m̩¹³	中午 tsuŋ⁵⁵ m̩¹³	中午 tsuŋ⁵⁵ m̩¹³
下午	下昼 ha²² tsɐu³³	*	晏昼 ŋan³³ tsɐu³³	晏昼 ŋan³³ tsɐu³³	下昼 ha²² tsɐu³³	下昼 ha²² tsɐu³³	下午 ha²² m̩¹³
天亮	天光 tʰin⁵⁵ kwɔŋ⁵⁵	天光 tʰin⁵⁵ kwɔŋ⁵⁵	早上 tsou³⁵ sœŋ²²	天光 tʰin⁵⁵ kwɔŋ⁵⁵	喺天光 hɐi³⁵ tʰin⁵⁵ kwɔŋ⁵⁵	天光 tʰin⁵⁵ kwɔŋ⁵⁵	天光 tʰin⁵⁵ kɔŋ⁵⁵
整天	成日 seŋ²¹ jɐt²	成日 seŋ²¹ jɐt²	成日 seŋ²¹ jɐt²	成日 seŋ²¹ jɐt²	成日 seŋ²¹ jɐt²	全日 tsʰyn²¹ jɐt²	成日 seŋ²¹ jɐt²
星期一	礼拜一 lɐi¹³ pai³³ jɐt²/星期一 seŋ⁵⁵ kʰei²¹ jɐt²	拜一 pai³³ jɐi⁵	拜一 lɐt¹³ jɐt²	拜一 lɐi¹³ jɐt²	礼拜一 lɐi¹³ pai³³ jɐt²	拜一 pai³³ jɐt⁵	拜一 pai³³ jit⁵
星期天	礼拜日 lɐi¹³ pai³³ jɐt²/礼拜 lɐi¹³ pai³³	礼拜 lɐi¹³ pai³³	礼拜 lɐi¹³ pai³³	礼拜 lɐi¹³ pai³³	礼拜 lɐi¹³ pai³³	礼拜 lɐi¹³ pai³³	礼拜 lai¹³ pai³³

续表 3-9

条目	方言						
	广东广州话	三藩市广府话	洛杉矶广府话	纽约广府话	芝加哥广府话	波特兰广府话	休斯敦广府话
一辈子	一世人 jɐt⁵ sei³³ jɐn²¹	一世 jɐt⁵ sei³³	一世人 jɐt⁵ sei³³ jɐn²¹	成世 sɛŋ²¹ sei³³	成世 sɛŋ²¹ sei³³	一生 jɐt⁵ sɐŋ⁵⁵	成世 sɛŋ²¹ sei³³
一会儿	一阵间 jɐt⁵ tsɐn²² kan⁵⁵	一阵间 jɐt⁵ tsɐn²² kan⁵⁵	一阵 jɐt⁵ tsɐn²²	一阵间 jɐt⁵ tsɐn²² kan⁵⁵	一排 jɐt⁵ pʰai²¹	一阵 jɐt⁵ tsɐn²²	短时间 tyn³⁵ si²¹ kan³³
最后	收尾 sɐu⁵⁵ mei¹³⁻⁵⁵	最后 tsœy³³ hɐu²²	最后 tsœy³³ hɐu²²	拉尾 lai⁵⁵ mei¹³⁻⁵⁵	最后 tsœy³³ hɐu²²/后尾 hɐu²² mei¹³	最后 tsœy³³ hɐu²²	最后 tsœy³³ hɐu²²
从前	旧阵时 kɐu²² tsɐn²² si²¹	好耐之前 hou³⁵ nɔi²² tsi⁵⁵ tsʰin²¹	以前 ji¹³ tsʰin²¹	旧阵时 kɐu²² tsɐn²² si²¹/好耐之前 hou³⁵ nɔi²² tsi⁵⁵ tsʰin²¹	好耐以前 hou³⁵ nɔi²² ji¹³ tsʰin²¹	旧时 kɐu²² si²¹	好多年 hou⁵⁵ tɔ⁴⁴ nin²²
现在	而家 ji²¹ ka⁵⁵	而家 ji²¹ ka⁵⁵	而家 ji²¹ ka⁵⁵	而家 ji²¹ ka⁵⁵	而家 ji²¹ ka⁵⁵	而家 ji²¹ ka⁵⁵	而家 ji²¹ ka⁵⁵
刚才	啱啱 ŋam⁵⁵ ŋam⁵⁵/头先 tʰɐu²² sin⁵⁵	啱啱 ŋam⁵⁵ ŋam⁵⁵	啱啱 ŋam⁵⁵ ŋam⁵⁵	啱啱 am⁵⁵ am⁵⁵	啱啱 ŋam⁵⁵ ŋam⁵⁵	啱啱 ŋam⁵⁵ ŋam⁵⁵	而家 ji²¹ ka⁵⁵

表 3-8、表 3-9 分别包含 38 个有关自然界事物、时间的条目。华人社区的 6 个台山话和 6 个广府话的点，都各有一些没有提供说法的，如"天旱"和"水涝"两条，不会表达的发音人就比较多。台山话和广府话也都有一些条目发音人的表达采用的是英语的说法。

尽管上面有关时间词的条目有限，但也传递了一个信息：无论是使用台山话的华人，还是使用广府话的华人，用方言表述的时间词不少都发生了变化。例如，有以英语的说法指称的；有采用汉语普通话的表达方式，只改变了语音的，像休斯敦广府话的"中午""下午"；有用数量短语的表述代替词的，如圣安东尼奥台山话以"十二点"指代"中午"；等等。

鉴于使用台山话和广府话的美国华人，表述时间的词都有独特的特点，我们将在下文单独另辟一节(参见 3.2.1.2.2 "美国华人常用时间名词使用特点研究")，专门阐释这个问题。

3.1.3.2 有关生活与生产资料的（见表 3-10、表 3-11）

表 3-10　6 个台山话有关生活与生产资料的说法

条目	方言						
	广东台山话	三藩市台山话	洛杉矶台山话	纽约台山话	芝加哥台山话	波特兰台山话	圣安东尼奥台山话
糯米	糯米 nɔ³¹ mai⁵⁵	糯米 nɔ³¹ mai⁵⁵	糯米 nu²¹ mai⁵⁵	糯米 nɔ³¹ mai⁵⁵	糯米 nɔ³¹ mai⁵⁵	糯米 nɔ³¹ mai⁵⁵	糯米 nɔ³¹ mai⁵⁵
玉米	粟米 ɬək⁵ mai⁵⁵	粟米 suk⁵ mai⁵⁵	粟米 ɬuk⁵ mai⁵⁵ / *	粟米 ɬuk⁵ mai⁵⁵	粟米 ɬuk⁵ mai⁵⁵	粟米 ɬuk⁵ mai⁵⁵	粟米 ɬuk⁵ mai⁵⁵
豇豆	豆角 eu³¹ kɔk²	豆仔 au³¹⁻⁵⁵ tɔi⁵⁵	长豆 tsʰɛŋ²² au²¹⁻³⁵ / *	豆角 ɛu³¹ kɔk³⁻⁵	豆角 ɛu³¹ kɔk³	豆角 au³¹ kɔk³	豆角 tau³¹ kɔk³
土豆	马铃薯 ma⁵⁵ lɛn²² si²²	薯仔 si²² tɔi⁵⁵	薯仔 si²² tɔi⁵⁵	薯仔 si²² tɔi⁵⁵	薯仔 si²² tɔi⁵⁵	马铃薯 ma³¹ lɛn²² si²²	薯仔 si²² tɔi⁵⁵
包菜	椰菜 jɛ²² tʰɔi³³	椰菜 jɛ²² tʰɔi⁴⁴	椰菜 jɛ²² tʰɔi⁴⁴	椰菜 jɛ²² tʰɔi⁴⁴	椰菜 jɛ²² tʰɔi⁴⁴	椰菜 jɛ²² tʰɔi⁴⁴	椰菜 jɛ²² tsʰui⁴⁴
大白菜	绍菜 ɬiau³¹ tʰɔi³³ / 倚苏 kʰei³¹ ɬou³³⁻³⁵	绍菜 siau³¹ tʰɔi⁴⁴	绍菜 ɬiau²¹ tʰɔi⁴⁴	绍菜 siu³¹ tʰɔi⁴⁴	绍菜 siu³¹ tʰɔi⁴⁴	大白菜 ai³¹ pak² tʰɔi⁴⁴	白菜 pak² tsʰui⁴⁴
茄子	茄 kʰia²²⁻³⁵	茄仔 kʰɛ²² tɔi⁵⁵	茄 kʰɛ²²⁻³⁵	茄 kʰɛ²²⁻³⁵	茄 kʰɛ²²⁻³⁵	茄 kʰɛ²²⁻³⁵	茄瓜 kʰɛ²² kua⁴⁴
西红柿	番茄 fan³³ kʰe²²	番茄 fan⁴⁴ kʰɛ²²	番茄 fan⁴⁴ kʰɛ²²	番茄 fan⁴⁴ kʰɛ²²	番茄 fan⁴⁴ kʰɛ²²	番茄 fan⁴⁴ kʰɛ²²⁻³⁵	番茄 fan⁴⁴ kʰɛ²²
空心菜	水菜 ɬui⁵⁵ tʰɔi³³ / 蕹菜 jəŋ³³ tʰɔi³³	蕹菜 uŋ⁴⁴ tʰɔi⁴⁴	蕹菜 uŋ⁴⁴ tʰɔi²¹	空心菜 huŋ⁴⁴ sam⁴⁴ tʰɔi⁴⁴	蕹菜 uŋ⁴⁴ tʰɔi⁴⁴	蕹菜 juŋ⁴⁴ tʰɔi⁴⁴	蕹菜 uŋ⁴⁴ tsʰui⁴⁴
荸荠	马蹄 ma⁵⁵ tʰei²²⁻³⁵	马蹄 ma⁵⁵ tʰai²²⁻³⁵	马蹄 ma⁵⁵ hai²²⁻³⁵	马□ ma³¹ hɛu⁵⁵	马蹄 ma⁵⁵⁻³¹ hɔi²²⁻³⁵	马蹄 ma³¹ hai²²⁻³⁵	马蹄 ma⁵⁵ hai²²
水果	生果 saŋ³³ kɔ⁵⁵	水果 sui⁵⁵ kuɔ⁵⁵	生果 saŋ⁴⁴ kuɔ⁵⁵	生果 saŋ⁴⁴ kɔ⁵⁵	生果 saŋ⁴⁴ kuɔ⁵⁵	水果 sui⁵⁵ kɔ⁵⁵	生果 saŋ⁴⁴ kuɔ⁵⁵
番石榴	花棯 老 fa³³ lim³¹⁻³⁵	花棯 老 fa⁴⁴ nɔm⁴⁴⁻³⁵	花棯 老 fa⁴⁴ nim²¹⁻³⁵	*	花棯 老 fa⁴⁴ nɛm⁴⁴⁻³⁵	*	*
葡萄	葡萄子 pʰu²² hau²² tu⁵⁵	葡提仔 pʰu²² tʰai²² tɔi⁵⁵	提子 tʰai²² tu⁵⁵	提子 tʰai²² tu⁵⁵	葡提子 pʰou²² tʰai²² tu⁵⁵	提子 hai²² tu⁵⁵	*

续表 3-10

条目	方言						
	广东台山话	三藩市台山话	洛杉矶台山话	纽约台山话	芝加哥台山话	波特兰台山话	圣安东尼奥台山话
柚子	卜碌 pək^5 luk^5	—	唐人卜碌 hɔŋ^{22} in^{22} puk$^{3-5}$ luk^5	大果 ai^{31} kɔ^{55}	大果 ai^{31} kuɔ^{55}	卜碌 puk^5 luk^5	*
粽叶	粽叶 tɐŋ$^{55-21}$ jap^2	粽叶 tuŋ^{31} jap^2	粽叶 tuŋ$^{55-35}$ jap^2	粽叶 tuŋ^{31} jip^2	粽叶 tuŋ^{55} jip^2	粽叶 tsuŋ^{44} jap^2	粽叶 tsuŋ^{55} jip^2
公牛	牛公 ŋiu^{22} kəŋ^{33}	牛公 ŋau^{22} kuŋ^{44}	牛 ŋau^{22}	公牛 kuŋ^{44} ŋiu^{22}	公牛 ŋiu^{22} kuŋ^{44}	男牛 nam^{22} ŋiu^{22}/牛公 ŋiu^{22} kuŋ^{44}	牛 ŋau^{22}
牛犊	牛仔 ŋiu^{22} tɔi^{55}	牛仔 ŋau^{22} tɔi^{55}	细牛 sai^{44} ŋau^{22}	牛仔 ŋiu^{22} tɔi^{55}	牛仔 ŋiu^{22} tɔi^{55}	*	牛仔 ŋau^{22} tɔi^{55}
母牛	牛𤚦 ŋiu^{22} na^{55}	牛𤚦 ŋau^{22} na^{55}	—	牛 ŋiu^{22}	牛𤚦 ŋiu^{22} na^{55}	牛𤚦 ŋiu^{22} na^{55}	牛 ŋau^{22}
公狗	狗公 keu^{55} kəŋ^{33}	狗公 kau^{55} kuŋ^{44}	男狗 nam^{22} kau^{55}	狗公 kau^{55} kuŋ^{44}	狗公 kau^{55} kuŋ^{44}	男狗 nam^{22} kau^{55}	狗 kau^{55}
母猫	猫𤚦 miu^{55} na^{55}	猫𤚦 miau^{44} na^{44}	女猫 nui^{55} mɛu^{44}	女猫 nui$^{31-55}$ mei^{44}	猫𤚦 mei^{44} na^{55}	女猫 nui^{55} mau^{44}	猫 miu^{44}
狗叫	吠 fei^{31}/吼 həŋ^{31}	吠 fei^{31}	叫 kiau^{44}	叫 kiu^{44}	吠 fi^{31}	狗叫 kau^{55} kiu^{44}	吠 fei^{44}
公鸡	鸡公 kai^{33} kəŋ^{33}	鸡公 kai^{44} kuŋ^{44}	鸡公 kai^{44} kuŋ^{44}	鸡公 kɔi^{44} kuŋ^{44}	生鸡 ɬaŋ^{44} kai^{44}/鸡公 kai^{44} kuŋ^{44}	男鸡 nam^{22} kai^{44}	鸡 kai^{44}
母鸡	鸡𤚦 kai^{33} na^{55}	鸡𤚦 kai^{44} na^{55}	鸡𤚦 kai^{44} na^{55}	鸡𤚦 kɔi^{44} na^{55}	鸡𤚦 kai^{44} na^{55}	女鸡 nui^{55} kai^{44}	鸡 kai^{44}
鸡啼	啼 hai^{22}	*	鸡叫 kai^{44} kiau^{44}	叫 kiu^{44}	啼 hai^{22}	叫 kiu^{44}	—
鸡生蛋	鸡生蛋 kai^{33} saŋ^{33} an$^{31-35}$	鸡落蛋 kai^{44} lɔk^2 an$^{31-35}$	生蛋 saŋ^{44} an$^{21-35}$	生蛋 saŋ^{44} an$^{31-35}$	生蛋 suŋ^{44} an$^{31-35}$	生蛋 saŋ^{44} tan$^{44-35}$	鸡生蛋 kai^{44} ɬaŋ^{44} tan$^{31-35}$
鸡窦	鸡窦 kai^{33} eu^{31}	鸡窦 kai^{44} au^{44}	窦 au^{21}	鸡窦 kai^{44} tɛu$^{44-31}$	—	窦 tau^{31}	—
猴子	马骝 ma^{55} leu^{55}	马骝 ma^{55} lau^{44}	马骝 ma^{55} lau$^{22-55}$	马骝 ma^{55} lau$^{22-55}$	马骝 ma^{55} lɛu^{44}	马骝 ma^{31} lai^{44}	马骝 ma^{55} lau$^{22-55}$

续表 3-10

条目	方言						
	广东台山话	三藩市台山话	洛杉矶台山话	纽约台山话	芝加哥台山话	波特兰台山话	圣安东尼奥台山话
蜘蛛	□螑老 kʰa²² lau²²⁻³⁵	蜘蛛 tsi⁴⁴ tsi⁴⁴	—	□螑老 kʰa²² lau²²⁻³⁵	蜘蛛 tsi⁴⁴ tsi⁴⁴	□螑老 kʰa²² lau⁵⁵	*
青蛙	田鸡 hen²² kai³³/蛤筣 kep⁵ kuai³³	青蛙 tʰen⁴⁴ wa⁴⁴	田鸡 hin²² kai⁴⁴/*	田鸡 hɛn²² kai⁴⁴	田鸡 hɛn²² kai⁴⁴	田鸡 tʰen⁴⁴ kai⁴⁴	田鸡 tʰin²² kai⁴⁴
家住处	屋企 ək³ kʰi⁵⁵	屋企 uk⁵ kʰei⁵⁵	住家 tsi²¹ ka⁴⁴⁻³⁵/屋企 uk⁵ kʰei⁵⁵	屋企 uk⁵ kʰei⁵⁵⁻³⁵	屋企 uk⁵ kʰi⁵⁵	屋 uk⁵	家□ ka⁴⁴ nau⁵⁵
街廊	骑楼 kʰia²² leu²²	骑楼 kʰɛ²² lɛu²²⁻³⁵	—	骑楼 kʰɛ²² lau²²⁻³⁵	骑楼 kʰɛ²² lau²²⁻³⁵	骑楼 kʰɛ²² lau²²⁻³⁵	骑楼 kʰɛ²² lau²²⁻³⁵
侧门	横门 vaŋ²² muɔn²²	侧门 tsak⁵ mɔn²²	横门 waŋ²² mɔn²²	旁边门 pʰɔŋ²² pɛn⁴⁴ mɔn²²	侧门 tsak⁵ mɔn²²	隔篱门 kak³ lei²² mɔn²²	细门 ɬai⁴⁴ mun²²
梯子	凭倚 paŋ³¹ kʰei³¹⁻³⁵/梯 hai³³	梯 hai⁴⁴⁻³⁵	横倚 waŋ²² kʰei⁵⁵	凭倚 paŋ³¹ kʰi⁵⁵	梯 hai⁴⁴	凭倚 pʰaŋ³¹ kʰei⁵⁵	梯 tʰai⁴⁴
水管	水管 sui⁵⁵ kuɔn⁵⁵	水管 sui⁵⁵ kuɔn⁵⁵/水喉 sui⁵⁵ hɛu²²	水喉 sui⁵⁵ hau²²/水龙 sui⁵⁵ luŋ²²	水管 sui⁵⁵ kun⁵⁵⁻³⁵	水管 sui⁵⁵ kun⁵⁵/水喉 sui⁵⁵ hɛu²²	水咙 sui⁵⁵ luŋ²²	水喉 sui⁵⁵ hau²²
浴室	冲凉房 tsʰəŋ³³ liaŋ²² fɔŋ²²⁻³⁵	冲凉房 tsʰuŋ⁴⁴ liaŋ²² fɔŋ²²⁻³⁵	冲凉房 tsʰuŋ⁴⁴ lɛŋ²² fɔŋ²²⁻³⁵	冲凉房 tsʰuŋ⁴⁴ lɛŋ²² fɔŋ²²⁻³⁵	冲凉房 tsʰuŋ⁴⁴ liaŋ²² fɔŋ²²⁻³⁵	冲凉房 tsʰuŋ⁴⁴ lɛŋ²² fɔŋ²²	冲凉房 tsʰuŋ⁴⁴ lɛŋ²² fɔŋ²²⁻³⁵
角落	角落 kɔk³ kɔk³	角落头 kɔk³ lɔk⁵ hɛu²²	角头 kɔk³ hau²²	角 kɔk³	房角 fɔŋ²² kɔk³	角 kɔk²	角 kɔk³
窟窿	窿 ləŋ³³	窿 luŋ⁴⁴	空 kʰuŋ⁴⁴	窿 luŋ⁴⁴⁻³⁵	窿 luŋ⁴⁴	窿 luŋ⁴⁴/空 kʰuŋ⁴⁴	窿 luŋ⁴⁴
缝儿	裂 let²	嗨 la⁴⁴	—	嗨 la⁴⁴	嗨 la⁴⁴	嗨 la³¹	窿 luŋ⁴⁴
家具	家私 ka³³ ɬi³³	家私 ka⁴⁴ ɬu⁴⁴	家私 ka⁴⁴ ɬu⁴⁴	家具 ka⁴⁴ kui³¹	家私 ka⁴⁴ ɬu⁴⁴	家私 ka⁴⁴ ɬi⁴⁴	家私 ka⁴⁴ si⁴⁴
餐桌	喫饭怡 het³ fan³¹ hɔi⁵⁵	饭怡 fan³¹ hɔi⁵⁵	喫饭怡 hɛt³ fan²¹ hɔi²²⁻³⁵	食饭怡 sek² fan³¹ hɔi²²⁻³⁵	喫饭怡 hɛk⁵ fan³¹ hɔi²²⁻⁵⁵	饭怡 fan³¹ hɔi²²⁻³⁵	餐怡 tsʰan⁴⁴ hɔi²²⁻³⁵

续表 3-10

条目	方言						
	广东台山话	三藩市台山话	洛杉矶台山话	纽约台山话	芝加哥台山话	波特兰台山话	圣安东尼奥台山话
椅子 统称	椅 ji^{55}	凳 aŋ^{44}	凳 aŋ^{21}	凳 aŋ^{44}	椅 ji^{55}	凳 aŋ^{31}	凳 taŋ^{44}
抽屉	柜桶 kei^{31} həŋ^{55}	柜桶 ki^{31} huŋ^{55}	柜桶 kui^{21} huŋ^{55}	柜桶 kui^{31} huŋ^{55}	柜桶 kuai^{31} huŋ^{55}	柜桶 kei^{31} huŋ^{55}	柜桶 kuai^{31} huŋ^{55}
肥皂	番枧 fan^{33} kan^{55}	番枧 fan^{44} kan^{55}	番枧 fan^{44} kan^{55}	番枧 fan^{44} kan^{55}	番枧 fan^{44} kan^{55}	番枧 fan^{44} kan^{55}	番枧 fan^{44} kan^{55}
洗衣粉	枧粉 kan^{55} fun^{55}	枧粉 kan^{55} fun^{55}	洗衫粉 ɬai^{55} ɬam^{55} fun^{55}	洗衫粉 sai^{55} sam^{44} fun^{55}	枧粉 kan^{55} fun^{55}	枧粉 kan^{55} fun^{55}	枧粉 kan^{55} fun^{55}
洗发水	洗头水 hai^{55} hau^{22} sui^{55}	洗头水 ɬai^{55} hɛu^{22} sui^{55}	洗头水 ɬai^{55} hau^{22} sui^{55}	洗头水 sai^{55} hɛu^{22} sui^{55}	洗头水 ɬai^{55} hau^{22} sui^{55}	洗头水 ɬai^{55} hau^{22} sui^{44}	洗头水 ɬai^{55} tʰau^{55} sui^{55}
瓶子	樽 tun$^{33-35}$	樽 tun$^{44-31}$	樽 tun$^{44-35}$	樽 tun^{44}	樽 tun^{44}	樽 tun^{44}	樽 tun$^{44-35}$
暖水瓶	暖壶 nuɔn^{55} vu^{22}	暖壶 nun^{13} wu$^{22-35}$	热水壶 ŋɛt^{2} sui^{55} wu^{22}	热水樽 ŋɛt^{2} sui^{55} tun^{44}	暖壶 nuɔn^{44} wu^{22}	暖水壶 nɔn^{55} sui^{55} wu$^{22-35}$	*
锅铲	镬铲 vɔk^{2} tsʰan^{55}	镬铲 wɔk^{2} tsʰan^{55}	铲 tsʰan^{55}	铲 tsʰan^{55}	镬铲 wɔk^{2} tʰan^{55}	镬铲 wɔk^{2} tsʰan^{55}	—
笊篱	捞篱 lau^{22} lei$^{22-35}$	笊篱 tsau^{44} lei^{55}	捞 lau^{22}	攞个嘢捞 lɔ^{55} kɔ^{44} jɛ^{55} lau^{22}	笊篱 tsau^{44} li$^{22-35}$	捞篱 lau^{22} lei$^{22-35}$	*
煤油	火水 老 fɔ^{55} sui^{55}	煤油 mɔi^{22} jiu^{22}	火水 老 fɔ^{55} sui^{55}	煤油 mɔi^{22} jau^{22}	火水 老 fɔ^{55} sui^{55}	火水 老 fɔ^{55} sui^{55}	*
塑料	塑料 ɬɔk^{5} liau$^{31-35}$	胶 kau^{44}	□ŋa^{44}	胶 kau^{44}	胶 kau^{44}	胶 kau^{44}	胶 kau^{44}
拐杖	拐杖 kuai^{55} tsiaŋ$^{55-35}$	拐杖 kuai^{55} tiaŋ^{55}	棍 kun^{21}	棍 kun^{31}	拐杖 kuai^{55} tsiaŋ^{55}	拐杖 kuai^{55} tsiaŋ^{55}	*
橡皮筋	牛筋 ŋan^{22} kin$^{33-35}$	橡筋 tiaŋ^{31} kin^{44}	*	橡筋 tiaŋ^{31} kan^{44}	橡筋 tsɛŋ^{31} kan^{44}	牛筋仔 ŋiu^{22} kin^{44} tɔi^{55}	*
剪刀	铰剪 kau^{33} tɛn^{55}	铰剪 kau^{44} tɛn^{55}	铰剪 kau^{44} tin^{55}	铰剪 kau^{44} tɛn^{55}	铰剪 kau^{44} tɛn^{55}	铰剪 kau^{44} tɛn^{55}	铰剪 kau^{44} tsin^{55}
汗衫 贴身衣	底衫 ai^{55} ɬam$^{33-21}$	底衫 ai^{55} sam$^{44-31}$	底衫 ai^{55} ɬam$^{44-21}$	底衫 ai^{55} sam^{44}	底衫 ai^{55} sam^{44}	底衫 ai^{55} ɬam^{44}	底衫 tai^{55} sam^{44}
裤裆 裤子裆部	裤浪 fu^{31} lɔŋ^{31}	裤浪 fu^{44} lɔŋ^{31}	—	裤浪 fu^{44} lɔŋ^{31}	裤浪 fu^{31} lɔŋ^{31}	裤 fu^{31} lɔŋ^{31}	裤浪 fu^{44} lɔŋ^{31}

续表 3-10

条目	方言						
	广东台山话	三藩市台山话	洛杉矶台山话	纽约台山话	芝加哥台山话	波特兰台山话	圣安东尼奥台山话
袖子	衫袖 ɬam³³ tiu³¹	衫袖 sam⁴⁴ tiu³¹	衫袖 ɬam⁴⁴ tiu²¹	衫袖 ɬam⁴⁴ tiu³¹	袖 tɐu³¹	衫袖 ɬam⁴⁴ tiu³¹	衫袖 sam⁴⁴ tsan³¹
高跟鞋	高踭鞋 kou³³ tsaŋ³³⁻³⁵ hai²²	高□鞋 kɔ⁴⁴ ŋa⁴⁴⁻³⁵ hai²²	—	高踭鞋 kou⁴⁴ tsaŋ⁴⁴ hai²²	高踭鞋 kou⁴⁴ tsaŋ⁴⁴ hai²²	高踭鞋 kau⁴⁴ tsaŋ⁴⁴ hai²²	高鞋 kou⁴⁴ hai²²

表 3-11 6 个广府话有关生活与生产资料的说法

条目	方言						
	广东广州话	三藩市广府话	洛杉矶广府话	纽约广府话	芝加哥广府话	波特兰广府话	休斯敦广府话
糯米	糯米 nɔ²² mɐi¹³	糯米 nɔ²² mɐi¹³	糯米 nɔ²² mɐi¹³	糯米 nɔ²² mɐi¹³	糯米 nɔ²² mɐi¹³	糯米 nɔ²² mɐi¹³	糯米饭 nɔ²² mɐi¹³ fan²²
玉米	粟米 suk⁵ mɐi¹³	粟米 suk⁵ mɐi¹³	粟米 suk⁵ mɐi¹³	粟米 suk⁵ mɐi¹³	粟米 suk⁵ mɐi¹³	粟米 suk⁵ mɐi¹³	粟米 suk⁵ mɐi¹³
豇豆	豆角 tɐu²² kɔk³	豆角 tɐu²² kɔk³	豆角 tɐu²² kɔk³	—	豆角 tɐu²² kɔk³	豆角 tɐu²² kɔk³	豆角 tɐu²² kɔk³
土豆	薯仔 sy²¹ tsɐi³⁵	薯仔 sy²¹ tsɐi³⁵	薯仔 sy²¹ tsɐi³⁵	薯仔 sy²¹ tsɐi³⁵	薯仔 sy²¹ tsɐi³⁵	薯仔 sy²¹ tsɐi³⁵	薯仔 sy²¹ tsɐi³⁵
包菜	椰菜 jɛ²¹ tsʰɔi³³	椰菜 jɛ²¹ tsʰɔi³³	椰菜 jɛ²¹ tsʰɔi³³	椰菜 jɛ²¹ tsʰɔi³³	—	椰菜 jɛ²¹ tsʰɔi³³	椰菜 jɛ²¹ tsʰɔi³³
大白菜	绍菜 siu²² tsʰɔi³³/黄芽白 wɔŋ²¹ ŋa²¹ pak²	白菜 pak² tsʰɔi³³	—	大白菜 tai²² pak² tsʰɔi³³	黄芽白 wɔŋ²¹ ŋa²¹ pak²	大白菜 tai²² pak² tsʰɔi³³	白菜 pak² tsʰɔi³³
茄子	茄瓜 kʰɛ²¹⁻³⁵ kwa⁵⁵/茄子 kʰɛ²¹⁻³⁵ tsi³⁵	茄子 kʰɛ²¹⁻³⁵ tsi³⁵	茄瓜 kʰɛ²¹⁻³⁵ kwa⁵⁵	茄子 kʰɛ²¹⁻³⁵ tsi³⁵	矮瓜 ŋɐi³⁵ kwa⁵⁵/茄子 kʰɛ²¹⁻³⁵ tsi³⁵	茄子 kʰɛ²¹⁻³⁵ tsi³⁵	—
西红柿	番茄 fan⁵⁵ kʰɛ²¹⁻³⁵	番茄 fan⁵⁵ kʰɛ²¹⁻³⁵	番茄 fan⁵⁵ kʰɛ²¹⁻³⁵	番茄 fan⁵⁵ kʰɛ²¹⁻³⁵	番茄 fan⁵⁵ kʰɛ²¹⁻³⁵	番茄 fan⁵⁵ kʰɛ²¹⁻³⁵	番茄 fan⁵⁵ kʰɛ³⁵

续表 3-11

条目	方言						
	广东广州话	三藩市广府话	洛杉矶广府话	纽约广府话	芝加哥广府话	波特兰广府话	休斯敦广府话
空心菜	蕹菜 uŋ³³ tsʰɔi³³	蕹菜 uŋ³³ tsʰɔi³³	蕹菜 uŋ³³ tsʰɔi³³	空心菜 huŋ⁵⁵ sɐm⁵⁵ tsʰɔi³³	水蕹 sœy³⁵ uŋ³³	通菜 tʰuŋ⁵⁵ tsʰɔi³³	—
荸荠	马蹄 ma¹³ tʰɐi²¹⁻³⁵	马蹄 ma¹³ tʰɐi²¹⁻³⁵	马蹄 ma¹³ tʰɐi²¹⁻³⁵	马蹄 ma¹³ tʰɐi²¹⁻³⁵	马蹄 ma¹³ tʰɐi²¹⁻³⁵	马蹄 ma¹³ tʰɐi²¹⁻³⁵	马蹄 ma¹³ tʰɐi²¹⁻³⁵
水果	生果 saŋ⁵⁵ kwɔ³⁵/水果 sœy³⁵ kwɔ³⁵	生果 saŋ⁵⁵ kwɔ³⁵/水果 sœy³⁵ kwɔ³⁵	水果 sœy³⁵ kwɔ³⁵	水果 sœy³⁵ kwɔ³⁵	生果 saŋ⁵⁵ kwɔ³⁵	生果 saŋ⁵⁵ kwɔ³⁵	水果 sœy³⁵ kwɔ³⁵
番石榴	番石榴 fan⁵⁵ sɛk²lɐu²¹⁻³⁵	番石榴 fan⁵⁵ sɛk²lɐu²¹⁻³⁵	番石榴 fan⁵⁵ sɛk²lɐu²¹⁻³⁵	番石榴 fan⁵⁵ sɛk²lɐu²¹⁻³⁵	*	*	—
葡萄	葡提子 pʰou²¹ tʰɐi²¹ tsi³⁵	葡提子 pʰou²¹ tʰɐi²¹ tsi³⁵	提子 tʰɐi²¹ tsi³⁵	葡萄 pʰou²¹ tʰou²¹⁻³⁵	提子 tʰɐi²¹ tsi³⁵	葡提子 pʰou²¹ tʰɐi²¹ tsi³⁵	葡提子 pʰou²¹ tʰɐi²¹ tsi³⁵
柚子	碌柚 luk⁵ jɐu²²⁻³⁵	碌柚 luk⁵ jɐu²²⁻³⁵	碌柚 luk⁵ jɐu²²⁻³⁵	碌柚 luk⁵ jɐu²²⁻³⁵	碌柚 luk⁵ jɐu²²⁻³⁵	碌柚 luk⁵ jɐu²²⁻³⁵	—
粽叶	粽叶 tsuŋ³⁵ jip²	荷叶 hɔ²¹ jip²	粽叶 tsuŋ³⁵ jip²	—	包粽叶 pau⁵⁵ tsuŋ³⁵ jip²	粽叶 tsuŋ³⁵ jip²	粽叶 tsuŋ³⁵ jip²
公牛	牛公 ŋɐu²¹ kuŋ⁵⁵	牛公 ŋɐu²¹ kuŋ⁵⁵	公牛 kuŋ⁵⁵ ŋɐu²¹/牛公 ŋɐu²¹ kuŋ⁵⁵	牛 ŋɐu²¹	牛公 ŋɐu²¹ kuŋ⁵⁵	牛 ŋɐu²¹	牛 ŋɐu²¹
牛犊	牛仔 ŋɐu²¹ tsɐi³⁵	牛仔 ŋɐu²¹ tsɐi³⁵	牛仔 ŋɐu²¹ tsɐi³⁵	牛仔 ŋɐu²¹ tsɐi³⁵	牛仔 ŋɐu²¹ tsɐi³⁵	牛仔 ŋɐu²¹ tsɐi³⁵	牛仔 ŋɐu²¹ tsɐi³⁵
母牛	牛乸 ŋɐu²¹ na³⁵	—	牛乸 ŋɐu²¹ na³⁵	牛 ŋɐu²¹	牛乸 ŋɐu²¹ na³⁵	牛 ŋɐu²¹	牛 ŋɐu²¹
公狗	狗公 kɐu³⁵ kuŋ⁵⁵	狗 kɐu³⁵	狗 kɐu³⁵	狗公 kɐu³⁵ kuŋ⁵⁵	狗公 kɐu³⁵ kuŋ⁵⁵	男狗 nam²¹ kɐu³⁵	狗 kɐu³⁵
母猫	猫乸 mau⁵⁵ na³⁵	猫 mau⁵⁵	猫 mau⁵⁵	猫 mau⁵⁵	猫乸 mau⁵⁵ na³⁵	女猫 nœy¹³ mau⁵⁵	猫 mau⁵⁵
狗叫	吠 fɐi³³/叫 kiu³³	叫 kiu³³	叫 kiu³³	狗吠 kɐu³⁵ fɐi³³	吠 fɐi²²	吠 fɐi²²	—

续表 3－11

条目	方言						
	广东广州话	三藩市广府话	洛杉矶广府话	纽约广府话	芝加哥广府话	波特兰广府话	休斯敦广府话
公鸡	鸡公 kɐi^{55} kuŋ^{55}	鸡 kɐi^{55}	鸡公 kɐi^{55} kuŋ^{55}/雄鸡 huŋ^{21} kɐi^{55}	鸡 kɐi^{55}	公鸡 kuŋ^{55} kɐi^{55}	公鸡 kuŋ^{55} kɐi^{55}	鸡 kɐi^{55}
母鸡	鸡㜙 kɐi^{55} na^{35}	鸡 kɐi^{55}	鸡㜙 kɐi^{55} na^{35}/母鸡 mou^{13} kɐi^{55}	鸡 kɐi^{55}	鸡㜙 kɐi^{55} na^{35}	母鸡 mou^{13} kɐi^{55}	鸡 kɐi^{55}
鸡啼	啼 tʰɐi^{21}	—	叫 kiu^{33}	叫 kiu^{33}	叫 kiu^{33}	叫 kiu^{33}	—
鸡下蛋	鸡生蛋 kɐi^{55} saŋ^{55} tan$^{22-35}$	生蛋 saŋ^{55} tan$^{22-35}$	生蛋 saŋ^{55} tan$^{22-35}$	鸡生蛋 kɐi^{55} saŋ^{55} tan$^{22-35}$	生蛋 saŋ^{55} tan$^{22-35}$	生蛋 saŋ^{55} tan$^{22-35}$	生蛋 saŋ^{55} tan$^{22-35}$
鸡窝	鸡窦 kɐi^{55} tɐu^{33}	鸡窦 kɐi^{55} tɐu^{33}	鸡窦 kɐi^{55} tɐu^{33}	—	鸡窦 kɐi^{55} tɐu^{33}	鸡笼 kɐi^{55} luŋ^{21}	鸡笼 kɐi^{55} luŋ^{21}
猴子	马骝 ma^{13} lɐu^{55}	马骝 ma^{13} lɐu^{55}	马骝 ma^{13} lɐu^{55}	马骝 ma^{13} lɐu$^{21-35}$	马骝 ma^{13} lɐu$^{21-35}$	马骝 ma^{13} lɐu$^{21-35}$	马骝 ma^{13} lɐu^{55}
蜘蛛	蠄蟧老 kʰɐm^{21} lou$^{21-35}$	蠄蟧老 kʰɐm^{21} lou$^{21-35}$	蠄蟧老 kʰɐm^{21} lou$^{21-35}$	蜘蛛 tsi^{55} tsy^{55}	蜘蛛 tsi^{55} tsy^{55}	蜘蛛 tsi^{55} tsy^{55}	—
青蛙	田鸡 tʰin^{21} kɐi^{55}	田鸡 tʰin^{21} kɐi^{55}	田鸡 tʰin^{21} kɐi^{55}	田鸡 tʰin^{21} kɐi^{55}/青蛙 tsʰɐŋ^{55} wa^{55}	青蛙 tsʰɐŋ^{55} wa^{55}	青蛙 tsʰɐŋ^{55} wa^{55}	青蛙 tsʰɐŋ^{55} wa^{55}
家(住处)	屋企 uk^{5} kʰei^{35}	屋企 uk^{5} kʰei^{35}	屋企 ŋuk^{5} kʰei^{35}	屋企 uk^{5} kʰei^{35}	屋企 ŋuk^{5} kʰei^{35}	屋企 ŋuk^{5} kʰei^{35}	屋企 uk^{5} kʰei^{35}
街廊	骑楼 kʰɛ^{21} lɐu$^{21-35}$	*	骑楼 kʰɛ^{21} lɐu$^{21-35}$	街口 kai^{55} hɐu^{35}	骑楼 kʰɛ^{21} lɐu$^{21-35}$	—	骑楼 kʰɛ^{21} lɐu$^{21-35}$
侧门	后门 hɐu^{22} mun$^{21-35}$/横门 waŋ^{21} mun$^{21-35}$	后门 hɐu^{22} mun^{21}	侧门 tsɐk^{5} mun^{21}	*	侧门 tsɐk^{5} mun^{21}	*	侧门 tsɐk^{5} mun^{21}
梯子	梯 tʰɐi^{55}	梯 tʰɐi^{55}	梯 tʰɐi^{55}	梯 tʰɐi^{55}	梯 tʰɐi^{55}	梯 tʰɐi^{55}	楼梯 lɐu^{21} tʰɐi^{55}
水管	水喉 sœy^{35} hɐu^{21}/水管 sœy^{35} kun^{35}	水喉 sœy^{35} hɐu^{21}/水管 sœy^{35} kun^{35}	水管 sœy^{35} kun^{35}/水喉 sœy^{35} hɐu^{21}	水喉 sœy^{35} hɐu^{21}	*	*	水喉 sœy^{35} hɐu^{21}

续表 3-11

条目	方言						
	广东广州话	三藩市广府话	洛杉矶广府话	纽约广府话	芝加哥广府话	波特兰广府话	休斯敦广府话
浴室	冲凉房 $ts^huŋ^{55} lœŋ^{21} fɔŋ^{21-35}$	冲凉房 $ts^huŋ^{55} lœŋ^{21} fɔŋ^{21-35}$	冲凉房 $ts^huŋ^{55} lœŋ^{21} fɔŋ^{21-35}$	冲凉房 $ts^huŋ^{55} lœŋ^{21} fɔŋ^{21-35}$	冲凉房 $ts^huŋ^{55} lœŋ^{21} fɔŋ^{21-35}$	厕所 $ts^hi^{33} sɔ^{35}$ / 洗手间 $sɐi^{35} sɐu^{35} kan^{55}$	冲凉房 $ts^huŋ^{55} lœŋ^{21} fɔŋ^{21-35}$
角落	角落头 $kɔk^3 lɔk^{2-5} t^hɐu^{21-35}$	角落头 $kɔk^3 lɔk^{2-5} t^hɐu^{21-35}$	角落头 $kɔk^3 lɔk^{2-5} t^hɐu^{21-35}$	角落头 $kɔk^3 lɔk^{2-5} t^hɐu^{21-35}$	角落 $kɔk^3 lɔk^{2-5}$	角落 $kɔk^3 lɔk^{2-5}$	角落头 $kɔk^3 lɔk^{2-5} t^hɐu^{21-35}$
窟窿	窿 $luŋ^{55}$	窿 $luŋ^{55}$	窿 $luŋ^{55}$	窿 $luŋ^{55}$	窿 $luŋ^{55}$	窿 $luŋ^{55}$	窿 $luŋ^{55}$
缝儿	罅 la^{33}	罅 la^{33}	罅 la^{33}	罅 la^{33}	罅 la^{33}	罅 la^{33}	罅 la^{33}
家具	家私 $ka^{55} si^{55}$	家私 $ka^{55} si^{55}$	家私 $ka^{55} si^{55}$	家私 $ka^{55} si^{55}$	家私 $ka^{55} si^{55}$	家私 $ka^{55} si^{55}$	家私 $ka^{55} si^{55}$
餐桌	食饭枱 $sek^2 fan^{22} t^hɔi^{21-35}$	餐枱 $ts^han^{55} tɔi^{21-35}$	餐枱 $ts^han^{55} t^hɔi^{21-35}$	食饭枱 $sek^2 fan^{22} t^hɔi^{21-35}$	食饭枱 $sek^2 fan^{22} t^hɔi^{21-35}$	食饭枱 $sek^2 fan^{22} t^hɔi^{21-35}$	食饭枱 $sek^2 fan^{22} t^hɔi^{21-35}$
椅子(统称)	凳 $tɐŋ^{33}$	凳 $tɐŋ^{33}$	椅 ji^{35}	凳 $tɐŋ^{33}$	椅 ji^{35}	凳 $tɐŋ^{33}$	凳 $tɐŋ^{33}$
抽屉	柜桶 $kwɐi^{22} t^huŋ^{35}$	柜桶 $kwɐi^{22} t^huŋ^{35}$	柜桶 $kwɐi^{22} t^huŋ^{35}$	柜桶 $kwɐi^{22} t^huŋ^{35}$	柜桶 $kwɐi^{22} t^huŋ^{35}$	柜桶 $kwɐi^{22} t^huŋ^{35}$	柜桶 $kwɐi^{22} t^huŋ^{35}$
肥皂	番枧 $fan^{55} kan^{35}$	番枧 $fan^{55} kan^{35}$	番枧 $fan^{55} kan^{35}$	番枧 $fan^{55} kan^{35}$	番枧 $fan^{55} kan^{35}$	番枧 $fan^{55} kan^{35}$	番枧 $fan^{55} kan^{35}$
洗衣粉	枧粉 $kan^{35} fen^{35}$	枧粉 $kan^{35} fen^{35}$	枧粉 $kan^{35} fen^{35}$	洗衣粉 $sɐi^{35} ji^{55} fen^{35}$	洗衫粉 $sɐi^{35} sam^{55} fen^{35}$	洗衫粉 $sɐi^{35} sam^{55} fen^{35}$	枧粉 $kan^{35} fen^{35}$
洗发水	洗头水 $sɐi^{35} t^hɐu^{21} søy^{35}$	洗头水 $sɐi^{35} t^hɐu^{21} søy^{35}$	洗头水 $sɐi^{35} t^hɐu^{21} søy^{35}$	洗发水 $sɐi^{35} fat^2 søy^{35}$	洗头水 $sɐi^{35} t^hɐu^{21} søy^{35}$	洗头水 $sɐi^{35} t^hɐu^{21} søy^{35}$	洗头水 $sɐi^{35} t^hɐu^{21} søy^{35}$
瓶子	樽 $tsœn^{55}$	樽 $tsœn^{55}$	樽 $tsœn^{55}$	樽 $tsœn^{55}$	樽 $tsœn^{55}$	樽 $tsœn^{55}$	樽 $tsœn^{55}$
暖水瓶	暖水壶 $nyn^{13} søy^{35} wu^{21}$ / 热水壶 $jit^2 søy^{35} wu^{21}$	热水壶 $jit^2 søy^{35} wu^{21}$	热水壶 $jit^2 søy^{35} wu^{21}$	—	暖壶 $nyn^{13} wu^{21-35}$	暖水壶 $nyn^{13} søy^{35} wu^{21}$	—
锅铲	镬铲 $wɔk^2 ts^han^{35}$	镬铲 $wɔk^2 ts^han^{35}$	镬铲 $wɔk^2 ts^han^{35}$	镬铲 $wɔk^2 ts^han^{35}$	铲 ts^han^{35}	镬铲 $wɔk^2 ts^han^{35}$	—
笊篱	笊篱 $tsau^{33} lei^{55}$	捞 lau^{55}	笊篱 $tsau^{33} lei^{55}$	—	捞 lou^{55}	—	—

续表 3-11

条目	方言 广东广州话	三藩市广府话	洛杉矶广府话	纽约广府话	芝加哥广府话	波特兰广府话	休斯敦广府话
煤油	火水老 fɔ³⁵ sœy³⁵	—	火水老 fɔ³⁵ sœy³⁵/煤油 mui²¹ jɐu²¹	—	火水老 fɔ³⁵ sœy³⁵	—	—
塑料	塑料 sɔk³ liu²²⁻³⁵/塑胶 sɔk³ kau⁵⁵	胶 kau⁵⁵	塑胶 sɔk³ kau⁵⁵	胶 kau⁵⁵	胶 kau⁵⁵	胶 kau⁵⁵	塑胶 sɔk³ kau⁵⁵
拐杖	拐杖 kwai³⁵ tsœŋ³⁵	棍 kwɐn³³	扶手棍 fu²¹ sɐu³⁵ kwɐn³⁵/拐杖 kwai³⁵ tsœŋ³⁵	*	棍 kwɐn³³	拐杖 kwai³⁵ tsœŋ³⁵	拐杖 kwai³⁵ tsœŋ³⁵
橡皮筋	橡筋 tsœŋ²² kɐn⁵⁵	橡筋 tsœŋ²² kɐn⁵⁵	橡筋 tsœŋ²² kɐn⁵	橡筋 tsœŋ²² kɐn⁵⁵	橡筋 tsœŋ²² kɐn⁵⁵	橡筋 tsœŋ²² kɐn⁵⁵	橡筋 tsœŋ²² kɐn⁵⁵
剪刀	铰剪 kau³³ tsin³⁵	铰剪 kau³³ tsin³⁵	铰剪 kau³³ tsin³⁵	铰剪 kau³³ tsin³⁵	铰剪 kau³³ tsin³⁵	铰剪 kau³³ tsin³⁵	铰剪 kau³³ tsin³⁵
汗衫 贴身衣	底衫 tɐi³⁵ sam⁵⁵	底衫 tɐi³⁵ sam⁵⁵	底衫 tɐi³⁵ sam⁵⁵	底衫 tɐi³⁵ sam⁵⁵	底衫 tɐi³⁵ sam⁵⁵	底衫 tɐi³⁵ sam⁵⁵	底衫 tɐi³⁵ sam⁵⁵
裤裆 裤子裆部	裤浪 fu³³ lɔŋ²²	—	裤浪 fu³³ lɔŋ²²	—	裤浪 fu³³ lɔŋ²²	裤浪 fu³³ lɔŋ²²	裤浪 fu³³ lɔŋ²²
袖子	衫袖 sam⁵⁵ tsɐu²²	衫袖 sam⁵⁵ tsɐu²²	衫袖 sam⁵⁵ tsɐu²²	衫袖 sam⁵⁵ tsɐu²²	衫袖 sam⁵⁵ tsɐu²²	袖 tsɐu²²	袖 tsɐu²²
高跟鞋	高踭鞋 kou⁵⁵ tsaŋ⁵⁵ hai²¹	高踭鞋 kou⁵⁵ tsaŋ⁵⁵ hai²¹	高踭鞋 kou⁵⁵ tsaŋ⁵⁵ hai²¹	高踭鞋 kou⁵⁵ tsaŋ⁵⁵ hai²¹	高踭鞋 kou⁵⁵ tsaŋ⁵⁵ hai²¹	高踭鞋 kou⁵⁵ tsaŋ⁵⁵ hai²¹	高踭鞋 kou⁵⁵ tsaŋ⁵⁵ hai²¹

在本章列举的10类方言老词语中，"有关生活与生产资料"的方言词应该是美国华人丢失得最多的一个部分，光是其中的农耕用语，假如将我们的调查词表中所有的相关条目全部列出来的话，表格的空白会非常多。不算对农作物等的表述，在我们设计的《海外汉语方言词汇调查表》里，就有农耕用语约80条，美国华人社区12个台山话和广府话点，没有一个点的发音人能提供这些条目的全部说法。其中，最典型的是休斯敦广府话，共有57条空白，发音人甚至出现了以"糯米饭"指代"糯米"，以"面包"指代"麦子"的表述。即使在这方面表现得最好的芝加哥台山话，也有30条空白。这明显是由于美国华人居于城市，通常不从事农耕，不熟悉不了解此类事物，导致了此类方言词使用能力的退化。

也许有人会认为，既然农耕用语在海外汉语方言中，尤其是在发达国家华人社区的汉语方言里，很多都不再使用，或者很少使用，方言词调查时，就可以减免这部分。但是，我们还是认为，农耕用语条目的列出和询问是必须的，这至少为海外汉语方言与祖籍地方言词汇的对比提供了一个观测点，即使发音人没有说法的，也为我们提供了一种信息。

在表3-10、表3-11的58个条目中，出现的植物名称不算很多，虽然发音人有无法提供说法的，也有部分的说法采用了英语借词，但是还不至于像农耕用语的变化那么大。

相比之下，关于牲畜的用语出现的问题更多，有的说法如"男狗""女猫""男鸡""女鸡"之类，好像应该放到创新词部分讨论。但是为了有个比较，权衡之下，我们还是一并列出。看来，粤方言关于牲畜雄雌表达的方式，无论使用台山话还是使用广府话的华人，都没有很好地传承，现存的表述混乱。表述混乱表现在5个方面：一是无法提供说法，或是只使用英语借词；二是无论雄雌都一概只以通名称呼，如"公牛""母牛""黄牛""水牛""奶牛"都只叫"牛"，"公猪""母猪"都只叫"猪"，"公羊""母羊"也都是只叫"羊"；三是丢掉方言的说法，采用华语（汉语普通话）的叫法，如"母鸡""公鸡"；四是发明创造，如上文出现的"男狗""女猫"之类的说法；五是混合使用上述的几种说法。

有关这个问题，将会另在下文专题讨论（参见3.2.1.2.3"美国华人有关牲畜表述的研究"）。

3.1.3.3 有关人体部位和疾病的（见表3-12、表3-13）

表3-12 台山话中有关人体部位和疾病的词

条目	方言						
	广东台山话	三藩市台山话	洛杉矶台山话	纽约台山话	芝加哥台山话	波特兰台山话	圣安东尼奥台山话
前额	额头 ŋak² heu²²	额头 ŋak² hɛu²²	—	额头 ŋɛk² hɛu²²	头额 hau²² ŋak²⁻³⁵	额头 ŋak² hau³³	额头 ŋak² hai²²
鼻子	鼻哥 pei³³ kɔ³³	鼻哥 pi³¹ ku⁴⁴	鼻哥 pi²¹ ku⁴⁴	鼻哥 pi³¹ kɔ⁴⁴	鼻哥 pi³¹ kɔ⁴⁴	鼻 pei³¹	鼻 pei³¹
擤鼻 鼻涕	擤鼻 ɬin³³ pei³¹	擤鼻 ɬin⁴⁴ pi³¹	吹鼻 tsʰui⁴⁴ pi²¹	□鼻 fɛ²² pi³¹	擤鼻 ɬin⁴⁴ pi³¹	擤 ɬin⁴⁴	擤鼻 sin⁴⁴ pei³¹
齿龈	牙龈 ŋa²² ŋan²²	牙肉 ŋa²² ŋuk²	牙肉 ŋa²² ŋuk²	牙肉 ŋa²² ŋuk²	牙肉 ŋa²² ŋuk²	牙肉 ŋa²² ŋiuk²	牙肉 ŋa²² ŋuk²
牙垢	牙屎 ŋa²² si⁵⁵	—	牙石 ŋa²² siak²	牙屎 ŋa²² si⁵⁵	牙屎 ŋa²² si⁵⁵	牙屎 ŋa²² si⁵⁵	牙屎 ŋa²² si⁵⁵
胸脯	心口 ɬim³³ heu⁵⁵	心口 ɬim⁴⁴ hau⁵⁵	—	心口 sam⁴⁴ hɛu⁵⁵	心口 ɬim⁴⁴ hɛu⁴⁴	心口 sim⁴⁴ hai⁵⁵	心口 ɬam⁴⁴ hai⁵⁵

续表 3-12

条目	方言						
	广东台山话	三藩市台山话	洛杉矶台山话	纽约台山话	芝加哥台山话	波特兰台山话	圣安东尼奥台山话
脊背	背脊 pɔi^{33} tiak·	背脊 pɔi^{44} tiak^{3}	背脊 pɔi^{44} tiak^{3}	背脊 pui^{44} tɛt^{3}	背脊 pui^{44} tɛk^{3}	背脊 pɔi^{44} tiak^{3}	背脊 pui^{44} tɛk^{2}
肋骨	□仔骨 pʰiaŋ^{22} tɔi^{55} kut^{5}	肋骨 lak^{3} kut^{5}	排骨 pai^{22} kut^{5}	排骨 pʰai^{22} kut^{5}	排骨 pʰai^{22} kut^{5}	排骨 pʰai^{22} kut^{5}	□骨 jam^{55} kut^{5}
光膀子	□剥□肋 hɔt^{3} pak^{3} tsi^{33} lak^{2}	无衫着 mou^{22} sam^{44} tsɛk^{3}	—	—	除嗮衫 tsʰui^{22} sai^{44} sam^{44}	冇衫着 mou^{55} sam^{44} tsɛk^{3}	大打赤肋 ai^{31} ta^{55} tsʰɛk^{3} lak^{3}
胳膊	手臂 siu^{55} pei^{31}	手臂 siu^{55} pi^{31}	手臂 ɬiu^{55} pi^{44}	手臂 siu$^{44-31}$ pi$^{·}$	手 siu^{55}	手臂 siu^{55} pei^{44}	手臂 siu^{55} pei^{44}
肩膀	肩头 kau^{33} heu^{22}	肩头 kan^{44} hɛu^{22}	肩头 kan^{44} hau^{22}	肩头 kan^{44} hɛu^{22}	髆头 pɔk$^{·}$ hau^{22}	髆头 pɔk$^{·}$ hau^{22}	髆头 pɔk$^{·}$ hai^{22}
胳膊肘	手□ siu^{55} tsʰɔk^{3}	手□ siu^{55} tsɔk^{3}	手□ ɬiu^{55} tsʰɔk^{2}	手□ siu^{55} tsʰɔk^{3}	手 siu^{55}	手□ siu^{55} tsʰɔk^{2}	手□ siu^{55} tsʰɔk^{3}
腋下	夹□ kap^{3} ŋap^{5}	膈肋底 kak^{3} lak^{3} ai^{55}	肩头底 kan^{44} hau^{22} ai^{55}	膈肋 kak^{3} lak^{5}	膈肋底 kak^{3} lak^{3} tɔi^{55}	膈肋底 kak^{3} lak^{5} ai$^{·}$	夹□底 kap^{3} lap^{5} ai$^{·}$
屁股	老友避 lau^{55} jiu$^{31-35}$ /臀避 hun^{22}	屁股 pʰi^{44} ku^{55}	臀避 hun^{22}	屎窟 si^{55} fat^{5}	啰柚避 lɔ^{44} jiu^{55}	臀避 hun^{22}	屎窟 si^{55} fut^{5}
肛门	屎窟窿 si^{55} fut^{5} lɔŋ^{33}	屎窟窿 si^{55} fut^{5} luŋ^{44}	屎孔 si^{55} kʰuŋ^{44}	屎窟窿 si^{55} fat^{5} luŋ^{44}	屎窟窿 si^{55} fat^{5} luŋ^{44}	屎窟 si^{55} fut^{5}	屎窟口 si^{55} fut^{5} hai$^{·}$
光屁股	朥光光 lin^{33} kaŋ^{33} kaŋ^{33}	打出臀避 ts$^{·}$ut^{5} hun^{22}	冇衫 mou$^{55-35}$ sam^{44}	冇着衫 mau$^{31-35}$ tsɛk^{3} sam^{44}	冇着裤 mou^{55} tsiak$^{·}$ fu^{31}	冇着裤 mou$^{·}$ sɛk^{3} tfu^{44}	唔着裤 m̩^{22} tsɛk^{3} fu^{31}
腿整条腿	脚 kiak^{3}	脚 kɛk^{3}	脚 kiak^{3}	脚 kiak^{3}	脚 kiak^{3}	脚 kiak^{3}	脚 kɛk^{3}
胯裆腿胯	髀丫 pei^{55} a^{33}	脚髀嘛 kɛk^{3} pi^{55} la^{31}	—	—	□tiak^{2}	—	髀嘛 pei^{55} la^{31}
膝盖	膝头 ɬit^{5} heu^{22}	膝头 ɬit^{5} hɛu^{22}	膝头 ɬit^{5} hau^{22}	膝头 sak^{5} hɛu^{22}	膝头 ɬit^{5} hau^{22}	膝头 ɬip^{5} hau$^{·}$	膝头哥 ɬit^{5} hai^{22} kɔ^{44}
踝骨	脚眼仔 kiak^{3} ŋan^{55} tɔi^{55}	脚眼 kɛk^{3} ŋan^{55}	脚眼 kiak^{3} ŋan^{55}	脚眼 kiak^{3} ŋan^{55}	脚眼 kiak^{3} ŋan^{55}	脚眼 kiak^{3} ŋan^{55}	脚眼子 kɛk^{3} ŋan^{55} ti^{55}

续表 3-12

条目	方言						
	广东台山话	三藩市台山话	洛杉矶台山话	纽约台山话	芝加哥台山话	波特兰台山话	圣安东尼奥台山话
脚跟	脚头 kiak^3 heu^{22}	脚踭 kɛk^3 tsaŋ^{44}	脚头 kiak^3 hau^{22}	脚头 kiak^3 hɛu^{22}	脚踭 kiak^3 tsaŋ^{44}	脚踭 kiak^3 tsaŋ$^{44-31}$	脚踭 kɛk^3 tsaŋ^{44}
泥垢 皮肤上的~	老泥 lou^{55} nai^{22}/漆 t^{h}it^5	泥□ nai^{22} t^{h}it^5	泥 nai^{22}	老泥 lou^{55} nai^{22}	泥 nai^{22}	泥 nai^{22}	老泥 lou^{55} nɔi^{22}
对眼儿	□眼 ou^{22} ŋan^{55}	斗鸡眼 au^{31} kai^{44} ŋan^{55}	—	斗眼 ɛu^{31} ŋan^{55}	—	斗鸡眼 tɛu^{44} kai^{44} ŋan^{55}	斗鸡 tau^{31} kai^{44} ŋan^{55}
结巴	哑□ a^{33} lɔi^{22}	口□ hau^{55} tsak^2	漏口 lau^{21} hau^{55}	*	—	漏口 lau^{31} hai^{55}	哑□ a^{55} nau^{55}
生孩子	生仔 saŋ^{33} tɔi^{55}	生仔 saŋ^{44} tɔi^{55}	生仔 saŋ^{44} tɔi^{55}	生仔 saŋ^{44} tɔi^{55}	生仔 saŋ^{44} tɔi^{55}	*	生仔 saŋ^{44} tɔi^{55}
双胞胎	孖生 ma^{33} saŋ^{33}	孖仔 ma^{44} tɔi^{55}	孖生 ma^{44} saŋ^{44}	孖生 ma^{44} saŋ^{44}	孖仔 ma^{44} tɔi^{55}	孖生 ma^{44} saŋ^{44}	孖仔 ma^{44} tɔi^{55}
生病	病 piaŋ^{31}/唔舒服 避m^{22} si$^{:33}$ fək^2	生病 saŋ^{44} piaŋ^{31}	生病 saŋ^{44} piaŋ^{21}	病 peŋ^{31}/唔舒服 避m^{22} si$^{:44}$ fuk^2	病 piaŋ^{31}	病 pɛŋ^{31}	唔舒服 避m^{22} si$^{:44}$ fuk^2
难受	恶抵 ɔk^3 ai^{55}	难受 nan^{22} siu^{31}	唔舒服 m^{22} si$^{:44}$ fuk^2	辛苦 san^{44} fu^{55}	唔舒服 m^{22} si$^{:44}$ fuk^2	辛苦 sin^{44} fu^{55}	辛苦 ɬin^{44} fu^{55}
发烧	发烧 fat^3 siau^{33}	发烧 fat^3 siau^{44}	生火 saŋ^{44} fɔ^{55}	发烧 fat^3 sɛu^{44}	发烧 fat^3 siau^{44}	火烧 fɔ^{55} sɛu^{44}	发烧 fat^3 ɬɛu^{44}
发冷	打发冷 a^{55} fat^3 laŋ^{33}	发冷 fat^3 laŋ^{55}	身冷 sin^{44} laŋ^{55}	发冷 fat^3 laŋ^{55}	发冷 fat^3 laŋ^{55}	冻 uŋ^{44}	发冷 fat^3 laŋ$^{55-31}$
发呆	戆□□ ŋɔŋ^{31} tsɔ^{22} tsɔ^{22}	发吽哣 fat^3 ŋau^{31} au^{31}	—	发呆 fat^3 ŋɔi^{22}	迷咗 mai^{22} tsɔ^{55}	—	发吽哣 fat^3 ŋɛu^{31} au^{31}/发饭□ fat^3 fan^{31} lai^{22}
哮喘	扯气 ts^{h}ia^{33} hei^{33}	哮喘 hau^{44} t^{h}un$^{55-35}$	唔够气 m^{22} kau^{44} hi^{44}	敨气唔顺 hɛu^{55} hi^{44} m^{22} sun^{31}	—	—	扯气 ts^{h}ɛ^{55} hei^{31}
着凉	冷紧 laŋ^{33} kin^{55}	冷着 laŋ^{13} tsɛk^2	伤风 siaŋ^{44} fuŋ^{44}	冻亲 uŋ^{44} t^{h}an^{44}	伤风 siaŋ^{44} fuŋ^{44}	伤风 ɬɔi^{44} fuŋ^{44}	冷着 laŋ^{55} tsɛk^2

续表3-12

条目	方言						
	广东 台山话	三藩市 台山话	洛杉矶 台山话	纽约 台山话	芝加哥 台山话	波特兰 台山话	圣安东尼奥 台山话
中暑	中暑 tsəŋ³¹ si⁵⁵	中暑 tsuŋ⁴⁴ si⁵⁵⁻³¹	—	中暑 tuŋ⁴⁴ si⁵⁵	—	—	中暑 tsuŋ⁴⁴ si⁵⁵
上火	热气 ŋet² hei³³	热气 ŋɛt²hi⁴⁴	热气 ŋɛt²hi⁴⁴	热气 ŋɛt²hi⁴⁴	热气 jɛt²hi⁴⁴	热气 ŋɛt² hi⁴⁴⁻³⁵	热气 jit²hi⁴⁴
恶心	想呕 ɬiaŋ⁵⁵ eu⁵⁵	想呕ɬiaŋ⁵⁵ au⁵⁵	想呕 ɬiaŋ⁵⁵ au⁵⁵	想呕 sɛŋ⁵⁵ au⁵⁵	想呕 siɔŋ⁴⁴ au⁵⁵	□wun⁵⁵	作呕 tɔk⁵ ŋau⁵⁵
便秘	结屎 ket⁵si⁵⁵	屙唔出屎 ɔ⁴⁴ m̩²²tsʰut⁵si⁵⁵	结屎 kit³⁻⁵ si⁵⁵	屙唔出 ɔ⁴⁴ m̩²²tsʰut⁵	湿热避 sip⁵ ŋet²	结屎 kak³si⁵⁵	结屎 kat³⁻⁵ si⁵⁵
拉肚子	滺屎 piau³³ si⁵⁵	屙□ ɔ⁴⁴ tʰiak³	泄屎 ɬe⁴⁴si⁵⁵	屙肚 ɔ⁴⁴u⁵⁵	肚屙 u⁵⁵ɔ⁴⁴	滺屎 piu⁴⁴ si⁵⁵	滺屎 pɛu⁴⁴ si⁵⁵
疼肚子~	尺⁼ tʰiak³	尺⁼ tiak³	肚尺 u⁵⁵ tʰiak³	尺⁼ tʰɛk³	肚尺 u⁵⁵ tʰiak³	肚痛 ou⁵⁵ tʰuŋ⁴⁴	尺⁼ tʰiak³
出麻疹	出麻 tsʰut⁵ ma²²⁻³⁵	出麻 tsʰut⁵ ma²²⁻³⁵	出麻 tsʰut⁵ ma²²	出麻 tsʰut⁵ ma²²⁻³⁵	—	出麻 tsʰut⁵ ma²²⁻³⁵	出麻 tsʰut⁵ ma²²⁻³⁵
癫痫	发懵 fat³ maŋ⁵⁵	发羊吊 fat³ jɛŋ²²tiu⁴⁴	—	发□ fat³ maŋ⁵⁵	—	—	发羊吊 fat³ jɛŋ²²ɛu⁴⁴
肺结核	肺痨 fei³³ leu²²	肺痨 fei⁴⁴ lou²²	—	肺病 fui⁴⁴ pɛŋ³¹	肺病 fai⁴⁴ piaŋ³¹	肺痨 fi⁴⁴lɔ²²	肺痨 fei⁴⁴ lau²²
痱子	瘤 leu²²⁻³⁵	热瘤 ŋet² lau²²⁻³⁵	—	热痱 ŋɛt² mui⁵⁵	热痱 ŋet²fi⁵⁵	—	出瘤 tsʰut⁵ liu²²⁻⁵⁵
粉刺	小米 ɬeu⁵⁵ mai⁵⁵	酒米 tiu⁵⁵ mai⁵⁵	烂皮 lan²¹ pʰi²²	青春痘 tʰɛŋ⁴⁴ tʰun⁴⁴au³¹⁻⁵⁵	□□ɛt⁵ni³¹	疮 tsʰɔŋ⁴⁴⁻³¹	酒米 tiu⁵⁵ mai⁵⁵
化脓	□脓 hem³¹ nəŋ²²	发脓 fat³ nuŋ²²	—	发脓 fat³ nuŋ²²	含脓 ham²² nuŋ²²	—	含脓 ham²² nuŋ²²
结痂	生痂 saŋ³³ ka³³⁻²¹	结痂 kit³¹ ka³¹	—	伤痂 siaŋ⁴⁴ ka⁴⁴	结痂 kɛt⁵ ka⁴⁴	结痂 kɛt⁵ ka⁴⁴⁻³¹	结痂 kɛt⁵ ka⁴⁴⁻³¹
狐臭	臭狐 tsʰiu³³ vu²²	臭狐 tsʰiu⁴⁴ wu²²	—	身臭 san⁴⁴ tsʰiu⁴⁴	臭狐 tsʰiu⁴⁴ wu²²	臭 tsʰiu⁴⁴	臭狐 tsʰiu⁴⁴ wu²²
鸡皮疙瘩	鸡皮米 kai³³ pʰei²²mai⁵⁵	鸡皮 kai⁴⁴ pʰei²²	鸡皮 kai⁴⁴ pʰi²²	鸡皮 kai⁴⁴ pʰi²²	鸡皮 kai⁴⁴ pʰi²²	鸡皮 kai⁴⁴ pʰei²²	鸡皮 kai⁴⁴ pʰei²²

续表 3-12

条目	方言						
	广东台山话	三藩市台山话	洛杉矶台山话	纽约台山话	芝加哥台山话	波特兰台山话	圣安东尼奥台山话
夜盲	发鸡盲 fat³ kai³³ maŋ²²	发鸡盲 fat³ kai⁴⁴ maŋ²²	—	发鸡盲 fat³ kai⁴⁴ maŋ²²	夜盲 jɛ³¹ maŋ²²	—	发鸡盲 fat³ kai⁴⁴ maŋ²²
传染	惹过 ŋia³³ kɔ³³/传染 tsʰun²² ŋiam³¹	传人 tʰun²² ŋin²²	惹 ŋɛ⁵⁵	传染 tʰun²² jim⁵⁵	传染 tʰuan²² jam³¹	—	惹 ŋɛ⁵⁵
海洛因	白粉 pak² fun⁵⁵	白粉 pak² fun⁵⁵	*	白粉 pak² fun⁵⁵	—	—	白粉 pak² fun⁵⁵
中药	中药 tsoŋ³³ jɔk²	中药 tsuŋ⁴⁴ jɛk²	唐人药 hoŋ²² ŋin²² jɛk²	唐药 tʰoŋ²² jɛk²	中药 tsuŋ⁴⁴ jɛk²	中药 tsuŋ⁴⁴ jɛk²	唐药 hoŋ²² jɛk²
熬药	煲茶 pou³³ tsʰa²²	煲药 pau⁴⁴ jɛk²	煲药材 pɔ⁴⁴ jɛk² tsʰɔi²²	煲药 pou⁴⁴ jɛk²	煲药材 pɔ⁴⁴ jɛk² tʰɔi²²	煲药 pau⁴⁴ jɛk²	煲药 pou⁴⁴ jɛk²
看病	睇医生 hai⁵⁵ ji³³ saŋ³³	睇病 hai⁵⁵ pɐŋ³¹	睇医生 hai⁵⁵ ji⁴⁴ saŋ⁴⁴	睇医生 hai⁵⁵ ji⁴⁴ saŋ⁴⁴	睇医生 hɔi⁴⁴ ji⁴⁴ saŋ⁴⁴	等医生 taŋ⁵⁵ ji⁴⁴ saŋ⁴⁴	睇医生 hai⁵⁵ ji⁴⁴ sāŋ⁴⁴

表 3-13 6个广府话有关人体部位和疾病的说法

条目	方言						
	广东广州话	三藩市广府话	洛杉矶广府话	纽约广府话	芝加哥广府话	波特兰广府话	休斯敦广府话
前额	额头 ŋak² tʰɐu²¹	额头 ŋak² tʰɐu²¹	额头 ŋak² tʰɐu²¹	额头 ak² tʰɐu²¹	额头 ŋak² tʰɐu²¹	额头 ŋak² tʰɐu²¹	—
鼻子	鼻哥 pei²² kɔ⁵⁵	鼻哥 pei²² kɔ⁵⁵	鼻哥 pei²² kɔ⁵⁵	鼻哥 pei²² kɔ⁵⁵	鼻哥 pei²² kɔ⁵⁵	鼻 pei²²	鼻哥 pei²² kɔ⁵⁵
擤鼻_{鼻涕}	擤鼻涕 sɐn³³ pei²² tʰɐi³³	吹鼻涕 tsʰœy⁵⁵ pei²² tɐi³³	擤 sɐn³³	擤鼻涕 sɐn³³ pei²² tʰɐi³³	擤鼻涕 sɐn³³ pei²² tʰɐi³³	擤鼻涕 sɐn³³ pei²² tʰɐi³³	擤鼻涕 sɐn³³ pei²² tʰɐi³³
齿龈	牙肉 ŋa²¹ juk²/牙龈 ŋa²¹ ŋɐn²¹	—	牙肉 ŋa²¹ juk²	—	牙肉 ŋa²¹ juk²	牙肉 ŋa²¹ juk²	牙肉 ŋa²¹ juk²
牙垢	牙屎 ŋa²¹ si³⁵	—	牙屎 ŋa²¹ si³⁵	牙垢 aʰ²¹ kɐu³³	牙屎 ŋa²¹ si³⁵	牙屎 ŋa²¹ si³⁵	牙屎 ŋa²¹ si³⁵

续表 3-13

条目	方言						
	广东广州话	三藩市广府话	洛杉矶广府话	纽约广府话	芝加哥广府话	波特兰广府话	休斯敦广府话
胸脯	心口 sɐm^{55} hɐu^{35}	心口 sɐm^{55} hɐu^{35}	心口 sɐm^{55} hɐu^{35}	心口 sɐm^{55} hɐu^{35}	胸围 huŋ^{55} wɐi^{21}	心口 sɐm^{55} hɐu^{35}	心口 sɐm^{55} hɐu^{35}
脊背	背脊 pui^{33} tsɛk^{3}	背脊 pui^{33} tsɛk^{3}	背脊 pui^{33} tsɛk^{3}	背脊 pui^{33} tsɛk^{3}	背脊 pui^{33} tsɛk^{3}	背脊 pui^{33} tsɛk^{3}	背脊 pui^{33} tsɛk^{3}
肋骨	肋骨 lak^{3} kwɐt^{5}/排骨 pʰai^{21} kwɐt^{5}	*	肋骨 lak^{3} kwɐt^{5}	肋骨 lak^{3} kwɐt^{5}	排骨 pʰai^{21} kwɐt^{5}	肋骨 lak^{3} kwɐt^{5}	肋骨 lak^{3} kwɐt^{5}
光膀子	冇着衫 mou^{13} tsœk^{3} sam^{55}/除大赤肋 tsʰœy^{21} tai^{22} tsʰɛk^{3} lak^{3}	—	打赤肋 ta^{35} tsʰɛk^{3} lak^{3}	—	除大赤肋 tsʰœy^{21} tai^{22} tsʰɛk^{3} lak^{3}	打大赤肋 ta^{35} tai^{22} tsʰɛk^{3} lak^{3}	冇着衫 mou^{13} tsœk^{3} sam^{55}
胳膊	手臂 sɐu^{35} pei^{33}	手臂 sɐu^{35} pei^{33}	上肩 sœŋ^{22} kin^{55}	手 sɐu^{35}	手 sɐu^{35}	手臂 sɐu^{35} pei^{33}	—
肩膀	膊头 pɔk^{3} tʰɐu^{21}	膊头 pɔk^{3} tʰɐu^{21}	膊头 pɔk^{3} tʰɐu^{21}	膊头 pɔk^{3} tʰɐu^{21}	膊头 pɔk^{3} tʰɐu^{21}	膊头 pɔk^{3} tʰɐu^{21}	膊头 pɔk^{3} tʰɐu^{21}
胳膊肘	手踭 sɐu^{35} tsaŋ^{55}	手踭 sɐu^{35} tsaŋ^{55}	手踭 sɐu^{35} tsaŋ^{55}/*	手踭 sɐu^{35} tsaŋ^{55}	手踭 sɐu^{35} tsaŋ^{55}	手踭 sɐu^{35} tsaŋ^{55}	—
腋下	隔肋底 kak^{3} lak$^{3-5}$ tɐi^{35}	隔肋底 kak^{3} lak$^{3-5}$ tɐi^{35}	膈肋底 kak^{3} lak$^{3-5}$ tɐi^{35}	膈肋底 kak^{3} lak$^{3-5}$ tɐi^{35}	膈肋底 kak^{3} lak$^{3-5}$ tɐi^{35}	膈肋底 kak^{3} lak$^{3-5}$ tɐi^{35}	—
屁股	屎窟 si^{35} fɐt^{5}/啰柚 lɔ^{55} jɐu^{35}	*	屎窟 si^{35} fɐt^{5}	屎窟 si^{35} fɐt^{5}	啰柚 lɔ^{55} jɐu^{35}	啰柚 lɔ^{55} jɐu^{35}	屁股 pʰei^{33} ku^{35}
肛门	屎窟窿 si^{35} fɐt^{5} luŋ^{55}	—	屎窟窿 si^{35} fɐt^{5} luŋ^{55}	屎窟窿 si^{35} fɐt^{5} luŋ^{55}	屎窟 si^{35} fɐt^{5}	屎窟窿 si^{35} fɐt^{5} luŋ^{55}	屎窟窿 si^{35} fɐt^{5} luŋ^{55}
光屁股	冇着裤 mou^{13} tsœk^{3} fu^{3}	*	打出屎窟 ta^{35} tsʰœt^{5} si^{35} fɐt^{5}	冇着衫 mou^{13} tsœk^{3} sam^{55}	屎窟窿 si^{35} fɐt^{5} luŋ^{55}	剥光猪 mɔk^{5} kwɔŋ^{55} tsy^{55}	剥裤 mɔk^{5} fu^{33}/冇着裤 mou^{13} tsœk^{3} fu^{33}
腿 整条腿	脚 kœk^{3}	脚 kœk^{3}	腿 tʰœy^{35}	腿 tʰœy^{35}	脚 kœk^{3}	脚 kœk^{3}	脚 kœk^{3}

续表 3-13

条目	方言						
	广东广州话	三藩市广府话	洛杉矶广府话	纽约广府话	芝加哥广府话	波特兰广府话	休斯敦广府话
胯裆 腿胯	髀嘛 pei³⁵ la³³	髀嘛 pei³⁵ la³³	—	—	髀嘛 pei³⁵ la³³	裤浪避 fu³³ lɔŋ²²	—
膝盖	膝头哥 sɐt⁵ tʰɐu²¹ kɔ⁵⁵	膝头哥 sɐt⁵ tʰɐu²¹ kɔ⁵⁵	膝头哥 sɐt⁵ tʰɐu²¹ kɔ⁵⁵	膝头哥 sɐt⁵ tʰɐu²¹ kɔ⁵⁵	膝头哥 sɐt⁵ tʰɐu²¹ kɔ⁵⁵	膝头哥 sɐt⁵ tʰɐu²¹ kɔ⁵⁵	膝头哥 sɐt⁵ tʰɐu²¹ kɔ⁵⁵
踝骨	脚眼 kœk³ ŋan¹³	脚眼 kœk³ ŋan¹³	脚眼 kœk³ ŋan¹³	骨铰 kwɐt⁵ kau³³	脚眼 kœk³ ŋan¹³	—	—
脚跟	脚睁 kœk³ tsaŋ⁵⁵	脚睁 kœk³ tsaŋ⁵⁵	脚睁 kœk³ tsaŋ⁵⁵	脚睁 kœk³ tsaŋ⁵⁵	脚睁 kœk³ tsaŋ⁵⁵	脚睁 kœk³ tsaŋ⁵⁵	睁 tsaŋ⁵⁵
泥垢 皮肤上的~	老泥 lou¹³ nɐi²¹	老泥 lou¹³ nɐi²¹	老泥 lou¹³ nɐi²¹	污糟 wu⁵⁵ tsou⁵⁵	老泥 lou¹³ nɐi²¹	老泥 lou¹³ nɐi²¹	—
对眼儿	斗鸡眼 tɐu³³ kɐi⁵⁵ ŋan¹³	斗鸡眼 tɐu³³ kɐi⁵⁵ ŋan¹³	斗鸡眼 tɐu³³ kɐi⁵⁵	—	斗鸡眼 tɐu³³ kɐi⁵⁵ ŋan¹³	斗鸡眼 tɐu³³ kɐi⁵⁵ ŋan¹³	斗鸡眼 tɐu³³ kɐi⁵⁵ ŋan¹³
结巴	漏口 lɐu²² hɐu³⁵	*	漏口 lɐu²² hɐu³⁵	黐脷根 tsʰi⁵⁵ lei²² kɐn⁵⁵	漏口 lɐu³³ hɐu³⁵	漏口 lɐu²² hɐu³⁵	漏口 lɐu³³ hɐu³⁵
生孩子	生仔 saŋ⁵⁵ tsɐi³⁵	生仔 saŋ⁵⁵ tsɐi³⁵	生仔 saŋ⁵⁵ tsɐi³⁵	生仔 saŋ⁵⁵ tsɐi³⁵	生仔 saŋ⁵⁵ tsɐi³⁵	生仔 saŋ⁵⁵ tsɐi³⁵	生仔 saŋ⁵⁵ tsɐi³⁵
双胞胎	孖仔 ma⁵⁵ tsɐi³⁵	孖仔 ma⁵⁵ tsɐi³⁵	孖仔 ma⁵⁵ tsɐi³⁵	孖胎 ma⁵⁵ tʰɔi⁵⁵	孖生 ma⁵⁵ saŋ⁵⁵	孖仔 ma⁵⁵ tsɐi³⁵	孖仔 ma⁵⁵ tsɐi³⁵
生病	病咗 pɛŋ²² tsɔ³⁵	病咗 pɛŋ²² tsɔ³⁵	病 pɛŋ²²	病咗 pɛŋ²² tsɔ³⁵	病 pɛŋ²²	病 pɛŋ²²	唔精神避 m²¹ tsɐn⁵⁵ sɐn²¹ / 病咗 pɛŋ²² tsɔ³⁵
难受	辛苦 sɐn⁵⁵ fu³⁵	唔舒服 m²¹ sy⁵⁵ fuk²	难捱 nan²¹ ŋai²¹ / 辛苦 sɐn⁵⁵ fu³⁵	唔自在避 m²¹ tsi²² tsɔi²²	唔舒服 wu²¹ sy⁵⁵ fuk⁵² / 辛苦 sɐn⁵⁵ fu³⁵	唔舒服 m²¹ sy⁵⁵ fuk²²	辛苦 sɐn⁵⁵ fu³⁵
发烧	发烧 fat³ siu⁵⁵	发烧 fat³ siu⁵⁵	发烧 fat³ siu⁵⁵	发烧 fat³ siu⁵⁵	发烧 fat³ siu⁵⁵	发烧 fat³ siu⁵⁵	发烧 fat³ siu⁵⁵
发冷	发冷 fat³ laŋ¹³	发冷 fat³ laŋ¹³	发冷 fat³ laŋ¹³	发冷 fat³ laŋ¹³	发冷 fat³ laŋ¹³	发冷 fat³ laŋ¹³	发冷 fat³ laŋ¹³
发呆	发哞哐 fat³ ŋɐu²² tɐu²²	发哞哐 fat³ ŋɐu²² tɐu²²	发呆 fat³ ŋɔi²¹	—	呆咗 ŋɔi²¹ tsɔ³⁵	—	—

续表3-13

条目	方言						
	广东广州话	三藩市广府话	洛杉矶广府话	纽约广府话	芝加哥广府话	波特兰广府话	休斯敦广府话
哮喘	扯虾 tsʰɛ³⁵ ha⁵⁵	*	扯气 tsʰɛ³⁵ hei³³	哮喘 hau⁵⁵ tsʰyn³⁵	哮喘 hau⁵⁵ tsʰyn³⁵	哮喘 hau⁵⁵ tsʰyn³⁵	哮喘 hau⁵⁵ tsʰyn³⁵
着凉	冻亲 tuŋ³³ tsʰɐn⁵⁵/伤风 sœŋ⁵⁵ fuŋ⁵⁵	冻亲 tuŋ³³ tsʰɐn⁵⁵	冻亲 tuŋ³³ tsʰɐn⁵⁵	冷亲 laŋ¹³ tsʰɐn⁵⁵	冷亲 laŋ¹³ tsʰɐn⁵⁵	冻亲 tuŋ³³ tsʰɐn⁵⁵	冻亲 tuŋ³³ tsʰɐn⁵⁵
中暑	热亲 jit² tsʰɐn⁵⁵/中暑 tsuŋ³³ sy³⁵	热亲 jit² tsʰɐn⁵⁵	中暑 tsuŋ³³ sy³⁵	中暑 tsuŋ³³ sy³⁵	中暑 tsuŋ³³ sy³⁵	中暑 tsuŋ³³ sy³⁵	中暑 tsuŋ³³ sy³⁵
上火	热气 jit² hei³³	热气 jit² hei³³	热气 jit² hei³³	热气 jit²² hei³³	热气 jit² hei³³	热气 jit² hei³³	热气 jit² hei³³
恶心	恶心 ŋɔ¹³ sɐm⁵⁵/想呕 sœŋ³⁵ ŋɐu³⁵	想呕 sœŋ³⁵ ŋɐu³⁵	想呕 sœŋ³⁵ ŋɐu³⁵	作呕 tsɔk³ ɐu³⁵	想呕 sœŋ³⁵ ŋɐu³⁵	作呕 tsɔk³ ɐu³⁵	想呕 sœŋ³⁵ ŋɐu³⁵
便秘	屙屎唔出 ŋɔ⁵⁵ si³⁵ m²¹ tsʰœt⁵	屙唔出屎 ŋɔ⁵⁵ m²¹ tsʰœt⁵ si³⁵	屙屎唔出 ŋɔ⁵⁵ si³⁵ m²¹ tsʰœt⁵	便秘 pin²² pei³³	屙唔出屎 ŋɔ⁵⁵ m²¹ tsʰœt⁵ si³⁵	便秘 pin²² pei³³	屙屎唔出 ŋɔ⁵⁵ si³⁵ m²¹ tsʰœt⁵
拉肚子	屙肚 ŋɔ⁵⁵ tʰou¹³	屙肚 ŋɔ⁵⁵ tʰou¹³	屙肚 ŋɔ⁵⁵ tʰou¹³	肚屙 tʰou¹³ ɔ⁵⁵	肚屙 tʰou¹³ ɔ⁵⁵	屙肚 ŋɔ⁵⁵ tʰou¹³	屙肚 ŋɔ⁵⁵ tʰou¹³
疼肚子~	痛 tʰuŋ³³	痛 tʰuŋ³³	痛 tʰuŋ³³	痛 tʰuŋ³³	痛 tʰuŋ³³	痛 tʰuŋ²¹	痛 tʰuŋ³³
出麻疹	出麻 tsʰœt⁵ ma²¹⁻³⁵	—	出麻 tsʰœt⁵ ma²¹⁻³⁵	出疹 tsʰœt⁵ tsɐn³⁵	出麻 tsʰœt⁵ ma²¹⁻³⁵	出麻 tsʰœt⁵ ma²¹⁻³⁵	出麻 tsʰœt⁵ ma²¹⁻³⁵
癫痫	发羊吊 fat³ jœŋ²¹ tiu³³	—	发羊吊 fat³ jœŋ²¹ tiu³³	—	发羊吊 fat³ jœŋ²¹ tiu³³	发羊吊 fat³ jœŋ²¹ tiu³³	发羊吊 fat³ jœŋ²¹ tiu³³
肺结核	肺痨 fɐi³³ lou²¹	*	肺痨 fɐi³³ lou²¹	—	肺痨 fɐi³³ lou²¹	肺痨 fɐi³³ lou²¹	肺痨 fɐi³³ lou²¹
痱子	热痱 jit² fɐi³⁵	热痱 jit² fɐi³⁵	热痱 jit²² fɐi⁵	—	热痱 jit² fɐi³⁵	热痱 jit² fɐi³⁵	—
粉刺	暗疮 ŋɐm³³ tsʰɔŋ⁵⁵/痘痘 tɐu²² tɐu²²⁻³⁵	暗疮 ɐm³³ tsʰɔŋ⁵⁵	青春痘 tsʰɐŋ⁵⁵ tsʰœn⁵⁵ tɐu²²⁻³⁵/暗疮 ŋɐm³³	暗疮 ɐm³³ tsʰɔŋ⁵⁵	暗疮 ŋɐm³³ tsʰɔŋ⁵⁵/青春痘 tsʰɐŋ⁵⁵ tsʰœn⁵⁵ tɐu²²⁻³⁵	暗疮 ŋɐm³³ tsʰɔŋ⁵⁵/青春痘 tsʰɐŋ⁵⁵ tsʰœn⁵⁵ tɐu²²⁻³⁵	暗疮 ŋɐm³³ tsʰɔŋ⁵⁵

续表 3-13

条目	方言						
	广东广州话	三藩市广府话	洛杉矶广府话	纽约广府话	芝加哥广府话	波特兰广府话	休斯敦广府话
化脓	化脓 fa³³ nuŋ²¹/供燶 kuŋ³³ nuŋ²¹	—	化脓 fa³³ nuŋ²¹	—	—	—	脓 nuŋ²¹
结痂	结痂 kit³ ka⁵⁵	—	结死皮 kit³ sei³³ pʰei²¹	—	结痂 kit³ ka⁵⁵	结疤 kit³ pa⁵⁵	
狐臭	臭狐 tsʰɐu³³ wu²¹	*	臭狐 tsʰɐu³³ wu²¹	臭狐 tsʰɐu³³ wu²¹	臭狐 tsʰɐu³³ wu²¹	臭狐 tsʰɐu³³ wu²¹	臭狐 tsʰɐu³³ wu²¹
鸡皮疙瘩	鸡皮 kɐi⁵⁵ pʰei²¹	鸡皮 kɐi⁵⁵ pʰei²¹	鸡皮 kɐi⁵⁵ pʰei²¹	起鸡皮 hei³⁵ kɐi⁵⁵ pʰei²¹	鸡皮 kɐi⁵⁵ pʰei²¹	鸡皮 kɐi⁵⁵ pʰei²¹	鸡皮 kɐi⁵⁵ pʰei²¹
夜盲	发鸡盲 fat³ kɐi⁵⁵ maŋ²¹	发青光 fat³ tsʰɛŋ⁵⁵ kwɔŋ⁵⁵	夜盲 jɛ²² maŋ²¹	—	夜盲 jɛ²² maŋ²¹/散光 san³⁵ kwɔŋ⁵⁵	发鸡盲 fat³ kɐi⁵⁵ maŋ²¹	发鸡盲 fat³ kɐi⁵⁵ maŋ²¹
传染	惹 jɛ¹³/传染 tsʰyn²¹ jim¹³	惹 jɛ¹³	惹 jɛ¹³	传染 tsʰyn²¹ jim¹³	传染 tsʰyn²¹ jim¹³	传染 tsʰyn²¹ jim¹³	传染 tsʰyn²¹ jim¹³
海洛因	白粉 pak² fɐn³⁵	白粉 pak² fɐn³⁵	白粉 pak² fɐn³⁵/*	—	*	白粉 pak² fɐn³⁵	白粉 pak² fɐn³⁵
中药	中药 tsuŋ⁵⁵ jœk²	中药 tsuŋ⁵⁵ jœk²/药材 jœk² tsʰɔi²¹	唐药 tʰɔŋ²¹ jœk²	中药 tsuŋ²² jœk²	中药 tsuŋ⁵⁵ jœk²	中药 tsuŋ⁵⁵ jœk³	中药 tsuŋ³³ jœk²
熬药	煲药 pou⁵⁵ jœk²	煲药 pou⁵⁵ jœk²	煲药 pou⁵⁵ jœk²	煲药 pou²² jœk²	煲药 pou⁵⁵ jœk²	煲药 pou⁵⁵ jœk³	煲药 pou⁵⁵ jœk²
看病	睇医生 tʰɐi³⁵ ji⁵⁵ saŋ⁵⁵/睇病 tʰɐi³⁵ pɐŋ²²	睇医生 tʰɐi³⁵ ji⁵⁵ saŋ⁵⁵	睇病 tʰɐi³⁵ pɐŋ²²/睇医生 tʰɐi³⁵ ji⁵⁵ saŋ⁵⁵	睇医生 tʰɐi³⁵ ji⁵⁵ saŋ⁵⁵	睇医生 tʰɐi³⁵ ji⁵⁵ saŋ⁵⁵	睇医生 tʰɐi³⁵ ji⁵⁵ saŋ⁵⁵	睇病 tʰɐi³⁵ pɐŋ²²

比起农耕用语等,"有关人体部位和疾病"部分的方言老词语,美国华人社区的台山话和广府话都保留得相对好一些。但是,并非每一个点的每一个条目都保存完好,空白的地方也不少。即使人们都必然会接触到的、有关自身部位的说法,也还是有问题,如"胯裆"一条,台山话和广府话都各有3个点是空白的。汉语普通话的"胳膊肘",华人社区台山话的6个点都一致以"手"笼统作答。再比如表 3-12、表 3-13 中没有列出的"胡

子""山羊胡""络腮胡""八字胡"4条，三藩市台山话和广府话都仅以"胡须"作答。类似的这种不区分细则，以较大的概念囊括意义有关联的词语的表现，在美国台山话和广府话中比比皆是，我们也会在下文的讨论中专题分析。

关于表3-12、表3-13中不多的疾病名称的表述也有一些问题，如"化脓"，广府话有4个点没有提供说法，台山话有两个点没有提供说法；又如"癫痫"，台山话有3个点是空白的，广府话也有两个点是空白的。通常，华人因病在美国就诊，有时会有英语表述方面的疑惑，但现在看来，在回到祖籍国就诊时也可能发生表述的问题。

3.1.3.4 有关亲属关系和人品称谓的（见表3-14、表3-15）

表3-14 6个台山话有关亲属关系和人品称谓的说法

条目	方言						
	广东台山话	三藩市台山话	洛杉矶台山话	纽约台山话	芝加哥台山话	波特兰台山话	圣安东尼奥台山话
父母	□爸□妈 ŋɔi³¹pa³³ŋɔi³¹ma³³	*	父母 fu²¹mu⁵⁵	父母 fu³¹mu³¹	父母 fu³¹mou⁵⁵	父母 fu⁴⁴mu³¹	父母 fu³¹mou³¹
祖母	阿人 a³³ŋin²²	□□ŋɛŋ⁴⁴ŋɛŋ⁴⁴	阿人 a⁴⁴ŋin²²	阿人 a⁴⁴jan²²	阿人 a⁴⁴jan²²	阿人 a⁴⁴jan²²	阿人 a⁴⁴ŋin²²
曾祖父	伯公 pak³kəŋ³¹⁻³⁵	伯公 pak³kuŋ⁴⁴	伯公 pak³kuŋ⁴⁴	伯公 pak³kuŋ⁴⁴	伯公 pak³kuŋ⁴⁴	太爷 hai⁴⁴jɛ²²	伯公 pak³kuŋ⁴⁴
曾祖母	阿伯 a³³pak³⁵	阿伯 a⁴⁴pak³	—	伯婆 pak³pʰɔ²²	伯婆 pak³pʰɔ²²	太人 hai⁴⁴jan²²	阿伯 a⁴⁴pak³
伯母	阿姆 a³³mu²²	阿姆 a⁴⁴mu²²	—	阿姆 a⁴⁴mu²²	阿姆 a⁴⁴mou⁵⁵	阿姆 a⁴⁴mou²²	阿姆 a⁴⁴mou²²
婶母	阿婶 a³³ɬim⁵⁵	阿婶 a⁴⁴sim⁵⁵	阿婶 a⁴⁴sim⁵⁵	阿婶 a⁴⁴sam⁵⁵	阿婶 a⁴⁴sim⁵⁵	阿婶 a⁴⁴ɬim⁵⁵	阿婶 a⁴⁴ɬim⁵⁵
舅母	阿妗 a³³kʰim³¹	阿妗 a⁴⁴kʰɛn³¹	阿妗 a⁴⁴kʰim²¹	阿妗 a⁴⁴kʰam³¹	阿妗 a⁴⁴kʰam³¹	*	阿妗 a⁴⁴kʰim³¹
哥哥	阿哥对称a³³kɔ³³/□大指称ŋɔ³¹ai³¹	哥哥 ku⁴⁴ku⁴⁴	阿哥对称a⁴⁴ku⁴⁴/兄弟指称hɛŋ⁴⁴ai²¹	阿哥 a⁴⁴kɔ⁴⁴	阿哥 a⁴⁴kɔ⁴⁴	哥 kɔ⁴⁴	阿哥 a⁴⁴kɔ⁴⁴
姐姐	阿姊 a³³tei⁵⁵	姊姊 ti⁵⁵⁻³¹ti⁵⁵/家姊 ka⁴⁴ti⁻³⁵	阿姊 a⁴⁴ti⁵⁵	家姐 ka⁴⁴tsɛ⁵⁵	阿姊 a⁴⁴ti⁵⁵	阿姊 a⁴⁴tsi⁵⁵/家姐 ka⁴⁴tsɛ⁵⁵	阿姊 a⁴⁴tei⁵⁵
姐夫	姊夫 tei⁵⁵fu³³	姊夫 ti⁵⁵fu²²	姊夫 ti⁵⁵fu⁴⁴	—	姊夫 ti⁵⁵fu⁴⁴	姊夫 tsi⁵⁵fu⁴⁴	姊夫 tei⁵⁵fu⁴⁴

续表 3-14

条目	方言						
	广东台山话	三藩市台山话	洛杉矶台山话	纽约台山话	芝加哥台山话	波特兰台山话	圣安东尼奥台山话
弟弟	细佬对称 ɬai³¹ lou⁵⁵ / □细指称 ŋɔi³¹ ɬai³¹	弟弟 ai³¹ ai³¹	细佬 sai⁴⁴ lɔ⁵⁵	细佬 ɬɔi⁴⁴ lou⁵⁵ / 弟弟 tai³¹ tai³¹⁻³⁵	阿弟 a⁴⁴ ai³¹	细佬 sai⁴⁴ lau⁵⁵	细佬 ɬai⁴⁴ lou⁵⁵
妹妹	阿妹 a³³ mɔi³¹	妹妹 mɔi³¹ mɔi³¹⁻⁵⁵	阿妹 a⁴⁴ mɔi²¹	细妹 ɬɔi⁴⁴ mui³¹⁻³⁵	阿妹 a⁴⁴ mɔi³¹	阿妹 a⁴⁴ mɔi³¹⁻³⁵	细妹 ɬai⁴⁴ mɔi³¹
大伯子夫兄	阿伯 a³³ pak³	—	大伯 ai³¹ pak³	大伯 ai³¹ pak³	阿伯 a⁴⁴ pak³	大伯 ai³¹ pak³	大伯 ai³¹ pak³
小叔子夫弟	阿叔 a³³ sək⁵ / 叔仔 sək⁵ tɔi⁵⁵	—	叔仔 suk⁵ tɔi⁵⁵	叔仔 ɬuk⁵ tɔi⁵⁵	细叔 ɬai⁴⁴ suk⁵	叔 suk⁵	叔仔 suk⁵ tɔi⁵⁵
大姑子	大姑 ai³¹ ku³³	—	大姑 ai³¹ ku⁴⁴	大姑 ai³¹ ku⁴⁴	大姑 ai³¹ ku⁴⁴	大姑 ai³¹ ku⁴⁴	大姑 ai³¹ ku⁴⁴
大姨子妻姐	大姨 ai³¹ ji²²	大姨 ai³¹ ji²²	大姨 ai³¹ ji²²	大姨 ai³¹ ji²²	大姨 ai³¹ ji²²	大姨 ai³¹ ji²²	大姨 ai³¹ ji²²
小舅子妻弟	舅仔 kʰiu³¹ tɔi⁵⁵	舅仔 kʰiu³¹⁻⁵⁵ tɔi⁵⁵	舅仔 kʰiu²¹ tɔi⁵⁵	舅仔 kʰau⁵⁵ tɔi⁵⁵	舅仔 kʰiu³¹ tɔi⁵⁵	舅 kʰiu³¹	舅仔 kʰiu³¹ tɔi⁵⁵
岳父	外父 ŋɔi³¹ fu³¹⁻³⁵	—	外父 ŋɔi²¹ fu²¹ / 阿爸 a⁴⁴ pa⁴⁴	阿爸 a⁴⁴ pa⁴⁴	外父 ŋɔi²² fu³¹	外父 ŋɔi³¹ fu⁴⁴ / 阿爸 a⁴⁴ pa⁴⁴	外父 ŋɔi³¹ fu³¹⁻³⁵
岳母	外母 ŋɔi³¹ mu³¹	—	外母 ŋɔi²¹ mu⁵⁵⁻²¹ / 阿妈 a⁴⁴ ma⁴⁴	阿妈 a⁴⁴ ma⁴⁴	外母 ŋɔi²² mou⁵⁵	外母 ŋɔi³¹ mu³¹ / 阿妈 a⁴⁴ ma⁴⁴	外母 ŋɔi³¹ mu³¹
公公	老爷 lou⁵⁵ jɛ²²	老爷 lou⁵⁵ jɛ²²	阿爸 a⁴⁴ pa⁴⁴	公公 kuŋ⁴⁴ kuŋ⁴⁴	老爷 lɔi⁵⁵ jɛ²²	老爷 lau⁵⁵ jɛ²²	老爷 lou⁵⁵ jɛ²²
婆婆	□人 ŋɔi³¹ ŋin²² / 家婆 ka³³ pʰɔi²²	奶奶 nai⁴⁴ nai⁴⁴	阿妈 a⁴⁴ ma⁴⁴	奶奶 nai²² nai²²⁻³⁵	家婆 ka⁴⁴ pʰɔi²²	家婆 ka⁴⁴ pʰɔi²²	阿人 a⁴⁴ ŋin²²
干爹	契爷 kʰai³³ jɛ²²	契爷 kʰai⁴⁴ jɛ²²⁻³⁵	契爷 kʰai⁴⁴ jɛ²²	假爸 ka⁵⁵ pa⁴⁴	契爷 kʰai⁴⁴ jɛ²²	契公 kʰai⁴⁴ kuŋ⁴⁴	契爷 kʰei⁴⁴ jɛ²²
干妈	契妈 kʰai³³ ma³³ / 契娘 kʰai³³ liaŋ²²	契妈 kʰai⁴⁴ ma⁴⁴	契妈 kʰai⁴⁴ ma⁴⁴	假妈 ka⁵⁵ ma⁴⁴	契妈 kʰai⁴⁴ ma⁴⁴	契妈 kʰai⁴⁴ ma⁴⁴	契妈 kʰei⁴⁴ ma⁴⁴

续表 3-14

条目	方言						
	广东台山话	三藩市台山话	洛杉矶台山话	纽约台山话	芝加哥台山话	波特兰台山话	圣安东尼奥台山话
儿女	仔女 tɔi⁵⁵ nui⁵⁵	仔女 tɔi⁵⁵ nui⁵⁵	子女 tu⁵⁵ nui⁵⁵	仔女 tɔi⁵⁵ nui⁵⁵	仔女 tɔi⁵⁵ nui⁵⁵	仔女 tɔi⁵⁵ nui⁵⁵	仔女 tɔi⁵⁵ nui⁵⁵
儿媳	心妇 ɬim³³ fu³¹/阿嫂 a³³ ɬou⁵⁵	新抱 ɬɛn⁴⁴ pʰu³¹	心妇 ɬim⁴⁴ fu²¹	新妇 san⁴⁴ fu³¹	心妇 ɬim⁴⁴ fu³¹	心抱 ɬam⁴⁴ pʰou³¹	阿嫂 a⁴⁴ ɬou⁵⁵
最小的儿子	尾仔 mei⁵⁵ tɔi⁵⁵	细仔 ɬai⁴⁴ tɔi⁵⁵	细仔 sai⁴⁴ tɔi⁵⁵	孻仔 lai⁴⁴ tɔi⁵⁵/细仔 ɬai⁴⁴ tɔi⁵⁵	长仔避 tsʰan²² tɔi⁵⁵/尾仔 mi⁵⁵ tɔi⁵⁵	细仔 sai⁴⁴ tɔi⁵⁵	细仔 ɬai⁴⁴ tɔi⁵⁵
重孙	塞 ɬak⁵	塞 ɬak⁵	—	塞 ɬak⁵	塞 ɬak⁵	塞 ɬak⁵⁻³⁵	塞 ɬak⁵⁻³⁵
侄子	侄子 tsit² tu⁵⁵	侄子 tak² tsi⁴⁴	—	侄仔 tsat² tɔi⁵⁵	侄 tsak²⁻³⁵	侄仔 tat² tɔi⁵⁵	侄 tsit²⁻³⁵
父子俩	两仔爷 liɔn⁵⁵ tɔi⁵⁵ jɛ⁵⁵	两仔爷 lian⁵⁵ tɔi⁵⁵ jɛ⁵⁵	—	两仔爷 lian⁵⁵ tɔi⁵⁵ jɛ⁵⁵	两仔爷 lian⁵⁵ tɔi⁵⁵ jɛ⁵⁵	阿爷阿仔 a⁴⁴ jɛ²² a⁴⁴ tɔi⁵⁵	两仔爷 lɛn⁵⁵ tɔi⁵⁵ jɛ⁵⁵
夫妻俩	两公婆 liɔn⁵⁵ kəŋ³³ pʰɔ²²	两公婆 lian⁵⁵ kuŋ⁴⁴ pʰɔ²²	两公婆 lian⁵⁵ kuŋ⁴⁴ pʰu⁵⁵	两公婆 lɛn⁵⁵ kuŋ⁴⁴ pʰɔ²²	两公婆 lian⁵⁵ kuŋ⁴⁴ pʰɔ²²	两公婆 liɔn⁵⁵ kuŋ⁴⁴ pʰɔ²²	两公婆 lɛn⁵⁵ kuŋ⁴⁴ pʰɔ²²
堂兄弟	堂兄弟 hɔn²² hen³³ ai³¹	堂兄弟 hɔn²² heŋ⁴⁴ ai³¹	*	堂兄弟 ɔn²² heŋ⁴⁴ ai³¹	堂兄弟 hɔn²² heŋ⁴⁴ ai³¹	堂兄弟 hɔn²² heŋ⁴⁴ ai³¹	堂兄弟 hɔn²² haŋ⁴⁴ ai³¹
表姐妹	表姊妹 piau⁵⁵ tei⁵⁵ mɔi³¹/老表 lou⁵⁵ piau⁵⁵	表姐妹 piu⁴⁴ ti³¹ mɔi³¹	*	表姊妹 piu⁵⁵ ti³¹ mɔi³¹	表姊妹 pei⁴⁴ ti³¹ mɔi³¹	表姊妹 piu⁵⁵ ti³¹ mɔi³¹	表姊妹 piu⁵⁵ tei⁵⁵ mɔi³¹
辈分	辈分 pɔi³³ fun³³/班派 pan³³ pʰai³⁻³⁵	辈分 pɔi⁴⁴ fun³¹	—	代 ɔi³¹	班派 pan⁴⁴ pʰai⁴⁴	—	辈分 pɔi⁴⁴ fun³¹
绰号	花名 fa³³ mian²²⁻³⁵	*	—	花名 fa⁴⁴ mɛn²²	花名 fa⁴⁴ mɛn²²⁻³⁵	花名 fa⁴⁴ mɛn²²⁻³⁵	花名 fa⁴⁴ mɛn²²
老头儿	老蚊⁼公指称 lou⁵⁵ min⁵⁵ kəŋ³³	老蚊⁼公 lɔ⁵⁵ min⁴⁴ kuŋ⁴⁴	老伯 lɔ⁵⁵ pak³/老蚊⁼公贬 lɔ⁵⁵ man⁴⁴ kuŋ⁴⁴	老伯 lou⁵⁵ pak³	伯爷公 pak³ jɛ²²⁻⁵⁵ kuŋ⁴⁴/老鬼贬 lou⁵⁵ kuai⁵⁵	老嘢贬 lau⁵ jɛ⁵⁵⁻³¹/老坑贬 lau⁵⁵ haŋ⁴⁴⁻³¹	伯爷公 pak³ jɛ³¹ kuŋ⁴⁴⁻³¹
老太婆	老蚊⁼婆指称 lou⁵⁵ min⁵⁵ pʰɔ²²	老蚊⁼婆 lɔ⁵⁵ min⁴⁴ pʰɔ²²	老婶 lɔ⁵⁵ sim⁵⁵/老姑 lɔ⁵⁵ ku⁴⁴	老太 lou⁵⁵ hai⁴⁴⁻³¹	伯爷婆 pak³ jɛ²²⁻⁵⁵ pʰɔ²²	老嘢贬 lau⁵ jɛ⁵⁵⁻³¹	伯爷婆 pak³ jɛ³¹ pʰɔ²²

续表 3-14

条目	方言						
	广东台山话	三藩市台山话	洛杉矶台山话	纽约台山话	芝加哥台山话	波特兰台山话	圣安东尼奥台山话
年轻人	后生仔 heu^{31} saŋ^{33} tɔi^{55}	后生仔 hau^{31} saŋ^{44} tɔi^{55}	后生 hau^{21} saŋ^{44}	后生 heu^{31} saŋ^{44}	后生 hau^{31} ɬaŋ^{44}	后生仔 hau^{31} saŋ^{44} tɔi^{55}	后生仔 hai^{31} saŋ^{44} tɔi^{55}
小孩子	三蚊⁼仔 ɬam^{33} min^{55} tɔi^{55}	□蚊⁼仔 ɬam^{44} min^{55} tɔi^{55}	三蚊⁼仔 sam^{44} min^{55} tɔi^{55}	小朋友 siu^{55} pʰaŋ^{22} jiu^{31} / 细蚊⁼仔 ɬai^{44} maŋ^{44} tɔi^{55}	细路哥 ɬai^{44} lu^{31} kɔ^{55}	细蚊⁼仔 ɬai^{44} min^{44} tɔi^{55}	三蚊⁼仔 ɬam^{44} min^{44} tɔi^{55}
孕妇	大肚婆 ai^{31} u^{55} pʰɔ^{22}	大肚婆 ai^{31} u^{55} pʰɔ^{22}	—	大肚婆 ai^{31} u^{55} pʰɔ^{22}	大肚婆 ai^{31} u^{55} pʰɔ^{22}	大肚婆 ai^{31} u^{55} pʰɔ^{22}	大肚婆 ai^{31} ou^{55} pʰɔ^{22}
左撇子	左手□tɔ^{55} siu^{55} kaŋ^{33}	用左手 juŋ^{31} tɔ^{55} siu^{55}	左手人 tu^{55} ɬiu^{55} ŋin^{22}	左手人 tsɔ^{55} siu^{55} jan^{22}	左手人 tɔ^{55} siu^{55} jan^{22}	左手人 tɔ^{55} siu^{55} jan^{22}	左手□tsɔ^{55} siu^{55} kaŋ^{44}
骗子	呃人 ŋak^{5} ŋin^{22}	老千 lou^{55} tʰɛn^{44}	呃人 ŋak^{5} ŋin^{22}	呃人 ŋak^{5} jan^{22}	蛊滑 ku^{55} wat^{2}	贼 tʰak^{2}	老千 lou^{55} tʰan^{44}
小偷	插手 tsʰap^{3} siu^{55}	贼仔 tʰak^{2} tɔi^{55}	偷嘢 hau^{44} jɛ^{55}	贼仔 tʰak^{2} tɔi^{55}	贼仔 tʰak^{2} tɔi^{55}	贼 tʰak^{2}	贼仔 tʰak^{2} tɔi^{55}
妓女	老举老 lou^{55} kui^{55} / 做□ tu^{31} miu^{55}	—	老举 lɔ^{55} ki^{55}	鸡 kai^{44}	鸡 kai^{44}	鸡 kai^{44}	老举老 lou^{55} kei^{55} / 鸡 kai^{44}
厨师	伙头 fɔ^{33} heu^{22}	厨师 tsʰui^{22} ɬu^{44}	大厨 ai^{21} tsʰu$^{22-35}$	厨师 tsʰui^{22} si^{44}	厨 tsʰui$^{22-55}$	厨 tsʰui$^{22-35}$	厨头 tsʰui^{22} hai^{22}
木匠	斗木佬 au^{31} mək^{2} lou^{55}	三行佬 ɬam^{44} hɔŋ^{22} lou^{55}	做木 tsu^{21} muk^{2}	木专家 muk^{2} tsɔn^{44} ka^{44}	—	斗木 au^{44} muk^{2}	斗木佬 ai^{44} muk^{2} lou^{55}
铁匠	打铁佬 a^{55} hɛt^{3} lou^{55}	—	打铁 a^{55} hek^{3}	打铁 a^{55} hɛt^{3}	—	—	打铁佬 ta^{55} hɛt^{3} lou^{55}
理发师	剪毛佬 tɛn^{55} mou^{22} lou^{55}	发师 fat^{3} ɬu^{44}	飞发佬 fi^{44} fat^{3} lɔ^{55}	飞发佬 fi^{44} fat^{3} lou^{55}	整头毛 tsɛŋ^{55} hau^{44} mɔ^{22}	剪毛 tɛn^{55} mou^{22}	剪毛佬 tɛn^{55} mou^{22} lou^{55}
泥瓦匠	泥水佬 nai^{22} sui^{55} lou^{55}	做泥水 tu^{31} nai^{22} sui^{55}	打砖佬 a^{55} tsɔn^{44} lɔ^{55}	泥水佬 nai^{22} sui^{55} lou^{55}	泥水佬 nai^{22} sui^{55} lɔ^{55}	泥水佬 nai^{22} sui^{55} lau^{55}	泥水佬 nai^{22} sui^{55} lou^{55}
商人	生意佬 saŋ^{33} ji^{33} lou^{55}	生意人 saŋ^{44} ji^{44} ŋin^{22}	财主佬 tsʰɔ^{22} tsi^{55} lɔ^{55}	生意佬 saŋ^{44} ji^{44} lou^{55}	老板 lɔ^{55} pan^{55}	生意佬 saŋ^{44} ji^{44} lau^{55}	生意佬 saŋ^{44} ji^{44} lou^{55}
上司	头 heu^{22} / 上司 siaŋ^{31} ɬu^{33}	上司 siɔŋ^{31} ɬu^{44}	做头 tsu^{21} hau^{22}	上司 sɛŋ^{31} si^{44}	*	老板 lau^{55} pan^{44}	老板 lou^{55} pan^{55}

续表 3-14

条目	方言						
	广东台山话	三藩市台山话	洛杉矶台山话	纽约台山话	芝加哥台山话	波特兰台山话	圣安东尼奥台山话
警察	差佬 tsʰai³³ lou⁵⁵/警察 keŋ⁵⁵ tʰat³	警察 keŋ⁵⁵ tsʰat³	警察 keŋ⁵⁵ tsʰat³	警察 keŋ⁵⁵ tsʰat³	差佬 tsʰai⁴⁴ lɔ⁵⁵	绿衣老 luk²ji⁴⁴	绿衣老 luk²ji⁴⁴/警察 keŋ⁵⁵ tsʰat³

表 3-15 6个广府话有关亲属关系和人品称谓的说法

条目	方言						
	广东广州话	三藩市广府话	洛杉矶广府话	纽约广府话	芝加哥广府话	波特兰广府话	休斯敦广府话
父母	老窦老母 lou¹³ teu¹³ lou¹³ mou¹³⁻³⁵/父母 fu²² mou¹³	父母 fu²² mou¹³	父母 fu²² mou¹³	父母 fu²² mou¹³	老窦老母 lou¹³ teu¹³ lou¹³ mou¹³⁻³⁵	父母 fu²² mou¹³	老窦老母 lou¹³ teu¹³ lou¹³ mou¹³⁻³⁵
祖母	阿嫲 a³³ ma²¹	阿嫲 a³³ ma²¹	阿嫲 a³³ ma²¹	阿嫲 a³³ ma²¹	阿嫲 a³³ ma²¹	阿嫲 a³³ ma²¹	阿嫲 a³³ ma²¹/嫲嫲 ma²¹ ma²¹
曾祖父	太爷 tʰai³³ jɛ²¹	太公 tʰai³³ kuŋ⁵⁵	太爷 tʰai³³ jɛ²¹	—	太爷 tʰai³³ jɛ²¹	—	太公 tʰai³³ kuŋ⁵⁵
曾祖母	太嫲 tʰai³³ ma²¹/太太 tʰai³³ tʰai³³⁻³⁵	太太 tʰai³³⁻³⁵	太嫲 tʰai³³ ma²¹	—	太嫲 tʰai³³ ma²¹	—	太婆 tʰai³³ pʰɔ²¹
伯母	伯娘 pak³ lœŋ²¹/伯母 pak³ mou¹³	伯母 pak³ mou¹³	伯娘 pak³ lœŋ²¹	伯娘 pak³ nœŋ²¹	伯娘 pak³ nœŋ²¹	伯娘 pak³ nœŋ²¹	伯母 pak³ mou¹³
婶母	阿婶 a³³ sɐm³⁵	婶婶 sɐm³⁵ sɐm³⁵	阿婶 a³³ sɐm³⁵	阿婶 a³³ sɐm³⁵	阿婶 a³³ sɐm³⁵	阿婶 a³³ sɐm³⁵	阿婶 a³³ sɐm³⁵/*
舅母	舅母 kʰɐu¹³ mou¹³/妗母 kʰɐm¹³ mou¹³	—	阿妗 a³³ kʰɐm¹³/妗母 kʰɐm¹³ mou¹³	舅母 kʰɐu¹³ mou¹³	舅母 kʰɐu¹³ mou¹³	舅母 kʰɐu¹³ mou¹³	舅母 kʰɐu¹³ mou¹³

续表 3-15

条目	方言						
	广东广州话	三藩市广府话	洛杉矶广府话	纽约广府话	芝加哥广府话	波特兰广府话	休斯敦广府话
哥哥	哥哥 kɔ²¹kɔ⁵⁵/大佬 tai²²lou³⁵	哥哥对称 kɔ²¹kɔ⁵⁵/大佬指称 tai²²lou³⁵	阿哥 a³³kɔ⁵⁵	阿哥指称 a³³kɔ⁵⁵/大佬对称 tai²²lou³⁵	阿哥对称 a⁵⁵kɔ⁵⁵/大佬指称 tai²²lou³⁵	哥哥对称 kɔ⁵⁵⁻²¹kɔ⁵⁵/大佬指称 tai²²lou³⁵	哥哥 kɔ²¹kɔ⁵⁵
姐姐	家姐 ka⁵⁵tsɛ⁵⁵/姐姐 tsɛ²¹tsɛ⁵⁵	姐姐 tsɛ²¹tsɛ⁵⁵	家姐 ka⁵⁵tsɛ³⁵⁻⁵⁵	家姐 ka⁵⁵tsɛ³⁵⁻⁵⁵	家姐 ka⁵⁵tsɛ³⁵⁻⁵⁵	家姐 ka⁵⁵tsɛ³⁵⁻⁵⁵	姐姐 tsɛ²¹tsɛ⁵⁵
姐夫	姐夫 tsɛ³⁵fu⁵⁵	姐夫 tsɛ³⁵fu⁵⁵	姐夫 tsɛ³⁵fu⁵⁵	姐夫 tsɛ³⁵fu⁵⁵	姐夫 tsɛ³⁵fu⁵⁵	姐夫 tsɛ³⁵fu⁵⁵	姐夫 tsɛ³⁵fu⁵⁵
弟弟	细佬 sɐi³³lou³⁵/弟弟 tei²²tei²²⁻³⁵	细佬 sɐi³³lou³⁵	细佬 sɐi³³lou³⁵	细佬 sɐi³³lou³⁵	细佬 sɐi³³lou³⁵/弟弟 tei²²tei²²⁻³⁵	细佬 sɐi³³lou³⁵	弟弟 tei²²tei²²⁻³⁵
妹妹	细妹 sɐi³³mui²²⁻³⁵/妹妹 mui²²mui²²⁻³⁵	细妹 sɐi³³mui²²⁻³⁵	细妹 sɐi³³mui²²⁻³⁵	妹妹 mui²²mui³⁵	细妹 sɐi³³mui²²⁻³⁵/妹妹 mui²²mui²²⁻³⁵	细妹 mui³³mui²²⁻³⁵	妹妹 mui²²mui²²⁻³⁵
大伯子 夫兄	大伯 tai²²pak³	—	大伯 tai²²pak³	—	大伯 tai²²pak³	大伯 tai²²pak³	—
小叔子 夫弟	叔仔 suk⁵tsɐi³⁵	叔仔 suk⁵tsɐi³⁵	叔仔 suk⁵tsɐi³⁵	—	叔仔 suk⁵tsɐi³⁵	叔仔 suk⁵tsɐi³⁵	—
大姑子	大姑 tai²²ku⁵⁵	大姑 tai²²ku⁵⁵	大姑 tai²²ku⁵⁵	—	大姑 tai²²ku⁵⁵	大姑 tai²²ku⁵⁵	—
大姨子 妻姐	大姨 tai²²ji²¹	大姨 tai²²ji²¹	大姨 tai²²ji²¹	—	大姨 tai²²ji²¹	大姨 tai²²ji²¹	—
小舅子 妻弟	舅仔 kʰɐu¹³tsɐi³⁵	舅仔 kʰɐu¹³tsɐi³⁵	舅仔 kʰɐu¹³tsɐi³⁵	舅仔 kʰɐu¹³tsɐi³⁵	舅仔 kʰɐu¹³tsɐi³⁵	舅仔 kʰɐu¹³tsɐi³⁵	—
岳父	外父 ŋɔi²²fu²²⁻³⁵/岳父 ŋɔk²fu²²⁻³⁵	爸爸 pa²¹pa⁵⁵	外父 ŋɔi²²fu²²⁻³⁵	外父 ɔi²²fu²²⁻³⁵	外父 ŋɔi²²fu²²⁻³⁵	外父 ŋɔi²²fu²²⁻³⁵	外父 ŋɔi²²fu²²⁻³⁵
岳母	外母 ŋɔi²²mou¹³/岳母 ŋɔk²mou¹³	妈妈 ma²¹ma⁵⁵	外母 ŋɔi²²mou¹³	外母 ɔi²²mou¹³	外母 ŋɔi²²mou¹³	外母 ŋɔi²²mou¹³	外母 ŋɔi²²mou¹³

续表 3-15

条目	方言						
	广东广州话	三藩市广府话	洛杉矶广府话	纽约广府话	芝加哥广府话	波特兰广府话	休斯敦广府话
公公	家公 ka^{55} kuŋ^{55}/老爷 lou^{13}jɛ^{21}	老爷 lou^{13}jɛ^{21}	老爷 lou^{13}jɛ^{21}	老爷 lou^{13}jɛ^{21}	家公 ka^{55}kuŋ^{55}	老爷 lou^{13}jɛ^{21}	—
婆婆	家婆 ka^{55}pʰɔ$^{21-35}$/奶奶 nai^{21}nai^{35}	奶奶 nai^{35}	奶奶 nai$^{13-35}$	奶奶 nai^{35}	家婆 ka^{55}pʰɔ$^{21-35}$/奶奶 nai$^{13-35}$	奶奶 nai^{35}	—
干爹	契爷 kʰɐi^{33}jɛ^{21}	契爷 kʰɐi^{33}jɛ^{21}	契爷 kʰɐi^{33}jɛ^{21}	契爷 kʰɐi^{33}jɛ^{21}	契爷 kʰɐi^{33}jɛ^{21}	契爷 kʰɐi^{33}jɛ^{21}	契爷 kʰɐi^{33}jɛ^{21}
干妈	契妈 kʰɐi^{33}ma^{55}/契娘 kʰɐi^{33}nœŋ^{21}	契妈 kʰɐi^{33}ma^{55}	契妈 kʰɐi^{33}ma^{55}	契娘 kʰɐi^{33}nœŋ^{21}	契妈 kʰɐi^{33}ma^{55}	契妈 kʰɐi^{33}ma^{55}	契妈 kʰɐi^{33}ma^{55}
儿女	仔女 tsɐi^{35}nœy$^{13-35}$	仔女 tsɐi^{35}nœy$^{13-35}$	仔女 tsɐi^{35}nœy$^{13-35}$	仔女 tsɐi^{35}nœy$^{13-35}$	仔女 tsɐi^{35}nœy$^{13-35}$	仔女 tsɐi^{35}nœy$^{13-35}$	仔女 tsɐi^{35}nœy$^{13-35}$
儿媳	心抱 sɐm^{55}pʰou^{13}	新抱 sɐn^{55}pʰou^{13}	心抱 sɐm^{55}pʰou^{13}	新抱 sɐn^{55}pʰou^{13}	心抱 sɐm^{55}pʰou^{13}	心抱 sɐm^{55}pʰou^{13}	心抱 sɐm^{55}pʰou^{13}
最小的儿子	孻仔 lai^{55}tsɐi^{35}/细仔 sɐi^{33}tsɐi^{35}	细仔 sɐi^{33}tsɐi^{35}	细仔 sɐi^{33}tsɐi^{35}	细仔 sɐi^{33}tsɐi^{35}	细仔 sɐi^{33}tsɐi^{35}	细仔 sɐi^{33}tsɐi^{35}	细仔 sɐi^{33}tsɐi^{35}
重孙	塞 sɐk^{5}	塞 sɐk^{5}	塞 sɐt^{5}	—	—	塞 sɐt^{5}	—
侄子	侄仔 tsɐt^{2}tsɐi^{35}	侄仔 tsɐt^{2}tsɐi^{35}	侄仔 tsɐt^{2}tsɐi^{35}	侄 tsɐt^{2}	侄仔 tsɐt^{2}tsɐi^{35}	侄仔 tsɐt^{2}tsɐi^{35}	侄 tsɐt^{2}
父子俩	两仔爷 lœŋ^{13}tsɐi^{35}jɛ^{21}	两仔爷 lœŋ^{13}tsɐi^{35}jɛ^{21}	两仔爷 lœŋ^{13}tsɐi^{35}jɛ^{21}	两仔爷 lœŋ^{13}tsɐi^{35}jɛ^{21}	两仔爷 lœŋ^{13}tsɐi^{35}jɛ^{21}	两父子 lœŋ^{13}fu^{22}tsi^{35}	两父子 lœŋ^{13}fu^{22}tsi^{35}
夫妻俩	两公婆 lœŋ^{13}kuŋ^{55}pʰɔ^{21}	两公婆 lœŋ^{13}kuŋ^{55}pʰɔ^{21}	两公婆 lœŋ^{13}kuŋ^{55}pʰɔ^{21}	两公婆 lœŋ^{13}kuŋ^{55}pʰɔ^{21}	两公婆 lœŋ^{13}kuŋ^{55}pʰɔ^{21}	两公婆 lœŋ^{13}kuŋ^{55}pʰɔ^{21}/两夫妻 lœŋ^{13}fu^{55}tsʰɐi^{55}	两公婆 lœŋ^{13}kuŋ^{55}pʰɔ^{21}

续表 3-15

条目	方言						
	广东广州话	三藩市广府话	洛杉矶广府话	纽约广府话	芝加哥广府话	波特兰广府话	休斯敦广府话
堂兄弟	堂兄弟 $t^hɔŋ^{21}$ hɐŋ^{55} tɐi^{22}／叔伯兄弟 suk^5 pak^3 hɐŋ^{55} tɐi^{22}	堂兄弟 $t^hɔŋ^{21}$ hɐŋ^{55} tɐi^{22}	堂兄弟 $t^hɔŋ^{21}$ hɐŋ^{55} tɐi^{22}	堂兄弟 $t^hɔŋ^{21}$ hɐŋ^{55} tɐi^{22}	堂兄弟 $t^hɔŋ^{21}$ hɐŋ^{55} tɐi^{22}	堂兄弟 $t^hɔŋ^{21}$ hɐŋ^{55} tɐi^{22}	堂兄弟 $t^hɔŋ^{21}$ hɐŋ^{55} tɐi^{22}
表姐妹	表姐妹 piu^{35} tsɛ^{35} mui^{22}	表姐妹 piu^{35} tsɛ^{35} mui^{22}	表姐妹 piu^{35} tsɛ^{35} mui^{22}	表姐妹 piu^{35} tsɛ^{35} mui^{22}	表姐妹 piu^{35} tsɛ^{35} mui^{22}	表姐妹 piu^{35} tsɛ^{35} mui^{22}	表姐妹 piu^{35} tsɛ^{35} mui^{22}
辈分	辈分 pui^{33} fɐn^{22}	—	—	—	—	辈分 pui^{33} fɐn^{22}	—
绰号	花名 fa^{55} mɛŋ$^{21-35}$	—	花名 fa^{55} mɛŋ$^{21-35}$	代号 tɔi^{22} hou^{22}	花名 fa^{55} mɛŋ^{21}	花名 fa^{55} mɛŋ$^{21-35}$	花名 fa^{55} mɛŋ$^{21-35}$
老头儿	伯爷公 pak^3 jɛ$^{21-55}$ kuŋ^{55}／老坑贬 lou^{13} hɐŋ^{55}	伯爷公 pak^3 jɛ$^{21-55}$ kuŋ^{55}／老嘢贬 lou^{13} jɛ^{13}	老嘢贬 lou^{13} jɛ^{13}	阿伯 a^{33} pak^3	伯爷公 pak^3 jɛ$^{21-55}$ kuŋ^{55}／老坑贬 lou^{13} hɐŋ^{55}	老嘢贬 lou^{13} jɛ^{13}	伯爷公 pak^3 jɛ$^{21-55}$ kuŋ^{55}
老太婆	伯爷婆 pak^3 jɛ$^{21-55}$ $p^hɔ^{21-35}$／老嘢贬 lou^{13} jɛ^{21}	伯爷婆 pak^3 jɛ$^{21-55}$ $p^hɔ^{21-35}$	老嘢贬 lou^{13} jɛ^{13}	阿婆 a^{33} $p^hɔ^{21}$	伯爷婆 pak^3 jɛ$^{21-55}$ $p^hɔ^{21-35}$	老人家 lou^{13} jɐn^{21} ka^{55}	伯爷婆 pak^3 jɛ$^{21-55}$ $p^hɔ^{21-35}$
年轻人	后生仔 hɐu^{22} saŋ^{55} tsɐi^{35}	后生仔 hɐu^{22} saŋ^{55} tsɐi^{35}	后生 hɐu^{22} saŋ^{55}	年轻人 nin^{21} hɐŋ^{55} jɐn^{21}	后生仔 hɐu^{22} saŋ^{55} tsɐi^{35}／靓仔 lɛŋ$^{33-55}$ tsɐi^{35}	后生仔 hɐu^{22} saŋ^{55} tsɐi^{35}	后生 hɐu^{22} saŋ^{55}
小孩子	细蚊仔 sɐi^{33} mɐn^{55} tsɐi^{35}／细路仔 sɐi^{33} lou^{22} tsɐi^{35}	细蚊仔 sɐi^{33} mɐn^{55} tsɐi^{35}	细蚊仔 sɐi^{33} mɐn^{55} tsɐi^{35}	细路仔 sɐi^{33} lou^{22} tsɐi^{35}	细蚊仔 sɐi^{33} mɐn^{55} tsɐi^{35}	细路仔 sɐi^{33} lou^{22} tsɐi^{35}	细路仔 sɐi^{33} lou^{22} tsɐi^{35}
孕妇	大肚婆 tai^{22} t^hou^{13} $p^hɔ^{21-35}$	大肚婆 tai^{22} t^hou^{13} $p^hɔ^{21-35}$	大肚婆 tai^{22} t^hou^{13} $p^hɔ^{21-35}$	大肚婆 tai^{22} t^hou^{13} $p^hɔ^{21-35}$	大肚婆 tai^{22} t^hou^{13} $p^hɔ^{21-35}$	大肚婆 tai^{22} t^hou^{13} $p^hɔ^{21-35}$	大肚婆 tai^{22} t^hou^{13} $p^hɔ^{21-35}$
左撇子	左优仔 tsɔ^{35} jɐu^{55} tsɐi^{35}	—	左优 tsɔ^{35} jɐu^{55}	—	左优 tsɔ^{35} jɐu^{55}	左优 tsɔ^{35} jɐu^{55}	左优 tsɔ^{35} jau^{55}

续表 3-15

条目	方言						
	广东广州话	三藩市广府话	洛杉矶广府话	纽约广府话	芝加哥广府话	波特兰广府话	休斯敦广府话
骗子	老千 老lou^{13} ts^{h}in^{55}/骗子 p^{h}in^{33}tsi^{35}	老千 lou^{13} ts^{h}in^{55}	老千 lou^{13} ts^{h}in^{55}	骗子 p^{h}in^{33} tsi^{35}	老千 lou^{13} ts^{h}in^{55}/出猫 ts^{h}œt^{5}mau^{55}	骗子 p^{h}in^{33} tsi^{35}	呃人 ŋak^5 jɐn^{21}
小偷	小偷 mou^{13} t^{h}ɐu^{55} ts^{h}ak^{33}tsei^{35}/扒手 p^{h}a^{21} sɐu^{35}	贼 ts^{h}ak^2/偷嘢嘅 t^{h}ɐu^{55} jɛ^{13}kɛ^{33}	贼仔 ts^{h}ak^{33} tsei^{35}	贼 ts^{h}ak^2	贼 ts^{h}ak^2	小偷 siu^{35} t^{h}ɐu^{55}	贼 ts^{h}ak^2
妓女	鸡 kei^{55}/妓女 kei^{22} nœy^{35}	鸡 kei^{55}	鸡 kei^{55}	鸡 kei^{55}	鸡 kei^{55}	鸡 kei^{55}	鸡 kei^{55}
厨师	大厨 tai^{22} ts^{h}œy$^{21-35}$/伙头 fɔ^{35}t^{h}ɐu^{21}/厨师 ts^{h}œy^{21} si^{55}	厨师 ts^{h}œy^{21} si^{55}	伙头 fɔ^{35} t^{h}ɐu^{21}/厨师 ts^{h}œy^{21} si^{55}	厨房佬 ts^{h}y^{21} fɔŋ^{21} lou^{35}	厨师 ts^{h}œy^{21} si^{55}	厨师 ts^{h}œy^{21} si^{55}	厨师 ts^{h}œy^{21} si^{55}
木匠	木工 muk^2 kuŋ^{55}/斗木佬 tɐu^{33}muk^{2}lou^{35}	斗木佬 tɐu^{33} muk^2 lou^{35}	斗木佬 tɐu^{33} muk^2 lou^{35}	木专家 muk^2 tsɔn^{44}ka^{44}	斗木佬 tɐu^{33} muk^2 lou^{35}	斗木 au^{44} muk^2	斗木佬 ai^{44} muk^2 lou^{55}
铁匠	打铁佬 ta^{35} t^{h}it^3 lou^{35}	打铁佬 ta^{35} t^{h}it^3 lou^{35}	打铁佬 ta^{35} t^{h}it^3 lou^{35}	打铁 a^{55}hɐt^3	打铁佬 ta^{35} t^{h}it^3 lou^{35}	—	打铁佬 ta^{55} hɐt^{3}lou^{55}
理发师	飞发佬 fei^{55} fat^{3}lou^{35}	飞发佬 fei^{35} fat^{3}lou^{35}	飞发师 fei^{55} fat^{3}si^{55}	理发佬 lei^{13} fat^{3}lou^{35}	飞发佬 fei^{55} fat^{3}lou^{35}	飞发 fei^{55} fat^3	飞发佬 fei^{55} fat^{3}lou^{35}
泥瓦匠	泥水佬 nɐi^{21} sœy^{35}lou^{35}	建筑工 kin^{33} tsuk^{5}kuŋ^{55}/装修佬 tsɔŋ^{55}sɐu^{55}lou^{35}	泥水佬 nɐi^{21} sœy^{35}lou^{55}	泥水佬 nai^{22} sui^{55}lou^{55}	泥水佬 nɐi^{21} sœy^{35}lou^{35}/起屋佬 hei^{35} ŋuk^{5}lou^{35}	泥水佬 nai^{22} sui^{55}lau^{55}	泥水佬 nai^{22} sui^{55}lou^{55}
商人	生意佬 sɐŋ^{55} ji^{33}lou^{35}	生意佬 sɐŋ^{55} ji^{33}lou^{35}	生意佬 sɐŋ^{55} ji^{33}lou^{35}	商人 sœn^{55} jɐn^{21}	生意佬 sɐŋ^{55} ji^{33}lou^{35}	生意人 sɐŋ^{55} ji^{33}jɐn^{21}	生意佬 sɐŋ^{55} ji^{33}lou^{35}

续表 3-15

条目	方言						
	广东广州话	三藩市广府话	洛杉矶广府话	纽约广府话	芝加哥广府话	波特兰广府话	休斯敦广府话
上司	老细 lou^{13} sɐi^{33}/事头 si^{22} tʰɐu$^{21\text{-}35}$	老细 lou^{13} sɐi^{33}/*	老细 lou^{13} sɐi^{33}/*	老细 lou^{13} sɐi^{33}	老板 lou^{13} pan^{35}	上司 sœn^{22} si^{55}	老板 lou^{13} pan^{35}
警察	警察 keŋ^{35} tsʰak^{3}/差佬 tsʰai^{55} lou^{35}	警察 keŋ^{35} tsʰak^{3}	警察 keŋ^{35} tsʰat^{3}	警察 keŋ^{35} tsʰat^{3}	警察 keŋ^{35} tsʰat^{3}/差佬 tsʰai^{55} lou^{35}	警察 keŋ^{35} tsʰat^{3}	警察 keŋ^{35} tsʰat^{3}

可能会有人对我们所设计的这些"有关亲属关系和人品称谓"的条目产生一些困惑：怎么有的词条没有列出相对应的条目，例如，有"祖母""伯母""叔母"条，却没有"祖父""伯父""叔父"条？其实，表 3-14、表 3-15 中只列出"祖母""伯母""叔母"的方言说法，不列"祖父""伯父""叔父"的说法，并非"重女轻男"，而是从粤方言台山话、广府话表达这几个词的实际出发。从表 3-14、表 3-15，我们就可以知道，台山话和广府话对条目"祖母""伯母""叔母"表述的方言味很足、说法多样，仅"舅母"一条，广府话除了三藩市一地的发音人没有提供说法，其余的就有"舅母""妗母""阿妗"等说法，但假若问"祖父""伯父""叔父"的表达，恐怕各点都只会有相似度非常高的"阿爷""阿伯""阿叔"的说法了。

本栏目依然有空白，例如"辈分"一条，台山话有洛杉矶、波特兰两个点空白，纽约台山话的说法是与"辈分"有点关联的"代 ɔi^{31}"。而广府话的 6 个点中，只有波特兰一个点做了回答。

汉语、汉语方言的亲属称谓之复杂，不仅常令外国人感到头疼，即使国内的年轻人，也有不少是无法全部正确表达的。对于在美国土生土长的华人来说，要掌握就更不容易了。

而相对于近亲的称呼，对远亲或姻亲的称呼，华人的问题更多。如称呼丈夫的大哥"夫兄"一条，广府话有 3 个点（三藩市、纽约、休斯敦）为空白，台山话有一个点（三藩市）为空白。"重孙"一条，广府话空白点也有 3 个点（纽约、芝加哥、休斯敦）为空白，台山话有一个点（洛杉矶）为空白。

此外，一些现如今在美国不易觅见的职业，如铁匠等，没有提供说法的空白点也相对较多，台山话有 3 个点（三藩市、芝加哥、波特兰），广府话有一个点（波特兰）。

3.1.3.5 有关婚嫁丧葬红白事的（见表3-16、表3-17）

表3-16　6个台山话有关婚嫁丧葬红白事的说法

条目	方言						
	广东台山话	三藩市台山话	洛杉矶台山话	纽约台山话	芝加哥台山话	波特兰台山话	圣安东尼奥台山话
结婚	结婚 ket⁵ fun³³	结婚 kɛt³ fun⁴⁴	结婚 kit⁵ fun⁴⁴	结婚 kɛt³ fun⁴⁴	*	结婚 kɛt⁵ fun⁴⁴	结婚 kak⁵ fun⁴⁴
说亲	相睇 ɬiaŋ³³ hai⁵⁵／睇新娘 hai⁵⁵ ɬin³³ niaŋ²²⁻³⁵	讲亲 kɔŋ⁵⁵ tʰin⁴⁴	—	介绍 kai⁴⁴ siu³¹	相睇 ɬiaŋ⁴⁴ hɔi⁵⁵	—	相睇 ɬeŋ⁴⁴ hai⁵⁵
约会	约会 jak³ vɔi³¹／搣草仔 maŋ³³ tʰou⁴⁴ tɔi⁵⁵	会约 wui³¹ jɛk³／拍拖 pʰak³ tʰɔ⁴⁴	*	拍拖 pʰak³ tʰɔ⁴⁴	勾仔勾女 kʰiu⁴⁴ tɔi⁵⁵ kʰiu⁴⁴ nui⁵⁵	拍拖 pʰak³ tʰɔ⁴⁴	拍拖 pʰak³ tʰɔ⁴⁴
同居	同居 tʰəŋ²² kui³³	同居 huŋ²² kui⁴⁴	—	—	同居 huŋ²² kui⁴⁴	住埋一齐 tsi³¹ mɔi²² jit⁵ tʰɔi²²	同居 huŋ²² kui⁴⁴／住埋 tsi³¹ mɔi²²
分居	分居 fun³³ kui³³	分居 fun⁴⁴ kui⁴⁴	—	离开 li²² hɔi⁴⁴	分居 fun⁴⁴ kui⁴⁴	分开 fun⁴⁴ hɔi⁴⁴	分开 fun⁴⁴ hɔi⁴⁴
离婚	离婚 lei²² fun³³	离婚 li²² fun⁴⁴	拆避 tsʰak³	离婚 li²² fun⁴⁴	离婚 li²² fun⁴⁴	拆避 tsʰak³／离婚 li²² fun⁴⁴	离婚 lei²² fun⁴⁴／拆数避 tsʰak³ ɬu³¹⁻³⁵
媒人	媒人婆 mɔi²² ŋin²² pʰɔ²²	介绍 kai⁴⁴ siau³¹⁻³⁵	—	媒 mɔi²² jan²²	媒人婆 mɔi²² jan²² pʰɔ²²	媒人 mɔi²² jan²²	媒 mɔi²² ŋin²²
订婚	下订 ha³¹ tiaŋ³¹	订婚 teŋ³¹ fun⁴⁴	—	订婚 ɛŋ³¹ fun⁴⁴	订婚 tiaŋ³¹ fun⁴⁴	订婚 tɛŋ³¹ fun⁴⁴	落定老 lɔk² ɛŋ³¹
婚礼	婚礼 fun³³ lɔi³¹	婚礼 fun⁴⁴ li³¹	结婚 kit⁵ fun⁴⁴	婚礼 fun⁴⁴ li³¹	婚礼 fun⁴⁴ lɔi³¹⁻⁵⁵	*	婚礼 fun⁴⁴ lai⁵⁵
娶妻	□老婆 hɔ³³ lou⁵⁵ pʰɔ²²	娶老婆 tʰu⁵⁵ lou⁵⁵ pʰɔ²²	□老婆 fun⁴⁴ lɔ⁵⁵ pʰu²²	攞老婆 lɔ³¹⁻⁵⁵ lou⁵⁵ pʰɔ²²	娶老婆 hɔ⁵⁵ lou⁵⁵ pʰɔ²²	娶老婆 mou¹³ lau⁵⁵ pʰɔ²²	娶老婆 hou⁵⁵ lou⁵⁵ pʰɔ²²
嫁人	嫁老公 ka³³ lou⁵⁵ kəŋ³³	嫁人 ka⁴⁴ ŋin²²	—	嫁老公 ka⁴⁴ lou⁵⁵ kuŋ²²	嫁人 ka⁴⁴ jan²²	嫁 ka⁴⁴	嫁人 ka⁴⁴ ŋin²²

续表 3-16

条目	方言						
	广东台山话	三藩市台山话	洛杉矶台山话	纽约台山话	芝加哥台山话	波特兰台山话	圣安东尼奥台山话
蜜月	旅游结婚 lui³¹ jiu²² ket⁵ fun³³	蜜月 mut² ŋut²⁻³⁵	*	蜜月 mat² ŋut²	蜜月 mit² ŋut²	蜜月 mat² ŋut²	蜜月 mit² ŋut²
娶媳妇	□新妇 hɔ³³ ɬin³³ fu³¹	娶新抱 tʰu⁵⁵ ɬɛn⁴⁴ pʰu³¹	—	攞新妇 lɔ⁵⁵ sin⁴⁴ fu³¹	娶新抱 hɔ⁵⁵ ɬin⁴⁴ pʰu³¹	娶心抱 hou⁵⁵ ɬam⁴⁴ pʰou³¹	娶新妇 hou⁵⁵ ɬin⁴⁴ fu³¹
招赘	倒入门阆 tu³³ jip² mun²² lɔŋ²²⁻³⁵	—	—	上门 siaŋ⁵⁵ mun²²	—	—	招郎入室 tsɛu⁴⁴ lɔŋ²² jip² sit⁵
办酒席	摆酒 pai⁵⁵ mou¹³	摆酒 pai⁵⁵ tiu⁵⁵	摆酒 pai⁵⁵ tiu⁵⁵	摆酒 pai⁵⁵ tiu⁵⁵	做酒席 tu⁴⁴ tiu⁵⁵ tek²	摆酒 pai⁵⁵ tiu⁵⁵	摆酒 pai⁵⁵ mou¹³
赴宴	去饮酒 hui³¹ jim⁵⁵ tiu⁵⁵	饮酒 jim⁵⁵ tiu⁵⁵	饮酒 ŋim⁵⁵ tiu⁵⁵	去饮酒 hui⁴⁴ jam⁵⁵ tiu⁵⁵	饮枒 ŋam⁵⁵ tʰui²²⁻⁵⁵	饮酒 ŋim⁵⁵ tiu⁵⁵	去饮 hui⁴⁴ ŋim⁵⁵
娘家	阿妈□a³³ ma³³ liŋ⁵⁵	娘家 niaŋ²² ka⁴⁴	外家 ŋɔi²¹ ka⁴⁴	外家 ŋɔi³¹ ka⁴⁴	外家 ŋɔi²² ka⁴⁴	外家 ŋɔi³¹ ka⁴⁴	外家 ŋɔi³¹ ka⁴⁴
再嫁	嫁过 ka³³ kɔ³³	再嫁 tʰu⁴⁴ ka⁴⁴	翻头嫁 fan⁴⁴ hau²² ka⁴⁴	再嫁 tɔi⁴⁴ ka⁴⁴	翻头嫁 fan⁴⁴ hau²² ka⁴⁴	—	翻头嫁 fan⁴⁴ hai²² ka⁴⁴
续弦	又□过 jiu³¹ hɔ³³ kɔ³³	娶过 tɔi⁵⁵ kuɔ⁴⁴	—	攞过 lɔ⁵⁵ kɔ⁴⁴	讨填房 hɔ⁵⁵ hɛn²² fɔŋ²²	—	再娶 tɔi⁴⁴ tɔi⁵⁵
怀孕	大肚 ai³¹ u⁵⁵	大肚 ai³¹ u⁵⁵	*	大肚 ai³¹ u⁵⁵	有毛_{避}jiu⁵⁵ mou²²⁻³⁵	*	大肚 ai³¹ ou⁵⁵
害喜	拣喫_{避}kan⁵⁵ het³	*	—	病仔 pɛŋ³¹ tɔi⁵⁵	沤仔 ɛu⁴⁴ tɔi⁵⁵	—	沤仔 au⁴⁴ tɔi⁵⁵/作呕 tɔk³ ŋau⁵⁵
流产	小产 ɬiau⁵⁵ tsʰan⁵⁵	—	—	流产 liu²² tʰan⁵⁵	流产 liu²² tsʰan⁵⁵	*	流产 liu²² tsʰan⁵⁵
坐月子	坐月 tʰɔ⁵⁵ ŋut²	坐月子 tʰɔ⁵⁵ ŋut² tai⁴⁴	—	坐月 tʰɔ⁵⁵ ŋut²	坐月 tʰɔ⁵⁵ ŋut²	—	坐月 tʰɔ⁵⁵ ŋut²
上吊	吊颈 tiau³³ kiaŋ⁵⁵	吊颈 tiu⁴⁴ kiaŋ⁵⁵	—	吊颈 ei⁴⁴ kiaŋ⁵⁵	吊颈 ei³¹ kiaŋ⁵⁵	吊颈 tiu⁴⁴ kiaŋ⁵⁵	吊颈 tiu⁴⁴ kiaŋ⁵⁵
投河	投水 mou¹³ ɬui⁵⁵	跳海 tʰiu⁴⁴ hɔi⁵⁵	—	跳海 hei⁴⁴ hɔi⁵⁵	投海 tʰei²² hɔi⁵⁵	浸死 tsim⁵⁵ ɬi⁵⁵	跳海 hɛu⁴⁴ hɔi⁵⁵

续表 3-16

条目	方言						
	广东台山话	三藩市台山话	洛杉矶台山话	纽约台山话	芝加哥台山话	波特兰台山话	圣安东尼奥台山话
办白事	办丧事 pan³¹ łoŋ³³ łu³¹	办白事 pan³¹ pak² łu³	—	送殡 suŋ⁴⁴ pan⁴⁴	办白事 pan³¹ pak² si³¹	出丧 tsʰut² łoŋ⁴⁴	办丧 pan³¹ łoŋ⁴⁴
棺材	棺材 kan³³ tʰɔi²²	棺材 kun⁴⁴ tʰɔi²²	个木盒避 kɔ⁴⁴ muk² hap²	棺材 kun⁴⁴ tʰɔi²²	棺材 kun⁴⁴ tʰɔi²²/棺木 kun⁴⁴ muk²	棺材 kun⁴⁴ tsʰɔi²²	棺材 kɔn⁴⁴ tʰɔi²²
入殓	入殓 jip²⁻⁵ jiam³¹	—	—	装 tsoŋ⁴⁴	—	入棺材 ŋip² kun⁴⁴ tsʰɔi²²	入棺 jap² kɔn⁴⁴
土葬	土葬 tʰu⁵⁵ toŋ³³	埋 mai²²	—	地葬 i³¹ tsoŋ⁴⁴	土葬 hu⁵⁵ tsoŋ⁴⁴	埋 mai²²	土葬 hu⁵⁵ tsoŋ⁴⁴
火葬	火葬 fɔ⁵⁵ toŋ³³	—	—	火葬 fɔ⁵⁵ tsoŋ⁴⁴	火葬 fɔ⁵⁵ tsoŋ⁴⁴	烧 sɛu⁴⁴	火葬 fɔ⁵⁵ tsoŋ⁴⁴
出殡	出殡 tsʰut⁵ pin³³	—	—	出殡 tsʰut⁵ pan⁴⁴	出殡 tsʰut⁵ pin⁴⁴	出丧 tsʰut⁵ łoŋ⁴⁴	送丧 łoŋ⁴⁴
风水	风水 foŋ³³ sui⁵⁵	风水 fuŋ⁴⁴ sui⁵⁵	风水 fuŋ⁴⁴ sui⁵⁵	风水 fuŋ⁴⁴ sui⁵⁵	风水 fuŋ⁴⁴ sui⁵⁵	风水 fuŋ⁴⁴ sui⁴⁴	风水 fuŋ⁴⁴ sui⁵⁵
纸钱	溪钱 kʰai³³ tʰen²²	—	—	花纸 fa⁴⁴ ti⁵⁵	烧花纸 siu⁴⁴ fa⁴⁴ tsi⁵⁵	纸宝 tsi⁵⁵ pɔ⁵⁵	溪钱 kʰai⁴⁴ tʰan²²
抬棺人	大力佬避 ai³¹ let² lou⁵⁵	—	—	抬棺人 tʰɔi²² kun⁴⁴ jan²²	扶材避 fu²² tʰɔi²²	扶材避 fu²² tʰɔi²²	大力佬避 ai³¹ lek² lou⁵⁵
鞭炮	炮仗 toŋ³³ tsian³¹⁻³⁵	炮仗 pʰau⁴⁴ tsiaŋ⁵⁵	炮仗 pʰau⁴⁴ tsiaŋ²¹	炮仗 pʰau⁴⁴ tiaŋ⁵⁵	炮仗 pʰau⁴⁴ tiaŋ⁵⁵	炮仗 pʰau⁴⁴ tsiaŋ⁵⁵	炮仗 pʰau⁴⁴ tsen³¹⁻³⁵
坟墓	山避 san³³/山坟 san³³ fun²²⁻³⁵	山避 san⁴⁴	坟场 fun²² tsʰiaŋ²²	坟 fun²²	墓地 mu³¹ ti³¹	—	墓 mou³¹
上坟	行山避 haŋ²² san³³/拜山避 pai³³ san³³	拜生 pai⁵⁵ saŋ⁴⁴	拜山避 pai⁴⁴ san⁴⁴	行山避 haŋ²² san⁴⁴	拜 pai⁴⁴	行山避 haŋ²² san⁴⁴	行山避 haŋ²² san⁴⁴

表 3-17 6个广府话有关婚嫁丧葬红白事的说法

条目	方言						
	广东广州话	三藩市广府话	洛杉矶广府话	纽约广府话	芝加哥广府话	波特兰广府话	休斯敦广府话
结婚	结婚 kit³fɐn⁵⁵	结婚 kit³fɐn⁵⁵	结婚 kit³fɐn⁵⁵	结婚 kit³fɐn⁵⁵	结婚 kit³fɐn⁵⁵	结婚 kit³fɐn⁵⁵	结婚 kit³fɐn⁵⁵
说亲	做媒 tsou²² mui²¹	介绍 kai³ siu²²	介绍 kai³³ siu²²	—	介绍 kai³³ siu²²	做媒 tsou²² mui²¹	介绍 kai³³ siu²²
约会	拍拖 pʰak³ tʰɔ⁵⁵	拍拖 pʰak³ tʰɔ⁵⁵	拍拖 pʰak³ tʰɔ⁵⁵	拍拖 pʰak³ tʰɔ⁵⁵/*	拍拖 pʰak³ tʰɔ⁵⁵	拍拖 pʰat³ tʰɔ⁵⁵	拍拖 pʰak³ tʰɔ⁵⁵
同居	住埋一起 tsy²²mai²¹jɐt⁵hei³⁵/同居 tʰuŋ²¹kœy⁵⁵	*	同居 tʰuŋ²¹kœy⁵⁵	同居 tʰuŋ²¹kœy⁵⁵	同居 tʰuŋ²¹kœy⁵⁵	同居 tʰuŋ²¹kœy⁵⁵	住一起 tsy²²jɐt⁵hei³⁵
分居	分居 fɐn⁵⁵kœy⁵⁵/分开 fɐn⁵⁵hɔi⁵⁵	*	分居 fɐn⁵⁵kœy⁵⁵	分开 fɐn⁵⁵hɔi⁵⁵	分手 fɐn⁵⁵sɐu³⁵	分居 fɐn⁵⁵kœy⁵⁵	分开 fɐn⁵⁵hɔi⁵⁵
离婚	离婚 lei²¹fɐn⁵⁵/掟煲 tɛŋ³³pou⁵⁵	离婚 lei²¹fɐn⁵⁵	离婚 lei²¹fɐn⁵⁵	离婚 lei²¹fɐn⁵⁵	离婚 lei²¹fɐn⁵⁵	离婚 lei²¹fɐn⁵⁵	离婚 lei²¹fɐn⁵⁵
媒人	媒人 mui²¹jɐn²¹	介绍人 kai³³siu²²jɐn²¹	媒人 mui²¹jɐn²¹	—	介绍人 kai³³siu²²jɐn²¹	媒人 mui²¹jɐn²¹	媒人 mui²¹jɐn²¹
订婚	订婚 tɛŋ²²fɐn⁵⁵	—	订婚 tɛŋ²²fɐn⁵⁵	订婚 tɛŋ²²fɐn⁵⁵	订婚 tɛŋ²²fɐn⁵⁵	订婚 tɛŋ²²fɐn⁵⁵	订婚 tɛŋ²²fɐn⁵⁵
婚礼	婚礼 fɐn⁵⁵lei¹³	婚礼 fɐn⁵⁵lei¹³	婚礼 fɐn⁵⁵lei¹³	婚礼 fɐn⁵⁵lei¹³	婚礼 fɐn⁵⁵lei¹³	婚礼 fɐn⁵⁵lei¹³	结婚 kit³fɐn⁵⁵
娶妻	娶老婆 tsʰou³⁵lou¹³pʰɔ²¹	结婚 kit³fɐn⁵⁵	娶老婆 tsʰou³⁵lou¹³pʰɔ²¹	娶老婆 tsʰou³⁵lou¹³pʰɔ²¹	娶老婆 tsʰou³⁵lou¹³pʰɔ²¹	娶老婆 tsʰou³⁵lou¹³pʰɔ²¹	娶老婆 tsʰou³⁵lou¹³pʰɔ²¹
嫁人	嫁人 ka³³jɐn²¹	结婚 kit³fɐn⁵⁵	嫁人 ka³³jɐn²¹	结婚 kit³fɐn⁵⁵	嫁老公 ka³³lou¹³kuŋ⁵⁵	嫁人 ka³³jɐn²¹	嫁人 ka³³jɐn²¹
蜜月	蜜月 mɐt²jyt²	*	蜜月 mɐt²jyt²	*	蜜月 mɐt²jyt²	蜜月 mɐt²jyt²	蜜月 mɐt²jyt²
娶媳妇	娶心抱 tsʰou³⁵sɐm⁵⁵pʰou¹³	—	娶心抱 tsʰou³⁵sɐm⁵⁵pʰou¹³	娶新抱 tsʰou³⁵sɐn⁵⁵pʰou¹³	娶心抱 tsʰou³⁵sɐm⁵⁵pʰou¹³	娶心抱 tsʰou³⁵sɐm⁵⁵pʰou¹³	娶新抱 tsʰou³⁵sɐn⁵⁵pʰou¹³
招赘	入赘 jɐp²tsœy²²	—	—	—	—	—	—

续表 3-17

条目	方言						
	广东广州话	三藩市广府话	洛杉矶广府话	纽约广府话	芝加哥广府话	波特兰广府话	休斯敦广府话
办酒席	摆酒 pai^{35} tsɐu^{35}/请饮 ts^{h}ɛŋ^{35} jɐm^{35}	摆酒 pai^{35} tsɐu^{35}	摆酒 pai^{35} tsɐu^{35}	摆酒 pai^{35} tsɐu^{35}	摆酒 pai^{35} tsɐu^{35}	摆酒 pai^{35} tsɐu^{35}	摆酒 pai^{35} tsɐu^{35}
赴宴	去饮 hœy^{33} jɐm^{35}	饮酒 jɐm^{35} tsɐu^{35}	饮酒 jɐm^{35} tsɐu^{35}	去饮 hœy^{33} jɐm^{35}	去饮 hœy^{33} jɐm^{35}	去饮 hœy^{33} jɐm^{35}	去饮酒 hœy^{33} jɐm^{35} tsɐu^{35}
娘家	外家 ŋɔi^{22} ka^{55}	外家 ŋɔi^{22} ka^{55}	外家 ŋɔi^{22} ka^{55}	外家 ɔi^{22} ka^{55}	外家 ŋɔi^{22} ka^{55}	女家 nœy^{13} ka^{55}	外家 ŋɔi^{22} ka^{55}
再嫁	翻头嫁 fan^{55} t^{h}ɐu^{21} ka^{33}	—	再嫁 tsɔi^{33} ka^{33}	再结婚 tsɔi^{33} kit^3 fɐn^{55}	再嫁 tsɔi^{33} ka^{33}	翻头嫁 fan^{55} t^{h}ɐu^{21} ka^{33}	—
续弦	娶过 ts^{h}ou^{35} kwɔ^{33}	—	续弦 tsuk^2 jin^{21}	又娶个 jɐu^{22} ts^{h}ou^{35} kɔ^{33}	再娶 tsɔi^{33} ts^{h}ou^{35}	娶过 ts^{h}ou^{35} kwɔ^{33}	—
怀孕	大肚 tai^{22} t^{h}ou^{13}/有咗(避) jɐu^{13} tsɔ^{35}	大肚 tai^{22} t^{h}ou^{13}	大肚 tai^{22} t^{h}ou^{13}	有咗(避) jɐu^{13} tsɔ^{35}	有咗(避) jɐu^{13} tsɔ^{35}	大肚 tai^{22} t^{h}ou^{13}	大肚 tai^{22} t^{h}ou^{13}
害喜	沤仔 ŋɐu^{33} tsɐi^{35}	*	沤仔 ŋɐu^{33} tsɐi^{35}	—	—	沤仔 ŋɐu^{33} tsɐi^{35}	病仔 pɛŋ^{22} tsɐi^{35}
流产	流产 lɐu^{21} ts^{h}an^{35}/小产 siu^{35} ts^{h}an^{35}	*	小产 siu^{35} ts^{h}an^{35}/流产 lɐu^{21} ts^{h}an^{35}	堕胎 tɔ^{22} t^{h}ɔi^{55}/小产 siu^{35} ts^{h}an^{35}	堕胎 tɔ^{22} t^{h}ɔi^{55}	流产 lɐu^{21} ts^{h}an^{35}	流产 lɐu^{21} ts^{h}an^{35}
坐月子	坐月 ts^{h}ɔ^{35} jyt$^{2-35}$	—	—	—	坐月 ts^{h}ɔ^{35} jyt$^{2-35}$	坐月 ts^{h}ɔ^{13} jyt$^{2-35}$	—
上吊	吊颈 tiu^{33} kɛŋ^{35}	吊颈 tiu^{33} kɛŋ^{35}	吊颈 tiu^{33} kɛŋ^{35}	吊颈 tiu^{33} kɛŋ^{35}	吊颈 tiu^{33} kɛŋ^{35}	吊颈 tiu^{33} kɛŋ^{35}	吊颈 tiu^{33} kɛŋ^{35}
投河	跳河 t^{h}iu^{33} hɔ^{21}/跳海 t^{h}iu^{33} hɔi^{35}	跳海 t^{h}iu^{33} hɔi^{35}	跳河 t^{h}iu^{33} hɔ^{21}	投河 t^{h}ɐu^{21} hɔ^{21}	跳河 t^{h}iu^{33} hɔ^{21}	跳河 t^{h}iu^{33} hɔ^{21}	跳河 t^{h}iu^{33} hɔ^{21}
办白事	办丧事 pan^{22} sɔŋ^{35} si^{22}	—	办丧事 pan^{22} sɔŋ^{35} si^{22}	*	摆丧礼 pai^{35} sɔŋ^{55} lɐi^{13}	办丧事 pan^{22} sɔŋ^{55} si^{22}	办丧事 pan^{22} sɔŋ^{55} si^{22}
棺材	棺材 kun^{55} ts^{h}ɔi^{21}	棺材 kun^{55} ts^{h}ɔi^{21}	棺材 kun^{55} ts^{h}ɔi^{21}	棺材 kun^{55} ts^{h}ɔi^{21}	棺材 kun^{55} ts^{h}ɔi^{21}	棺材 kun^{55} ts^{h}ɔi^{21}	棺材 kun^{55} ts^{h}ɔi^{21}

续表 3-17

条目	方言						
	广东广州话	三藩市广府话	洛杉矶广府话	纽约广府话	芝加哥广府话	波特兰广府话	休斯敦广府话
入殓	入殓 jɐp² lim²²	—	入殓 jɐp² lim²²	—	入棺材 jɐp² kun⁵⁵ tsʰɔi²¹	—	—
土葬	土葬 tʰou³⁵ tsɔŋ³³	土葬 tʰou³⁵ tsɔŋ³³	土葬 tʰou³⁵ tsɔŋ³³	土葬 tʰou³⁵ tsɔŋ³³	土葬 tʰou³⁵ tsɔŋ³³	土葬 tʰou³⁵ tsɔŋ³³	土葬 tʰou³⁵ tsɔŋ³³
火葬	火葬 fɔ³⁵ tsɔŋ³³	火葬 fɔ³⁵ tsɔŋ³³	火葬 fɔ³⁵ tsɔŋ³³	火葬 fɔ³⁵ tsɔŋ³³	烧尸体 siu⁵⁵ si⁵⁵ tʰei³⁵	火葬 fɔ³⁵ tsɔŋ³³	火葬 fɔ³⁵ tsɔŋ³³
出殡	出殡 tsʰœt⁵ pɐn³³	—	出殡 tsʰœt⁵ pɐn³³	—	丧礼 sɔŋ⁵⁵ lɐi¹³	出殡 tsœt⁵ pɐn³³	—
风水	风水 fuŋ⁵⁵ sœy³⁵	风水 fuŋ⁵⁵ sœy³⁵	风水 fuŋ⁵⁵ sœy³⁵	风水 fuŋ⁵⁵ sœy³⁵	风水 fuŋ⁵⁵ sœy³⁵	风水 fuŋ⁵⁵ sœy³⁵	风水 fuŋ⁵⁵ sœy³⁵
纸钱	纸钱 tsi³⁵ tsʰin²¹	—	纸钱 tsi³⁵ tsʰin²¹	纸钱 tsi³⁵ tsʰin²¹	纸钱 tsi³⁵ tsʰin²¹	纸钱 tsi³⁵ tsʰin²¹	—
抬棺人	棺材佬 kun⁵⁵ tsʰɔi²¹ lou³⁵	棺材佬 kun⁵⁵ tsʰɔi²¹ lou³⁵	□□□ pɔ⁵⁵ pɛ⁵⁵ ny²¹	—	棺材佬 kun⁵⁵ tsʰɔi²¹ lou³⁵	—	—
鞭炮	炮仗 pʰau³³ tsœn²²⁻³⁵	炮仗 pʰau³³ tsœn²²⁻³⁵	炮仗 pʰau³³ tsœn³⁵	炮仗 pʰau³³ tsœn³⁵	炮仗 pʰau³³ tsœn³⁵	炮仗 pʰau³³ tsœn³⁵	炮仗 pʰau³³ tsœn³⁵
坟墓	坟墓 fɐn²¹ mou²²	坟场 fɐn²¹ tsʰœŋ²¹	坟 fɐn²¹	坟墓 fɐn²¹ mou²²	坟 fɐn²¹	坟墓 fɐn²¹ mou²²	坟墓 fɐn²¹ mou²²
上坟	拜生避pai³³ saŋ⁵⁵/行山避haŋ²¹ san⁵⁵	行山避haŋ²¹ san⁵⁵/拜生避pai³³ saŋ⁵⁵	拜生避pai³³ saŋ⁵⁵	拜山避pai³³ saŋ⁵⁵	拜生避pai³³ saŋ⁵⁵	拜生避pai³³ saŋ⁵⁵	拜生避pai³³ saŋ⁵⁵

尽管表 3-16、表 3-17 只列出了一些简单的条目，可其中的信息告诉我们，虽然生活在世界上最发达的国家之一，但是华人仍旧保留了祖籍地大部分婚丧红白喜事的一些老传统习惯，有关词条，如"鞭炮""风水""上坟"等与祖籍地方言相同、相近的有不少。

不过，从表 3-16、表 3-17 中，我们也可以品出一些差异，如关于"约会""同居""分居""蜜月"等比较新的概念的说法，各点发音人都普遍能提供（"蜜月"的表示，有的用借词），但是对"入赘"这个"有点过时"的概念，台山话就只有纽约和圣安东尼奥两个点有说法，广府话则 6 个点全部空白。有关白事的"入殓""纸钱""抬棺人"等条目，无法提供说法的方言点也不少。这从一个方面显示了华人关于丧葬的观念在现居国有了新的变化。

非但有关白事的说法，其他像"坐月子"这样的条目，也因为美国等西方国家无此习俗,很多年轻华人也就不知此为何事。"坐月子"广府话有 4 个点(三藩市、洛杉矶、纽约、休斯敦),台山话有两个点(洛杉矶、波特兰)没有提供说法。

3.1.3.6 有关传统节庆和宗教信仰等的(见表 3-18、表 3-19)

表 3-18 6 个台山话有关传统节庆和宗教信仰等的说法

条目	方言						
	广东台山话	三藩市台山话	洛杉矶台山话	纽约台山话	芝加哥台山话	波特兰台山话	圣安东尼奥台山话
春节	过年 ku$ɔ^{33}$ nɛn^{22}	过年 kuɔ^{44} nɛn^{22}	唐人新年 hɔŋ^{22} ŋin^{22} ɬin^{44} nɛn^{22}	新年 san^{44} nɛn^{22}	新年 kuɔ^{44} nɛn^{22}	新年 ɬin^{44} nɛn^{22}	过年 kuɔ^{44} nin^{22}
除夕	卅十晚 sa^{33} sap^2 man^{31}	年晚 nɛn^{22} man^{55}	唐人新年 hɔŋ^{22} ŋin^{22} ɬin^{44} nɛn^{22}	年三晚 nɛn^{22} sam^{44} man^{55}	年三晚 nɛn^{22} ɬam^{44} sap^2 man^{55}	新年 ɬin^{44} nɛn^{22}	年三十晚 nin^{22} ɬam^{44} ɬap^2 man^{44}
大年初一	年初一 nɛn^{22} tsʰɔ^{33} jit^5	年初一 nɛn^{22} tʰɔ^{44} jit^5	年初一 nɛŋ^{22} tsʰɔ^{44} ŋit^5	新年 san^{44} nɛn^{22}	初一 tsʰɔ^{44} jat^5	大年初一 ai^{31} nɛn^{22} tsʰɔ^{44} jit^5	年初一 nin^{22} tsʰɔ^{44} jit^5
清明节	清明 tʰen^{33} men$^{22-35}$	行山 haŋ^{22} san^{44}	清明 tʰen^{44} men$^{22-35}$	清明 tʰen^{44} men^{22}	清明 tsʰen^{44} men^{22}	清明节 tʰen^{44} men^{22} tɛt^5	清明 tsʰen^{44} men^{22}
端午节	五月节 m^{55} ŋut^2 tet$^{3-35}$	喫粽 hɛt^3 tsuŋ^{55}	扒船 pʰa^{22} sɔn^{22}	扒龙船 pʰa^{22} luŋ^{22} sun^{22}	扒龙船 pʰa^{22} luŋ^{22} sun^{22}	扒龙船 pʰa^{22} luŋ^{22} sɔn^{22}	食粽 sek^2 tsuŋ$^{55-31}$
中秋节	八月十五 pat^3 ŋut^2 sip^2 m^{55}	中秋节 tsuŋ^{44} tsʰiu^{44} tsit^5	中秋节 tsuŋ^{44} tʰiu^{44} tek^5	八月十五 pat^3 ŋut^2 sap^2 m^{55}	喫月饼 hɛt^5 ŋut^2 pɛŋ^{55}	中秋节 tsuŋ^{44} tsʰiu^{44} tɛt^5	食月饼 sek^2 jit^2 pɛŋ^{55}
重阳节	九月九 kiu^{55} ŋut^2 kiu^{55}	—	—	九月九 kau^{55} ŋut^2 kau^{55}	九月九 kiu^{55} ŋut^2 kiu^{55}	—	—
出家人	出家人 tsʰut^5 ka^{33} ŋin^{22} / 去做和尚 hui^{31} tu^{31} vɔ^{22} siaŋ^{31}	和尚 wɔ^{22} siɔŋ^{31}	和尚 wɔ^{22} siaŋ^{44}	出家人 tsʰut^5 ka^{44} jan^{22}	和尚 wɔ^{22} siɔŋ^{31}	和尚 wɔ^{22} siɔŋ^{55}	和尚 wɔ^{22} sɛŋ^{55}
佛教	佛教 fut^2 kau^{33}	佛教 fut^2 kau^{44}	*	佛教 fut^2 kau^{44}	佛教 fut^2 kau^{44}	佛教 fat^2 kau^{44}	佛教 fut^2 kau^{44}

续表 3-18

条目	方言						
	广东台山话	三藩市台山话	洛杉矶台山话	纽约台山话	芝加哥台山话	波特兰台山话	圣安东尼奥台山话
佛祖	佛祖 fut² tu⁵⁵	佛祖 fut² tu⁵⁵	*	佛祖 fut² tu⁵⁵	佛 fut²	佛 fat²	佛祖 fut² tou⁵⁵
观音	观音伯 kan³³ jim³³ pak³	观音 kun⁴⁴ jim⁴⁴	观音 kuan⁴⁴ jim⁴⁴	观音 kun⁴⁴ jam⁴⁴	观音 kun⁴⁴ jim⁴⁴	观音 kɔn⁴⁴ jim⁴⁴	观音 kɔn⁴⁴ jim⁴⁴
菩萨	菩萨 pʰɔ²² ɬak³	菩萨 pʰu²² sat³	菩萨 pʰu²² ɬak³⁻⁵	菩萨 pʰu²² sat³	佛 fut²	菩萨 pʰɔ²² sat³	菩萨 pʰu²² ɬat³
关公	关公 kan³³ kɔŋ³³	关公 kan⁴⁴ kuŋ⁴⁴	关公 kuan⁴⁴ kuŋ⁴⁴	关公 kuan⁴⁴ kuŋ⁴⁴	关公 kuan⁴⁴ kuŋ⁴⁴	关公 kuan⁴⁴ kuŋ⁴⁴	关公 kan⁴⁴ kuŋ⁴⁴
和尚	和尚 vɔ²² ɬiaŋ³¹⁻³⁵	和尚 wɔ²² siɔŋ³¹	和尚 wɔ²² ɬiaŋ⁴⁴	和尚 wɔ²² ɬiaŋ³¹	和尚 wɔ²² ɬiaŋ³¹	和尚 wɔ²² siɔŋ⁵⁵	和尚 wɔ²² sɛŋ³¹
尼姑	尼姑 nai²² ku³³	—	尼姑 ni²² ku⁴⁴	尼姑 nai²² ku⁴⁴	师姑 ɬu⁴⁴ ku⁴⁴	师姑 ɬi⁴⁴ ku⁴⁴	尼姑 nai²² ku⁵⁵
道教	道教 ou³¹ kau³³	*	—	道教 tou³¹ kau⁴⁴	道教 tou³¹ kau⁴⁴	信教 sin⁴⁴ kau⁴⁴	道教 ou³¹ kau⁴⁴
道士	道士 ou³¹ ɬi³¹⁻³⁵	—	—	—	—	和尚 wɔ²² siɔŋ⁵⁵	道士 ou³¹ ɬi³¹⁻³⁵
做法事	做法事 tu³¹ fat³ ɬu³¹ / 喊喃吙佬铃下渠 ham³³ nam²² m̩²² lou⁵⁵ len³³ ha³³ kʰui³¹	—	—	—	—	—	打斋 ta⁵⁵ tsai⁴⁴
邪教	邪教 tʰie²² kau³³	—	—	—	邪教 tsʰɛ²² kau⁴⁴	邪教 tsʰɛ²² kau⁴⁴	邪教 tsʰɛ²² kau⁴⁴
祖先	祖先 tu⁵⁵ ɬen³³	祖先 tu⁵⁵ ɬɛn⁴⁴	—	伯公 pak³ kuŋ⁴⁴ / 亲戚 tʰin⁴⁴ tʰek⁵	祖先 tu⁵⁵ sin⁴⁴	祖先 tu⁵⁵ ɬɛn⁴⁴	祖先 tou⁵⁵ ɬan⁴⁴
烧香	装香 tsɔŋ³³ hiaŋ³³	烧香 ɬiau⁴⁴ hiaŋ⁴⁴⁻³⁵	烧香 siau⁴⁴ hiaŋ⁴⁴⁻³⁵	烧香 sau⁴⁴ hiaŋ⁴⁴	装香 tsɔŋ⁴⁴ hiaŋ⁴⁴	烧香 siau⁴⁴ hiɔŋ⁴⁴	装香 tsɔŋ⁴⁴ heŋ⁴⁴
拜佛	拜神 pai³³ sin²²	拜神 pai⁴⁴ sin²²	拜菩萨 pai⁴⁴ pʰu²² ɬak²⁻⁵	拜佛 pai⁴⁴ fut²	拜佛 pai⁴⁴ sin²²	拜神 pai⁴⁴ fat²	拜神 pai⁴⁴ sin²²

续表 3-18

条目	方言						
	广东台山话	三藩市台山话	洛杉矶台山话	纽约台山话	芝加哥台山话	波特兰台山话	圣安东尼奥台山话
求签	求签 k^hiu^{22} t^ham^{33}	求签 k^hiu^{22} t^ham^{44}	—	□$ts^hɔk^3$	拜 pai^{44}	求签 k^hiu^{22} ts^hiam^{44}	□签 $ɔ^{44}$ t^hiam^{44}
许愿	许愿 hui^{55} $ŋun^{31}$	许愿 hui^{55} $ŋun^{31}$	—	求希望 k^hiu^{22} $hi^{44} mɔŋ^{31}$		许个愿 hui^{55} $kɔ^{44} jɔŋ^{31}$	许愿 hui^{44} $ŋun^{31}$
还愿	□□$nɔn^{33}$ $tək^5$	*	—	—	—	还愿 wan^{22} $jɔn^{31}$	还愿 wan^{22} $ŋun^{31}$
护身符	符 fu^{22}	—	—	神符 san^{22} fu^{22}	章 $tsian^{44}$	护身佛 fu^{31} $łin^{44} fat^2$	护身符 wu^{31} $sin^{44} fu^{22}$
灵验	灵 len^{22}	灵 $leŋ^{22}$	—	—	真係 $tsin^{44}$ hai^{31}	灵 $lɛŋ^{22}$	灵 $lɛŋ^{22}$
庙	庙 miu^{13}	庙 miu^{31}	庙 $miau^{21}$	佛堂 fut^2 $t^hɔŋ^{22-35}$	堂 $hɔŋ^{22}$	庙 $miau^{31-35}$	庙 $mɛu^{31-35}$
避忌口头禅	大吉利是 $ai^{31} kit^5 lei^{31}$ si^{31}/吐口水讲过 t^hu^{31} $beu^{55} sui^{55}$ $kɔŋ^{55} kɔ^{33}$	大吉利是 $ai^{31} kɛt^5 lai^{31}$ $łu^{31}$	—	大吉利是 $tai^{31} kit^5 li^{31}$ si^{31}	大吉利是 $ai^{31} kat^5 lai^{31}$ si^{31}	大吉利是 $ai^{31} kit^5 li^{31} si^{31}$	大吉利是 $ai^{31} kit^5 li^{31} si^{31}$

表 3-19 6个广府话有关传统节庆和宗教信仰的说法

条目	方言						
	广东广州话	三藩市广府话	洛杉矶广府话	纽约广府话	芝加哥广府话	波特兰广府话	休斯敦广府话
过年/春节	春节 $ts^hœn^{55}$ $tsit^3$	过年 $kwɔ^{33}$ nin^{21}	红包攞嚟嗰个节 $huŋ^{55}$ $pau^{55} lɔ^{35} lei^{21}$ $kɔ^{35} kɔ^{33}$ $tsit^3$/新年 $sɐn^{55} nin^{21}$	过年 $kwɔ^{33}$ nin^{21}	过年 $kwɔ^{33}$ nin^{21}	过年 $kwɔ^{33}$ nin^{21}	过年 $kwɔ^{33}$ nin^{21}

续表 3-19

条目	方言						
	广东广州话	三藩市广府话	洛杉矶广府话	纽约广府话	芝加哥广府话	波特兰广府话	休斯敦广府话
除夕	年卅晚 nin^{21} sa^{55} man^{13}	年三十晚 nin^{21} sam^{55} sɐp^2 man^{13}	红包攞嚟嗰个节 hun^{55} pau^{55} lɔ^{35} lei^{21} kɔ^{35} kɔ^{33} tsit^3／新年 sɐn^{55} nin^{21}	过年 kwɔ^{33} nin^{21}	年卅阿晚 nin^{21} sa^{55} a^{33} man^{13}	年三十晚 nin^{21} sam^{55} sɐp^2 man^{13}	年三十晚 nin^{13} sam^{55} sɐp^2 man^{13}
大年初一	年初一 nin^{21} tsʰɔ^{55} jɐt^5	年初一 nin^{21} tsʰɔ^{55} jɐt^5	新年第一日 sɐn^{55} nin^{21} tɐi^{22} jɐt^5 jɐt^2	年初一 nin^{21} tsʰɔ^{55} jɐt^5	年初一 nin^{21} tsʰɔ^{55} jɐt^5	大年初一 tai^{22} nin^{21} tsʰɔ^{55} jɐt^5	过年 kwɔ^{33} nin^{21}
清明节	清明节 tsʰeŋ^{55} meŋ^{21} tsit^3	清明节 tsʰeŋ^{55} meŋ^{21} tsit^3	清明 tsʰeŋ^{55} meŋ^{21}	拜生避 pai^{33} saŋ^{55}	清明 tsʰeŋ^{55} neŋ^{21}	清明节 tsʰeŋ^{55} meŋ^{21} tsit^3	—
端午节	端午节 tyn^{55} m̩^{13} tsit^3	—	食粽 sek^2 tsuŋ^{35}	食粽 sek^2 tsuŋ^{35}	龙船节 luŋ^{21} syn^{21} tsit^3	端午节 tyn^{55} m̩^{13} tsit^3	食粽 sek^3 tsuŋ^{35}
中秋节／八月十五	中秋节 tsuŋ^{55} tsʰɐu^{55} tsit^3	中秋节 tsuŋ^{55} tsʰɐu^{55} tsit^3	食月饼 sek^2 jyt^2 pɛŋ^{35}	食月饼 sek^2 jyt^2 pɛŋ^{35}	八月十五 pat^3 jyt^2 sɐp^2 m̩^{13}	中秋节 tsuŋ^{55} tsʰɐu^{55} tsit^3	食月饼 sek^3 jyt^2 pɛŋ^{35}
重阳节	重阳节 tsʰuŋ^{21} jœŋ^{21} tsit^3	重阳 tsʰuŋ^{21} jœŋ$^{21-35}$	—	—	—	—	—
出家人	出家人 tsʰœt^5 ka^{55} jɐn^{21}	和尚 wɔ^{21} sœŋ$^{22-35}$	出家人 tsʰœt^5 ka^{55} jɐn^{21}	和尚 wɔ^{21} sœŋ$^{22-35}$	和尚 wɔ^{21} sœŋ$^{22-35}$	出家 tsʰœt^5 ka^{55}／和尚 wɔ^{21} sœŋ^{35}	和尚 wɔ^{21} sœŋ$^{22-35}$
佛教	佛教 fɐt^2 kau^{33}	*	佛教 fɐt^2 kau^{33}	佛教 fɐt^2 kau^{33}	佛教 fɐt^2 kau^{33}	佛教 fɐt^{52}	佛教 fɐt^2 kau^{33}
佛祖	佛祖 fɐt^2 tsou^{35}	*	佛祖 fɐt^2 tsou^{35}	佛祖 fɐt^2 tsou^{35}	佛头 fɐt^2 tʰɐu^{21}	佛 fɐt^2	佛祖 fɐn^2 tsou^{35}
观音	观音 kun^{55} jɐm^{55}	*	观音 kun^{55} jɐm^{55}	观音 kun^{55} jɐm^{55}	观音 kun^{55} jɐm^{55}	观音 kun^{55} jɐm^{55}	观音 kun^{55} jɐm^{55}

续表 3-19

条目	方言						
	广东广州话	三藩市广府话	洛杉矶广府话	纽约广府话	芝加哥广府话	波特兰广府话	休斯敦广府话
菩萨	菩萨 p^{h}ou^{21} sat^3	—	菩萨 p^{h}ou^{21} sat^3	菩萨 p^{h}ou^{21} sat^3	菩萨 p^{h}ou^{21} sat^3	菩萨 p^{h}ou^{21} sat^3	菩萨 p^{h}ou^{21} sat^3
关公	关公 kwan^{55} kuŋ^{55}	关公 kwan^{55} kuŋ^{55}	关公 kwan^{55} kuŋ^{55}	关公 kwan^{55} kuŋ^{55}	关公 kwan^{55} kuŋ^{55}	关公 kwan^{55} kuŋ^{55}	关公 kwan^{55} kuŋ^{55}
和尚	和尚 wɔ^{21} sœŋ$^{22-35}$	和尚 wɔ^{21} sœŋ$^{22-35}$	和尚 wɔ^{21} sœŋ$^{22-35}$	和尚 wɔ^{21} sœŋ$^{22-35}$	和尚 wɔ^{21} sœŋ$^{22-35}$	和尚 wɔ^{21} sœŋ$^{22-35}$	和尚 wɔ^{21} sœŋ$^{22-35}$
尼姑	师姑 si^{55} ku^{55}/尼姑 nɐi^{21} ku^{55}	*	师姑 si^{55} ku^{55}	尼姑 nɐi^{21} ku^{55}	师姑 si^{55} ku^{55}	尼姑 nɐi^{21} ku^{55}	师姑 si^{55} ku^{55}
道教	道教 tou^{22} kau^{33}	—	道教 tou^{22} kau^{33}	道教 tou^{22} kau^{33}	道教 tou^{22} kau^{33}	道教 tou^{22} kau^{33}	—
道士	道士 tou^{22} si^{22}	—	道士 tou^{22} si^{22}	道士 tou^{22} si^{22}	道士 tou^{22} si^{22}	道士 tou^{22} si^{22}	—
做法事	做法事 tou^{22} fat^3 si^{22}	—	—	—	念经 nim^{22} keŋ^{55}	打斋 ta^{35} tsai^{55}	—
邪教	邪教 ts^{h}ɛ^{21} kau^{33}	—	邪教 ts^{h}ɛ^{21} kau^{33}	—	邪教 ts^{h}ɛ^{21} kau^{33}	邪教 ts^{h}ɛ^{21} kau^{33}	邪教 ts^{h}ɛ^{21} kau^{33}
祖先	祖先 tsou^{35} sin^{55}	—	祖先 tsou^{35} sin^{55}	祖先 tsou^{35} sin^{55}	祖先 tsou^{35} sin^{55}	祖先 tsou^{35} sin^{55}	祖先 tsou^{35} sin^{55}
烧香	装香 tsɔŋ^{55} hœŋ^{55}/烧香 siu^{55} hœŋ^{55}	烧香 siu^{55} hœŋ^{55}	烧香 siu^{55} hœŋ^{55}	烧香 siu^{55} hœŋ^{55}	烧香 siu^{55} hœŋ^{55}	烧香 siu^{55} hœŋ^{55}	—
拜佛	拜神 pai^{33} sɐn^{21}	拜神 pai^{33} sɐn^{21}	拜佛爷 pai^{33} fɐt^2 jɛ^{21}	拜佛 pai^{33} fɐt^2	拜神 pai^{33} sɐn^{21}	拜佛 pai^{33} fɐt^2	拜神 pai^{33} sɐn^{21}
求签	求签 k^{h}ɐu^{21} ts^{h}im^{55}	—	求签 k^{h}ɐu^{21} ts^{h}im^{55}	—	合签 hɐp^2 ts^{h}im^{55}	求签 k^{h}ɐu^{21} ts^{h}im^{55}	—
许愿	许愿 hœy^{35} jyn^{22}	*	许愿 hœy^{35} jyn^{22}	许愿 hœy^{35} jyn^{22}	许愿 hœy^{35} jyn^{22}	许愿 hœy^{35} jyn^{22}	许愿 hœy^{35} jyn^{22}

续表 3-19

条目	方言						
	广东广州话	三藩市广府话	洛杉矶广府话	纽约广府话	芝加哥广府话	波特兰广府话	休斯敦广府话
还愿	还愿 wan^{21} jyn^{22}	—	还愿 wan^{21} jyn^{22}	—	—	—	—
护身符	护身符 wu^{22} sɐn^{55} fu^{22}	—	护身符 wu^{22} sɐn^{55} fu^{22}	护身符 wu^{22} sɐn^{55} fu^{21}	—	—	—
灵验	灵 lɛŋ^{21}	—	灵验 lɛŋ^{21} jim^{22}	—	灵 lɛŋ^{21}	灵 lɛŋ^{21}	—
庙	庙 miu$^{22-35}$	*	庙 miu$^{22-35}$	庙 miu$^{22-35}$	庙 miu$^{22-35}$	庵 ɐm^{55}	庙 miu$^{22-35}$
避忌口头禅	大吉利是 tai^{22} kɐt^{5} lɐi^{22} si^{22}	大吉利是 tai^{22} kɐt^{5} lɐi^{22} si^{22}	大吉利是 tai^{22} kɐt^{5} lɐi^{22} si^{22} /冇过你 tsʰɔi^{55} kwɔ^{33} nei^{13}	大吉利是 tai^{22} kɐt^{5} lɐi^{22} si^{22}	冇过你 tsʰɔi^{55} kwɔ^{33} nei^{13}/大吉利是 tai^{22} kɐt^{5} lɐi^{22} si^{22}	大吉利是 tai^{22} kɐt^{5} lɐi^{22} si^{22}	大吉利是 tai^{22} kɐt^{5} lɐt^{22} si^{22}

"有关传统节庆和宗教信仰"仅有 28 个条目,是本节所设的 10 个栏目中词条比较少的,也是空白相对较多的。

关于中国的传统节庆,美国华人最不了解的是"重阳节",能提供表述的台山话有纽约和芝加哥两个点,广府话只有三藩市一个点。尽管能说出"端午节""中秋节"的点不少,不过很多也变成了"喫/食粽""扒龙船""龙船节""喫/食月饼",发音人只能以节日所会举办的具体活动去指称节日,洛杉矶广府话年轻的发音人甚至将中国人最重视,也是中国最大的传统节日——春节叫作"红包攞嚟嗰个节"(严格来说,此表述是一个自创短语)。

而对中国传统的宗教信仰了解缺失的情况也很严重,尤其是源自中国本土的道教,了解的华人并不多,故能提供"道教""道士"方言说法的点也不多。"做法事"一条提供了说法的台山话点只有圣安东尼奥一个点,广府话有芝加哥和波特兰两个点。在这类条目中,广东本土的台山话称"观音"为"观音伯",这个说法为观音原为男身提供了方言的佐证,只是美国华人社区无一台山话点有此一说。另外,有关宗教活动的"还愿"一条,台山话有波特兰和休斯敦两个点有说法,广府话则只有洛杉矶一个点提供了说法。不过,此类宗教活动,即使在国内,恐怕知道的年轻人也是越来越少了。

关于这方面的词,华人改变方言固有说法,采用自创方式的表达,下文将进一步做出分析。

3.1.3.7 有关人和事物行为变化的（见表3-20、表3-21）

表3-20 6个台山话有关人和事物行为变化的说法

条目	广东台山话	三藩市台山话	洛杉矶台山话	纽约台山话	芝加哥台山话	波特兰台山话	圣安东尼奥台山话
下雨	落水 lɔk² sui⁵⁵	落水 lɔk² sui⁵⁵/落雨 lɔk² jy⁵⁵⁻³¹	落水 lɔk² sui⁵⁵	落水 lɔk² sui⁵⁵	落水 lɔk² sui⁵⁵	落水 lɔk² sui⁵⁵	落雨 lɔk² jy³¹
雨停了	停水 tʰiaŋ²² sui⁵⁵/唔落水 m²² lɔk² sui⁵⁵	水停 sui⁵⁵ hɛŋ²²	水停 sui⁵⁵ hɛŋ²²	停水 hɛŋ²² sui⁵⁵	落水完 lɔk² sui⁵⁵ jyn²²	水停 sui⁵⁵ hɛŋ²²	雨停咗 jy³¹ tʰeŋ²² tsɔ⁵⁵
打雷	雷公响 lui²² kɔŋ³³ hiaŋ⁵⁵	打雷 a⁵⁵ lui²²	雷响 lui²² hiaŋ⁵⁵	雷公响 lui²² kuŋ⁴⁴ hiaŋ⁵⁵	雷公响 lui²² kuŋ⁴⁴ hiaŋ⁵⁵	*	*
天气	天时 hɛŋ³³ si²²	天时 hɛŋ⁴⁴ si²²	天时 hɛŋ⁴⁴ si²²	天气 hɛŋ⁴⁴ hi⁴⁴	天时 hɛŋ⁴⁴ si²²	天气 hɛŋ⁴⁴ hi⁴⁴	天气 tʰin⁴⁴ hei⁴⁴
晴天	好好天 hou⁵⁵ hou⁵⁵ hɛŋ³³	好天 hau⁵⁵ hɛŋ⁴⁴	好天 hɔ⁴⁴ hɛŋ⁴⁴	好天 hou⁵⁵ hɛŋ⁴⁴	好天 hou⁵⁵ hɛŋ⁴⁴	晴天 tsʰiaŋ²² hɛŋ⁴⁴	好热 hou⁵⁵ jit²
天旱	天旱 hɛŋ³³ hɔn⁵⁵	天旱 hɛŋ⁴⁴ hɔŋ³¹/冇水落 mou²² sui⁵⁵ lɔk²	—	—	天荒 hɛŋ⁴⁴ fɔŋ⁴⁴	—	冇水落 mou³¹ sui⁵⁵ lɔk²
水涝	浸浪 tim³³ lɔŋ³¹	—	浸水 tim⁴⁴ sui⁵⁵	浸涝水 tam⁴⁴ lau²² sui⁵⁵	浸涝 tɔm⁴⁴ lou²²	*	*
天亮了	天皓 hɛŋ³³ hau³¹	天光 hɛŋ⁴⁴ kɔŋ⁴⁴	出日头 tsʰut⁵ ŋit² hau²²	天光 hɛŋ⁴⁴ kɔŋ⁴⁴	皓 hɛu³¹	皓 hau³¹	*
天黑了	黑啰 hak⁵ lɔ³¹	天黑 hɛŋ⁴⁴ hak⁵	落日头 lɔk² ŋit² hau²²	太阳落 hai⁴⁴ jɛŋ²² lɔk²	—	天黑 hɛŋ⁴⁴ hak⁵	天黑 hɛŋ⁴⁴ hak⁵
种田	耕田 kaŋ³¹ hɛŋ²²	耕田 kaŋ⁴⁴ hin²²	耕田 kaŋ⁴⁴ hɛŋ²²	耕田 kaŋ⁴⁴ hɛŋ²²	耕田 kaŋ⁴⁴ hɛŋ²²	耕田 kaŋ⁴⁴ hɛŋ²²	*
剖鱼	劏鱼 hɔŋ³³ ŋui²²	劏鱼 hɔŋ⁴⁴ ŋui²²⁻³⁵	劏鱼 hɔŋ⁴⁴ ŋui²²⁻³⁵/刮鳞 kuat³ lin²²	劏鱼 hɔŋ⁴⁴ ŋui²²⁻³⁵	劏鱼 hɔŋ⁴⁴ ŋui²²⁻³⁵	劏鱼 hɔŋ⁴⁴ ŋui²²	劏鱼 hɔŋ⁴⁴ jy²²⁻³⁵

续表 3-20

条目	方言						
	广东台山话	三藩市台山话	洛杉矶台山话	纽约台山话	芝加哥台山话	波特兰台山话	圣安东尼奥台山话
干活	做嘢 tu^{31} jɛ^{55}	做工 tu^{31} kuŋ^{44}	做工 tsu^{21} kuŋ^{44}	做嘢 tu^{31} jɛ^{55}	做工 tu^{44} kuŋ^{44}	做工 tu^{31} kuŋ^{44}	做工 tu^{31} kuŋ^{44}
做菜	煮餸 tsi^{33} sɐŋ^{31}	煮餸 tsi^{55} suŋ^{31}	煮餸 tsi^{55} ɬuŋ^{21}	煮餸 tsi^{55} suŋ^{44}	煮菜 tsi^{55} t^{h}ɔi^{44}	煮餸 tsi^{55} ɬuŋ$^{44-31}$	煮餸 tsi^{55} suŋ^{44}
熬汤	煲汤 pou^{33} hɔŋ^{33}	煲汤 pau^{44} hɔŋ^{44}	煲汤 pɔ^{44} hɔŋ^{44}	煲汤 pou^{44} hɔŋ^{44}	煲汤 pau^{44} hɔŋ^{44}	煲汤 pou^{44} hɔŋ^{44}	煲汤 pɔ^{44} hɔŋ^{44}
余汤	渌汤 lək^{2} hɔŋ^{33}	滚汤 kun^{55} hɔŋ^{44}	煲汤 pɔ^{44} hɔŋ^{44}	渌汤 luk^{2} hɔŋ^{44}	滚汤 kuan^{55} hɔŋ^{44}	滚汤 kun^{55} hɔŋ^{44}	滚汤 kun^{55} hɔŋ^{44}
收拾	执 tsap^{5}	执嘢 tsap^{5} jɛ^{31}	执嘢 tsap^{5} jɛ$^{55-35}$	执 tsap^{5}	执 tsap^{5}	摆好 pai^{55} hou^{55}	执 tsap^{5}
漂洗~衣服	过水 kɔ^{33} sui^{55}	洗 sai^{55}	洗 ɬai^{55}	洗衫 sai^{55} ɬam^{44}	过水 kuɔ^{44} sui^{55}	洗 ɬai^{55}	过衫 kuɔ^{44} sam^{44}
修理~家具	整 tsɐŋ^{55}	整 tsɐŋ^{55}	整 tsɐŋ^{55}	整 tsɐŋ^{55}	整 tsɐŋ^{55}	整 tsɐŋ^{55}	补返 pou^{55} fan^{44}
摊凉 把开水~	摊冻 han^{33} əŋ^{33}	摊冻 han^{44} uŋ^{55}	放凉 fɔŋ^{44} lɛŋ^{22}	摊冻 han^{44} uŋ^{44}	摊冻 han^{44} uŋ^{44}	放冻 fɔŋ^{44} uŋ^{44}	摊冻 han^{44} tuŋ^{44}
盖~房子	起 hei^{55}	起 hei^{55}	起 hi^{55}	起 hi^{55}	起 hi^{55}	起 hi^{55}	起 hei^{55}
生火	□火 leu^{33} fɔ^{55}	起火 hei^{55} fɔ^{55}	点火 ɛm^{55} fɔ^{55}	起火 hi^{55} fɔ^{55}	点火 ɛm^{55} fɔ^{55}	点火 ɛm^{55} fɔ^{55}	*
抽烟	喫烟 hɛt^{3} jɐn^{33}	喫烟 hɛt^{3} jɐn^{44}	喫烟 hɛt^{3} jɐn^{44}	喫烟 hɛt^{5} jɐn^{44}	喫烟 hɛt^{5} jin^{44}	喫烟 hɛt^{3} jan^{44}	食烟 sek^{2} jin^{44}
喝早茶	饮早茶 jim^{55} tau^{55} t^{h}a^{22}	饮早茶 ŋim^{55} tau^{44} ts^{h}a^{22}	饮茶 jim^{55} ts^{h}a^{22}	饮早茶 ŋam^{55} tɔ^{55} ts^{h}a^{22}	饮茶 jim^{55} ts^{h}a^{22}	饮茶 ŋim^{55} ts^{h}a^{22}	饮早茶 jim^{55} tsou^{55} ts^{h}a^{22}
说谎	车大炮 ts^{h}ia^{33} ai^{31} p^{h}au^{31}	讲大话 kɔŋ^{55} ai^{31} wa^{31}	讲大话 kɔŋ^{55} ai^{31} wa$^{21-35}$	讲大话 kɔŋ^{55} ai^{31} wa^{31}	车炮 ts^{h}ɛ^{44} p^{h}au^{44}	讲大话 kɔŋ^{55} ai^{31} wa^{31}	车大炮 ts^{h}ɛ^{44} ai^{31} p^{h}au^{44}
装傻	诈□ tsa^{33} ŋiu$^{22-35}$	诈□ tsa^{44} ŋau^{31}	诈傻 tsa^{21} sɔ^{22}	装傻 tsɔŋ^{44} sɔ^{22}	揾笨 □wan^{55} pan^{31} ts^{h}ak^{2}	傻 sɔ^{22}	扮朦 pan^{31} muŋ^{55}
起床	下床 ha^{33} ts^{h}ɔŋ^{22}	起床 hi^{55} ts^{h}ɔŋ^{22}	起身 hi^{55} sin^{44}	起身 hi^{55} san^{44}	下床 ha^{55} ts^{h}ɔŋ^{22}	起身 hi^{55} sin^{44}	起身 hi^{55} san^{44}
洗脸	洗面 ɬai^{55} mɛn^{31}	洗面 sai^{55} mɛn^{31}	洗面 ɬai^{55} mɛn^{21}	洗面 sai^{55} mɛn^{31}	洗面 ɬai^{55} mɛn^{31}	洗面 ɬai^{55} mɛn^{31}	洗面 ɬai^{55} man^{31}

续表 3-20

条目	方言						
	广东台山话	三藩市台山话	洛杉矶台山话	纽约台山话	芝加哥台山话	波特兰台山话	圣安东尼奥台山话
理发	剪发 ten^{55}fat^3	剪毛 tɛn^{55}mɔ^{22}	剪毛发 tɛn^{55}mɔ^{22}fat^3	飞发 fi^{44}fat^3	□毛 luk^5 mou^{22}	整毛 tsen^{55} mou^{22}	剪毛 tɛn^{55} mou^{22}
上工	返工 fan^{33} kəŋ^{33}	返工 fan^{44} kuŋ^{44}	做工 tsu^{21} kuŋ^{44}	返工 fan^{44} kuŋ^{44}	返工 fan^{44} kuŋ^{44}	做工 tu^{31} kuŋ^{44}	返工 fan^{44} kuŋ^{44}
休息	休息 hiu^{33}sek^5/敨下气 heu$^{55-21}$ha^{33}hei^{31}	敨 tʰau^{55}	休息 hiu^{44}ɬek^5	休息 hiu^{44}sek^5	休息 hiu^{44}sek^5	敨 hai$^{55-35}$	敨 hau^{55}
回家	返屋企 fan^{33} ɵk^{3}kʰiˑ^{55}/来企 lui^{22}kʰiˑ^{55}	返企 fan^{44} kʰi^{31}	返归 fan^{44} kui^{44}	返屋企 fan^{44} uk^{5}kʰi^{55}	返企 fan^{44} kʰi^{55}	返屋企 fan^{44} uk^{5}kʰei$^{55-35}$	返归 fan^{44} kei^{44}
洗澡	冲凉 tsʰəŋ^{33}liaŋ^{22}	冲凉 tsʰuŋ^{44}liaŋ^{44}	冲凉 tsʰuŋ^{44}lɛŋ^{22}	冲凉 tsʰuŋ^{44}lɛŋ^{22}	冲凉 tsʰuŋ^{44}liaŋ^{22}	冲凉 tsʰuŋ^{44}liɔŋ^{22}	冲凉 tsʰuŋ^{44}lɛŋ^{22}/洗身 ɬai^{55}san^{44}
聊天	倾偈 kʰeŋ^{33}kaiˑ^{55}	讲话 kɔŋ^{55}wa^{31}	倾偈 kʰeŋ^{44}kaiˑ^{55}	倾偈 kʰeŋ^{44}kaiˑ^{55}	倾下偈 kʰeŋ^{44}ha^{55}kaiˑ^{55}	讲 kɔŋ^{55}	倾偈 kʰaŋ^{44}kaiˑ^{55}
打瞌睡	瞌眼瞓 hep^{5}ŋan^{55}fun^{31}	瞌眼瞓 hap^{5}ŋan^{55}fun^{44}	瞌眼瞓 ŋap^{5}ŋan^{55}fun^{44}	瞌眼瞓 hap^{5}ŋan^{55}fun^{44}	瞌下 hap^{5}ha^{55}	瞓觉 fun^{44}kau^{44}	瞌眼瞓 hap^{5}ŋan^{55}fun^{31}
做梦	发梦 fat^{3}məŋ^{31}	发梦 fat^{3}muŋ^{31}	发梦 fat^{3}muŋ^{21}	发梦 fat^{3}muŋ^{31}	梦 muŋ^{31}	发梦 fat^{3}muŋ^{31}	发梦 fat^{3}muŋ^{31}
落枕	瞓梗颈 fun^{31}kaŋ^{55}kiaŋ^{55}	瞓戾颈 fun^{44}lai^{55}kiaŋ^{55}	梗颈 kaŋ^{55}kiaŋ^{55}	瞓到颈痛 fun^{44}tau^{44}kiaŋ^{55}tʰuŋ^{44}	瞓戾颈 fun^{44}lai^{55}kiaŋ^{55}	硬颈 ŋaŋ^{31}kiaŋ^{55}	梗颈 kaŋ^{55}kɛŋ^{55}
罚站	罚倚 fat^{2}kei^{31}	罚倚 fat^{2}kʰi^{55}	—	罚倚 fat^{2}kʰi^{55}	罚倚 fat^{2}kʰi^{55}	罚倚 fat^{2}kʰi^{55}	罚倚 fut^{2}kʰei^{55}
打秋千	打千秋 a^{55}tʰen^{33}tsʰiu^{33}	打千秋 a^{55}tʰɛn^{44}tsʰiu^{44}	—	打千秋 a^{55}tsʰin^{44}tsʰau^{44}	打千秋 a^{55}tsʰin^{44}tsʰau^{44}	千秋 tʰɛn^{44}tʰiu^{44}	打千秋 ta^{55}tʰɛn^{44}tʰiu^{44}
放风筝	放纸鹞 fɔŋ^{33}tsiˑ^{55}jau^{33}	放风筝 fɔŋ^{44}fuŋ^{44}tseŋ^{44}	飞鹞 fi^{44}jau$^{22-35}$	放纸鹞 fɔŋ^{44}tsi^{55}eu^{55}	飞纸鹞 fi^{44}tsi^{55}jau^{55}	放纸鹞 fɔŋ^{44}tsi^{55}jiu^{55}	放纸鹞 fɔŋ^{44}tsi^{55}jau^{55}

续表 3-20

条目	方言						
	广东台山话	三藩市台山话	洛杉矶台山话	纽约台山话	芝加哥台山话	波特兰台山话	圣安东尼奥台山话
讲故事	讲古仔 koŋ^{55} ku^{55} tɔi^{55}	讲古仔 koŋ^{55} ku^{55} tɔi^{55}	讲古仔 koŋ^{44} ku^{55} tɔi^{55}	讲古仔 koŋ^{55} ku^{55} tɔi^{55}	讲古仔 koŋ^{55} ku^{55} tɔi^{55}	讲古仔 koŋ^{55} ku^{55} tɔi^{55}	讲古仔 koŋ^{55} ku^{55} tɔi^{55}
下棋	捉棋 tsɔk^{2} kʰei$^{22-35}$	捉棋 tsɔk^{3} kʰi$^{22-35}$	—	捉棋 tɔk^{3} kʰi$^{22-35}$	玩棋 wan^{55} kʰi$^{22-35}$	捉棋 tsuk^{5} kʰi$^{22-35}$	作棋 tɔk^{3} kʰei$^{22-35}$
游泳	游水 jiu^{22} sui^{55}/□水 lun^{33} sui^{55}	游水 jiu^{22} sui^{55}	游水 jiu^{22} sui^{55}	游水 jiu^{22} sui^{55}	游水 jiu^{22} sui^{55}	游水 jiu^{22} sui^{55}	游水 jiu^{22} sui^{55}
骑脖子	骑马□kʰia^{22} ma$^{55-31}$ lɔŋ^{33}	骑脖仔 kʰɛ^{22} pɔk^{3} tɔi^{55}	—	骑马 kʰɛ^{22} ma^{55}	骑脖头 kʰɛ^{22} pɔk^{3} hau^{22}	骑马 kʰɛ^{22} ma^{55}	骑脖马 kʰɛ^{22} pɔk^{3} ma$^{55-31}$
捉弄人	整蛊 tseŋ^{55} ku^{55}	整蛊人 tseŋ^{55} ku^{55} ŋin^{22}	□人□ɬɛu^{44} ŋin^{22} ŋiak^{5}	虾=人 ha^{44} jan^{22}	撩人□liu^{22} jan^{22} nɛt^{5}	整蛊 tseŋ^{55} ku^{55}	整蛊 tsaŋ^{55} ku^{55}
看望 ~病人	探 ham^{33}/行 haŋ^{22}	探 tʰam^{44}	见 kin^{44}	睇 hai^{55}	探 tʰam^{44}	睇 hai^{55}	探 ham^{44}
拍马屁	擦鞋 tsʰat^{3} hai^{22}/捧大脚 pəŋ^{55} ai^{31} kiak^{2}	—	—	擦鞋 tsʰat^{3} hai^{22}	擦鞋 tsʰat^{3} hai^{22}/锡臀 siak^{3} hun^{22}	—	托大脚 hɔk^{3} ai^{31} kɛk^{3}
讲污秽话	讲粗口 koŋ^{55} tʰu^{33} heu^{55}	讲粗口 koŋ^{55} tʰu^{44} hau^{55}	—	讲粗口 koŋ^{55} tʰu^{44} hɛu^{55}	讲粗口 koŋ^{55} hɛu^{44}	讲粗话 koŋ^{55} tʰu^{44} wa^{31}	讲粗口 koŋ^{55} tʰu^{44} hai^{55}
吵架	闹交 nau^{31} kau^{33}	闹交 nau^{31} kau^{44}	拗颈 au^{44} kiaŋ^{55}	闹交 nau^{31} kau^{44}	嗌交 ŋai^{44} kau^{44}	吵交 tsʰau^{22} kau^{44}	闹交 nau^{31} kau^{44}
打架	打交 a^{55} kau^{33}	打交 a^{55} kau^{44}	打交 a^{55} kau^{44}	打交 a^{55} kau^{44}	打交 a^{55} kau^{44}	打交 a^{55} kau^{44}	打交 ta^{55} kau^{44}
办妥	搞掂 kau^{55} iam^{31}	搞掂 kau^{55} jam^{31}	做完 tu^{44} jɔn^{22}	搞掂 kau^{55} ɛm^{31}	搞掂 kau^{55} ɛm^{31}	搞掂 kau^{55} tiam^{31}	搞掂 kau^{55} ɛm^{31}
歇业	执笠 tsap^{5} lap^{5}/收水 ɬiu^{33} ɬui^{55}	执笠 tsip^{5} lip^{5}	停生意 heŋ^{22} saŋ^{44} ji^{55}	执笠 tsap^{5} lap^{5}	执笠 tsip$^{5-31}$ lap^{5}/收水 siu^{44} sui^{55}	唔做m̩^{22} tu^{31}	执笠 tsap^{5} lap^{5}
省钱	悭 han^{33}	悭钱 han^{44} tʰɛn$^{22-35}$	悭 han^{44}	悭钱 han^{44} tʰɛn$^{22-35}$	悭 han^{44}	悭 han^{44}	悭 han^{44}

续表 3-20

条目	方言						
	广东台山话	三藩市台山话	洛杉矶台山话	纽约台山话	芝加哥台山话	波特兰台山话	圣安东尼奥台山话
看守~东西	睇恒 hai^{55} hen^{22}	睇住 hai^{55}tsi^{31}	睇住 hai^{55}tsi^{21}	睇住 hai^{55}tsi^{31}	看 hɔn^{44}	看住 hɔn^{44}tsi^{31}	睇住 hai^{55}tsi^{31}
想念	挂住 kʰa^{33}tsi^{31}	想念 siaŋ^{55}niam^{31}	想 ɬiaŋ^{55}	唔见 m̩^{22}kɛn^{44}	挂住 kua^{44}tsi^{31}	挂住 kʰa^{44}tsi^{31}	挂住 kʰa^{44}tsi^{31}
哭	哭 huk$^{5-35}$	喊 ham^{55}	哭 huk^{5}	喊 ham^{44}/哭 huk^{5}	喊 ham^{44}	哭 huk^{5}/喊 ham^{44}	哭 huk^{5}
捂住	冚 kʰem^{55}	冚住 kʰɛm^{55}tsi^{31}	冚 kʰam^{55}	冚 kʰam^{55}	揞住 am^{55}tsi^{31}	冚 kʰɔm^{44}	揞住 am^{55}tsi^{31}
滗~汤	□pet^{3}	隔 kak^{3}/潷 pei^{44}	□kɔk^{3}	隔 kak^{3}	—	滗 pei^{44}	滗 pei^{44}
蹲	□peu^{33}	踎 mau^{44}	踎 pau^{44}	踎 mau^{44}	踎 mau^{44}	踎 mau^{44}	□pai^{44}
寻找	□pɔi^{33}	搵 wun^{55}	搵 fun^{55}	搵 wun^{55}	唔见 m̩^{22}kɛn^{44}	搵 wun^{55}	搵 wun^{55}
躲藏	匿埋 nat^{3}mai^{22}	俾埋 pɛŋ^{44}mai^{22}	俾 pɛŋ^{44}	俾 pɛŋ^{44}	俾 pɛŋ^{44}	俾 pɛŋ^{44}	□埋 lou^{44}mɔi^{22}
推测	估 ku^{55}	估 ku^{55}/谂 nam^{55}	估 ku^{55}/谂 nam^{55}	估 ku^{55}	估 ku^{55}	估 ku^{55}	估 ku^{55}

表 3-21 6个广府话有关人和事物行为变化的说法

条目	方言						
	广东广州话	三藩市广府话	洛杉矶广府话	纽约广府话	芝加哥广府话	波特兰广府话	休斯敦广府话
下雨	落雨 lɔk^{2}jy^{13}	落雨 lɔk^{2}jy^{13}	落雨 lɔk^{2}jy^{13}	落雨 lɔk^{2}jy^{13}	落雨 lɔk^{2}jy^{13}	落雨 lɔk^{2}jy^{13}	落雨 lɔk^{2}jy^{13}
雨停了	雨停咗 jy^{13}tʰeŋ^{21}tsɔ^{35}	啲雨停咗 ti^{55}jy^{13}tʰeŋ^{21}tsɔ^{35}	唔落雨 m^{21}lɔk^{2}jy^{13}	停咗雨 tʰeŋ^{21}tsɔ^{35}jy^{13}	停咗雨 tʰeŋ^{21}tsɔ^{35}jy^{13}	雨停咗 jy^{13}tʰeŋ^{21}tsɔ^{35}	雨停 jy^{13}tʰeŋ^{21}
打雷	打雷 ta^{35}lœy^{21}	行雷 haŋ^{21}lœy^{21}	打雷 ta^{35}lœy^{21}	行雷 haŋ^{21}lœy^{21}	行雷 haŋ^{21}lœy^{21}	打雷 ta^{35}lœy^{21}	打雷 ta^{35}lœy^{21}

续表 3-21

条目	方言						
	广东广州话	三藩市广府话	洛杉矶广府话	纽约广府话	芝加哥广府话	波特兰广府话	休斯敦广府话
天气	天时 $t^h in^{55} si^{21}$／天气 $t^h in^{55} hei^{33}$	天气 $t^h in^{55} hei^{33}$	天气 $t^h in^{55} hei^{33}$	天气 $t^h in^{55} hei^{33}$	天气 $t^h in^{55} hei^{53}$	天气 $t^h in^{55} hei^{33}$	天气 $t^h in^{55} hei^{33}$
晴天	好天 $hou^{35} t^h in^{55}$	好天 $hou^{35} t^h in^{55}$	*	好天 $hou^{35} t^h in^{55}$	好天 $hou^{35} t^h in^{55}$	晴天 $ts^h en^{21} t^h in^{55}$	好天 $hou^{35} t^h in^{55}$
水涝	西水大 $sɐi^{55} sœy^{35} tai^{22}$／水浸 $sœy^{35} tsɐm^{33}$	太多水 $t^h ai^{33} tɔ^{55} sœy^{35}$	*	—	—	—	*
天旱	天旱 $t^h in^{55} hɔn^{13}$	*	*	天旱 $t^h in^{55} hɔn^{13}$	—	—	冇水落 $mou^{13} sœy^{35} lɔk^2$
天亮了	天光 $t^h in^{55} kwɔŋ^{55}$	天光 $t^h in^{55} kwɔŋ^{55}$	早上 $tsou^{35} sœŋ^{22}$	天光 $t^h in^{55} kwɔŋ^{55}$	係天光 $hei^{35} t^h in^{55} kwɔŋ^{55}$	天光 $t^h in^{55} kwɔŋ^{55}$	天光 $t^h in^{55} kɔŋ^{55}$
天黑了	天黑 $t^h in^{55} hak^5$	天黑 $t^h in^{55} hak^5$	天黑 $t^h in^{55} hak^5$	天黑 $t^h in^{55} hak^5$	太阳落山 $t^h ai^{33} jœn^{21} lɔk^2 san^{55}$	天黑 $t^h in^{55} hak^3$	就嚟晚黑 $tsɐu^{22} lei^{13} man^{13} hak^3$
种田	耕田 $kaŋ^{55} t^h in^{21}$	种嘢 $tsuŋ^{33} jɛ^{13}$	—	耕田 $kaŋ^{55} t^h in^{21}$	耕田 $kaŋ^{55} t^h in^{21}$	耕田 $kaŋ^{55} t^h in^{21}$／种田 $tsuŋ^{33} t^h in^{21}$	种田 $tsuŋ^{33} t^h in^{21}$
干重体力活	做咕喱 $tsou^{22} ku^{55} lei^{55}$／做重工 $tsou^{22} ts^h uŋ^{13} kaŋ^{55}$	—	—	—	—	—	好辛苦 $hou^{35} sɐn^{55} fu^{35}$
剖鱼	劏鱼 $t^h ɔŋ^{55} jy^{21-35}$	劏鱼 $t^h ɔŋ^{55} jy^{21-35}$	劏鱼 $t^h ɔŋ^{55} jy^{21-35}$	劏鱼 $t^h ɔŋ^{55} jy^{21-35}$	劏鱼 $t^h ɔŋ^{55} jy^{21-35}$	劏鱼 $t^h ɔŋ^{55} jy^{21-35}$	劏鱼 $t^h ɔŋ^{55} jy^{21-35}$
干活	做嘢 $tsou^{22} jɛ^{13}$	做工 $tsou^{22} kuŋ^{55}$	做工 $tsou^{22} ŋuŋ^{55}$	做嘢 $tsou^{22} jɛ^{13}$	做嘢 $tsou^{22} kuŋ^{55}$	做嘢 $tsou^{22} jɛ^{13}$	做工 $tsou^{22} kuŋ^{55}$
做菜	煮餸 $tsy^{35} suŋ^{33}$	煮餸 $tsy^{35} suŋ^{33}$	煮餸 $tsy^{35} suŋ^{33}$	煮餸 $tsy^{35} suŋ^{33}$	煮餸 $tsy^{35} suŋ^{33}$	煮餸 $tsy^{55} suŋ^{33}$	煮菜 $tsy^{35} ts^h ɔi^{33}$

续表 3-21

条目	方言						
	广东广州话	三藩市广府话	洛杉矶广府话	纽约广府话	芝加哥广府话	波特兰广府话	休斯敦广府话
熬汤	煲汤 pou^{55} t^{h}ɔŋ^{55}	煲汤 pou^{55} t^{h}ɔŋ^{55}	煲汤 pou^{55} t^{h}ɔŋ^{55}	煲汤 pou^{55} t^{h}ɔŋ^{55}	煲慢汤 pou^{55} man^{22} t^{h}ɔŋ^{55}	煲汤 pou^{55} t^{h}ɔŋ^{55}	煲汤 pou^{55} t^{h}ɔŋ^{55}
氽汤	滚汤 kwɐn^{35} t^{h}ɔŋ^{55}	滚汤 kwɐn^{35} t^{h}ɔŋ^{55}	煲汤 pou^{55} t^{h}ɔŋ^{55}	—	滚汤 kwɐn^{35} t^{h}ɔŋ^{55}	滚汤 kwɐn^{35} t^{h}ɔŋ^{55}	滚汤 kwɐn^{35} t^{h}ɔŋ^{55}
收拾	执嘢 tsɐp^5 jɛ^{13}	执齐 tsɐp^5 ts^{h}ɐi^{21}	执嘢 tsɐp^5 jɛ^{13}	执 tsɐp^5	摆整齐 pai^{35} tsɐŋ^{35} ts^{h}ɐi^{21}	执 tsɐp^5	执嘢 tsɐp^5 jɛ^{13}
漂洗 ~衣服	过衫 kwɔ^{33} sam^{55}	冲 ts^{h}uŋ^{55}	洗 sɐi^{35}/冲 ts^{h}uŋ^{55}	漂白 p^{h}iu^{33} pak^2	洗衫 sɐi^{35} sam^{55}	过衫 kwɔ^{33} sam^{55}	洗 sɐi^{35}
修理 ~家具	整 tsɐŋ^{35}	修理 sɐu^{55} lei^{13}	整 tsɐŋ^{35}	整返 tsɐŋ^{35} fan^{55}	整 tsɐŋ^{35}	整 tsɐŋ^{35}/修理 sɐu^{55} lei^{13}	整 tsɐŋ^{35}
摊凉 把开水~	摊冻 t^{h}an^{55} tuŋ^{33}	摊冻 t^{h}an^{55} tuŋ^{33}	摊冻 t^{h}an^{55} tuŋ^{33}	—	摊冻 t^{h}an^{55} tuŋ^{33}	摊冻 t^{h}an^{55} tuŋ^{33}	摊冻 t^{h}an^{55} tuŋ^{33}
盖~房子	起 hei^{35}	起 hei^{35}	起 hei^{35}	起屋 hei^{35} uk^5/起楼 hei^{35} lɐu$^{21-35}$	起 hei^{35}	起 hei^{35}	起屋 hei^{35} uk^3
生火	透火 t^{h}ɐu^{33} fɔ^{35}	着火 tsœk^2 fɔ^{35}	透火 t^{h}ɐu^{33} fɔ^{35}	开火 hɔi^{55} fɔ^{35}	点火 tim^{35} fɔ^{35}	点火 tim^{35} fɔ^{35}	点火 tim^{35} fɔ^{35}
抽烟	食烟 sek^2 jin^{55}	食烟 sek^2 jin^{55}	食烟 sek^2 jin^{55}	食烟 sek^2 jin^{55}	食烟 sek^2 jin^{55}	抽烟 ts^{h}ɐu^{55} jin^{55}	食烟 sek^2 jin^{55}
喝早茶	饮早茶 jɐm^{35} tsou^{35} ts^{h}a^{21}	饮茶 jɐm^{35} ts^{h}a^{21}	饮茶 jɐm^{35} ts^{h}a^{21}	饮茶 jɐm^{35} ts^{h}a^{21}	早茶 tsou^{35} ts^{h}a^{21}	饮早茶 jɐm^{35} tsou^{35} ts^{h}a^{21}	饮早茶 jɐm^{35} tsou^{35} ts^{h}a^{21}
说谎	讲大话 kɔŋ^{35} tai^{22} wa^{22}	讲大话 kɔŋ^{35} tai^{22} wa^{22}/吹牛 ts^{h}œy^{55} ŋɐu^{21}	讲大话 kɔŋ^{35} tai^{22} wa^{22}	讲大话 kɔŋ^{35} tai^{22} wa^{22}	讲大话 kɔŋ^{35} tai^{22} wa^{22}	大话 tai^{22} wa^{22}	讲大话 kɔŋ^{35} tai^{22} wa^{22}
装傻	诈傻 tsa^{33} sɔ^{21}	扮朦 pan^{22} muŋ^{35}	扮朦 pan^{22} muŋ^{35}	扮傻 pan^{22} sɔ^{21}	做蠢才 tsou^{33} ts^{h}œn^{35} ts^{h}ɔi^{21}	扮傻 pan^{22} sɔ^{21}	诈傻 tsa^{33} sɔ^{21}
起床	起身 hei^{35} sɐn^{35}	起身 hei^{35} sɐn^{35}	起身 hei^{35} sɐn^{55}	起身 hei^{35} sɐn^{55}	起身 hei^{35} sɐn^{55}	起身 hei^{35} sɐn^{55}	起身 hei^{35} sɐn^{55}

续表 3-21

条目	方言						
	广东广州话	三藩市广府话	洛杉矶广府话	纽约广府话	芝加哥广府话	波特兰广府话	休斯敦广府话
洗脸	洗面 sei³⁵ min²²	洗面 sei³⁵ min²²	洗面 sei³⁵ min²²	洗面 sei³⁵ min²²	洗面 sei³⁵ min²²	洗面 sei³⁵ min²²	洗面 sei³⁵ min²²
理发	飞发 fei⁵⁵ fat³	剪毛 tsin³⁵ mou²¹	飞发 fei⁵⁵ fat³	剪头发 tsin³⁵ tʰɐu²¹ fat³	飞发 fei⁵⁵ fat³/剪发 tsin³⁵ fat³	剪头发 tsin³⁵ tʰɐu²¹ fat³	剪毛 tsin³⁵ mou²¹
上工	返工 fan⁵⁵ kuŋ⁵⁵	返工 fan⁵⁵ kuŋ⁵⁵	返工 fan⁵⁵ kuŋ⁵⁵	返工 fan⁵⁵ kuŋ⁵⁵	返工 fan⁵⁵ kuŋ⁵⁵/上班 sœn¹³ pan⁵⁵	返工 fan⁵⁵ kuŋ⁵⁵	返工 fat⁵⁵ kuŋ⁵⁵
休息	歇下 tʰɐu³⁵ ha¹³/休息 jɐu⁵⁵ sek⁵	休息 jɐu⁵⁵ sek⁵/放假 foŋ³³ ka³³	休息 jɐu⁵⁵ sek⁵	休息 jɐu⁵⁵ sek⁵	歇 tʰɐu³⁵	歇 tʰɐu³⁵	休息 jɐu⁵⁵ sek⁵
回家	返屋企 fan⁵⁵ ŋuk⁵ kʰei³⁵	返屋企 fan⁵⁵ ŋuk⁵ kʰei³⁵	返屋 fan⁵⁵ ŋuk⁵	返屋企 fan⁵⁵ uk⁵ kʰei³⁵	返屋企 fan⁵⁵ ŋuk⁵ kʰei³⁵	返屋企 fan⁵⁵ ŋuk⁵ kʰei³⁵	返屋企 fan⁵⁵ uk⁵ kʰei³⁵
洗澡	冲凉 tsʰuŋ⁵⁵ lœŋ²¹	洗身 sei³⁵ sɐn³⁵	冲凉 tsʰuŋ⁵⁵ lœŋ²¹	冲凉 tsʰuŋ⁵⁵ lœŋ²¹	冲凉 tsʰuŋ⁵⁵ lœŋ²¹	冲凉 tsʰuŋ⁵⁵ lœŋ²¹	冲凉 tsʰuŋ⁵⁵ lœŋ²¹
聊天	倾偈 kʰeŋ⁵⁵ kɐi³⁵	倾偈 kʰeŋ⁵⁵ kɐi³⁵	倾偈 kʰeŋ⁵⁵ kɐi³⁵	倾偈 kʰeŋ⁵⁵ kɐi³⁵	倾偈 kʰeŋ⁵⁵ kɐi³⁵	倾偈 kʰeŋ⁵⁵ kɐi³⁵	倾偈 kʰeŋ⁵⁵ kɐi³⁵
打瞌睡	瞌眼瞓 hɐp⁵ ŋan¹³ fɐn³³	瞌眼瞓 hɐp⁵ ŋan¹³ fɐn³³	瞌眼瞓 hɐp⁵ ŋan¹³ fɐn³³	瞌眼瞓 hɐp⁵ ŋan¹³ fɐn³³	瞌眼瞓 hɐp⁵ ŋan¹³ fɐn³³	瞌眼瞓 hɐp⁵ ŋan¹³ fɐn³³	瞌眼瞓 hɐp⁵ ŋan¹³ fɐn³³
做梦	发梦 fat³ muŋ²²	发梦 fat³ muŋ²²	发梦 fat³ muŋ²²	发梦 fat³ muŋ²²	发梦 fat³ muŋ²²	发梦 fat³ muŋ²²	发梦 fat³ muŋ²²
落枕	瞓戾颈 fɐn³³ lɐi³⁵ kɛŋ³⁵	—	瞓戾颈 fɐn³³ lɐi³⁵ kɛŋ³⁵	瞓戾颈 fɐn³³ lɐi³⁵ kɛŋ³⁵	颈痛 kɛŋ³⁵ tʰuŋ³³	瞓硬颈 fɐn³³ ŋaŋ²² kɛŋ³⁵	—
罚站	罚徛 fɐt² kʰei¹³	罚徛 fɐt² kʰei¹³	罚徛 fɐt² kʰei¹³	罚徛 fɐt² kʰei¹³	—	罚徛 fɐt² kʰei¹³	罚徛 fɐt² kʰei¹³
打秋千	打千秋 ta³⁵ tsʰin⁵⁵ tsʰɐu³⁵	—	打千秋 ta³⁵ tsʰin⁵⁵ tsʰɐu³⁵	打千秋 ta³⁵ tsʰin⁵⁵ tsʰɐu³⁵	打千秋 ta³⁵ tsʰin⁵⁵ tsʰɐu³⁵	打千秋 ta³⁵ tsʰin⁵⁵ tsʰɐu³⁵	打千秋 ta³⁵ tsʰin⁵⁵ tsʰɐu³⁵
放风筝	放纸鹞 foŋ⁵⁵ tsi³⁵ jiu³⁵	*	放纸鹞 foŋ³³ tsi³⁵ jiu³⁵	放风筝 foŋ⁵⁵ fuŋ⁵⁵ tsɐŋ⁵⁵	放纸鹞 foŋ³³ tsi³⁵ jiu³⁵	放纸鹞 foŋ³³ tsi³⁵ jiu³⁵	放纸鹞 foŋ³³ tsi³⁵ jiu³⁵

续表 3－21

条目	方言						
	广东广州话	三藩市广府话	洛杉矶广府话	纽约广府话	芝加哥广府话	波特兰广府话	休斯敦广府话
讲故事	讲古仔 kɔŋ³⁵ ku³⁵ tsɐi³⁵	讲古仔 kɔŋ³⁵ ku³⁵ tsɐi³⁵	讲古仔 kɔŋ³⁵ ku³⁵ tsɐi³⁵	讲故事 kɔŋ³⁵ ku³³ si²²	讲古仔 kɔŋ³⁵ ku³⁵ tsɐi³⁵	讲古仔 kɔŋ³⁵ ku³⁵ tsɐi³⁵	讲古仔 kɔŋ³⁵ ku³⁵ tsɐi³⁵
下棋	捉棋 tsuk⁵ kʰei²¹⁻³⁵	*	捉棋 tsuk⁵ kʰei²¹⁻³⁵	捉棋 tsuk⁵ kʰei²¹⁻³⁵	捉棋 tsuk⁵ kʰei²¹⁻³⁵	捉棋 tsuk⁵ kʰei²¹⁻³⁵	捉棋 tsuk⁵ kʰei²¹⁻³⁵
游泳	游水 jɐu²¹ sœy³⁵	游水 jɐu²¹ sœy³⁵	游水 jɐu²¹ sœy³⁵	游水 jɐu²¹ sœy³⁵	游水 jɐu²¹ sœy³⁵	游水 jɐu²¹ sœy³⁵	游水 jɐu²¹ sœy³⁵
骑脖子	骑膊马 kʰɛ²¹ pɔk³ ma¹³	骑膊马 kʰɛ²¹ pɔk³ ma¹³	骑膊马 kʰɛ²¹ pɔk³ ma¹³	骑马 kʰɛ²¹ ma¹³	骑膊头 kʰɛ²¹ pɔk³ tʰɐu²¹	骑膊头 kʰɛ²¹ pɔk³ tʰɐu²¹	—
捉弄人	整蛊人 tseŋ³⁵ ku³⁵ jɐn²¹	整蛊 tseŋ³⁵ ku³⁵	整蛊 tseŋ³⁵ ku³⁵	作弄人 tsɔk³ luŋ²² jɐn²¹	整蛊 tseŋ³⁵ ku³⁵	整蛊人 tseŋ³⁵ ku³⁵ jɐn²¹	—
看望~病人	探 tʰam³³	探 tʰam³³	探 tʰam³³	探病 tʰam³³ pɛŋ²²	探医院 tʰam³³ ji⁵⁵ jyn³⁵	探 tʰam³³	探 tʰam³³
讲污秽话	讲粗口 kɔŋ³⁵ tsʰou⁵⁵ hɐu³⁵	讲粗口 kɔŋ³⁵ tsʰou⁵⁵ hɐu³⁵	讲粗口 kɔŋ³⁵ tsʰou⁵⁵ hɐu³⁵	讲粗口 kɔŋ³⁵ tsʰou⁵⁵ hɐu³⁵	讲粗口 kɔŋ³⁵ tsʰou⁵⁵ hɐu³⁵	讲粗口 kɔŋ³⁵ tsʰou⁵⁵ hɐu³⁵	讲粗口 kɔŋ³⁵ tsʰou⁵⁵ hɐu³⁵
拍马屁	擦鞋 tsʰat³ hai²¹/托大脚 tʰɔk³ tai²² kœk³	*	托大脚 tʰɔk³ tai²² kœk³	擦鞋 tsʰat³ hai²¹	拍马屁 pʰak³ ma¹³ pʰei³³/擦鞋 tsʰat³ hai²¹	托大脚 tʰɔk³ tai²² kœk³	—
吵架	嘈交 tsʰou²¹ kau⁵⁵/嗌交 ŋai³³ kau⁵⁵	嘈交 tsʰou²¹ kau⁵⁵	嘈交 tsʰou²¹ kau⁵⁵	拗翘 au³³ kʰiu³⁵	嗌交 ŋai³³ kau⁵⁵	嘈交 tsʰou²¹ kau⁵⁵	嘈交 tsʰou²¹ kau⁵⁵
打架	打交 ta³⁵ kau⁵⁵	打交 ta³⁵ kau⁵⁵	打交 ta³⁵ kau⁵⁵	打交 ta³⁵ kau⁵⁵	打交 ta³⁵ kau⁵⁵	打交 ta³⁵ kau⁵⁵	打交 ta³⁵ kau⁵⁵
办妥	搞掂 kau³⁵ tim²²	搞掂 kau³⁵ tim²²	搞掂 kau³⁵ tim²²	搞掂 kau³⁵ tim²²	做完 tsou²² jyn²¹	搞掂 kau³⁵ tim²²	搞掂 kau³⁵ tim²²
歇业	执笠 tsɐp⁵ lɐp⁵	执笠 tsɐp⁵ lɐp⁵	闩门 san⁵⁵ mun²¹	执笠 tsɐp⁵ lɐp⁵	执笠 tsɐp⁵ lɐp⁵	唔做 m²¹ tsou²²	关门 kwan⁵⁵ mun²¹

续表 3-21

条目	方言						
	广东广州话	三藩市广府话	洛杉矶广府话	纽约广府话	芝加哥广府话	波特兰广府话	休斯敦广府话
省钱	悭钱 han^{55} ts^{h}in$^{21-35}$	悭钱 han^{55} ts^{h}in$^{21-35}$	悭 haŋ^{55}	悭 han^{55}	悭 han^{55}	悭 han^{55}	悭钱 han^{55} ts^{h}in$^{21-35}$
看守 ~东西	睇住 t^{h}ɐi^{35} tsy^{22}	睇住 t^{h}ɐi^{35} tsy^{22}	看住 hɔn$^{33-55}$ tsy^{22}	守住 sɐu^{35} tsy^{22}	看住 hɔn^{55} tsy^2	看住 hɔn^{55} tsy^{22}	看住 hɔn^{55} tsy^{22}/睇住 t^{h}ɐi^{35} tsy^{22}
想念	挂住 kwa^{33} tsy^{22}	挂住 kwa^{33} tsy^{22}	想念 sœŋ^{35} nim^{22}	挂住 kwa^{33} tsy^{22}	挂住 kwa^{33} tsy^{22}	挂住 kwa^{33} tsy^{22}	想 sœŋ^{35}
哭	喊 ham^{33}	喊 ham^{33}	喊 ham^{33}	喊 ham^{33}	喊 ham^{33}	喊 ham^{33}	喊 ham^{33}
捂住	揞住 ŋɐm^{35} tsy^{22}	揞住 ŋɐm^{35} tsy^{22}	揞 ŋɐm^{35}	揿 kɐm^{22}	冚住 k^{h}ɐm^{35} tsy^2	冚 k^{h}ɐm^{35}	冚埋 k^{h}ɐm^{35} mai^{21}
滗~汤	滗 pei$^{·33}$	—	滗 pei$^{·33}$	—	拌 pɐt^5	滗 pei$^{·33}$	滗 pei$^{·33}$
蹲	跍 mɐu^{55}	跍 mɐu^{55}	跍 mɐu^{55}	*	跍 mɐu^{55}	跍 mɐu^{55}	跍 mɐu^{55}
寻找	揾 wɐn^{35}	揾 wɐn^{35}	揾 wɐn^{35}	揾 wɐn^{35}	揾 wɐn^3	揾 wɐn^{35}	揾 wɐn^{35}
躲藏	匿埋 nei$^{·55}$ mai$^{·21}$	匿埋 nei$^{·55}$ mai$^{·21}$	匿埋 nei$^{·55}$ mai$^{·21}$	匿埋 nei$^{·55}$ mai$^{·21}$	匿埋 nei$^{·55}$ mai$^{·21}$	匿埋 nei$^{·55}$ mai$^{·21}$	匿埋 nei$^{·55}$ mai$^{·21}$
推测	估 ku^{35}	估 ku^{35}	估 ku^{35}	估 ku^{35}	估 ku^{35}	估 ku^{35}	估 ku^{35}

从表 3-20、表 3-21 可以看到，普通话"抽烟"，圣安东尼奥"食烟"的说法与广府话相同，而异于其他台山话的"喫烟"。普通话"生火"，三藩市广府话的说法是一个有歧义的"着火"。

粤方言常用单音节词"探"表示探望病人，而芝加哥广府话表达这个意思则用短语"探医院"表示，以病人所在的地方指代探病。

"干重体力活"一条，休斯敦广府话以形容性的"好辛苦 hou^{35} sɐn^{55} fu^{35}"表示，是发音人以干重体力活的结果来对应条目。

也有一些没有说法的，如"天旱""水涝"这些条目中出现的空白就比较多。其中，"天旱"台山话洛杉矶、纽约、波特兰 3 个点为空白，广府话芝加哥、波特兰两个点为空白。"水涝"广府话纽约、芝加哥、波特兰 3 个点为空白，台山话三藩市一个点为空白。

可是，比起上文的条目，华人社区台山话和广府话"有关人和事物行为变化的"类条目的空白明显较少。从这个角度来观察，名词类的词语似乎更加容易发生变化，谓词性的词语比名词性词语发生变化的状况要稍好些。

3.1.3.8 有关人和事物性质状态的（见表3-22、表3-23）

表3-22 6个台山话有关人和事物性质状态的说法

条目	方言						
	广东台山话	三藩市台山话	洛杉矶台山话	纽约台山话	芝加哥台山话	波特兰台山话	圣安东尼奥台山话
乌云	黑云 hak^5 vun^{22}	乌云 wu^{44} wun^{22}	水云 sui^{55} wun^{22}	黑云 hak^5 wun^{22}	黑云 hak^5 wun^{22}	墨云 mak^2 wun^{22}	黑云 hak^5 wun^{22}
毛毛雨	□□水 ɬem^{33} ɬem^{33} sui^{55}/落水仔 lɔk^2 sui^{55} tɔi^{55}/□水仔 ɬem^{33} sui^{55} tɔi^{55}	毛毛雨 mau^{22} mau^{22} jy$^{55-31}$	□水 sam^{44} sui^{55}	□□□ fi^{44} fi^{44} ha$^{22-35}$	米仔水 mai^{55} tɔi^{55} sui^{55}	小小水 siu^{55} siu^{55} sui^{55}	小小雨 siu^{55} siu^{55} jy^{31}
闷热 天气~	翳焗 ŋai^{31} kək^2/湿热 sep^5 ŋet^2/冇风冇尘 mou^{33} fəŋ^{33} mou^{33} tsʰin^{22}	好热 hau^{55} ŋek^2	好热 hɔ^{44} ŋet^2/好□hɔ^{44} huk^2	潮湿 tsʰiu^{22} sap^5	好热 hou^{55} jɛt^2/好多水汽 hou^{55} ɔ^{44} sui^{55} hi^{44}	好热 hou^{55} ŋɛt^2	好热 hou^{55} jit^2
凉快 天气~	凉爽 liaŋ^{22} sɔŋ^{55}	凉□ liaŋ^{22} lai^{44}	凉□ liaŋ^{22} lai^{55}	凉爽 lɛŋ^{22} sɔŋ^{55}	凉□ liaŋ^{22} nai^{44}	凉爽 lɛŋ^{22} sɔŋ^{55}	凉爽 lɛŋ^{22} sɔŋ^{55}
爱挑剔 ~的人	淹尖 em^{33} tiam^{33}	淹尖 jam^{44} tiam^{44}	—	淹尖 jim^{44} tsim^{44}	淹尖 jim^{44} tiam^{44}	淹尖 jam^{44} tiam^{44}	湿滞 ɬip^5 tsai^{31}
小气	孤寒 ku^{33} hɔn^{22}	小气 ɬiau^{55} hi^{44}	小气 ɬiau^{55} hi^{44}	小气 siau^{55} hi^{44}	小气 siu^{55} hi^{44}	小气 siu^{55} hei^{44}	小气 siu^{55} hei^{44}
能干	叻 lek^5	好叻 hau^{55} lɛk^5	好叻 hɔ^{44} liak^5	好叻 hou^{55} lɛk^5	做得成 tu^{31} ak^5 seŋ^{22}	好叻 hou^{55} lɛk^5	叻 lɛk^5
勤快	勤 han$^{22-35}$/爽□ sɔŋ^{55} tu^{33}	□□□ ti^{44} li^{31} tsun^{31}	勤力 kʰin^{22} lek^2	勤力 kʰan^{22} lek^2	勤 kʰan^{22}	—	努力 nou^{55} lak^2
可爱	得意 ak^5 ji^{31}	可爱 hɔ^{55} ɔ^{31}	靓 liaŋ^{44}	得意 tak^5 ji^{44}	*	得意 tak^5 ji^{44}	爽 sɔŋ^{55}
强壮	大只 ai^{31} tsiak^3	*	大力 ai^{31} lek^2	强壮 kʰɛŋ^{22} tsɔŋ$^{44-31}$	好力 hɔ^{55} lek^2	壮 tsɔŋ^{44}	大只 ai^{31} tsɛk^3

续表 3-22

条目	方言						
	广东 台山话	三藩市 台山话	洛杉矶 台山话	纽约 台山话	芝加哥 台山话	波特兰 台山话	圣安东尼奥 台山话
精	精 tiaŋ³³	呖 liak⁵	精 tiaŋ⁴⁴	精 tsen⁴⁴	呖 lɛk⁵	呖 lɛk⁵	呖 lɛk⁵
笨	蠢 tsʰun⁵⁵	蠢 tsʰun⁵⁵	蠢 tsʰun⁵⁵ / □tsi²¹	笨 pan³¹/蠢 tsʰun⁵⁵	蠢 tsʰun⁵⁵ / 笨 pun³¹	□tsui⁴⁴	蠢 tsʰun⁵⁵
不害臊	唔怕丑 m̩²² pʰa³³tsʰiu⁵⁵	唔怕丑 m̩²² pʰa⁴⁴tsʰiu⁵⁵	唔怕丑 m̩²² pʰa⁴⁴tsʰiu⁵⁵	唔怕丑 m̩²² pʰa⁴⁴tsʰiu⁵⁵	唔怕丑 m̩²² pʰa³³tsʰiu⁵⁵	唔怕丑 m̩²² pʰa⁴⁴tsʰiu⁵⁵	唔怕丑 m̩²² pʰa⁴⁴tsʰiu⁵⁵
年轻	后生 heu³¹ saŋ³³	后生 hau³¹ saŋ⁴⁴	后生 hau²¹ saŋ⁴⁴/嫩 nun²¹	后生 hɛu³¹ saŋ⁴⁴	后生 hau³¹ saŋ⁴⁴	后生 hau³¹ saŋ⁴⁴	后生 hei³¹ saŋ⁴⁴
难看	恶睇 ɔk³ hai⁵⁵	难睇 nan²² hai⁵⁵	丑样 tsʰiu⁵⁵ jɔŋ²¹⁻³⁵	难睇 nan²² hai⁵⁵/丑样 tsʰiu⁵⁵jɛŋ³¹	丑样 tsʰiu⁵⁵ jɔŋ³¹⁻³⁵	丑 tsʰiu⁵⁵	丑样 tsʰiu⁵⁵ jɛŋ³¹
小巧 玲珑	辣椒仔 lat²tiu³³tsɔ⁵⁵/ □屎女 mai⁵⁵ si⁵⁵nui⁵⁵	细粒 łai⁴⁴ lip⁵	—	细 łai⁴⁴	—	细 sai⁴⁴	细粒 łai⁵⁵ lip⁵
执拗	□□kaŋ³³ łen³³	硬颈 ŋaŋ³¹ kiaŋ⁵⁵	硬皮牛 ŋin²¹ pʰi²²ŋau²²	硬颈 ŋaŋ³¹ kiaŋ⁵⁵	硬颈 ŋaŋ³¹ kiaŋ⁵⁵	硬颈 ŋaŋ³¹ kiaŋ⁵⁵	硬颈 ŋaŋ³¹ kiaŋ⁵⁵
随和	随便 tu³¹ pei³³	随便 tʰui²² pɛŋ³¹	好人 hɔ⁴⁴ ŋin²²	是但 si³¹ tan³¹	随便 tʰui²² pin³¹⁻³⁵	—	腍善 lɛn²² sin³¹
骄傲	眼高 ŋan⁵⁵ kou³³/□□ hei³³si²²	骄傲 kiu⁴⁴ ŋou³¹	—	牙擦 ŋa²² tsʰat³	高斗 kɔ⁴⁴ tau⁴⁴	骄傲 kiau⁴⁴ ŋau³¹	牙擦 ŋa²² tsʰat³
偷懒	□□sɔt³pak³	偷懒 hau⁵⁵ lan⁵⁵	懒 lan⁵⁵	偷懒 tʰau⁴⁴ lan⁵⁵	偷懒 tʰau⁴⁴ lan⁵⁵	懒 lan⁴⁴	偷懒 hai⁴⁴ lan³¹
滑头	鬼 kei⁵⁵	狡猾 kau⁵⁵ wat²	鬼鼠 kui⁵⁵ si⁵⁵	滑头 wat² hɛu²²	蛊滑 ku⁵⁵ wat²	—	花□fa⁴⁴fit⁵
耍赖	发烂□fat³ lan³¹tsa³³	发烂盏 fat³ lan³¹tsan⁵⁵	赖 lai²¹	装傻 tsɔŋ⁴⁴ sɔ²²	—	—	发烂盏 fat³ lan³¹tsan⁵⁵
没空儿	唔得闲 m̩²² tak⁵han²²	唔得闲 m̩²² ak⁵han²²	冇时间 mɔ⁵⁵ si²²kan⁴⁴	唔得闲 m̩²² ak⁵han²²	唔得闲 m̩²² ak⁵han²²	唔得闲 m̩²² tak⁵han²²	□闲 mak² kʰan²²

续表 3-22

条目	方言						
	广东台山话	三藩市台山话	洛杉矶台山话	纽约台山话	芝加哥台山话	波特兰台山话	圣安东尼奥台山话
走运	好彩 hou⁵⁵ tʰɔi⁵⁵	好彩 hau⁵⁵ tʰɔi⁵⁵	好彩 hɔ⁴⁴ tsʰɔi⁵⁵	行运 haŋ²² wan³¹	好彩 hɔ⁵⁵ tʰɔi⁵⁵	行运 haŋ²² wun³¹	行运 haŋ²² wun³¹
倒霉	好黑 hou⁵⁵ hak⁵	唔好彩 m̩²² hau⁵⁵ tʰɔi⁵⁵	唔好彩 m̩²² hɔ⁴⁴ tsʰɔi⁵⁵	唔行运 m̩²² haŋ²² wan³¹	唔好彩 m̩²² hɔ⁵⁵ tʰɔi⁵⁵	唔好运 m̩²² hou⁵⁵ wun³¹	倒霉 tou⁵⁵ mui²²
时兴	时兴 si²² heŋ³³	时兴 si²² heŋ⁴⁴	好架势 hɔ⁴⁴ ka⁴⁴ sai⁴⁴	时兴 si²² heŋ⁴⁴	兴 heŋ⁴⁴	潮流 tsʰiu²² lau²²	时兴 si²² haŋ⁴⁴
过时	过时 kuɔ³³ si²²	过时 kuɔ⁴⁴ si²²	过时 kuɔ⁴⁴ si²²	过时 kuɔ⁴⁴ si²²	过嘞时 kuɔ⁴⁴ sai⁴⁴ si²²	过时 kuɔ⁴⁴ si²²	过时 kuɔ⁴⁴ si²²
畅销	好卖 hou⁵⁵ mai³¹	便嘢 pʰian²² jɛ³¹	好卖 hɔ⁴⁴ mai²¹	畅销 tsʰiaŋ⁴⁴⁻³¹ siu⁴⁴	好卖 hɔ⁵⁵ mai³¹	好卖 hou⁵⁵ mai³¹	好卖 hou⁵⁵ mai³¹
滞销	唔好卖 m̩²² hou⁵⁵ mai³¹	唔好卖 m̩²² hau⁵⁵ mai³¹	唔好卖 m̩²² hɔ⁴⁴ mai²¹	唔畅销 m̩²² tsʰiaŋ⁴⁴⁻³¹ siu⁴⁴	唔好卖 m̩²² hɔ⁵⁵ mai³¹	唔好卖 m̩²² hou⁵⁵ mai³¹ / 短货 tɔn⁵⁵ fɔ⁴⁴	唔好卖 m̩²² hou⁵⁵ mai³¹
生气	嬲 niu³³	嬲 nau⁴⁴	恶 ɔk⁵ / 嬲 nau⁴⁴	嬲 nau⁴⁴	嬲 niu⁴⁴	嬲 niu⁵⁵	嬲 niu⁴⁴
提防	顾住 ku³³ tsi³¹ / 顾紧 ku³³ kin⁵⁵	提防 hai²² fɔŋ²²	好声 hɔ⁵⁵ ɬiaŋ⁴⁴ / 小心 ɬiau⁵⁵ ɬim⁴⁴	因住 jan⁴⁴ tsi³¹	注意 tsi⁴⁴ ji⁴⁴	顾住 ku⁴⁴ tsi³¹	惊住 kɛŋ⁴⁴ tsi³¹
喜欢 ~看戏	中意 tsəŋ³³ ji³³	中意 tsuŋ⁴⁴ ji⁴⁴	中意 tsuŋ⁴⁴ ji⁴⁴	喜欢 hi⁵⁵ fɔn⁴⁴	中意 tsuŋ⁴⁴ ji⁴⁴	中意 tsuŋ⁴⁴ ji⁴⁴	中意 tsuŋ⁴⁴ ji⁴⁴
妒忌	眼赤 ŋan⁵⁵ tʰiak³	妒忌 u³¹ ki³¹	唔欢喜 m̩²² fun⁴⁴ hi⁵⁵	妒忌 tu³¹ ki³¹	呷醋 hap³ tsʰu⁴⁴	呷醋 hap³ tʰu⁴⁴	眼红 ŋan⁵⁵ huŋ²² / 妒忌 ou³¹ kei⁴⁴
疼爱 ~孙子	锡 tʰiak³	锡 ɬɛk³ / ɬiak³	恨避 han²¹	锡 sɛk³	锡 ɬiak³	锡 ɬiak³	恨避 han³¹
累	够 keu³¹⁻³⁵	瘤 kui³¹	瘤 kui²¹ / 够 kau⁴⁴	瘤 kui³¹	瘤 kui³¹	够 kau⁴⁴	够 kai⁴⁴
厉害酒~	猛 maŋ³³	犀利 sai⁴⁴ li³¹	好力 hɔ⁵⁵ lek²	□力 ɔ³¹ lek²	□kʰaŋ⁴⁴ / 猛 maŋ⁵⁵	劲 keŋ⁴⁴	猛 maŋ⁴⁴

续表 3-22

条目	方言						
	广东 台山话	三藩市 台山话	洛杉矶 台山话	纽约 台山话	芝加哥 台山话	波特兰 台山话	圣安东尼奥 台山话
鱼活	生猛 saŋ^{33} maŋ^{33}	生 saŋ^{44}	生 saŋ^{44}	生猛 saŋ^{44} maŋ^{31}	生 ɬaŋ^{44}	生猛 saŋ^{44} maŋ^{55}	生猛 saŋ^{44} maŋ^{55}
稀 栽~了	疏 ɬɔ^{33}	疏 su^{44}	—	疏 sɔ^{44}	疏 ɬɔ^{44}/散 san^{44}	疏 ɬu^{44}	疏 sɔ^{44}
陡 坡~	倚 k^{h}ei^{31}	倚 k^{h}i$^{55-35}$	—	倚 k^{h}i^{55}	倚 k^{h}i^{44}	倚 k^{h}i^{55}	斜 t^{h}ɛ^{22}
强壮 人~	强壮 k^{h}iaŋ^{33} tsɔŋ^{33}	大只 ai^{31} tsɛk^{33}	—	大只 ai^{31} tsɛk^{3}	好力 hɔ^{55} lek^{22}	好健 hou^{55} k^{h}ɛn^{31}/好力 hou^{55} lek^{2}	大只 ai^{31} tsɛk^{3}
歪 车~ 向一边	侧 tsak^{2}	乜 mɛ^{55}	—	乜 mɛ^{55}	侧 tsak^{5}	乜 mɛ^{55}	侧 tsak^{5}
潮 天气~	润 □□ŋun^{31} ts^{h}i^{33} ts^{h}i^{33}	湿 sɛp^{5}	湿 siap^{5}	湿 sap^{5}	湿 siap^{3}	湿 sɛp^{3}	湿 ɬip^{5}
热闹	高兴 kou^{33} heŋ^{33}	吵 t^{h}ou^{22}	好吵 hɔ^{55} ts^{h}ɔ^{22}	吵 tsʰou^{22}	吵 tsʰɔ^{22}	好吵 hou^{55} t^{h}ou^{22}/□□ nɔ^{22} tɔ^{31}	热闹 jit^{2} nai^{31}
冷清	□清 ɬak^{5} t^{h}iaŋ$^{33-21}$	静 tseŋ^{31}	静 teŋ^{21}	静 tseŋ^{31}	静 teŋ^{31}	安静 ɔn^{44} tseŋ^{31}	静 taŋ^{31}
干净	□□ k^{h}en^{22} sen^{22}	整齐 tseŋ^{44} t^{h}ɔi^{22}	干净 kɔn^{44} tiaŋ^{21}	净 tiaŋ^{31}	齐净 tsʰai^{22} tsiaŋ^{31}	好齐 hou^{55} t^{h}ai^{22}	净 tɛŋ^{31}
肮脏	□□ lai^{22} ɬai^{31}	邋遢 lat^{3} that^{3}	喇騰 la^{21} tsa^{44}	揦□ na^{22} sai^{22}	□□ lai^{22} sai^{22}	邋遢 lat^{2} that^{2}	□□ lai^{31} sai^{31}
麻烦 事情很~	麻烦 ma^{22} fan^{22}	麻烦 ma^{22} fan^{22}	麻烦 ma^{22} fan^{22}	麻烦 ma^{22} fan^{22}	麻烦 ma^{22} fan^{22}	麻烦 ma^{22} fan^{22}	麻烦 ma^{22} fan^{22}
稳健	精神 ten^{33} sin^{22}	稳阵 wun^{55} tsin^{31}	定 teŋ^{21}	稳阵 wun^{55} tsin^{31}	稳阵 wun^{55} tsin^{31}	稳健 wun^{55} kɛn^{31}	稳重 wun^{55} tsuŋ^{31}
顶呱呱	好嘢 hou^{55} ie^{33}	好呖 hau^{55} lɛk^{5}	好好 hɔ^{55} hɔ^{55}	好呖 hou^{55} lɛk^{5}	好好 hɔ^{55} hɔ^{55}	第一 ai^{31} jit^{5}	好好 hou^{55} hou^{55}
很细 绳子~	好细 hou^{55} ɬai^{31}	好幼 hau^{55} jiu^{44}	好细 hɔ^{44} sai^{44}	好细 hou^{55} ɬai^{44}	好细 hɔ^{55} ɬai^{44}	好细 hou^{55} sai^{44}	好细 hou^{55} ɬai^{44}/好□ hou^{55} liu^{44}

续表 3-22

条目	方言						
	广东 台山话	三藩市 台山话	洛杉矶 台山话	纽约 台山话	芝加哥 台山话	波特兰 台山话	圣安东尼奥 台山话
很厚 书~	好厚 hou^{55} heu^{31}	好厚 hau^{55} hau^{31}	好厚 hɔ^{55} hau^{21}	好厚 hou^{55} hɐu^{31}	好厚 hɔ^{55} hɐu^{55}	好厚 hou^{55} hau^{31}	好厚 hou^{55} hai^{31}
很烂 肉煮得~	好融 hou^{55} juŋ^{22}	好脸 hau^{55} nam^{22}	好烂 hɔ^{55} lan^{21}	烂 lan^{31}	好脸 hɔ^{55} lam^{22}	好脸 hou^{55} nam^{22}	好脸 hou^{55} nɔm^{22}
胖 人~	肥 fei^{22}	肥 fei^{22}	肥 fei^{22}	肥 fi^{22}	肥 fi^{22}	肥 fi^{22}	肥 fei^{22}
很快 刀~	好利 hou^{55} lei^{31}	好尖 hau^{55} tsiam^{44}	好尖 hɔ^{55} tiam^{44}	好利 hou^{55} li^{31}	好利 hɔ^{55} li^{31}	好利 hou^{55} li^{31}	好利 hou^{55} lei^{31}
很冷 水~	冻冰冰 ɐŋ^{33} pen^{33} pen^{33}	好冻 hau^{55} uŋ^{31}	好冻 hɔ^{55} uŋ^{44}/冻□ uŋ^{44} siau^{55}	好冻 hou^{55} uŋ^{44}	好凉 hɔ^{55} liaŋ^{22}	好冻 hou^{55} uŋ^{44}	好冻 hou^{55} tuŋ^{44}

表 3-23　6 个广府话有关人和事物性质状态的说法

条目	方言						
	广东 广州话	三藩市 广府话	洛杉矶 广府话	纽约 广府话	芝加哥 广府话	波特兰 广府话	休斯敦 广府话
乌云	黑云 hak^5 wɐn^{21}	黑云 hak^5 wɐn^{21}	*	黑云 hak^5 wɐn^{21}	黑云 hak^5 wɐn^{21}	乌云 wu^{55} wɐn^{21}	黑云 hak^5 wɐn^{21}
毛毛雨	雨溦溦 jy^{13} mei$^{21-55}$ mei$^{21-55}$	*	细雨仔 sei^{33} jy^{13} tsei^{35}	小雨 siu^{35} jy^{13}	滴紧雨 tek^2 kɐn^{35} jy^{13}	毛毛雨 mou^{21} mou^{21} jy^{13}	细雨 sei^{33} jy^{13}
闷热 天气~	好闷 hou^{35} mun^{22}/好焗 hou^{35} kuk^2	*	—	好热 hou^{35} jit^2	湿热 sɐp^5 jit^2	闷热 mun^{22}	好热 hou^{35} jit^2
凉快 天气~	凉爽 lœŋ^{21} sɔŋ^{35}	凉爽 lœŋ^{21} sɔŋ^{35}	凉爽 lœŋ^{21} sɔŋ^{35}	—	凉啲 lœŋ^{21} ti^{55}	凉爽 lœŋ^{21} sɔŋ^{35}	凉爽 lœŋ^{21} sɔŋ^{35}
爱挑 剔~的人	淹尖腥闷 jim^{55} tsim^{55} sɐŋ^{55} mun^{22}	淹尖 jim^{55} tsim^{55}	恶死 ŋɔk^3 sei^{35}	*	淹尖腥闷 jim^{55} tsim^{55} sɐŋ^{55} mun^{22}	淹尖 jim^{55} tsim^{55}	—

续表 3-23

条目	方言						
	广东广州话	三藩市广府话	洛杉矶广府话	纽约广府话	芝加哥广府话	波特兰广府话	休斯敦广府话
小气	小气 siu³⁵ hei³³	孤寒 ku⁵⁵ hɔn²¹	小气 siu³⁵ hei³³	小气 siu³⁵ hei³³	小气 siu³⁵ hei³³/孤寒 ku⁵⁵ hɔn²¹	小气 siu³⁵ hei³³	小气 siu³⁵ hei³³
能干	好呖 hou³⁵ lɛk⁵	好呖 hou³⁵ lɛk⁵	呖 lɛk⁵	呖 lɛk⁵	有料 jɐu¹³ liu²²⁻³⁵/好呖 hou³⁵ lɛk⁵	能干 nɐŋ²¹ kɔn³³/呖 lɛk⁵	呖 lɛk⁵
勤快	勤力 kʰɐn²¹ lek²	勤力 kʰɐn²¹ lek²	勤力 kʰɐn²¹ lek²	勤力 kʰɐn²¹ lek²	勤力 kʰɐn²¹ lek²	勤力 kʰɐn²¹ lek²	勤力 kʰɐn²¹ lek²
可爱	得意 tɐt⁵ ji³³	*	可爱 hɔ³⁵ ɔi³³/得人锡 tɐt⁵ jɐn²¹ sɛk³	得意 tɐt⁵ ji³³	得意 tɐt⁵ ji³³	可爱 hɔ³⁵ ɔi³³/得意 tɐi⁵ ji³³	得意 tɐt⁵ ji³³
强壮	大只 tai²² tsɛk³	好大只 hou³⁵ tai²² tsɛk³	强壮 kʰœŋ²¹ tsɔŋ³³	大力 tai²² lek²	大只 tai²² tsɛk³	大力 tai²² lek²	大只 tai²² tsɛk³
精	醒目 sɛŋ³⁵ muk²/精 tsɛŋ⁵⁵	精 tsɛŋ⁵⁵	醒 sɛŋ³⁵/精 tsɛŋ⁵⁵	醒 sɛŋ³⁵	醒 sɛŋ³⁵	呖 lɛk⁵	聪明 tsʰuŋ⁵⁵ mɐŋ²¹
笨	蠢 tsʰœn³⁵	蠢 tsʰœn³⁵	蠢 tsʰœn³⁵	蠢 tsʰœn³⁵	蠢 tsʰœn³⁵/钝 tɐn²²	蠢 tsʰœn³⁵	蠢 tsʰœn³⁵
不害臊	唔怕丑 m²¹ pʰa³³ tsʰɐu³⁵	唔怕丑 m²¹ pʰa³³ tsʰɐu³⁵	唔怕丑 m²¹ pʰa³³ tsʰɐu³⁵	厚面皮 hɐu¹³ min²² pʰei²¹	唔怕丑 wu²¹ pʰa³³ tsʰɐu³⁵/大方 tai²² fɔŋ⁵⁵	唔怕丑 m²¹ pʰa³³ tsʰɐu³⁵	唔怕丑 m²¹ pʰa³³ tsʰɐu³⁵
年轻	后生 hɐu²² saŋ⁵⁵	后生 hɐu²² saŋ⁵⁵	后生 hɐu³³ saŋ⁵⁵	后生 hɐu²² saŋ⁵⁵	后生 hɐu²² saŋ⁵⁵	年轻 nin²¹ hɐŋ⁵⁵/后生 hɐu²² saŋ⁵⁵	后生 hɐu²² saŋ⁵⁵
难看	丑样 tsʰɐu³⁵ jœŋ²²⁻³⁵/难睇 nan²¹ tʰɐi³⁵/肉酸 juk² syn⁵⁵	肉酸 juk² syn⁵⁵	丑样 tsʰɐu³⁵ jœŋ²²⁻³⁵	肉酸 juk² syn⁵⁵/核突 wɐt² tɐt²	丑样 tsʰɐu³⁵ jœŋ²²⁻³⁵	核突 wɐt² tɐt²	丑怪 tsʰɐu³⁵ kwai³³/丑样 tsʰɐu³⁵ jœŋ²²⁻³⁵

续表 3-23

条目	方言						
	广东广州话	三藩市广府话	洛杉矶广府话	纽约广府话	芝加哥广府话	波特兰广府话	休斯敦广府话
小巧玲珑	啲式 tek⁵ sek⁵/骨子 kwɐt⁵ tsi³⁵	啲式 tek⁵ sek⁵	啲式 tek⁵ sek⁵	—	骨子 kwɐt⁵ tsi³⁵	细粒 sɐi³³ lɐp⁵	—
执拗	硬颈 ŋaŋ²² kɛŋ³⁵	硬颈 ŋaŋ²² kɛŋ³⁵	硬颈 ŋaŋ²² kɛŋ³⁵	拗颈 au³³ kɛŋ³⁵	硬颈 ŋaŋ²² kɛŋ³⁵	硬颈 ŋaŋ²² kɛŋ³⁵	硬颈 ŋaŋ²² kɛŋ³⁵
随和	是但 si²² tan²²	是但 si²² tan²²	是但 si²² tan²²	随便 tsʰœy²¹ pin²²⁻³⁵	好性格 hou³⁵ sɛŋ³³ kak³	随和 tsʰœy²¹ wɔ²¹	—
骄傲	牙擦 ŋa²¹ tsʰat³	骄傲 kiu⁵⁵ ŋou²²	牙擦 ŋa²¹ tsʰat³	嚣 hiu⁵⁵	骄傲 kiu⁵⁵ ŋou³³	骄傲 kiu⁵⁵ ŋou²²	骄傲 kiu⁵⁵ ŋou²²
偷懒	偷鸡 tʰɐu⁵⁵ kɐi⁵⁵/偷懒 tʰɐu⁵⁵ lan¹³	偷鸡 tʰɐu⁵⁵ kɐi⁵⁵/偷懒 tʰɐu⁵⁵ lan¹³	偷懒 tʰɐu⁵⁵ lan¹³	懒 lan¹³	偷懒 tʰɐu⁵⁵ lan¹³	偷懒 tʰɐu⁵⁵ lan¹³	懒 lan¹³
滑头	狡猾 kau³⁵ wat²	狡猾 kau³⁵ wat²	狡猾 kau³⁵ wat²	蛊滑 ku³⁵ wat²	蛊滑 ku³⁵ wat²/阴湿 jɐm⁵⁵ sɐp⁵	—	狡猾 kau³⁵ wat²
耍赖	发烂盏 fat³ lan²² tsan³⁵	—	—	—	唔知丑 wu²¹ tsi⁵⁵ tsʰɐu³⁵	—	—
没空儿	唔得闲 m̩²¹ tɐt⁵ han²¹	唔得闲 m̩²¹ tɐt⁵ han²¹	唔得闲 m̩²¹ tɐt⁵ han²¹	冇得闲 mou¹³ tɐk⁵ han²¹	冇时间 mou¹³ si²¹ kan³³	冇时间 mɐu¹³ si²¹ kan³³	冇时间 mou¹³ si²¹ kan³³
走运	行运 haŋ²¹ wɐn²²/好彩 hou³⁵ tsʰɔi³⁵	好彩 hou³⁵ tsʰɔi³⁵/*	行运 haŋ²¹ wɐn²²	好彩 hou³⁵ tsʰɔi³⁵	行运 haŋ²¹ wɐn²²	行运 haŋ²¹ wɐn²²	好彩 hou³⁵ tsʰɔi³⁵
倒霉	唔好彩 m̩²¹ hou³⁵ tsʰɔi³⁵	唔好彩 m̩²¹ hou³⁵ tsʰɔi³⁵/*	衰咗 sœy⁵⁵ tsɔ³⁵	唔好彩 m̩²¹ hou³⁵ tsʰɔi³⁵	当黑 tɔŋ⁵⁵ hak⁵	行衰运 haŋ²¹ sœy⁵⁵ wɐn²²	唔好彩 m̩²¹ hou³⁵ tsʰɔi³⁵
时兴	兴 hɛŋ⁵⁵	兴 hɛŋ⁵⁵	时兴 si²¹ hɛŋ⁵⁵	好潮 hou³⁵ tsʰiu²¹	潮流 tsʰiu²¹ lɐu²¹	兴 hɛŋ⁵⁵	兴 hɛŋ⁵⁵

续表 3-23

条目	方言						
	广东广州话	三藩市广府话	洛杉矶广府话	纽约广府话	芝加哥广府话	波特兰广府话	休斯敦广府话
过时	过时 kwɔ³³ si²¹/唔兴 m̩²¹ heŋ⁵⁵	过时 kwɔ³³ si²¹	过时 kwɔ³³ si²¹	过时 kwɔ³³ si²¹	过时 kwɔ³³ si²¹	过时 kwɔ³³ si²¹	过时 kwɔ³³ si²¹
畅销	好卖 hou³⁵ mai²²	好卖 hou³⁵ mai²²	好卖 hou³⁵ mai²²	—	好卖 hou³⁵ mai²²	好卖 hou³⁵ mai²²	好卖 hou¹³ mai²²
滞销	唔好卖 m̩²¹ hou³⁵ mai²²	唔好卖 m̩²¹ hou³⁵ mai²²	唔好卖 m̩²¹ hou³⁵ mai²²	—	唔好卖 m̩²¹ hou³⁵ mai²²	唔好卖 m̩²¹ hou³⁵ mai²²	唔好卖 m̩²¹ hou¹³ mai²²
生气	嬲 neu⁵⁵	嬲 neu⁵⁵	嬲 neu⁵⁵	嬲 neu⁵⁵	嬲 neu⁵⁵	嬲 neu⁵⁵	嬲 neu⁵⁵
提防	因住 jen⁵⁵ tsy²²	因住 jen⁵⁵ tsy²²	提防 tʰɐi²¹ fɔŋ²¹	睇住 tʰɐi³⁵ tsy²²	小心 siu³⁵ sɐm⁵⁵/警惕 keŋ³⁵ tʰek⁵	顾住 ku³³ tsy²²	小心 siu³⁵ sɐm⁵⁵
喜欢~看戏	中意 tsuŋ⁵⁵ ji³³	中意 tsuŋ⁵⁵ ji³³	中意 tsuŋ⁵⁵ ji³³	中意 tsuŋ⁵⁵ ji³³	中意 tsuŋ⁵⁵ ji³³	中意 tsuŋ⁵⁵ ji³³	中意 tsuŋ⁵⁵ ji³³
妒忌	眼红 ŋan¹³ huŋ²¹	妒忌 tou²² kei²²	眼红 ŋan¹³ huŋ²¹	呷醋 hap³ tsʰou³³	妒忌 tou²² kei²²	妒忌 tou²² kei²²	—
疼爱~孙子	锡 sɛk³	锡 sɛk³	锡 sɛk³	锡 sɛk³	锡 sɛk³	锡 sɛk³	锡 sɛk³
累	癐 kui²²	癐 kui²²	癐 kui²²	癐 kui²²	癐 kui²²	癐 kui²²	癐 kui²²
活鱼~	生猛 saŋ⁵⁵ maŋ³⁵	—	生猛 saŋ⁵⁵ maŋ³⁵	生猛 saŋ⁵⁵ maŋ¹³	生猛 saŋ⁵⁵ maŋ¹³	—	活 wut²
厉害酒~	犀利 sɐi⁵⁵ lei²²	犀利 sɐi⁵⁵ lei²²	犀利 sɐi⁵⁵ lei²²	犀利 sɐi⁵⁵ lei²²	厉害 lei²² hɔi²²/劲 keŋ²²	劲 keŋ²²	强 kʰœŋ²¹
稀栽~了	疏 sɔ⁵⁵	疏 sɔ⁵⁵	疏 sɔ⁵⁵	好唔埋 hou³⁵ m̩²¹ mai²¹	疏 sɔ⁵⁵	疏 sɔ⁵⁵	—
陡坡~	斜 tsʰɛ³³	斜 tsʰɛ³³	斜 tsʰɛ²¹	斜 tsʰɛ²¹	斜 tsʰɛ²¹	斜 tsʰɛ²¹	斜 tsʰɛ²¹
强壮人~	大只 tai²² tsɛk³	大只 tai²² tsɛk³	壮 tsɔŋ³³	劲 keŋ²²	大只 tai²² tsɛk³	大只 tai²² tsɛk³	大只 ai³¹ tsɛk³
歪车~向一边	乜 mɛ³⁵	乜 mɛ³⁵	乜 mɛ³⁵	唔正 m̩²¹ tsɛŋ³³	乜 mɛ³⁵	乜 mɛ³⁵	侧 tsak⁵

续表 3-23

条目	方言						
	广东广州话	三藩市广府话	洛杉矶广府话	纽约广府话	芝加哥广府话	波特兰广府话	休斯敦广府话
潮 天气~	回南 wui²¹ nam²¹ / 湿 sɐp⁵	湿 sɐp⁵	湿 sɐp⁵	潮湿 tsʰiu²¹ sɐp⁵	湿 sɐp⁵	潮湿 tsʰiu²¹ sɐp⁵	湿 sɐp⁵
热闹	热闹 jit² nau²²	热闹 jit² nau²²	热闹 jit² nau²²	热闹 jit² nau²²	热闹 jit² nau²²	热闹 jit² nau²²	热闹 jit² nau²²
冷清	好静 hou³⁵ tsɛŋ²² / 冷清 laŋ¹³ tsʰɛŋ⁵⁵	静 tsɛŋ²²	静 tsɛŋ²²	冇嘢声 mou¹³ sai³³ sɛŋ⁵⁵	冷清 laŋ¹³ tsʰɛŋ⁵⁵	安静 ɔn⁵⁵ tsɛŋ²²	静 tsɛŋ²²
干净	干净 kɔn⁵⁵ tsɛŋ²² / 倚理 kʰei¹³ lei¹³	干净 kɔn⁵⁵ tsɛŋ²²	干净 kɔn⁵⁵ tsɛŋ²²	干净 kɔn⁵⁵ tsɛŋ²²	干净 kɔn⁵⁵ tsɛŋ²²	干净 kɔn⁵⁵ tsɛŋ²²	干净 kɔn⁵⁵ tsɛŋ²²
肮脏	邋遢 lat² tʰat³	□□lei²² sɐi²²	邋遢 lat² tʰat³	污糟 wu⁵⁵ tsou⁵⁵	污遭 wu⁵⁵ tsou⁵⁵	邋遢 lat² tʰat³	污遭 wu⁵⁵ tsou⁵⁵
麻烦 事情很~	麻烦 ma²¹ fan²¹	麻烦 ma²¹ fan²¹	麻烦 ma²¹ fan²¹	*	麻烦 ma²¹ fan²¹	麻烦 ma²¹ fan²¹	麻烦 ma²¹ fan²¹
稳健	稳阵 wɐn³⁵ tsɐn²²	稳阵 wɐn³⁵ tsɐn²²	稳阵 wɐn³⁵ tsɐn²²	稳定 wɐn⁵⁵ tɛŋ²²	稳定 wɐn³⁵ tɛŋ²²	稳健 wɐn³⁵ kin²²	稳定 wɐn³⁵ tɛŋ²²
顶呱呱	好嘢 hou³⁵ jɛ¹³	好叻 hou³⁵ lɛk⁵	顶呱呱 tɛŋ³⁵ kwa⁵⁵ kwa⁵⁵	*	顶呱呱 tɛŋ³⁵ kwa⁵⁵ kwa⁵⁵	好好 hou³⁵ hou³⁵	好好 hou³⁵ hou³⁵
很细 绳子~	好幼 hou³⁵ jɐu³³	好幼 hou³⁵ jɐu³³	好细 hou³⁵ sɐi³³	好幼 hou³⁵ jɐu³³	好幼 hou³⁵ jɐu³³	好细 hou³⁵ sɐi³³	□liu⁵⁵
很厚 书~	好厚 hou³⁵ hɐu¹³	好阔 hou³⁵ fut³	好厚 hou³⁵ hɐu¹³	好厚 hou³⁵ hɐu¹³	好厚 hou³⁵ hɐu¹³	好厚 hou³⁵ hɐu³³	好厚 hou³⁵ hɐu¹³
很烂 肉煮得~	好腍 hou³⁵ nɐm²¹	好腍 hou³⁵ nɐm²¹	好腍 hou³⁵ nɐm²¹	腍 lɐm²¹	烂 lan²² / 腍 lɐm²¹	腍 lɐm²¹	好烂 hou³⁵ lan²²
胖 人~	肥 fei²¹	肥 fei²¹	肥 fei²¹	肥 fei²¹	肥 fei²¹	肥 fei²¹	肥 fei²¹
很快 刀~	好利 hou³⁵ lei²²	好利 hou³⁵ lei²²	好利 hou³⁵ lei²²	好尖 hou³⁵ tsim⁵⁵	好利 hou³⁵ lei²²	好利 hou³⁵ lei²²	好尖 hou³⁵ tsim⁵⁵

续表 3-23

条目	方言						
	广东广州话	三藩市广府话	洛杉矶广府话	纽约广府话	芝加哥广府话	波特兰广府话	休斯敦广府话
很冷水~	好冻 hou^{35} tuŋ^{33}	好冻 hou^{35} tuŋ^{33}	好冻 hou^{35} tuŋ^{33}	好冻 hou^{35} tuŋ^{33}	好冻 hou^{35} tuŋ^{33}	好冻 hou^{35} tuŋ^{33}	好冻 hou^{35} tuŋ^{33}

除了"耍赖"一条，华人社区广府话共有 5 个点（三藩市、洛杉矶、纽约、波特兰、休斯敦）没有提供说法，台山话有两个点（芝加哥、波特兰）空白以外，"有关人和事物性质状态"条目，一如上述的"有关人和事物行为变化"类，出现空白的状况不算太多。这再次印证了我们上面提到的"名词类的词语似乎更加容易发生变化，谓词性的词语比名词性词语发生变化的状况要稍好些"的看法。

3.1.3.9 有关指代和数量的（见表 3-24、表 3-25）

表 3-24 6 个台山话有关指代和数量的说法

条目	方言						
	广东台山话	三藩市台山话	洛杉矶台山话	纽约台山话	芝加哥台山话	波特兰台山话	圣安东尼奥台山话
他	渠 k^{h}ui^{31}	渠 k^{h}ui^{55}	渠 k^{h}ui^{55}	渠 k^{h}ui^{55}	渠 k^{h}ui^{55}	渠 k^{h}i^{55}	渠 k^{h}ui^{55}
我们/咱们	□ŋɔi^{31}	□ŋui^{31}	我们 ŋɔi^{21} mun$^{22-35}$	□ŋui^{31}	□ŋui^{22}	□ŋɔi^{22}	□ŋɔi^{22}
谁	阿谁 a^{33} sui^{33}	阿谁 a^{44} sui^{22}	谁 sui$^{22-55}$	边个ɾ-pɛn^{44} kɔ^{44}	阿谁 a^{44} sui^{55}	阿谁 a^{44} sui^{44}	阿谁 a^{44} sui$^{22-35}$
别人	人 □ŋin^{22} liak^{5}	□k^{h}ɛt^{2}	第二人 ai^{21} ŋi^{21} ŋin^{22}	第二个 ai^{31} nei^{31} kɔ^{44}	人 □ŋin^{22} liak^{5}	第个 ai^{31} kɔ^{44}	第二个 ai^{31} nei^{31} kɔi^{44}
大家	大家 ai^{31} ka^{33}	个个 kɔ^{31} kɔ^{31}	个个 kɔi^{44} kɔ^{44}	大家 ai^{31} ka^{44}	□家 t^{h}ui^{22} ka^{44}	个个 kɔ^{44} kɔ^{44}	大家 tai^{31} ka^{44}/□ŋɔi^{22}
自己	自己 tu^{31} kei^{55}	自己 tu^{31} ki$^{55-35}$	自己 tsi^{21} ki^{55}	自己 tu^{31} kei^{55}	自己 tsi^{31} ki^{55}	自己 tsi^{31} ki^{55}	自己 tu^{31} ki^{55}
你的	你个 nei^{21} kɔi^{33}	你个 ni^{44} kɔi^{44}	你个 ni^{55} kɔi^{44}	你嘅 nei^{55} kɛ^{44}	你嘅 nei^{55} kɛ^{31}	你嗰 ni^{55} kɔi^{44}	你㗎 nei^{55} ka^{44}
谁的	阿谁个 a^{33} sui^{55} kɔi^{33}	阿谁个 a^{44} sui$^{22-55}$ kɔi$^{44-31}$	谁个 sui$^{22-55}$ kɔi^{44}	边个嘅ɾ-pin^{44} kɔ^{44} kɛ^{44}	阿谁嘅 a^{44} sui^{55} kɛ^{44}	阿谁嗰 a^{44} sui^{22} kɔ^{44}	阿谁㗎 a^{44} sui^{55} ka^{44}

续表 3-24

条目	方言						
	广东台山话	三藩市台山话	洛杉矶台山话	纽约台山话	芝加哥台山话	波特兰台山话	圣安东尼奥台山话
这个	□个 kɔi³¹ kɔi³³	□个 kʰui³¹ kɔi⁴⁴	□个 kʰɔi²² kɔi⁴⁴	呢个 ni⁴⁴ kɔ⁴⁴	□个 kʰɔi²² kɔ⁴⁴	□嗰 kʰɔi²² kɔ⁴⁴	□个 kʰɔi³¹ kɔi⁴⁴
哪个	□个 nai³¹ kɔi³³	哪个 nai⁴⁴ kɔi⁴⁴	哪个 nai²² kɔi⁴⁴	边个 pɛn⁴⁴ kɔ⁴⁴	□个 nai²² kɔ⁴⁴	□嗰 nai³¹ kɔ⁴⁴	□个 nai⁴⁴ kɔi⁴⁴
那些	□□nin³¹ nai⁵⁵	□哟 neŋ²² nit⁵	□□nin²² nai⁴⁴	□□nin²² nai⁵⁵	□呢 neŋ²² nei⁴⁴	□呢 nek² nai⁴⁴	□□kʰeŋ²² nai⁵⁵
一些	一□jit⁵ nai⁵⁵	一□jit⁵ nai⁴⁴⁻³¹	□nai⁵⁵	一哟 jat⁵ ti⁴⁴	一□jat⁵ nit⁵	呢 jiu⁵⁵ nai⁴⁴	一□ jit⁵ nai⁵⁵
这里	□kʰɔi³¹⁻³⁵	□kʰɔi³¹⁻³⁵	□kʰɔi²¹	呢度 ni⁴⁴ tou³¹	□kʰɔi²²⁻³⁵	□kʰɔi²²⁻³⁵	□ou⁴⁴ kʰɔi⁵⁵⁻³⁵
那边	□niŋ³¹⁻³⁵	□边 neŋ²² pɛn⁴⁴	□便 nin²² pɛn²¹	□边 kʰui²² pɛn⁴⁴	□neŋ²²⁻³⁵	□边 nek² pɛn⁴⁴	□□kʰeŋ²² pan⁴⁴
这么（甜）	□kʰɔi³¹	□（甜）hɔ⁵⁵（hɛn²²）	好（甜）hɔ⁵⁵（hiam²²）	好（甜）hou⁵⁵（hiam²²）	□kʰɔi³¹	好（甜）hou⁵⁵（hiam²²）	好（甜）hou⁵⁵（hɛm²²）
那么（甜）	□kʰɔi³¹	□（甜）hɔ⁵⁵（hɛn²²）	好（甜）hɔ⁵⁵（hiam²²）	好（甜）hou⁵⁵（hiam²²）	□kʰɔi³¹	好（甜）hou⁵⁵	咁（甜）kam⁴⁴（hɛm²²）
这样（做）	□（做）kʰau³¹⁻³⁵（tu³¹）	□样 kʰɔi²² jɔŋ³¹	（做）□样（tu²¹）kʰɔi²¹ jɔŋ²¹⁻³⁵	噉样（做）kam⁵⁵ jɔŋ⁴⁴（tu³¹）	□样 kʰɔi³¹ jaŋ³¹⁻³⁵	□（做）kʰɔ⁵⁵（tu³¹）	□kʰɔi²² jɛŋ³¹⁻⁵⁵
那样（做）	□（做）kʰau³¹⁻³⁵（tu³¹）	□样 neŋ²² jɔŋ³¹	（做）□样（tu²¹）nin²² jɔŋ²¹⁻³⁵	噉样（做）kam⁵⁵ jɔŋ⁴⁴（tu³¹）	□样 kʰɔi³¹ jaŋ³¹⁻³⁵	□（做）kʰɔ⁵⁵（tu³¹）	□样 kʰɔi²² jɛŋ³¹⁻⁵⁵
怎样（做）	几□（做）ki⁵⁵ hau³³⁻³⁵（tu³¹）	几□ki⁵⁵ hɔ⁴⁴	几□（做）ki⁵⁵ hɔ²²（tu²¹）	几□（做）ki⁵⁵ ou³¹（tu³¹）	几□（做）ki⁵⁵ hɔ²²（tu³¹）	几□（做）ki⁵⁵ hɔ²²（tu³¹）	几□kei⁵⁵ hau²²
什么时候	几时 ki⁵⁵ si²²	几时 kei⁵⁵ si²²	几时 ki⁵⁵ si²²	几时 ki⁵⁵ si²²	几时 ki⁵⁵ si²²/几耐 ki⁵⁵ nɔi³¹	几时 ki⁵⁵ si²²	几时 kei⁵⁵ si²²
多久	几时 ki⁵⁵ si²²	几耐 kei⁵⁵ nɔi³¹	几久 ki⁵⁵ kiu⁵⁵	几久 ki⁵⁵ kiu⁵⁵	好久 hɔ⁵⁵ kiu⁵⁵	几久 ki⁵⁵ kiu⁵⁵	几耐 kei⁵⁵ nɔi³¹

续表 3-24

条目	方言						
	广东 台山话	三藩市 台山话	洛杉矶 台山话	纽约 台山话	芝加哥 台山话	波特兰 台山话	圣安东尼奥 台山话
多少斤	几斤 ki^{55} kin^{33}	几多磅 kei^{55} ɔ^{44} pɔŋ^{31}	几磅 ki^{55} pɔŋ^{21}	几多磅 ki^{55} ɔ^{44} pɔŋ^{31}	几多斤 ki^{55} ɔ^{44} kan^{44}	几多磅 ki^{55} ɔ^{44} pɔŋ^{31}	几斤 kei^{55} kin^{44}
别处	第二处 ai^{31} ŋi^{31} tsʰu^{31}	第二处 ai^{31} ŋi^{31} tsʰy^{31}	第二处 ai^{31} ŋi^{21} tsʰui^{21}	第二度 ai^{31} ŋei^{31} tou^{31}	第二处 ai^{31} ŋi^{31} tsʰui^{31}	第二处 ai^{31} ŋi^{31} tsʰui^{44}	第二处 ɔi^{31} ŋei^{31} tsʰui^{44}
别的	第二样 ai^{31} ŋi^{i} jaŋ$^{31-35}$	第二样 ai^{31} ŋi^{31} jɔŋ^{31}	第二样 ai^{31} ŋi^{21} jaŋ^{21}	第二样 ai^{31} ŋei^{31} jɔŋ^{31}	第啲 ai^{31} ti^{44}	第二样 ai^{31} ŋi^{i} jaŋ$^{31-35}$	第二呢 ɔi^{31} ŋei^{31} nai^{31}
到处	□都係 nai$^{31-35}$ tu^{33} hai^{31}	□都係 nai$^{44-35}$ tou^{44} hai^{31}	个个处 kɔi^{44} kɔi^{44} tsʰui^{21}	□□nai^{31} fuk$^{2-35}$	度度 au^{31} au^{31}	处处 tsʰui^{44} tsʰui^{44}	处处 tsʰui^{44} tsʰui^{44}
什么	乜 mɔt^{5}	乜 mɔt^{5}	乜 mɔt^{5}	乜 mɔt^{5}	乜 mɔt^{5}	乜 mɔt$^{5-35}$	乜 mɔt^{5}
为什么	几□ki^{55} kai$^{33-35}$	几解 ki^{55} kai^{55}	几解 ki^{55} kai^{55}	几解 ki^{55} kai^{55}	几解 ki^{55} kai^{55}	几解 ki^{55} kai^{55}	几解 ki^{55} kai^{55}
上下 多少~	上下 siaŋ^{31} ha$^{31-35}$	左右 tsu^{55} jiu^{31}	上下 sɛŋ^{21} ha^{21}	上下 sɛŋ^{31} ha^{31}	左右 tsɔ^{55} jiu^{31}	上下 sɛŋ^{31} ha^{31}	上下 sɛŋ^{31} ha^{31}/左右 tɔ^{55} jiu^{31}
双倍	双倍 sɔŋ^{33} pʰui^{31}	双倍 sɛŋ^{44} pʰui^{55}	双 sɔŋ^{44}	两倍 lɛŋ^{55} pʰui^{31}	两倍 liaŋ^{55} pʰui^{44}	双倍 sɔŋ^{44} pʰui^{31}	双倍 sɔŋ^{44} pʰɔi^{31}
二十二	二十二 ŋi^{31} sip^{2} ŋi^{31}	二十二 ŋi^{31} sip^{2} ŋi^{31}	二十二 ŋi^{21} sip^{2} ŋi^{21}	二十二 ŋei^{31} sap^{2} ŋei^{31}	廿二 ŋiap^{2} ŋi^{31}	二十二 ŋi^{31} ɬip^{2} ŋi^{31}	二十二 ŋi^{31} ɬip^{2} ŋi^{31}
三十三	三十三 ɬam^{33} sip^{2} ɬam^{33}	三十三 ɬam^{44} sip^{2} ɬam^{44}	三十三 ɬam^{44} sip^{2} ɬam^{44}	三十三 sam^{44} sap^{2} sam^{44}	三十三 ɬam^{44} sap^{2} ɬam^{44}	三十三 ɬam^{44} ɬip^{2} ɬam^{44}	三十三 ɬam^{44} ɬip^{2} ɬam^{44}
一百一十	百一 pak^{3} jit^{5}	一百一十 jit^{5} pak^{3} jit^{5} sip^{2}	一百一十 ŋit^{5} pak^{3} ŋit^{5} sip^{2}	一百一十 jat^{5} pak^{3} jat^{5} sap^{2}	百一 pak^{3} jat^{5}	百一 pak^{3} jit^{5}	一百一十 jit^{5} pak^{3} jit^{5} ɬip^{2}
二百五十	二百五 ŋi^{31} pak^{3} m̩^{55}	二百五十 ŋi^{31} pak^{3} m̩^{55} sip^{2}	二百五十 ŋi^{21} pak^{3} m̩^{55} sip^{2}	二百五十 ŋei^{31} pak^{3} m̩^{55} sap^{2}	二百五十 ŋi^{31} pak^{3} m̩^{55} sap^{2}	二百五 ŋi^{31} pak^{3} m̩^{55}	二百五 ŋi^{31} pak^{3} m̩^{55}

续表 3-24

条目	方言						
	广东台山话	三藩市台山话	洛杉矶台山话	纽约台山话	芝加哥台山话	波特兰台山话	圣安东尼奥台山话
万	万 man^{31}	万 man^{31}	万 man^{21}/十千 sip^2 tʰɛn^{44}	十千 sap^2 tʰɛn^{44}/万 man$^{31-55}$	万 man^{31}	万 man^{31}	万 man^{31}
三四个	三四个 ɬam^{33} ɬei^{33} kɔi^{33}	三四个 ɬam^{44} si^{44} kɔ^{31}	三四个 ɬam^{44} ɬi^{44} kɔi^{44}	三四只 sam^{44} sei^{44} tsɛk^3	三四个 ɬam^{44} ɬi^{44} kɔi^{44}	三四个 ɬam^{44} ɬi^{44} kɔ^{44}	三四个 ɬam^{44} ɬei^{44} kɔi^{44}
十来个	十几个 sip^2 ki^{55} kɔi^{33}/十□个 sip^2 a^{33} kɔi^{33}	十几个 sip^2 ki^{55} kɔ^{31}	十几个 sip^2 ki^{55} kɔi^{44}	十几个 sap^2 ki^{55} kɔ^{44}	十零个 sap^2 liaŋ^{22} kɔ^{44}	十几个 sap^2 ɬip^2 ki^{55} kɔi^{44}	十几个 ɬap^2 kei^{55} kɔi^{44}
整个~吃	成只 siaŋ^{22} tsiak^2	—	成个 sɛŋ^{22} kɔi^{44}	成只 sɛŋ^{22} tsɛk^3	成个 siaŋ^{22} kɔi^{44}	成个 sɛŋ^{22} kɔi^{44}	成个 sɛŋ^{22} kɔi^{44}
一斤半	斤半 kin^{33} pɔn^{33}	斤半 kin^{44} pɔn^{44}	斤半 kin^{44} pɔn^{44}	*	斤半 kɔn^{44} pɔn^{44}	斤半 kin^{44} pɔn^{44}	斤半 kin^{44} pɔn^{44}
个~人	个 kɔi^{33}	个 kɔ^{31}	个 kɔi^{44}	个 kɔ^{44}	个 kɔ^{44}	个 kɔ^{44}	个 kɔi^{44}
只~鸡	只 tisak^2	只 tsiak^3	个 kɔi^{44}	只 tsɛk^3	只 tsiak^3	只 tsɛk^3	只 tsɛk^3
朵~花	朵 vɔ^{33}	朵 wu^{44}	朵 wu^{55}	翕 pʰɔ^{44}	朵 ɔ^{55}	朵 tu^{55}	朵 ou^{55}
条~鱼	条 hiau^{22}	条 hiau^{22}	条 hɛu^{22}	只 tsɛk^3	条 hei^{22}	条 hiau^{22}	条 hɛu^{22}
棵~树	兜 eu^{33}	翕 pʰɔ^{44}	兜 au^{44}	翕 pʰɔ^{44}	翕 pʰɔ^{44}	兜 tau^{44}	翕 pʰɔ^{44}/兜 ɛu^{44}
顿~饭	餐 tʰuɔn^{33}	餐 tʰan^{44}	餐 tsʰan^{44}	餐 tʰan^{44}	餐 tʰan^{44}	tʰan^{44}	餐 tʰan^{44}
双~鞋	对 ui^{33}	对 wui^{44}	对 wui^{44}	对 ui^{44}	双华 sɔŋ^{44}	对 ui^{44}	对 ui^{44}
幢~房子	间 kan^{33}	间 kan^{44}	间 kan^{44}	间 kan^{44}	间 kan^{44}	间 kan^{44}	栋 uŋ^{44}/□ap^2
辆~车	辆 liaŋ^{22}	部 pu^{31}	架 ka^{21}	架 ka^{44}	架 ka^{31}	架 ka^{31}	架 ka^{31}
口~水	唅 am^{31}	唅 am^{31}	唅 am^{21}	唅 am^{31}	唅 am^{31}	唅 am^{31}	唅 am^{31}
窝~狗	窦 eu^{31}	窦 ɛu^{31}	—	窦 ɛu^{44}	窦 ɛu^{31}	几个 ki^{55} kɔ^{44}	窦 ai^{31}
块~砖	个 kɔi^{33}	咖 kau^{31}	咖 kau^{21}	块 fai^{44}	块 fai^{44}	咖 kau^{31}	咖 kau^{31}
阵~雨	阵间 tsin^{31} kan^{33}	阵 tsin^{31}	阵 tsin^{21}	阵 tsin^{31}	阵 tsan^{31}	阵 tsin^{31}	阵 tsin^{31}

续表 3-24

条目	方言						
	广东台山话	三藩市台山话	洛杉矶台山话	纽约台山话	芝加哥台山话	波特兰台山话	圣安东尼奥台山话
泡—~尿	督 uk^5	督 uk^5	督 uk^5	督 uk^5	督 uk^5	督 tuk^5	督 uk^2

表 3-25 6 个广府话有关指代和数量的说法

条目	方言						
	广东广州话	三藩市广府话	洛杉矶广府话	纽约广府话	芝加哥广府话	波特兰广府话	休斯敦广府话
他	渠 k^{h}œy^{13}	渠 k^{h}œy^{13}	渠 k^{h}œy^{13}	渠 k^{h}œy^{13}	渠 k^{h}œy^{13}	渠 k^{h}œy^{13}	渠 k^{h}œy^{13}
我们/咱们	我哋 ŋɔ^{13} tei^{22}	我哋 ŋɔ^{13} tei^{22}	我哋 ŋɔ^{13} tei^{22}	我哋 ɔ^{13} tei^{22}	我哋 ŋɔ^{13} tei^{22}	我哋 ŋɔ^{13} tei^{22}	我哋 ŋɔ^{13} tei^{22}
谁	边个 pin^{55} kɔ^{33}	边个 pin^{55} kɔ^{33}	边个 pin^{55} kɔ^{33}	边个 pin^{55} kɔ^{33}	边个 pin^{55} kɔ^{33}/阿谁台 a^{33} sœy^{21}	边个 pin^{55} kɔ^{33}	边个 pin^{55} kɔ^{33}
别人	第个 tei^{22} kɔ^{33}/人哋 jɐn^{21} tei^{22}	其他人 k^{h}ei^{21} t^{h}a^{55} jɐn^{21}	第个 tei^{22} kɔ^{33}	人哋 jɐn^{21} tei^{22}	其他人 k^{h}ei^{21} t^{h}a^{55} jɐn^{21}	第个 tei^{22} kɔ^{33}	别人 pit^2 jɐn^{21}
大家	大家 tai^{22} ka^{55}	大家 tai^{22} ka^{55}	大家 tai^{22} ka^{55}	大家 tai^{22} ka^{55}	全部人 ts^{h}yn^{21} pou^{22} jɐn^{21}/人人 jɐn^{21} jɐn^{21}	大家 tai^{22} ka^{55}	大家 tai^{22} ka^{55}
自己	自己 tsi^{22} kei^{13}	自己 tsi^{22} kei^{13}	自己 tsi^{22} kei^{35}	我自己 ɔ^{13} tsi^{22} kei^{35}	自己 tsi^{22} kei^{35}	自己 tsi^{22} kei^{35}	自己 tsi^{22} kei^{35}
你的	你嘅 nei^{13} kɛ^{33}	你嗰 nei^{13} kɔ^{33}	你嘅 nei^{13} kɛ^{33}	你嘅 nei^{13} kɛ^{33}	你嘅 lei^{13} kɛ^{33}	你嘅 nei^{13} kɛ^{33}	你嘅 nei^{13} kɛ^{33}
谁的	边个嘅 pin^{55} kɔ^{33} kɛ^{33}	边个嗰 pin^{55} kɔ^{33} kɔ^{33}	边个嘅 pin^{55} kɔ^{33} kɛ^{33}	边个嘅 pin^{55} kɔ^{33} kɛ^{33}	边个嘅 pin^{55} kɔ^{33} kɛ^{33}	边个嘅 pin^{55} kɔ^{33} kɛ^{33}	边个嘅 pin^{55} kɔ^{33} kɛ^{33}
这个	呢个 ni^{55} kɔ^{33}	呢个 ni^{55} kɔ^{33}	呢个 ni^{55} kɔ^{33}	呢个 ni^{55} kɔ^{33}	呢个 nei^{55} kɔ^{33}	呢个 nei^{55} kɔ^{33}	呢个 ni^{55} kɔ^{33}
哪个	边个 pin^{55} kɔ^{33}	哪个 na^{13}	边个 pin^{55} kɔ^{33}	边个 pin^{55} kɔ^{33}	边个 pin^{55} kɔ^{33}	边个 pin^{55} kɔ^{33}	边个 pin^{55} kɔ^{33}

续表 3-25

条目	方言						
	广东广州话	三藩市广府话	洛杉矶广府话	纽约广府话	芝加哥广府话	波特兰广府话	休斯敦广府话
那些	嗰啲 kɔ³⁵ ti⁵⁵	嗰啲 kɔ³⁵ ti⁵⁵	嗰啲 kɔ³⁵ ti⁵⁵	嗰啲 kɔ³⁵ ti⁵⁵	嗰啲 kɔ³⁵ ti⁵⁵	嗰啲 kɔ³⁵ ti⁵⁵	嗰啲 kɔ³⁵ ti⁵⁵
一些	一啲 jɐt⁵ ti⁵⁵	一啲 jɐt⁵ ti⁵⁵	一啲 jɐt⁵ ti⁵⁵	一啲 jɐt⁵ ti⁵⁵	一啲 jɐt⁵ ti⁵⁵	一啲 jɐt⁵ ti⁵⁵	一啲 jɐt⁵ ti⁵⁵
这里	呢度 ni⁵⁵ tou²²	呢度 ni⁵⁵ tou²²	呢度 ni⁵⁵ tou²²	呢度 ni⁵⁵ tou²²	呢度 ni⁵⁵ tou²²	呢度 nei⁵⁵ tou²²	呢度 nei⁵⁵ tou²²	呢度 ni⁵⁵ tou²²
那边	嗰边 kɔ³⁵ pin⁵⁵	嗰度 kɔ³⁵ tou²²	嗰边 kɔ³⁵ pin⁵⁵	嗰边 kɔ³⁵ pin⁵⁵	嗰便 kɔ³⁵ pin²²	嗰边 kɔ³⁵ pin⁵⁵	嗰便 kɔ³⁵ pin²²
这么甜/那么甜	咁 kɐm³³	咁 kɐm³³	咁 kɐn³³	好 hou³⁵	咁 kɐm³³	好甜 hou³⁵ tʰim²¹/咁甜 kɐm³³ tʰim²¹	咁 kɐm³³
这样~做	噉样 kɐn³⁵ jœŋ²²⁻³⁵	噉样 kɐn³⁵ jœŋ²²⁻³⁵	噉样 kɐn³⁵ jœŋ²²⁻³⁵	噉样 kɐm³⁵ jœŋ²²⁻³⁵	噉样 kɐm³⁵ jœŋ²²⁻³⁵	噉样做 kɐm³⁵ jœŋ²²⁻³⁵ tsou²²	噉样 kɐu³⁵ jœŋ²²⁻³⁵
那样~做	噉样 kɐn³⁵ jœŋ²²⁻³⁵	噉样 kɐn³⁵ jœŋ²²⁻³⁵	噉样 kɐn³⁵ jœŋ²²⁻³⁵	噉样 kɐm³⁵ jœŋ²²⁻³⁵	噉样 kɐm³⁵ jœŋ²²⁻³⁵	噉样做 kɐm³⁵ jœŋ²²⁻³⁵ tsou²²	噉样 kɐm³⁵ jœŋ²²⁻³⁵
怎样~做	点样 tim³⁵ jœŋ²²⁻³⁵	点样 tim³⁵ jœŋ²²⁻³⁵	点样 tim³⁵ jœŋ²²⁻³⁵	点样 tim³⁵ jœŋ²²⁻³⁵	点样 tim³⁵ jœŋ²²⁻³⁵	点样做 tim³⁵ jœŋ²² tsou²²	点样 tim³⁵ jœŋ²²⁻³⁵
什么时候	几时 kei³⁵ si²¹	几时 kei³⁵ si²¹	几时 kei³⁵ si²¹	几时 kei³⁵ si²¹	几时 kei³⁵ si²¹	几时 kei³⁵ si²¹	几时 kei³⁵ si²¹
多久	几耐 kei³⁵ nɔi²²	几耐 kei³⁵ nɔi²²	几耐 kei³⁵ nɔi²²	几耐 kei³⁵ nɔi²²	几耐 kei³⁵ nɔi²²	几耐 kei³⁵ nɔi²²	几长 kei³⁵ tsʰœŋ²¹
多少~斤	几多 kei³⁵ tɔ⁵⁵	几重 kei³⁵ tsʰuŋ¹³	几斤 ni⁵⁵ kɐn⁵⁵	几多磅 kei³⁵ tɔ⁵⁵ pɔŋ²²	几多磅 kei³⁵ tɔ⁵⁵ pɔŋ²²	几多斤 kei³⁵ tɔ⁵⁵ kɐn⁵⁵	几多磅 kei³⁵ tɔ⁵⁵ pɔŋ²²

续表 3-25

条目	方言						
	广东广州话	三藩市广府话	洛杉矶广府话	纽约广府话	芝加哥广府话	波特兰广府话	休斯敦广府话
别处	第处 tɐi²² tsʰy³³ / 第度 tɐi²² tou²²	第度 tɐi²² tou²²	第度 tɐi²² tou²²	第度 tɐi²² tou²²	第度 tɐi²² tou²²	第度 tɐi²² tou²²	另一个地方 lɛŋ²² jɐt⁵ kɔ³³ tɐi²² fɔŋ⁵⁵
别的	第啲 tɐi²² ti⁵⁵	第啲 tɐi²² ti⁵⁵	第啲 tɐi²² ti⁵⁵	第啲 tɐi²² ti⁵⁵	第样 tɐi²² jœŋ²²⁻³⁵	第啲 tɐi²² ti⁵⁵	另外 lɛŋ²² ŋɔi²²
到处	到处 tou³³ tsʰy³³	—	到处 tou³³ tsʰy³³	周围 tsɐu⁵⁵ wɐi²¹	度度 tou²² tou²²	周围 tsɐu⁵⁵ wɐi²¹	到处 tou³³ tsʰy³³
什么	乜嘢 mɐt⁵ jɛ¹³	乜嘢 mɐt⁵ jɛ¹³	乜嘢 mɐt⁵ jɛ¹³	乜 mɐt⁵	乜嘢 mɐt⁵ jɛ¹³	乜嘢 mɐt⁵ jɛ¹³	乜嘢 mɐt⁵ jɛ¹³
为什么	点解 tim³⁵ kai³⁵ / 为乜 wɐi²² mɐt⁵	点解 tim³⁵ kai³⁵	为乜嘢 wɐi²² mɐt⁵ jɛ¹³	点解 tim³⁵ kai³⁵	为乜 wɐi²² mɐt⁵ / 点解 tim³⁵ kai³⁵	点解 tim³⁵ kai³⁵	点解 tim³⁵ kai³⁵
上下 多少~	上下 sœŋ²² ha²² / 左右 tsɔ³⁵ jɐu²² / 度 tou²²⁻³⁵	左右 tsɔ³⁵ jɐu²²	上下 sœŋ²² ha²²	上下 sœŋ²² ha²²	上下 sœŋ²² ha²² / 左右 tsɔ³⁵ jɐu²²	上下 sœŋ²² ha²²	左右 tsɔ³⁵ jɐu²²
双倍	双倍 sœŋ⁵⁵ pʰui¹³	双倍 sœŋ⁵⁵ pʰui¹³	双倍 sœŋ⁵⁵ pʰui¹³	双倍 sœŋ⁵⁵ pʰui¹³	双倍 sœŋ⁵⁵ pʰui¹³	两倍 lœŋ¹³ pʰui¹³	重 tsʰuŋ¹³
二十二	廿二 jɐ²² ji²² / 二十二 ji²² sɐp² ji²	二十二 ji²² sɐp² ji² / 廿二 jɐ²² ji²²	二十二 ji²² sɐp² ji²	廿二 jɐ²² ji²²	廿二 jɐ²² ji²²	二十二 ji²² sɐp² ji² / 廿二 jɐ²² ji²²	二十二 ji²² sɐp² ji² / 廿二 jɐ²² ji²²
三十三	三十三 sam⁵⁵ sɐp² sam⁵⁵ / 卅阿 sa⁵⁵ a³³ sa⁵⁵	三十三 sam⁵⁵ sɐp² sam⁵⁵	三十三 sam³³ sɐp² sam³³	三十三 sam⁵⁵ sɐp² sam⁵⁵	卅阿三 sa²² a²² sam⁵⁵	三十三 sam⁵⁵ sɐp² sam⁵⁵ / 卅阿 sa⁵⁵ a³³	三十三 sam⁵⁵ sɐp² sam⁵⁵
一百一十	百一 pak³ jɐt⁵	一百一十 jɐt⁵ pak³ jɐt⁵ sɐp²	百一 pak³ jɐt⁵	一百一十 jɐt⁵ pak³ jɐt⁵ sɐp²	百一 pak³ jɐt⁵	百一 pak³ jɐt⁵ / 一百一十 jɐt⁵ pak³ jɐt⁵ sɐp²	百一 pak³ jɐt⁵

续表 3-25

条目	方言						
	广东广州话	三藩市广府话	洛杉矶广府话	纽约广府话	芝加哥广府话	波特兰广府话	休斯敦广府话
二百五十	二百五 ji^{22} pak^3 m̩^{13}	二百五十 ji^{22} pak^3 m̩^{13} sɐp^2	二百五 ji^{22} pak^3 m̩^{13}	两百五十 lœŋ^{13} pak^3 m̩^{13} sɐp^2	二百五 ji^{22} pak^3 m̩^{13}	二百五 ji^{22} pak^3 m̩^{13}	二百五 ji^{22} pak^3 m̩^{13}
万	万 man^{22}	万 man^{22}/十千 sɐp^2 tsʰin^{55}	万 man^{22}	万 man^{22}	万 man^{22}	十千 sɐp^2 tsʰin^{55}	万 man^{22}
三四个	三四个 sam^{55} sei^{33} kɔ^{33}	三四个 sam^{55} sei^{33} kɔ^{33}	三四个 sam^{33} sei^{33} kɔ^{33}	三四个 sam^{55} sei^{33} kɔ^{33}	三四个 sam^{55} sei^{33} kɔ^{33}	三四个 sam^{55} sei^{33} kɔ^{33}	三四个 sam^{55} sei^{33} kɔ^{33}
十来个	十几个 sɐp^2 kei^{35} kɔ^{33}	十几个 sɐp^2 kei^{35} kɔ^{33}	十几个 sɐp^2 kei^{35} kɔ^{33}	差唔多一打 tsʰa^{55} m̩^{21} tɔ^{55} jɐt^5 ta^{55}	十几个 sɐp^2 kei^{35} kɔ^{33}	十几个 sɐp^2 kei^{35} kɔ^{33}	十零个 sɐp^2 lɛŋ^2 kɔ^{33}/十几个 sɐp^2 kei^{35} kɔ^{33}
整个~吃	成个 sɛŋ^{21} kɔ^{33}	成个 sɛŋ^{21} kɔ^{33}	成个 sɛŋ^{21} kɔ^{33}	成个 sɛŋ^{21} kɔ^{33}	成个 sɛŋ^{21} kɔ^{33}	整个 tsɛŋ^{35} kɔ^{33}	成个 sɛŋ^{21} kɔ^{33}
一斤半	斤半 kɐn^{55} pun^{33}	斤半 kɐn^{55} pun^{33}	斤半 kɐn^{55} pun^{33}	—	斤半 kɐn^{55} pun^{33}	斤半 kɐn^{55} pun^{33}	斤半 kɐn^{55} pun^{33}
个~人	个 kɔ^{33}	个 kɔ^{33}	个 kɔ^{33}	个 kɔ^{33}	个 kɔ^{33}	个 kɔ^{33}	个 kɔ^{33}
只~鸡	只 tsɛk^3	只 tsɛk^3	只 tsɛk^3	只 tsɛk^3	只 tsɛk^3	只 tsɛk^3	只 tsɛk^3
朵~花	朵 tɔ^{35}	簖 pʰɔ^{55}	朵 tɔ^{35}	个 kɔ^{33}	朵 tɔ^{35}	朵 tɔ^{35}	朵 tɔ^{35}
条~鱼	条 tʰiu^{21}	条 tʰiu^{21}	条 tʰiu^{21}	只 tsɛk^3	条 tʰiu^{21}	条 tʰiu^{21}	条 tʰiu^{21}
棵~树	簖 pʰɔ^{55}	簖 pʰɔ^{55}	簖 pʰɔ^{55}	个 kɔ^{33}	簖 pʰɔ^{55}	簖 pʰɔ^{55}	簖 pʰɔ^{55}
顿~饭	餐 tsʰan^{55}	餐 tsʰan^{55}	餐 tsʰan^{55}	—	餐 tsʰan^{55}	餐 tsʰan^{55}	餐 tsʰan^{55}
双~鞋	对 tœy^{33}	对 tœy^{33}	对 tʰœy^{33}	对 tœy^{33}	对 tœy^{33}	对 tœy^{33}	对 tœy^{33}
幢~房子	座 tsɔ^{22}/间 kan^{55}	间 kan^{55}	栋大 tuŋ^{22}/座小 tsɔ^{22}	间 kan^{55}	间 kan^{55}/座 tsɔ^{22}	座 tsɔ^{22}	间 kan^{55}
辆~车	架 ka^{33}	部 pou^{22}	架 ka^{33}	部 pou^{22}	架 ka^{33}	部 pou^{22}	架 ka^{33}
口~水	啖 tam^{22}	啖 tam^{22}	啖 tam^{22}	啖 tam^{22}	啖 tam^{22}	啖 tam^{22}	啖 tam^{22}
窝~狗	窦 tɐu^{33}	—	窦 tɐu^{33}	—	窦 tɐu^{33}	—	—
块~砖	咕 kɐu^{22}	咕 kɐu^{22}	咕 kɐu^{22}	个 kɔ^{33}	咕 kɐu^{22}	咕 kɐu^{22}	咕 kɐu^{22}

续表 3-25

条目	方言						
	广东 广州话	三藩市 广府话	洛杉矶 广府话	纽约 广府话	芝加哥 广府话	波特兰 广府话	休斯敦 广府话
阵 _~雨_	阵 tsɐn²²	阵 tsɐn²²	阵 tsɐn²²	—	阵 tsɐn²²	阵 tsɐn²²	阵 tsɐn²²
泡 _~尿_	督 tuk⁵	督 tuk⁵	督 tuk⁵	督 tuk⁵	督 tuk⁵	督 tuk⁵	督 tuk⁵

代词是封闭性的词类，语言、方言数词的使用也是千百年来沿袭的，比起前面几节，这一节出现的空白虽然不多，但也并非没有问题，这一节需要引起注意的问题有两个。

一是洛杉矶台山话关于"我们"的表达，不同于其他社区内台山话点的说法，是明显受到了汉语普通话影响的"我们ŋoi²¹ mun²²⁻³⁵"。纽约台山话两个条目"谁""谁的"的表述不是台山话固有的"阿谁""阿谁个"，而是变成了类似广府话的"边个ᵣ~pin⁴⁴kɔ⁴⁴""边个嘅ᵣ~pin⁴⁴kɔ⁴⁴kɛ⁴⁴"。这两例分别是台山话受到普通话和广府话影响的典型例子。因为变化出现在最不容易发生变化的、封闭性的代词里，我们更加需要警惕此突破口的扩大。这个问题我们将会在第 4 章语法部分详细分析。关于台山话代词利用语音的屈折区别单、复数等的表现，我们也将在第 4 章语法部分进行详细讨论。

二是量词的使用混乱。有的条目方言的说法换成了华语（汉语普通话）的，如芝加哥台山话"双_~鞋_"的量词用了与普通话相同的"双_华_sɔŋ⁴⁴"，而非方言的"对"；纽约广府话"一斤半""一顿饭""一窝狗""一阵雨" 4 个条目为空白，"一个人""一只鸡""一朵花""一棵树""一块砖" 5 个条目的量词则都是相同的"个 kɔ³³"。

其实，除了这里列出的条目以外，关于量词，纽约广府话还不止这几个问题，且有问题的也不止纽约广府话一个点。鉴于美国的主流语言英语的量词远不如汉语发达，相关的详细讨论我们也将在第 4 章语法部分详尽展开。

3.1.3.10　有关否定、程度、范围、关联、语气等的（见表 3-26、表 3-27）

表 3-26　6 个台山话有关否定、程度、范围、关联、语气等的说法

条目	方言						
	广东 台山话	三藩市 台山话	洛杉矶 台山话	纽约 台山话	芝加哥 台山话	波特兰 台山话	圣安东尼奥 台山话
不错	唔错m̩²² tʰɔ³³	唔错m̩²² tsʰɔ⁴⁴	唔错m̩²² tsʰɔ⁴⁴	唔错m̩²² tʰɔ⁴⁴	唔错m̩²² tʰɔ⁴⁴	唔错m̩²² tʰɔ⁴⁴	几好 kei⁵⁵ hou⁵⁵
不准	唔准m̩²² tsun⁵⁵	唔准m̩²² tsun⁵⁵	唔准m̩²² tsun⁵⁵	唔准m̩²² tsun⁵⁵	唔畀m̩²² ji⁵⁵	唔准m̩²² tsun⁵⁵	唔准m̩²² tsun⁵⁵
刚 _~到_	啱啱 ŋam³³ ŋam³³	来□lɔi²² ɔ⁴⁴	啱啱ŋam⁴⁴ ŋam⁴⁴	啱 ŋam⁴⁴	啱 ŋam⁴⁴	啱啱 ŋam⁴⁴ ŋam⁴⁴	啱 ŋam⁴⁴

续表 3-26

条目	方言						
	广东台山话	三藩市台山话	洛杉矶台山话	纽约台山话	芝加哥台山话	波特兰台山话	圣安东尼奥台山话
刚~好合适	啱啱 ŋam³³ ŋam³³	啱啱 ŋam⁴⁴ ŋam⁴⁴	啱好 ŋam⁴⁴ hɔ⁵⁵	啱啱 ŋam⁴⁴ ŋam⁴⁴	啱啱 ŋam⁴⁴ ŋam⁴⁴	啱啱 ŋam⁴⁴ ŋam⁴⁴	啱啱 ŋam⁴⁴ ŋam⁴⁴
一向	一直 jit⁵ tset²	—	常时 tsʰɛŋ²² si²²	长势 tsʰɛŋ²² sai²²	几时都係 ki⁵⁵ si²² ɔ⁴⁴ hai³¹	梗係 kaŋ⁵⁵ hai³¹	不溜 put⁵ liu⁴⁴
常常	常常 siaŋ²² siaŋ²²/经常 kiŋ³³ siaŋ²²	常日 sɛŋ²² ŋit²	□□ u⁴⁴ nai⁴⁴	成日 sɛŋ²² ŋit²	多数 ɔ⁴⁴ su⁴⁴	时时 si²² si²²	周时 tsiu²² si²²
赶快~走	快啲 fai³³ tik⁵	快啲 fai³¹ nit⁵	快趣 fai⁴⁴ tsʰui⁴⁴	快啲 fai⁴⁴ ti⁴⁴	快趣 fai⁴⁴ tʰui⁴⁴	快□fai⁴⁴ nai⁵⁵	赶快 kɔn²² fai⁴⁴
老是别~说	一味 jit⁵ mei³¹⁻³⁵	成日 sɛŋ²² ŋit²⁻⁵	常时 tsʰɛŋ²² si²²	成日 sɛŋ²² ŋit²	成日 siaŋ²² ŋut²	常时 tsʰɛŋ²² si²²	周时 tsiu²² si²²
马上~就到	睇见 hai⁵⁵ ken³³	好快 hau⁵⁵ fai³¹	即刻 tek⁵ hak⁵	即刻 tsek⁵ hak⁵	好快 hɔ⁵⁵ fai⁴⁴	即刻 tek⁵ hak⁵	即刻 tak⁵ hak⁵
一下子~找不着	一阵间 jit⁵ tsin³¹ kan³³/一下子 jit⁵ ha³³ tu⁵⁵	一下 jit⁵ ha⁵⁵	做下 tu²¹ ha²¹/一下 ŋit⁵ ha²¹	一下子 jat⁵ ha³¹ tu⁵⁵	一下 jat⁵ ha⁵⁵	忽然间 wut² jin²² kan⁴⁴	忽然间 fut⁵ ŋan²² kan⁴⁴
很(好)	好(好) hou⁵⁵ (hou⁵⁵)	好(好) hau⁵⁵ (hau⁵⁵)	好(好) hɔ⁵⁵ (hɔ⁵⁵)	好(好) hou⁵⁵ (hou⁵⁵)	好(好) hɔ⁵⁵ (hɔ⁵⁵)	好(好) hou⁵⁵ (hou⁵⁵)	好(好) hou⁵⁵ (hou⁵⁵)
最	最 tui³³	最 tui⁴⁴	至 tsi⁴⁴	最 tui⁴⁴	最 tui⁴⁴	最 tui⁴⁴	最 tui⁴⁴
太~小了	□nit⁵	太 hai⁴⁴	小□多 ɬiau⁵⁵ nit⁵ tu⁴⁴	太 hai³¹	细□□ɕi⁴⁴ ak³ tui³¹	太 hai⁴⁴	太 hai⁴⁴
特别~咸	特别 at² pet²/好 hou⁵⁵	好 hau⁵⁵	特别 ak² pit²	特别 ak² pit²	好 hɔ⁵⁵/好够 hɔ⁵⁵ kiu⁴⁴	特别 tak² pit²	好 hou⁵⁵
有点儿~累	有啲 iu⁵⁵ nit⁵	有啲 jiu⁵⁵ nit⁵	够□多 kau⁴⁴ nit⁵ tu⁴⁴	有啲 jiu⁵⁵ ti⁴⁴	有啲 □jiu⁵⁵ ti⁴⁴ ha³¹	有啲够 jiu⁵⁵ ti⁴⁴ kau⁴⁴	有□jiu⁵⁵ nit⁵

续表 3-26

条目	方言						
	广东台山话	三藩市台山话	洛杉矶台山话	纽约台山话	芝加哥台山话	波特兰台山话	圣安东尼奥台山话
都 大家~会	都 tu³³	都 tou⁴⁴	都 tu⁴⁴	—	都 ɔ⁴⁴	都 tou⁴⁴	都 ou⁴⁴
一共	总共 tuŋ⁵⁵ kɔŋ³¹	一共 jit⁵ kuŋ³¹	攞埋嗮 lɔ⁵⁵ mai²² ɬai⁴⁴	一共 jat⁵ kuŋ³¹	一共 jat⁵ kuŋ³¹	一共 jit⁵ kuŋ³¹/共□ kuŋ³¹ sen⁴⁴	总共 tuŋ⁵⁵ keŋ³¹
幸亏 ~没去	好彩 hou⁵⁵ tʰɔi⁵⁵/好在 hou⁵⁵ tɔi³¹	好彩 hau⁵⁵ tsʰɔi⁵⁵	好在 hɔ⁵⁵ tsɔi²¹	好彩 hou⁵⁵ tʰɔi⁵⁵	好彩 hɔ⁵⁵ tʰɔi⁵⁵	好彩 hou⁵⁵ tʰɔi⁵⁵	好彩 hou⁵⁵ tʰɔi⁵⁵
特地 ~赶来	专门 tsɔn³³ mun²²	特登 ak² aŋ⁴⁴	特别 ak² pit²	特别 ak² pit²	特地 ak²ji³¹	特别 ak² pɛt²	特别 ak² pat²
反正	反正 fan⁵⁵ tsin³³	反正 fan⁵⁵ tseŋ⁴⁴	不□ put⁵ an²¹⁻³⁵	横惦 waŋ²² ɛm³¹	横惦 waŋ²² ɛm³¹	—	横惦 waŋ²² ɛm³¹
光~吃菜不吃饭	净係 teŋ³¹ hai³¹	净係 tseŋ³¹ hai³¹	净 tiaŋ²¹	—	净係 teŋ³¹ hai³¹	—	全 tʰun²²
只~剩下一点儿	□tsiak²/□at³/□kɔ³³	净 tseŋ³¹	净□tiaŋ²¹ tiu²¹	剩返一啲 tseŋ³¹ fan²² jat⁵ ti⁴⁴	净係 teŋ³¹ hai³¹	—	净 tseŋ³¹
偏~不去	就 tiu³¹	就係 tsiu³¹ hai³¹	□□haŋ²² tak³	就係 tsiu³¹ hai³¹	係 hai³¹	特登 ak² aŋ⁴⁴	就 tiu³¹
恐怕 ~来不了	可能 hɔ⁵⁵ naŋ²²	惊 kiaŋ⁴⁴	怕 pʰa⁴⁴	惊 kiaŋ⁴⁴	惊 kiaŋ⁴⁴	惊 kiaŋ⁴⁴	惊 kiaŋ⁴⁴/愁 sau²²
一块儿~去	一齐 jit⁵ tʰai²²	一齐 jit⁵ tʰai²²	同齐 huŋ²² tsʰai²²	一齐 jat⁵ tʰai²²	一齐 jat⁵ tʰɔi²²	一齐 jit⁵ tʰai²²/同埋 huŋ²² mai²²	一齐 jit⁵ tʰai²²
故意	有意 iu⁵⁵ ji³³	特登 ak² aŋ⁴⁴	□□haŋ²² tak³	特登 ak² aŋ⁴⁴	特意 ak²ji⁴⁴	特登 ak² aŋ⁴⁴	特登 ak² aŋ⁴⁴
一定 ~要来	梗 kaŋ³³	一定 jit⁵ eŋ³¹	係 hai²¹	一定 jat⁵ eŋ³¹	一定 jat⁵ teŋ³¹	一定 jit⁵ eŋ³¹	一定 jit⁵ aŋ³¹
白~干	白 pek²	白 pak²	—	白 pak²	—	—	白 pak²
不~去	唔去 m̩²² hui³³	唔 m̩²²	唔 m̩²²	唔 m̩²²	唔 m̩²²	唔 m̩²²	唔 m̩²²

续表 3-26

条目	方言						
	广东台山话	三藩市台山话	洛杉矶台山话	纽约台山话	芝加哥台山话	波特兰台山话	圣安东尼奥台山话
不是	唔係 m̩^{22} hai^{31}	唔係 m̩^{22} hai^{31}	唔係 m̩^{22} hai^{21}	唔係 m̩^{22} hai^{31}	唔係 m̩^{22} hai^{31}	唔係 m̩^{22} hai^{31}	唔係 m̩^{22} hai^{31}
没~去	未曾去 miaŋ^{22}合音 hui^{31} / 冇去 mou^{31} hui^{31}	□maŋ^{22}	冇去 mɔ^{44} hœy^{44}/唔曾去 m̩^{22} hɐn^{22} hœy^{44}	冇 mou^{55}	冇 mou^{55}/未曾 mɛn^{22}合音	冇 mou^{55}	冇 mou^{55}
没有（钱）	冇（钱）mou^{31} (tʰen$^{22-35}$)	冇 mɔ^{55}	冇（银）mɔ^{55} (ŋan$^{22-35}$)	冇 mou^{55}	冇 mou^{55}	冇 mou^{55}	冇 mou^{55}
不必~去	唔使去 m̩^{22} sɔi^{55} hui^{31}	唔使 m̩^{22} sɔi^{55}	唔使 m̩^{22} sɔi^{55}	唔使 m̩^{22} hai^{31}	唔使 m̩^{22} sɔi^{55}	唔使 m̩^{22} sɔi^{55}	唔使 m̩^{22} ɬɔi^{55}
别~去	唔好去 m̩^{22} hou^{55} hui^{31}	唔好 m̩^{22} hau^{55}	唔好 m̩^{22} hɔ^{55}	唔好 m̩^{22} hou^{55}	唔好 m̩^{22} hɔ^{55}	唔 m̩^{22}	唔好 m̩^{22} hou^{55}
还~没来	□aŋ^{22}	仲 tsuŋ^{31}	唔曾 m̩^{22} hiaŋ^{22}	未 mei^{31}	未曾 mɛn^{22}合音	未 mi^{31}	仲 tsuŋ^{31}
突然~不见了	忽然 ut^{3} jen^{22}	突然 ak^{2} jin^{22}	—	突然间 ak^{2} jin^{22} kan^{44}	突然间 tak^{2} jin^{22} kan^{44}	忽然间 wut^{2} jin^{22} kan^{44}	忽然 fut^{5} jan^{22}
得~去	梗 kaŋ^{33}	就要 tsiu^{31} jiu^{44}	□去 hiam^{44} hœy^{44}	要 jiu^{44}	要 jiu^{44}	要 jau^{44}	一定 jit^{5} eŋ^{31}
拼命~跑	搏命 pɔk^{3} miaŋ^{31}	搏命 pɔk^{3} miaŋ^{31}	猛 maŋ^{55}	搏命 pɔk^{3} miaŋ^{31}	搏命 pɔk^{3} miaŋ^{31}	搏命 pɔk^{3} miaŋ^{31}	搏命 pɔk^{3} mɛŋ^{31}
更~起劲	更 aŋ^{31}	仲 tsuŋ^{31}	—	—	□u^{44}	更 kaŋ^{44}	更加 kaŋ^{44} ka^{44}
大约~二十个	约莫 jak^{5} mɔk^{3}	大概 ai^{31} kʰɔi^{44}	上下 sɛŋ^{21} ha^{21}	好似 hou^{55} tsʰi^{55}	大约 ai^{31} jɔk^{3}	大约 ai^{31} jɛk$^{3-35}$	大约 ai^{31} jɛk^{3}
几乎~没命	□啲 tsʰaŋ^{33} ti^{55}	争啲 tsaŋ^{44} nit^{5}	就 tiu^{21}	差唔多 tsʰa^{44} m̩^{22} ɔ^{44}	差唔多 tsʰa^{44} m̩^{22} ɔ^{44}	几乎 ki^{55} fu^{22}	几乎 kei^{55} fu^{22}
索性~不去	索性 ɬɔk^{5} ɬen^{33}	—	—	—	索性 ɬɔk^{3} ɬaŋ^{44}	—	索性 sɔk^{3} ɬaŋ^{44}
快~到了	上下 siaŋ^{31} ha^{33}	快 fai^{44}	就 tiu^{21}/好快 hɔ^{55} fai^{44}	好快 hou^{55} fai^{44}	就 tiu^{31}	就□tiu^{31} ɔ^{44}	就快 tiu^{31} fai^{44}

续表 3-26

条目	方言						
	广东台山话	三藩市台山话	洛杉矶台山话	纽约台山话	芝加哥台山话	波特兰台山话	圣安东尼奥台山话
预先 ~讲好了	隔早 kak³ tou⁵⁵	一早 jit⁵ tou⁵⁵	第一做 ai²¹ ŋit⁵ tu²¹	提前 hai²² tʰɛn²²	之前 tsi⁴⁴ tsʰɛn²²	—	□先 aŋ⁴⁴ ɬɔn⁴⁴
仍然 ~那样	还係 van²² hai³¹	仲係 tsuŋ³¹ hai³¹	还係 wan²² hai²¹	仲係 tsuŋ³¹ hai³¹	仲係 tuŋ³¹ hai³¹	仲係 tsuŋ³¹ hai³¹	□□ŋaŋ³¹ ŋaŋ³¹/仲係 tsuŋ³¹ hai³¹
好像 ~见过	好似 hou⁵⁵ tʰei³¹⁻³⁵	好似 hau⁵⁵ tsʰi³¹	—	好似 hou⁵⁵ tsʰi⁴⁴	好似 hɔ⁵⁵ tsʰu⁵⁵	好似 hou⁵⁵ tsʰi⁵⁵	好似 hou⁵⁵ ɬi³¹
跟着~就 走了	跟着 kin³³ tsiak³³	跟住 kin⁴⁴ tsi³¹	跟住 kin⁴⁴ tsi²¹	跟住 kin⁴⁴ tsi³¹	跟住 kin⁴⁴ tsi³¹	跟住 kin⁴⁴ tsi³¹	跟住 kin⁴⁴ tsi³¹
都气~ 气死了	都 tu³³	都 tu⁴⁴	—	—	都 tu⁴⁴	都 tu⁴⁴	都 ou⁴⁴
偏偏 ~是他	□啱先 kʰɔi³¹ ŋam ɬen³³⁻³⁵	偏偏 pʰɛn⁴⁴ pʰɛn⁴⁴	—	—	当 tɔŋ⁴⁴	净係 tsiaŋ³¹ hai³¹	□啱 kʰɔi³¹ ŋam⁴⁴
已经 ~来了	已经 ji²¹ ken³³	已经 ji³¹ keŋ⁴⁴	已经 ji²¹ keŋ⁴⁴	嚟咗 lei²² tɔ⁵⁵	来了 lɔi²² la⁴⁴	来□lɔi²² ɔ⁵⁵	已经 ji³¹ keŋ⁴⁴
稍微 （高了些）	□啲 tsʰe²² nik⁵/啱啱 ŋam³³ ŋam³³	—	过□多 kuɔ⁴⁴ hit⁵ tu⁴⁴	(高)□多 (kou⁴⁴) nit⁵ ɔ⁴⁴	(高)小小 (kou⁴⁴) siu⁵⁵	(高)小小 (kɔ⁴⁴) siu⁵⁵	略略 lɛk² lɛk²⁻³⁵
多~漂亮	几 ki⁵⁵/□kʰɔi³¹	几 kei⁴⁴	几解 ki⁵⁵ kai⁵⁵	几 ki⁵⁵	几 ki⁵⁵	几 ki⁵⁵	几 kei⁵⁵
临时	临时 lim²² si²²	临时 lim²² si²²	暂时 tsam²¹ si²²	临时 lim²² si²²	暂时 tsam³¹ si²²	临时 lim²² si²²	啱啱 ŋam⁴⁴ ŋam⁴⁴
的确 ~不知道	确係 kʰɔk⁵ hai³¹	真係 tsin⁴⁴ hai³¹	真係 tsin⁴⁴ hai²¹	—	真係 tsin⁴⁴ hai³¹	—	确係 kʰɔk⁵ hai³¹
但是	但係 an³¹ hai³¹	但係 tan³¹ hai³¹	不过 put⁵ kuɔ⁴⁴	不过 pat⁵ ku⁴⁴	但係 an³¹ hai³¹	但係 an³¹ hai³¹	但係 tan³¹ hai³¹
可以	□□tak³ ak³	可以 hɔ⁵⁵ ji³¹	得 tak⁵	可以 hɔ⁵⁵ ji⁵⁵	可以 hɔ⁵⁵ ji⁵⁵	可以 hɔ⁵⁵ ji⁵⁵	可以 hɔ⁵⁵ ji⁵⁵
再说 吃了饭~	先ɬen³³	再讲 tui⁴⁴ kɔŋ⁵⁵	讲□kɔŋ⁴⁴ tu⁴⁴	再 ui⁴⁴	再讲 tsɔi⁴⁴ kɔŋ⁵⁵	再讲 tɔi⁴⁴ kɔŋ⁵⁵	至讲 ti⁴⁴ kɔŋ⁵⁵

续表 3-26

条目	方言						
	广东台山话	三藩市台山话	洛杉矶台山话	纽约台山话	芝加哥台山话	波特兰台山话	圣安东尼奥台山话
和 ~太阳~月亮	□□aŋ^{31} kɔi^{31}/□aŋ^{31}	同 huŋ^{22}	□aŋ^{44}	同 huŋ^{22}	同 huŋ^{22}	同 huŋ^{22}	同 huŋ^{22}
跟 ~我~他都去	□□aŋ^{31} kɔi^{31}/□aŋ^{31}	同 huŋ^{22}	□aŋ^{44}	跟 kin^{44}	同 huŋ^{22}	同 huŋ^{22}	跟 kan^{44}
或者 ~你去	或者 vak^2 tsɛ^{55}	或者 wak^2 tsɛ^{44}	或者 wak^2 tsɛ^{55}	或者 wak^2 tsɛ^{55}	或者 wak^2 tsɛ^{55}	或者 wak^2 tɛ^{55}	或者 wak^2 tsɛ^{55}
只要	只要 tsi^{55} jiu^{31}	净係要 tsɛŋ^{31} hai^{31} jiu^{44}	—	—	净係 tsɛŋ^{31} hai^{31}	—	只要 tsi^{55} jiu^{44}
只有	只有 tsi^{55} iu^{55}	只有 tsi^{55} jiu^{31}	净□ tiaŋ^{21} tiu^{21}	只有 tsi^{55} jiu$^{31-55}$	只有 tsi^{55} jiu^{55}	净係 tsiaŋ^{31} hai^{31}	只有 tsi^{55} jiu^{55}
给 ~借~我	畀 ei^{55}	畀 ji^{55}	畀 ei^{55}/借 tɛ^{44}	畀 i^{55}	畀 ji^{55}	畀 pi^{55}	畀 ei^{55}
和 ~你不同	□aŋ^{31}/同 həŋ^{22}	同 huŋ^{22}	□aŋ^{44}	同 huŋ^{22}	同 huŋ^{22}	同 huŋ^{22}	同 huŋ^{22}
被 ~他吃了	畀 ei^{55}	畀 ji^{55}	畀 ei^{55}	畀 i^{55}	畀 ji^{55}	畀 pi^{55}	畀 ei^{55}
把 ~门关上	闩门 san^{33} mun^{22}	闩门 san^{44} mun^{22}	闩门 san^{44} mɔn^{22}	闩门 san^{44} mɔn^{22}	闩门 tan^{44} mɔn^{22}	闩门 san^{44} mun^{22}	闩门 san^{22} mɔn^{22}
在 ~放~哪里	到 ou^{33}	响 hiaŋ^{55}	□□□ ɔ^{44} nai^{55} ji^{44}	係 hai^{31}/放 □fɔŋ^{44} nai^{44}	—	係 hai^{31}	放 □□ huŋ^{22} au^{44} nai^{55}
从 ~明天起	从 t^{h}əŋ^{22}	从 ts^{h}əŋ^{22}	听早开始 hɛŋ^{44} tɔ^{55} hɔi^{44} si^{55}①	开首听早 hɔi^{44} siu^{55} hɛŋ$^{44-31}$ tou^{55}②	听早开始 hɛŋ^{44} tɔ^{55} hɔi^{44} ts^{h}i^{55}③	□tɔ$^{55-35}$	□jiu^{44}
打 ~哪儿来	□əŋ^{33}/到 ou^{33}	从 ts^{h}əŋ^{22}	□□来 ɔi^{44} nai^{55} lɔi^{22}④	係 hai^{31}	哪来 nai^{55} lɔi^{22}⑤	□ɔi^{44}	□au^{44}

①②③④⑤：这几个说法均为发音人所提供。

续表 3-26

条目	方言						
	广东台山话	三藩市台山话	洛杉矶台山话	纽约台山话	芝加哥台山话	波特兰台山话	圣安东尼奥台山话
照~这样做	照 tsiau³³	照 tsɛu⁴⁴	□pan²¹	学 hɔk²	当係 tɔŋ⁴⁴ hai³¹	□kʰɔ⁴⁴	照 tsiu⁴⁴
沿着~河边走	沿着 jɔn²² tsiak³	沿住 jɔn²² tsi³¹	河边行 hɔ²² pɛn⁴⁴ haŋ²²	跟住 kin⁴⁴ tsi³¹	跟住 kin⁴⁴ tsi³¹	—	沿住 jɔn²² tsi³¹
替~他看门	帮 pɔŋ³³	帮 pɔŋ⁴⁴	帮 pɔŋ⁴⁴ / 同 huŋ²²	同 huŋ²²	同 huŋ²²	同 huŋ²²	同 huŋ²²
向~他借钱	喊 ham³³	向 hiaŋ⁴⁴	喊 ham⁴⁴	同 huŋ²²	同 huŋ²²	同 huŋ²²	向 heŋ⁴⁴
向~前走	向 hiaŋ³³	向 hiaŋ⁴⁴	向 hiaŋ⁴⁴	向 hiaŋ⁴⁴	向 hiaŋ⁴⁴	向 hiaŋ⁴⁴	向 heŋ⁴⁴
从小	从细 tʰəŋ²² ɬai³¹	从细 tsʰuŋ²² ɬai⁴⁴	出世至□时 tsʰut⁵ ɬai²¹ tsi²¹ kɔ⁵⁵si²²⁻³⁵	从细 huŋ²² ɬai⁴⁴	由 jiu²²	—	从细 tʰuŋ²² ɬai⁴⁴
在~家里吃	到 ou³³	□ɔ⁴⁴	□企 ɔ⁴⁴ kʰi⁵⁵	喺 hai³¹	□ak⁵	响 hiaŋ⁵⁵	□au⁴⁴
除~他之外	除 tsʰui²²	除 tsʰui²²	—	□aŋ⁴⁴	除 tsʰui²²	除 tsʰui²²	除 tsʰui²²
让~他去	畀 ei⁵⁵	畀 ji⁵⁵	畀 ei⁵⁵	畀 i⁵⁵	放 fɔŋ⁴⁴	畀 ji⁵⁵	畀 ei⁵⁵ / 让 jeŋ³¹
用~钢笔写	畀 ei⁵⁵	用 juŋ³¹	用 juŋ²¹	用 juŋ³¹	用 juŋ³¹	用 juŋ³¹	用 juŋ³¹
到~今天止	到 ou³³	到 au⁵⁵	至□时 tsi⁴⁴ kʰɔ²²si²²⁻³⁵	到 ou⁴⁴	到 ɔ⁴⁴	□tsɔ⁴⁴	到 tou⁴⁴
比(……高)	比 pei³³	畀 ji⁵⁵	(高)过 (kɔ⁴⁴)kuɔ⁴⁴	过 kuɔ⁴⁴	(高)过 (kɔ⁴⁴)kuɔ⁴⁴	比 pi⁵⁵	比 pei⁵⁵

表 3-27 6 个广府话有关否定、程度、范围、关联、语气等的说法

条目	方言						
	广东广州话	三藩市广府话	洛杉矶广府话	纽约广府话	芝加哥广府话	波特兰广府话	休斯敦广府话
不错	唔错 m̩²¹ tsʰɔ³³	唔错 m̩²¹ tsɔ³³	唔错 m̩²¹ tsʰɔ³³	唔错 m̩²¹ tsʰɔ³³	唔差 wu²¹ tsʰa⁵⁵	唔错 m̩²¹ tsʰɔ³³	唔错 m̩²¹ tsʰɔ³³

续表 3-27

条目	方言						
	广东广州话	三藩市广府话	洛杉矶广府话	纽约广府话	芝加哥广府话	波特兰广府话	休斯敦广府话
不准	唔准 m̩²¹ pei³⁵	唔畀 m̩²¹ pei³⁵	唔准 m̩²¹ tsœn³⁵	唔准 m̩²¹ tsœn³⁵	唔畀 wu²¹ pei³⁵	唔畀 m̩²¹ pei³⁵	唔准 m̩²¹ tœn³⁵
刚~到	啱 ŋam⁵⁵	啱到 ŋam⁵⁵ tou²²	啱 ŋam⁵⁵	啱 am⁵⁵	啱 ŋam⁵⁵	啱 ŋam⁵⁵	啱 ŋam⁵⁵
刚~好合适	啱啱好 ŋam⁵⁵ ŋam⁵⁵ hou³⁵	啱好 ŋam⁵⁵ hou³⁵	啱啱 ŋam⁵⁵ ŋam⁵⁵	啱啱 am⁵⁵ am⁵⁵	啱啱 ŋam⁵⁵ ŋam⁵⁵	啱啱 am⁵⁵ am⁵⁵	啱啱 ŋam⁵⁵ ŋam⁵⁵
一向	不溜 pɐt⁵ lɐu⁵⁵	—	一向 jɐt⁵ hœŋ³³	时时都係 咁 si²¹ si²¹ tou⁵⁵ hɐi²² kɐm³⁵	永远都係 wen¹³ jyn¹³ tou⁵⁵ hɐi²²	不溜 pɐt⁵ lɐu⁵⁵	不溜 pɐt⁵ lɐu⁵⁵
常常	经常 keŋ⁵⁵ sœŋ²¹/常时 sœŋ²¹ si²¹	平时 pʰeŋ²¹ si²¹	时时 si²¹ si²¹	时时 si²¹ si²¹	多数 to³³ sou³³	经常 keŋ⁵⁵ sœŋ²¹	成日 seŋ²¹ jɐt²
赶快~走	快啲 fai³³ ti⁵⁵	快啲 fai³³ ti⁵⁵	快啲 fai³³ ti⁵⁵	快啲 fai³³ ti⁵⁵	快啲 fai³³ ti⁵⁵	快啲 fai³³ ti⁵⁵	快啲 fai³³ ti⁵⁵
老是 别~说	成日 seŋ²¹ jɐt²	成日 seŋ²¹ jɐt²	成日 seŋ²¹ jɐt²	时时 si²¹ si²¹	次次 tsʰi³³ tsʰi³³	成日 seŋ²¹ jɐt²	成日 seŋ²¹ jɐt²
马上~就到	即刻 tsek⁵ hak⁵	即刻 tsek⁵ hak⁵	即刻 tsek⁵ hak⁵	即刻 tsek⁵ hak⁵	即刻 sek⁵ hak⁵	即刻 tsek⁵ hak⁵	即刻 tsek⁵ hak⁵
一下子 ~找不着	一下 jɐt⁵ ha¹³	—	一下 jɐt⁵ ha¹³	一下 jɐt⁵ ha¹³	一下子 jɐt⁵ ha²²⁻³⁵ tsi³⁵	一下子 jɐt³⁵ ha¹³ tsi³⁵	一下子 jɐt⁵ ha¹³ tsi³⁵
很(好)	好 hou³⁵	好(好) hou³⁵(hou³⁵)	好(好) hou³⁵(hou³⁵)	好 hou³⁵	好(好) hou³⁵(hou³⁵)	好(好) hou³⁵(hou³⁵)	好(好) hou³⁵(hou³⁵)
最	最 tsœy³³	最 tsœy³³	最 tsœy³³	最 tsœy³³	最 tsœy³³	最 tsœy³³	最 tsœy³³
太~小了	太 tʰai³³	好 hou³⁵	太 tʰai³³	太 tʰai³³	太 tʰai²²	太 tʰai³³	太 tʰai²²
特别~咸	好 hou³⁵/特别 tɐt² pit²	特别 tɐt² pit²	特别 tek² pit²	特别 tɐt² pit²	特别 tɐt² pit²	特别 tɐt² pit²	特别 tɐt² pit⁵
有点儿~累	有啲 jɐu¹³ ti⁵⁵	有啲 jɐu¹³ ti⁵⁵	有啲 jɐu¹³ ti⁵⁵	小小 siu³⁵ siu³⁵	有啲 jɐu¹³ ti⁵⁵	有啲 jɐu¹³ ti⁵⁵	有啲 jɐu¹³ ti⁵⁵

续表 3-27

条目	方言						
	广东广州话	三藩市广府话	洛杉矶广府话	纽约广府话	芝加哥广府话	波特兰广府话	休斯敦广府话
都 大家~会	都 tou^{55}	都 tou^{55}	都 tou^{55}	全部 ts^{h}yn^{21} pou^{22}	全部 ts^{h}yn^{21} pou^{33}/都 tou^{55}	都 tou^{55}	都 tou^{55}
一共	冚□阆 hɐm^{22} paŋ^{22} laŋ^{22}/一共 jɐt^5 kuŋ^{22}/总共 tsuŋ^{35} kuŋ^{22}	一共 jɐt^5 kuŋ^{22}	一共 jɐt^5 kuŋ^{22}	共 kuŋ^{22}	一共 jɐt^5 kuŋ^{33}	一共 jɐt^5 kuŋ^{22}/总共 tsuŋ^{35} kuŋ^{22}	一共 jɐt^5 kuŋ^{22}
幸亏 ~没去	好彩 hou^{35} ts^{h}ɔi^{35}	好彩 hou^{35} ts^{h}ɔi^{35}	好彩 hou^{35} ts^{h}ɔi^{35}	好彩 hou^{35} ts^{h}ɔi^{35}	好彩 hou^{35} ts^{h}ɔi^{35}	好彩 hou^{35} ts^{h}ɔi^{35}	好彩 hou^{35} ts^{h}ɔi^{35}
特地 ~赶来	专登 tsyn^{55} tɐŋ^{55}/特登 tsy^2 tɐŋ^{55}	—	专登 tsyn^{55} tɐŋ^{55}	特别 tɐt^2 pit^2	专登 tsyn^{55} tɐŋ^{55}/特别 tɐt^2 pit^2	专登 tɐt^2 tɐŋ^{55}	专登 tɐt^2 tɐŋ^{55}
反正	横掂 waŋ^{21} tim^{22}	横掂 waŋ^{21} tim^{22}	横掂 waŋ^{21} tim^{22}	—	反正 fan^{35} tsɛŋ^{33}	横掂 waŋ^{21} tim^{22}	反正 fan^{35} tsɛŋ^{33}
光~吃菜 不吃饭	净 tsɛŋ^{22}	—	净 tsɛŋ^{22}	净係 tsɛŋ^{22} hɐi^{22}	净 tsɛŋ^{22}	净 tsɛŋ^{22}	净係 tsɛŋ^{22} hɐi^{22}
只~剩 下一点儿	净 tsɛŋ^{22}	净 tsɛŋ^{22}	只 tsi^{35}	净係 tsɛŋ^{22} hɐi^{22}	净 tsɛŋ^{22}	只 tsi^{35}	净係 tsɛŋ^{22} hɐi^{22}
偏~不去	就係 tsɐu^{22} hɐi^{22}	—	就 tsɐu^{22}	特登 tɐt^2 tɐŋ^{55}	专登 tsyn^{55} tɐŋ^{55}	就係 tsɐu^{22} hɐi^{22}	就 tsɐu^{21}
恐怕 ~来不了	惊 kɛŋ^{55}	惊 kɛŋ^{55}	惊 kɛŋ^{55}	或者 wak^2 tsɛ^{35}	怕 p^{h}a^{33}	惊 kɛŋ^{55}/怕 p^{h}a^{33}	惊 kɛŋ^{55}
一块儿~去	一齐 jɐt^5 ts^{h}ɐi^{21}	一齐 jɐt^5 ts^{h}ɐi^{21}	一齐 jɐt^5 ts^{h}ɐi^{21}	一齐 jɐt^5 ts^{h}ɐi^{21}	一齐 jɐt^5 ts^{h}ɐi^{21}	一齐 jɐt^5 ts^{h}ɐi^{21}	一齐 jɐt^5 ts^{h}ɐi^{21}
故意	专登 tsyn^{55} tɐŋ^{55}/特登 tɐt^2 tɐŋ^{55}	专登 tsyn^{55} tɐŋ^{55}	专登 tsyn^{55} tɐŋ^{55}	特登 tɐt^2 tɐŋ^{55}	专登 tsyn^{55} tɐŋ^{55}	专登 tsyn^{55} tɐŋ^{55}	专登 tsyn^{55} tɐŋ^{55}/故意 ku^{33} ji^{33}

续表 3-27

条目	方言						
	广东广州话	三藩市广府话	洛杉矶广府话	纽约广府话	芝加哥广府话	波特兰广府话	休斯敦广府话
一定~要来	就係要 tsɐu²² hɐi²² jiu³³/一定 jɐt⁵ tɐŋ²²	一定 jɐt⁵ tɐŋ²²	一定 jɐt⁵ tɐŋ²²	一定 jɐt⁵ tɐŋ²²	一定 jɐt⁵ tɐŋ²²	一定 jɐt⁵ tɐŋ²²	一定 jɐt⁵ tɐŋ²²
白~干	白 pak²	—	白 pak²	—	白 pak²	—	白 pak²
不~去	唔 m̩²¹	唔 m̩²¹	唔 m̩²¹	唔 m̩²¹	唔 m̩²¹	唔 m̩²¹	唔 m̩²¹
不是	唔係 m̩²¹ hɐi²²	唔係 m̩²¹ hɐi²²	唔係 m̩²¹ hɐi²²	唔係 m̩²¹ hɐi²²	唔係 m̩²¹ hɐi³⁵	唔係 m̩²¹ hɐi²²	唔係 m̩²¹ hɐi²²
没~去	冇 mou¹³	冇 mou¹³	冇 mou¹³	冇 mou¹³	冇 mou¹³	冇 mɐu¹³	冇 mou¹³
没有~钱	冇 mou¹³	冇 mou¹³	冇 mou¹³	冇 mou¹³	冇 mou¹³	冇 mɐu¹³	冇 mou¹³
不必~去	唔使 m̩²¹ sɐi¹³	唔使 m̩²¹ sɐi¹³	唔使 m̩²¹ sɐi³⁵	冇係 mou¹³ hɐi²²	唔使 m̩²¹ sɐi³⁵/唔需要 m̩²¹ søy⁵⁵ jiu³³	唔使 m̩²¹ sɐi³⁵	唔使 m̩²¹ sɐi³⁵
别~去	咪 mɐi¹³/唔好 m̩²¹ hou³⁵	唔好 m̩²¹ hou³⁵	咪去 mɐi¹³ hœy³³	唔好 m̩²¹ hou³⁵	唔好 m̩²¹ hou³⁵	唔好 m̩²¹ hou³⁵	唔好 m̩²¹ hou³⁵
还（没来）	仲（未）tsuŋ²²（mei²²）	仲 tsuŋ²²	仲 tsuŋ²²	仲（未）tsuŋ²²（mei²²）	仲 tsuŋ²²	仲 tsuŋ²²	仲 tsuŋ²²
突然~不见了	突然 tɐt² jin²¹	突然 tɐt² jin²¹	突然 tɐt² jin²¹	突然间 tɐt² jin²¹ kan⁵⁵	一下子 jɐt⁵ ha³⁵ tsi³⁵/突然间 tɐt² jiu²¹ kan⁵⁵	突然 tɐt² jin²¹	突然 tɐt² jin²¹
得~去	要 jiu³³	要 jiu³³	得 tɐt⁵	要 jiu³³	要 jiu³³	要 jiu³³	一定 jɐt⁵ tɐŋ²²
拼命~跑	搏命 pɔk³ mɛŋ²²	搏命 pɔk³ mɛŋ²²	搏命 pɔk³ mɛŋ²²	好吃力 hou³⁵ hɐt³ lek²	搏命 pɔk³ mɛŋ²²	搏命 pɔk³ nɛŋ²²	搏命 pɔk³ mɛŋ²²
更~起劲	更加 kɐŋ³³ ka⁵⁵	—	更 kɐŋ³³	更加 kɐŋ³³ ka⁵⁵	更加 kɐŋ³³ ka⁵⁵	更加 kɐŋ³³ ka⁵⁵	更 kɐŋ³³

续表 3-27

条目	方言						
	广东广州话	三藩市广府话	洛杉矶广府话	纽约广府话	芝加哥广府话	波特兰广府话	休斯敦广府话
大约 ~二十个	大约 tai^{22} jœk^3/大概 tai^{22} k^{h}ɔi^{33}/……度 tou$^{22-35}$	大约 tai^{22} jœk^3	大约 tai^{22} jœk^3	大概 tai^{22} k^{h}ɔi^{33}	大约 tai^{22} jœk^3	大概 tai^{22} k^{h}ɔi^{33}	大约 tai^{22} jœk^3
几乎 ~没命	争啲 tsaŋ^{55} ti^{55}/几乎 kei^{35} fu^{21}	差唔多 ts^{h}a^{55} m̩^{21} tɔ^{55}	几乎 kei^{55} fu^{21}	差唔多 ts^{h}a^{55} m̩^{21} tɔ^{55}	几乎 kei^{35} fu^{21}	争啲 tsaŋ^{55} ti^{55}	几乎 kei^{55} fu^{21}
索性 ~不去	干脆 kɔn^{55} ts^{h}œy^{33}	—	干脆 kɔn^{55} ts^{h}œy^{33}	—	差唔多 ts^{h}a^{55} m̩^{21} tɔ^{55}	—	—
快 ~到了	就到 tsɐu^{22} tou^{33}	快 fai^{33}	就 tsɐu^{22}	就快 tsɐu^{22} fai^{33}	快 fai^{33}	就快 tsɐu^{22} fai^{33}	就快 tsɐu^{22} fai^{33}
预先 ~讲好了	预先 jy^{22} sin^{55}	—	预先 jy^{22} sin^{55}	之前 tsi^{55} ts^{h}in^{21}	预先 jy^{22} sin^{55}	预先 jy^{22} sin^{55}	预先 jy^{22} sin^{55}
仍然 ~那样	仲係 tsuŋ^{22} hɐi^{22}	仲係 tsuŋ^{22} hɐi^{22}	仲係 tsuŋ^{22} hɐi^{22}	仍然 jeŋ^{21} jin^{21}	仲係 tsuŋ^{22} hɐi^{22}	仲係 tsuŋ^{22} hɐi^{22}	仲係 tsuŋ^{22} hɐi^{22}
好像 ~见过	好似 hou^{35} ts^{h}i^{13}	好似 hou^{35} ts^{h}i^{13}	好似 hou^{35} ts^{h}i^{13}	—	好似 hou^{35} ts^{h}i^{13}	好似 hou^{35} ts^{h}i^{13}	好似 hou^{35} ts^{h}i^{13}
跟着 ~就走了	跟住 kɐn^{55} tsy^{22}	跟住 kɐn^{55} tsy^{22}	跟住 kɐn^{55} tsy^{22}	跟住 kɐn^{55} tsy^{22}	跟住 kɐn^{55} tsy^{22}	跟住 kɐn^{55} tsy^{22}	跟住 kɐn^{55} tsy^{22}
都 气~气死了	都 tou^{55}	都 tou^{55}	都 tou^{55}	嘥死 nɐu^{55} sei^{35}	—	都 tou^{55}	都 tou^{55}
偏偏 ~是他	偏偏 p^{h}in^{55} p^{h}in^{55}	偏偏 p^{h}in^{55} p^{h}in^{55}	偏偏 p^{h}in^{55} p^{h}in^{55}	就係 tsɐu^{22} hɐi^{22}	啱啱 ŋam^{55} ŋam^{55}	偏偏 p^{h}in^{55} p^{h}in^{55}	偏偏 p^{h}in^{55} p^{h}in^{55}
已经 ~来了	已经 ji^{13} kɛŋ^{55}/来咗 lei^{21} tsɔ^{35}	已经 ji^{13} kɛŋ^{55}	已经 ji^{13} kɛŋ^{55}	已经 ji^{13} kɛŋ^{55}	已经 ji^{13} kɛŋ^{55}	已经 ji^{13} kɛŋ^{55}	已经 ji^{13} kɛŋ^{55}

续表 3-27

条目	方言						
	广东广州话	三藩市广府话	洛杉矶广府话	纽约广府话	芝加哥广府话	波特兰广府话	休斯敦广府话
稍微 (高了些)	有啲 jɐu¹³ ti⁵⁵/(高)小小(kou⁵⁵)siu³⁵ siu³⁵	—	稍微 sau⁵⁵ wei²¹	小小 siu³⁵ siu³⁵	(高)小小(kou⁵⁵)siu³⁵ siu³⁵	稍微 sau⁵⁵ wei²¹	稍微 sau⁵⁵ wei²¹
多~漂亮	几 kei³⁵	几 kei³⁵	几 kei³⁵	好 hou³⁵	几 kei³⁵	几 kei³⁵	好 hou³⁵/几 kei³⁵
临时	临时 lɐn²¹ si²¹	—	临时 lɐn²¹ si²¹	暂时 tsam²² si²¹	暂时 tsam²² si²¹	临时 lɐm²¹ si²¹	临时 lɐm²¹ si²¹
的确 ~不知道	的确 tɛk⁵ kʰɔk³/确实 kʰɔk³ sɐt²/真係 tsɐn⁵⁵ hɐi²²	真係 tsɐn⁵⁵ hɐi²²	的确 tɛk⁵ kʰɔk³	真係 tsɐn⁵⁵ hɐi²²	当然 tɔŋ⁵⁵ jin²¹	确实 kʰɔk³ sɐt²	确实 kʰɔk³ sɐt²
但是	但係 tan²² hɐi²²	但係 tan²² hɐi²²	但係 tan²² hɐi²²	但係 tan²² hɐi²²	但係 tan²² hɐi²²	但係 tan²² hɐi²²	但係 tan²² hɐi²²
可以	可以 hɔ³⁵ ji¹³	可以 hɔ³⁵ ji¹³	可以 hɔ³⁵ ji¹³	可以 hɔ³⁵ ji¹³	可以 hɔ³⁵ ji¹³	可以 hɔ³⁵ ji¹³	可以 hɔ³⁵ ji¹³
再说 吃了饭~	再讲 tsɔi³³ kɔŋ³⁵	再讲 tsɔi³³ kɔŋ³⁵	再讲 tsɔi³³ kɔŋ³⁵	先讲 sin⁵⁵ kɔŋ³⁵	再讲 tsɔi³³ kɔŋ³⁵	再讲 tsɔi³³ kɔŋ³⁵	再讲 tsɔi³³ kɔŋ³⁵
和太阳~月亮	同 tʰuŋ²¹	同 tʰuŋ²¹	同 tʰuŋ²¹	同 tʰuŋ²¹	同 tʰuŋ²¹	同 tʰuŋ²¹	同 tʰuŋ²¹
跟我~他都去	同 tʰuŋ²¹	同 tʰuŋ²¹	同 tʰuŋ²¹	同 tʰuŋ²¹	同 tʰuŋ²¹	同 tʰuŋ²¹	同 tʰuŋ²¹
或者 ~你去	或者 wak² tsɛ³⁵	或者 wak² tsɛ³⁵	或者 wak² tsɛ³⁵	—	或者 wak² tsɛ³⁵	或者 wak² tsɛ³⁵	还是 wan²¹ si²²
只要	净係要 tsɛŋ²² hɐi²² jiu³³/只要 tsi³⁵ jiu³³	净係要 tsɛŋ²² hɐi²² jiu³³	只要 tsi³⁵ jiu³³	净係 tsɛŋ²² hɐi²²	只要 tsi³⁵ jiu³³	只要 tsi³⁵ jiu³³	只要 tsi³⁵ jiu³³
只有	只有 tsi³⁵ jɐu¹³	只有 tsi³⁵ jɐu¹³	只有 tsi³⁵ jɐu¹³	—	只有 tsi³⁵ jɐu¹³	只有 tsi³⁵ jɐu¹³	只有 tsi³⁵ jɐu¹³

续表 3-27

条目	方言						
	广东广州话	三藩市广府话	洛杉矶广府话	纽约广府话	芝加哥广府话	波特兰广府话	休斯敦广府话
给~借~我	畀 pei^{35}	畀 pei^{35}	畀 pei^{35}	畀 pei^{35}	畀 pei^{35}	畀 pei^{35}	畀 pei^{35}
和~你不同	同 t^{h}uŋ^{21}	同 t^{h}uŋ^{21}	同 t^{h}uŋ^{21}	同 t^{h}uŋ^{21}	同 t^{h}uŋ^{21}	同 t^{h}uŋ^{21}	同 t^{h}uŋ^{21}
被~他吃了	畀 pei^{35}	畀 pei^{35}	畀 pei^{35}	—	畀 pei^{35}	畀 pei^{35}	畀 pei^{35}
把~门关上	关门 kwan^{55} mun^{21}	闩门 san^{55} mun^{21}	将 tsœŋ^{55}	—	闩门 san^{55} mun^{21}	关门 kwan^{55} mun^{21}	关门 kwan^{55} mun^{21}
在~放~哪里	响 hœŋ^{35} / 喺 hei^{35}	响 hœŋ^{35}	响 hœŋ^{35}	响 hœŋ^{35}	摆系边 pai^{35} hei^{35} pin^{55}	响 hœŋ^{35}	响 hœŋ^{35} / 喺 hei^{35}
从~明天起	从 ts^{h}uŋ^{21}	从 ts^{h}uŋ^{21}	从 ts^{h}uŋ^{21}	从 ts^{h}uŋ^{21}	从 ts^{h}uŋ^{21}	从 ts^{h}uŋ^{21}	从 ts^{h}uŋ^{21}
打~哪儿来	从 ts^{h}uŋ^{21} / 响 hœŋ^{35} / 喺 hei^{35}	从 ts^{h}uŋ^{21} / 系 hei^{35}	从 ts^{h}uŋ^{21}	—	由 jɐu^{21}	从 ts^{h}uŋ^{21}	从 ts^{h}uŋ^{21}
照~这样做	照 tsiu^{33}	—	照 tsiu^{33}	—	照 tsiu^{33}	照 tsiu^{33}	照 tsiu^{33}
沿着~河边走	跟住 kɐn^{55} tsy^{22}	沿住 jyn^{21} tsy^{22}	沿住 jyn^{21} tsy^{22}	跟住 kɐn^{55} tsy^{22}	行系河边 haŋ^{21} hei^{35} hɔ^{21} pin^{55}	沿住 jyn^{21} tsy^{22}	沿住 jyn^{21} tsy^{22}
替~他看门	同 t^{h}uŋ^{21} / 帮 pɔŋ^{55}	帮 pɔŋ^{55}	同 t^{h}uŋ^{21}	帮 pɔŋ^{55} / 同 t^{h}uŋ^{21}	同 t^{h}uŋ^{21}	同 t^{h}uŋ^{21}	替 t^{h}ɐi^{33}
向~他借钱	同 t^{h}uŋ^{21}	向 hœŋ^{33}	向 hœŋ^{33}	响=渠度 hœŋ^{35} k^{h}œy^{13} tou^{22}	问 mɐn^{22}	同 t^{h}uŋ^{21}	向 hœŋ^{33}
向~前走	向 hœŋ^{33}	向 hœŋ^{33}	向 hœŋ^{33}	向 hœŋ^{33}	向 hœŋ^{33}	向 hœŋ^{33}	向 hœŋ^{33}
从小	从细 ts^{h}uŋ^{21} sɐi^{33}	从细 ts^{h}uŋ^{21} sɐi^{33}	从细 ts^{h}uŋ^{21} sɐi^{33}	从细个 ts^{h}uŋ^{21} sɐi^{33} kɔ^{33}	从细 ts^{h}uŋ^{21} sɐi^{33}	从细 ts^{h}uŋ^{21} sɐi^{33}	从细 ts^{h}uŋ^{21} sɐi^{33}
在~家里吃	响= hœŋ^{35} / 喺 hei^{35}	响= hœŋ^{35}	响= hœŋ^{35}	响= hœŋ^{35}	响= hœŋ^{35}	响= hœŋ^{35}	喺 hei^{35}

续表 3-27

条目	方言						
	广东广州话	三藩市广府话	洛杉矶广府话	纽约广府话	芝加哥广府话	波特兰广府话	休斯敦广府话
除~他之外	除咗 tsʰœy²¹ tsɔ³⁵	除 tsʰœy²¹	除 tsʰœy²¹	除咗 tsʰœy²¹ tsɔ³⁵	除 tsʰœy²¹	除 tsʰœy²¹	除 tsʰœy²¹
让~他去	畀 pei³⁵	畀 pei³⁵	畀 pei³⁵	畀 pei³⁵	畀 pei³⁵	畀 pei³⁵	让 jœŋ²²
用~钢笔写	用 juŋ²²	用 juŋ²²	用 juŋ²²	攞 lɔ³⁵	用 juŋ²²	用 juŋ²²	用 juŋ²²
到~今天止	到 tou³³/至 tsi³³	到 tou³³	到 tou³³	至到 tsi³³ 到 tou³³	到 tou³³	到 tou³³	到 tou³³
比（……高）	畀 pei³⁵	比 pei³⁵	比 pei³⁵	过 kwɔ³³	比 pei³⁵/（高）过（kou⁵⁵）kwɔ³³	比 pei³⁵/（高）过（kou⁵⁵）kwɔ³³	（高）过（kou⁵⁵）kwɔ³³/比 pei³⁵

有关否定、程度、范围、关联、语气等的说法是本节的最后一个栏目。本栏收录的条目最多，共有 82 条。空白的不多，台山话有几处空白点，如条目"只要"，洛杉矶、纽约、波特兰空白，也有条目有的点的表达使用的不是词而是短语，如"从小"，洛杉矶台山话说"出世至□时 出生到现在 tsʰut⁵ łai²¹ tsi²¹ kɔ⁵⁵ si²²⁻³⁵"。但是，相比之下，华人社区两个方言各点的大多数表达都坚持了本方言的固有说法。

3.1.4 华人社区粤方言词汇中与汉语普通话形异义同、形同义异的词

从词构成的形式着眼分析海外汉语方言词汇，与国内的汉语方言一样，可以从构词语素的角度出发。国内的汉语方言词汇在构词语素方面，有的与汉语普通话完全不一样，有的部分不一样，有的构词语素虽然与普通话相同，可是与普通话的排列顺序不一样，而方言词的意思与普通话一致。相反，也有虽然构词的语素与普通话没有区别，意思却与汉语普通话截然相反的。

尽管流传至海外早已过百年，美国华人社区的粤方言台山话和广府话在这些方面的表现也不例外。本节将先分析华人社区台山话、广府话与汉语普通话形异义同的词，再分析与普通话形同义异的词。

本节的表格，每一类各取 10 个例子，在列出汉语普通话的条目后，再列出广东台山话和广东广州话的说法，以资对比。

3.1.4.1 形异义同

关于形异义同，先看与普通话的意义相同、构词语素有同有不同的。

（1）前一构词语素不同。（见表 3-28、表 3-29）

表 3-28　6 个台山话前一构词语素不同的形异义同词

条目	方言						
	广东台山话	三藩市台山话	洛杉矶台山话	纽约台山话	芝加哥台山话	波特兰台山话	圣安东尼奥台山话
冷水	冻水 əŋ⁵⁵ łui⁵⁵	冻水 uŋ³¹ sui⁵⁵	冻水 uŋ⁴⁴ sui⁵⁵	冻水 uŋ⁴⁴ sui⁵⁵	冻水 huŋ⁴⁴ sui⁵⁵	冻水 uŋ⁴⁴ sui⁵⁵	冻水 tuŋ⁴⁴ sui⁵⁵
开水	滚水 kun⁵⁵ łui⁵⁵	滚水 kun⁵⁵ sui⁵⁵	滚水 kun⁵⁵ sui⁵⁵	滚水 kun⁵⁵⁻³⁵ sui⁵⁵	滚水 kuan⁵⁵ sui⁵⁵	滚水 kun⁵⁵ sui⁵⁵	滚水 kun⁵⁵ sui⁵⁵
玉米	粟米 łok⁵ mai⁵⁵	粟米 suk⁵ mai⁵⁵	粟米 łuk⁵ mai⁵⁵	粟米 łuk⁵ mai⁵⁵	粟米 łuk⁵ mai⁵⁵	粟米 łuk⁵ mai⁵⁵	粟米 łuk⁵ mai⁵⁵
包菜	椰菜 jɛ²² tʰɔi³³	椰菜 jɛ²² tʰɔi⁴⁴	椰菜 jɛ²² tʰɔi²¹	椰菜 jɛ²² tʰɔi⁴⁴	椰菜 jɛ²² tʰɔi⁴⁴	椰菜 jɛ²² tʰɔi⁴⁴	椰菜 jɛ²² tsʰui⁴⁴
项链	颈链 kiaŋ⁵⁵ len⁵⁵⁻³⁵	颈链 kiaŋ⁵⁵ lian³¹⁻³⁵	—	颈链 kiaŋ⁵⁵ lɛn³¹⁻⁵⁵	颈链 kiaŋ⁵⁵ lɛn⁵⁵	颈链 kiaŋ⁵⁵ lɛn⁵⁵	颈链 kɛŋ⁵⁵ lin³¹⁻³⁵
围巾	颈巾 kiaŋ⁵⁵ kin³³⁻³⁵	颈巾 kiaŋ⁵⁵ kin⁴⁴	头巾 hau²² kin⁴⁴	颈巾 kiaŋ⁵⁵ kin⁴⁴	颈巾 kiaŋ⁵⁵ kan⁴⁴	颈巾 kiaŋ⁵⁵ kin⁴⁴	颈巾 kɛŋ⁵⁵ kan⁴⁴
睡觉	瞓觉 fun³¹ kau³³	瞓觉 fun⁴⁴ kau⁴⁴	瞓 fun⁴⁴	瞓觉 fun⁴⁴ kau⁴⁴	瞓觉 fun⁴⁴ kau⁴⁴	瞓觉 fun⁴⁴ kau⁴⁴	瞓觉 fun³¹ kau⁴⁴
做梦	发梦 fat³ məŋ³¹	发梦 fat³ muŋ³¹	发梦 fat³ muŋ²¹	发梦 fat³ muŋ³¹	梦 muŋ³¹	发梦 fat³ muŋ³¹	发梦 fat³ muŋ³¹
拼命	搏命 pɔk³ miaŋ³¹	搏命 pɔk³ miaŋ³¹	猛 maŋ⁵⁵	搏命 pɔk³ miaŋ³¹	搏命 pɔk³ miaŋ³¹	搏命 pɔk³ miaŋ³¹	搏命 pɔk³ mɛŋ³¹
自行车	单车 an³³ tsʰia³³	单车 an⁴⁴ tsʰɛ⁴⁴	单车 an⁴⁴ tsʰɛ⁴⁴	单车 an⁴⁴ tsʰɛ⁴⁴	单车 an⁴⁴ tsʰɛ⁴⁴	单车 tan⁴⁴ tsʰɛ⁴⁴	单车 an⁴⁴ tsʰɛ⁴⁴

表 3-29　6 个广府话前一构词语素不同的形异义同词

条目	方言						
	广东广州话	三藩市广府话	洛杉矶广府话	纽约广府话	芝加哥广府话	波特兰广府话	休斯敦广府话
冷水	冻水 tuŋ³³ sœy³⁵	冻水 tuŋ³³ sœy³⁵	冻水 tuŋ³³ sœy³⁵	冻水 tuŋ³³ sœy³⁵	冻水 tuŋ³³ sœy³⁵	冻水 tuŋ³³ sœy³⁵	冻水 tuŋ³³ sœy³⁵
开水	滚水 kwɐn³⁵ sœy³⁵	滚水 kwɐn³⁵ sœy³⁵	滚水 kwɐn³⁵ sœy³⁵	滚水 kwɐn³⁵ sœy³⁵	煲水 pou⁵⁵ sœy³⁵	滚水 kwɐn³⁵ sœy³⁵	滚水 kwɐn³⁵ sœy³⁵

续表 3-29

条目	方言						
	广东广州话	三藩市广府话	洛杉矶广府话	纽约广府话	芝加哥广府话	波特兰广府话	休斯敦广府话
玉米	粟米 suk^5 mɐi^{13}	粟米 suk^5 mɐi^{13}	粟米 suk^5 mɐi^{13}	粟米 suk^5 mɐi^{13}	粟米 suk^5 mɐi^{13}	粟米 suk^5 mɐi^{13}	粟米 suk^5 mɐi^{13}
包菜	椰菜 jɛ^{21} tsʰɔi^{33}	椰菜 jɛ^{21} tsʰɔi^{33}	椰菜 jɛ^{21} tsʰɔi^{33}	椰菜 jɛ^{21} tsʰɔi^{33}	椰菜 jɛ^{21} tsʰɔi^{33}	椰菜 jɛ^{21} tsʰɔi^{33}	—
项链	颈链 kɛŋ^{35} lin$^{22-35}$	颈链 kɛŋ^{35} lin$^{22-35}$	—	颈链 kɛŋ^{35} lin$^{22-35}$	颈链 kɛŋ^{35} lin$^{22-35}$	颈链 kɛŋ^{35} lin^{35}	颈链 kɛŋ^{35} lin$^{22-35}$
围巾	颈巾 kɛŋ^{35} kɐn^{55}	颈巾 kɛŋ^{35} kɐn^{55}	颈巾 kɛŋ^{35} kɐn^{55}	颈巾 kɛŋ^{35} kɐn^{55}	丝巾 si^{55} kɐn^{55}	颈巾 kɛŋ^{35} kɐn^{55}	颈巾 kɛŋ^{35} kɐn^{55}
睡觉	瞓觉 fɐn^{33} kau^{33}	瞓觉 fɐn^{33} kau^{33}	瞓觉 fɐn^{33} kau^{33}	瞓觉 fɐn^{33} kau^{33}	瞓觉 fɐn^{33} kau^{33}	瞓觉 fɐn^{33} kau^{33}	瞓觉 fɐn^{33} kau^{33}
做梦	发梦 fat^3 muŋ^{22}	发梦 fat^3 muŋ^{22}	发梦 fat^3 muŋ^{22}	发梦 fat^3 muŋ^{22}	发梦 fat^3 muŋ^{22}	发梦 fat^3 muŋ^{22}	发梦 fat^3 muŋ^{22}
拼命	搏命 pɔk^3 mɛŋ^{22}	搏命 pɔk^3 mɛŋ^{22}	搏命 pɔk^3 mɛŋ^{22}	好吃力 hou^{35} hɛt^3 lek^2	搏命 pɔk^3 mɛŋ^{22}	搏命 pɔk^3 mɛŋ^{22}	搏命 pɔk^3 mɛŋ^{22}
自行车	单车 tan^{55} tsʰɛ^{55}	单车 tan^{55} tsʰɛ^{55}	单车 tan^{55} tsʰɛ^{55}	单车 tan^{55} tsʰɛ^{55}	单车 tan^{55} tsʰɛ^{55}	单车 tan^{55} tsʰɛ^{55}	单车 tan^{55} tsʰɛ^{55}

以上"前一构词语素不同"的部分，表 3-28、表 3-29 中有几个发音人无法提供说法的空白，也有的点，如洛杉矶台山话的"瞓 fun^{44}""猛 maŋ^{55}"、芝加哥台山话的"梦 muŋ^{31}"提供的是单音节的词。纽约广府话表示"拼命"的"好吃力 hou^{35} hɛt^3 lek^2"则已经不是词，而是短语了。芝加哥广府话将"开水"说成"煲水"，意为"煲过（煮过）的水"。另外，"自行车"一条，普通话是 3 个音节的词，含 3 个语素，而各点与之对应的都是双音节，含两个语素的"单车"。

（2）后一构词语素不同。（见表 3-30、表 3-31）

表3-30　6个台山话后一构词语素不同的形异义同词

条目	方言						
	广东台山话	三藩市台山话	洛杉矶台山话	纽约台山话	芝加哥台山话	波特兰台山话	圣安东尼奥台山话
火灾	火烛 fɔ⁵⁵ tsək⁵	火烛 fɔ⁵⁵ tsuk⁵	火烛 fɔ⁵⁵ tsuk⁵ / 火烧 fɔ⁵⁵ ɬɛu⁵⁵	火烛 fɔ⁵⁵ tsuk⁵	火烛 fɔ⁵⁵ tsuk⁵	火烛 fɔ⁵⁵ tsuk⁵	火烛 fɔ⁵⁵ tsuk⁵
隔壁	隔篱 kak³ lei²²	隔篱 kak³ lei²²	隔篱 kak³ li²²	隔篱 kak³ lei²²	隔篱 kak³ li²²	隔篱 kak³ li²²	隔篱 kak³ lei²²
家具	家私 ka³³ ɬi³³	家私 ka⁴⁴ ɬu⁴⁴	家私 ka⁴⁴ ɬu⁴⁴	家具 ka⁴⁴ kui³¹	家私 ka⁴⁴ ɬu⁴⁴	家私 ka⁴⁴ ɬi⁴⁴	家私 ka⁴⁴ si⁴⁴
裤腿	裤脚 fu³¹ kiak³	裤脚 fu⁴⁴ kiak³	裤脚 fu²¹ kiak⁵	裤脚 fu⁴⁴ kiak³	裤脚 fu³¹ kiak³	裤脚 fu³¹ kiak³⁻³⁵	裤脚 fu⁴⁴ kɛk³
大腿	髀 pei⁵⁵	大髀 ai³¹ pi⁵⁵	髀 pi⁵⁵	大髀 ai³¹ pi⁵⁵	大髀 ai³¹ pi⁵⁵	大髀 ai³¹ pi⁵⁵	大髀 ai³¹ pei⁵⁵
脚跟	脚头 kiak³ hɐu²²	脚踭 kɛk³ tsaŋ⁴⁴	脚头 kiak³ hau²²	脚头 kiak³ hɐu²²	脚踭 kiak³ tsaŋ⁴⁴	脚踭 kiak³ tsaŋ⁴⁴⁻³¹	脚踭 kɛk³ tsaŋ⁴⁴
起床	下床 ha³³ tsʰɔŋ²²	起床 hi⁵⁵ tsʰɔŋ²²	起身 hi⁵⁵ sin⁴⁴	起身 hi⁵⁵ san⁴⁴	起身 hei³⁵ sɐn⁵⁵	起身 hi⁵⁵ sin⁴⁴	起身 hi⁵⁵ san⁴⁴
游泳	游水 jiu²² sui⁵⁵ / □水 lun³³ sui⁵⁵	游水 jiu²² sui⁵⁵	游水 jiu²² sui⁵⁵	游水 jiu²² sui⁵⁵	游水 jiu²² sui⁵⁵	游水 jiu²² sui⁵⁵	游水 jiu²² sui⁵⁵
打架	打交 a⁵⁵ kau³³	打交 a⁵⁵ kau⁴⁴	打交 a⁵⁵ kau⁴⁴	打交 a⁵⁵ kau⁴⁴	打交 a⁵⁵ kau⁴⁴	打交 a⁵⁵ kau⁴⁴	打交 ta⁵⁵ kau⁴⁴
但是	但係 an³¹ hai³¹	但係 tan³¹ hai³¹	不过 put⁵ kuɔ⁴⁴	不过 pat⁵ ku⁴⁴	但係 an³¹ hai³¹	但係 an³¹ hai³¹	但係 tan³¹ hai³¹

表3-31　6个广府话后一构词语素不同的形异义同词

条目	方言						
	广东广州话	三藩市广府话	洛杉矶广府话	纽约广府话	芝加哥广府话	波特兰广府话	休斯敦广府话
火灾	火烛 fɔ³⁵ tsuk³⁵	火烛 fɔ³⁵ tsuk³⁵	火烛 fɔ³⁵ tsuk⁵	火烛 fɔ³⁵ tsuk⁵	火烛 fɔ³⁵ tsuk⁵	火烛 fɔ³⁵ tsuk⁵	火烛 fɔ³⁵ tsuk⁵
隔壁	隔篱 kak³ lei²¹	隔篱 kak³ lei²¹	隔篱 kak³ lei²¹	隔篱 kak³ lei²¹	隔篱 kak³ lei²¹	隔篱 kak³ lei²¹	隔篱 kak³ lei²¹

续表 3-31

条目	方言						
	广东广州话	三藩市广府话	洛杉矶广府话	纽约广府话	芝加哥广府话	波特兰广府话	休斯敦广府话
家具	家私 ka^{55} si^{55}	家私 ka^{55} si^{55}	家私 ka^{55} si^{55}	家私 ka^{55} si^{55}	家私 ka^{55} si^{55}	家私 ka^{55} si^{55}	家私 ka^{55} si^{55}
裤腿	裤脚 fu^{33} kœk^3	裤脚 fu^{33} kœk^3	裤脚 fu^{33} kœk^3	—	裤脚 fu^{33} kœk^3	裤脚 fu^{33} kœk^3	裤脚 fu^{33} kœk^3
大腿	大髀 tai^{22} pei^{35}	大髀 tai^{22} pei^{35}	大髀 tai^{22} pei^{35}	大髀 tai^{22} pei^{35}	大髀 tai^{22} pei^{35}	大髀 tai^{22} pei^{35}	大髀 tai^{22} pei^{35}
脚跟	脚踭 kœk^3 tsaŋ^{55}	脚踭 kœk^3 tsaŋ^{55}	脚踭 kœk^3 tsaŋ^{55}	脚踭 kœk^3 tsaŋ^{55}	脚踭 kœk^3 tsaŋ^{55}	脚踭 kœk^3 tsaŋ^{55}	踭 tsaŋ^{55}
起床	起身 hei^{35} sɐn^{35}	起身 hei^{35} sɐn^{35}	起身 hei^{35} sɐn^{55}	起身 hei^{35} sɐn^{55}	下床台 ha^{55} tsʰɔŋ^{22}	起身 hei^{35} sɐn^{55}	起身 hei^{35} sɐn^{55}
游泳	游水 jɐu^{21} sœy^{35}	游水 jɐu^{21} sœy^{35}	游水 jɐu^{21} sœy^{35}	游水 jɐu^{21} sœy^{35}	游水 jɐu^{21} sœy^{35}	游水 jɐu^{21} sœy^{35}	游水 jɐu^{21} sœy^{35}
打架	打交 ta^{35} kau^{55}	打交 ta^{35} kau^{55}	打交 ta^{35} kau^{55}	打交 ta^{35} kau^{55}	打交 ta^{35} kau^{55}	打交 ta^{35} kau^{55}	打交 ta^{35} kau^{55}
但是	但系 tan^{22} hɐi^{22}	但系 tan^{22} hɐi^{22}	但系 tan^{22} hɐi^{22}	但系 tan^{22} hɐi^{22}	但系 tan^{22} hɐi^{22}	但系 tan^{22} hɐi^{22}	但系 tan^{22} hɐi^{22}

以上"后一构词语素不同"部分，空白点只有纽约广府话的"裤腿"一处。可是，与普通话"但是"一条对应的洛杉矶和纽约台山话的说法都是"不过"。"但是""不过"虽然都表示转折的意义，但"不过"使用的构词语素与条目不能对应。普通话"起床"一条，美国的6个台山话都没有与祖籍地广东台山话一致的"下床"的说法，倒是芝加哥广府话用的是"下床"的说法。另外，"大腿"一条，洛杉矶台山话发音人提供的是单音节的"髀"，与祖籍地台山台城话相同；"火灾"一条，洛杉矶台山话除了"火烛"外，还有与普通话"烧火"意义不同、构词语素相同，不过语素排列顺序相反的"火烧"一说。

（3）构词语素与普通话完全不同、意思却一样的。（见表3-32、表3-33）

表3-32 6个台山话构词语素与普通话完全不同而意思相同的形异义同词

条目	方言						
	广东台山话	三藩市台山话	洛杉矶台山话	纽约台山话	芝加哥台山话	波特兰台山话	圣安东尼奥台山话
外面	外底 ŋai³¹ tai⁵⁵	出便 ɬtsʰut⁵ pɛŋ³¹	出便 ɬtsʰut⁵ pɛŋ²¹	出便 ɬtsʰut⁵ pɛŋ³¹	出便 ɬtsʰut⁵ pɛŋ³¹	出便 ɬtsʰut⁵ pɛŋ³¹	出便 tsʰœt⁵ pin²²
猴子	马骝 ma⁵⁵ leu⁵⁵	马骝 ma⁵⁵ lau⁴⁴	马骝 ma⁵⁵ lau²²⁻⁵⁵	马骝 ma⁵⁵ lau²²⁻⁵⁵	马骝 ma⁵⁵ lɛu⁴⁴	马骝 ma³¹ lai⁴⁴	马骝 ma⁵⁵ lau²²⁻⁵⁵
抽屉	柜桶 kei³¹ huŋ⁵⁵	柜桶 ki³¹ huŋ⁵⁵	柜桶 kui²¹ huŋ⁵⁵	柜桶 kui³¹ huŋ⁵⁵	柜桶 kuai³¹ huŋ⁵⁵	柜桶 kei³¹ huŋ⁵⁵	柜桶 kwɐi²² tʰuŋ⁵⁵
肥皂	番枧 fan³³ kan⁵⁵	番枧 fan⁴⁴ kan⁵⁵	番枧 fan⁴⁴ kan⁵⁵	番枧 fan⁴⁴ kan⁵⁵	番枧 fan⁴⁴ kan⁵⁵	番枧 fan⁴⁴ kan⁵⁵	番枧 fan⁵⁵ kam³
冰棒	雪条 ɬut⁵ hiau²²⁻³⁵	雪条 sut³ tʰiau²²⁻³⁵	雪冰 ɬut⁵ pɛŋ⁴⁴	雪条 ɬut⁵ hei²²	雪条 ɬut⁵ tʰiau²²⁻³⁵	雪条 ɬut³ tʰɛu²²⁻³⁵	雪条 sty³ tʰiu²¹⁻³⁵
执拗	□□ kaŋ³³ ɬen³³	硬颈 ɦŋaŋ³¹ kiaŋ⁵⁵	硬皮牛 ŋin²¹ pʰi¹ ŋau²²	硬颈 ŋaŋ³¹ kiaŋ⁵⁵	硬颈 ŋaŋ³¹ kiaŋ⁵⁵	硬颈 ŋaŋ³¹ kiaŋ⁵⁵	硬颈 ŋaŋ²² kɛŋ³⁵
年轻	后生 heu³¹ san³	后生 hau³¹ san⁴⁴	后生 hau²¹ san⁴⁴	后生 hɛu³¹ san⁴⁴	后生 hau³¹ ɬaŋ⁴⁴	后生 hau³¹ saŋ⁴⁴	后生 hɐu²² saŋ⁵⁵
儿媳	心妇 ɬim³³ fu³¹/阿嫂 a³³ ɬou⁵⁵	新抱 ɬɛn⁴⁴ pʰu³¹	心妇 ɬim⁴⁴ fu²¹	新妇 san⁴⁴ fu³¹	心妇 ɬim⁴⁴ fu³¹	心抱 ɬam⁴⁴ pʰou³¹	心抱 sɐm⁵⁵ pʰou¹³
上火	热气 ŋet² hei³³	热气 ŋet² hi⁴⁴	热气 ŋɜt² hi⁴⁴	热气 ŋɜt² hi⁴⁴	热气 jɜt² hi⁴⁴	热气 ŋet² hi⁴⁴⁻³⁵	热气 jit² hi⁴⁴
幸亏	好彩 hou⁵⁵ tʰɔi⁵⁵/好在 hou⁵⁵ tɔi³¹	好彩 hau⁵⁵ tsʰɔi⁵⁵	好在 hɔ⁵⁵ tsɔi²¹	好彩 hou⁵⁵ tʰɔi⁵⁵	好彩 hɔ⁵⁵ tʰɔi⁵⁵	好彩 hou⁵⁵ tʰɔi⁵⁵	好彩 hou⁵⁵ tʰɔi⁵⁵

表3-33 6个广府话构词语素与普通话完全不同而意思相同的形异义同词

条目	方言						
	广东广州话	三藩市广府话	洛杉矶广府话	纽约广府话	芝加哥广府话	波特兰广府话	休斯敦广府话
外面	出便 tsʰœt⁵ pin²	出便 tsʰœt⁵ pin²	出便 tsʰœt⁵ pin²²	出便 tsʰœt⁵ pin²²	出便 tsʰœt⁵ pin²²	出便 tsʰœt⁵ pin²²	出便 tsʰœt⁵ pin²²

续表 3-33

条目	方言						
	广东广州话	三藩市广府话	洛杉矶广府话	纽约广府话	芝加哥广府话	波特兰广府话	休斯敦广府话
猴子	马骝 ma^{13} lɐu^{55}	马骝 ma^{13} lɐu^{55}	马骝 ma^{13} lɐu^{55}	马骝 ma^{13} lɐu$^{21-35}$	马骝 ma^{13} lɐu$^{21-55}$	马骝 ma^{13} lɐu^{55}	马骝 ma^{13} lɐu^{55}
抽屉	柜桶 kwɐi^{22} tʰuŋ^{35}	柜桶 kwɐi^{22} tʰuŋ^{35}	柜桶 kwɐi^{22} tʰuŋ^{35}	柜桶 kwɐi^{22} tʰuŋ^{35}	柜桶 kwɐi^{22} tʰuŋ^{35}	柜桶 kwɐi^{22} tʰuŋ^{35}	柜桶 kwɐi^{22} tʰuŋ^{35}
肥皂	番枧 fan^{55} kan^{35}	番枧 fan^{55} kan^{35}	番枧 fan^{55} kan^{35}	番枧 fan^{55} kan^{35}	番枧 fan^{55} kan^{35}	番枧 fana^{55} kan^{35}	番枧 fan^{55} kan^{35}
冰棒	雪条 syt^{3} tʰiu$^{21-35}$	雪条 syt^{3} tʰiu$^{21-35}$	雪条 syt^{3} tʰiu$^{21-35}$	雪条 syt^{3} tʰiu$^{21-35}$	雪条 syt^{3} tʰiu$^{21-35}$	雪条 syt^{3} tʰiu$^{21-35}$	雪条 syt^{3} tʰiu$^{21-35}$
执拗	硬颈 ŋaŋ^{22} kɛŋ^{35}	硬颈 ŋaŋ^{22} kɛŋ^{35}	硬颈 ŋaŋ^{22} kɛŋ^{35}	拗颈 au^{33} kɛŋ^{35}	硬颈 ŋaŋ^{22} kɛŋ^{35}	硬颈 ŋaŋ^{22} kɛŋ^{35}	硬颈 ŋaŋ^{22} kɛŋ^{35}
年轻	后生 hɐu^{22} saŋ^{55}	后生 hɐu^{22} saŋ^{55}	后生 hɐu^{33} saŋ^{55}	后生 hɐu^{22} saŋ^{55}	后生 hɐu^{22} saŋ^{55}	后生 hɐu^{22} saŋ^{55}	后生 hɐu^{22} saŋ^{55}
儿媳	心抱 sɐn^{55} pʰou^{13}	新抱 sɐn^{55} pʰou^{13}	心抱 sɐm^{55} pʰou^{13}	新抱 sɐn^{55} pʰou^{13}	心抱 sɐm^{55} pʰou^{13}	心抱 sɐm^{55} pʰou^{13}	心抱 sɐm^{55} pʰou^{13}
上火	热气 jit^{2} hei^{33}	热气 jit^{2} hei^{33}	热气 jit^{22} hei^{33}	热气 jit^{2} hei^{33}	热气 jit^{2} hei^{33}	热气 jit^{2} hei^{33}	热气 jit^{2} hei^{33}
幸亏	好彩 hou^{35} tsʰɔi^{35}	好彩 hou^{35} tsʰɔi^{35}	好彩 hou^{35} tsʰɔi^{35}	好彩 hou^{35} tsʰɔi^{35}	好彩 hou^{35} tsʰɔi^{35}	好彩 hou^{35} tsʰɔi^{35}	好彩 hou^{35} tsʰɔi^{35}

"构词语素与普通话完全不同而意思相同"的两个方言的表格（表 3-32 和表 3-33）展示的基本都是与普通话构词语素完全不同，而意思却相同的词。不过，此栏第一个条目"外面"，美国台山话各点的说法都与祖籍地广东台山话的"外底"不同，而是与广府话的说法一致的"出便"（语音形式不同）。

其实，就像越来越多的台山籍青年华人改说广府话，不说台山话一样，华人社区的台山话词汇里也逐渐出现了一些广府话词汇"入侵"的现象，"外面"叫"出便"是华人社区广府话对台山话影响的又一例。上文纽约台山话的疑问代词"边个_谁""边个嗰_{谁的}"也是。与此相同的还有 5 个台山话点（三藩市、纽约、芝加哥、波特兰、圣安东尼奥）与普通话"执拗"相对的"硬颈"一说。还有，上面提到的，"吃饭"这个最常用的基本词，圣安东尼奥台山话既可以说台山话固有的"喫饭 hɐt^{3}fan^{31}"，也可以说成广府话的"食饭 sek^{2}fan^{31}"，这更能说明问题。

而洛杉矶台山话"雪冰"的说法则与普通话"冰棒"的构词语素不是完全不同而是部分不同，纽约广府话"拗颈"与普通话的"执拗"相比，也不是构词语素完全不同，只是部分不同。洛杉矶台山话表示普通话"执拗"的"硬皮牛"是 3 个音节而非两个音节。

（4）词的意思不改变，构词语素与汉语普通话虽然相同，但排列顺序不一样的。不过，这种类型的例子不多。

下文的分析，将构词语素有同有不同，不过其中相同的语素排列顺序与普通话不一样这一类排除在外。如普通话的"剪刀"，无论台山话还是广府话，都与祖籍地方言一样，叫"铰剪"，语素"剪"普通话的在前，方言的在后；还有相对于普通话"后面"，洛杉矶台山话说"尾后 mi^{55}hau^{21}"。下文只讨论普通话和方言的构词语素都相同，而排列顺序相反的情况。

此外，还有一些不是与汉语普通话，而是与祖籍地方言词语素排列顺序相反的，我们也排除在外。例如，表示"夜里"的意思，广东台山话、广州话都说"晚黑"，纽约台山话却说"黑晚 hak^{5}man^{55}"等。

如此一来，可以归到这一类的例子并不多。但有意思的是，表示普通话"夜宵"的"宵夜"各点都有，且都是与普通话词的排列顺序颠倒。其中，圣安东尼奥台山话，洛杉矶、纽约、波特兰、休斯敦广府话都只记录到这一例与普通话词的排列顺序颠倒的。也有个别例子造词语素顺序的颠倒是对应于祖籍地方言，而非普通话的，上面提到的纽约台山话的"黑晚"就是一例。

请看下列各点的具体例子。（与方言例子对应的普通话说法，还有必要的注释都在方言词的右下角以小字标出，下同）

台山话例子如：

三藩市台山话：宵夜$_{夜宵}$ɬiau^{44}jɛ$^{31-35}$、会约$_{约会}$wui^{31}jɛk^3、饼碎$_{碎饼}$pɛŋ^{55}ɬui^{31}、为难你$_{难为你}$wui^{22}nan^{22}ni^{22}

洛杉矶台山话：宵夜$_{夜宵}$siau^{44}jɛ^{21}、雪冰$_{冰棒}$ɬut^{5}pen^{44}、木碎$_{刨花,碎木}$muk^{2}ɬui^{21}

纽约台山话：宵夜$_{夜宵}$siu^{44}jɛ$^{31-55}$、化铁$_{生锈}$fa^{44}hɛt^3（此意汉语普通话的词序应该是"铁化"）、木刨碎$_{刨花,碎木}$muk^{2}p^{h}au^{22}sui^{44}、打千秋$_{打秋千}$a^{55}t^{h}ɛn^{44}ts^{h}iu^{44}

芝加哥台山话：宵夜$_{夜宵}$siu^{44}jɛ$^{31-35}$、人客$_{客人}$jan^{22}hak^3、刨木碎$_{刨花,碎木}$p^{h}ou^{22}muk^{2}ɬui$^{44-31}$、畜牲$_{牲畜}$ts^{h}uk^{5}saŋ^{44}、头额$_{额头}$hau^{22}ŋak$^{2-35}$、打千秋$_{打秋千}$a^{55}ts^{h}in^{44}ts^{h}au^{44}、行人路$_{人行路}$haŋ^{22}jan^{22}lu^{31}

波特兰台山话：宵夜$_{夜宵}$ɬeu^{44}jɛ$^{31-35}$、人客$_{客人}$jan^{22}hak^3

圣安东尼奥台山话：宵夜$_{夜宵}$ɬeu^{44}jɛ^{31}

广府话的例子如：

三藩市广府话：宵夜$_{夜宵}$siu^{55}jɛ$^{22-35}$、齐整$_{整齐}$ts^{h}ɐi^{21}tseŋ^{35}、木碎$_{刨花,碎木}$muk^{2}sœy^{33}、饼干碎$_{碎饼干}$pɛŋ^{35}kɔn^{55}sœy^{33}

洛杉矶广府话：宵夜$_{夜宵}$siu^{55}jɛ$^{22-35}$

纽约广府话：宵夜_{夜宵}siu⁵⁵jɛ²²⁻³⁵

芝加哥广府话：宵夜_{夜宵}siu⁵⁵jɛ²²⁻³⁵、人客_{客人}jɛn²¹hak³、行慢_{慢走}haŋ²¹man²²（"行"意为"走"，古汉语词）、打千秋_{打秋千}ta³⁵tsʰin⁵⁵tsʰɐu⁵⁵

波特兰广府话：宵夜_{夜宵}siu⁵⁵jɛ²²⁻³⁵

休斯敦广府话：宵夜_{夜宵}siu⁵⁵jɛ²²⁻³⁵

除了上述的说法，我们还知道，国内的粤方言无论台山话还是广府话，表示牲畜雄雌，以及小牲畜的方式都与汉语普通话有别。普通话表示牲畜雄雌，以及小牲畜的语素"公""母""小"等放在词根的前面，粤方言相对应的"公""乸""仔"等放在词根的后面。这或许可以视作另一种与普通话构词语素排列位置相反的表现。

尽管美国华人社区的台山话和广府话表示牲畜雄雌及小牲畜的方式，出现了与祖籍地方言不同的问题，各点都不同程度地有部分变成了自创词，或跟从了汉语普通话的说法。不过也还有一些残留了与祖籍地方言相同的说法，以下是这些不成系统的残留例子，每个方言点的例子我们都尽数列出。不难看到，在这些不多的例子里，有相当部分对牲畜的表达是没有成对的雄雌相配的。其中，波特兰广府话的这类例子只有两个（我们将会在下文的创新词部分进一步讨论这个问题）。

另外，海内外的粤方言台山话和广府话表示雄性、雌性的牲畜都用"公""乸"这两个语素，表示"小牲畜"的语素则是"仔"。以下是各点的例子。

台山话的例子如：

三藩市台山话：牛公 ŋau²²kuŋ⁴⁴、牛乸 ŋau²²na⁵⁵、羊公 jɛŋ²²kuŋ⁴⁴、猪公 tsi⁴⁴kuŋ⁴⁴、猪乸 tsi⁴⁴na⁵⁵、狗仔 kau⁵⁵tɔi⁵⁵、狗公 kau⁵⁵kuŋ⁴⁴、狗乸 kau⁵⁵na⁵⁵、猫仔 miau⁴⁴tɔi⁵⁵、猫公 miau⁴⁴kuŋ⁴⁴、猫乸 miau⁴⁴na⁵⁵、鸡公 kai⁴⁴kuŋ⁴⁴、鸡乸 kai⁴⁴na⁵⁵、鸡仔 kai⁴⁴tɔi⁵⁵、鸭仔 ŋap³tɔi⁵⁵

洛杉矶台山话：羊仔 jaŋ²²tɔi⁵⁵、猪仔 tsi⁴⁴tɔi⁵⁵、狗仔 kau⁵⁵tɔi⁵⁵、猫仔 mɛu⁴⁴tɔi⁵⁵、鸡公 kai⁴⁴kuŋ⁴⁴、鸡乸 kai⁴⁴na⁵⁵、鸡仔 kai⁴⁴tɔi⁵⁵、鸭仔 ap³tɔi⁵⁵

纽约台山话：牛仔 ŋiu²²tɔi⁵⁵、羊仔 jɛŋ²²tɔi⁵⁵、猪公 tsi⁴⁴kuŋ⁴⁴、猪乸 tsi⁴⁴na⁵⁵、猪仔 tsi⁴⁴tɔi⁵⁵、狗仔 kau⁵⁵tɔi⁵⁵、狗公 kau⁵⁵kuŋ⁴⁴、狗乸 kau⁵⁵na⁵⁵、猫仔 mei⁴⁴tɔi⁵⁵、鸡公 kɔi⁴⁴kuŋ⁴⁴、鸡乸 kɔi⁴⁴na⁵⁵、鸡仔 kɔi⁴⁴tɔi⁵⁵、鸭仔 ap³tɔi⁵⁵

芝加哥台山话：牛公 ŋiu²²kuŋ⁴⁴、牛乸 ŋiu²²na⁵⁵、牛仔 ŋiu²²tɔi⁵⁵、羊公 jɛŋ²²kuŋ⁴⁴、羊乸 jɛŋ²²na⁵⁵、羊仔 jɛŋ²²tɔi⁵⁵、猪公 tsi⁴⁴kuŋ⁴⁴、猪乸 tsi⁴⁴na⁵⁵、猪仔 tsi⁴⁴tɔi⁵⁵、狗仔 kiu⁵⁵tɔi⁵⁵、狗公 kiu⁵⁵kuŋ⁴⁴、狗乸 kiu⁵⁵na⁵⁵、猫仔 mei⁴⁴tɔi⁵⁵、猫公 mei⁴⁴kuŋ⁴⁴、猫乸 mei⁴⁴na⁵⁵、鸡公 kai⁴⁴kuŋ⁴⁴、鸡乸 kai⁴⁴na⁵⁵、鸡仔 kai⁴⁴tɔi⁵⁵、鸭仔 ap³tɔi⁵⁵

波特兰台山话：牛公 ŋiu²²kuŋ⁴⁴、牛乸 ŋiu²²na⁵⁵、鸭仔 ap³tɔi⁵⁵

圣安东尼奥台山话：牛仔 ŋau²²tɔi⁵⁵、羊仔 jɛŋ²²tɔi⁵⁵、狗仔 kau⁵⁵tɔi⁵⁵、猫仔 miu⁴⁴tɔi⁵⁵、鸡仔 kai⁴⁴tɔi⁵⁵、鸭仔 ap³tɔi⁵⁵

广府话的例子如：

三藩市广府话：牛公 ŋeu²¹kuŋ⁵⁵、羊姆 jɛŋ²²na⁵⁵、狗仔 kɐu³⁵tsɐi³⁵、猫仔 mau⁵⁵tsɐi³⁵、鸡仔 kɐi⁵⁵tsɐi³⁵、鸭仔 ŋap³tsɐi³⁵

洛杉矶广府话：牛姆 ŋeu²¹na³⁵、牛公 ŋeu²¹kuŋ⁵⁵、牛仔 ŋeu²¹tsɐi³⁵、羊仔 jœŋ²¹tsɐi³⁵、猪仔 tsy⁵⁵tsɐi³⁵、狗仔 kɐu³⁵tsɐi³⁵、猫仔 mau⁵⁵tsɐi³⁵、鸡仔 kɐi⁵⁵tsɐi³⁵、鸡姆 kɐi⁵⁵na³⁵、鸡公 kɐi⁵⁵kuŋ⁵⁵、鸭仔 ŋap³tsɐi³⁵

纽约广府话：牛仔 ŋeu²¹tsɐi³⁵、狗仔 kɐu³⁵tsɐi³⁵、狗公 kɐu³⁵kuŋ⁵⁵、狗姆 kɐu³⁵na³⁵、猫仔 mau⁵⁵tsɐi³⁵、鸡仔 kɐi⁵⁵tsɐi³⁵、鸭仔 ŋap³tsɐi³⁵

芝加哥广府话：牛公 ŋeu²¹kuŋ⁵⁵、牛姆 ŋeu²¹na³⁵、牛仔 ŋeu²¹tsɐi³⁵、羊姆 jœŋ²¹na³⁵、羊仔 jœŋ²¹tsɐi³⁵、猪仔 tsy⁵⁵tsɐi³⁵、狗仔 kɐu³⁵tsɐi³⁵、狗公 kɐu³⁵kuŋ⁵⁵、狗姆 kɐu³⁵na³⁵、猫仔 mau⁵⁵tsɐi³⁵、猫公 mau⁵⁵kuŋ⁵⁵、猫姆 mau⁵⁵na³⁵、鸡姆 kɐi⁵⁵na³⁵、鸡仔 kɐi⁵⁵tsɐi³⁵、鸭仔 ŋap³tsɐi³⁵

波特兰广府话：牛仔 ŋeu²¹tsɐi³⁵、鸭仔 ŋap³tsɐi³⁵

休斯敦广府话：牛仔 ŋeu²¹tsɐi³⁵、羊仔 jɛŋ²¹tsɐi³⁵、狗仔 kɐu³⁵tsɐi³⁵、猫仔 mau⁵⁵tsɐi³⁵、鸡仔 kɐi³⁵tsɐi³⁵、鸭仔 ŋap³tsɐi³⁵

3.1.4.2 形同义异

讨论汉语方言词与共同语普通话外在形式相同、内涵却大不相同的形同义异的词，通常可以从词义范围扩大、词义范围缩小、词义范围转移3个方面入手。对海外华人社区的汉语方言形同义异词的讨论也一样，下文的分析也将从这3个方面展开。

不过，具体到美国华人社区的台山话和广府话，在这3个方面中，表现相对突出的是形式上与普通话一致的词语词义却扩大了的方面，其余两点——词义范围转移和词义范围缩小，特别是有关词义范围缩小，记录到的例子都不多，且记录到的例子也不是全部或部分点使用的，大都是少数点或单点的说法。

需要说明的是，华人不会说的，还有所说的不少发生了变化的方言词语，无论在词的构形方面，还是在词的意义方面，都与华人掌握的方言词汇量少、方言使用能力（特别是非日常用语使用能力）退化有关。芝加哥广府话的发音人用"卫星 wɐi²²seŋ⁵⁵"指代普通话的"流星"就是一个明显的例子。关于这方面，我们也还会进一步讨论。

下文例子中有关普通话词语的解释，一律参照中国社会科学院语言研究所词典编辑室《现代汉语词典》2016年第7版的释义。我们将在阐述台山话和广府话词义的扩大、缩小和转移时，在这3个问题中都先排列多点使用的例子，再列出单点使用的例子。为了行文的清晰，每个例子都以"△"号隔开。且每一个例子，无论阐述的文字多寡，都只在开头加一个"△"号。

（1）词义范围扩大。

关于方言词的词义范围比汉语普通话扩大的，有一些例子是华人社区台山话和广府话的大部分点或所有点都一致的，这些例子都是基本词。

第3章　美国华人社区汉语粤方言词汇研究

1）两个以上的方言点或多点方言都有的例子如下。

△粉　①粉末：面~｜藕~｜花~。②特指化妆用的粉末：香~｜涂脂抹~。③用淀粉制成的食品：凉~｜~皮。④特指粉条或粉丝：米~｜绿豆~｜菠菜炒~。⑤变成粉末：~碎｜~身碎骨｜石灰放得太久，已经~了。⑥<方>粉刷：墙刚~过。⑦带有白粉的；白色的：~蝶｜~连纸。⑧粉红：~色｜~牡丹｜这块绸子是~的。(《现代汉语词典》)

《现代汉语词典》关于"粉"的8条定义，除去第⑥条方言的说法，其余第①、第②、第③、第⑤、第⑦、第⑧条的意思，华人社区的台山话和广府话都有。而第④条的含义"特指粉条或粉丝"在多点台山话和广府话中，词义范围都扩大了。例如，用面粉制作、中心空的意大利面条，在华人社区的粤方言中就都被称作"粉"而不是"面"。例如：

三藩市、纽约台山话（所附例子的具体说法依所列地点的顺序排列，下同）：意大利粉 ji^{31}ai^{31}li^{31}fun^{55}、意粉 ji^{44}fun^{55}

三藩市、洛杉矶、芝加哥、波特兰广府话：意粉 ji^{33}fɐn^{35}、意粉 ji^{33}fɐn^{35}、意粉 ji^{33}fɐn^{35}、粉$_{意面}$fɐn^{35}

我们可以比对波特兰台山话的不同叫法——"茄汁面$_{意面}$k^{h}ɛ$^{22-35}$tsip^{5}mɛn^{31}"。另外，纽约广府话中"米面$_{意粉}$mɐi^{13}min^{22}"的说法也很特别，意为用米做成的面条，有点类似英语的"rice noodle"。

此外，"粉"在国内的粤、客方言如广州话等里，还含有另一现代汉语普通话所没有的意思，指"食物纤维少而柔软"。我们调查过的东南亚华人社区粤、客方言里也有这个表现，不过，这一词义范围扩大的现象，我们只在圣安东尼奥台山话"粉 fun^{55}"和洛杉矶广府话"粉 fɐn^{35}"中发现，如"面$_{南瓜很~}$"，两地就都说"粉"。

△热气　①热的空气；热的水蒸气。②借指热烈的情绪或气氛：讨论会开得~腾腾｜人多议论多，~高，干劲大。(《现代汉语词典》)

除了普通话所含的意义，在国内的粤方言和客家方言中，"热气"还常被用于指身体不适的一种表现——"上火"。东南亚华人社区的粤、客方言也是这样。此词的这个扩大的词义，在美国华人社区台山话和广府话的12个点中，无一例外都传承了。例如：

三藩市、洛杉矶、纽约、芝加哥、波特兰、圣安东尼奥台山话：热气 ŋet^{2}hi^{44}、热气 ŋet^{2}hi^{44}、热气 ŋet^{2}hi^{44}、热气 jɛt^{2}hi^{44}、热气 ŋet^{2}hi$^{44-35}$、热气 jit^{2}hi^{44}

三藩市、洛杉矶、纽约、芝加哥、波特兰、休斯敦广府话：热气 jit^{2}hei^{33}、热气 jit^{22}hei^{33}、热气 jit^{2}hei^{33}、热气 jit^{2}hei^{33}、热气 jit^{2}hei^{33}、热气 jit^{2}hei^{33}

△凳　凳子：方~｜板~｜竹~儿。(《现代汉语词典》)《现代汉语词典》在此条目下面还另列了"凳子"一条："凳子：有腿没有靠背的坐具，主要用木头、竹子等制成。"

与普通话不同，"凳子"在方言中常被说成单音节的"凳"，在国内的粤、客方言里，此词一般都包括"有腿没有靠背的坐具"（凳子）和"有腿也有靠背的坐具"（椅子）两个含义，词义大于普通话，东南亚华人社区的粤、客方言如此，美国华人社区的台山话、广府话无一例外也都如此。在华人社区 12 个方言点中，洛杉矶台山话"凳"的意义范围更加扩大，还另有一个其他点所无的意思——"座位"，车上的"座位"就直接以"凳"指称。例如：

  三藩市、洛杉矶、纽约、芝加哥、波特兰、圣安东尼奥台山话：凳 $aŋ^{44}$、凳$_{座位、凳子、椅子}$ $aŋ^{44}$、凳 $aŋ^{44}$、凳 $aŋ^{31}$、凳 $aŋ^{31}$、凳 $aŋ^{31}$。

  三藩市、洛杉矶、纽约、芝加哥、波特兰、休斯敦广府话：凳 $teŋ^{33}$、凳 $teŋ^{33}$、凳 $teŋ^{33}$、凳 $teŋ^{33}$、凳 $teŋ^{33}$、凳 $teŋ^{33}$。

  △茶　①常绿木本植物，叶子长椭圆形，花一般为白色，种子有硬壳。嫩叶加工后就是茶叶。是我国南方重要的经济作物。②用茶叶做成的饮料：喝～｜品～。③旧时指聘礼（古时聘礼多用茶）：下～（下聘礼）。④茶色：～镜｜～晶。⑤某些饮料的名称：奶～｜果～。⑥指油茶树：～油。⑦指山茶：～花。⑧姓。(《现代汉语词典》)

  除了《现代汉语词典》所列的上述义项，如同国内的粤方言，"茶"在华人社区的台山话和广府话的不少点里还增加了其他两个含义，即"吃点心"（所有方言点）和"汤药"（8 个点）的委婉说法。例如：

  三藩市、洛杉矶、纽约、芝加哥、波特兰、圣安东尼奥台山话：饮早茶 $ŋim^{55} tau^{44} tsʰa^{22}$、饮茶 $jim^{55} tsʰa^{22}$、饮早茶 $ŋam^{55} tɔ^{55} tsʰa^{22}$、饮茶 $jim^{55} tsʰa^{22}$、饮茶 $ŋim^{55} tsʰa^{22}$、饮早茶 $jim^{55} tsou^{55} tsʰa^{22}$。

  三藩市、洛杉矶、纽约、芝加哥、波特兰、休斯敦广府话：饮茶 $jɐm^{35} tsʰa^{21}$、饮茶 $jɐm^{35} tsʰa^{21}$、饮茶 $jɐm^{35} tsʰa^{21}$、早茶 $tsou^{35} tsʰa^{21}$、饮早茶 $jɐm^{35} tsou^{35} tsʰa^{21}$、饮早茶 $jɐm^{35} tsou^{35} tsʰa^{21}$。

  "饮茶"除了表示"喝茶"外，在粤方言中，还是"吃点心"的泛指。"早茶"一词有一个意思是早点，"饮早茶"专指早上吃点心，还有"下午茶"，那就是下午吃点心。

  三藩市、洛杉矶、纽约、芝加哥台山话：茶$_避$ $tsʰa^{22}$、茶$_避$ $tsʰa^{22}$、茶$_避$ $tsʰa^{22}$、苦茶$_避$ $fu^{55} tsʰa^{22}$。

  三藩市、洛杉矶、芝加哥、波特兰广府话：茶$_避$ $tsʰa^{21}$、茶$_避$ $tsʰa^{21}$、茶$_避$ $tsʰa^{21}$、茶$_避$ $tsʰa^{21}$。

  上面两组例子的"茶"都是"汤药"的避讳说法。其中，芝加哥台山话的"苦茶"特别加了修饰性的语素"苦"，说明不是一般的茶。

  △纸　①写字、绘画、印刷、包装等所用的东西，多用植物纤维制造。②书信、文件的张数：一～公文｜一～禁令。③姓。(《现代汉语词典》)

  在上列的 3 个意义之外，"纸"在华人社区的台山话和广府话的 4 个点中，还增加了"纸币、钱币"的含义；在洛杉矶广府话中则还有"塑料"的含义。(见表 3-34、表 3-35)

第3章 美国华人社区汉语粤方言词汇研究

表3-34 "纸"在6个台山话中表"纸币、钱币"意思的词

普通话	方言					
	三藩市台山话	洛杉矶台山话	纽约台山话	芝加哥台山话	波特兰台山话	圣安东尼奥台山话
钱币	银纸 ŋan^{22} tsi^{55}	—	—	银纸 ŋan^{22} tsi^{55}	—	—
大张的整钱	大纸 ai^{31} tsi^{55}	—	大纸 ai^{31} tsi^{55}	大纸 ai^{31} tsi^{55}	—	大纸 ai^{31} tsi^{55}
零钱	散纸 ɬan^{55} tsi^{55}	—	散纸 san^{55} tsi^{55}	细纸 ɬɔi^{44} tsi^{55}	散纸 san^{55} tsi^{55}	—

表3-35 "纸"在6个广府话中表"纸币、钱币"意思的词

普通话	方言					
	三藩市广府话	洛杉矶广府话	纽约广府话	芝加哥广府话	波特兰广府话	休斯敦广府话
钱币	银纸 ŋen^{21} tsi^{35}	银纸 ŋen^{21} tsi^{35}	—	—	—	—
大张的整钱	大纸 tai^{22} tsi^{35}	大纸 tai^{22} tsi^{35}	—	大纸 tai^{22} tsi^{35}	大纸 tai^{22} tsi^{35}	大纸 tai^{22} tsi^{35}
零钱	散纸 san^{35} tsi^{35}	散纸 san^{35} tsi^{35}	—	散纸 san^{35} tsi^{35}	散纸 san^{35} tsi^{35}	散纸 san^{35} tsi^{35}

表3-34、表3-35的例子中,"银纸"即"纸币、钱","大纸"即"面额大的纸币","散纸""细纸"即"零钱"。

此外,洛杉矶台山话和纽约广府话全无此类说法,但洛杉矶广府话的"纸袋 tsi^{35} tɔi$^{22-35}$"指的并非纸做的袋子,而是"塑料袋"。塑料袋薄如纸,东南亚不少华人也称其为"纸袋"。

△冬菇 冬季采集的香菇。(《现代汉语词典》)

"冬菇"在普通话里表示的只是在"冬季采集的香菇",不过,在我们调查过的海外汉语方言里,包括东南亚等处的闽、粤、客方言,却有不少以"冬菇"指代所有品种,无论新鲜还是晒干的蘑菇的表达,"冬菇"的词义范围明显比现代汉语普通话扩大,以下方言点美国华人的"冬菇"说法也不例外。

三藩市、洛杉矶、纽约、圣安东尼奥台山话:冬菇 uŋ^{44} ku^{44}、冬菇 uŋ^{44} ku^{44}、冬菇 uŋ^{44} ku^{44}、冬菇 tuŋ^{44} ku^{44}

三藩市、纽约、休斯敦广府话:冬菇 tuŋ^{55} ku^{55}、冬菇 tuŋ^{55} ku^{55}、冬菇 tuŋ^{55} ku^{55}

△麦　①一年生或二年生草本植物，籽实用来磨面粉，也可以用来制糖或酿酒，是我国北方重要的粮食作物。有小麦、大麦、黑麦、燕麦等多种。②专指小麦。‖通称麦子。③姓。(《现代汉语词典》)

"麦皮"，顾名思义，就是麦子的皮。可是在美国华人社区的三藩市、纽约、波特兰台山话，洛杉矶、纽约、芝加哥广府话里，却均以这个词指代"燕麦"。这样，"麦皮"的词义范围在这几个方言中就扩大了。

"麦皮"的这个含义，恐怕是从"麦片"的含义演化来的。麦片是一种"用燕麦或大麦粒压成的小片"(《现代汉语词典》)，状如薄薄的皮，华人多接触麦片，少接触燕麦，又以"麦皮"称呼麦片，于是"麦皮"便顺理成章地成了燕麦的称呼。

洛杉矶广府话"麦片 mɐk²pʰin³³"指称"燕麦"，"麦片"的词义范围也扩大了。

三藩市、纽约、波特兰台山话：麦皮 mɐk²pʰei²¹、麦皮 mak²pʰei²²、麦皮 mak²pʰi²²

洛杉矶、纽约、芝加哥广府话：麦片 mɐk²pʰin³³、麦皮 mɐk²pʰei²¹、麦皮 mɐk²pʰei²¹

△水　①最简单的氢氧化合物，化学式 H_2O。无色、无味、无臭的液体，在标准大气压（101.325 千帕）下，冰点 0°C，沸点 100°C，4°C 密度最大，为 1 克/毫升。②河流：汉～｜淮～。③指江、河、湖、海、洋：～陆交通｜～旱码头｜～上人家。④（～儿）稀的汁：墨～｜药～｜甘蔗的～很甜。⑤指附加的费用或额外的收入：贴～｜汇～｜外～。⑥用于洗衣物等的次数：这衣裳洗几～也不变色。⑦姓。(《现代汉语词典》)

关于"水"这个基本词，《现代汉语词典》里列出的义项，美国华人社区的台山话和广府话都有。但是在华人社区台山话里，"水"所包含的与祖籍地广东本土台山话一致的"雨"的义项，则是现代汉语普通话所没有的，华人社区的广府话也没有。"水"的词义范围在台山话里扩大了。例如：

三藩市、洛杉矶、纽约、芝加哥、波特兰、圣安东尼奥台山话：落水下雨 lɔk²sui⁵⁵、落水下雨 lɔk²sui⁵⁵、落水下雨 lɔk²sui⁵⁵、落水下雨 lɔk²sui⁵⁵、落水下雨 lɔk²sui⁵⁵、冇水落没雨下 mou³¹sui⁵⁵lɔk²

"下雨"台山话说"落水"。我们在第 2 章曾谈到受华人社区内越来越强势的广府话、华语的影响，三藩市台山话出现了撮口呼韵母 y，"下雨"除了"落水"，也说"落雨 lɔk²jy⁵⁵⁻³¹"就是一例。同样，圣安东尼奥台山话也有"落雨 lɔk²jy³¹"的说法。不过，圣安东尼奥台山话在表示"天旱"的"冇水落没雨下 mou³¹sui⁵⁵lɔk²"一说中，带自祖籍地方言，以"水"指"雨"的说法还是出现了。

△牌　①（～儿）牌子：广告～｜标语～。②（～儿）门～｜路～｜标～｜车～儿。③（～儿）牌子：冒～儿｜英雄～金笔。④一种娱乐用品（也用为赌具）：纸～｜扑克～｜打～。⑤牌子：词～｜曲～。⑥古代军人用来遮护身体的器具：盾～｜藤～。⑦姓。(《现代汉语词典》)

现代汉语"牌"的这些义项，同样存在于美国华人社区的台山话和广府话中，只是

第3章 美国华人社区汉语粤方言词汇研究

"牌"在华人社区有的方言点里的义项却是普通话所无的。除了"扑克牌、车牌、牌子"等所有方言点的"牌"都具备的义项以外,在三藩市、洛杉矶、芝加哥、波特兰台山话里,这个词还有"徽章"的意思,词义范围无疑扩大了,4个点"牌"的音都是 p^hai^{22}。芝加哥广府话的"牌 p^hai^{21-35}"也可以表示"徽章"。

△鹅 家禽,羽毛白色或灰色,额部有橙黄色或黑褐色肉质突起,雄的突起较大。颈长,嘴扁而阔,脚有蹼,能游泳,耐寒,吃青草、谷物、蔬菜、鱼虾等。(《现代汉语词典》)

雁 鸟,外形略像鹅,颈和翼较长,足和尾较短,羽毛淡紫褐色。善于游泳和飞行。常见的有鸿雁、白额雁等。(《现代汉语词典》)

雁像鹅,但并不是鹅。不过,在美国华人社区洛杉矶、波特兰的台山话和芝加哥的广府话中,有以"鹅"指代大雁的情况。其中,波特兰台山话直呼"鹅",洛杉矶台山话叫"雁鹅",芝加哥广府话叫"野鹅"。这恐怕是由于比较起来,接触鹅相对较多,接触大雁少,不能区分这两种有不少相似点的禽类造成的。也可能因为"雁"的英文是"Canada greese"。不过,由此,"鹅"一词的义项在这3个点中也就扩大了。例如:

洛杉矶、波特兰台山话:雁鹅 $jin^{44}\eta\mathfrak{o}^{22-35}$、鹅 $\eta\mathfrak{o}^{22-35}$

芝加哥广府话:野鹅 $j\varepsilon^{13}\eta\mathfrak{o}^{21-35}$

△凉水 ①温度低的水。②生水。(《现代汉语词典》)

汽水 加一定压力,使二氧化碳溶于水中,加糖、果汁、香料等制成的饮料。(《现代汉语词典》)

芝加哥、波特兰台山话的"凉水 $lia\eta^{22}sui^{55}$""凉水 $l\varepsilon\eta^{22}sui^{55}$"词义范围扩大,既指凉水,也指汽水。

洛杉矶台山话的"凉水 $lia\eta^{22}sui^{55}$"除了普通话所有的这两个义项,可以指汽水等软饮料,另外,还包括粤籍人士所喜好的"清补凉",词义范围更加扩大了。

△手 《现代汉语词典》中的第一个义项:人体上端能拿东西的部分。但是除了指人的手,表示"禽兽的爪子",洛杉矶、波特兰、圣安东尼奥台山话也都叫"手":"手 $\mathfrak{l}iu^{55}$""手 siu^{55}""手 sau^{55}"。"手"的词义范围在这3个方言里均扩大了。

另外,波特兰广府话叫普通话的"八爪鱼"为"八手鱼 $s\mathfrak{e}u^{35}s\mathfrak{e}u^{35}jy^{21-35}$",这个词中指"触须"的"手"与洛杉矶、波特兰、安东尼奥台山话中的"手"一样,词义范围也扩大了。

不过,"手"的词义范围扩大的现象,在汉语方言中并不罕见,广东广州话就把猪脚叫"猪手"。

△白酒 用高粱、玉米、甘薯或某些果品发酵、蒸馏制成的酒,没有颜色,含酒精量较高。也叫烧酒、白干儿。(《现代汉语词典》)

"白酒"通常指中式酒,但是美国华人社区不少汉语方言也都叫白葡萄酒为"白酒",与指称红葡萄酒的"红酒"相对,这样,"白酒"的词义就扩大了。例如:

三藩市、洛杉矶、圣安东尼奥台山话:白酒 pak^2tiu^{55}、白酒 pak^2tiu^{55}、白酒 pak^2tiu^{55}

休斯敦广府话：白酒 pak² tsɐu³⁵

△风扇　热天用来生风取凉的用具，现指电扇。（《现代汉语词典》）
"风扇"在现代汉语中专指电扇，但是在波特兰台山话、纽约和波特兰广府话中，除了电扇，它仍然可以指用手摇动的扇子，或许这是因为当初华人从祖籍地带出来的方言里，"扇子"就是如此表示的。三地这个词的音分别为"风扇 fuŋ⁴⁴ sɐn⁴⁴""风扇 fuŋ⁵⁵ sin³³""风扇 fuŋ⁵⁵ sin³³"，词义范围比现代汉语普通话扩大了。

2）台山话中词义扩大的单个方言点例子如下。

△客人　①被邀请受招待的人；为了交际或事务的目的来探访的人（跟主人相对）。②旅客；顾客。③客商。（《现代汉语词典》）
除了这3个义项，洛杉矶台山话的"客人 hak³ ŋin²²"还有"外国人"的意思，词义范围扩大了。

△铁　①金属元素，符号 Fe。银白色，质硬。延展性强，纯铁磁化和去磁都很快，含杂质的铁在湿空气中容易生锈。是炼钢的主要原料，用途很广。（《现代汉语词典》）
钢　铁和碳的合金，含碳量小于2%，并含有少量的锰、硅、硫、磷等元素。强度高，韧性好，是重要的工业原料。（《现代汉语词典》）
洛杉矶台山话以"钢 kɔŋ²¹"指"铁"，"钢"的词义范围扩大了。

△股票　股份公司用来表示股份的证券。（《现代汉语词典》）
彩票　一种证券，上面编着号码，按票面价格出售。开奖后，持有中奖号码彩票的，可按规定领奖。（《现代汉语词典》）
洛杉矶台山话"股票 ku⁵⁵ pʰiau²¹"也指"彩票"，词义范围扩大了。

△洛杉矶台山话的"碗 wɔn⁵⁵"包括普通话"碗"和"碟子"的意思，词义范围扩大了。

△"纸巾 tsi⁵⁵ kin⁴⁴⁻³⁵"洛杉矶台山话包括普通话"纸巾"和"尿布"的意思，词义范围扩大了。

△洛杉矶台山话"面包 mɛŋ²¹ pau⁴⁴"除了指汉语普通话的"面包"，也指"馒头"，词义范围扩大了。

△"蛇 sɛ²²"洛杉矶台山话以它指称普通话的"蛇"和"鳝鱼"这两种性质不同，但是在形体上有一定相似度的动物，词义范围无疑扩大了。

△和尚　出家修行的男佛教徒。（《现代汉语词典》）
出家人　指僧尼或道士。（《现代汉语词典》）
洛杉矶台山话以"和尚 wɔ²² siaŋ⁴⁴"指代"出家人"，"和尚"的词义范围扩大了。

△湖　《现代汉语词典》中的第一个义项是"被陆地围着的大片积水：～泊｜洞庭～"。
洛杉矶台山话却以"水塘 sui⁵⁵ hɔŋ²²"一说指代普通话的"湖"，"水塘"的词义范围明显扩大了。

△生火　把柴、煤等燃起来：～做饭｜～取暖。（《现代汉语词典》）
除了上述几个名词的例子，洛杉矶台山话的动词"生火 saŋ⁴⁴ fɔ⁵⁵"，不仅包括普通话

此词所有的义项，还能表示生病"发烧"，词义范围明显扩大。

△专科　①专门科目：～医生｜～词典。②指专科学校：～生｜～毕业。(《现代汉语词典》)

内行　①对某种事情或工作有丰富的经验：他对养蜂养蚕都很～。②内行的人：向～请教。(《现代汉语词典》)

纽约台山话的"专科 tsɔn⁴⁴fɔ⁴⁴"，不仅有《现代汉语词典》所展示的两个义项，还有一个"内行"的含义，而不使用内行；外行则叫"唔係专科 m̩²²hai³¹tsɔn⁴⁴fɔ⁴⁴"，词义范围有所扩大。

△亲戚　跟自己家庭有婚姻关系或血统关系的家庭或它的成员：一门～｜我们两家是～｜他在北京～不多，只有一个表姐。(《现代汉语词典》)

纽约台山话的"亲戚 tʰin⁴⁴tʰek⁵"除了以上意思，还可以指"祖先"，"一个民族或家族的上代，特指年代比较久远的"(《现代汉语词典》)，词义范围扩大了。

△芝加哥台山话"墨笔 mak²pit⁵"，词义范围扩大，包括普通话的"毛笔""钢笔""圆珠笔"。

△窄　①横的距离小("跟宽相对")：狭～｜路～｜～胡同。②（心胸）不开朗；（气量）小：心眼儿～。③（生活）不宽裕：他家的日子过得挺～。④姓。(《现代汉语词典》)

崎岖　形容山路不平，也形容处境艰难：山路～｜～坎坷的一生。(《现代汉语词典》)

芝加哥台山话以形容词"窄 tsak³"对应普通话的"崎岖"，"窄"的词义增加了。

△香片　花茶。(《现代汉语词典》)波特兰台山话的"香片 hɛŋ⁴⁴pʰin⁴⁴"不仅指茉莉花茶，也指茉莉花，词义范围扩大了。

△"斧头"和"锤子"是两种不同的工具。波特兰台山话的"斧头 pou⁵⁵hau²²"既指斧头，也指锤子，词义范围扩大了。

△"内衣"和"T恤"在普通话里指两种不同的衣物，"底衫"在广东台山话和广府话中都是指内衣，但是波特兰台山话的"底衫 ai⁵⁵ɬam⁴⁴"却既指内衣，也指T恤，词义范围扩大了。

3）广府话中词义扩大的单个方言点例子如下。

△乌龟　《现代汉语词典》的第一个义项是：爬行动物，体扁，有硬壳。长圆形，背部隆起，黑褐色，有花纹，趾有蹼，能游泳，头尾四肢能缩入壳内。生活在河流、湖泊里，吃杂草或小动物。种类较多，龟甲可入药，也叫金龟，俗称王八。

海龟　爬行动物，外形和普通龟相似，身体大，黑褐色，头大，嘴有钩。吃鱼虾，海藻等。生活在海洋中。(《现代汉语词典》)

鳖　爬行动物，外形像龟，吻尖长，背甲椭圆形，上有软皮，生活在水中。也叫甲鱼或团鱼，俗称王八。(《现代汉语词典》)

三藩市广府话以"乌龟 wu⁵⁵kwɐi⁵⁵"指称包括普通话乌龟、海龟，还有广东粤方言称为"水鱼"的鳖，"乌龟"的词义范围扩大了。

△开火　①放枪打炮，开始大打仗：前线～了。②比喻进行抨击或开展斗争：向腐败现象～。

在纽约广府话里，"开火"的词义范围扩大，还包含普通话"生火"的"把柴、煤等燃起来"的义项。

△纽约广府话以"叉烧 tsʰa⁵⁵ siu⁵⁵"指代烹调方式和味道都不一样的"叉烧肉"和"红烧肉","叉烧"的词义范围扩大了。

△烂 ①某些固体物质组织被破坏或水分增加后松软：～泥｜牛肉煮得很～。②腐烂：～苹果｜樱桃和葡萄容易～。③破碎；破烂：～纸｜破铜～铁｜衣服穿～了。④头绪乱：～账｜～摊子。⑤表示程度极深：～醉｜～熟。(《现代汉语词典》)

芝加哥广府话的"烂 lan²²"除了普通话的以上含义，还增加了一个"崎岖"的意义，词义范围扩大了。

△ 番薯和淮山是两种不同的植物，不过在芝加哥广府话中，"番薯 fan⁵⁵ sy²¹"却同时指称这两种植物，词义范围扩大了。

△ 壁虎和蜥蜴是两种不同的动物，粤方言广州话以"檐蛇"指称壁虎，但是芝加哥广府话的"檐蛇 jim²¹ sɛ²¹⁻³⁵"既可以表示壁虎，也可以表示蜥蜴，词义范围扩大了。

△枕头 躺着的时候，垫在头下，使头略高的东西。(《现代汉语词典》)

坐垫 放在椅子、凳子上的垫子。(《现代汉语词典》)

芝加哥广府话的"枕头 tsɐm³⁵ tʰɐu²¹"词义范围扩大，既可指枕头，也可指坐垫。

△缸 ①盛东西的器物，一般底小口大，有陶、瓷、搪瓷、玻璃等各种质料的：水～｜一口～｜小鱼～儿。②缸瓦：～砖｜～盆。③形状像缸的器物：汽～｜四个～的发动机。(《现代汉语词典》)

桶 ①盛东西的器具，用木头、铁皮、塑料等制成，多微圆筒形，有的有提梁：水～｜汽油～。②石油容量单位。1 桶为 42 加仑，7.3 桶合 1 吨。(《现代汉语词典》)

芝加哥广府话的"桶 tʰuŋ³⁵"词义范围扩大，既指缸，也指桶。

△纸巾 一种像手绢那样大小用来擦脸、手等的质地柔软的纸片。(《现代汉语词典》)

尿布 包裹婴儿身体下部或垫在婴儿臀下接大小便用的布。(《现代汉语词典》)

芝加哥广府话的"纸巾 tsi³⁵ kɐn⁵⁵"词义范围扩大，既指纸巾，也指尿布。

△橡胶 高分子化合物，分为天然橡胶和合成橡胶两大类。弹性好，有绝缘性，不透水，不透气。橡胶制品广泛应用在工业和生活各方面。(《现代汉语词典》)

橡皮筋 用橡胶制成的、有伸缩性的线状或环形物品，多用来捆扎东西。(《现代汉语词典》)

粤方言台山话和广府话都叫橡皮筋"橡筋"，但是休斯敦广府话的"橡筋 tsœŋ²² kɐn⁵⁵"除了橡皮筋以外，还指代橡胶，词义范围明显扩大了。

△房租 出租或租用房屋的钱。(《现代汉语词典》)

粤方言广府话除了"房租"外，也说"屋租"，但是休斯敦广府话却还用"屋租 uk⁵ tsou⁵⁵"指代买房的时候每月供房、付按揭的钱，"屋租"的词义范围扩大了。

还有一些词词义的扩大不是与汉语普通话相对，而是相对于祖籍地方言来说的。例如：

△广东粤方言台山话和广府话都用"樽"表示"瓶子"，"樽"是个单义词。不过，洛杉矶台山话的"樽 tun⁴⁴⁻³⁵"、芝加哥广府话的"樽 tsœn⁵⁵"除了指瓶子，还都指罐子，词义范围比祖籍地方言扩大了。

△"柚子"广东台山话叫"卜碌",波特兰台山话除了叫"柚子""卜碌 puk^{5}luk^5"外,对中国不产、祖籍地原来没有的,类似柚子的"西柚"也叫"卜碌 puk^{5}luk^5","卜碌"的词义范围扩大了。

(2) 词义范围缩小。

1) 两个以上的方言点或多点方言都有的例子如下。

△饭 ①煮熟的谷类食品:稀~|干~|小米~。②特指大米饭:吃~吃馒头都行。③每天定时吃的食物:早~|中~|晚~|一天三顿~。④指吃饭:~前|~后。(《现代汉语词典》)

"饭"这个词,国内粤方言的台山话和广府话中的词义范围都比汉语普通话要小,与《现代汉语词典》所说的义项①有差别,一般专指大米干饭。上述义项③的说法在粤方言里也有变化,每天定时吃的食物,不一定叫"吃饭"。美国华人社区的汉语方言也不例外,这是词义范围缩小的典型例子。

各点"大米干饭""稀饭""早饭""午饭""晚饭"的说法见表3-36、表3-37。

表3-36 6个台山话"大米干饭""稀饭""早饭""午饭""晚饭"的说法

普通话	方言					
	三藩市 台山话	洛杉矶 台山话	纽约 台山话	芝加哥 台山话	波特兰 台山话	圣安东尼奥 台山话
大米干饭	饭 fan^{31}	饭 fan^{21}	饭 fan^{31}	饭 fan^{31}	饭 fan^{31}	饭 fan^{31}
稀饭	粥 tsuk^5	粥 tsuk^5	粥 tsuk^5	粥 tsuk^5	粥 tsuk^5	粥 tsuk^5
早饭	早餐 tau^{44} t^{h}an$^{44-35}$	早餐 tɔ^{55} t^{h}an^{44}	早餐 tɔ^{55} t^{h}an^{44}	早餐 tɔ^{55} t^{h}an^{44}	早餐 tou^{55} t^{h}an^{44}	早餐 tsou^{55} ts^{h}an^{44}
午饭	午饭 m̩$^{55-35}$ fan^{31}	*	午餐 m̩^{55} t^{h}an^{44}	喫饭 hɛt^5 fan^{31}	*	*
晚饭	晚饭 man^{55} fan^{31}	晚餐 man^{55} t^{h}an^{44}	*	喫饭 hɛt^5 fan^{31}	晚饭 man^{31} fan^{31}	晚饭 man^{44} fan^{31}

表3-37 6个广府话"大米干饭""稀饭""早饭""午饭""晚饭"的说法

普通话	方言					
	三藩市 广府话	洛杉矶 广府话	纽约 广府话	芝加哥 广府话	波特兰 广府话	休斯敦 广府话
大米干饭	饭 fan^{22}	饭 fan^{22}	饭 fan^{22}	饭 fan^{22}	饭 fan^{22}	饭 fan^{22}
稀饭	粥 tsuk^5	粥 tsuk^5	粥 tsuk^5	粥 tsuk^5	粥 tsuk^5	粥 tsuk^5
早饭	早餐 tsou^{35} ts^{h}an^{55}	早餐 tsou^{35} ts^{h}an^{55}	早餐 tsou^{35} ts^{h}an^{55}	早餐 tsou^{35} ts^{h}an^{55}	早餐 tsou^{35} ts^{h}an^{55}	早餐 tsou^{35} ts^{h}an^{55}

续表 3-37

普通话	方言					
	三藩市 台山话	洛杉矶 台山话	纽约 台山话	芝加哥 台山话	波特兰 台山话	休斯敦 台山话
午饭	晏昼 an^{33} tsɐu^{33}	*	食晏 sek^2 an^{33}	晏昼 ŋan^{33} tsɐu^{33}	午餐 m^{13} tsʰan^{55}	午餐 m^{13} tsʰan^{55}
晚饭	晚饭 man^{13} fan^{22}	晚餐 man^{13} tsʰan^{55}	*	晚餐 man^{13} tsʰan^{55}	晚餐 man^{13} tsʰan^{55}	晚餐 man^{13} tsʰan^{55}

表 3-36、表 3-37 中的例子显示，如同祖籍地方言，华人社区台山话和广府话中的"饭"指的就是大米干饭，稀饭不叫"饭"，叫"粥"。"早饭"无论台山话还是广府话一律都叫"早餐"。"午饭"洛杉矶、波特兰、圣安东尼奥台山话，还有洛杉矶广府话4个点以英语借词表示（打"*"者，将在下文的借词部分分析）；芝加哥台山话就叫"喫饭"，芝加哥广府话则借"晏昼$_{中午}$"一词表示；叫"午餐"的有波特兰、休斯敦两个广府话；只有三藩市台山话说"午饭"。"晚饭"以英语借词表示的是纽约台山话和广府话；叫"晚饭"的点有三藩市、波特兰、圣安东尼奥台山话，和三藩市广府话4个点，其余的点叫"晚餐"。

上述例子说明，"饭"现代汉语义项③的说法在美国华人社区只是很少数。"饭"在华人社区的台山话和广府话中词义范围明显缩小了。

2）单个点方言拥有的例子如下。

△土地　①田地：~肥沃｜~改革。②疆域：~广阔，物产丰富。(《现代汉语词典》)

旱地　旱田。(《现代汉语词典》)

三藩市台山话却以"土地 tʰau^{55}ei^{31}"一词指代"土地表面不蓄水"或"浇不上水"的耕地，词义范围缩小了，也转移了。

△田　《现代汉语词典》的第一个义项是：种植农作物的土地。

三藩市台山话用"田 hɐn^{22}"指代"菜园"，"田"的词义范围缩小了。

△动物　生物的一大类，这一类生物多以有机物为食料，有神经，有感觉，能运动。(《现代汉语方言词典》)

野兽　家畜以外的兽类。(《现代汉语方言词典》)

波特兰台山话以"动物 tuŋ^{31}mut^2"指代"野兽"，"动物"的词义范围缩小了。

（3）词义范围转移。

1）两个以上的方言点或多点方言都有的例子如下。

△冰　《现代汉语》中列举的第一个义项是：①水在0°C或0°C以下凝结成的固体：湖里结~了。

霜　《现代汉语词典》中列举的第一个义项是：①在气温降到0°C以下时，接近地面空气中所含的水汽在地面物体上凝结成的白色冰晶。

雪　《现代汉语》中列举的第一个义项是：①空气中降落的白色结晶，多为六角形，是气温降低到 0°C 以下时，空气层中的水蒸气凝结而成的。

不过，芝加哥台山话叫"冰水"为"霜水 sɔŋ⁴⁴sui⁵⁵"，说"冻住了"是"霜□sɔŋ⁴⁴lai⁴⁴"。洛杉矶台山话以两个颇有诗意的说法——"踩霜 tsʰai⁵⁵sɔŋ⁴⁴""踩雪 tsʰai⁵⁵ɫut⁵"来指代"溜冰""滑雪"。圣安东尼奥台山话称"加在饮料中的冰块"为"雪 ɫut³"。

三藩市广府话称"霜"为"冰 peŋ⁵⁵""雪 syt³"，把"结冰了"说成"雪咗 syt³tsɔ³⁵""雪住 syt³tsy²²""雪紧 syt³kɐn³⁵"，而东西全"冻住了"就是"雪藏嗮 syt³tsʰɔŋ²¹sai³³"。芝加哥广府话称"霜"为"冰 peŋ⁵⁵"。

在这些说法中，冰、霜、雪的概念都混淆了，词义范围均发生了转移。

我们曾经在《东南亚华人社区汉语方言概要》（2014）中谈到，由于气候炎热，居住环境的影响，东南亚的华人大都冰、霜、雪不分。在中国温暖的南方，也有这种冰、霜、雪不分的现象。

这种现象我们也在美国华人社区发现了。只是美国国土辽阔，东西南北气候不一样，记录到这种情况的洛杉矶台山话，三藩市广府话是在温暖的西海岸一带，常年没有冰雪，人们冰、霜、雪不分尚可理解。可是在四季分明、漫长的冬季里大雪铺天的芝加哥，在芝加哥华人社区流行的台山话中也记录到这种现象，恐怕就只能从方言使用习惯、从方言传承、从祖籍地广东带来的方言中去找原因了。

冰箱，广东台山话、广州话可以叫作"雪柜"，我们看看华人社区 12 个方言点这个词的说法：

三藩市、洛杉矶、纽约、芝加哥、波特兰、圣安东尼奥台山话：雪柜 ɫut³ki³¹、霜柜 sɔŋ⁴⁴kui²¹、霜柜 sɔŋ⁴⁴kui³¹、雪柜 ɫut⁵kui³¹、霜柜 ɫɔŋ⁴⁴kei³¹、雪柜 sit³kei³¹

三藩市、洛杉矶、纽约、芝加哥、休斯敦广府话：雪柜 syt³kwɐi²²、雪柜 syt³kwɐi²²、雪柜 syt³kwɐi²²、雪柜 syt³kwɐi²²、雪柜 syt³kwɐi²²

除了波特兰广府话说"冰箱 peŋ⁵⁵sœŋ⁵⁵"外，其余 11 个方言点表示方式都与普通话不同。其中，洛杉矶、纽约和波特兰台山话的说法还类似广东的闽方言，叫"霜柜"。

△棍　在《现代汉语词典》中的第一个义项是"棍子：木～｜铁～｜小～ 儿"。

拐棍　走路时拄的棍子，手拿的一头多是弯曲的。（《现代汉语词典》）

扁担　放在肩上挑东西或抬东西的工具，用竹子或木头制成，扁而长。（《现代汉语词典》）

三藩市台山话以"棍 kun³¹"指代"把锄头～"，词义转移了。洛杉矶台山话的"棍 kun²¹"、芝加哥广府话的"棍 kwɐn³³"既可以指棍子，也可以指拐棍、扁担，洛杉矶台山话还可以称炊帚为"扫棍"，词义范围扩大了，但若专指拐棍或扁担，则词义范围转移了。

洛杉矶广府话的"棍 kwɐn³³"，波特兰广府话的"棍 kwɐn³³"，可以指棍子，也可以指扁担，词义范围扩大了，但如指扁担，则词义范围也转移了。

△打包　①用纸、布、麻袋、稻草等包装物品：～机｜～装箱。②打开包着的东西：～检查。（《现代汉语词典》）

普通话的"剩饭"和"剩～了饭"两条，纽约广府话都用"打包 ta³⁵pau⁵⁵"表示，对应普通话，"打包 ta^{35}pau^{55}"的词义范围不仅扩大了，也转移了。在纽约广府话里，"打包"所产生的"剩饭"的意思显然是从在饭店等地将吃剩的饭菜打包而来的。

普通话"剩饭"和"剩~了饭"的意思，芝加哥广府话用"隔夜饭 kak^{3}jɛ^{22}fan^{22}"表示。波特兰台山话的"打包 a^{55}pau^{44}"词义范围也转移了，表示的是普通话"外卖"的意思。

△骑马　在现代汉语普通话中的意义明确，就是"两腿跨坐在马上"，但是纽约台山话、波特兰台山话和纽约广府话却以其表示普通话"骑肩膀上"的意思，词义范围转移了。纽约、波特兰台山话的音都是 k^{h}ɛ^{22}ma^{55}，纽约广府话的音是 k^{h}ɛ^{21}ma^{13}。

2）台山话里单个点方言拥有的例子有如下。

△师傅　①工、商、喜剧等行业中传授技艺的人。②对有技艺的人的尊称：老~｜厨~｜木匠~。（《现代汉语词典》）

大师　①在学问和艺术上有很深的造诣，为大家所尊崇的人：艺术~。②某些棋类运动的等级称号：国际象棋特级~。③对和尚的尊称。（《现代汉语词典》）

三藩市台山话称"师傅"为"大师 ai^{31}si^{44}"，词义范围转移了。

△铁板　汉语普通话的"铁板"指用铁做成的板状物。"砧板"指"切菜时垫在底下的木板"（《现代汉语词典》）。而三藩市台山话的"铁板 t^{h}ɛt^{3}pan^{55}"却是"砧板"的意思，词义范围转移了。不过，现在也有一些砧板是以不锈钢钢板做的，这又另当别论了。

△干净　《现代汉语词典》的第一条义项是"没有尘土、杂质等：孩子们都穿得干干净净的"。

整齐　《现代汉语词典》的第一条义项是"有秩序；有条理；不凌乱：~划一｜服装~｜步伐~"。

三藩市台山话用"整齐 tseŋ^{44}t^{h}ɔi^{22}"，指代汉语普通话的"干净"，词义范围转移了。（《现代汉语词典》）

△着火　失火。（《现代汉语词典》）

生火　把柴、煤等燃起来：~做饭｜~取暖。（《现代汉语词典》）

普通话的"生火"，三藩市台山话以"着火 tsœk^{2}fɔ^{35}"表示，词义转移了。

△米壳　顾名思义，就是"紧贴在稻子、谷子米粒外面的皮"（《现代汉语词典》）。

秕谷　不饱满的稻谷或谷子。（《现代汉语词典》）

洛杉矶台山话以"米壳 mai^{55}hɔk^3"指代汉语普通话的"秕谷"和"糠"，词义范围扩大了，也转移了。

△面包　食品，把面粉加水等调匀，发酵后烤制而成。（《现代汉语词典》）

馒头　面粉发酵后蒸成的食品，一般上圆而下平，没有馅儿。（《现代汉语词典》）

洛杉矶台山话以"面包 meŋ^{21}pau^{44}"指代汉语普通话的"面包"和"馒头"，词义范围扩大了，但用其专指馒头时，则是词义范围转移了。

△纸钱　汉语普通话有"纸钱"一说："民间指烧给死者或鬼神的铜钱形的圆纸片，中间有方孔。有的用较大的纸片，上面打出一些钱形做成。"（《现代汉语方言词典》）但是纽约台山话的"纸钱 tsi^{55}t^{h}ɛn^{22}"指的却是纸质的钱币，词义范围完全转移了。

△"红纸"顾名思义，就是红色的纸。"对联"则是"写在纸上布上，火刻在竹子上、木头上、柱子上的对偶语句"（《现代汉语词典》）。纽约台山话用"红纸 huŋ^{22}tsi^{55}"

指代对联，"红纸"词义范围在转移的同时，也扩大了。同时，这个词也反映了华人不识汉字的现实，对联写得再好，在华人眼里就是一张红纸。

△教堂 《现代汉语词典》的定义是"基督教徒举行宗教仪式的场所"。芝加哥台山话却把清真寺叫作"教堂 kau^{44} hɔŋ^{22}"，"教堂"的词义范围转移了，而另一个词——"礼拜堂 lai^{55} pai^{44} hɔŋ^{22}"则被芝加哥台山话用来指代"教堂"。

△火烧 表面没有芝麻的烧饼。（《现代汉语词典》）而波特兰台山话的"火烧 fɔ^{55} sɛu^{44}"指代的却是生病发烧，词义范围完全转移了。

另外，除了"火烛"一说，洛杉矶台山话也还有一个表示火灾的说法——"火烧 fɔ^{55} ɬɛu^{55}"。从字面看，此词与汉语普通话"表面没有芝麻的烧饼"一样，但其实词义范围完全转移了。

△"斧头 pu^{55} hɛu^{22}"在纽约台山话中指代普通话的"锤子"和"斧头"，词义范围扩大了，专指"锤子"时的词义范围则转移了。

3）广府话里单个点方言拥有的例子如下。

△面膜 一种敷在面部的美容护肤用品，可以吸收毛孔深处的污垢和过剩的油脂，起到清洁、滋养面部皮肤的作用。（《现代汉语词典》）

可是波特兰广府话的"面膜 min^{22} mɔk$^{2-35}$"，指代的确是"面具"，"面膜"的词义范围转移了。

△漏 ①东西从孔或洞中滴下、透出或掉出：壶里的水~光了。②物体有孔或缝，东西能滴下、透出或掉出：~勺｜锅~了｜那间房子~雨。③漏壶的简称，借指时刻：~尽更深。④泄露：走~风声｜说~了嘴。⑤遗漏：挂一~万｜这一行~了两个字｜点名的时候，把他的名字给~了。（《现代汉语词典》）

溢 ①充满而流出来：充~｜洋~｜河水四~｜锅里的牛奶~出来了。②过分：~美。（《现代汉语词典》）

以上两条释义，说明"漏"和"溢"虽然都含液体出来的意思，但液体出来的方式是不一样的，"漏"是滴下、透出或掉出，"溢"是流出。可是，表示"汤煮沸溢出"，芝加哥广府话却用了"漏水 lɛu^{22} sœy^{35}"一说，"漏"的词义范围转移了。

△对方 跟行为的主体处于相对地位的一方：老王结婚了，~是幼儿园的保育员。｜打球要善于抓住~的弱点来进攻。（《现代汉语词典》）

对面 ①对过儿：他家就在我家~。②正前方：~来了一个人。③面对面：这事儿得他们本人~谈。（《现代汉语词典》）

普通话的"对面"，芝加哥广府话以"对方 tœy^{33} fɔŋ^{55}"表示，词义范围转移了。

△气管 呼吸器官的一部分，管状，是由半环状软骨构成的，有弹性，上部接喉头，下部分成两支，通人左右两肺。（《现代汉语词典》）芝加哥广府话的"气管 hei^{33} kun^{35}"，除了表示人体的气管以外，也指代煤气管道，词义范围扩大了；而在专指煤气管道时，词义范围则转移了。

也有的词词义的转移不是相对于汉语普通话而言的，而是相对于华人社区祖籍地的方言来说的，波特兰台山话的"餸尾 ɬuŋ$^{44-31}$ mi^{55}"就是一例。此词在广东台山话中的原意为"吃剩的菜肴""剩菜"，而波特兰台山话却以其指普通话的"剩饭"，词义范围变化了。

3.1.5 华人社区粤方言词汇中的忌讳词

每种语言和方言都会有自己的忌讳词。忌讳词也可以叫作"委婉词""委婉语"。委婉词的使用反映了人们趋吉避凶，以及求雅的心理愿望。在日常生活中，由于不愿意直接使用令说者难堪、听者不愉快的话题，在触及人及动物的器官、排泄、交媾、生育、疾病、医治、丧葬、祭奠等方面时，人们往往会采用一些代用的、让人比较容易"入耳"的说法。这样的避讳说法在国内外的语言和汉语方言中都有。

不过，比起东南亚的华人，美国华人在这方面的表现没有那么丰富，我们记录到的相关例子不多，可以说，这种表现也是华人汉语方言驾驭能力减弱的一个表现。

比方说，我们曾在《东南亚华人社区汉语方言概要》（2014）中谈到，利用"外族语或兄弟汉语方言的说法表述疾病（尤其是恶疾）、生殖器官、性交及詈言等不愿说出口或不易说出口的事物"是东南亚华人的一大发明，一些这一类的词语，东南亚华人都转而使用外语或社区内其他兄弟汉语方言的说法去表达。这种表达方式似乎能够令说者更容易说出口，说起来不那么尴尬，也似乎可以令听者听起来没那么难堪。可是，在美国华人社区的 12 个粤方言点里，记录到的唯有三藩市广府话有几个类似的、借用外语表达的避讳说法，此外洛杉矶台山话有一个，芝加哥台山话有两个，三藩市广府话有 3 个，纽约广府话有一个，芝加哥广府话也有一个。例如：

洛杉矶台山话：有 BB 来$_{避}$jiu^{55}pi^{21}pi^{44}lɔi^{22}，怀孕，英语为"baby"。

芝加哥台山话：生□□$_{避}$saŋ^{44}kʰɛn^{44}sa^{31}，癌症，英语为"cancer"。□□$_{避}$ei^{44}tsi^{31}，艾滋病，英语为"AIDS"。

三藩市广府话：□□□$_{避}$pə^{21}lek^{5}si^{21}，乳房，英语为"breast"。□□$_{避}$nɛt^{5}pou^{21}，乳头，英语为"nipple"。□□$_{避}$sɛk^{5}si^{21}，交合，英语为"sexual"。

纽约广府话：□□□$_{避}$fiu^{55}nə^{21}lə^{21}，办丧事，英语为"funeral"。

芝加哥广府话：波$_{避}$pɔ^{55}，阴囊，睾丸，英语为"ball"（此词英语原意是"球"，用于指称阴囊，是比喻的说法）。

不过，在记录到的例子中，除了国内粤方言台山话和广州话等也常用的一些传统避讳说法，如"茶$_{避}$汤药""脷$_{避}$舌头""猪脷$_{避}$猪舌头""猪红$_{避}$猪血""上天堂$_{避}$死"等以外，也有的委婉语显然是美国华人自创的。比如，纽约广府话将小便、大便分别说成"开细$_{避,小便}$hɔi^{55}sɐi^{33}"或"一$_{避,小便}$jɐt^{5}"、"开大$_{避,大便}$hɔi^{55}tai^{22}"或"二$_{避,大便}$ji^{22}"，就很特别。

吸毒是不光彩的坏事，芝加哥台山话以"喫烟丝$_{避}$hɛt^{5}jin^{44}si^{44}"指代"吸毒"，洛杉矶台山话以"喫药人$_{避}$hɛt^{3}jɛk^{2}ŋin^{22}"指称"吸毒者"也都是一种创造性的避讳。

普通话"最小的儿子"芝加哥台山话叫"尾仔 mi^{55}tɔi^{55}""长仔$_{避}$tsʰœŋ^{22}tɔi^{55}"。叫"尾仔"不难理解，即最后一个、最尾的儿子，叫"长仔"（"长短"的"长"）则是以说反话的方式表示避讳，不说"尾仔"，避"最尾、最后"的意思。同样的道理，"最小的女儿"可以叫"尾女 mi^{55}nui^{55}"，也可以叫"长女$_{避}$tsʰœŋ^{22}nui^{55}"。

第3章　美国华人社区汉语粤方言词汇研究

芝加哥、波特兰台山话以"扶材$_{避}$fu^{22}tʰɔi^{22}""扶材$_{避}$fu^{22}tʰɔi^{22}"指代"抬棺",因为"材"与"财"同音。

圣安东尼奥使用台山话的华人表示"疼惜孩子"用的不是"爱"或"锡$_{粤方言表示疼爱}$",而是用"憎恨"的"恨han^{31}"。这也是一种"说反话"的避讳说法,因为太喜爱,反而不舍得说"爱",就如同中国民间常有的,担心孩子不好养,故意给他起一个"贱名",如"狗蛋""铁蛋""狗剩"一样。

以下的例子,主要是有关人和牲畜的身体器官、交媾、排泄、疾病、丧葬等的,也有关于商业活动的。鉴于记录到的例子不多,同一个词的避讳说法,各点是否使用也不一致,本节的论述只好采用将各点的相关词语尽数列出的方法,必要的注释在词条的右下角用小字标出,相同避讳说法的释义标注在第一次出现的避讳词后,其后的点再出现则不重复加注。

台山话例子如下:

三藩市台山话:猪脷$_{避,猪舌头}$tsi^{44}li^{31}(不说"猪舌",因为"利"与"脷"在台山话和广府话中都为同音,"舌"与"蚀本"的"蚀"在台山话和广府话里也都为同音。下同)、猪红$_{避,猪血}$tsi^{44}huŋ^{22}("红"比"血"吉庆。下同)、脷$_{舌头}$li^{31}、打出臀$_{避,光屁股}$a^{44}tsʰut^{5}hun^{22}("臀"为"屁股"的斯文说法,普通话只出现在"臀部"一词中。下同)、酒米$_{避,粉刺}$tiu^{55}mai^{55}、去□$_{避,去世}$hui^{44}ei^{31}、山$_{避,坟墓}$san^{44}、拜生$_{避,扫墓}$pai^{55}saŋ^{44}、茶$_{避,汤药}$tsʰa^{22}、大吉利是$_{避讳口头禅}$ai^{31}kɛt^{5}lai^{31}ɬu^{31}

洛杉矶台山话:猪脷$_{避,猪舌头}$tsi^{44}li$^{21-35}$、脷$_{避,舌头}$li$^{21-35}$、有BB来$_{避,怀孕}$jiu^{55}pi^{21}pi^{44}lɔi^{22}(英语:baby)、拆$_{避,离婚}$tsʰak^{3}、个木盒$_{避,棺材}$kɔ^{44}muk^{2}hap^{2}、拜山$_{避,扫墓}$pai^{44}san^{44}、喫药人$_{避,吸毒者}$hɛt^{3}jɛk^{2}ŋin^{22}、茶$_{避,汤药}$tsʰa^{22}

纽约台山话:雀仔$_{避,赤子阴}$tiak^{3}tɔi^{55}、膦仔$_{避,赤子阴}$lin$^{55-31}$tɔi^{55}、慈菇棳$_{避,赤子阴}$tsʰi^{22}ku^{44}teŋ^{44}、冇屋住$_{避,流浪汉}$mou$^{31-55}$uk^{5}tsi^{31}、猪脷$_{避,猪舌头}$tsi^{44}li$^{31-35}$、脷$_{舌头}$li^{31}、汁$_{避,乳房}$tsip^{5}、汁嘴$_{避,乳头}$tsip^{5}tsɔi$^{55-31}$、缴臀$_{避,擦屁股}$kei^{55}hun^{22}、上山$_{避,死}$sɛŋ^{31}san^{44}、老$_{避,死}$lou^{55}、行山$_{避,扫墓}$haŋ^{22}san^{44}、唔舒服$_{避,生病}$m̩^{22}si^{44}fuk^{2}、唔郁得$_{避,瘫痪}$m̩^{22}uk^{3}ak^{5}、□吶$_{避,自闭症}$mak^{2}liak^{5}、唔聪明$_{避,自闭症}$m̩^{22}tsʰuŋ^{44}meŋ^{22}、饮胜$_{干杯}$ŋam^{55}seŋ^{44}("干"了利润就没了)、茶$_{避,汤药}$tsʰa^{22}、大吉利是$_{避讳口头禅}$tai^{31}kit^{5}li^{31}si^{31}

芝加哥台山话:通胜$_{避,历书}$huŋ^{44}seŋ$^{44-35}$("书"和"输"在粤方言台山话和广府话中都同音,"输"的反义词是"胜"。下同)、猪脷$_{避,猪舌头}$tsi^{44}li^{31}、猪红$_{避,猪血}$tsi^{44}huŋ^{22}、脷$_{避,舌头}$li^{31}、胸$_{避,乳房、乳头}$huŋ^{44}、啰柚$_{避,屁股}$lɔ^{44}jiu^{55}、长仔$_{避,尾仔}$tsʰaŋ^{22}tɔi^{55}、长女$_{避,尾女}$tsʰaŋ^{22}nui^{55}、去$_{避,死}$hui^{44}、湿热$_{避,便秘}$sip^{5}ŋɛt^{2}、喫烟丝$_{避,吸毒}$hɛt^{3}jin^{44}si^{44}、缴臀$_{避,擦屁股}$kei^{55}hun^{22}、锡臀$_{避,亲屁股,指拍马屁}$siak^{3}hun^{22}、有毛$_{避,怀孕}$jiu^{55}mou$^{22-35}$、扶材$_{避,抬棺}$fu^{22}tʰɔi^{22}("财"与"材"同音)、拜$_{避,扫墓}$pai^{44}、唔舒服$_{避,生病}$m̩^{22}si^{44}fuk^{2}、生□□$_{避,癌症}$saŋ^{44}kʰɛn^{44}sa^{31}(英语:cancer)、□□$_{避,艾滋病}$ei^{44}tsi^{31}(英语:AIDS)、大吉利是$_{避讳口头禅}$ai^{31}kat^{5}lai^{31}si^{31}

波特兰台山话:脷$_{避,舌头}$lei^{31}、猪脷$_{避,猪舌头}$tsi^{44}lei^{31}、猪红$_{避,猪血}$tsi^{44}huŋ^{22}、胸口$_{避,乳房}$huŋ^{44}hai^{55}、臀$_{避,屁股}$hun^{22}、雀仔$_{避,男阴、阴囊、睾丸、赤子阴}$tiak^{2}tɔi^{55}、骑马过海$_{避,交合}$kʰɛ^{22}ma^{44}kɔ^{44}hɔi^{55}、扶

· 359 ·

材避,抬棺fu²²tʰɔi²²（"财"与"材"同音）、行山避,扫墓haŋ²²san⁴⁴、唔做避,倒闭m̩²²tu³¹、大吉利是避讳口头禅ai³¹kit⁵li³¹si³¹

圣安东尼奥台山话：读胜避,"通胜"指历书,"读胜"就是读"通书"tuk²seŋ⁴⁴、脷避,舌头lei³¹、臀鼓避,男阴tʰun²²ku⁵⁵、雀仔避,赤子阴tiɔk³tɔi⁵⁵、猪手,猪脚tsi⁴⁴⁻⁵⁵siu⁵⁵、猪脷避,猪舌tsi⁴⁴lei³¹、行山避,扫墓haŋ²²san⁴⁴、去避,死hui⁴⁴、大力佬避,抬棺人ai³¹⁴lek²lou⁵⁵、唔舒服避,生病m̩²²si⁴⁴fuk²、恨避,疼爱、爱惜孩子han³¹、大吉利是避讳口头禅ai³¹kit⁵li³¹si³¹

广府话例子如下：

三藩市广府话：猪手避,猪脚tsy⁵⁵sɐu³⁵、猪脷避,猪舌头tsy⁵⁵lei²²、猪红避,猪血tsy⁵⁵huŋ²¹、脷避,舌头lei²²、□□□乳房pə²¹lek⁵si²¹（英语：breast）、□□乳头nɛt⁵pou²²（英语：nipple）、□□屁股pʰɛt⁵⁵pʰɛt⁵⁵（英语：buttocks）、光□□屁股kwɔŋ⁵⁵pʰɛt⁵⁵pʰɛt⁵⁵（英语：but tocks）、□□交合sɛk⁵si²¹（英语：sexual）、行山避,扫墓haŋ²¹san⁵⁵/拜生避,扫墓pai³³saŋ⁵⁵、茶避,汤药tsʰa²¹、大吉利是避讳口头禅tai²²kɐt⁵lɐi²²si²²

洛杉矶广府话：猪脷避,猪舌头tsy⁵⁵lei²²、猪红避,猪血tsy⁵⁵huŋ²¹、脷避,舌头lei²²、走咗避,死tsɐu³⁵tsɔ³⁵、拜生避,扫墓pai³³saŋ⁵⁵、茶避,汤药tsʰa²¹、闩门避,歇业san⁵⁵mun²¹、啋过你避讳口头禅tsʰɔi⁵⁵kwɔ³³nei¹³、饮胜避,干杯jɐm²¹seŋ³³（"干"了利润就没了）、大吉利是避讳口头禅tai²²kɐt⁵lɐi²²si²²

纽约广府话：细路慈菇梃避,赤子阴sei³³lou²²tsʰi²¹ku⁵⁵teŋ³³、猪红避,猪血tsy⁵⁵huŋ²¹、脷避,舌头lei²²、执手尾避,擦屁股tsɐp⁵sɐu³⁵mei¹³、有咗避,怀孕jɐu¹³tsɔ³⁵、过咗身避,死kwɔ³³tsɔ³⁵sɐn⁵⁵、丁咗避,死teŋ²¹tsɔ³⁵、□□避,办丧事fiu⁵⁵nɐ²¹lɐ²¹（英语：funeral）、拜山避pai³³saŋ⁵⁵、唔自在避,生病难受m̩²¹tsi²²tsɔi²²、草人避,瘫痪tsʰou³⁵jɐn²¹、开细避,小便hɔi⁵⁵sei³³、一避,小便jɐt⁵、开大避,大便hɔi⁵⁵tai²²、二避,大便ji²²、食蛋避,考试不及格sek²tan²²⁻³⁵、大吉利是避讳口头禅tai²²kɐt⁵lɐi²²si²²

芝加哥广府话：猪脷避,猪舌头tsy⁵⁵lei²²、脷避,舌头lei²²、胸避,乳房huŋ⁵⁵、啰柚避,屁股lɔ⁵⁵jɐu³⁵、波避,阴囊、睾丸pɔ⁵⁵（英语：ball）、去咗避,死hœy³³tsɔ³⁵、上天堂避,死sœŋ³⁵tʰin⁵⁵tʰɔŋ²¹、有咗避,怀孕jɐu¹³tsɔ³⁵、拜生避,扫墓pai³³saŋ⁵⁵、唔舒服避,生病wu²¹sy⁵⁵fuk⁵²、青春痘避,粉刺tsʰeŋ⁵⁵tsʰœn⁵⁵tɐu²²、啋过你避讳口头禅tsʰɔi⁵⁵kwɔ³³nei¹³、大吉利是避讳口头禅tai²²kɐt⁵lɐi²²si²²

波特兰广府话：脷避,舌头lei²²、洗手间避,厕所sɐu³⁵sɐu³⁵kan⁵⁵、猪脷避,猪舌头tsy⁵⁵lei²²、胸避,乳房huŋ⁵⁵、啰柚避,屁股lɔ⁵⁵jɐu³⁵、裤浪避,胯裆、胯下fu³³lɔŋ²²、屙尿嗰度避,男阴、女阴ɔ⁵⁵niu²²kɔ³⁵tou²²、缴臀避,擦屁股kiu⁵⁵hun²²、去咗避,死hœy³³tsɔ³⁵、上天堂避,死sœŋ¹³tʰin⁵⁵tʰɔŋ²¹、拜生避,扫墓pai³³saŋ⁵⁵、唔舒服避,生病难受m̩²¹sy⁵⁵fuk²²、青春痘避,粉刺tsʰeŋ⁵⁵tsʰœn⁵⁵tɐu²²⁻³⁵、茶避,汤药tsʰa²¹、唔做避,歇业m̩²¹tsou²²、大吉利是避讳口头禅tai²²kɐt⁵lɐi²²si²²

休斯敦广府话：脷避,舌头lei²²、猪脷避,猪舌头tsy⁵⁵lei²²、拜生避,扫墓pai³³saŋ⁵⁵、唔精神避,生病m̩²¹tseŋ⁵⁵sɐn²¹、关门避,倒闭kwan⁵⁵mun²¹、大吉利是避讳口头禅tai²²kɐt⁵lɐi²²si²²

3.1.6 华人社区粤方言词汇中的贬义词

美国华人社区粤方言台山话和广府话的贬义词语，我们记录到的更少，其中，纽约台山话和休斯敦广府话没有任何记录。记录到的贬义词涉及的范围主要是有关称呼的，也有个别是有关死亡的。因为不多，以下也采取尽数列出的方式展示，必要的注释同样在词条的右下角以小字标出。

台山话例子如下：

三藩市台山话：黑鬼 $_{贬，对黑人不礼貌的指称}$ hak^{5}kui^{55}、黑鬼区 $_{贬，红灯区}$ hak^{5}kui^{55} k^{h}ui^{44}

洛杉矶台山话：老蚊公 $_{贬，对老大爷的不礼貌指称}$ lɔ^{55}man^{44}kuŋ^{44}

芝加哥台山话：白鬼 $_{贬，对白人不礼貌的指称}$ pak^{2}kuai^{55}、黑鬼 $_{贬，对黑人不礼貌的指称}$ hak^{5}kuai^{55}、老鸡姆 $_{贬，对老年女性，尤其是未婚老年女性的不礼貌指称}$ lɔ^{55}kai^{44}na^{55}、老鬼 $_{贬，对老人的不礼貌指称}$ lou^{55}kuai^{55}、杂□□ $_{贬，混血儿}$ tsap^{3}pak^{5}luŋ^{44}

波特兰台山话：老野 $_{贬，对老人的不礼貌指称}$ lau^{5}jɛ$^{55-31}$、老坑 $_{贬，对老人的不礼貌指称}$ lau^{55}haŋ$^{44-31}$、杂种 $_{贬，混血儿}$ tsap^{2}tuŋ^{55}

圣安东尼奥台山话：黑鬼 $_{贬，对黑人不礼貌的指称}$ hak^{5}kei^{55}、野仔 $_{贬，孤儿}$ jɛ^{31}tɔi^{55}

广府话例子如下：

三藩市广府话：黑鬼 $_{贬，对黑人不礼貌的指称}$ hak^{5}kwɐi^{35}、黑鬼窦 $_{贬，黑人聚居的贫困地区}$ hak^{5}kwɐi^{35}tɐu^{33}、老野 $_{贬，对老人的不礼貌指称}$ lou^{13}jɛ^{13}

洛杉矶广府话：黑鬼 $_{贬，对黑人不礼貌的指称}$ hak^{5}kwɐi^{35}、豉油鸡 $_{贬，本义为"酱油鸡"，引申为对黑人不礼貌的指称}$ si^{22}jɐu^{21}kei^{55}、老野 $_{贬，对老人的不礼貌指称}$ lou^{13}jɛ^{13}、瓜咗 $_{贬，对"去世"的不礼貌说法}$ kwa^{55}tsɔ^{35}

纽约广府话：丁咗 $_{贬，对"去世"的不礼貌说法}$ teŋ^{55}tsɔ^{35}

芝加哥广府话：白鬼 $_{贬，对白人不礼貌的指称}$ pak^{2}kwɐi^{35}、黑鬼 $_{贬，对黑人不礼貌的指称}$ hak^{5}kwɐi^{35}、吕宋鬼 $_{对讲西班牙语的人的不礼貌指称}$ lœy^{13}suŋ^{33}kwɐi^{35}、老坑 $_{贬，对老人的不礼貌指称}$ lou^{13}haŋ^{55}、落地狱 $_{贬，对"去世"的不好说法}$ lɔk^{2}tei^{22}juk^2、瓜老衬 $_{贬，对"去世"的不好说法}$ kwa^{55}lou^{55}ts^{h}ɐn^{33}、杂交 $_{贬，混血儿}$ tsap^{2}kau^{55}

波特兰广府话：老野 $_{贬，对老人的不礼貌指称}$ lou^{13}jɛ^{13}

3.2 美国华人社区粤方言词汇的典型特点

美国华人社区的粤方言台山话和广府话保存了不少古代汉语的词汇和祖籍地方言老词语，在构词结构和词汇意义的变化方面，在避讳词、贬义词等方面的表现，也都与国内祖籍地方言有着很多的相同点。上文的阐述展示了远离中国，跨洋越海扎根美国后的华人社区粤方言台山话、广府话在词汇方面与祖籍地方言一脉相承之处。我们将这些与国内粤方言，甚至与国内很多其他汉语方言都一样共同拥有的特点，称为海外华人社区汉语方言词汇的一般特点。

上一节的阐述显示，美国华人社区粤方言台山话、广府话的方言词汇拥有国内汉语方言词汇所有的一般特点。而本节要讨论的则是美国华人社区汉语方言词汇的典型特点。

海外华人社区词汇的典型特点通常集中反映在华人社区汉语方言的自创词和借词两个部分。相比语音方面与祖籍地方言同多异少的表现，相比上文所述的词汇一般特点，词汇的典型特点更能体现海外汉语方言与中国祖籍地方言的差异，突显海外汉语方言在脱离祖籍地母体方言之后，时空变换，在与居住国主流语言，以及华人社区内的其他汉语方言长期接触、不断碰撞以后发生的变化。

在研究东南亚华人社区的汉语方言时，我们就注意到海外汉语方言在这方面的表现，至今仍然认为，在现阶段，这是研究海外汉语方言需要特别关注、特别着力的地方。

以下分别从创新词、借词两大部分论述美国华人社区粤方言台山话、广府话方言词汇的典型特点。

3.2.1 创新词

3.2.1.1 创新词的分类

国内的汉语粤方言，无论是台山话还是广府话，大都有表示与普通话"来自海外""老外"或"老外的"等意思相同，带"番"这个语素的方言老词语，即带语素"番"的创造年限已久的方言词语。例如，广东台山话的"番薯""番瓜南瓜""番茄""番枧肥皂""番鬼佬外国人"、广东广州话的"番薯""番茄""番枧肥皂""番鬼佬外国人""番鬼仔外国小孩"。而远离中国本土，在美国繁衍了几近两百年的美国华人社区粤方言台山话和广府话则不但基本保留了祖籍地方言的这些说法，还用"番"这个祖籍地方言也有的老方言语素，创造出了祖籍地方言所无的新词语。

例如，表示"老外""西方人"这两个概念，芝加哥、波特兰台山话的说法分别是"老番老lou^{55}fan^{44}""老番老lau^{55}fan^{44}"。

三藩市、芝加哥、休斯敦广府话的说法都是"老番老lou^{13}fan^{55}"。

又如，表示"与老外有关的"其他事物。（以下每个例子依方言点出现的顺序，分别对应出现的地点，其中，"芝加哥广府话"一个地点出现了两次，表示依次有两个例子）

洛杉矶、纽约、芝加哥、圣安东尼奥台山话：番鬼餐西餐fan^{44}kui^{55}tʰan^{44}、半唐番华人与老外生的混血儿pɔn^{44}hɔŋ^{22}fan^{44}、红番印第安人huŋ^{22}fan^{44}、半唐番华人与老外生的混血儿pun^{44}hɔŋ^{22}fan^{44}

三藩市、芝加哥、芝加哥广府话：半唐番华人与老外生的混血儿pun^{33}tʰɔŋ^{21}fan^{55}、老番镬平底锅lou^{13}fan^{55}wɔk^2、老番油条甜甜圈lou^{13}fan^{55}jɐu^{21}tʰiu$^{21-35}$（英语：donut）

以上这些说法则是国内的广东台山话和广州话等都没有的。

另一个国内粤方言台山话、广府话也有的，与"番"相对，表示与"中国、中国的""中国人、中国人的"有关的造词语素"唐"，在美国华人社区的台山话和广府话中也与"番"这个造词语素有相似的表现。在广东台山话、广东广州话，甚至汉语普通话里都有"唐朝""唐代""唐装"等说法，这几个词美国华人也说，但以下华人社区台山话和广府话的创新说法，国内祖籍地的方言却都没有。

台山话例子如下：

三藩市台山话：唐人 中国人 hɔŋ²²ŋin²²
洛杉矶台山话：唐人 中国人 hɔŋ²²ŋin²²、唐人餐 中餐 hɔŋ²²ŋin²²tʰan⁴⁴、唐人药 中药 hɔŋ²²ŋin²²jɛk²、唐人□□ 中国象棋 hɔŋ²²ŋin²²tsʰɛt⁵si²¹（英语：chess）、唐人橙 柑子 hɔŋ²²ŋin²²tsʰaŋ²²⁻³⁵、唐人卜碌 柚子 hɔŋ²²ŋin²²puk³⁻⁵luk⁵
纽约台山话：唐餐 中餐 hɔŋ²²tʰan⁴⁴、唐药 中药 tʰɔŋ²²jɛk²、唐棋 中国象棋 hɔŋ²²kʰi²²⁻³⁵
芝加哥台山话：半唐番 华人与老外生的混血儿 pɔn⁴⁴hɔŋ²²fan⁴⁴、唐餐 中餐 hɔŋ²²tʰan⁴⁴
波特兰台山话：唐餐 中餐 hɔŋ²²tʰan⁴⁴
圣安东尼奥台山话：半唐番 华人与老外生的混血儿 pun⁴⁴hɔŋ²²fan⁴⁴、唐餐 中餐 hɔŋ²²tsʰan⁴⁴、唐药 中药 hɔŋ²²jɛk²

广府话例子如下：

三藩市广府话：半唐番 华人与老外生的混血儿 pun³³tʰɔŋ²¹fan⁵⁵
洛杉矶广府话：唐餐 中餐 tʰɔŋ²¹tsʰan⁵⁵、唐药 中药 tʰɔŋ²¹jœk²
纽约广府话：唐餐 中餐 tʰɔŋ²¹tsʰan⁵⁵
芝加哥广府话：唐餐 中餐 tʰɔŋ²¹tsʰan⁵⁵
波特兰广府话：唐餐 中餐 tʰɔŋ²¹tsʰan⁵⁵

本节要讨论的就是华人到了居住国美国之后，在新环境下创造的祖籍地方言所无的词语——创新词。

总括起来，海外汉语方言的创新词可以分成两类。

一类是有关中国国内祖籍地也有的事物，但是华人采用了新创的与祖籍地方言不同的说法的，即用新说法指代旧有的事物，如上面所举关于"中餐""中药"等的说法。

类似的例子还有一些。例如，端午节是中国的传统节日，在中国无论使用何种汉语方言的人都知道这个节日，都过这个节。但是美国没有这个节日，美国华人由于离开祖籍国时间已久，节日期间通常也没有中国传统的赛龙舟等活动，除了在大城市里的唐人街可能会有粽子出售，有条件的华人家庭最多也只能是自己想办法包一点粽子吃。久而久之，不但在北美的美国，即使在传统文化保留得比较好的东南亚华人社区，端午节也都慢慢被淡忘了。当被询问到时，不少年轻华人最多只能以"喫/食粽"指代。"喫/食粽"成了"端午节"的代名词，这个词当然是华人的创新，是华人对旧有事物说法的创新。与"喫/食粽"有异曲同工表现的，是华人对另一个中国传统节日中秋节的称呼——"喫/食月饼"。

其实，即使中国最大的传统节日春节，美国华人通常也不可能像在中国国内那样庆祝。调查中就有华人告诉我们，因为不放假，家中年迈的老人哪怕是在除夕夜做好了一桌丰盛的饭菜，也未必能等到日夜为生计奔忙的年轻一辈回家团圆。而对春节的称呼，有的也开始"变味"了。变化小一点的如洛杉矶台山话，用区别新历新年的说法——"唐人新年 hɔŋ²² ŋin²² tin⁴⁴ neŋ²²"表示；变化厉害的则如洛杉矶广府话，用"红包攞嚟嗰个节 红包拿来那个节 huŋ⁵⁵ pau⁵⁵ lɔ³⁵ lei²¹ kɔ³³ kɔ³³ tsit³"来表示，因为过年可以拿到压岁的红包。

又如，"运动鞋"世界各地都有，国内汉语不同的方言对它的指称的区别主要是发音不同，但是洛杉矶使用台山话的华人对它有一个特别的叫法——"走鞋 tɐu⁵⁵ hai²²"。"走"在台山话里即"跑"，保留了古代汉语的意义，"走鞋"即"跑鞋"。这一说法就是对运动鞋这种已有事物的创新。

指代汉语普通话的"短跑"，纽约台山话也有一个发明创造——"走短 tɐu⁵⁵ ɔn⁵⁵"。乍一听这个词，未免让人有点摸不着头脑，其实这个词中的构词语素"走"，同样也是古汉语"走"意义的保留，表示"跑"，但是它的两个构词语素的顺序不但与普通话的排列不一样，也与粤方言的习惯排列不一样，而是如同美国的主流语言英语，将修饰性的语素"短"放在后面了，按照粤方言的语序习惯，它的表达方式应该是"短走"。

芝加哥广府话以"跳长 tʰiu³³ tsʰœŋ²¹"表示普通话的"跳远"，以"长"对应"远"，也很有意思，不知是否受到"长远"经常联系在一起的启发。另外，这个说法同时也明显受到了英语"long jump"（跳远）的影响，可以说是英语"long jump"的直译。当然，这个说法也与汉语的"跳高"不无关系。

再如，芝加哥广府话称晚礼服、西装为"食饭衫 sek² fan²² sam⁵⁵"，也是对已有事物的创新，晚礼服各国各处都有，称它为"食饭衫"则是因为它必须是在非常隆重的场合，出席宴会等的时候才会穿的衣服。同样的道理，圣安东尼奥台山话的"靓衫 lɛŋ⁴⁴ sam⁴⁴"、纽约广府话的"靓衫 lɛŋ³³ sam⁵⁵"也是对晚礼服、西装的创意性称呼，洛杉矶广府话的"出客 tsʰœt⁵ hak³"更是指明了这是"出去会客"时穿的衣服。

圣安东尼奥台山话的发音人也有一个特别的创造，以"米鼠仔 mai⁵⁵ si⁵⁵ tɔi⁵⁵"指代普通话的"动画片"。这是以典型指代普遍，以动画片的经典形象"米老鼠"指代动画片。

目前，这一类的创新占了美国华人社区创新词的大部分。其实，这就是华人社区带自祖籍地的汉语方言词汇发生变化的一个明显表现。

另一类的创新则是地地道道的。创新词所指的事物通常是中国国内所无、居住国美国或海外的其他地方所有的。这种创新创造出的方言词当然也就是祖籍地源方言绝对没有的了。

这一类的创新有不少例子，例如美国西海岸的旅游大城市三藩市有一种非常特别的、该市独有的公共交通"有轨电车"，这种成为三藩市一道亮丽风景的电车通常被刷成红色，靠埋在地下的钢缆牵引着，行走在三藩市市区上上下下的坡道上，行走时还会敲响车头铃铛的电车，英语叫"cable car"，而三藩市讲台山话的华人和讲广府话的华人则从其行走时不断出发铃铛声，分别称其为"当当车 台山话 tɔŋ⁴⁴ tɔŋ⁴⁴ tsʰɛ⁴⁴""当当车 广府话 tɔŋ⁵⁵ tɔŋ⁵⁵ tsʰɛ⁵⁵"。"当当车"的说法在20世纪的香港地区也曾流行过，不过三藩市的华人专用其指代"靠埋在地下的钢缆牵引着行走"的车，则是一个创新。

又如，美国有很多来自邻国墨西哥的非法移民，因为没有合法身份，为了生存，他们往往只能做一些又苦又累、薪水又很低的粗重工作。华人对他们有特别的称呼，或叫"墨仔 波特兰台山话 mak² tɔi⁵⁵"，也有叫"老墨 休斯敦广府话 lou¹³ mɛt²"的，"墨仔、老墨"就是地道的创新。

第3章 美国华人社区汉语粤方言词汇研究

还有，美国政府有一种发放给低收入人士，供他们购买食物等日常生活用品的票证，纽约广府话称之为"粮食券 lœŋ²¹ sek² kyn³³"，也有叫"白卡 pak² kʰa⁵⁵/红蓝卡 huŋ²¹ lam²¹ kʰa⁵⁵"的，纽约台山话的说法是"粮食券 liaŋ²² sek² hun⁴⁴⁻³⁵/白卡 pak² kʰa⁴⁴/红蓝卡 huŋ²² lam² kʰa⁴⁴"。这些说法都是对中国所无、美国所有的事物的指称，是地道的方言创新词。

地道的方言创新词向人们展示了华人现居国方方面面的异域风采。不过，比较起来，美国华人社区台山话和广府话这方面的创新，比用新说法指代旧有事物的创新要少。这些创新词向人们展示了华人的语言方言学习能力和创造能力，这是方言有活力的一个表现。在这一节的论述中，我们将尽可能地展示美国华人的创新词，披露更多与祖籍地方言不一致的说法。

以下的讨论，拟先分别列出台山话和广府话的例子，然后再做分析。由于美国各地华人社区台山话和广府话的创新不一致，故两种方言在表格中表示同一问题的条目，就有可能会有些出入。也正是由于各点的创新不一致，故对相关词语较详细的普通话表达，有的就无法以条目的方式出现，类似的条目只能以大致的内容表述，必要的解释则在词条的右下角尽量用小字标明。

下文的论述，不涉及美国华人社区汉语方言与祖籍地方言说法相同的词语（假若条目在方言点的表达里既有自创的说法，也有与祖籍地方言相同的说法，则会一并列出，以便对比），除了表示"居住国、居住地"等的条目，也尽量不涉及方言的借词说法（条目的说法使用借词表达的，少数有必要时将列出英语的说法，其余的仍会采用上文所用的规则，以"*"标识，借词留待下一节讨论），假如一个事物同时具有自创说法和借词两种说法的，借词说法也以"*"标识。

由于美国各地华人社区汉语方言的情况纷繁不一，如有的地名、植物名称等，有的方言点有，有的方言点无，或者叫法不一致，而我们的原则是，为了尽可能地展示美国华人社区汉语方言词汇的典型特点，只要在台山话或广府话各自的6个点里，有一个点有自创说法的，就设立条目。因此，表格中条目留白的地方相对会比较多，但这有时并不等于该方言没有与条目的相关说法，而是有3种可能：第一，该方言的说法与祖籍地母体方言一致；第二，该方言使用了借词的说法；第三，发音人没有提供相关的说法。

其实，严格地说，表格中的一些条目的表达，并非华人社区使用台山话或广府话华人的创造，而是发音人没有掌握方言习惯的说法，"错误地"采用了与该词的意义有关联的、方言中原有的、指代别的事物的词去对应。鉴于这种现象也从一个方面反映了华人方言使用能力的退化，我们也将这一类的说法列出，在列出的同时，在词语的右下角以小字标明词语的方言原义。例如，汉语普通话的"次日"，休斯敦广府话用"听日 方言原义:明天 tʰeŋ⁵⁵ jet²"表示，因为"听日"在广府话中的原意是"明天"，我们就将相关的解释标在词的右下角。普通话的"清明节"，纽约广府话以"拜生 方言原义:扫墓 pai³³ saŋ⁵⁵"表示，我们也将相关的解释标在词的右下角。三藩市台山话的"行山 方言原义:扫墓 haŋ²² san⁴⁴"也一样，均是华人以清明节的活动去指代清明节。

严格来说，这一类的词是方言中原有的，不应算作创新。但是华人利用这些旧有的、与条目有关联的词语去指代另一事物，却是一种创造性的"发明"。这也从一个方面反映了华人汉语方言使用能力的退化。

另外，表格中列出的部分条目，是短语而非词。例如，纽约台山话的"嗰个雀识讲_鹦鹉 kɔ⁵⁵ kɔ⁴⁴⁻³¹ tiak³⁻³⁵ sek⁵ kɔŋ⁵⁵"、纽约广府话的"圂猪地方_猪圈 wɐn³³ tsy⁵⁵ tei²² fɔŋ⁵⁵"、芝加哥广府话的"一时嚟嘅客_稀客 jɐt⁵ si²¹ lei²¹ kɛ³³ hak³"，还有休斯敦广府话的"另一个地方_别处 lɛŋ²² jɐt⁵ kɔ³³ tei²² fɔŋ⁵⁵"等，非常明显，都不是词。但是，考虑到美国华人，特别是年轻一代华人的方言能力正在逐渐消减，他们常采用的一种用汉语方言表达的方式就是解释性的方式（关于这方面，下文3.2.2.1将会做专题性的探讨），这样的说法各点都有，因此，类似的表述我们录用的也有不少。

还有一种创新，是不加细分，只用一个词指代同类的词，或者意义相关的词。例如，洛杉矶台山话的"羊jaŋ²²"包括山羊、绵羊、公羊、母羊。圣安东尼奥台山话用一个"雀tiɔk²"，就包括麻雀、喜鹊、乌鸦、老鹰、燕子、大雁、八哥、鸽子、鹦鹉这些在我们的《海外汉语方言词汇调查表》中列出的鸟（如果《海外汉语方言词汇调查表》中列出的鸟不止这些，不排除也会同样以一个"雀"去指称）。休斯敦广府话以"辣椒 lat² tsiu⁵⁵"一个说法，去指代普通话中"甜椒""一种很辣的小辣椒""胡椒"3种辛辣的植物。假如不细加分析，光看"羊""雀""辣椒"这些与汉语普通话一致的词，是体会不到它们的创新之处的。

有些解释性的说法似乎与条目所列的祖籍地说法没有什么关联。例如，芝加哥广府话对应普通话"劝架"的说法是"联合国 lyn²¹ hɐp² kɔk³"。这可能会令听者一下子觉得不知其所云，但它的深层含义是，"联合国"是一个要你好我好他也好的地方，劝架就是要大家像联合国一样，别打了，大家都好。圣安东尼奥台山话以"捅渠_方言原义:捅他 tʰuŋ⁵⁵ kʰui⁵⁵"表示普通话"教唆"的意思，即"推他（去做坏事）"。听到类似的表达时，有时还真得要"听话听声，锣鼓听音"呢，这是美国华人自创词的又一特别之处。

创新词以名词性的为主，涵盖了环境、天文、气候、时间、节日、农耕、植物、动物、服饰、饮食、住行等日常活动、人品、亲属称谓、人体器官、疾病、红白喜事、经济生产、文化教育、娱乐、宗教活动、历史文化风俗等方面，本节的阐述也将从这些方面一一开展。

不过，以上的分类只是一个大致的划分，因为各点华人的表述不一，表格列出的条目可能显得有些凌乱，有的条目的安排也好像不同寻常，但都事出有因。例如，数词条目"万""二十二万"，被排列在"与历史文化风俗有关"的一类，看似难以理解，却与美国文化不无关系，今日华人社区有的汉语方言点对这两个数字的新叫法"十千""二百二十千"，与美国的主流语言英语密切相关。我们都知道，英语中是没有"万"的说法的，华人的表述受到了主流语言的影响。

本节的表格，除了还是采取台山话和广府话分列的办法，台山话和广府话表格的条目将视方言的具体情况各自适当增减以外，为了方便对比，我们也会列出广东台山话和广东广州话相应的说法，广东台山话和广东广州话的说法主要来自实地调查，也参考《对照》和《研究》。如有必要，对每一个类别的创新词，我们都会在每个表格之后，对表格中出现的需要做较详细解释的词语做一些必要的解释。

3.2.1.1.1 有关环境、天文、气候的（见表3-38、表3-39）

表3-38 6个台山话中有关环境、天文、气候的创新说法

条目	方言						
	广东台山话	三藩市台山话	洛杉矶台山话	纽约台山话	芝加哥台山话	波特兰台山话	圣安东尼奥台山话
中国/祖居地	老家 lou^{55} ka^{33}/乡下 hiaŋ^{33} ha^{33}	大陆 ai^{31} luk^2	唐山 hɔŋ^{22} san^{44}/乡下 hiaŋ^{44} ha^{55}	乡下 hɛŋ^{44} ha^{55}	唐山 hɔŋ^{22} san^{44}/乡下 hɛŋ^{44} ha^{55}	中国 tsuŋ^{44} kɔk$^{3-35}$/台山 hɔi^{22} san^{44}/乡下 hɛŋ^{44} ha^{31}	唐山 hɔŋ^{22} san^{44}
现居国/居住地	中国 tsɔŋ^{33} kɔk^5/台山 hɔi^{22} san^{33}	三藩市 sam^{44} fan^{22} si^{55} 英语：San Francisco	罗省 洛杉矶 lu^{22} saŋ^{55} 英语 "Los Angeles" 中 "Los" 的省译，再加上汉语的语素 "省"	纽约曼哈吾 纽约曼哈顿 niu^{44} jɔk^5 mai^{31} hak^5 m^{31} 英语：New York Manhattan	美国 mi^{31} kɔk^5/北美 pak^5 mi^{31}/芝加哥 tsi^{44} ka^{44} kɔ^5 英语：Chicago	俄勒冈 ɔ^{44} lit^3 kəŋ^{31} 英语：Oregon/砵仑 波特兰 pɔt^3 lɛn^{22} 英语：Portland	侯斯顿 休斯敦 hau^{22} si^{44} tan^{44} 英语：Houston/圣安东尼奥 sɛŋ^{44} ɔn^{44} tuŋ^{44} nei^{44} ou^{44} 英语：San Antonio
富人区	有钱佬住嘅地方 iu^{55} t^{h}en^{22} lou^{55} tsi^{31} ke^{31} ei^{31} fɔŋ^{33}	高尚区 kou^{44} siaŋ^{31} k^{h}ui^{44}/好耀眼 避，意：富人区很辉煌 hau^{55} jiu^{31} ŋan^{55}	—	财主佬地方 tsʰɔi^{22} tsi^{55} lou^{55} i^{31} fɔŋ^{44}	财主区 tsʰɔi^{22} tsi^{55} k^{h}ui$^{44-35}$	有钱处 jiu^{55} tʰɛn^{22} tsʰui^{44}	有钱区 jiu^{55} tʰɛn$^{22-35}$ kʰi^{44}
穷人区	穷鬼窦 贬 kʰəŋ^{22} kei^{55} eu^{31}	好穷□ 那度 hau^{55} kʰuŋ^{22} kɛ^{44} tou^{31}	—	穷地方 kʰuŋ^{22} i^{31} fɔŋ^{44}	穷人区 kʰuŋ^{22} jan^{55} kʰui$^{44-35}$	有钱处 mou^{55} tʰɛn^{22} tsʰui^{44}	穷人区 kʰuŋ^{22} ŋin^{22} kʰi^{44}
火山爆发	火山爆发 fɔ^{55} san^{33} pau^{33} fat^3	—	—	—	—	火山爆炸 fɔ^{55} san^{44} pau^{44} tsa^{44}	—
山体滑坡	山泻 san^{33} ɬia^{55}	个山冧咗 (那座)山塌了 kɔ^{31} san^{44} lam^{44} tsɔ^{55}	—	—	—	—	—

续表 3-38

条目	方言						
	广东台山话	三藩市台山话	洛杉矶台山话	纽约台山话	芝加哥台山话	波特兰台山话	圣安东尼奥台山话
平地	平地 p^{h}en^{22} ei^{31}	—	—	平地方 p^{h}en^{22} i^{31} fɔŋ^{44}	□地 p^{h}at^3 ji^{31}	—	—
鹅卵石	鹅卵石 ŋɔ^{22} lum^{55} siak^2	圆石 jɔn^{22} sɛk^2	—	圆圆个石仔 jɔn^{22} jɔn^{22} kɔ^{44} sɛk^2 tɔi^{55}	—	—	石 sɛk^2
下冰雹	落雹 lɔk^2 t^{h}ɔk^2	落冰 lɔk^2 peŋ^{44}	—	落冰 lɔk^2 peŋ^{44}/落雹 lɔk^2 pɔk^2	—	—	—
旋风	鬼旋风 kei^{55} tun^{22} fɔŋ^{33}	—	—	—	—	鬼卷风 kui^{55} kun^{55} fuŋ^{44}	—
暖和	暖屈 nuɔn^{33} vut^3	—	—	—	—	—	小小热 siu^{55} siu^{55} jit^2
毛毛雨	落水仔 lɔk^2 sui^{55} tɔi^{55}/□□水 ɬem^{33} ɬem^{33} sui^{55}/□水仔 ɬem^{33} sui^{55} tɔi^{55}	—	—	□□下 以形容小雨飘飘的"□□fi^{44} fi^{44}"指代毛毛雨 fi^{44} fi^{44} ha$^{22-35}$	米仔水 "米仔"形容小雨点 mai^{55} tɔi^{55} sui^{55}	小小水 siu^{55} siu^{55} sui^{55}	小小雨 siu^{55} siu^{55} jy^{31}
雨停	停水 t^{h}iaŋ^{22} sui^{55}/唔落水 m^{22} lɔk^2 sui^{55}	—	—	—	落水完 方言的正确语序应是"落完水" lɔk^2 sui^{55} jyn^{22}	—	—
淋雨	昇水洗 ei^{55} sui^{55} sai^{55}	淋水 lim^{22} sui^{55}	—	水洗 sui^{55} sai^{55}	洗湿嘅 全淋湿了 ɬai^{55} siap^5 sai^{44}	淋水 lim^{22} sui^{55}	—
乌云	黑云 hak^5 vun^{22}	—	水云 sui^{55} wun^{22}	—	—	—	—

续表 3-38

条目	方言						
	广东台山话	三藩市台山话	洛杉矶台山话	纽约台山话	芝加哥台山话	波特兰台山话	圣安东尼奥台山话
冻住了	结 ket^5	—	—	冰咗 peŋ^{44} tsɔ^{55}	霜□sɔŋ^{44} lai^{44}	—	—
结冰	结冰 ket^5 peŋ^{33}	—	结霜 kit^3 sɔŋ^{44}	—	—	—	—
天旱	天旱 hen^{33} hɔn^{55}	冇水落 mou^{22} sui:^{55} lɔk^2／天旱 heŋ^{44} hɔŋ^{31}	—	—	天荒 hen^{44} fɔŋ^{44}	—	冇水落 mou^{31} sui:^{55} lɔk^2
水涝	浸浪 tim^{33} lɔŋ^{31}	—	—	浸涝水 tam^{44} lau^{22} sui:^{55}	浸涝 tɔm^{44} lou^{22}	—	—
冰水	冰水 pen^{33} łui:^{55}	—	霜水 sɔŋ^{44} sui:^{55}／冰水 peŋ^{44} sui:^{55}	—	霜水 sɔŋ^{44} sui:^{55}	—	—
池塘	眼塘 ŋan^{55} hɔŋ^{22}	—	水池 sui^{55} tsʰi:^{22}	—	—	泳池 weŋ^{31} tsʰi:^{22}	—
湖	湖 vu^{22}	—	水塘 sui^{55} hɔŋ^{22}	—	—	—	—
生锈	鋥 łiaŋ^{33}	—	—	化铁 意为"铁化" fa^{44} hɛt^3	—	—	—
刨花	刨口 pʰau^{22} heu^{55}	—	木碎 muk^2 łui:^{21}	木刨碎 muk^2 pʰau^{22} sui:^{44}	刨木碎 pʰou^{22} muk^2 łui:$^{44-31}$	木花 muk^2 fa^{44}	—
气味	味 mei^{31}	—	—	—	—	闻味 mun^{22} mi^{31}	—
华氏温度	—	—	—	美国度数 mei^{31} kɔk^5 u^{31} su^{44}	—	—	—
摄氏温度	摄氏 sip^3 si^{31}	—	—	世界度数 sai:^{44} kai^{44} u^{31} su^{44}	—	—	—

说明：

（1）洛杉矶台山话的"罗省 lu²² saŋ⁵⁵"是对英语"Los Angeles"中"Los"的音译，再加上汉语的语素"省"，广府话相应的说法是"罗省 lɔ²¹ saŋ³⁵"，下同。

（2）"砵仑 波特兰 pɔt³ lɛn²²"是台山话对英语"Portland"的音译，广府话相应的说法是"砵仑 波特兰 pɔk⁵ lœn²¹"，下同。

（3）"侯斯顿 休斯敦 hau²² si⁴⁴ tan⁴⁴"是圣安东尼奥台山话对得州首府的音译，来自英语的"Houston"，而广府话相应的说法是"休斯顿 jɐu⁵⁵ si⁴⁴ tœn³⁵"，下同。

（4）洛杉矶台山话将普通话的"池塘"叫"水池 sui⁵⁵ tsʰi²²"，波特兰台山话甚至叫"泳池 weŋ³¹ tsʰi²²"，恐都与英语的"pool"有关。在英语中，"pool"是水池，"swimming-pool"是游泳池。

表 3-39 6 个广府话中有关环境、天文、气候的创新说法

条目	方言						
	广东台山话	三藩市广府话	洛杉矶广府话	纽约广府话	芝加哥广府话	波特兰广府话	休斯敦广府话
中国/祖居地	中国 tsuŋ⁵⁵ kɔk³/乡下 hœn⁵⁵ ha³⁵	乡下 hœn⁵⁵ ha³⁵/*	唐山 tʰɔŋ²¹ san⁵⁵/中国 tsuŋ⁵⁵ kɔk³/乡下 hœn⁵⁵ ha³⁵	中国 tsuŋ⁵⁵ kɔk³/乡下 hœn⁵⁵ ha³⁵	乡下 hœn⁵⁵ ha³⁵	中国 tsuŋ⁵⁵ kɔk³/乡下 hœn⁵⁵ ha³⁵	中国 tsuŋ³³ kɔk³
现居国/居住地	中国 tsuŋ⁵⁵ kɔk³	美国地 mei¹³ kɔk³ tei²²⁻³⁵/□□□ ə³³ mɛ⁵⁵ li²¹ 英语：America/三藩市 sam⁵⁵ fan²¹ si¹³ 英语：San Francisco	罗省 lɔ²¹ saŋ³⁵ 英语"Los Angeles"的"Los"的音译，再加汉语语素"省"/□□ ɐu⁵⁵ ei⁵⁵ 英语"Los Angeles"的首字母简称 L.A.	纽约 niu⁵⁵ jœk³⁻⁵ 英语：New York	美国 mei¹³ kɔk³/芝加哥 tsi⁵⁵ ka⁵⁵ kɔ⁵⁵ 英语：Chicago	砵仑 波特兰 pɔk⁵ lɛn²¹ 英语：Portland	休斯敦 hiu⁵⁵ si⁵⁵ tœn²² 英语：Huston
富人区	富人区 fu³³ jɐn²¹ kʰœy⁵⁵	有钱佬区 jɐu¹³ tsʰin²¹⁻³⁵ lou³⁵ kʰœy⁵⁵	好有钱 hou³⁵ jɐu¹³ tsʰin²¹⁻³⁵/*	—	有钱人区 jɐu¹³ tsʰin²¹⁻³⁵ jɐn²¹ kʰœy⁵⁵	有钱区 jɐu¹³ tsʰin²¹⁻³⁵ kʰœy⁵⁵	有钱地方 jɐu¹³ tsʰin²¹⁻³⁵ tei²² fɔŋ⁵⁵
穷人区	贫困地区 pʰɐn²¹ kwʰɐn³³ tei²² kwʰɐi³⁵	穷人区 kʰuŋ²¹ jɐn²¹ kʰœy⁵⁵/黑鬼窦 贬 hak⁵ kwɐi³⁵ tɐu³³	好穷 hou³⁵ kʰuŋ²¹	—	穷人区 kʰuŋ²² jɐn²¹ kʰœy⁵⁵	穷人区 kʰuŋ²¹ jɐn²¹ kʰœy⁵⁵	穷地方 kʰuŋ²¹ tei²² fɔŋ⁵⁵
首都	首都 sɐu³⁵ tou⁵⁵	—	—	总都 tsuŋ³⁵ tou⁵⁵	—	—	—

续表 3-39

条目	方言						
	广东台山话	三藩市广府话	洛杉矶广府话	纽约广府话	芝加哥广府话	波特兰广府话	休斯敦广府话
海啸	海啸 hɔi³⁵ siu³³	—	—	—	海地震 hɔi³⁵ tei²² tsɐn³³	—	—
火山爆发	火山爆发 fɔ³⁵ san⁵⁵ pau³³ fat³	—	—	—	火山爆炸 fɔ³⁵ san⁵⁵ pau³³ tsa³³	—	—
平地	平地 pʰeŋ²¹ tei²²	—	—	—	扁地 pin³⁵ tei²²/平地 pʰeŋ²¹ tei²²	—	—
鹅卵石	鹅卵石 ŋɔ²¹ lyn¹³ sɛk²	—	—	—	圆石 jyn²¹ sɛk²	—	石头 sɛk² tʰɐu²¹
下冰雹	落雹 lɔk² pɔk²	落冰 lɔk² peŋ⁵⁵	—	—	—	—	—
结冰	结冰 kit³ peŋ⁵⁵	雪咗 syt³ tsɔ³⁵/雪住 syt³ tsy²²/雪紧 syt³ kɐn³⁵	—	—	结咗冰 kit³ tsɔ³⁵ peŋ⁵⁵	—	—
暖和	暖屈屈 nyn¹³ wɐt⁵ wɐt⁵	—	—	—	—	—	唔会太热 m²¹ wui¹³ tʰai³³ jit²
毛毛雨	㴲㴲雨 mei⁵⁵ mei⁵⁵ jy¹³/雨㴲㴲 jy¹³ mei⁵⁵ mei⁵⁵	—	细雨仔 sɐi³³ jy¹³ tsɐi³⁵	—	—	—	—
雨停	雨停 jy¹³ tʰeŋ²¹	啲雨停咗 ti⁵⁵ jy¹³ tʰeŋ²¹ tsɔ³⁵	唔落雨 m²¹ lɔk² jy¹³	—	—	—	—
淋雨	淋雨 lɐm²¹ jy¹³/奔雨 tɐp² jy¹³	奔亲 tɐp² tsʰɐn⁵⁵	我湿嗮 ŋɔ¹³ sɐp⁵ sai³³	—	—	—	—
霜	霜 sɔŋ⁵⁵	冰 peŋ⁵⁵/雪 syt³	—	—	—	—	—

续表 3-39

条目	方言						
	广东台山话	三藩市广府话	洛杉矶广府话	纽约广府话	芝加哥广府话	波特兰广府话	休斯敦广府话
乌云	乌云 wu^{55} wɐn^{21}	—	—	黑云 hak^5 wɐn^{21}	—	—	黑云 hak^5 wɐn^{21}
冻住了	冻硬 tuŋ^{33} ŋaŋ^{22}/凝住 k^{h}eŋ^{21} tsy^{22}	雪藏嗮 syt^3 ts^{h}ɔŋ^{21} sai^{33}	冻得好硬 tuŋ^{33} tɐt^5 hou^{35} ŋaŋ^{22}/*	—	—	—	—
天旱	天旱 t^{h}in^{55} hɔn^{13}	—	—	—	—	—	冇水落 mou^{13} sœy^{35} lɔk^2
水涝	水浸 sœy^{35} tsɐm^{33}/西水大 sɐi^{55} sœy^{35} tai^{22}	太多水 t^{h}ai^{33} tɔ^{55} sœy^{35}	—	—	—	—	—
湖	湖 wu^{21}	—	—	—	—	—	河 hɔ^{21}
刨花	刨花 p^{h}au^{21} fa^{55}	木碎 muk^2 sœy^{33}	—	—	—	木糠 muk^2 hɔŋ^{55}	—
气味	味 mei^{22}	—	—	闻嘅味道 mɐn^{21} kɛ^{33} mei^{22} tou^{22}	—	—	—
味道	味道 mei^{22} tou^{22}/味 mei^{22}	—	—	食嘅味道 sek^2 kɛ^{33} mei^{22} tou^{22}	—	—	—
捷径	近路 k^{h}ɐn^{13} lou^{22}	—	—	偷短路 t^{h}ɐu^{55} tyn^{35} lou^{22}	—	—	—
华氏温度	华氏 wa^{21} si^{22}	—	温度 wɐn^{55} tou^{22}	—	—	—	—
摄氏温度	摄氏 sip^3 si^{22}	—	温度 wɐn^{55} tou^{22}	—	—	—	—

3.2.1.1.2 有关时间、节日的（见表3-40、表3-41）

表3-40　6个台山话有关时间、节日的创新说法

条目	方言						
	广东台山话	三藩市台山话	洛杉矶台山话	纽约台山话	芝加哥台山话	波特兰台山话	圣安东尼奥台山话
今年	今年 kim³³ nen²²	—	—	—	—	□嘅年 kʰɔi²² kɛ⁴⁴ nɛn²²	—
去年	旧年 kiu³¹ nen²²	上年 sɛŋ³¹ nɛŋ²²	上年 sɛŋ²¹ nɛŋ²²	—	—	上年 sɛŋ³¹ nɛn²²	—
前年	前年 tʰen²² nen²²	—	更早年 aŋ⁴⁴ tɔ⁵⁵ nɛŋ²²	前年 tsʰɛn²² nɛn²²／两年前 lɛŋ⁵⁵ nɛn²² tsʰɛn²²	—	—	—
大前年	大前年 ai³¹ tʰen²² nen²²	—	迟⁼年 tʰi²² nɛŋ²²	三年前 sam⁴⁴ nɛn²² tsʰɛn²²／大前年 ai³¹ tsʰɛn²² nɛn²²	—	—	—
明年	过年 kɔ³³ nen²²	下年 ha²² nɛn²²	第二年 ai²¹ ŋi²¹ nɛŋ²²	下年 ha³¹ nɛn²²⁻³⁵	—	—	—
后年	后年 heu³¹ nen²²	—	更第二年 aŋ⁴⁴ ai²¹ ŋi²¹ nɛŋ²²	下两年 ha³¹ lɛŋ⁵⁵ nɛn²²⁻³⁵	—	—	—
大后年	大后年 ai³¹ heu³¹ nen²²	—	—	下三年 ha³¹ sam⁴⁴ nɛn²²⁻³⁵	—	—	—
昨天	琴晚 tam³¹ man⁵⁵	昨晚 ta³¹ man⁵⁵	昨晚 tɔ²¹ man⁵⁵	—	—	—	—
后天	□日 hen³¹ ŋit²	—	更迟日 aŋ⁴⁴ tʰi²² ŋit²	迟两日 tʰi²² lɛŋ⁵⁵ jat²	—	—	听日 hɛŋ⁴⁴ ŋit²
大后天	过几日 kɔ³³ ki⁵⁵ ŋit²	—	迟两日 tʰi²² liaŋ⁵⁵ ŋit²	迟三日 tʰi²² sam⁴⁴ jat²	—	—	过两日 kuɔ⁴⁴ lɛŋ⁵⁵ ŋit²
前天	前日 tʰen²² ŋit²	—	早二日 tɔ⁵⁵ ŋi²¹ ŋit²	早两日 tou⁵⁵ lɛŋ⁵⁵ jat²	—	—	—

续表 3-40

条目	方言						
	广东台山话	三藩市台山话	洛杉矶台山话	纽约台山话	芝加哥台山话	波特兰台山话	圣安东尼奥台山话
大前天	大前日 ai^{31} t^{h}en^{22} ŋit^2	—	早三日 tɔ^{55} ɬam^{44} ŋit^2	早三日 tou^{55} sam^{44} jat^2	—	—	多三日 tɔ^{44} ɬam^{44} ŋit^2
上午	早昼 tau^{55} tsiu^{33}	—	上天 sɛŋ^{21} hen^{44}	—	—	—	—
中午	中昼 tsəŋ^{33} tsiu^{33}	—	—	—	—	—	十二点 ɬap^2 ŋei^{31} tim^{55}
下午	下昼 ha^{33} tsiu^{33}	—	下天 ha^{21} hen^{44}	—	—	—	—
天亮了	天皓 hen^{33} hau^{31}	—	出日头 ts^{h}ut^5 ŋit^2 hau^{22}	—	—	—	—
傍晚	睇紧黑 hai^{55} kin^{55} hak$^{5-35}$	—	晚头 man^{55} hau^{22}	—	—	—	—
天黑了	黑啰 hak^5 lɔ^{31}	—	落日头 lɔk^2 ŋit^2 hau^{22}	太阳落 hai^{44} jɛŋ^{22} lɔk^2	—	—	—
周末	礼拜 lai^{55} pai^{33}	拜尾 pai^{44} mei^{55}	拜尾 pai^{21} mi^{55}	拜尾 pai^{44} mi^{55}	—	拜尾 pai^{44} mi^{55}	拜尾 pai^{44} miu^{55}
下旬	下旬 ha^{33} t^{h}un^{22}	—	第尾十日 ai^{21} mi^{55} sip^2 ŋit^2	—	—	—	—
月初	月头 ŋut^2 hen^{22}	—	—	—	—	—	开始个月 hɔi^{44} ts^{h}i^{55} kɔi^{44} jit^2
从前	旧时 kiu^{31} si^{22}	好耐 hau^{55} nɔi^{31}	好久 hɔ^{44} kiu^{55}	—	好耐 hou^{55} nɔi^{31}	好久 hou^{55} kiu^{55}	好多年 hou^{55} tɔ^{44} nin^{22}
后来	第尾 ai^{33} mei^{55}	阵间 tsin^{31} kan$^{44-35}$	迟□ ts^{h}i^{22} lai^{44}	迟啲 ts^{h}i^{22} ti^{44}	—	□□ tsin^{31} ŋan$^{22-35}$	—

续表 3-40

条目	方言						
	广东台山话	三藩市台山话	洛杉矶台山话	纽约台山话	芝加哥台山话	波特兰台山话	圣安东尼奥台山话
春节	春节 tsʰun³³ tet³⁻³⁵/过年 kɔ³³ nen²²	—	—	唐人新年 hɔŋ²² ŋin²² ɬin⁴⁴ neŋ²²	—	—	—
除夕	卅十晚 sa³³ sap² man³¹	年晚 nɛn²² man⁵⁵	—	唐人新年 hɔŋ²² ŋin²² ɬin⁴⁴ neŋ²²	—	新年 ɬin⁴⁴ nɛŋ²²	—
大年初一	年初一 nen²² tsʰɔ³³ jit⁵	—	—	新年 san⁴⁴ nɛn²²	—	—	—
清明节	清明 tʰen²²⁻³⁵ men²²	行山避,方言原义:扫墓 haŋ²² san⁴⁴	—	—	—	—	—
端午节	五月节 m̩⁵⁵ ŋut² tet³⁻³⁵	喫粽 hɛt³ tsuŋ⁵⁵	扒船 pʰa²² sɔn²²	扒龙船 pʰa²² luŋ²² sun²²	扒龙船 pʰa²² luŋ²² sun²²	扒龙船 pʰa²² luŋ²² sɔn²²	食粽 sek² tsuŋ⁵⁵⁻³¹
中秋节	八月十五 pat³ ŋut² sip² m̩⁵⁵	—	—	—	喫月饼 hɛt⁵ ŋut² pɛŋ⁵⁵	—	食月饼 sek² jit² pɛŋ
国庆节	国庆 kɔk³ hen³³	—	—	—	国□节 kɔk³ ŋak² tet³	—	—
五一节	五一 m̩⁵⁵ jit⁵	—	—	五月一 m̩⁵⁵ ŋut² jat⁵	—	—	五月节 m̩⁵⁵ jit² tsit³
复活节	—	*	*	*	复活节 fuk² ŋut² tet³	执蛋节 tsap⁵ tan⁴⁴⁻³⁵ tɛt⁵	*
万圣节	—	*	*	鬼王节 kui⁵⁵ wɔŋ²² tɛt⁵	鬼节 kuai⁵⁵ tɛt⁵	鬼仔节 kui⁵⁵ tɔi⁵⁵ tɛt⁵	*
感恩节	—	感恩节 kim⁵⁵ ɔn⁴⁴ tsit⁵	火鸡节 fɔ⁵⁵ kai⁻⁴⁴ tek⁵	火鸡节 fɔ⁵⁵ kɔi⁴⁴ tɛt⁵	火鸡节 fɔ⁵⁵ kai⁴⁴ tɛt³	火鸡节 fɔ⁵⁵ kai⁴⁴ tɛt³	火鸡节 fɔ⁵⁵ kai⁴⁴ tsit³

续表 3-40

条目	方言						
	广东台山话	三藩市台山话	洛杉矶台山话	纽约台山话	芝加哥台山话	波特兰台山话	圣安东尼奥台山话
圣诞节	圣诞 seŋ³³ han³³	圣诞节 seŋ⁴⁴ aŋ⁴⁴ tsit⁵	圣诞节 seŋ⁴⁴ aŋ⁴⁴ tek⁵	圣诞 seŋ⁴⁴ aŋ⁴⁴	圣诞 seŋ⁴⁴ aŋ⁴⁴	圣诞节 seŋ⁴⁴ aŋ⁴⁴ tɛt⁵	圣诞 seŋ⁴⁴ taŋ⁴⁴
父亲节	父亲节 fu³¹ tʰin³³ tet³⁻³⁵	—	—	阿爸节 a⁴⁴ pa⁴⁴ tɛt⁵	—	—	爸爸日 pa²² pa⁴⁴ ŋit²
母亲节	母亲节 mu⁵⁵ tʰin³³ tet³⁻³⁵	—	—	妈妈节 ma⁴⁴⁻³¹ ma⁴⁴ tɛt⁵	—	—	妈妈日 ma²² ma⁴⁴ ŋit²
公众假期	放假 foŋ³³ ka³³/双休 soŋ³³ hiu³³	—	—	大日子 ai³¹ jat² tu⁵⁵	大日子 ai³¹ ŋiak² tu⁵⁵	放假 foŋ⁴⁴ ka⁴⁴	假期 ka⁴⁴ kʰi²²
其他特殊节日	—	马丁路德日 ma⁵⁵ təŋ⁴⁴ lu²¹ tak⁵ ŋit²	—	开礼物圣诞节过后 hɔi⁴⁴ lai⁵⁵ mat²⁻³⁵	—	开礼物日圣诞节过后 hɔi⁴⁴ lai⁵⁵ mut² jit²	—
历书	吉胜避 kit⁵ seŋ³³	—	—	—	—	读胜避,看历书 tuk² seŋ⁴⁴/历书 lek² si⁴⁴	—

说明：

（1）使用台山话和广府话的美国华人对方言时间词的表述有很多特别之处，关于这点，我们将在本章的专题研究部分详细分析。下同。

（2）使用台山话和广府话的华人不少将"感恩节""复活节"叫"火鸡节""执蛋节"，将"万圣节"叫"鬼节""鬼仔节"。这几种叫法都与节日的食物和活动有关，火鸡和彩蛋分别是这前两个节日必不可少的，万圣节的装饰和人们的打扮则都与鬼怪有关。下面广府话的类似说法也一样。

（3）以"拜尾"指代"周末"，是华人社区台山话和下面的广府话多个点都有的说法，这个在广东台山话和广州话等里都未见的自创词非常有意思，是"礼拜尾"的简略。只是华人以它指代普通话的"周末"，一个星期的最后一天，却没有创造另一个与之对应的指代一个星期第一天的词。"拜尾"这个创新词，与英语的"weekend"也不无关系。

（4）通常看到圣安东尼奥台山话的"开始个月 hɔi⁴⁴ tsʰi³⁵ kɔi⁴⁴ jit²"，会以为表达的是"开始的（那）个月"，但其指示的是汉语普通话的"月初"。其实，为不产生歧义，可以将此表述的顺序变换成相应的"个月开始"。

第3章 美国华人社区汉语粤方言词汇研究

表 3-41　6 个广府话有关时间、节日的创新说法

条目	方言						
	广东广州话	三藩市广府话	洛杉矶广府话	纽约广府话	芝加哥广府话	波特兰广府话	休斯敦广府话
去年	旧年 kɐu²² nin²¹	—	—	上年 sœŋ²² nin²¹⁻³⁵	后年 hɐu²² nin²¹	上年 sœŋ²² nin²¹/旧年 kɐu²² nin²¹	上年 sœŋ²² nin²¹
前年	前年 tsʰin²¹ nin²¹	—	以前 ji¹³ tsʰin²¹	—	—	—	—
大前年	大前年 tai²² tsʰin²¹ nin²¹	再前年 tsɔi³³ tsʰin²¹ nin²¹	以前 ji¹³ tsʰin²¹/*	—	再前年 tsɔi³³ tsʰin²¹ nin²¹	上前年 sœŋ²² tsʰin²¹ nin²¹	—
明年	明年 nɛŋ²¹ nin²¹	下年 ha²² nin²¹	—	下年 ha²² nin²¹⁻³⁵/明年 mɛŋ²¹ nin²¹⁻³⁵	明年 nɛŋ²¹ nin²¹/第二年 tɐi²² ji²² nin²¹	—	下年 ha²² nin²¹
后年	后年 hɐu²² nin²¹	—	以后 ji¹³ hɐu²²	—	再明年 tsɔi³³ mɛŋ²¹ nin²¹	—	—
大后年	大后年 tai²² hɐu²² nin²¹	—	以后 ji¹³ hɐu²²	—	再再明年 tsɔi³³ tsɔi³³ nɛŋ²¹ nin²¹	—	—
大后天	大后日 tai²² hɐu²² jɐt²	—	—	—	再后日 tsɔi³³ hɐu²² jɐt²	—	—
大前天	大前日 tai²² tsʰin²¹ jɐt²	—	星期几意:以具体日期的表述表示时间 sɐŋ⁵⁵ kʰei²¹ kei³⁵	—	三日之前 sam⁵⁵ jɐt² tsi⁵⁵ tsʰin²¹	—	—
次日	第日 tɐi²² jɐt²	—	—	—	—	—	听日 方言原义:明天 tʰɛŋ⁵⁵ jɐt²
天亮了	天光了 tʰin⁵⁵ kwɔŋ⁵⁵ la³³	—	早上 tsou³⁵ sœŋ²²	—	係天光 hɐi³⁵ tʰin⁵⁵ kwɔŋ⁵⁵	—	—
傍晚	挨晚 ŋai⁵⁵ man¹³⁻⁵⁵	—	下昼 ha²² tsɐu³³	—	下昼 ha²² tsɐu³³/天黑 tʰin⁵⁵ hak⁵	—	—

· 377 ·

续表 3-41

条目	方言						
	广东广州话	三藩市广府话	洛杉矶广府话	纽约广府话	芝加哥广府话	波特兰广府话	休斯敦广府话
周末	周末 tsɐu⁵⁵ mut²/礼拜 lɐi¹³ pai³³	拜尾 pɐi¹³ mei¹³	—	拜尾 pɐi¹³ mei³⁵	拜尾 pai³³ mei¹³	拜尾 pai³³ mei¹³	
上旬	上旬 sœŋ²² sœn²¹	头十日 tʰɐu²¹ sɐp² jɐt²	—	—	月初 jyt² tsʰɔ⁵⁵	—	—
中旬	中旬 tsuŋ⁵⁵ sœn²¹	—	—	—	月中 jyt² tsuŋ⁵⁵	—	—
下旬	下旬 ha²² sœn²¹	—	—	—	月尾 jyt² mei¹³	—	—
月初	月初 jyt² tsʰɔ⁵⁵	—	呢个月第一个星期 ni⁵⁵ kɔ³³ jyt² tɐi²² jɐt⁵ kɔ³³ sɛŋ⁵⁵ kʰei²¹	—	—	—	开头 hɔi⁵⁵ tʰɐu²¹
月底	月尾 jyt² mei¹³	—	呢个月最后几日 ni⁵⁵ kɔ³³ jyt² tsœy³³ hɐu²² kei³⁵ jɐt²	—	—	—	—
从前	旧阵时 kɐu²² tsɐn²² si²¹	好耐之前 hou³⁵ nɔi²² tsi⁵⁵ tsʰin²¹	—	好耐之前 hou³⁵ nɔi²² tsi⁵⁵ tsʰin²¹/旧阵时 kɐu²² tsɐn²² si²¹	好耐以前 hou³⁵ nɔi²² ji¹³ tsʰin²¹	旧时 kɐu²² si²¹	好耐以前 hou³⁵ nɔi²² ji¹³ tsʰin²¹
后来	后尾 hɐu²² mei¹³⁻⁵⁵	晏啲 an³³ ti⁵⁵	—	拉尾 lai⁵⁵ mei¹³⁻⁵⁵	—	—	迟啲 tsʰi²¹ ti⁵⁵
春节	春节 tsʰœn⁵⁵ tsit³	—	红包攞嚟嗰个节 huŋ⁵⁵ pau⁵⁵ lɔ³⁵ lei²¹ kɔ³⁵ kɔ³³ tsit³/新年 sɐn⁵⁵ nin²¹	—	—	—	—

续表 3-41

条目	方言						
	广东广州话	三藩市广府话	洛杉矶广府话	纽约广府话	芝加哥广府话	波特兰广府话	休斯敦广府话
除夕	年卅晚 nin^{21} sa^{33} man^{13}	—	—	过年 kwɔ^{33} nin^{21}	—	—	—
大年初一	年初一 nin^{21} tsʰɔ^{55} jɐt^{5}	—	—	新年第一日 sɐn^{55} nin^{21} tai^{22} jɐt^{5} jɐt^{2}	—	—	过年 kwɔ^{33} nin^{21}
清明节	清明节 tsʰeŋ^{55} meŋ^{21} tsit^{3}	—	—	拜生避,方言原义：扫墓 pai^{33} saŋ^{55}	—	—	—
端午节	端午节 tyn^{55} m̩^{13} tsit^{3}	—	食粽 sek^{2} tsuŋ^{35}	食粽 sek^{2} tsuŋ^{35}	龙船节 luŋ^{21} syn^{21} tsit^{3}	—	食粽 sek^{2} tsuŋ^{35}
中秋节	中秋节 tsuŋ^{55} tsʰɐu^{55} tsit^{3}	—	食月饼 sek^{2} jyt^{2} pɛŋ^{35}	食月饼 sek^{2} jyt^{2} pɛŋ^{35}	—	—	食月饼 sek^{2} jyt^{2} pɛŋ^{35}
五一节	五一节 m̩^{13} jɐt^{5} tsit^{3}	—	—	—	工人节 kuŋ^{55} jɐn^{21} tsit^{3} /五月一号 m̩^{13} jyt^{2} jɐt^{5} hou^{22}	劳工节 lou^{21} kuŋ^{55} tsit^{3}	—
复活节	复活节 fuk^{2} wut^{2} tsit^{3}	*	执蛋节 tsɐp^{5} tan$^{22-35}$ tsit^{3}	蛋节 tan$^{22-35}$ tsit^{3}	复活节 fuk^{5} wut^{2} tsit^{3}	执蛋节 tsɐp^{5} tan$^{22-35}$ tsit^{3} /复活节 fuk^{2} wut^{2} tsit^{3} /*	*
万圣节	万圣节 man^{22} seŋ^{33} tsit^{3}	鬼仔节 kwɐi^{35} tsɐi^{35} tsit^{3} /*	鬼节 kwɐi^{35} tsit^{3}	鬼节 kwɐi^{35} tsit^{3}	鬼仔节 kwɐi^{35} tsɐi^{35} tsit^{3} /*	鬼仔节 kwɐi^{35} tsɐi^{35} tsit^{3} /*	*
感恩节	感恩节 kɐm^{35} jɐn^{55} tsit^{3}	火鸡节 fɔ^{35} kɐi^{55} tsit^{3} /感恩节 kɐm^{35} jɐn^{55} tsit^{3}	火鸡节 fɔ^{35} kɐi^{55} tsit^{3}	火鸡节 fɔ^{35} kɐi^{55} tsit^{3}	感恩节 kɐm^{35} jɐn^{55} tsit^{3}	火鸡节 fɔ^{35} kɐi^{55} tsit^{3} /*	火鸡节 fɔ^{35} kɐi^{55} tsit^{3}

续表 3-41

条目	方言						
	广东广州话	三藩市广府话	洛杉矶广府话	纽约广府话	芝加哥广府话	波特兰广府话	休斯敦广府话
圣诞节	圣诞节 seŋ³³ tam³³ tsit³	圣诞节 seŋ³³ tam³³ tsit³	圣诞 seŋ³³ tan³³	圣诞节 seŋ³³ tan³³ tsit³	圣诞节 seŋ³³ tan³³ tsit³	圣诞节 seŋ³³ tan³³ tsit³	圣诞节 seŋ³³ tan³³ tsit³
公众假期	节假日 tsit³ ka³³ jɐt²	假期 ka³³ kʰei²¹	放假 fɔŋ⁵⁵ ka³³	大日子 tai²² jɐt² tsi³⁵	公众假期 kuŋ⁵⁵ tsuŋ³³ ka³³ kʰei²¹	—	假期 ka³³ kʰei²¹
其他特殊节日	—	—	黑色星期五感恩节之后、圣诞节之前的购物节 hak⁵ sek⁵ seŋ⁵⁵ kʰei²¹ m̩¹³	—	庆祝时 heŋ³³ tsuk⁵ si²¹/黑色星期五感恩节之后、圣诞节之前的购物节 hak⁵ sek⁵ seŋ⁵⁵ kʰei²¹ m̩¹³/排队节 pʰai²¹ tœy²²⁻³⁵ tsit³	—	—
历书	通胜避 tʰuŋ⁵⁵ seŋ³³	—	—	—	日历 jɐt² lek²/迷信书 mɐi²¹ sœn³³ sy⁵⁵	—	—

3.2.1.1.3 有关农耕、植物、动物的（见表 3-42、表 3-43）

表 3-42　6 个台山话有关农耕、植物、动物的创新说法

条目	方言						
	广东台山话	三藩市台山话	洛杉矶台山话	纽约台山话	芝加哥台山话	波特兰台山话	圣安东尼奥台山话
旱地	山岗 san³³ kɔŋ³³	土地 tʰau⁵⁵ ei³¹	农田 nuŋ²² heŋ²²	—	干地 kɔn⁴⁴ ji³¹	田 hɛŋ²²	田 tʰin²²
农场	农场 nɔŋ²² tsʰiaŋ²²⁻³⁵	田 hin²²	—	—	麦园 mak² jɔŋ²²	—	—
锄头	锄头 tsʰɔ²² heu²²	铲 tsʰan⁵⁵	—	—	—	—	—
把锄头~	柄 piaŋ³¹	棍 kun³¹	—	—	—	—	—

续表 3-42

条目	方言						
	广东台山话	三藩市台山话	洛杉矶台山话	纽约台山话	芝加哥台山话	波特兰台山话	圣安东尼奥台山话
柴刀	柴刀 tsʰai²² ɔ³³⁻³⁵	—	—	—	刀 ɔ⁴⁴	刀 ɔ⁴⁴	—
筛子	筛 sai³³	—	—	—	—	隔仔 kak³ tɔi⁵⁵	—
扁担	担杆 am³³ kɔn³³⁻³¹	—	肩头棍 kan⁴⁴ hau²² kun²¹／担水棍 am⁴⁴ sui⁵⁵ kun²¹	担棍 am⁴⁴ kun⁴⁴／担杆 am⁴⁴ kɔn⁵⁵	—	—	—
菜园	菜园 tʰɔi³³ jen²²	田 hɛn²²	—	—	—	—	—
稻子 整株	禾 vɔ²²	—	—	—	—	—	米 意：产米的那种植物 mai⁵⁵
秕谷	□谷 pʰaŋ²² kɔk⁵	—	米壳 mai⁵⁵ hɔk³	—	—	—	—
谷穗	谷线 kɔk⁵ sen²²	—	—	—	米穗 mai⁵⁵ sui³¹	—	—
燕麦	燕麦 jam³¹ mak²	—	—	麦皮 mak² pʰei²²	麦 mak²	麦皮 mak² pʰi²²	—
豇豆	豆角 eu³¹ kɔk²	豆仔 au³¹⁻⁵⁵ tɔi⁵⁵	长豆 tsʰɛŋ²² au²¹⁻³⁵／*	—	—	—	—
甜椒	灯笼椒 aŋ³³ lǝŋ²² tian³³	—	辣椒 lat² tiu⁴⁴／甜椒 him²² tiu⁴⁴	辣椒 lat² tei⁴⁴	—	—	甜辣椒 tʰim²² lat² tiu⁴⁴
一种很辣的小辣椒	指天椒 tsi⁵⁵ hen³³ tiau³³／鸡心椒 kai³³ ɬim³³ tiau³³	—	辣椒仔 lat² tiu⁴⁴ tɔi⁵⁵	辣辣椒 lat² lat² tei⁴⁴	辣椒 lat² tiu⁴⁴	—	辣椒仔 lat² tiu⁴⁴ tɔi⁵⁵
西芹	西芹 sai³³ kʰin²²⁻⁵⁵	—	香芹 方言本以此指称原产自中国的芹菜 hiaŋ⁴⁴ kʰin²²	—	—	—	—

续表 3-42

条目	方言						
	广东台山话	三藩市台山话	洛杉矶台山话	纽约台山话	芝加哥台山话	波特兰台山话	圣安东尼奥台山话
秋葵	—	—	—	羊角豆 jɛŋ^{22} kɔk^{3}ɛu$^{31-55}$	—	—	—
荸荠	马蹄 ma^{55} tʰei$^{22-35}$	—	—	马□ ma^{31} hɛu^{55}	—	—	—
菜秧	菜仔 tʰɔi^{33} tɔi^{55}	—	—	—	—	菜米 tʰɔi^{44} mai^{55}	—
榴莲	榴莲 liu^{22} lεn^{22}	—	肥仔果 fei^{22} tɔi^{55}kuɔ^{55}	—	—	—	—
猕猴桃	猕猴桃 mei^{22}hiu^{22} hau^{22}	毛毛果 mau^{22} mau$^{22-55}$ kuɔ^{55}	—	—	—	—	—
柑子	柑 kam$^{33-35}$	—	唐人橙 hɔŋ^{22}ŋin^{22} tsʰaŋ$^{22-35}$	—	—	—	—
柚子	卜碌 pək^5 lək^5	—	唐人卜碌 hɔŋ^{22}ŋin^{22} puk$^{3-5}$luk^5	—	—	—	—
西柚	—	—	卜碌 puk$^{3-5}$ luk^5	减肥果 kam^{55}fi^{22} kuɔ^{55}	大果 ai^{31} kuɔ^{55}	—	—
西梅	西梅 sai^{33} mɔi$^{22-35}$	—	—	—	梅果 mɔi^{22} kuɔ^{55}	—	—
圣女果	圣女果 saŋ^{31} nui^{55} kɔ^{55}	—	番茄仔 fan^{44}kʰɛ^{22} tɔi^{55}	细番茄 ɬai^{44} fan^{44}kʰɛ^{22}	番茄仔 fan^{44}kʰɛ^{22} tɔi^{55}	番茄仔 fan^{44}kʰɛ$^{22-35}$ tɔi^{55}	细番茄 ɬai^{44} fan^{44}kʰɛ$^{22-35}$
茉莉花	茉莉 mɔt^2 lei$^{31-35}$	—	—	—	—	香片 方言原义：茉莉花茶 hɛŋ^{44} pʰin^{44}	—
荷花	荷花 hɔ^{22} fa^{33}	—	莲子花 lɛn^{22}tu^{55}fa^{44}	—	—	—	—

续表 3-42

条目	方言						
	广东台山话	三藩市台山话	洛杉矶台山话	纽约台山话	芝加哥台山话	波特兰台山话	圣安东尼奥台山话
睡莲	睡莲 sui^{31} lɛn^{22}	—	莲子花 lɛn^{22} tu^{55} fa^{44}	—	荷花 hɔ^{22} fa^{44}	—	荷花 hɔ^{22} fa^{44}
竹篾	竹篾 tsək^5 met^5	—	竹皮 tsuk^5 pʰi^{22}	竹皮 tsuk^5 pʰei^{22}	—	竹皮 tsuk^5 pʰi^{22}	竹皮 tsuk^5 pʰei^{22}
橡胶	橡胶 tiaŋ^{31} kau^{33}	—	—	—	—	—	树胶 si^{31} kau^{44}
树梢	树尾 si^{31} mei^{55}	—	树顶头 si^{21} eŋ^{55} hau^{22}	—	—	树上 si^{31} sɛŋ^{31}	—
松球	松鸡 tʰəŋ^{22} kai$^{33-35}$	—	—	松豆 tsʰuŋ^{22} ɛu$^{44-35}$	—	—	—
居住国特有的植物	—	—	—	—	—	车厘杉树 tsʰɛ^{44} li^{44} tsʰam^{44} si^{31} 英语:cherry	—
牲畜概称	畜牲 tʰək^5 saŋ^{33}	—	牛羊 ŋau^{22} jaŋ^{22}	动物 uŋ^{31} mak^2	—	—	—
水牛	水牛 sui^{55} ŋiu^{22}	—	牛 ŋau^{22}	—	—	—	牛 ŋau^{22}
黄牛	黄牛 vɔŋ^{22} ŋiu^{22}	—	牛 ŋau^{22}	—	—	—	牛 ŋau^{22}
公牛	牛公 ŋiu^{22} kəŋ^{33}	—	牛 ŋau^{22}	公牛华 kuŋ^{44} ŋiu^{22}	—	男牛 nam^{22} ŋiu^{22}/牛公 ŋiu^{22} kuŋ^{44}	牛 ŋau^{22}
母牛	牛乸 ŋiu^{22} na^{55}	—	牛 ŋau^{22}	牛 ŋiu^{22}	—	—	牛 ŋau^{22}
牛犊	牛仔 ŋiu^{22} tɔi^{55}	—	细牛 sai^{44} ŋau^{22}	—	—	—	—
山羊	山羊 san^{33} jen^{22}	—	羊 jaŋ^{22}	—	—	羊 jɛŋ^{22}	羊 jɛŋ^{22}
绵羊	绵羊 men^{22} jen^{22}	—	羊 jaŋ^{22}	—	—	羊 jɛŋ^{22}	羊 jɛŋ^{22}

续表 3-42

条目	方言						
	广东台山话	三藩市台山话	洛杉矶台山话	纽约台山话	芝加哥台山话	波特兰台山话	圣安东尼奥台山话
公羊	羊公 jen^{22} kəŋ^{33}	—	羊 jaŋ^{22}	公羊华 kuŋ^{44} jɛŋ^{22}	—	公羊华 kuŋ^{44} jɛŋ^{22}/男羊 nam^{22} jɛŋ^{22}	羊 jɛŋ^{22}
母羊	羊𡛼 jen^{22} na^{55}	—	羊 jaŋ^{22}	羊 jɛŋ^{22}	—	母羊华 mei^{22} jɛŋ^{22}	羊 jɛŋ^{22}
公猪	猪公 tsi^{33} kəŋ^{33}	—	猪 tsi^{44}	公猪华 kuŋ^{44} tsi^{44}	—	公猪华 kuŋ^{44} tsi^{44}	猪 tsi^{44}
母猪	猪𡛼 tsi^{33} na^{55}	—	猪 tsi^{44}	—	—	—	猪 tsi^{44}
小猪	猪仔 tsi^{33} tɔi^{55}	—	—	—	—	细猪 sai^{44} tsi^{44}	—
公狗	狗公 keu^{55} kəŋ^{33}	—	男狗 nam^{22} kau^{55}	—	—	男狗 nam^{22} kau^{55}	狗 kai^{55}
母狗	狗𡛼 keu^{55} na^{55}	—	女狗 nui^{55} kau^{55}	—	—	女狗 nui^{55} kau^{55}	狗 kau^{55}
宠物狗	宠物狗 tsəŋ^{33} mak^{2} keu^{55}	—	狗 kau^{55}	狗 kau^{55}	—	养狗 jɛŋ^{55} kau^{55}	狗 kau^{55}
小狗	狗仔 keu^{55} tɔi^{55}	—	—	—	—	细狗 sai^{44} kau^{55}	狗 kau^{55}
公猫	猫公 miu^{55} kəŋ^{33}	—	男猫 nam^{22} mɛu^{44}	男猫 nam^{22} mei^{44}	—	男猫 nam^{22} mau^{44}	—
母猫	猫𡛼 miu^{55} na^{55}	—	女猫 nui^{55} mɛu^{44}	女猫 nui$^{31-55}$ mei^{44}	—	女猫 nui^{55} mau^{44}	猫 miu^{44}
小猫	猫仔 miu^{55} tɔi^{55}	—	—	—	—	细猫 sai^{44} mau^{44}	猫 miu^{44}
公鸡	鸡公 kai^{33} kəŋ^{33}	—	—	—	—	男鸡 nam^{22} kai^{44}	鸡 kai^{44}

续表 3-42

条目	方言						
	广东台山话	三藩市台山话	洛杉矶台山话	纽约台山话	芝加哥台山话	波特兰台山话	圣安东尼奥台山话
母鸡	鸡姆 kai^{33} na^{55}／鸡兰﹦未下过蛋 kai^{33} laŋ$^{22-35}$	—	—	—	—	女鸡 nui^{55} kai^{44}	鸡 kai^{44}
阉鸡	阉鸡 jam^{33} kai^{33}	—	—	—	—	—	鸡 kai^{44}
小鸡	鸡仔 kai^{33} tɔi^{55}	—	—	—	—	细鸡 sai^{44} kai^{44}	—
鸡翻 ~食物	鸡□ kai^{33} va^{33}	—	鸡揾食 kai^{44} wun^{55} sek^2	—	—	—	—
鸡生蛋	鸡生蛋 kai^{33} saŋ^{33} an$^{31-35}$	鸡落蛋 kai^{44} lɔk^2 an$^{31-35}$	—	—	—	—	—
孵小鸡	菢鸡仔 pou^{31} kai^{33} tɔi^{55}	—	—	—	—	生鸡仔 saŋ^{44} kai^{44} tɔi^{55}	—
野兽	野兽 je$^{55-31}$ tsʰiu^{33}	—	—	—	—	动物 tuŋ^{31} mut^2	—
鼹鼠	—	—	—	—	—	老鼠 lau^{55} si^{55}	—
松鼠	松鼠 tʰəŋ^{22} si^{55}	—	—	大尾鼠 ai^{31} mi^{55} si^{55}	—	—	—
麻雀	麻雀 ma^{22} tiak^2	—	—	—	—	—	雀 tiɔk^3
喜鹊	喜鹊 hei^{55} ɬiak^5	—	—	—	—	—	雀 tiɔk^3
乌鸦	乌鸦 vu^{33} a^{33}	—	—	—	—	—	雀 tiɔk^3
老鹰	牛鹰 ŋeu^{22} jeŋ^{33}	—	—	—	—	—	雀 tiɔk^3

续表 3-42

条目	方言						
	广东台山话	三藩市台山话	洛杉矶台山话	纽约台山话	芝加哥台山话	波特兰台山话	圣安东尼奥台山话
燕子	燕子 jan³¹ tu⁵⁵	—	—	—	—	—	雀 tiɔk³
大雁	雁 ŋan³¹⁻³⁵	—	—	—	—	鹅 ŋɔ²²⁻³⁵	雀 tiɔk³
八哥	鹩哥 liau³³⁻³¹ kɔ³³	—	—	—	—	—	雀 tiɔk³
鸽子	白鸽 pak² ap²	—	雀 tʰiak³	—	—	—	—
鹦鹉	鹦鹉 jen³³ mu³¹⁻³⁵	—	—	嗰个雀识讲 以"会讲话的鸟"指称鹦鹉 kɔ⁵⁵ kɔ⁴⁴⁻³¹ tiak³⁻³⁵ sek⁵ kɔŋ⁵⁵	—	—	雀 tiɔk³
爪子	爪 tsau⁵⁵	—	手 ɬiu⁵⁵	—	—	手 siu⁵⁵	手 sau⁵⁵
蚯蚓	黄蚖 vɔŋ²² hun³¹⁻³⁵	—	—	—	—	虫 tsʰuŋ²²	—
臭虫	木虱 mək² sak⁵/□□ ken³³ pei·³³	—	—	—	—	—	狗虱 kau⁵⁵ sak⁵
虱子	虱嘛 sak⁵ na⁵⁵	—	虫 tsʰuŋ²²	—	—	—	狗虱 kau⁵⁵ sak⁵
蟑螂	由甲 kʰa³³ tʰat²	—	—	—	黄蜞 wɔŋ²² kʰei²²	—	—
萤火虫	萤火虫 jeŋ²² fɔ⁵⁵ tsʰəŋ²²	—	—	—	—	—	放光虫 fɔŋ⁴⁴ kɔŋ⁴⁴ tsʰuŋ²²
蜈蚣	百缩 pak² sək⁵	—	—	咁多那么多脚个虫 kam⁴⁴ ɔ⁴⁴ kiak³ kɔ⁴⁴ tsʰuŋ²²	—	虫 tsʰuŋ²²/百脚虫 pak³ kiak³ tsʰuŋ²²	—
蜥蜴	蜥蜴 ɬek⁵ jek²	—	—	—	—	四脚蛇 sei⁴⁴ kiak³ sɛ²²	—

续表 3-42

条目	方言						
	广东台山话	三藩市台山话	洛杉矶台山话	纽约台山话	芝加哥台山话	波特兰台山话	圣安东尼奥台山话
蝌蚪	蛤篛鯰 kep⁵kuai³³niam²²	—	—	田鸡仔 hɛn²²kai⁴⁴tɔi⁵⁵	—	—	—
蚌	沙蚌 sa³³pɔk²	—	—	大蚬 ai³¹hɛn⁵⁵ / *	蚌大 pʰɔŋ²² / 蚬小 hɛn⁵⁵	蚬 kɛn⁵⁵	—
海龟	海龟 hɔi⁵⁵kei³³	—	—	—	—	乌龟 wu⁴⁴kei⁴⁴	乌龟 wu⁴⁴kuai⁴⁴
鳖	水鱼 sui⁵⁵ŋui²²	—	—	龟 kuai⁴⁴	—	乌龟 wu⁴⁴kei⁴⁴	乌龟 wu⁴⁴kuai⁴⁴
海豚	海豚 hɔi⁵⁵hun²²	—	鱼 ŋui²²⁻³⁵	—	—	—	—
鲸鱼	鲸鱼 kʰen²²ŋui²²	—	大鱼 ai³¹ŋui²²⁻³⁵	—	—	—	—
蟒蛇	腩蛇 nam²²sɛ²²	—	大蛇 ai³¹sɛ²²	—	—	—	大蛇 ai³¹sɛ²²
三文鱼	三文鱼 sam³³mun²²ŋui²²	—	三文鱼① ɬam⁴⁴mun²²ŋui²²⁻³⁵ 英语:salmon	—	—	—	—
沙丁鱼	沙丁鱼 sa³³eŋ³³ŋui²²	—	三文鱼 ɬam⁴⁴mun²²ŋui²²⁻³⁵ 英语:salmon	—	—	—	—
金枪鱼	金枪鱼 kim³³tʰiaŋ³³ŋui²²	—	三文鱼 ɬam⁴⁴mun²²ŋui²²⁻³⁵ 英语:salmon	—	—	—	—
章鱼	八爪鱼 pat³tsau⁵⁵ŋui²²	—	墨鱼 mak²ŋui²²⁻³⁵	—	—	—	—
八爪鱼	八爪鱼 pat³tsau⁵⁵ŋui²²	—	墨鱼 mak²ŋui²²⁻³⁵	—	—	—	—

① 列出这个非创新的说法是为了与下面"沙丁鱼"和"金枪鱼"两个词对比。

续表 3-42

条目	方言						
	广东台山话	三藩市台山话	洛杉矶台山话	纽约台山话	芝加哥台山话	波特兰台山话	圣安东尼奥台山话
鲤鱼	鲤鱼 lei³¹ ŋui²²	—	—	—	—	花□ fa⁴⁴ lap²	—
鳝鱼	黄鳝 vɔŋ²² sen³¹⁻³⁵	—	蛇 sɛ²²	—	—	—	—
鱼鳞	鱼鳞 ŋui²² lin²²⁻³⁵	—	—	刮嗰啲 意:杀鱼时刮掉的那层东西 kuat³ kɔ⁵⁵ ti:⁴⁴	—	—	—

说明：

使用台山话和广府话的美国华人关于牲畜性别等有不少特别的表述，关于这方面，我们会在 3.2.1.2.3 "美国华人有关牲畜表述的研究" 部分做一个专题性的探讨。下同。

表 3-43　6 个广府话有关农耕、植物、动物的创新说法

条目	方言						
	广东广州话	三藩市广府话	洛杉矶广府话	纽约广府话	芝加哥广府话	波特兰广府话	休斯敦广府话
水田	水田 sœy³⁵ tʰin²¹	—	—	—	米田 用于种长米的水稻的田 mɐi¹³ tʰin²¹	—	—
旱地	旱地 hɔn¹³ tei:²²	—	—	—	干田 kɔn⁵⁵ tʰin²¹	—	—
土坎儿	坎 kʰɐm³⁵	—	—	—	突出嚟 意:突出来(的那块东西) tɐt² tsʰœt⁵ lei²¹	—	—
有机肥	有机肥 jɐu¹³ kei⁵⁵ fei²¹	—	家机肥 ka⁵⁵ kei⁵⁵ fei²¹	—	—	—	肥料 fei²¹ liu²²⁻³⁵
把 锄头~	柄 pɐŋ³³	—	把手 pa³⁵ sɐu³⁵	把 pa³⁵	—	—	—
铁锹	铲 tsʰan³⁵	锄 tsʰɔ²¹	—	—	—	—	—

续表 3-43

条目	方言						
	广东广州话	三藩市广府话	洛杉矶广府话	纽约广府话	芝加哥广府话	波特兰广府话	休斯敦广府话
柴刀	柴刀 tsʰai²¹ tou⁵⁵	—	大刀 tai²² tou⁵⁵	—	吕宋大刀 lœy¹³ suŋ³³ tai²² tou⁵⁵	—	—
犁	犁 lɐi²¹	—	—	—	铲 tsʰan³⁵	—	—
水车	水车 sœy³⁵ tsʰɛ⁵⁵	—	—	—	水轮 sœy³⁵ lɵn²¹	—	—
喷雾器	喷雾器 pʰɐn³³ mou²² hei³³	—	—	—	喷水机 pʰɐn³³ sœy³⁵ kei⁵⁵	—	—
畚箕 畚谷用	畚箕 pɐn³³ kei⁵⁵	—	—	—	竹兜 tsuk⁵ tɐu⁵⁵	—	—
谷箩	谷箩 kuk⁵ lɔ²¹	—	—	—	竹篮 tsuk⁵ lam²¹⁻³⁵	—	—
磨 磨粉用	磨 mɔ²¹	—	磨嘢嘅 磨东西的机器 mɔ²² jɛ¹³ kɛ³³ kei⁵⁵ hei³³	—	—	—	—
扁担	担挑	—	棍 kwɐn³³	—	—	棍 kwɐn³³	—
宰猪	劏猪 tʰɔŋ⁵⁵ tsy⁵⁵	—	—	斩猪 tsam³⁵ tsy⁵⁵	—	—	—
稻子 整株	禾 wɔ²¹	—	—	—	禽米 以"米"指称出米的稻子 pʰɔ⁵⁵ mɐi¹³	—	—
糯米	糯米 nɔ²² mɐi¹³	—	—	—	—	—	糯米饭 意:可用于煮糯米饭的那种米 nɔ²² mɐi¹³ fan²²
麦子	麦 mɐk²	—	—	—	—	—	面包 意:可用于做面包的那种植物 min²² pau⁵⁵
燕麦	燕麦 jin³³ mɐk²	麦皮 mɐk² pʰei²¹	麦片 mɐk² pʰin³³	麦皮 mɐk² pʰei²¹	麦皮 mɐk² pʰei²¹	麦 mɐk²	—

续表 3-43

条目	方言						
	广东广州话	三藩市广府话	洛杉矶广府话	纽约广府话	芝加哥广府话	波特兰广府话	休斯敦广府话
淮山	淮山 wai²¹ san⁵⁵	—	—	—	番薯 fan⁵⁵ sy²¹	—	—
蘑菇	蘑菇 mɔ²¹ ku⁵⁵	冬菇 tuŋ⁵⁵ ku⁵⁵	—	冬菇 tuŋ⁵⁵ ku⁵⁵	—	—	冬菇 tuŋ⁵⁵ ku⁵⁵
菠菜	菠菜 pɔ⁵⁵ tsʰɔi³³	—	—	—	—	—	菜 tsʰɔi³³
胡萝卜	红萝卜 huŋ²¹ lɔ²¹ pak²	萝卜 lɔ²¹ pak²	萝卜 lɔ²¹ pak²	—	—	—	萝卜 lɔ²¹ pak²
甜椒	灯笼椒 tɐŋ⁵⁵ luŋ²¹ tsiu⁵⁵	—	辣椒 lat² tsiu⁵⁵	—	青椒 tsʰɛŋ⁵⁵ tsiu⁵⁵	甜辣椒 tʰim²¹ lat² tsiu⁵⁵	辣椒 lat² tsiu⁵⁵
一种很辣的小辣椒	指天椒 tsi³⁵ tʰin⁵⁵ tsiu⁵⁵	泰国辣椒 tʰai³³ kɔk³ lat² tsiu⁵⁵	辣椒仔 lat² tsiu⁵⁵ tsɐi³⁵	一种好辣嘅很辣的小辣椒 jɐt⁵ tsuŋ³⁵ hou³⁵ lat² kɛ³³ siu³⁵ lat² tsiu⁵⁵	墨西哥辣椒 mɐk² sɐi⁵⁵ kɔ⁵⁵ lat² tsiu⁵⁵ / 指天椒 tsi³⁵ tʰin⁵⁵ tsiu⁵⁵	辣嘅的辣椒 lat² kɛ³³ lat² tsiu⁵⁵	辣椒 lat² tsin⁵⁵
胡椒	胡椒 wu²¹ tsiu⁵⁵	—	—	—	—	—	辣椒 lat² tsiu⁵⁵
西芹	西芹 sɐi⁵⁵ kʰɐn²¹	—	芹菜 kʰɐn²¹ tsʰɔi³³	—	—	—	—
菜薹	菜心 tsʰɔi³³ sɐm⁵⁵	—	—	—	花梗 fa⁵⁵ kwaŋ³⁵	—	—
菜秧	菜秧 tsʰɔi³³ jœŋ⁵⁵	—	—	—	菜种子 tsʰɔi³³ tsuŋ³⁵ tsi³⁵	—	—
西梅	西梅	—	—	—	话梅方言原义：一种腌制过的梅子 wa²² mui²¹	—	—
圣女果	圣女果 sɛŋ³³ nœy³⁵ kwɔ³⁵	—	细番茄 sɐi³³ fan⁵⁵ kʰɛ²¹⁻³⁵	番茄仔 fan⁵⁵ kʰɛ²¹⁻³⁵ tsɐi³⁵	番茄仔 fan⁵⁵ kʰɛ²¹⁻³⁵ tsɐi³⁵	—	番茄 fan⁵⁵ kʰɛ²¹⁻³⁵

续表 3-43

条目	方言						
	广东广州话	三藩市广府话	洛杉矶广府话	纽约广府话	芝加哥广府话	波特兰广府话	休斯敦广府话
荷花	荷花 hɔ²¹ fa⁵⁵	—	荷花 hɔ²¹ fa⁵⁵	莲花 lin²¹ fa⁵⁵	莲花 lin²¹ fa⁵⁵	—	荷花 hɔ²¹ fa⁵⁵
睡莲	睡莲 søy²² lin²¹	—	荷花 hɔ²¹ fa⁵⁵	莲花 lin²¹ fa⁵⁵	水莲 søy³⁵ lin²¹	—	荷花 hɔ²¹ fa⁵⁵
向日葵	向日葵 hœŋ³³ jɐt² kwʰɐi²¹ / 太阳花 tʰai³³ jœŋ²¹ fa⁵⁵	—	—	—	大花 tai²² fa⁵⁵	—	—
橡胶树	橡胶树 tsœŋ²² kau⁵⁵ sy²²	—	—	—	—	—	胶树 kau⁵⁵ sy²²
竹篾	竹篾 tsuk⁵ mit²	—	—	—	竹皮 tsuk⁵ pʰei²¹	—	—
树上的刺	簕 lak³	—	—	—	树钉 sy²² tɛŋ⁵⁵	—	—
树梢	树尾 sy²² mei¹³	—	—	—	树顶 sy²² tɛŋ³⁵	树顶 sy²² tɛŋ⁵⁵	—
牛蹄子	牛蹄 ŋɐu²¹ tʰi²¹	—	—	—	牛脚 ŋɐu²¹ kœk³	牛脚 ŋɐu²¹ kœk³	—
水牛	水牛 søy³⁵ ŋɐu²¹	—	—	牛 ŋɐu²¹	—	—	牛 ŋɐu²¹
黄牛	黄牛 wɔŋ²¹ ŋɐu²¹	—	—	牛 ŋɐu²¹	—	—	牛 ŋɐu²¹
公牛	牛公 ŋɐu²¹ kuŋ⁵⁵	—	—	牛 ŋɐu²¹	牛 ŋɐu²¹	—	牛 ŋɐu²¹
母牛	牛㽺 ŋɐu²¹ na³⁵	—	—	牛 ŋɐu²¹	牛 ŋɐu²¹	—	牛 ŋɐu²¹
山羊	山羊 san⁵⁵ jœŋ²¹	—	羊 jœŋ²¹	羊 jœŋ²¹ / 羊咩 jœŋ²¹ mɛ⁵⁵	—	—	羊 jɛŋ²¹

续表 3-43

条目	方言						
	广东广州话	三藩市广府话	洛杉矶广府话	纽约广府话	芝加哥广府话	波特兰广府话	休斯敦广府话
绵羊	绵羊 min^{21} jœŋ^{21}	—	羊 jœŋ^{21}	羊 jœŋ^{21}/羊咩 jœŋ^{21} mɛ^{55}	羊 jœŋ^{21}	羊 jœŋ^{21}	羊 jɛŋ^{21}
公羊	羊公 jœŋ^{21} kuŋ^{55}	—	羊 jœŋ^{21}	羊 jœŋ^{21}	—	—	羊 jɛŋ^{21}
母羊	羊乸 jœŋ^{21} na^{35}	—	羊 jœŋ^{21}	羊 jœŋ^{21}	—	羊 jœŋ^{21}	羊 jɛŋ^{21}
羊羔	羊仔 jœŋ^{21} tsɐi^{35}	小羊华siu^{35} jœŋ^{21}	—	—	—	—	—
公猪	猪公 tsy^{55} kuŋ^{55}	猪 tsy^{55}	猪 tsy^{55}	猪 tsy^{55}	公猪华kuŋ^{55} tsy^{55}	猪 tsy^{55}	猪 tsy^{55}
母猪	猪乸 tsy^{55} na^{35}	猪 tsy^{55}	猪 tsy^{55}	猪 tsy^{55}	—	猪 tsy^{55}	猪 tsy^{55}
小猪	猪仔 tsy^{55} tsɐi^{35}	—	—	乳猪 jy^{13} tsy^{55}	—	细猪 sɐi^{33} tsy^{55}	—
公狗	狗公 kɐu^{35} kuŋ^{55}	狗 kɐu^{35}	狗 kɐu^{35}	—	—	男狗 nam^{21} kɐu^{35}	狗 kɐu^{35}
母狗	狗乸 kɐu^{35} na^{35}	狗 kɐu^{35}	狗 kɐu^{35}	—	—	女狗 nœy^{13} kɐu^{35}	狗 kɐu^{35}
宠物狗	宠物狗 tsʰuŋ^{13} mɐt^{2} kɐu^{35}	狗 kɐu^{35}	—	狗 kɐu^{35}	—	狗 kɐu^{35}	狗 kɐu^{35}
小狗	狗仔 kɐu^{35} tsɐi^{35}	—	—	—	—	细狗 sɐi^{33} kɐu^{35}	—
公猫	猫公 mau^{55} kuŋ^{55}	猫 mau^{55}	猫 mau^{55}	猫 mau^{55}	—	男猫 nam^{21} mau^{55}	猫 mau^{55}
母猫	猫乸 mau^{55} na^{35}	猫 mau^{55}	猫 mau^{55}	猫 mau^{55}	—	女猫 nœy^{13} mau^{55}	猫 mau^{55}
小猫	猫仔 mau^{55} tsɐi^{35}	—	—	—	—	细猫 sɐi^{33} mau^{55}	—

续表 3-43

条目	方言						
	广东广州话	三藩市广府话	洛杉矶广府话	纽约广府话	芝加哥广府话	波特兰广府话	休斯敦广府话
公鸡	鸡公 kɐi⁵⁵ kuŋ⁵⁵	鸡 kɐi⁵⁵	鸡公 kɐi⁵⁵ kuŋ⁵⁵/雄鸡华 huŋ²¹ kɐi⁵⁵	鸡 kɐi⁵⁵	公鸡华 kuŋ⁵⁵ kɐi⁵⁵	公鸡华 kuŋ⁵⁵ kɐi⁵⁵	鸡 kɐi⁵⁵
母鸡	鸡㜘 kɐi⁵⁵ na³⁵	鸡 kɐi⁵⁵	鸡㜘 kɐi⁵⁵ na³⁵/母鸡华 mou¹³ kɐi⁵⁵	鸡 kɐi⁵⁵	—	母鸡华 mou¹³ kɐi⁵⁵	鸡 kɐi⁵⁵
阉鸡	镢鸡 si³³ kɐi⁵⁵	—	—	鸡 kɐi⁵⁵	—	鸡 kɐi⁵⁵	鸡 kɐi⁵⁵
小鸡	鸡仔 kɐi⁵⁵ tsɐi³⁵	—	—	—	—	细鸡 sɐi³³ kɐi⁵⁵	—
孵小鸡	菢鸡仔 pou²² kɐi⁵⁵ tsɐi³⁵	—	—	—	生鸡仔 saŋ⁵⁵ kɐi⁵⁵ tsɐi³⁵	—	—
翻鸡~食物	□ tsʰau³³	—	—	—	执食 tsɐp⁵ sek²	—	—
松鼠	松鼠 tsʰuŋ²¹ sy³⁵	—	大尾鼠 tai²² mei¹³ sy³⁵/松鼠 tsʰuŋ²¹ sy³⁵	长尾鼠 tsʰœŋ²¹ mei¹³ sy³⁵	—	—	—
大雁	大雁 tai²² ŋan²²	—	—	—	野鹅 jɛ¹³ ŋɔ²¹⁻³⁵	—	—
鸟窝	雀窦 tsœk³ tɐu³³	—	—	雀仔屋企小鸟的房子 tsœk³ tsɐi³⁵ uk⁵ kʰei¹³	燕窝以燕窝指代所有的鸟窝 jin³³ wɔ⁵⁵	—	—
爪子	爪 tsau³⁵	—	—	—	—	—	凤爪以粤菜名指代禽类的爪子 fuŋ²² tsau³⁵/鸡脚 kɐi⁵⁵ kœk³
蜥蜴	蜥蜴 sek⁵ jek²	—	—	—	檐蛇 jim²¹ sɛ²¹⁻³⁵	—	—

续表 3-43

条目	方言						
	广东广州话	三藩市广府话	洛杉矶广府话	纽约广府话	芝加哥广府话	波特兰广府话	休斯敦广府话
臭虫	木虱 muk² sɐt⁵	—	—	—	床虱 tsʰɔŋ²¹ sɐt⁵	—	—
黄蜂	黄蜂 wɔŋ²¹ fuŋ⁵⁵	—	—	大蜜蜂 tai²² mɐt² fuŋ⁵⁵	—	蜜蜂 mɐt² fuŋ⁵⁵	—
蚕	蚕 tsʰam²¹	—	—	—	丝虫 si⁵⁵ tsʰuŋ²¹	—	—
蚌	蚌 pʰɔŋ¹³	—	—	—	蚬 hin³⁵	—	—
海龟	海龟 hɔi³⁵ kwɐi⁵⁵	乌龟 wu⁵⁵ kwɐi⁵⁵	乌龟 wu⁵⁵ kwɐi⁵⁵	—	—	乌龟 wu⁵⁵ kwɐi⁵⁵	—
鳖	水鱼 sœy³⁵ jy²¹⁻³⁵	乌龟 wu⁵⁵ kwɐi⁵⁵／水鱼 sœy³⁵ jy²¹⁻³⁵	—	龟 kwɐi⁵⁵	—	龟 kwɐi⁵⁵	—
蟒蛇	大腩蛇 tai²² nam²¹ sɛ²¹	蛇 sɛ²¹	—	大蛇 tai²² sɛ²¹	—	蛇 sɛ²¹	大蛇 tai²² sɛ²¹
章鱼	章鱼 tsœŋ⁵⁵ jy²¹	—	墨鱼 mɐk² jy²¹	八爪鱼 pat³ tsau³⁵ jy²¹	八爪鱼 pat³ tsau³⁵ jy²¹⁻³⁵	鱿鱼 jɐu²¹ jy²¹⁻³⁵	—
八爪鱼	八爪鱼 pat³ tsau³⁵ jy²¹	—	—	—	—	八手鱼 pat³ sɐu³⁵ jy²¹⁻³⁵	—
墨鱼	墨鱼 mɐk² jy²¹	—	—	—	—	鱿鱼 jɐu²¹ jy²¹⁻³⁵	—
居住国特有的动物	—	—	—	—	光头鹰 白头秃鹰 kwɔŋ⁵⁵ tʰɐu²¹ jeŋ⁵⁵	—	—
居住国特有的动物	—	—	—	—	美国鳄鱼 mei¹³ kɔk³ ŋɔk² jy²¹	—	—

3.2.1.1.4 有关服饰、饮食等的（见表 3-44、表 3-45）

表 3-44 6 个台山话有关服饰、饮食等的创新说法

条目	方言						
	广东台山话	三藩市台山话	洛杉矶台山话	纽约台山话	芝加哥台山话	波特兰台山话	圣安东尼奥台山话
缝纫机	衣车 ji^{33} tsʰe^{33}	车衣机 tsʰɛ^{44} ji^{44} ki^{44}	车衣机 tsʰɛ^{44} ji^{44} kei^{44}	—	—	—	车衫车 tsʰɛ^{44} sam^{44} tsʰɛ^{44}
①上衣/②外套/③夹袄/④大衣	②④褛 leu$^{33-35}$ / ②大件衫 ai^{31} ken^{31} ɬam$^{33-31}$	—	①②③④ 褛 lau$^{44-21}$	—	①②③④ 褛 lau^{44}	—	①②③④ 褛 lau$^{44-35}$
T恤	T恤 tʰi^{33} sak^5	—	—	—	—	底衫方言原义：内衣 ai^{55} ɬam^{44}	—
①西装/②晚礼服	①西装 ɬai^{33} tsɔŋ^{33} / ②礼服 lai^{31} fək^2	②晚服 man$^{55-35}$ fuk^{22}	①②好衫 hɔ^{44} ɬam$^{44-21}$	—	—	—	①②靓衫 lɛŋ^{44} sam^{44}
毛衣	冷衫 laŋ^{33} ɬam$^{33-31}$	—	—	长袖衫 tsʰɛŋ^{22} tiu$^{31-35}$ ɬam^{44}	—	—	—
连衣裙	连衣裙 len^{22} ji^{33} kʰun^{22}	裙 kʰun^{22}	女衫 nui^{55} ɬam$^{44-21}$	裙 kʰun^{22}	裙 kuan^{22}	裙 kʰun^{22}	裙 kʰun^{22}
比基尼	三点式 ɬam^{33} tiam^{55} set^5	—	游水衫 jiu^{22} sui^{55} ɬam^{44}	—	—	游水衫 jiu^{22} sui^{55} ɬam^{44}	—
休闲装	休闲装 hiu^{33} han^{22} tsɔŋ$^{33-35}$	—	—	平常衫 pʰɛŋ^{22} sɛŋ^{22} ɬam^{44}	—	普通衣服 pʰou^{55} hun^{44} ji^{44} fuk^2	—
被套	被套 pʰei^{31} hou$^{31-35}$	—	—	—	—	被袋 pʰei$^{55-31}$ ɔi$^{31-35}$	—

续表 3-44

条目	方言						
	广东台山话	三藩市台山话	洛杉矶台山话	纽约台山话	芝加哥台山话	波特兰台山话	圣安东尼奥台山话
运动鞋	波鞋 $pɔ^{33}$ hai^{22}	—	走鞋"走"即"跑"，保留古汉语意义 tau^{55} hai^{22}	—	—	—	—
凉鞋	凉鞋 $liaŋ^{22}$ hai^{22}	—	鞋仔方言原义：小鞋子 hai^{22} $tɔi^{55}$	—	—	—	—
拖鞋	拖鞋 $hɔ^{33}$ hai^{22}	—	—	□鞋 $ɬat^{3}$ hai^{22}	—	—	—
高跟鞋	高踭鞋 kou^{33} $tsaŋ^{33-35}$ hai^{22}	—	—	—	—	—	高鞋 kou^{44} hai^{22}
手提袋	手袋 siu^{55} $ɔi^{31-35}$	—	—	—	驮包 $tʰɔ^{22}$ pau^{44}	—	—
子母扣	□□纽 $pak^{5} pak^{5} niu^{55}$	纽 niu^{55}	—	—	—	—	—
发胶	□□mou^{33} si^{31-35} / 发蜡 $fat^{3} lat^{2}$	—	—	湿毛水 $sɛp^{5} mou^{22}$ sui^{55}	—	—	—
手绢	手巾仔 siu^{55} $kin^{33} tɔi^{55}$	—	手布 $ɬiu^{55}$ pu^{44}	—	—	—	—
①纸巾/②尿布	①纸巾 tsi^{55} kin^{33-35} /②屎片 $si^{55} pʰen^{31-35}$	—	①②纸巾 $tsi^{55} kin^{44-35}$	—	—	—	—
意大利面条	意粉 ji^{33} fun^{55}	意大利粉 $ji^{31} ai^{31} li^{31}$ fun^{55}	面 $mɛŋ^{21}$	—	—	茄汁面 $kʰɛ^{22-35} tsip^{5}$ $mɛŋ^{31}$	—
清补凉	清补凉 $tʰen^{33} pu^{55}$ $liaŋ^{22}$	凉茶 $liaŋ^{22}$ $tsʰa^{22}$	凉嘅意:清凉的 $lɛŋ^{22} kɛ^{44}$	—	—	—	—

续表 3-44

条目	方言						
	广东台山话	三藩市台山话	洛杉矶台山话	纽约台山话	芝加哥台山话	波特兰台山话	圣安东尼奥台山话
糠	糠 hɔŋ^{33}	—	米壳 mai^{55} hɔk^3	—	—	—	—
剩饭	隔夜饭 kak^3 je^{31} fan^{31} / 过夜饭 kɔ^{31} je^{31} fan^{31}	—	—	—	—	馇尾 方言原义：吃剩的菜肴 ɬuŋ$^{44-31}$ mi^{55}	—
米汤	米饮 mai^{55} jim^{55}	—	—	—	—	米水 mai^{55} sui^{55}	—
食堂	饭堂 fan^{31} hɔŋ$^{22-35}$	—	餐厅 tʰan^{44} hiaŋ$^{44-35}$	—	—	—	—
马蹄糕	马蹄糕 ma^{55} hai^{22} kou^{33}	□糕 au^{31} kɔ^{44}	—	—	—	—	—
锅巴	饭□ fan^{31} nək^2	浓粥 nuŋ^{22} tsuk^5	—	浓粥 nuŋ^{22} tsuk^5	—	饭焦 fan^{31} tiau^{44}/饭焦水 fan^{31} tiau^{44} sui^{55}/饭脚水 fan^{31} kiak^3 sui^{55}	—
白葡萄酒	白葡萄酒 pak^2 pʰu^{22} hau^{22} tiu^{55}	白酒 pak^2 tiu^{55}	白酒 pak^2 tiu^{55}	—	—	白酒 pak^2 tiu^{55}	白酒 pak^2 tiu^{55}
软饮料	饮料 jim^{55} liau^{31}	汽水 hi^{44} sui^{55}	凉水 liaŋ^{22} sui^{55}	—	凉水 liaŋ^{22} sui^{55}	—	凉水 lɛŋ^{22} sui^{55}
苏打	苏打 sɔ^{33} a^{55}	汽水 hi^{44} sui^{55}	—	—	—	—	汽水 hei^{44} sui^{55}
汽水	汽水 hei^{33} sui^{55}	—	凉水 liaŋ^{22} sui^{55}	—	凉水 liaŋ^{22} sui^{55}	—	—
红茶	红茶 hɔŋ^{22} tsʰa^{22}	—	黑茶 hak^5 tsʰa^{22}	平常茶 pen^{22} siɔŋ^{22} tsʰa^{22}	茶 tsʰa^{22}	—	黑茶 hak^5 tsʰa^{22}

续表 3-44

条目	方言						
	广东台山话	三藩市台山话	洛杉矶台山话	纽约台山话	芝加哥台山话	波特兰台山话	圣安东尼奥台山话
白咖啡 加糖、奶	白咖啡 pak² kʰa³³ fe³³	—	咖啡捞糖奶 ka⁴⁴ fɛ⁴⁴ lɔ⁴⁴ hɔŋ²² nai²¹	—	—	—	—
雪碧	雪碧 ɬut³ pet⁵	—	—	—	柠檬汽水 leŋ²¹ muŋ⁵⁵ hei³³ sœy³⁵	—	—
瓶装水	樽装水 tun³³⁻³¹ tsɔŋ³³ sui⁵⁵	—	樽水 tsun⁴⁴⁻²¹ sui⁵⁵	—	樽水 tun⁴⁴ sui⁵⁵	樽水 tun⁴⁴⁻³¹ sui⁵⁵	樽水 tsun⁴⁴ sui⁵⁵
椰浆	椰浆 je²² tiɔŋ³³	—	椰子 jɛ²² tu⁵⁵	—	椰子汁 jɛ²² tu⁵⁵ tsip⁵	—	—
雪茄	雪茄 ɬut⁵ kʰa³³	—	烟斗 jɛn⁴⁴ au⁵⁵	—	—	—	—
中餐	中餐 tsəŋ³³ tʰan³³	—	唐人餐 hɔŋ²² ŋin²² tʰan⁴⁴	唐餐 hɔŋ²² tʰan⁴⁴	唐餐 hɔŋ²² tʰan⁴⁴	唐餐 hɔŋ²² tʰan⁴⁴	唐餐 hɔŋ²² tsʰan⁴⁴
西餐	西餐 ɬai³³ tʰan³³	—	番鬼餐 fan⁴⁴ kui⁵⁵ tʰan⁴⁴	鬼佬餐 kui⁵⁵ lau⁵⁵ tʰan⁴⁴	—	老番餐 lau⁵⁵ fan⁴⁴ tʰan⁴⁴	—
熏肉	熏肉 fun³³ jək²	—	腊肉 lap² ŋuk²	—	—	—	—
烧猪	烧猪 siau³³ tsi³³	—	—	火肉 fɔ⁵⁵ ŋuk²	火肉 fɔ⁵⁵ ŋuk²/烧猪 siu⁴⁴ tsi⁴⁴	—	—
煲仔饭	煲仔饭 pou³³⁻³¹ tsɔi⁵⁵ fan³¹	—	煲饭方言原义：煮饭 pɔ⁴⁴ fan²¹	—	—	—	—
松糕	发糍 fat³ tʰei²²⁻³⁵	—	—	发糕 fat³ kou⁴⁴	—	—	—

续表 3-44

条目	方言						
	广东台山话	三藩市台山话	洛杉矶台山话	纽约台山话	芝加哥台山话	波特兰台山话	圣安东尼奥台山话
豆腐干	豆腐干 eu^{31} fu^{31} kɔn^{33}	—	豆竹 au^{21} tsuk^5	—	豆腐泡 au^{31} fu^{31} pʰɔk^5	—	—
皮蛋	皮蛋 pʰei^{22} an$^{31-35}$	—	黑皮蛋 hak^5 pʰi^{22} an$^{21-35}$	—	千年蛋 tsʰin^{55} nin^{21} tan$^{22-35}$/皮蛋 pʰei^{21} tan$^{22-35}$	—	—
烤肉串	羊肉串 jɔŋ^{22} jək^2 tsʰun$^{31-35}$	—	—	—	肉条 ŋuk^2 tʰiu$^{22-35}$	牛肉 ŋiu^{22} ŋiuk^2	—
餐后甜点	饭后甜点 fan^{31} eu^{31} hiam^{22} tim^{55}	—	—	—	—	尾枱 mi^{55} hɔi$^{22-35}$	—
冰棒	雪条 ɬut^5 hiau$^{22-35}$	—	雪冰 ɬut^5 peŋ^{44}	—	—	—	—
冰加在饮料中的~	冰 peŋ^{33}	—	霜 sɔŋ^{44}	—	—	—	雪 ɬut^3
馒头	馒头 man^{31} heu^{22}	—	面包 meŋ^{21} pau^{44}	—	—	—	—
点心	点心 tim^{55} ɬim^{33}	—	—	—	饮茶 jim^{55} tsʰa^{22}	—	—
醋	醋 tʰu^{33}	—	—	—	□味 sim^{31} mi$^{31-35}$/醋 tsʰu^{31}	—	—
残汁酱油~	豉油脚 si^{31} jiu^{22} kiak^3	—	—	汁尾 tsap^5 mi^{55}	—	—	—
华人社团新春宴会	—	春宴 tsʰun^{44} jin^{31}	—	—	—	—	—
油角	角仔 kɔk^3 tɔi^{55}	锅贴 wɔ^{44} hip^3	—	—	—	—	—

续表 3-44

条目	方言						
	广东台山话	三藩市台山话	洛杉矶台山话	纽约台山话	芝加哥台山话	波特兰台山话	圣安东尼奥台山话
零食	湿口 ɬep⁵ hen⁵⁵	—	湿嘢 ɬap⁵ jɛ²¹	—	—	—	—
猪油	猪油 tsi³³ jiu²²⁻³⁵	—	膏 kɔ⁴⁴	—	—	猪膏 tsi⁴⁴ kau⁴⁴	—
冰糖	冰糖 pen³³ tʰɔŋ²²	—	石糖 sɛk²⁻³⁵ hɔn²²	—	—	—	—
幸运曲奇 中餐馆餐后附送的甜点	—	—	□□曲奇 fɔ⁴⁴ tsʰyn⁴⁴ kʰuk⁵ kʰi²² 英语：fortune cookie	□□曲奇 fɔ⁴⁴ tsʰun⁴⁴ kʰuk⁵ kʰi²² 英语：fortune cookie	—	—	—
当地特殊食物	—	牛扒 ŋau²² pʰa²²⁻³⁵	红蛋捞姜□和猪脚 huŋ²² an²¹⁻³⁵ lɔ⁴⁴ kiaŋ⁴⁴⁻³⁵ aŋ⁴⁴ tsi⁴⁴ kiak³	—	披萨 pʰi⁴⁴ sak³ 英语：pizza	啤梨披萨 pɛ⁴⁴ li⁴⁴ pʰi⁴⁴ sa³¹ 英语：berry pizza	—
当地特殊食物	—	—	咸虾煎猪肉 ham²² ha⁴⁴⁻²¹ tsɛn⁴⁴ tsi⁴⁴ ŋuk²	—	□□墨西哥玉米饼 tʰak⁵ kou³¹	—	□□墨西哥玉米饼 tʰak⁵ kou²²
政府提供给低收入人士的购物券	—	—	—	粮食券 liaŋ²² sek² hun⁴⁴⁻³⁵/白卡 pak² kʰa⁴⁴/红蓝卡 huŋ²² lam²² kʰa⁴⁴	—	—	—

说明：

（1）普通话的"锅巴"，三藩市台山话叫"浓粥 nuŋ²² tsuk⁵"，纽约台山话叫"浓粥 nuŋ²² tsuk⁵"，波特兰台山话也有两个很特别的叫法——"饭焦水 fan³¹ tiau⁴⁴ sui⁵⁵"和"饭脚水 fan³¹ kiak³ sui⁵⁵"，其实均与节俭的广东台山人过去有用锅巴煮成稀粥状食用有关。严格地说，华人的这几个说法都不是"锅巴"，而是"锅巴"的衍生食品，但这几个词却是带自祖籍地的。

（2）波特兰台山话用"饎尾 ɬuŋ⁴⁴⁻³¹mi⁵⁵"指称普通话的"剩饭"，"饎尾"的方言原义为"吃剩的菜肴"。

表3-45　6个广府话有关服饰、饮食等的创新说法

条目	方言						
	广东广州话	三藩市广府话	洛杉矶广府话	纽约广府话	芝加哥广府话	波特兰广府话	休斯敦广府话
缝纫机	衣车 ji⁵⁵tsʰɛ⁵⁵	—	—	线机 sin³³kei⁵⁵	—	—	—
①上衣/②大衣/③外套/④夹袄/⑤棉袄	①衫 sam⁵⁵/②楼 lɐu⁵⁵/③外套 ŋɔi²²tʰou³³/④夹□kap³lap⁵/⑤棉衲 min²¹lap²	—	—	①②③④⑤楼 lɐu⁵⁵	①②③④⑤楼 lɐu⁵⁵	①②③④⑤楼 ɐu⁵⁵	①②③④⑤楼 lɐu⁵⁵
西装	西装 sɐi⁵⁵tsɔŋ⁵⁵	—	—	出客 tsʰœt⁵hak³/西装 sɐi⁵⁵tsɔŋ⁵⁵	—	—	—
连衣裙	连衣裙 lin²¹ji⁵⁵kwʰɐn²¹	—	—	裙 kwʰɐn²¹	裙 kwʰɐn²¹	长裙 tsʰœŋ²¹kwʰɐn²¹	裙 kwʰɐn²¹
比基尼	三点式 sam⁵⁵tim³⁵sek⁵	—	—	—	三角泳衣 sam⁵⁵kɔk³wɐn²²ji⁵⁵	—	游水衫 jɐu²¹sœy³⁵sam⁵⁵
运动衣	运动衫 wan²²tuŋ²²sam⁵⁵	—	—	—	—	—	做运动衫 tsou²²wɐn²²tuŋ²²sam⁵⁵
休闲装	休闲装 jɐu⁵⁵han²¹tsɔŋ⁵⁵	—	—	—	轻松着嘅衫 hɐŋ⁵⁵suŋ⁵⁵tsœk³kɛ³³sam⁵	普通嘅衫 pʰou³⁵tʰuŋ⁵⁵kɛ³³sam⁵⁵	—
晚礼服	晚礼服 man¹³lɐi¹³fuk²	—	—	—	靓衫 lɛŋ³³sam⁵⁵	食饭衫 sek²fan²²sam⁵⁵	—
被套	被套 pʰei¹³tʰou³³	—	—	—	被外 pʰei¹³ŋɔi²²	—	—

续表 3-45

条目	方言						
	广东广州话	三藩市广府话	洛杉矶广府话	纽约广府话	芝加哥广府话	波特兰广府话	休斯敦广府话
皮鞋	皮鞋 p^hei^{21} hai^{21}	—	—	西鞋 sɐi^{55} hai^{21}	—	—	—
靴子	靴 hœ^{55}	鞋 hai^{21}	—	—	—	—	—
木屐	屐 $k^hɛk^2$	—	—	日本鞋 jɐt^2 pun^{35} hai^{21}	木拖鞋 muk^2 t^hɔi^{55} hai^{21}	—	—
子母扣	囗纽 pak^5 nɐu^{35}	—	—	—	懒人纽 nan^{13} jɐn^{21} nou^{35}	—	—
意大利面条	意粉 ji^{33} fɐn^{35}	—	意面 ji^{33} min^{22}/意粉 ji^{33} fɐn^{35}	米面 mɐi^{13} min^{22}	意大利面 ji^{33} tai^{22} lei^{22} min^{22}/意粉 ji^{33} fɐn^{35}	粉 fɐn^{35}	面 min^{22}
剩饭	剩饭 tsɐŋ^{22} fan^{22}	—	—	打包 方言原义：将在餐馆等处买的或吃剩的食物打包带走 ta^{35} pau^{55}	—	—	—
食堂	饭堂 fan^{22} t^hɔŋ^{21}	—	—	食饭地方 sek^2 fan^{22} tei^{22} fɔŋ^{55}	饭厅 fan^{22} t^hɛŋ^{55}	—	—
白葡萄酒	白葡萄酒 pak^2 p^hou^{21} t^hou^{21} tsɐu^{35}	—	—	—	—	白酒 pak^2 tsɐu^{35}	白酒 pak^2 tsɐu^{35}
红茶	红茶 huŋ^{21} ts^ha^{21}	—	—	—	黑茶 hak^5 ts^ha^{21}	—	黑茶 hak^5 ts^ha^{21}
黑咖啡	斋啡 tsai^{55} fɛ^{55}	—	斋啡 tsai^{55} fɛ^{55}	—	—	—	—
软饮料	饮料 jɐm^{35} liu$^{22-35}$	汽水 hei^{33} sœy^{35}	—	—	—	—	—
苏打	苏打 sɔ^{55} ta^{35}	—	—	—	汽水 hei^{33} sœy^{35}	—	—

续表3-45

条目	方言						
	广东广州话	三藩市广府话	洛杉矶广府话	纽约广府话	芝加哥广府话	波特兰广府话	休斯敦广府话
瓶装水	矿泉水 $k^hɔŋ^{33}ts^hyn^{21}sœy^{35}$	樽水 $tsœn^{55}sœy^{35}$	樽装水 $tsœn^{55}tsɔŋ^{55}sœy^{35}$	—	樽水 $tsœn^{55}sœy^{35}$	—	樽水 $tsœn^{55}sœy^{35}$
吃晚饭	食晚饭 $sek^2 man^{13}fan^{22}$／食晚餐 $sek^2 man^{13}ts^han^{55}$	—	食晚黑餐 $sek^2 man^{13}hak^5 ts^han^{55}$	—	—	—	—
中餐	中餐 $tsuŋ^{55}ts^han^{55}$	—	唐餐 $t^hɔŋ^{21}ts^han^{55}$	唐餐 $t^hɔŋ^{21}ts^han^{55}$	唐餐 $t^hɔŋ^{21}ts^han^{55}$／中国餐 $tsuŋ^{55}kɔk^3 ts^han^{55}$	唐餐 $t^hɔŋ^{21}ts^han^{55}$	—
红烧肉	红烧肉 $huŋ^{21}siu^{55}juk^2$	—	—	叉烧 $ts^ha^{55}siu^{55}$	炆肉 $mɐn^{55}juk^2$／红烧猪肉 $huŋ^{21}siu^{55}tsy^{55}juk^2$	—	—
烧猪	烧猪 $siu^{55}tsy^{55}$	—	—	火肉 $fɔ^{35}juk^2$	火肉 $fɔ^{35}juk^2$	—	—
烧乳猪	烧乳猪 $siu^{55}jy^{13}tsy^{55}$	—	—	—	乳猪 $jy^{13}tsy^{55}$／烧猪仔 $siu^{55}tsy^{55}tsɐi^{35}$	—	—
①腊肉／②熏肉	①腊肉 $lap^2 juk^2$／②烟肉 $jin^{55}juk^2$	—	—	—	①②屈肉 $wɐt^5 juk^2$	—	—
榨菜	榨菜 $tsa^{33}ts^hɔi^{33}$	—	—	—	咸菜 $ham^{21}ts^hɔi^{33}$	—	—
夹生饭	生米饭 $saŋ^{55}mɐi^{13}fan^{22}$	仲生意：还是生的 $tsuŋ^{22}saŋ^{55}$	—	—	未熟嘅饭 $mei^{22}suk^2 kɛ^{33}fan^{22}$	半生米 $pun^{33}saŋ^{55}mɐi^{13}$	—

续表 3-45

条目	方言						
	广东广州话	三藩市广府话	洛杉矶广府话	纽约广府话	芝加哥广府话	波特兰广府话	休斯敦广府话
糍粑	糍粑 tsʰi²¹ pa⁵⁵	—	—	糯米团 nɔ²² mɐi¹³ tʰyn²¹	—	—	—
油角	油角 jɐu²¹ kɔk³⁻³⁵	—	—	—	窝贴 wɔ⁵⁵ tʰip³	—	—
法式面包	法式面包 fat³ sek⁵ min²² pau⁵⁵	—	—	西包 sɐi⁵⁵ pau⁵⁵	—	—	—
皮蛋	皮蛋 pʰei²¹ tan²²⁻³⁵	—	—	—	皮蛋 pʰei²¹ tan²²⁻³⁵／千年蛋 tsʰin⁵⁵ nin²¹ tan²²⁻³⁵	—	—
奶油	奶油 nai¹³ jɐu²¹	—	—	—	奶膏 nai¹³ kou⁵⁵	—	—
烧烤	烧烤 siu⁵⁵ hau³⁵⁻⁵⁵	—	—	—	烧嘢食 siu⁵⁵ jɛ¹³ sek²	—	—
猪油	猪油 tsy⁵⁵ jɐu²¹	—	—	—	肥膏 fei²¹ kou⁵⁵	—	—
橄榄油	橄榄油 kɐm⁵⁵ lam³⁵ jɐu²¹	—	—	—	煮餸油 意：做菜的油 tsy³⁵ suŋ³³ jɐu²¹	—	—
冰糖	冰糖 peŋ⁵⁵ tʰɔŋ²¹	—	—	—	石糖 sɛk² tʰɔŋ²¹	—	—
幸运曲奇 餐后附送的特殊食物	—	—	□□曲奇 fɔ⁵⁵ tsʰyn⁵⁵ kʰuk⁵ kʰi²¹ 英语：fortune cookie	□□曲奇 fɔ⁵⁵ tsʰyn⁵⁵ kʰuk⁵ kʰi²¹ 英语：fortune cookie	—	—	—
当地特殊食物	—	煎面 煎炸成松散的块状，两面微黄，再淋上勾好芡的肉菜的面条 tsin⁵⁵ min²²	菠萝包 pɔ⁵⁵ lɔ²¹ pau⁵⁵	—	老番油条 甜甜圈 lou¹³ fan⁵⁵ jɐu²¹ tiu²¹⁻³⁵	—	—

续表 3-45

条目	方言						
	广东广州话	三藩市广府话	洛杉矶广府话	纽约广府话	芝加哥广府话	波特兰广府话	休斯敦广府话
当地特殊食物	—	牛扒 ŋɐu²² pʰa²¹⁻³⁵	—	—	芝加哥式披萨 tsi⁵⁵ ka⁵⁵ kɔ⁵⁵ sek⁵ pʰi⁵⁵ sat³ 英语：Chicago pizza	—	—
当地特殊食物	—	鸡尾包当地特有，馅是椰丝和牛油 kɐi⁵⁵ mei¹³ pau⁵⁵	—	—	意大利牛肉 ji³³ tai²² lei²² ŋɐu²¹ juk²	—	—
政府提供给低收入人士的购物券	—	—	—	粮食券 lœŋ²¹ sek² kyn²²／白卡 pak² kʰa⁵⁵／红蓝卡 huŋ²¹ lam²¹ kʰa⁵⁵	—	—	—

说明：

（1）纽约广府话把"木屐"叫"日本鞋 jɐt² pun³⁵ hai²¹"，与华人现在少穿木屐、日本人穿得多有关。

（2）纽约广府话以"打包 ta³⁵ pau⁵⁵"表示普通话的"剩饭"，而"打包"在广东广州话中的原义是"将在餐馆等处买的或吃剩的食物打包带走"。

3.2.1.1.5 有关住行等日常生活的（见表 3-46、表 3-47）

表 3-46　6 个台山话有关住行等日常生活的创新说法

条目	方言						
	广东台山话	三藩市台山话	洛杉矶台山话	纽约台山话	芝加哥台山话	波特兰台山话	圣安东尼奥台山话
做家务	做事 tu³¹ si³¹	—	—	做工 tu³¹ kuŋ⁴⁴	—	做屋工 tu³¹ uk⁵ kuŋ⁴⁴	做屋企 tu³¹ uk⁵ kʰei⁵⁵
捡漏	执漏 tsap⁵ leu³¹	—	整屋盖 tsɛŋ⁵⁵ uk⁵ kɔi²¹	—	执瓦 tsap⁵ ŋa⁵⁵／修屋 ɬiu⁴⁴ uk⁵	整屋盖 tsɛŋ⁵⁵ uk⁵ kɔi⁴⁴⁻³¹	补返 pou⁵⁵ fan⁴⁴

续表 3-46

条目	方言						
	广东台山话	三藩市台山话	洛杉矶台山话	纽约台山话	芝加哥台山话	波特兰台山话	圣安东尼奥台山话
池塘	眼塘 ŋan^{55} hoŋ^{22}	—	—	—	—	泳池 weŋ^{31} tsʰi^{22}	—
(用清水)煮	煠 sap^2	—	—	—	—	—	滚水 意："煠"东西要用开水 kun^{55} sui^{55}
看家	顾紧屋企 ku^{33} kin^{55} ək^{3}kʰi^{55}	—	—	—	—	—	执屋 方言原义：收拾房子 tsap^5 uk^{55}
(用烟)熏肉	—	—	—	—	—	干肉 kon^{44} ŋiuk^2	—
漂洗衣服	过水 kɔ^{33} sui^{33}	洗 sai^{55}	洗 ɬai^{55}	洗衫 sai^{55} ɬam^{44}	—	洗 ɬai^{55}	—
烘	炕 kʰoŋ^{33}	吹 tsʰui^{44}	—	—	—	—	—
余汤	渌汤 lək^2 hoŋ^{33}	—	煲汤 方言原义：熬汤 po^{44} hoŋ^{44}	—	—	—	—
晾干	晾干 loŋ^{31} kon^{33}	吹干 tsʰui^{44} kon^{44}	—	—	—	—	—
烘干(衣服)	炕 kʰoŋ^{33}	—	晒干 sai^{44} kon^{44}	—	—	—	吹干 tsʰui^{44} kon^{44}
钉扣子	钉 iaŋ^{33}	□纽 siu^{44} niu^{55}	—	—	—	—	—
失火	火烛 fɔ^{55} tsək^5	着火 tɛk^2 fɔ^{55}	火烧 fɔ^{55} siau^{44}	—	—	—	—
(火)灭了	黑 hak^5	—	—	—	—	过火 kuɔ^{44} fɔ^{55}	—
(整座的)房子/整排相连的房子	①屋 ək^3 / ②私人屋 ŋin^{22} ŋin^{22} ək^3	—	①②屋企 uk^5 kʰei^{55}	—	—	—	—

续表 3-46

条目	方言						
	广东台山话	三藩市台山话	洛杉矶台山话	纽约台山话	芝加哥台山话	波特兰台山话	圣安东尼奥台山话
买房子	买房 mai^{55} fɔŋ$^{22-35}$	—	—	买屋企"屋企"方言原义:家 mai^{55} uk^5 k^{h}ei^{55}	—	—	—
供楼	供屋 kəŋ^{33} ək^3	—	—	畀屋企方言字面意思:给家里 ei^{55} uk^5 k^{h}ei^{55}	供钱 kuŋ^{44} ts^{h}in$^{22-35}$	—	—
政府建造的房子	公家屋 kəŋ^{33} ka^{33} ək^3	政府屋 tseŋ^{44} fu^{55} uk^5	—	政府屋 tseŋ^{44} fu^{55} uk^5	平价廉租意:政府建造的价钱便宜的房子 p^{h}ɛŋ^{22} ka^{44} lim^{22} tsou^{44}	政府屋 tseŋ^{44} fu^{55} uk^5	—
平房	平房 p^{h}en^{22} fɔŋ^{22}	—	一楼屋 ŋit^5 lau$^{22-35}$ uk^5	—	单层屋 an^{44} ts^{h}an^{22} uk^5	一层屋 jit^5 t^{h}aŋ^{22} uk^5	—
单座的花园洋房	独立别墅 tək^2 lap^2 pet^2 ɬui$^{31-35}$	—	—	单□屋 an^{44} sin^{44} uk^5	—	屋仔方言原义:小房子 uk^5 tɔi^{55}	—
铁皮房子	铁皮屋 het^3 p^{h}ei^{22} ək^3	—	—	—	—	铁屋 hɛk^3 uk^5	—
帐篷	帐篷 tsen^{31} p^{h}əŋ^{22}	—	—	—	帐幕 tsɛŋ^{44} muk^2	—	—
柱子	柱 ts^{h}ui^{31}	柱 ts^{h}ui$^{55-35}$ / 栋 uŋ^{31}	—	—	—	—	—
屋檐	檐口 jam^{22} heu^{55}	—	—	屋棚 uk^5 p^{h}aŋ^{22}	—	—	—
①主人房/②客房	①②房 fɔŋ$^{22-35}$	—	—	①②瞓房 fun^{44} fɔŋ$^{22-35}$	—	—	—
厢房	房 fɔŋ$^{22-35}$	—	—	—	—	隔篱房 kak^3 lei^{22} fɔŋ$^{22-35}$	—

续表 3-46

条目	方言						
	广东台山话	三藩市台山话	洛杉矶台山话	纽约台山话	芝加哥台山话	波特兰台山话	圣安东尼奥台山话
落地窗	落地窗 lɔk² ei:³¹ tʰɔŋ³³⁻³⁵	窗口 tʰuŋ⁴⁴ hɛu⁵⁵	—	—	—	法国窗 fat³ kɔk³ tʰɔŋ⁴⁴⁻³⁵	—
侧门	横门 vaŋ²² muɔn²²	—	—	旁边门 pʰɔŋ²² pɛn⁴⁴ mɔn²²	—	隔篱门 kak³ lei²² mɔn²²	细门 ɬai⁴⁴ mun²²
(顶楼)晒台	晒棚 sai³³ pʰaŋ²²	—	—	—	—	棚 pʰaŋ²²	—
煤气管道	煤气管 mɔi²² hei:³³ kuɔn⁵⁵	煤气喉 mɔi²² hi:³¹ hɛu²²	—	—	—	煤气窿 mɔi²² hei⁴⁴ luŋ⁴⁴⁻³⁵	—
暖气管道	—	—	—	暖水管 nuɔn⁵⁵ sui⁵⁵ kun⁵⁵	—	暖气窿 nɔn⁴⁴ hei⁴⁴ luŋ⁴⁴⁻³⁵	—
下水道	水□sui⁵⁵ tʰiam³²	—	—	去水渠 hui⁴⁴ sui⁵⁵ kʰui²²	—	—	—
书桌	写字枱 ɬia⁵⁵ tu³¹ hɔi²²	—	—	—	—	—	写枱 sɛ⁵⁵ hɔi²²⁻³⁵
褥子	床褥 tsʰɔŋ²² jək²⁻³⁵	垫 tɛm⁴⁴⁻³⁵	—	—	—	棉胎 mɛn²² hɔi⁴⁴	—
浴缸	浴缸 jək² kɔŋ³³	冲凉缸 tsʰuŋ⁴⁴ liaŋ²² kɔŋ⁴⁴⁻³⁵ / 浴缸 juk² kɔŋ⁴⁴⁻³⁵	—	冲凉缸 tsʰuŋ⁴⁴ lɛŋ²² kɔŋ⁴⁴	冲凉缸 tsʰuŋ⁴⁴ lɛŋ²² kɔŋ⁴⁴	—	冲凉缸 tsʰuŋ⁴⁴ lɛŋ²² kɔŋ⁴⁴
卫生间	厕所 ɬu³³ sɔ⁵⁵ / 出恭避tsʰut⁵ kəŋ³³ / 门口避muɔn²² hen⁵⁵	—	洗水间 ɬai⁵⁵ sui⁵⁵ kan⁴⁴	—	—	—	—
箱子	箱 ɬiaŋ³³⁻³⁵	—	—	—	—	—	盒 hap²

续表 3-46

条目	方言						
	广东台山话	三藩市台山话	洛杉矶台山话	纽约台山话	芝加哥台山话	波特兰台山话	圣安东尼奥台山话
保险柜	保险箱 pou^{55} hiam^{55} ɬiaŋ$^{33-35}$	—	锁盒 ɬɔ^{55} hap$^{2-35}$	—	—	保险盒 pau^{55} hiam^{55} hap^2	—
最大号的床	大床 ai^{31} tsʰɔŋ^{22}	—	—	—	—	皇帝床 wɔŋ^{22} ai^{44} tsʰɔŋ^{22}	—
沐浴露	冲凉水 tsʰuŋ^{33} liaŋ^{22} sui^{55}	—	—	—	洗身水 ɬai^{55} ɬan^{44} sui^{55}	洗头水 ɬai^{55} hau^{22} sui^{44}	—
风筒	风筒 fəŋ^{33} həŋ$^{22-35}$	—	—	—	—	吹毛筒 tsʰui^{44} mou^{22} huŋ$^{22-35}$	—
①洗衣房/②洗衣店	②洗衣店 sɔ^{55} ji^{33} tiam$^{31-35}$	—	①②洗衫房 ɬai^{55} ɬam^{44} fɔŋ$^{22-35}$	—	—	—	—
钵子	钵 puɔt$^{3-35}$	—	—	—	—	碗 wɔn^{55}	—
罐子	盅 tsəŋ$^{33-35}$	—	—	—	樽 tun^{44}	樽 tun^{44}	—
生火	□火 leu^{33} fɔ^{55}	起火 hei^{55} fɔ^{55}	点火 ɛm^{55} fɔ^{55}	—	—	点火 ɛm^5 fɔ^{55}	—
煤	煤 mɔi^{22}	—	油灰 jiu^{22} fɔi^{44}	—	—	—	—
炉子	风炉 fəŋ^{33} lu$^{22-35}$	—	炉头 lu^{22} hau^{22}	—	—	—	—
烤炉	烤箱 hau^{55} ɬiaŋ^{33}	—	—	—	—	慢火炉 man^{31} fɔ^{55} lu^{22}	—
锅	煲 pou^{33} / 镬 vɔk^2	—	铛 tsʰaŋ$^{44-35}$	—	—	—	—
铝锅	锑煲 tʰai^{33} pou^{33}	—	锡□ ɬɛk^3 pʰɛŋ^{44}	—	—	—	—

续表 3-46

条目	方言						
	广东台山话	三藩市台山话	洛杉矶台山话	纽约台山话	芝加哥台山话	波特兰台山话	圣安东尼奥台山话
平底锅	平底镬 pʰen²² ai⁵⁵ vɔk²	平底镬 pʰeŋ²² ai⁵⁵ wɔk²	□pʰɛŋ⁴⁴/小煲 ɬiau⁵⁵ pɔ⁴⁴	—	—	—	—
砧板	砧 im²²	铁板 tʰɛt³ pan⁵⁵	—	板 pan⁵⁵	—	—	—
蒸笼	□笼 laŋ⁵⁵ ləŋ²²⁻³⁵	—	炊镬 tsʰui⁵⁵ wɔk²	—	—	—	—
笊篱	捞篱 lau²² lei²²⁻³⁵	—	—	攞个嘢捞 意:拿个东西来捞 lɔ⁵⁵ kɔ⁴⁴ jɛ⁵⁵ lau²²	—	—	—
炊帚	□□saŋ³³ tʰut²	—	扫棍 ɬɔ⁴⁴ kun²¹	—	—	—	—
抹布	抹枱布 mɔt³ hɔi²² pu³³	—	洗布 ɬai⁵⁵ pu⁴⁴	—	—	—	—
衣叉	衣叉 ji³³ tsʰa³³	棍 kun³¹	—	—	—	—	—
打气筒	打气筒 a⁵⁵ hei³¹ hɔŋ²²	—	—	—	—	吹筒 tsʰui⁴⁴ huŋ²²	—
电灯柱	电灯柱 en³¹ aŋ³³ tsʰui³¹	—	街火 kai⁴⁴⁻²¹ fɔ⁵⁵	—	—	—	—
电线	电线 en³¹ ɬen³³⁻³⁵	—	□绳 hek³ seŋ²²⁻³⁵	—	—	—	—
蜡烛	蜡烛 lap² tsək⁵	—	亮烛 liaŋ²¹ tsuk⁵	—	—	—	—
抽水马桶	坐厕 tɔ³¹ ɬu³³/蹄厕 meu³³ ɬu³³	—	—	厕所 tsʰiː⁴⁴ sɔ⁵⁵	—	厕所 ɬiː⁴⁴ sɔ⁵⁵	—

续表 3-46

条目	方言						
	广东台山话	三藩市台山话	洛杉矶台山话	纽约台山话	芝加哥台山话	波特兰台山话	圣安东尼奥台山话
雨衣	水衣 sui^{55} ji^{33}	—	落水楼 lɔk^2 sui^{55} lau$^{44-21}$	—	—	—	—
扇子	扇 sen^{33}	—	—	—	—	风扇 fuŋ^{44} sɛn^{44}	—
麻包袋	麻包袋 ma$^{22-55}$ pau^{33} ɔi$^{31-35}$	—	薯仔包装土豆的包 si^{22} tɔi^{55} pau^{44}	咕喱袋 ku^{44} li^{44} ɔi^{55}	—	—	—
冰箱	雪柜 ɬut$^{3-35}$ kei^{31}/冰箱 pen^{33} ɬiɔŋ^{33}	—	霜柜 sɔŋ^{44} kui^{21}	霜柜 sɔŋ^{44} kui^{31}	—	霜柜 ɬɔŋ^{44} kei^{31}	—
洗碗机	洗碗机 ɬai^{55} vɔn^{55} kei^{33}	—	—	—	—	洗盘机 ɬai^{55} pʰun^{22} ki^{44}	—
干衣机	干衣机 kɔn^{33} ji^{33} kei^{33}	—	—	—	—	吹干机 tsʰui^{44} kɔn^{44} kei^{44}	—
晒衣篙	竹竿 tsək^5 kuɔn^{33}	—	—	—	—	挂衫竿 kʰa^{44} sam^{44} kɔn^{44}	—
拐杖	拐杖 kuai^{55} tsiaŋ$^{55-35}$	—	棍 kun^{21}	—	—	—	—
①锤子/②斧头	①斧头仔 pu^{55} hɛu^{22} tɔi^{55}/②斧头 fu^{55} heu^{22}	—	—	①②斧头 pu^{55} hɛu^{22}	—	①②斧头 pou^{55} hau^{22}	—
钓鱼竿	钓鱼竿 jau^{31} ŋui^{22} kuɔn^{33}	—	钓鱼棍 ɛu^{44} ŋui^{22} kun^{21}	—	—	—	—
鱼饵	鱼饵 ŋui^{22} nei$^{31-35}$	—	虫 tsʰuŋ^{22}	—	—	—	—

续表 3-46

条目	方言						
	广东台山话	三藩市台山话	洛杉矶台山话	纽约台山话	芝加哥台山话	波特兰台山话	圣安东尼奥台山话
理发	剪发 ten^{55} fat^3	—	—	—	□毛 luk^5 mou^{22}	—	—
擦澡	抹身 mɔt^3 łin^{33}	—	—	—	□下个身 tim^{44} ha^{55} kɔ^{44} sin^{44}	—	—
乘凉	凉下 liaŋ^{22} ha^{33}	—	□气 sau^{44} hi^{44}	—	—	想凉 łiɔŋ^{55} liɔŋ^{22}	—
仰面睡	—	—	背脊瞓 pɔi^{44} tiak^3 fun^{44}	向面瞓 hɛŋ^{44} mɛn^{31} fun^{44}	—	—	—
打瞌睡	瞌眼瞓 hep^5 ŋan^{55} fun^{31}	—	—	—	—	瞓觉 fun^{44} kau^{44}	—
说梦话	发开口梦 fat^3 hɔi^{33} heu^{55} məŋ^{31}	—	—	—	—	瞓觉讲_{睡觉讲}话 fun^{44} kau^{44} kɔŋ^{55}	—
打呼噜	鼻梁□响 pei^{31} liaŋ^{22} taŋ^{22} hiaŋ^{55}	—	—	—	—	鼻梁响 pei^{31} liaŋ^{22} hiaŋ^{55}	—
落枕	瞓梗颈 fun^{31} kaŋ^{55} kiaŋ^{55}	—	梗颈 kaŋ^{55} kiaŋ^{55}	瞓到颈痛 fun^{44} tau^{44} kiaŋ^{55} tʰuŋ^{44}	—	硬颈_{方言原义：执拗} ŋaŋ^{31} kiaŋ^{55}	梗到脖子_{方言原义：梗} kaŋ^{55} kɛŋ^{55}
码头	码头 ma$^{55-31}$ heu^{22}	—	船站 sɔn^{22} tsam^{21}	—	—	—	—
地铁	地铁 ei^{31} het^3	—	地下火车 i^{21} ha^{21} fɔ^{55} tsʰɛ^{44}	—	—	—	—
客车	客车 hak^3 tsʰia^{33}/大客 ai^{31} hak^3	—	—	—	—	房车 fɔŋ^{22} tsʰɛ^{44}	—

续表 3-46

条目	方言						
	广东台山话	三藩市台山话	洛杉矶台山话	纽约台山话	芝加哥台山话	波特兰台山话	圣安东尼奥台山话
摩托车	摩托 mɔ^{33} hɔk^3	—	—	—	—	—	撞死狗 tsɔŋ^{31} ɬi^{55} kai^{55}
吉普车	吉普 kit^5 p^{h}u^{55}	—	—	—	—	—	爬山狗 p^{h}a^{22} san^{44} kai^{55}
推土机	推土机 hui^{33} hu^{55} kei^{33}	—	—	—	—	—	工程车 kuŋ^{44} ts^{h}eŋ^{22} ts^{h}ɛ^{44}
挖土机	挖泥机 vet^3 nai^{22} kei^{33}	—	—	挖地车 wat^3 i^{31} ts^{h}ɛ^{44}	—	—	—
方向盘	方向盘 fɔŋ^{33} hiaŋ^{33} p^{h}un$^{22-35}$	—	转车轮 tsɔn^{55} ts^{h}ɛ^{44} lun^{22}	—	—	—	驾驶盘 ka^{44} sɔi^{55} p^{h}un^{22}
超车	超车 ts^{h}iau^{33} ts^{h}e^{33}	—	—	割车 kɔt^3 ts^{h}ɛ^{44}	快过渠 fai^{44} kuɔ^{44} k^{h}ui^{44}	—	—
搭顺风车	搭顺风 ap^3 sun^{31} fuŋ$^{33-35}$	—	—	免费车 min^{55} fai^{44} ts^{h}ɛ^{44}	—	—	—
车位	车位 ts^{h}ia^{33} vei$^{31-35}$	—	泊车处 p^{h}ak^3 ts^{h}ɛ^{44} ts^{h}ui^{21}	—	—	—	—
信号	信号 ɬin^{33} hau^{31}	—	红火绿火 红绿灯 huŋ^{22} fɔ^{55} luk^2 fɔ^{55}	—	—	—	—
轮椅	轮椅 lun^{22} ji^{55}	—	凳车 aŋ^{21} ts^{h}ɛ^{44}	—	—	—	—
橡皮艇	橡皮艇 tiaŋ^{31} p^{h}ei^{22} t^{h}en^{31}	—	—	胶皮船 kau^{44} p^{h}i^{22} sun^{22}	—	船 sɔn^{22}	—

续表 3-46

条目	方言						
	广东台山话	三藩市台山话	洛杉矶台山话	纽约台山话	芝加哥台山话	波特兰台山话	圣安东尼奥台山话
独木舟	独木船 ɐk² mək² sɔn²²	—	—	扒船 方言原义：划船 pʰa²² sɔn²²	船仔 sun²² tɔi⁵⁵	—	—
航班	航班 hɔŋ²² pan³³	—	—	飞机公司 fi⁴⁴ ki⁴⁴ kuŋ⁴⁴ si⁴⁴	—	—	—
经济舱	经济舱 kiŋ³³ tai³³ tsʰɔŋ³³	—	—	便机 pʰɛn²² ki⁴⁴	—	—	—
误车	搭唔倒 ap³ m̩²² tu⁵⁵	搭唔倒车 ap³ m̩²² ou⁵⁵ tsʰɛ⁴⁴	—	—	—	—	搭唔倒车 ap³ m̩²² tou⁵⁵ tsʰɛ⁴⁴
司机	司机 ɬu⁵⁵ kei³³	—	—	赶车人 kɔn⁵⁵ tsʰɛ⁴⁴ ŋin²²	—	—	—
开车	揸车 tsa³³ tsʰia³³	—	—	赶车 kɔn⁵⁵ tsʰɛ⁴⁴	—	—	—
当地特有的交通工具	—	当当车 tɔŋ⁴⁴ tɔŋ⁴⁴ tsʰɛ⁴⁴	—	—	—	—	—

说明：

（1）三藩市台山话将普通话的"砧板"叫"铁板 tʰɛt³ pan⁵⁵"，看来很特别，但是假如考虑如今砧板也有以不锈钢等材料制作的，也就不奇怪了。

（2）波特兰台山话将"褥子"叫"棉胎 mɛn²² hɔi⁴⁴"，"棉胎"在粤方言台山话、广府话中的原意是用于放进被套中的棉絮。

（3）对"池塘"这个似乎并不繁难的条目，多点的发音人都不知如何应对，波特兰台山话甚至用"泳池 weŋ³¹ tsʰi²²"这一不相干的词去指称它。究其原因，恐怕与大多数华人居于城市之中，游泳池常见，池塘却少见有关。

（4）纽约台山话以"割车 kɔt³ tsʰɛ⁴⁴"表示普通话的"超车"。"割车"的这个表示方法在东南亚华人社区的闽、粤、客方言中普遍流行，而在美国华人社区却只有这个点使用了。

（5）洛杉矶台山话将"司机"叫"赶车人 kɔn⁵⁵ tsʰɛ⁴⁴ ŋin²²"，令人想起了赶大车的车把式。与其相对应的，还有其将"开车"叫"赶车 kɔn⁵⁵ tsʰɛ⁴⁴"。

（6）洛杉矶台山话以最常见的"红火绿火 huŋ²² fɔ⁵⁵ luk² fɔ⁵⁵"，即以"红绿灯"指代"信号"。

表 3-47　6 个广府话有关住行等日常生活的创新说法

条目	方言						
	广东广州话	三藩市广府话	洛杉矶广府话	纽约广府话	芝加哥广府话	波特兰广府话	休斯敦广府话
漂洗衣服	过衫 kwɔ³³ sam⁵⁵	冲 tsʰuŋ⁵⁵	洗 sɐi³⁵/冲 tsʰuŋ⁵⁵	漂白 pʰiu³³ pak²	洗衫 sɐi³⁵ sam⁵⁵	—	—
晾干	晾干 lɔŋ²² kɔn⁵⁵	—	—	洗干 等于"洗衣"加"干衣" sɐi³⁵ kɔn⁵⁵	—	—	—
烘干	炕干 hɔŋ³³ kɔn⁵⁵	—	—	晒干 sai³³ kɔn⁵⁵	—	—	—
煲汤	煲汤 pou⁵⁵ tʰɔŋ⁵⁵	—	—	—	煲慢汤 pou⁵⁵ man²² tʰɔŋ⁵⁵	—	—
汆汤	滚汤 kwɐn³⁵ tʰɔŋ⁵⁵	—	煲汤 方言原义：熬汤 pou⁵⁵ tʰɔŋ⁵⁵	—	—	—	—
（汤沸）溢出	滚泄 kwɐn³⁵ sɛ³⁵	—	滚出嚟 kwɐn³⁵ tsʰœt⁵ lei²¹	—	漏水 lɐu²² sœy³⁵	—	—
收拾	执 tsɐp⁵	—	—	—	摆整齐 pai³⁵ tsɐŋ³⁵ tsʰɐi²¹	—	—
赡养	养 jœŋ¹³	—	养老人 jœŋ¹³ lou¹³ jɐn²¹	—	帮父母 pɔŋ⁵⁵ fu²² mou¹³	—	—
烫伤	焫亲 nat³ tsʰɐn⁵⁵/渌亲 luk² tsʰɐn⁵⁵	热亲 jit² tsʰɐn⁵⁵/焫亲 nat³ tsʰɐn⁵⁵	—	—	—	—	—

续表 3-47

条目	方言						
	广东广州话	三藩市广府话	洛杉矶广府话	纽约广府话	芝加哥广府话	波特兰广府话	休斯敦广府话
首付	首付 seu³⁵ fu³³	—	—	—	摆低 放下 pai³⁵ tɐi⁵⁵	放订 fɔŋ³³ tɛŋ²²	—
供屋/供楼	供屋 kuŋ⁵⁵ ŋuk⁵/供楼 kuŋ⁵⁵ lɐu³⁵	—	—	—	—	—	屋租 uk⁵ tsou⁵⁵
政府建造的房子	公屋 kuŋ⁵⁵ ŋuk⁵	—	廉价屋 lim²¹ ka³³ ŋuk⁵/津贴屋 tsɐn⁵⁵ tʰip³ ŋuk⁵	政府楼 tseŋ³³ fu³⁵ lɐu²¹⁻³⁵	廉租屋 lim²¹ tsou⁵⁵ ŋuk⁵	公屋 kuŋ⁵⁵ ŋuk⁵	—
别墅	别墅 pit² sœy²²	—	—	靓屋 lɛŋ³³ uk⁵	—	—	—
高级公寓	高级公寓 kou⁵⁵ kɐp⁵ kuŋ⁵⁵ jy²²	—	—	靓楼 lɛŋ³³ lɐu²¹⁻³⁵	—	—	—
单座花园洋房	别墅 pit² sœy²²	—	独立屋 tuk² lɐp² ŋuk⁵	—	—	—	—
平房	平房 pʰeŋ²¹ fɔŋ²¹	—	一层屋 jɐt⁵ tsʰɐŋ²¹ ŋuk⁵	—	单层屋 tan⁵⁵ tsʰɐŋ²¹ ŋuk⁵	—	—
两座相连的花园洋房	连体别墅 lin²¹ tʰɐi³⁵ pit² sœy²²	—	孖屋 ma⁵⁵ ŋuk⁵	—	—	—	—
茅草房	茅屋 mau²¹ ŋuk⁵	—	—	—	柴屋 tsʰai²¹ ŋuk⁵	—	—
街廊	骑楼 kʰɛ²¹ lɐu²¹⁻³⁵	—	—	街口 方言原义:路口 kai⁵⁵ hɐu³⁵	—	—	—
体育馆	体育馆 tʰɐi³⁵ juk² kun³⁵	—	—	—	运动场 wɐn²² tuŋ²² tsʰœŋ²¹	—	—

续表 3-47

条目	方言						
	广东广州话	三藩市广府话	洛杉矶广府话	纽约广府话	芝加哥广府话	波特兰广府话	休斯敦广府话
餐厅	餐厅 $tsʰan^{55}tʰɛŋ^{55}$	—	—	食饭地方 $sek^2 fan^{22} tei^{22} fɔŋ^{55}$	—	—	—
门槛	地栿 $tei^{22} puk^2$	—	门铲 $mun^{21} tsʰan^{35}$	—	—	—	—
书房	书房 $sy^{55} fɔŋ^{21-35}$	—	—	—	电脑房 $tin^{22} nou^{13} fɔŋ^{21-35}$ / 书房 $sy^{55} fɔŋ^{21-35}$	—	—
落地窗	落地窗 $lɔk^2 tei^{22} tsʰœŋ^{55}$	—	—	—	法国窗 $fat^3 kɔk^3 tsʰœŋ^{55}$	—	—
台阶	石级 $sɛk^2 kʰɐp^5$	—	—	楼梯 $lɐu^{21} tʰɐi^{55}$	—	—	—
栏杆	栏杆 $lan^{21} kɔn^{55}$	扶手 $fu^{21} sɐu^{35}$	—	—	—	—	—
猪圈	猪栏 $tsy^{55} lan^{21-55}$	—	—	囵关猪地方 $wɐn^{33} tsy^{21} tei^{22} fɔŋ^{55}$	—	猪笼 $tsy^{55} luŋ^{51}$	—
牛栏	牛栏 $ŋɐu^{21} lan^{21-55}$	—	—	囵关牛地方 $wɐn^{33} ŋɐu^{21} tei^{22} fɔŋ^{55}$	—	—	—
马厩	马房 $ma^{13} fɔŋ^{21}$	—	—	囵关马地方 $wɐn^{33} ma^{13} tei^{22} fɔŋ^{55}$	—	—	—
羊圈	羊栏 $jɛŋ^{21} lan^{21-55}$	—	—	囵关羊地方 $wɐn^{33} jœŋ^{21} tei^{22} fɔŋ^{55}$	—	—	—
水瓢	水壳 $sœy^{35} hɔk^3$	—	水兜 $sœy^{35} tɐu^{55}$ / 壳 $hɔk^3$	—	—	—	—

续表 3-47

条目	方言						
	广东广州话	三藩市广府话	洛杉矶广府话	纽约广府话	芝加哥广府话	波特兰广府话	休斯敦广府话
下水道	下水道 ha^{22} sœy^{35} tou^{22}／坑渠 haŋ^{55} kʰœy^{21}	—	—	—	—	水道 sœy^{35} tou^{22}	—
煤气管道	煤气管 mui^{21} hei^{33} kun^{35}	—	—	—	气管 方言原义：动物的器官 hei^{33} kun^{35}	—	—
保险箱	保险箱 pou^{35} him^{35} sœn^{55}	—	—	—	柜 kwɐi^{22}	—	—
箱子	箱 sœŋ^{55}	—	—	—	盒 hɐp^{2}	盒 hɐp$^{2-35}$	—
褥子	荐褥 tsin^{33} juk$^{2-35}$	—	—	—	软床单 jyn^{13} tsʰɔŋ^{21} tan^{55}	—	—
坐垫	坐垫 tsʰɔ^{13} tin^{33}	—	—	—	枕头 tsɐm^{35} tʰɐu^{21}	—	—
蚊帐	蚊帐 mɐn^{55} tsœŋ^{33}	—	—	—	防蚊网 fɔŋ^{21} mɐn^{55} mɔŋ^{13}	—	—
浴缸	浴缸 juk$^{2-5}$ kɔŋ^{55}	冲凉盆 tsʰuŋ^{55} lœŋ^{21} pʰun^{21}	—	—	—	冲凉缸 tsʰuŋ^{55} lœŋ^{21} kɔŋ^{55}	—
沐浴露	沐浴露 muk^{2} juk^{2} lou^{22}	—	—	—	洗身水 sɐi^{35} sɐn^{55} sœy^{35}	—	—
大缸	大缸 tai^{22} kɔŋ^{55}	—	—	—	桶 tʰuŋ^{35}	—	—
钵子	钵头 put^{3} tʰɐu^{21}	—	—	—	乞儿兜 hɐt^{5} ji$^{21-55}$ tɐu^{55}	—	—
罐子	罐 kun^{33}	—	—	—	樽 tsœn^{55}	—	—

续表 3-47

条目	方言						
	广东广州话	三藩市广府话	洛杉矶广府话	纽约广府话	芝加哥广府话	波特兰广府话	休斯敦广府话
铝锅	—	—	—	—	—	锡盆 sɛk³ pʰun²¹	—
水壶 烧开水用	水煲 sœy³⁵ pou⁵⁵	—	—	—	生铁煲 saŋ⁵⁵ tʰit³ pou⁵⁵	—	—
公共厕所	公厕 kuŋ⁵⁵ tsʰi³³	厕所 tsʰi³³ sɔ³⁵/便所 pin²² sɔ³⁵	—	—	—	—	—
烤炉	烤炉 hau³⁵⁻⁵⁵ lou²¹	—	—	—	炉头 lou²¹ tʰɐu²¹	—	—
生火	透火 tʰɐu³³ fɔ³⁵	着火 tsœk² fɔ³⁵	—	开火 hɔi⁵⁵ fɔ³⁵	—	—	点火 tim³⁵ fɔ³⁵
（烧残的）炭	炭 tʰan³³	烧咗嘅炭 siu⁵⁵ tsɔ³³ kɛ³³ tʰan³³	—	—	—	—	—
铝锅	锑煲 tʰei⁵⁵ pou⁵⁵	—	—	镬 wɔk²	—	锡盆 sɛk³ pʰun²¹	—
平底锅	铛 tsʰaŋ⁵⁵/□ pʰaŋ⁵⁵	—	平底镬 pʰeŋ²¹ tɐi³⁵ wɔk²	镬 wɔk²	老番镬 lou¹³ fan⁵⁵ wɔk²	—	—
砧板	砧板 tsɐm⁵⁵ pan³⁵	—	—	板 pan³⁵	—	—	—
汽油	汽油 hei³³ jɐu²¹	—	电油 tin²² jɐu²¹/汽油 hei³³ jɐu²¹	—	—	—	—
抽水马桶	马桶 ma¹³ tʰuŋ³⁵	—	水厕 sœy³⁵ tsʰi³³/马桶 ma¹³ tʰuŋ³⁵	—	屎氹 si³⁵ tʰɐm¹³	—	厕所 tsʰi³³ sɔ³⁵
拐杖	拐杖 kwai³⁵ tsœŋ³⁵	棍 kwɐn³³	扶手棍 fu²¹ sɐu³⁵ kwɐn³³/拐杖 kwai³⁵ tsœŋ³⁵	—	棍 kwɐn³³	—	—

续表 3-47

条目	方言						
	广东广州话	三藩市广府话	洛杉矶广府话	纽约广府话	芝加哥广府话	波特兰广府话	休斯敦广府话
钓鱼竿	鱼竿 jy²¹ kɔn⁵⁵	—	—	钓鱼棍 tiu³³ jy²¹ kwɐn³³	—	—	—
扇子	扇 sin³³	—	—	风扇 fuŋ⁵⁵ sin³³	—	风扇 fuŋ⁵⁵ sin³³	—
塑料袋	塑料袋 sɔk³ liu²²⁻³⁵ tɔi²²⁻³⁵/胶袋 kau⁵⁵ tɔi²²⁻³⁵	—	纸袋 tsi³⁵ tɔi²²⁻³⁵/胶袋 kau⁵⁵ tɔi²²⁻³⁵	—	—	—	—
衣叉	衣叉 ji⁵⁵ tsʰa⁵⁵	—	叉 tsʰa⁵⁵	—	—	—	—
理发	飞发 fei⁵⁵ fat³	剪毛台 tsin³⁵ mou²¹	—	—	—	—	剪毛台 tsin³⁵ mou²¹
小便	屙尿 ɔ⁵⁵ niu²²	—	—	开细避 hɔi⁵⁵ sɐi³³/一避 jɐt⁵	—	—	—
大便	屙屎 ɔ⁵⁵ si³⁵	—	—	开大避 hɔi⁵⁵ tai²²/二避 ji²²	—	—	—
打个盹儿	瞌眼瞓 hɐp² ŋan¹³ fɐn³³	—	—	—	—	瞓晏觉 方言原义：睡午觉 fɐn³³ ŋan³³ kau³³	—
仰面睡	仰面瞓 jœŋ¹³ min²² fɐn³³	—	—	瞓响背脊 直译：睡在脊背 fɐn³³ hœŋ³⁵ pui³³ tsɛk³	—	—	—
侧身睡	侧身瞓 tsɐt⁵ sɐn⁵⁵ fɐn³³	—	—	瞓係侧边 直译：睡在旁边 fɐn³³ hɐi³⁵ tsɛk⁵ pin⁵⁵	—	—	—
落枕	瞓戾颈 fɐn³³ lɐi³⁵ lɛŋ³⁵	—	—	颈痛 方言原义：脖子痛 kɛŋ³⁵ tʰuŋ³³	—	—	—

续表 3-47

条目	方言						
	广东广州话	三藩市广府话	洛杉矶广府话	纽约广府话	芝加哥广府话	波特兰广府话	休斯敦广府话
入住酒店	入住 jɐp² tsy²²	—	—	—	登记意:入住 需要登记 tɐŋ⁵⁵ kei³³	—	—
①街/ ②人行道/ ③公路	①街 kai⁵⁵ / ②人行道 jɐn²¹ haŋ²¹ tou²² / ③公路 kuŋ⁵⁵ lou²²	—	—	①②③街 kai⁵⁵	—	—	—
超车	超车 tsʰiu⁵⁵ tsʰɛ⁵⁵	—	—	飙车 piu⁵⁵ tsʰɛ⁵⁵	过人哋嘅车 kwɔ³³ jɐn²¹ tei²² kɛ³³ tsʰɛ⁵⁵ / 掖 sip³	—	—
信号	信号 sœn³³ hou²²	—	—	—	打灯 ta³⁵ tɐŋ⁵⁵	—	—
人力车	人力车 jɐn²¹ lek² tsʰɛ⁵⁵	—	—	—	咕喱车 ku⁵⁵ lei⁵⁵ tsʰɛ⁵⁵	—	—
橡皮艇	橡皮艇 tsœŋ²² pʰei²¹ tʰɛŋ¹³	—	—	—	—	胶船 kau⁵⁵ syn²¹	—
竹筏	竹筏 tsuk⁵ fɐt²	—	—	—	艇仔 tʰɛŋ¹³ tsɐi³⁵	—	—
误车	误车 m̩²² tsʰɛ⁵⁵	—	搭唔倒车 tap³ m̩²¹ tou³⁵ tsʰɛ⁵⁵	—	搭唔倒 tap³ m̩²¹ tou³⁵	搭唔倒车 tap³ m̩²¹ tou³⁵ tsʰɛ⁵⁵	—
当地特有的交通工具	—	当当车 tɔŋ⁵⁵ tɔŋ⁵⁵ tsʰɛ⁵⁵	—	—	—	—	—

说明:

(1) 波特兰广府话称普通话的"铝锅"为"锡盆 sɛk³ pʰun²¹",将锡和铝这两种物质混淆了。

（2）休斯敦广府话的"屋租 uk⁵tsou⁵⁵"在此指的并非租房的钱，而是供楼的钱，"屋租"一词的词义范围扩大了。

3.2.1.1.6 有关人品、亲属称谓的（见表3-48、表3-49）

表3-48　6个台山话有关人品、亲属称谓的创新说法

条目	方言						
	广东台山话	三藩市台山话	洛杉矶台山话	纽约台山话	芝加哥台山话	波特兰台山话	圣安东尼奥台山话
华人	华人 va²² ŋin²²/华侨伯 va²²kʰiau²² pak³	唐人 hɔŋ²² ŋin²²	唐人 hɔŋ²² ŋin²²	—	唐人 hɔŋ²² jan²²/华人 wa²² jan²²	唐人 hɔŋ²² jan²²	唐人 hɔŋ²² ŋin²²
西方人	番鬼佬 fan³³kei⁵⁵ lou⁵⁵	西人 ɬai⁴⁴ ŋin²²	西人 sai⁴⁴ ŋin²²	鬼佬 kui⁵⁵ lou⁵⁵	鬼佬 kuai⁵⁵ lou⁵⁵/白鬼 pak²kuai⁵⁵	老番₍老₎ lau⁵⁵ fan⁴⁴	番鬼佬 fan⁴⁴kei⁵⁵ lou⁵⁵
外国人	番鬼佬 fan³³kei⁵⁵ lou⁵⁵	—	客人 hak³ ŋin²²	鬼佬 kui⁵⁵ lou⁵⁵	老番₍老₎ lou⁵⁵ fan⁴⁴/外国人 ŋoi²² kɔk²⁻⁵jan²²	—	番鬼佬 fan⁴⁴ kei⁵⁵kei⁵⁵
亚裔	—	亚洲人 a⁴⁴ tsiu⁴⁴ŋin²²	东方人 uŋ⁴⁴ fɔŋ⁴⁴ŋin²²	黄种人 wɔŋ²² tsuŋ⁵⁵jan²²	亚洲人 a⁴⁴ tsiu⁴⁴jan²²	亚洲人 a⁴⁴ tsiu⁴⁴jan²²	—
非裔	—	黑鬼₍贬₎hak⁵ kui⁵⁵/非洲人 fi⁴⁴tsiu⁴⁴ ŋin²²	黑人 hak⁵ ŋin²²	非洲人 fi⁴⁴ tsiu⁴⁴jan²²	黑鬼₍贬₎hak⁵ kuai⁵⁵/非洲人 fi⁴⁴ tsiu⁴⁴jan²²	非洲人 fui⁴⁴ tsiu⁴⁴jan²²	黑鬼₍贬₎ hak⁵kei⁵⁵
印度人	—	—	—	—	—	—	摩啰差 mɔ⁴⁴lɔ⁴⁴ tsʰai⁴⁴
墨西哥人	—	—	老墨 lɔ⁵⁵ mak²	—	老墨 lou⁵⁵ mak²	墨仔 mak² tsi⁵⁵	—
讲西班牙语的人	—	—	—	—	吕宋 li⁵⁵ suŋ⁴⁴	—	吕宋 lei³⁵⁻³¹ ɬuŋ⁴⁴

续表 3-48

条目	方言						
	广东台山话	三藩市台山话	洛杉矶台山话	纽约台山话	芝加哥台山话	波特兰台山话	圣安东尼奥台山话
州/省元首	—	—	省统 saŋ^{55} huŋ^{55}	—	—	—	—
老大爷	阿伯 a^{33} pak^3/阿公 a^{33} kəŋ^{33}	—	—	—	伯爷公 pak^3 jɛ$^{22-55}$ kuŋ^{44}/老鬼$_{贬}$ lou^{55} kuai^{55}	—	—
老太婆	阿姆 a^{33} mu^{22}/阿婶 a^{33} ɬim^{55}/阿婆 a^{33} pʰɔ^{22}	—	—	老太 lou^{55} hai$^{44-31}$	—	—	—
城里人	城个 siaŋ^{55} kɔi^{33}	—	埠人 fau^{21} ŋin^{22}	—	大城市人 ai^{31} seŋ^{22} si$^{55-31}$ jan^{22}	—	—
乡下人	乡下个 hiaŋ^{33} ha^{33} kɔi^{33}	—	—	—	乡下佬 hiaŋ^{44} ha^{31} lɔ^{55}	—	—
单身汉	单身寡佬 tan^{33} ɬin^{33} ka^{55} lou^{55}	—	未曾结婚 miaŋ^{22} kit$^{3-5}$ fun^{44}	—	—	单身佬 an^{44} sin^{44} lau^{55}	寡佬 ka^{55} lou^{55}
老姑娘	老女 lou^{55} nui^{55}/老姑婆 lou^{55} ku^{33} pʰɔ^{22}	—	未曾结婚 miaŋ^{22} kit$^{3-5}$ fun^{44}	—	老鸡乸$_{贬}$ lɔ^{55} kai^{44} na^{55}	—	—
寡妇	寡妇 ka^{55} fu$^{31-35}$	—	—	—	—	—	冇老公 mou^{55} lou^{55} kuŋ^{44}/寡妇 ka^{55} fu^{31}

续表 3-48

条目	方言						
	广东台山话	三藩市台山话	洛杉矶台山话	纽约台山话	芝加哥台山话	波特兰台山话	圣安东尼奥台山话
孤儿	孤儿 ku³³ ŋi²² /冇爹仔 mou³³ tie³³ tɔi⁵⁵ /冇爸冇妈 mou³³ pa³³ mou³³ ma³³	—	—	—	冇父母 mou⁵⁵ fu³¹ mou⁵⁵	—	野仔贬 jɛ³¹ tɔi⁵⁵
左撇子	左手□ tsɔ⁵⁵ siu⁵⁵ kaŋ³³	用左手 juŋ³¹ tɔ⁵⁵ siu⁵⁵	左手人 tu⁵⁵ ɬui⁵⁵ ŋin²²	左手人 tsɔ⁵⁵ siu⁵⁵ jan²²	左手人 tɔ⁵⁵ siu⁵⁵ jan²²	左手人 tɔ⁵⁵ siu⁵⁵ jan²²	—
独眼儿	只眼仔 tsiak² ŋan⁵⁵ tɔi⁵⁵	—	一眼人 ŋit⁵ ŋan⁵⁵ ŋin²²	—	一眼人 jat⁵ ŋan⁵⁵ jan²²	—	—
歪脖子	侧头佬 tsak⁵ heu²² lou⁵⁵	—	—	—	—	梗颈 kaŋ⁵⁵ kiaŋ⁵⁵	—
瘌痢头	烂头 lan³¹ heu²² /瘌痢头 lat³ lei⁵⁵ heu²²	—	—	烂头皮 lan³¹ hɛu²² pʰi⁵⁵	—	—	烂头□ lan²² hai²² jeŋ²²⁻³⁵
驼子	驼背 hɔ²² pui⁵⁵ /生龟 saŋ³³ kei³³⁻³⁵	—	曲背脊 kʰuk⁵ pɔi²¹ tɛk³	生龟 saŋ⁴⁴ kui⁴⁴	—	—	—
瘸子	跛脚 pai³³ kiak³	—	□脚 lai²² kiak³	—	—	—	—
疯子	□佬 ŋeu³¹ lou⁵⁵	—	—	—	—	—	牛佬 ŋai²² lou⁵⁵
爱哭的人	哭袋 hək⁵ ɔi³¹	喊□□ ham³¹ ɬui⁵⁵ juŋ²²	—	—	小气 ɬiau⁵⁵ hi⁴⁴	—	—

续表 3–48

条目	方言						
	广东台山话	三藩市台山话	洛杉矶台山话	纽约台山话	芝加哥台山话	波特兰台山话	圣安东尼奥台山话
流浪汉	流浪 liu^{22} lɔŋ^{31}	—	—	冇屋住$_{避}$ mou$^{31-55}$ uk^5 tsi^{31}	—	—	—
骗子	呃人 ŋak^5 ŋin^{22}	—	—	—	—	贼 t^{h}ak^2	—
恐怖分子	恐怖分子 həŋ^{55} pu^{33} fun^{31} tu^{55}	—	—	贼 t^{h}ak^2	—	—	—
情妇	契家婆 k^{h}ai^{33} ka^{33} p^{h}ɔ^{22}	—	—	小姐 siu^{55} tɛ^{55}	—	—	—
偷汉	偷喫 ka^{33} het^3	—	—	—	二奶 ji^{31} nai^{55}	—	—
小偷	插手 ts^{h}ap^3 siu^{55}	—	偷嘢 hau^{44} jɛ^{55}	—	—	—	—
内行	在行 tɔi^{31} hɔŋ^{22}/行家 hɔŋ^{22} ka^{33}	—	—	专科 tsɔn^{44} fɔ^{44}	—	专家 tsɔn^{44} ka^{44}	专门 ɔn^{44} mɔn^{22}
外行	外行 ŋai^{31} hɔŋ^{22}	—	外人 ŋoi^{21} ŋin^{22}	唔係专科 m̩^{22} hai^{31} tsɔn^{44} fɔ^{44}	—	—	—
同事	同事 t^{h}əŋ^{22} łu^{31}/工友 kəŋ^{33} jiu^{55}	—	—	—	—	—	伙计 fɔ^{55} kei^{44}
厨师	伙头 fɔ^{33} heu^{22}	—	大厨 ai^{21} ts^{h}u$^{22-35}$	—	—	—	厨头 ts^{h}ui^{22} hai^{22}
铁匠	打铁佬 a^{55} het^3 lou^{55}	—	打铁 a^{55} hek^3	打铁 a^{55} hɛt^3	—	—	—
理发师	剪毛佬 ten^{55} mou^{22} lou^{55}	—	—	—	整头毛 tseŋ^{55} hau^{22} mɔ^{22}	剪毛 tɛn^{55} mou^{22}	—

续表 3-48

条目	方言						
	广东台山话	三藩市台山话	洛杉矶台山话	纽约台山话	芝加哥台山话	波特兰台山话	圣安东尼奥台山话
红灯区	老举街 lou^{55} kui^{55} kai$^{33-34}$	黑鬼区贬 hak^5 kui^{55} k^{h}ui^{44}	—	—	—	—	鸡窦贬 kai^{44} au^{31}
木匠	斗木佬 au^{31} mək^2 lou^{55}	三行佬 ɬam^{44} hɔŋ^{22} lou^{55}	做木 tsu^{21} muk^2	木专家 muk^2 tsɔn^{44} ka^{44}	—	—	—
泥瓦匠	泥水佬 nai^{22} sui^{55} lou^{55}	—	打砖佬 a^{55} tsɔn^{44} lɔ^{55}	—	—	—	—
白领	—	—	—	—	—	—	写字楼 意：在写字楼做工的 ɬɛ^{55} tsi^{31} lai^{22}
蓝领	—	—	—	打工仔 a^{55} kuŋ^{44} tɔi^{55}	—	—	工人 kuŋ^{44} ŋin^{22}／打工仔 ta^{55} kuŋ^{44} tɔi^{55}
商人	生意佬 saŋ^{33} ji^{33} lou^{55}	—	财主佬 tsʰɔi^{22} tsi^{55} lɔ^{55}	—	老板 lɔ^{55} pan^{55}	—	—
贵宾	①客 hak^3／②贵宾 kei^{31} pin^{33}	—	—	②特别客 tɐt^2 pit^2 hak^3	—	—	①②客人 hak^3 ŋin^{22}
上司	头 heu^{22}／上司 siaŋ^{31} ɬu^{33}	—	做头 tsu^{21} hau^{22}	—	—	—	老板 lau^{55} pan^{44}
警察	差佬 tsʰai^{33} lou^{55}／警察 keŋ^{55} tʰat^3	—	—	—	—	绿衣老 luk^2 ji^{44}	绿衣老 luk^2 ji^{44}／警察 keŋ^{55} tsʰat^3
警署	公安局 kəŋ^{33} ɔn^{33} kək^2	—	绿衣房老 luk^2 ji^{44} fɔŋ^{22}	—	—	绿衣房老 luk^2 ji^{44} fɔŋ^{22}	—
大人物	大粒 ai^{31} lip^5	—	大炮 ai^{31} pʰau^{21}	—	—	大粒嘢 ai^{31} lip^5 jɛ$^{55-31}$	—

续表 3-48

条目	方言						
	广东台山话	三藩市台山话	洛杉矶台山话	纽约台山话	芝加哥台山话	波特兰台山话	圣安东尼奥台山话
小人物	蚁人 ŋai$^{31-55}$ ŋin^{22}	细人 łai^{44} ŋin^{22}	—	小人 siu^{55} jan^{22}	小人 siu^{55} jan^{22}	细粒嘢 sai^{44} lip^5 jɛ$^{55-31}$	—
宅男	—	—	—	—	—	—	困仔 k^{h}un^{44} tɔi^{55}
宅女	—	—	—	—	—	—	困女 k^{h}un^{44} nui^{55}
小巧玲珑	辣椒仔 lat^2 tiu^{33} tɔi^{55} / □屎女 mai^{55} si^{55} nui^{55}	细粒 łai^{44} lip^5	—	—	—	—	—
家庭主妇	煮饭婆 tsi^{55} fan^{31} p^{h}ɔ^{22}	—	做屋 tsu^{21} uk^5	煮饭婆 tsi^{55} fan^{31} p^{h}ɔ^{22}	老婆 lɔ^{55} p^{h}ɔ^{22}	—	煮饭婆 tsi^{55} fan^{31} p^{h}ɔ^{22}
朋友	老友记 lou^{55} jiu^{55} kei^{33}	—	—	—	—	—	老友记 lou^{55} jiu$^{55-31}$ kei^{44}
邮递员	邮差 jiu^{22} ts^{h}ai^{33}	—	—	邮局人 jiu^{22} kuk^2 jan^{22}	派信佬 p^{h}ai^{44} łin^{44} lɔ^{55}	送信佬 łuŋ^{44} sin^{44} lau^{55}	派信佬 p^{h}ai^{44} łin^{44} lou^{55}
苦力	咕喱 ku^{33} lei^{55}	—	做猪仔 tsu^{21} tsi^{44} tɔi^{55}	—	—	—	—
华人社团	—	—	—	—	公所老,华人的团体 kuŋ^{44} sɔ^{55}	—	—
旧时为华人传递钱物的人	—	水客老 sui^{55} hak^3	—	—	—	水客老 sui^{55} hak^3	—

续表 3-48

条目	方言						
	广东台山话	三藩市台山话	洛杉矶台山话	纽约台山话	芝加哥台山话	波特兰台山话	圣安东尼奥台山话
继父	便宜老窦 $p^h en^{22} ji^{22} lou^{55} tau^{31}$	—	—	—	假爸 $ka^{55} pa^{44}$	—	—
继母	翻头婆 $fan^{33} heu^{22} p^h ɔ^{22}$	—	—	—	假妈 $ka^{55} ma^{44}$	—	—
最小的儿子	尾仔 $mei^{55} tɔi^{55}$	—	—	—	长仔$_避$ $ts^h aŋ^{22} tɔi^{55}$/尾仔 $mi^{55} tɔi^{55}$	—	—
最小的女儿	尾女 $mei^{55} nui^{55}$	—	—	—	长女$_避$ $ts^h aŋ^{22} nui^{55}$/尾女 $mi^{55} nui^{55}$	—	—

说明：

（1）洛杉矶台山话表示"省最高领导"的"省统 $saŋ^{55} huŋ^{55}$"一词，恐是仿照"总统"创造的，其造词心态或许可以推测为：管全国的叫"总统"，管全省的就应叫"省统"。

（2）洛杉矶台山话称"城里人"为"埠人 $fau^{21} ŋin^{22}$"。"城埠里的人"也是一个很有方言味的创新说法，联想到华人称三藩市为"大埠"，就可以明白。

（3）普通话的"警察"，波特兰、圣安东尼奥台山话叫"绿衣 $luk^2 ji^{44}$"。普通话的"警察局"，三藩市、波特兰台山话叫"绿衣房 $luk^2 ji^{44} fɔŋ^{22}$"，都是从早期警察制服的颜色出发造的词。

表 3-49　6 个广府话有关人品、亲属称谓的创新说法

条目	方言						
	广东广州话	三藩市广府话	洛杉矶广府话	纽约广府话	芝加哥广府话	波特兰广府话	休斯敦广府话
华人	华人 $wa^{21} jɐn^{21}$	唐人 $t^h ɔŋ^{21} jɐn^{21}$/中国人 $tsuŋ^{55} kɔk^3 jɐn^{21}$	—	—	唐人 $t^h ɔŋ^{21} jɐn^{21}$/华人 $wa^{21} jɐn^{21}$/中国人 $tsuŋ^{55} kɔk^3 jɐn^{21}$	唐人 $t^h ɔŋ^{21} jɐn^{21}$	—

续表 3-49

条目	方言						
	广东广州话	三藩市广府话	洛杉矶广府话	纽约广府话	芝加哥广府话	波特兰广府话	休斯敦广府话
西方人	鬼佬 kwɐi³⁵ lou³⁵	西人 sɐi⁵⁵ jɐn²¹	西人 sɐi⁵⁵ jɐn²¹/鬼佬 kwɐi³⁵ lou³⁵	白鬼贬 pak² kwɐi³⁵	鬼佬 kwɐi³⁵ lou³⁵/白鬼贬 pak² kwɐi³⁵/老番 lou¹³ fan⁵⁵	西人 sɐi⁵⁵ jɐn²¹	老番 lou¹³ fan⁵⁵/美国人 mei¹³ kɔk³ jɐn²¹
外国人	鬼佬 kwɐi³⁵ lou³⁵	老番老 lou¹³ fan⁵⁵/外国人 ŋɔi²² kɔk³ jɐn²¹	—	白鬼贬 pak² kwɐi³⁵	—	—	老番 lou¹³ fan⁵⁵
亚裔	亚洲人 ŋa³³ tsɐu⁵⁵ jɐn²¹	—	亚裔 ŋa³³ jœy²²	—	亚洲人 ŋa³³ tsɐu⁵⁵ jɐn²¹	—	亚洲人 ŋa³³ tsɐu⁵⁵ jɐn²¹
非裔	非洲人 fei⁵⁵ tsɐu⁵⁵ jɐn²¹	黑鬼贬 hak⁵ kwɐi³⁵	非裔 fei⁵⁵ jœy²²/黑鬼贬 hak⁵ kwɐi³⁵/豉油鸡贬 si²² jɐu²¹ kɐi⁵⁵	黑鬼贬 hak⁵ kwɐi³⁵	黑人 hak⁵ jɐn²¹/黑鬼贬 hak⁵ kwɐi³⁵	—	非洲人 fei⁵⁵ tsɐu⁵⁵ jɐn²¹
墨西哥人	墨西哥人 mɐt² sɐi⁵⁵ kɔ⁵⁵ jɐn²¹	—	老墨 lou¹³ mɐt²	—	老墨 lou¹³ mɐk²⁻²¹	—	老墨 lou¹³ mɐt²
讲西班牙语的人	讲西班牙语嘅的人 kɔŋ³⁵ sɐi⁵⁵ pan⁵⁵ ŋa²¹ jy¹³ kɛ³³ jɐn²¹	—	—	—	吕宋鬼贬 lœy¹³ suŋ³³ kwɐi³⁵	—	—
外族	外族 ŋɔi²² tsuk²	—	—	—	外人 ŋɔi²² jɐn²¹	—	—
结巴	漏口 lɐu²² hɐu³⁵	—	—	黐脷根 tsʰi⁵⁵ lei²² kɐn⁵⁵	—	—	—

429

续表 3-49

条目	方言						
	广东广州话	三藩市广府话	洛杉矶广府话	纽约广府话	芝加哥广府话	波特兰广府话	休斯敦广府话
歪脖子	乜颈 mɛ³⁵ kɛŋ³⁵	—	—	—	—	□咗个颈 kʰɐk⁵ tsɔ³⁵ kɔ³³ kɛŋ³⁵	—
龅牙	崩牙 pɐŋ⁵⁵ ŋa²¹	—	—	□牙佬 kwɐt⁵ a²¹ lou³⁵	—	—	—
獠牙	哨牙 sau³³ ŋa²¹	—	—	—	狗牙 kɐu³⁵ ŋa²¹	—	—
高个子	高佬 kou⁵⁵ lou³⁵	—	—	—	—	—	高人 kou⁵⁵ jɐn²¹
癞痢头	癞痢头 lat³ lei⁵⁵ tʰɐu²¹	—	—	—	穿头 tsʰyn⁵⁵ tʰɐu²¹	—	—
瘸子	跛脚 pɐi⁵⁵ kœk³	—	—	—	残废 tsʰan²¹ fɐi³³	—	—
疯子	癫佬 tin⁵⁵ lou³⁵	—	—	—	—	狂人 kʰɔŋ²¹ jɐn²¹	—
傻瓜	傻佬 sɔ²¹ lou³⁵	—	—	—	蠢才 tsʰœn³⁵ tsʰɔi²¹/懵佬 muŋ³⁵ lou³⁵	—	—
单身汉	单身寡佬 tan⁵⁵ sɐn⁵⁵ kwa³⁵ lou³⁵	—	—	—	未结婚 mei²² kit³ fɐn⁵⁵	—	—
强盗	强盗 kʰœŋ²¹ tou²²	—	—	—	山贼 san⁵⁵ tsʰak²	打劫这是强盗所为，以行为指代人 ta³⁵ kip³	—
情妇	情妇 tsʰeŋ²¹ fu³³⁻³⁵	—	—	二奶 ji²² nai¹³⁻⁵⁵	—	—	—
偷汉	勾佬 ŋɐu⁵⁵ lou³⁵	—	姣婆方言原义：淫荡的女人 hau²¹ pʰɔ²¹	—	—	—	—

续表 3-49

条目	方言						
	广东广州话	三藩市广府话	洛杉矶广府话	纽约广府话	芝加哥广府话	波特兰广府话	休斯敦广府话
内行	熟手 suk² sɐu³⁵	—	—	高手 kou⁵⁵ sɐu³⁵	专家 tsyn⁵⁵ ka⁵⁵	专家 tsyn⁵⁵ ka⁵⁵	—
外行	生手 saŋ⁵⁵ sɐu³⁵	—	—	—	—	—	唔不熟行 m²¹ suk² hɔŋ²¹
厨师	大厨 tai²² tsʰy²¹⁻³⁵ / 伙头 fɔ³⁵ tʰɐu²¹⁻³⁵	—	—	厨房佬 tsʰy²¹ fɔŋ²¹ lou³⁵	—	—	—
理发师	飞发佬 fei⁵⁵ fat³ lou³⁵	—	飞发师 fei⁵⁵ fat³ si⁵⁵	理发佬 lei¹³ fat³ lou³⁵	—	飞发 此是动词,方言原义:理发 fei⁵⁵ fat³	—
①宅男/②宅女	①宅男 tsak² nam²¹ / ②宅女 tsak² nœy³⁵	—	—	①②隐居 jɐn¹³ kœy⁵⁵	—	—	—
家庭主妇	家庭主妇 ka⁵⁵ tʰeŋ²¹ tsy³⁵ fu³³	—	—	煮饭婆 tsy³⁵ fan²² pʰɔ²¹⁻³⁵	—	—	—
泥瓦匠	泥水佬 nɐi²¹ sœy³⁵ lou³⁵	建筑工 kin³³ tsuk⁵ kuŋ⁵⁵ / 装修佬 tsɔŋ⁵⁵ sɐu⁵⁵ lou³⁵	—	—	—	起屋佬 hei³⁵ ŋuk⁵ lou³⁵ / 泥水佬 nɐi²¹ sœy³⁵ lou³⁵	—
蓝领	蓝领 lam²¹ lɛŋ¹³	用力做嘢嘅 出力干活的 juŋ²² lek² tsou²² jɛ¹³ kɛ³³	—	—	—	—	—
贵宾	贵宾 kwɐi³³ pɐn⁵⁵	—	—	—	—	特别客 tɐt² pit² hak³	—

续表 3-49

条目	方言						
	广东广州话	三藩市广府话	洛杉矶广府话	纽约广府话	芝加哥广府话	波特兰广府话	休斯敦广府话
虚弱	虚弱 hœy^{55} jœk^2	好细只方言 原义：个子很小 hou^{35} sɐi^{33} tsɛk^3	—	—	—	—	—
软弱	腍善 nɐm^{21} sin^{22}	—	好腍 hou^{35} nɐm^{21}	—	—	—	—
变性人	变性人 pin^{33} seŋ^{33} jɐn^{21}	—	半男女 pun^{33} nam^{21} nœy^{13}	—	—	—	—
警署	公安局 kuŋ^{55} ɔŋ^{55} kuk^2	—	—	—	—	警察馆 keŋ^{35} tsʰat^3 kun^{35}	—
邮递员	邮差 jɐu^{21} tsʰai^{55}/邮递员 jɐu^{21} tɐi^{22} jyn^{21}	—	—	—	—	信差 sœn^{33} tsʰai^{55}	—
小人物	细粒□ sɐi^{33} lɐp^5 mɐk$^{2-35}$	—	—	—	小人 siu^{35} jɐn^{21}	—	—
苦力	咕喱 ku^{55} lei^{55}	—	—	—	猪仔 tsy^{55} tsɐi^{35}/咕喱 ku^{55} lei^{55}	—	—
小名	乳名 jy^{13} mɛŋ^{21}	—	—	—	奶名 nai^{13} mɛŋ^{21}	—	—

3.2.1.1.7 有关人体器官、疾病、红白喜事的（见表 3-50、表 3-51）

表 3-50　6 个台山话有关人体器官、疾病、红白喜事的创新说法

条目	方言						
	广东台山话	三藩市台山话	洛杉矶台山话	纽约台山话	芝加哥台山话	波特兰台山话	圣安东尼奥台山话
前额	额头 ŋak² heu²²	—	—	—	头额 hau²² ŋak²⁻³⁵	—	—
囟门	囟门 ɬun³³ mɔn²²	—	—	—	—	脑 nau⁵⁵	脑门口 nou⁵⁵ mun²² hai⁵⁵
酒窝	酒凹 tiu⁵⁵ nip²	—	—	酒米 tiu⁵⁵ mai⁵⁵	—	—	—
嘴唇	嘴唇 tui⁵⁵ sun²²	—	—	—	嘴 tui⁵⁵	—	—
下巴	下巴 ha³³ pʰa²²	—	—	—	棚牙 pʰaŋ²² ŋa²²	—	—
①睫毛/②眉毛	①眼睫毛 ŋan⁵⁵ tiap³ mou²²/②眉毛 mei²² mou²²	—	—	①②眉头 mi²² hɛu²²	—	—	—
鼻涕	鼻水 pei³¹ sui⁵⁵	—	—	流鼻 liu²² pi²¹	—	—	—
擤鼻涕	擤鼻 ɬin³³ pei³¹	—	—	吹鼻 tsʰui⁴⁴ pi²¹	—	—	—
喉咙	喉咙 heu²² ləŋ²²	—	—	颈喉 kiaŋ⁵⁵ hau²²	—	—	—
拳头	拳头 kʰun²² hen²²	—	—	手拳 ɬiu⁵⁵ kʰun²²	—	—	—
①手/②手腕/③胳膊肘/④胳膊	①手 siu⁵⁵/②手腕 siu⁵⁵ van⁵⁵/③手□ siu⁵⁵ tsʰɔk³/④手臂 siu⁵⁵ pei³¹	—	—	—	①②③④ 手 siu⁵⁵	—	—

续表 3-50

条目	方言						
	广东台山话	三藩市台山话	洛杉矶台山话	纽约台山话	芝加哥台山话	波特兰台山话	圣安东尼奥台山话
手掌	手掌 siu^{55} tsiaŋ^{55}	—	—	—	手板 siu^{55} pan^{55}	—	—
手指	手指 siu^{55} tsi^{55}	—	手仔 ɬiu^{55} tɔi^{55}	—	—	—	—
大拇指	手指头 siu^{55} tsi^{55} heu^{22}	—	公指 kuŋ^{44} tsi^{55}	—	—	—	—
小拇指	尾指 mei^{55} tsi^{55}	—	指仔 tsi^{55} tɔi^{55}	—	—	—	—
膶 指纹	膶 lɔ^{22}	指纹 tsi^{55} mun^{22}	手印 ɬiu^{55} jin^{44}	手指模 siu^{55} tsi^{55} mu^{22}	手指印 siu^{55} tsi^{55} jin^{44}	指模 tsi^{55} mou^{22}	—
簸箕 指纹	篸 tsʰam^{55}	指纹 tsi^{55} mun^{22}	手印 ɬiu^{55} jin^{44}	手指模 siu^{55} tsi^{55} mu^{22}	手指印 siu^{55} tsi^{55} jin^{44}	指模 tsi^{55} mou^{22}	—
手茧	印 jin^{22}	—	硬皮 ŋaŋ^{21} pʰiː^{22}	硬皮 ŋan^{31} pʰiː^{22}	—	—	—
乳房	汁仔 tsi^{5} tɔi^{55}	—	—	—	胸避 huŋ^{44}	—	—
乳头	汁咀 tisp^{5} tsui$^{55-21}$	奶奶头 nai^{44} nai^{44} hɛu^{22}	—	—	胸避 huŋ^{44}	—	—
腋下	夹□ kap^{3} ŋap^{5}	—	肩头底 kan^{44} hau^{22} ai^{55}	—	—	—	—
肛门	屎窟窿 si^{55} fut^{5}ləŋ^{33}	—	屎孔 si^{55} kʰuŋ^{44}	—	—	—	—
胯档	髀丫 pei^{55} a^{33}	—	—	裤浪 fu$^{44-31}$ lɔŋ^{31}	—	—	—
小腿	羊皮□ jaŋ^{22} pʰei^{22} hɔn^{22}	细髀 ɬai^{44} pi^{55}	髀 pi^{55}	脚 kiak^{3}	脚 kiak^{3}	细髀 sai^{44} pi^{55}	脚髀 kɛk^{3} pei^{55}

续表 3-50

条目	方言						
	广东台山话	三藩市台山话	洛杉矶台山话	纽约台山话	芝加哥台山话	波特兰台山话	圣安东尼奥台山话
①脚掌/②脚心	①脚掌 kiak³tiaŋ⁵⁵/②脚底 kiak³tai⁵⁵/②脚凹 kiak³au³¹	—	—	—	①②脚□底 kiak³lən⁴⁴tai⁵⁵	—	—
光膀子	□剥□肋 hɔt³pak³tsi³³lak²	冇衫着 mou⁵⁵sam⁴⁴tsɛk³	冇衫 mou⁵⁵⁻³⁵sam⁴⁴	—	除嗰衫 tsʰui²²sai⁴⁴sam⁴⁴	冇衫着 mou⁵⁵sam⁴⁴tsɛk³	—
脚趾	脚趾 kiak³tsi⁵⁵	—	脚仔 kiak³tɔi⁵⁵	—	—	—	—
脚掌	脚掌 kiak³tiaŋ⁵⁵	脚板底 kɛk³pan⁵⁵ai⁵⁵	脚底 kiak³ai⁵⁵	—	—	—	—
(皮肤上的)泥垢	老泥 lou⁵⁵nai²²/漆 tʰit⁵	—	—	—	泥 nai²²	泥 nai²²	—
说亲	相睇 ɬiaŋ³³hai⁵⁵/睇新娘 hai⁵⁵ɬin³³nian²²⁻³⁵	讲亲 kɔŋ⁵⁵tʰin⁴⁴	—	—	—	—	—
约会	约会 jak³vɔi³¹/搣草仔 maŋ³³tʰou⁵⁵tɔi⁵⁵	会约 wui³¹jɛk³/拍拖 pʰak³tʰɔ⁴⁴	—	—	勾仔勾女 kʰiu⁴⁴tɔi⁵⁵ kʰiu⁴⁴nui⁵⁵	—	—
赴宴	去饮酒 hui³¹jim⁵⁵tiu⁵⁵	饮酒 jim⁵⁵tiu⁵⁵	饮酒 ŋim⁵⁵tiu⁵⁵	—	饮枱 ŋam⁵⁵tʰui²²⁻⁵⁵	饮酒 ŋim⁵⁵tiu⁵⁵	去饮 hui⁴⁴ŋim⁵⁵
婚礼	婚礼 fun³³lɔi³¹	—	结婚 kit⁵fun⁴⁴	—	—	—	—

续表 3-50

条目	方言						
	广东台山话	三藩市台山话	洛杉矶台山话	纽约台山话	芝加哥台山话	波特兰台山话	圣安东尼奥台山话
离婚	离婚 lei^{22} fun^{33}	—	拆$_{避}$ ts^{h}ak^{3}	—	—	拆$_{避}$ ts^{h}ak^{3} /离婚$_{避}$ li^{22} fun^{44}	离婚 lei^{22} fun^{44} /拆数$_{避}$ ts^{h}ak^{3} ɬu$^{31-35}$
同居	同居 t^{h}əŋ^{22} kui^{33}	—	—	—	—	住埋一齐 tsi^{31} mɔi^{22} jit^{5} t^{h}ɔi^{22}	同居 huŋ^{22} kui^{44} /住埋 tsi^{31} mɔi^{22}
分居	分居 fun^{33} kui^{33}	—	—	—	—	分开 fun^{44} hɔi^{44}	分开 fun^{44} hɔi^{44}
再嫁	嫁过 ka^{33} kɔ^{33}	—	翻头嫁 fan^{44} hau^{22} ka^{44}	—	—	—	—
招赘	倒入门阆 tu^{33} jip^{2} mun^{22} lɔŋ$^{22-35}$	—	—	上门 siaŋ^{55} mun^{22}	—	—	—
怀孕	大肚 ai^{31} u^{55}	—	有BB来$_{避}$ jiu^{55} pi^{21} pi$^{·44}$ lɔi^{22} 英语：baby	—	—	—	—
害喜	拣喫$_{避}$ kan^{55} het^{3}	—	—	—	—	—	沤仔 au^{44} tɔi^{55} /作呕 tɔk^{3} ŋau^{55}
难产	难产 nan^{22} ts^{h}an^{55}	—	—	生唔出 saŋ^{44} m̩^{22} ts^{h}ut^{5}	—	—	生唔出 saŋ^{44} m̩^{22} ts^{h}at^{5}
剖腹产	剖腹产 p^{h}au^{55} fək^{5} ts^{h}an^{55}	—	—	—	开肚 hɔi^{44} u^{55}	劏 hɔŋ^{44}	劏肚 hɔŋ^{44} ou^{55}
发烧	发烧 fat^{3} siau^{33}	—	生火 saŋ^{44} fɔ^{55}	—	—	火烧 fɔ^{55} sɛu^{44}	—
发冷	打发冷 a^{55} fat^{3} laŋ^{33}	—	身冷 sin^{44} laŋ^{55}	—	—	—	—

续表3-50

条目	方言						
	广东台山话	三藩市台山话	洛杉矶台山话	纽约台山话	芝加哥台山话	波特兰台山话	圣安东尼奥台山话
感冒	感冒 kam^{55} mou^{31}／伤风 ɬen^{33} fəŋ^{33}	—	—	—	—	—	积寒 tsek^5 hɔn^{22}
发呆	戆□□ ŋɔŋ^{31} tsɔ^{22} tsɔ^{22}	—	—	—	迷咗 mai^{22} tsɔ^{55}	—	—
发抖	颤□ tsen^{33} sai^{33}	—	身颤 sin^{44} tsan^{44}	—	—	—	—
哮喘	扯气 tsʰia^{33} hei^{33}	—	唔够气 m̩^{22} kau^{44} hi^{44}	敨气唔顺 hɛu^{55} hi^{44} m̩^{22} sun^{31}	—	—	—
便秘	结屎 ket^5 si^{55}	—	—	—	湿热₍避₎ sip^5 ŋɛt^2	—	—
拉肚子	滮屎 piau^{33} si^{55}	—	泄屎 ɬɛ^{44} si^{55}	—	—	—	—
疟疾	滮屎 piau^{33} si^{55}	—	—	打发冷 a^{55} fat^3 laŋ^{55}	—	—	—
唔消化	唔消化 m̩^{22} ɬiau^{33} fa^{33}	—	—	—	喫滞 hɛt^5 tsai^{31}	—	喫滞 hɛt^5 tsai^{31}
疝气	小肠气 ɬeu^{55} tsʰiɔŋ^{22} hei^{33}	肠气 tsʰiaŋ^{22} hi$^{44-35}$	—	—	—	—	—
瘫痪	瘫痪 hɔŋ^{33} hun$^{31-35}$	—	手痹脚痹 siu^{55} pi^{44} kiak^3 pi^{44}	唔郁得₍避₎ m̩^{22} uk^3 ak^5	—	—	—
过敏	过敏 kɔ^{33} men$^{55-31}$	—	—	敏感 man$^{31-55}$ kam^{55}	敏感 man^{55} kim^{55}	敏感 man^{55} kam^{55}	敏感 mun^{31} kan^{55}
抑郁症	抑郁 ŋet^5 vut^5	—	好闷 hɔ^{44} mɔn^{21}	失忆 sit^5 ŋek^5	—	—	—

续表 3-50

条目	方言						
	广东台山话	三藩市台山话	洛杉矶台山话	纽约台山话	芝加哥台山话	波特兰台山话	圣安东尼奥台山话
自闭症	自闭 tu^{31} pai^{33}	—	—	□呖$_{避}$, 方言原义: 不能干 mak^2 liak^5/唔聪明$_{避}$ m^{22} ts^{h}uŋ^{44} meŋ^{22}	—	—	—
心脏病	心脏病 ɬim^{33} tɔŋ^{31} piaŋ^{31}	—	心病 ɬim^{44} piaŋ^{21}	—	—	心病 sim^{44} pɛŋ^{31}	—
粉刺	小米$_{避}$ ɬeu^{55} mai^{55}	酒米$_{避}$ tiu^{55} mai^{55}	烂皮 lan^{21} p^{h}i^{22}	—	—	疮 ts^{h}ɔŋ$^{44-31}$	—
狐臭	臭狐 ts^{h}iu^{33} vu^{22}	—	—	身臭 san^{44} ts^{h}iu^{44}	—	臭 ts^{h}iu^{44}	—
淤血	黑血 hak^5 hut^3	—	—	—	—	蓝蓝黑黑 lam^{22} lam^{22} hak^5 hak^5	—
输液	吊糖 iau^{33} hɔŋ$^{22-35}$	吊盐水 jau^{44} jam^{22} sui^{55}	—	—	—	—	吊盐水 ɛu^{44} jim^{22} sui^{55}
近视	近视 kai^{33} kai^{33}/四眼 ɬei^{31} ŋan^{55}	—	唔好眼 m̩^{22} hɔ^{44} ŋan^{55}	—	—	—	—
老花	老花 lou^{55} fa^{33}	—	唔好眼 m̩^{22} hɔ^{44} ŋan^{55}	—	—	—	—
(皮肤)皲裂	裂手裂脚 let^2 ɬiu^{55} let^2 kiak^3	—	裂皮 lek^2 p^{h}i^{22}	裂开 lɛt^2 hɔi^{44}	—	—	裂皮 lɛt^2 p^{h}ei^{22}
瘟疫	瘟疫 vun^{33} jek^2	—	—	—	发瘟 fat^3 wun^{44}	—	—
禽流感	禽流感 k^{h}am^{22} liu^{22} kam^{55}	—	—	疯雀 fuŋ^{44} tɛk^3	发鸡瘟 fat^3 kai^{44} wun^{44}	—	—

续表 3-50

条目	方言						
	广东台山话	三藩市台山话	洛杉矶台山话	纽约台山话	芝加哥台山话	波特兰台山话	圣安东尼奥台山话
吸毒者	白粉仔 pak² fun⁵⁵ tsɔi⁵⁵	—	喫药人 hɛt³ jɛk² ŋin²²	—	喫烟丝﹝避﹞ hɛt⁵ jin⁴⁴ si⁴⁴	使毒药 sɔi⁵⁵ uk² jɔk²⁻³⁵	—
戒口	禁口 kʰim³³ heu⁵⁵	—	—	—	—	唔好喫 m²² hou⁵⁵ hɛt³	—
斋戒	—	—	斋 tsai⁴⁴	—	—	—	守斋 siu⁵⁵ tsai⁴⁴
看病	睇医生 hai⁵⁵ ji³³ saŋ³³	—	—	—	—	等医生 taŋ⁵⁵ ji⁴⁴ saŋ⁴⁴	—
X 光	X 光 ek⁵ si²² kɔŋ³³	—	照 tsiu⁴⁴	—	—	—	—
体检	体检 hai⁵⁵ kiam⁵⁵	—	—	—	验身 jim³¹ ɬan⁴⁴	—	—
做手术	做手术 tu²² ɬiu⁵⁵ sut²	—	—	—	劏 tʰɔŋ⁴⁴ / 做手术 tu³¹ siu⁵⁵ sut²	劏 hɔŋ⁴⁴	—
号脉	摸脉 mɔ³³ mak²	—	摸心 mu⁴⁴ ɬim⁴⁴	—	—	—	—
中药	中药 tsəŋ³³ jɔk²	—	唐人药 hɔŋ²² ŋin²² jɛk²	唐药 tʰɔŋ²² jɛk²	—	—	唐药 hɔŋ²² jɛk²
处方	处方 tsʰui³³ fɔŋ³³ / 喊医生执几味 ham³³ ji³³ saŋ³³ tsap⁵ ki⁵⁵ mei³¹	—	—	—	医生纸 ji⁴⁴ saŋ⁴⁴ tsi⁵⁵	—	—
熬药	煲茶﹝避﹞pou³³ tsʰa²²	—	—	—	煲药材 pɔ⁴⁴ jɛk² tʰɔi²²	—	—

续表 3-50

条目	方言						
	广东台山话	三藩市台山话	洛杉矶台山话	纽约台山话	芝加哥台山话	波特兰台山话	圣安东尼奥台山话
安乐死	安乐死 ɔn³³ lɔk² ɬei⁵⁵	—	—	—	—	—	去安乐 hui⁴⁴ ɔn⁴⁴ lɔk²/安乐死 ɔn⁴⁴ lɔk² ɬi⁵⁵
办丧事	办丧事 pan³¹ ɬoŋ³³ ɬu³¹	—	—	—	—	出丧 tsʰut⁵ ɬoŋ⁴⁴	办丧 pan³¹ ɬoŋ⁴⁴
出殡	出殡 tsʰut⁵ pin³³	—	—	—	—	出丧 tsʰut⁵ ɬoŋ⁴⁴	送丧 ɬuŋ⁴⁴ ɬoŋ⁴⁴
入殓	入殓 jip²⁻⁵ jiam³¹	—	—	—	—	入棺材 ŋip² kun⁴⁴ tsʰɔi²²	—
夭折	夭折 jau³³ tset⁵	—	—	—	早早死 tou⁵⁵ tou⁵⁵ ɬi⁵⁵	—	—
棺材	棺材 kan³³ tʰɔ²²	—	个木盒避 kɔ⁴⁴ muk² hap²	—	—	—	—
土葬	土葬 tʰu⁵⁵ toŋ³³	—	—	地葬 i³¹ tsɔŋ⁴⁴	—	—	—
抬棺人	大力佬避 ai³¹ let² lou⁵⁵	—	—	—	扶材避 fu²² tʰɔi²²	扶材避 fu²² tʰɔi²²	—

说明：

洛杉矶台山话以"摸心 mu⁴⁴ ɬim⁴⁴"对应词条"摸脉"，恐与西医摸脉搏数心跳有关。

表 3-51　6 个广府话有关人体器官、疾病、红白喜事的创新说法

条目	方言						
	广东广州话	三藩市广府话	洛杉矶广府话	纽约广府话	芝加哥广府话	波特兰广府话	休斯敦广府话
囟门	囟门 sœn³⁵ mun²¹	—	头壳顶 tʰɐu²¹ hɔk³ tɛŋ³⁵	—	—	—	—
太阳穴	云精 wɐn²¹ tsɛŋ⁵⁵	—	—	—	头侧 tʰɐu²¹ tsɐk⁵		
擤鼻涕	擤鼻涕 sɐŋ³³ pei²² tɐi³³	吹鼻涕 tsʰœy⁵⁵ pei²² tɐi³³	—	—	—		
胭_{指纹}	胭 lɔ²¹	—	指纹 tsi³⁵ mɐn²¹	手指纹 sɐu³⁵ tsi³⁵ mɐn²¹	指纹 tsi³⁵ mɐn²¹ / 圆指纹 jyn²¹ tsi³⁵ mɐn²¹	指纹 tsi³⁵ mɐn²¹	
簸箕_{指纹}	簺 tsʰam³⁵	—	指纹 tsi³⁵ mɐn²¹	手指纹 sɐu³⁵ tsi³⁵ mɐn²¹	指纹 tsi³⁵ mɐn²¹	指纹 tsi³⁵ mɐn²¹	—
胸脯	心口 sɐm⁵⁵ hɐu³³				胸围 huŋ⁵⁵ wɐi²¹		
①乳房/②乳头	①乳房 jy¹³ fɔŋ²¹/②奶头 nai¹³ tʰɐu²¹	—	—	—	①②胸_避 huŋ⁵⁵	①②胸_避 huŋ⁵⁵	
①手/②手腕/③胳膊	①手 sɐu³⁵/②手腕 sɐu³⁵ wun³⁵/③手臂 sɐu³⁵ pei³³	—	③上肩 sœŋ²² kin⁵⁵	—	①②③手 sɐu³⁵	—	①②手 sɐu³⁵
小腿	脚瓜囊 kœk³ kœk³ lɔŋ²¹⁻⁵⁵/小腿 siu³⁵ tʰœy³⁵			下腿 ha²² tʰœy³⁵	小髀 siu³⁵ pei³⁵		脚髀 kœk³ pei³⁵

续表 3-51

条目	方言						
	广东广州话	三藩市广府话	洛杉矶广府话	纽约广府话	芝加哥广府话	波特兰广府话	休斯敦广府话
胯裆	髀嚹 pei³⁵ la³³	—	—	—	—	裤浪⁼避 fu³³ lɔŋ²²	—
脚/脚掌	脚掌 kœk³ tsœŋ³⁵	—	—	—	脚板 kœk³ pan³⁵	—	—
踝骨	脚眼 kœk³ ŋan¹³	—	—	骨较 kwɐt⁵ kau³³	—	—	—
（皮肤上的）污垢	老泥 lou¹³ nɐi²¹	—	—	污糟 wu⁵⁵ tsou⁵⁵	—	—	—
同居	同居 tʰuŋ²¹ kœy⁵⁵	—	—	—	—	—	住一起 tsy²² jɐt⁵ hei³⁵
分居	分居 fɐn⁵⁵ kœy⁵⁵	—	—	—	—	—	分开 fɐn⁵⁵ hɔi⁵⁵
赴宴	去饮 hœy³³ jɐm³⁵	饮酒 jɐm³⁵ tsɐu³⁵	饮酒 jɐm³⁵ tsɐu³⁵	—	—	—	去饮酒 hœy³³ jɐm³⁵ tsɐu³⁵
接生	接生 tsip³ saŋ⁵⁵	—	—	—	接收 tsip³ sɐu⁵⁵	—	—
难产	难产 nan²¹ tsʰan³⁵	—	—	—	—	生唔出 saŋ⁵⁵ m̩²¹ tsʰœt⁵	生唔出 saŋ⁵⁵ m̩²¹ tsʰœt⁵
剖腹产	剖腹产 pʰɐu³⁵ fuk⁵ tsʰan³⁵	—	开刀 hɔi⁵⁵ tou⁵⁵	—	—	劏肚 tʰɔŋ⁵⁵ tʰou¹³	开刀 hɔi⁵⁵ tou⁵⁵
哮喘	扯虾 tsʰan³⁵ ha⁵⁵	—	扯气 tsʰɛ³⁵ hei³	—	—	—	—
不消化	食滞 sek² tsɐi²²/唔消化 m̩²¹ siu⁵⁵ fa³³	—	—	消化唔倒 siu⁵⁵ fa³³ m̩²¹ tou³⁵	—	—	—

续表 3-51

条目	方言						
	广东广州话	三藩市广府话	洛杉矶广府话	纽约广府话	芝加哥广府话	波特兰广府话	休斯敦广府话
瘫痪	瘫痪 $t^han^{55}wun^{22}$	—	—	草人瘫$ts^hou^{35}jɐn^{21}$	—	—	—
结痂	结痂 $kit^3 ka^{55}$	—	结死皮 $kit^3 sei^{33} p^hei^{21}$	—	—	—	—
抑郁症	抑郁症 $jek^5 wɐt^5 tseŋ^{33}$	—	—	—	唔开心 $wu^{21} hɔi^{55} sɐm^{55}$	—	—
过敏	过敏 $kwɔ^{33} mɐn^{13}$	—	敏感 $mɐn^{13} kɐn^{35}$/过敏 $kwɔ^{33} mɐn^{13}$	敏感 $mɐn^{35}$	感冒 $kɐm^{35} mou^{22}$/过敏 $kwɔ^{33} mɐn^{13}$	敏感 $mɐn^{35} kɐm^{35}$	—
心脏病	心脏病 $sɐm^{55} tsɔŋ^{22} pɛŋ^{22}$	—	—	—	—	心病 $sɐm^{55} pɛŋ^{22}$	—
（皮肤）皲裂	爆坼 $pau^{33} ts^hak^3$	—	—	蛇皮 $sɛ^{21} p^hei^{21}$	爆皮 $pau^{33} p^hei^{21}$	—	裂开 $lit^2 hɔi^{55}$
体检	体检 $t^hei^{35} kim^{35}$	—	—	—	—	检查 $kim^{35} ts^ha^{21}$	检查 $kim^{35} ts^ha^{21}$
输液	打吊针 $ta^{35} tiu^{33} tsɐm^{55}$	吊糖 $tiu^{33} t^hɔŋ^{21}$	吊盐水 $tiu^{33} jim^{21} sœy^{35}$	—	—	吊水 $tiu^{33} sœy^{35}$	—
吸毒者	白粉仔 $pak^2 fɐn^{35} tsɐi^{35}$	—	食白粉 $sek^2 pak^2 fɐn^{35}$	—	—	—	—
斋戒	斋戒 $tsai^{55} kai^{33}$	唔食嘢 $m^{21} sek^2 jɛ^{13}$	—	—	唔食嘢 $m^{21} sek^2 jɛ^{13}$	—	—
中药	中药 $tsuŋ^{55} jœk^2$	—	唐药 $t^hɔŋ^{21} jœk^2$	—	—	—	—
处方	处方 $ts^hy^{13} fɔŋ^{55}$	—	—	—	—	单方 $tan^{55} fɔŋ^{55}$	—

续表 3-51

条目	方言						
	广东广州话	三藩市广府话	洛杉矶广府话	纽约广府话	芝加哥广府话	波特兰广府话	休斯敦广府话
去世	过身 kwɔ³³ sɐn⁵⁵ / 走咗避 tsɐu³⁵ tsɔ³⁵ / 去咗大烟通贬 hœy³³ tsɔ³⁵ tai²² jin⁵⁵ tʰuŋ⁵⁵	—	—	—	丁咗避 teŋ⁵⁵ tsɔ³⁵	—	—
安乐死	安乐死 ɔn⁵⁵ lɔk² sei³⁵	—	—	—	帮人自杀帮人安乐死 pɔŋ⁵⁵ jɐn²¹ tsi²² sat³	—	—
办丧事	办白事 pan²² pak² si²²	—	—	—	摆丧礼 pai³⁵ sɔŋ⁵⁵ lɐi¹³	—	—
火葬	火葬 fɔ³⁵ tsɔŋ³³	—	—	—	烧尸体 siu⁵⁵ si⁵⁵ tʰɐi³⁵	—	—
出殡	出殡 tsʰœt⁵ pɐn³³	—	—	—	丧礼 sɔŋ⁵⁵ lɐi¹³	—	—
下葬	落葬 lɔk² tsɔŋ³³	—	—	—	埋地 mai²¹ tei²²	—	—

说明：

三藩市、芝加哥广府话的 "唔食嘢 m̩²¹ sek² jɛ¹³" "唔食嘢 m̩²¹ sek² jɛ¹³" 均表达了当地华人对"斋戒"的理解，就是不吃东西。

3.2.1.1.8 有关经济生产的（见表3-52、表3-53）

表3-52　6个台山话有关经济生产的创新说法

条目	方言						
	广东台山话	三藩市台山话	洛杉矶台山话	纽约台山话	芝加哥台山话	波特兰台山话	圣安东尼奥台山话
施肥	下肥 ha^{33} fei^{22}	肥泥 fei^{22} lai^{22}	—	担屎 am^{44} si^{55}	—	—	—
赶集	当墟 aŋ^{33} hui$^{33-31}$	买餸 买菜 mai^{55} suŋ^{31}	去买嘢 去买东西 hui^{44} mai^{55} jɛ^{21}	去买嘢 去买东西 hui^{44} mai^{31} jɛ^{55}	—	买嘢 买东西 mai^{44} jɛ^{31}	去铺头 去商店 hui^{44} pʰu^{44} hai^{22}
去城里	去城 hui^{31} siaŋ$^{22-35}$	出去 tsʰut^{5} hui^{44}	入埠 jip^{2} fau^{21}	去过埠 hui^{44} kɔ^{44} fau^{31}	出埠 tsʰut^{5} fɛu^{31}	—	去埠 hui^{44} fan^{31}
筑坝	□基 sak^{5} kei^{22}	—	—	起水塘 hi^{55} sui^{55} hɔŋ^{22}	—	起水闸 hi^{55} sui^{55} tsap^{2}	—
碾米	绞米 kau^{55} mai^{55}	—	—	去糠 hui^{44} hɔŋ^{44}	—	—	—
超时工作	加班 ka^{33} pan^{33}	—	—	—	加钟 ka^{44} tsuŋ^{44}	—	做过头 tu^{31} kuɔ^{44} hai^{22}
兼职	兼职 kiam^{33} tsek^{5}	—	—	—	散工 łan^{44} kuŋ^{44}	暂时 tsam^{31} si^{22} / *	半日 pɔn^{44} ŋit^{2}/散工 łan^{55} kuŋ^{44}
全职	全职 tʰun^{22} tsek^{2}	—	—	—	全工 tsʰun^{22} kuŋ^{44}	—	成日 整天 sɛŋ^{22} ŋit^{2}
时兴	时兴 si^{22} hen^{33}	—	好架势 hɔ^{44} ka^{44} sai^{44}	—	—	—	—
厂房	厂房 tsʰɔŋ^{55} fɔŋ^{22}	—	—	—	货仓 fɔ^{44} tsʰɔŋ^{44}	工厂 kuŋ^{44} tsʰɔŋ^{55}	—
商标	商标 siaŋ^{33} piau^{33}	—	—	—	牌 pʰai$^{22-35}$	—	招牌纸 tsɛu^{55} pʰai^{22} tsi^{55}
买东西	买嘢 mai^{33} jɛ^{55}	—	—	—	行公司 逛公司 haŋ^{22} kuŋ^{44} łu^{44}	—	—

续表 3-52

条目	方言						
	广东台山话	三藩市台山话	洛杉矶台山话	纽约台山话	芝加哥台山话	波特兰台山话	圣安东尼奥台山话
叫卖	叫卖 kiu^{33} mai^{31}	—	—	—	—	—	喊人 ham^{44} ŋin^{22}
透支	透支 heu^{33} tsi^{33}	—	—	—	超过 tsʰiu^{44} kuɔ^{44}/*	用过龙 juŋ^{31} kuɔ^{44} luŋ^{22}	—
①特价/②打折	①特价 ak^3 ka^{33}／②打折 a^{33} tset^3	—	①②减价 kam^{55} ka^{44}	—	—	—	—
二手货	二手货 ŋi^{22} ɬiu^{55} fɔ^{33}	—	用 货 用过的货 juŋ^{21} fɔ^{44}	—	—	—	—
分期付款	分期付款 fun^{33} kʰi^{22} fu^{31} fun^{55}	—	—	个个月羿钱 这是分期付款的方式，以方式指代行为 kɔ^{44} kɔ^{44} ŋut^{2} i^{55} tʰɛn$^{22-35}$	—	—	—
跳蚤市场	—	—	—	虱嫲市场 sɛt^5 na^{55} si$^{55-31}$ tsʰɛŋ^{22}	—	街市 kai^{44} si$^{31-35}$	—
市场	市场 si$^{55-31}$ tsʰiaŋ$^{22-35}$	—	铺头 方言原义：商店 pʰu^{44} hau^{22}	—	—	—	—
超市	超市 tsʰiau^{33} si$^{55-21}$	—	大铺头 方言原义：大商店 ai^{31} pʰu^{44} hau^{22}	—	货仓 美国的大型超市往往像大货仓 fɔ^{44} tsʰɔŋ^{44}／大杂货铺 ai^{31} tsap^2 fɔ^{44} pʰu^{44}	—	—

续表 3-52

条目	方言						
	广东台山话	三藩市台山话	洛杉矶台山话	纽约台山话	芝加哥台山话	波特兰台山话	圣安东尼奥台山话
商场优惠券	商场优惠券 siaŋ³³ tsiaŋ²² jiu³³ fei³¹ kun³¹⁻³⁵	—	减价票 kam⁵⁵ ka⁴⁴ pʰiau²¹	—	—	—	—
信用卡	信用卡 ɬin³³ juŋ³¹ kʰa³³	—	—	—	—	—	赊数卡 sɛ⁴⁴ ɬu⁴⁴ kʰak⁵
透支	透支 heu³³ tsi³³	—	唔够银m̩²² kau⁴⁴ ŋan²²⁻³⁵	—	—	—	支过龙 tsi⁴⁴ kuɔ⁴⁴ luŋ²²
贷款	贷款 hai³³ fɔn⁵⁵	—	借 tɛ⁴⁴	—	借 tsɛ⁴⁴	—	去生银 hui⁴⁴ saŋ⁴⁴ ŋan²²⁻³⁵
讲信用	讲信用 kɔŋ⁵⁵ ɬin³³ juŋ³¹	—	信渠 sin⁴⁴ kʰui²¹	—	—	—	—
不讲信用	唔讲信用 m̩²² kɔŋ⁵⁵ ɬin³³ juŋ³¹	—	唔可信 m̩²² hɔ⁵⁵ sin⁴⁴	—	—	—	—
畅销	好卖 hou⁵⁵ mai³¹	便嘢 pʰiaŋ²² jɛ³¹	—	—	—	—	—
滞销	唔好卖 m̩²² hou⁵⁵ mai³¹	—	—	—	—	短货 tɔn⁵⁵ fɔ⁴⁴/唔好卖 m̩²² hou⁵⁵ mai³¹	—
富裕	有钱 iu⁵⁵ tʰen²²	—	—	—	—	—	有银 jiu⁵⁵ ŋan²²⁻³⁵
备用	备用 pei³¹ juŋ³¹	—	—	—	—	—	好来使 hou⁵⁵ lɔi²² sɔi⁵⁵

续表 3-52

条目	方言						
	广东台山话	三藩市台山话	洛杉矶台山话	纽约台山话	芝加哥台山话	波特兰台山话	圣安东尼奥台山话
外卖	外卖 ŋɔi³¹ mai³¹	—	—	—	—	打包 a⁵⁵ pau⁴⁴	—
贩子	小贩 ɬeu⁵⁵ fan⁵⁵	—	—	卖嘢卖东西(的) mai³¹ jɛ⁵⁵	—	—	—
盘点	盘点 pɔn²² tam⁵⁵	数嘢 sou⁵⁵ jɛ³¹	点货 tiam⁵⁵ fɔ⁴⁴	—	点货 tiam⁵⁵ fɔ⁴⁴	点数 tim⁵⁵ ɬu⁴⁴	点数 ɛm⁵⁵ sou⁴⁴
柜台	柜台 kei³¹ hɔi²²⁻³⁵	—	—	个枱 kɔ⁴⁴ hɔi²²	银柜 ŋan²² kui³¹	—	柜面 kuai³¹ man³¹⁻³⁵
歇业	执笠 tsap⁵ lap⁵/收水 ɬiu³³ ɬui⁵⁵	—	停生意 heŋ²² saŋ⁴⁴ ji⁴⁴	—	—	唔做避 m²² tu³¹	—
师傅	师傅 ɬu³³ fu³¹⁻³⁵	大师 ai³¹ si⁴⁴	—	—	—	—	—
计算器	计算器 kai³³ ɬɔn³³ hei³³	计算机 kai⁴⁴ sɔn⁴⁴ ki⁴⁴	计字机 kai⁴⁴ tu²¹ ki⁴⁴	计数机 kai⁴⁴ ɬu⁴⁴ ki⁴⁴	计数机 kai⁴⁴ ɬu⁴⁴ ki⁴⁴	—	银柜 ŋan²² kei³¹
收款机	收款机 ɬiu³³ fɔn⁵⁵ kei³³	—	—	收钱机 ɬiu⁴⁴ tsʰin²²⁻³⁵ ki⁴⁴	—	—	—
光顾	帮衬 pɔŋ³³ tsʰin³³	欢迎 huɔn⁴⁴ jeŋ²²	陪 pʰɔi²²	—	—	—	—
退货	回尾 vɔi²² mei⁵⁵/退货 hui³³ fɔ³³	—	揸返来 tsa⁴⁴ fan⁴⁴ lɔi²²	—	—	—	打回头 ta⁵⁵ wui²² hau²²
降价	降价 kɔŋ³³ ka³³	—	减价钱 kam⁵⁵ ka⁴⁴ tʰɛn²²	—	—	—	—
赊账	赊 ɬia³³	—	—	—	信用 ɬun⁴⁴ juŋ³¹	—	—
欠账	欠数 him³³ ɬu³³⁻³⁵	—	—	—	—	—	差银欠钱 tsʰa⁴⁴ ŋan²²⁻³⁵

续表 3-52

条目	方言						
	广东台山话	三藩市台山话	洛杉矶台山话	纽约台山话	芝加哥台山话	波特兰台山话	圣安东尼奥台山话
要账	追数 tsui^{33} łu$^{33-35}$	—	喊人畀返钱 ham^{44} ŋin^{22}ei^{55} fan^{44}t^{h}ɛn^{22}	—	追债 tsui^{44} tsai^{44}/攞返啲银 hɔ^{55} fan^{44}ti^{44} ŋan$^{22-35}$	—	—
收款机	收款机 łiu^{33} fɔn^{55}kei^{33}	—	银具 ŋan^{22} kui^{21}	—	收银柜 siu^{44} ŋan^{22}kui^{31}	—	收银机 siu^{44} ŋan^{22}kei^{44}
计算器	计算器 kai^{33} łɔn^{33}hei^{33}	—	—	—	计算机 kai^{44} sun^{44}ki^{44}	—	—
算盘	算盘 łɔn^{33} p^{h}ɔn^{22}	—	□□ma^{22} k^{h}i$^{22-35}$	—	—	—	—
开支	使用 łɔi^{55} juŋ^{31}/使钱 łɔi^{55}t^{h}en^{22}	—	—	—	消费 siau^{44} fi^{31}	—	支数 tsi^{44} su^{44}
纸币	银纸 ŋin^{22} tsi^{55}	—	—	纸钱 tsi^{55} t^{h}ɛn^{22}	—	—	—
整钱	成张 siaŋ^{22} tsiaŋ^{33}	—	大银 ai^{31} ŋan$^{22-35}$	—	—	—	大洋 ai^{31} jɛŋ$^{22-35}$/大纸 ai^{31}tsi^{55}
零钱	散纸 łan^{55} tsi^{55}	—	碎银 łui$^{21-55}$ ŋan$^{22-35}$	—	—	—	—
亏本	蚀本 set^2 pɔn^{55}	—	蚀银 si^{44} ŋan$^{22-35}$	输本 łu^{44} pun^{55}	—	—	—
牛市	牛市 ŋeu^{22} łi^{31}	—	—	—	—	—	好市情 hou^{55} si$^{31-35}$ts^{h}eŋ^{22}
熊市	熊市 həŋ^{22} łi^{31}	—	—	—	—	—	唔好市情 m^{22}hou^{55} si$^{31-35}$ts^{h}eŋ^{22}

449

说明：

（1）汉语普通话的"施肥"，三藩市台山话说"肥泥 fei²² lai²²"，意思是"使泥肥"；纽约台山话说"担屎 am⁴⁴si⁵⁵"，指的是农民施肥时的一种行为，发音人说，他回广东祖籍地台山时，见过农民挑粪下田。

（2）有的条目华人的说法可能是对词条的错误理解造成的，如洛杉矶台山话用"陪 pʰɔi²²"表示普通话"光顾"的意思。

（3）普通话的"计算器"，波特兰台山话叫"计算机 kai⁴⁴sun⁴⁴ki⁴⁴"，混淆了"计算器"和"计算机"。下面洛杉矶和纽约的广府话对应"计算器"的说法"计算机 kai⁴⁴sun⁴⁴ki⁴⁴"也是这个问题。

（4）芝加哥台山话将普通话的"超市"叫"货仓 fɔ⁴⁴tsʰɔŋ⁴⁴/大杂货铺 ai³¹tsap²fɔ⁴⁴pʰou⁴⁴"。美国的超市，尤其是大型超市确实有些像货仓、大杂货铺。

表 3-53　6 个广府话有关经济生产的创新说法

条目	方言						
	广东广州话	三藩市广府话	洛杉矶广府话	纽约广府话	芝加哥广府话	波特兰广府话	休斯敦广府话
种田	耕田 kaŋ⁵⁵tin²¹	种嘢 tsuŋ³³jɛ¹³	—	—	—	—	—
赶集	趁墟 tsʰɐn³³hœy⁵⁵	买餸 mai¹³suŋ³³	去买餸 hœy³³mai¹³suŋ³³	—	去买餸 hœy³³mai¹³suŋ³³	—	—
去城里	入城 jɐp²sɛŋ²¹⁻³⁵	—	出街 tsʰœt⁵kai⁵⁵	过埠 kwɔ³³fɐu²²	—	去城市 hœy³³sɛŋ²¹si¹³	—
抽干水塘	干塘 kɔn⁵⁵tʰɔŋ²¹	—	—	—	干湖 kɔn⁵⁵wu²¹	—	—
筑坝	作塝 tsɔk³pɔk³	起嘢 hei³⁵jɛ¹³	—	—	—	—	—
筑堤	作塝 tsɔk³pɔk³	起嘢 hei³⁵jɛ¹³	—	—	—	—	—
超时工作	加班 ka⁵⁵pan⁵⁵	—	过钟 kwɔ³³tsuŋ⁵⁵	—	做过时 tsou²²kwɔ³³si²¹/*	—	—
兼职	兼职 kim⁵⁵tsek⁵	—	半工 pun³³ŋuŋ⁵⁵	—	—	—	—

续表 3-53

条目	方言						
	广东广州话	三藩市广府话	洛杉矶广府话	纽约广府话	芝加哥广府话	波特兰广府话	休斯敦广府话
全职	全职 tsʰyn²¹ tsek⁵	—	—	长工 tsʰœŋ²¹ kuŋ⁵⁵	—	—	—
时兴	时兴 si²¹ heŋ⁵⁵/新潮 sɐn⁵⁵ tsʰiu²¹	—	—	好潮 hou³⁵ tsʰiu²¹	—	—	—
①工厂/②厂房	①工厂 kuŋ⁵⁵ tsʰɔŋ³⁵/②厂房 tsʰɔŋ³⁵ fɔŋ²¹	①②厂 tsʰɔŋ³⁵	—	—	—	—	①②工厂 kuŋ⁵⁵ tsʰɔŋ³⁵
特价	特价 tɐt² ka³³	—	—	—	—	平价 pʰɛŋ²¹ ka³³	—
买东西	买嘢 mai¹³ jɛ¹³	—	—	—	—	行街 haŋ²¹ kai⁵⁵	—
二手货	二手货 ji²² sɐu³⁵ fɔ³³	—	—	—	—	—	旧料 kɐu²² liu²²⁻³⁵
早市	早市 tsou³⁵ si¹³	—	—	—	日头街市 jɐt² tʰɐu²¹⁻³⁵ kai⁵⁵ si¹³/早市 tsou³⁵ si¹³	—	—
跳蚤市场	跳蚤市场 tʰiu³³ tsou³⁵ si¹³ tsʰœŋ²¹	—	—	—	走鬼街 tsɐu³⁵ kwɐi³⁵ kai⁵⁵	—	市场 si¹³ tsʰœŋ²¹
车库销售	—	—	—	—	摆係门口卖嘢 pai³⁵ hɐi³⁵ mun²¹ hɐu³⁵ mai²² jɛ¹³	—	—
商场优惠券	优惠券 jɐu⁵⁵ wɐi²² kyn³³	—	—	—	减价票 kam³⁵ ka³³ pʰiu³³/*	—	—

续表 3-53

条目	方言						
	广东广州话	三藩市广府话	洛杉矶广府话	纽约广府话	芝加哥广府话	波特兰广府话	休斯敦广府话
透支	透支 $t^h ɐu^{33}$ tsi^{55}	—	—	—	攞过龙 $lɔ^{35}$ $kwɔ^{33} luŋ^{21}$ / 透支 $t^h ɐu^{33}$ tsi^{55}	用过头 $juŋ^{22} kwɔ^{33}$ $t^h ɐu^{21}$	—
信用卡	信用卡 $sœn^{33} juŋ^{22}$ $k^h a^{55}$	卡 $k^h a^{55}$	—	—	—	—	—
贷款	贷款 $t^h ai^{22}$ fun^{35}	—	—	—	借钱 $tsɛ^{33}$ $ts^h in^{21-35}$	—	—
讲信用	讲信用 $kɔŋ^{35} sœn^{33}$ $juŋ^{22}$	—	—	—	信得过 $sœn^{33} tɐt^5$ $kwɔ^{33}$	—	—
不讲信用	唔讲信用 $m̩^{21} kɔŋ^{35}$ $sœn^{33} juŋ^{22}$	—	—	—	唔信得过 $m̩^{21} sœn^{33}$ $tɐt^5 kwɔ^{33}$	—	—
摆摊	摆档 pai^{35} $tɔŋ^{33}$	—	—	—	开铺 $hɔi^{55}$ $p^h ou^{33}$	—	—
贩子	小贩 siu^{35} fan^{35}	—	—	—	经纪 $keŋ^{55}$ kei^{35}	—	—
开张	开张 $hɔi^{55}$ $tsœŋ^{55}$	—	—	—	—	—	开门 $hɔi^{55}$ mun^{21}
盘点	盘点 $p^h un^{21}$ tim^{35}	数嘢 sou^{35} $jɛ^{13}$	点存货 tim^{35} $ts^h yn^{21} fɔ^{33}$	—	点货 tim^{35} $fɔ^{33}$	—	—
歇业	执笠 $tsɐp^5$ $lɐp^5$	—	闩门_避 san^{55} mun^{21}	—	—	唔做_避 $m̩^{21}$ $tsou^{22}$	关门_避 $kwan^{55}$ mun^{21}
柜台	柜台 $kwɐi^{22}$ $t^h ɔi^{21}$	—	—	前台 $ts^h in^{21}$ $t^h ɔi^{21}$	—	—	—
要账	追数 $tsœy^{55}$ sou^{33}	—	追还 $tsœy^{55}$ wan^{21}	—	嗌人还钱 $ŋai^{33} jɐn^{21}$ wan^{21} $ts^h in^{21-35}$	—	—

续表 3-53

条目	方言						
	广东广州话	三藩市广府话	洛杉矶广府话	纽约广府话	芝加哥广府话	波特兰广府话	休斯敦广府话
师傅	师傅 si^{55} fu^{35}	—	—	—	有料_{有本事} 伙计 jɐu^{13} liu$^{22-35}$ fɔ^{35} kei^{33}	—	—
计算器	计算器 kɐi^{33} syn^{33} hei^{33}	—	计算机 kɐi^{33} syn^{33} kei^{55}	计算机 kɐi^{33} syn^{33} kei^{55}	计数机 kɐi^{33} sou^{33} kei^{55}	—	—
算盘	算盘 syn^{33} pʰun^{21}	—	—	心珠算 sɐm^{55} tsy^{55} syn^{33}	—	—	—
开支	开支 hɔi^{55} tsi^{55}	消费 siu^{55} fɐi^{33}	—	—	—	—	—
整钱	大纸 tai^{22} tsi^{35}	—	—	—	—	成张_{意：整张的大钱} sɛŋ^{22} tsɛŋ^{44}	—
凑钱	夹钱 kap^{3} tsʰin$^{21-35}$	—	—	—	游水钱 jɐu^{21} sœy^{35} tsʰin$^{21-35}$／夹钱 kap^{3} tsʰin$^{21-35}$	—	—
股票涨	升 sɛŋ^{55}	股升 ku^{35} sɛŋ^{55}	—	—	—	—	—

说明：

芝加哥广府话以"干湖 kɔn^{55} wu^{21}"指代"干塘"，说明发音人"湖""塘"概念不分。

3.2.1.1.9 有关文化教育、娱乐、宗教活动等的（见表3-54、表3-55）

表3-54 6个台山话有关文化教育、娱乐、宗教活动等的创新说法

条目	方言						
	广东广州话	三藩市台山话	洛杉矶台山话	纽约台山话	芝加哥台山话	波特兰台山话	圣安东尼奥台山话
（学校） ①寒假/ ②暑假/ ③春假	①寒假 hɔn²² ka³³/①新年假 łin³³ nen²² ka³³/②暑假 si⁵⁵ ka³³	①②③放假 fɔŋ⁴⁴ ka⁴⁴	①③放假 fɔŋ⁴⁴ ka⁴⁴	①圣诞假 seŋ⁴⁴ an⁴⁴ ka⁴⁴	①圣诞假 seŋ⁴⁴ an⁴⁴ ka⁴⁴	①②③放假 fɔŋ⁴⁴ ka⁴⁴	①②③放假 fɔŋ⁴⁴ ka⁴⁴
汉语	汉语 hɔn³³ ŋui³¹⁻³⁵	—	—	唐话 hɔŋ²² wa³¹	唐话 hɔŋ²² wa³¹⁻³⁵/亚洲文 a⁴⁴ tsiu⁴⁴ mun²²	中文 tsuŋ⁴⁴ man²²	中文 tsuŋ⁴⁴ mun²²
广府话	广府话 kɔŋ⁵⁵ fu⁵⁵ wa³¹⁻³⁵/省话 saŋ³³ wa²¹⁻³⁵	广东话 kɔŋ⁵⁵ tuŋ⁴⁴ wa³¹⁻³⁵	广东话 kɔŋ⁵⁵ tuŋ⁴⁴ wa²¹⁻³⁵	广东话 kɔŋ⁵⁵ tuŋ⁴⁴ wa³¹⁻³⁵	广东话 kɔŋ⁵⁵ tuŋ⁴⁴ wa³¹⁻³⁵	广东话 kɔŋ⁵⁵ tuŋ⁴⁴ wa³¹⁻³⁵	省话 saŋ⁴⁴ wa³¹⁻³⁵/广东话 kɔŋ⁵⁵ tuŋ⁵⁵ wa³¹⁻³⁵
上学	返馆_老_ fan³³ kuɔn⁵⁵/返学 fan³³ hɔk²	—	—	—	上堂_方言原义：上课_ siaŋ⁵⁵ hɔŋ²²	—	—
同学	同学 tʰəŋ²² hɔk²	—	学生朋友 hɔk² saŋ⁴⁴ pʰaŋ²² jiu²¹	—	—	—	—
名片	卡片 kʰa³³ pʰen³¹⁻³⁵	名卡 meŋ²² kʰa⁴⁴	—	—	—	—	—
①执照/ ②驾照/ ③徽章	①执照 tsip⁵ tiau³³/①牌 pʰai²²/②驾驶证 ka³³ sai⁵⁵ tsen³³/②牌 pʰai²²/③胸章 həŋ³³ tsiaŋ³³	—	①②③牌 pʰai²²	①牌 pʰai²²⁻³⁵	①③牌 pʰai²²⁻³⁵	①③牌 pʰai²²	—

续表 3-54

条目	方言						
	广东广州话	三藩市台山话	洛杉矶台山话	纽约台山话	芝加哥台山话	波特兰台山话	圣安东尼奥台山话
①毛笔/②钢笔/③圆珠笔	①毛笔 mou^{22}pit^5/②水笔 sui^{55}pit^5/③原子笔 ŋun^{22}tsi$^{55-21}$pit^5	—	—	—	①②③墨笔 mak^{2}pit^5	—	—
揾笔	蘸 tam^{31}	—	—	—	—	撇 p^{h}ɛk^2	拉 lai^{44}
砚台	墨碗 mak^{2}vun^{55}	—	墨石 mak^{2}sɛk^2	墨水石 mak^{2}sui^{55}sɛk^2	—	—	—
①墨汁/②墨水	①②墨 mak^2	—	①②墨水 mak^{2}sui^{55}	①②墨水 mak^{2}sui^{55}	—	—	—
洇纸	溶水 jəŋ^{22}sui^{55}	—	漏墨水 lau^{21}mak^{2}sui^{55}	—	—	—	—
胶卷	菲林 fei^{33}lim$^{22-35}$	—	—	—	相底 siaŋ^{44}ai^{55}/菲林 fei^{44}lam$^{22-35}$	—	—
逃学	逃学 heu^{22}hɔk^2	—	—	走学 tiu^{55}hɔk^2	—	走鸡 tau^{55}kai^{44}	偷懒 hai^{44}lan^{55}/逃学 hu^{22}hɔk^2
考试失误	考屎 hau^{55}si$^{55-31}$	考衰 hau^{55}łui^{44}	考错 hau^{55}tsʰɔ^{44}	—	—	考错 hau^{55}tʰɔ^{44}	—
邮局	邮局 jiu^{22}kək^2	—	—	—	—	书信馆 si^{44}sin^{44}kun^{55}	—
动画片	动画 əŋ^{31}va$^{31-35}$/公仔戏 kəŋ^{33}tɔi^{55}hei^{31}	—	—	—	—	—	米鼠仔 mai^{55}si^{55}tɔi^{55}/*

续表 3-54

条目	方言						
	广东广州话	三藩市台山话	洛杉矶台山话	纽约台山话	芝加哥台山话	波特兰台山话	圣安东尼奥台山话
电影	影画老 jiŋ^{55} va$^{55-35}$	—	影戏 eŋ$^{55-35}$ hi^{44}	—	—	戏 hei^{44}	—
上网	上网 siaŋ^{31} mɔŋ$^{21-55}$	—	去网 hui^{44} mɔŋ^{55}	—	—	—	—
网聊	网聊 mɔŋ$^{31-55}$ liau^{22}	—	—	—	倾偈房网吧，发音人以其指代"网聊" k^{h}eŋ^{44} kai^{44} fɔŋ^{22}	上网倾偈谈话，聊天 sɛŋ^{31} mɔŋ^{55} k^{h}eŋ^{44} kai^{55}	—
表演	表演 piau^{55} jan^{55}	—	演戏 jɛn^{55} hi^{21}	—	—	做戏 tu^{31} hi^{44}	—
对联	对 ui$^{33-35}$	—	—	红纸 huŋ^{22} tsi^{55}	—	—	—
桌球	棍波 kun^{31} pɔ^{33}	—	—	打棍波 a^{55} kun^{44} pɔ^{44}	—	枱波 hɔi^{22} pɔ^{44}	枱波 hɔi^{22} pɔ^{44}
橄榄球	橄榄球 kam^{33} lam$^{31-35}$ k^{h}iu^{22}	—	—	榄球 lam^{55} k^{h}iu^{22}	—	—	美国足球 mei^{31} kɔk$^{3-5}$ tsuk^5 k^{h}iu^{22}
踢足球	打足球 a^{55} tuk^5 k^{h}iu^{22}	—	—	—	—	打榄球 a^{55} lam^{55} k^{h}au^{22}	—
越位	越位 jɔk^2 vei$^{31-35}$	—	—	—	—	过位 kuɔ^{44} wui^{31}	—
①射门/②投篮	①射门/ se^{31} mun^{22}/ ①入波 jip^2 pɔ^{33}/②□篮 sut^5 lam$^{22-35}$	—	—	①②射球 sɛ^{31} k^{h}iu^{22}	①练炮 lin^{31} p^{h}au^{44}	—	—
盖帽	—	—	—	□球 mak^5 k^{h}iu^{22}	—	冚篮 k^{h}am^{55} lam^{22}	—
加时赛	加时 ka^{33} si^{22}	—	误时 m̩^{21} si^{22}	—	—	加时间 ka^{44} si^{22} kan^{44}	—

续表 3-54

条目	方言						
	广东广州话	三藩市台山话	洛杉矶台山话	纽约台山话	芝加哥台山话	波特兰台山话	圣安东尼奥台山话
狗仔队	狗仔队 kau⁵⁵tɔi⁵⁵tui⁵⁵	—	—	影相佬 eŋ⁵⁵sɛŋ⁴⁴lɔ⁵⁵	八国记者 pat³kɔk³ki⁴⁴tsɛ⁵⁵	—	记者队 kei⁴⁴tsɛ⁵⁵tui⁴⁴
俱乐部	俱乐部 kʰui²²lɔk²pu³¹	—	—	队 tui³¹	—	—	—
溜冰	踩雪履 tsʰai⁵⁵ɬut³⁻³⁵kʰiak²	—	踩霜 tsʰai⁵⁵sɔŋ⁴⁴	—	—	踩履 tsʰai⁵⁵kʰɛk²	滑雪 wat²ɬut⁵
滑雪	滑雪 vak²ɬut³⁻³⁵	—	踩雪 tsʰai⁵⁵ɬut⁵	—	—	—	滑雪 wat²ɬut⁵
①短跑/②马拉松	①短跑 ɔn⁵⁵pʰau⁵⁵/②马拉松 ma²¹la³³tʰuŋ²²	—	—	①走短"走"意为"跑",保留古汉语的意义,但方言的正确语序应为"短走" tɛu⁵⁵ɔn⁵⁵	①②跑步 pʰau⁵⁵pu³¹	—	—
散步	散步 san³³pu²²	—	去行 hui⁴⁴haŋ²²	行下 haŋ²²ha³¹	—	—	—
漂流	漂流 pʰiau³³liu²²	—	—	浮流 pʰu²²lei²²	—	—	—
体操	体操 hai⁵⁵tʰou³³	体育 hai⁵⁵juk²	—	—	—	—	—
打水漂	□瓦片 tsʰek⁵³ŋa³³pʰen³³	—	—	掉石 ɛu³¹sɛk²	—	打□a⁵⁵pɔ⁴⁴	飞水 fei⁴⁴sui⁵⁵
旅游	旅游 lui³¹jiu²²	—	—	—	—	—	荡 tɔŋ³¹/旅行 lui³¹haŋ²²
放风筝	放纸鹞 fɔŋ³³tsi⁵⁵jau³³	—	飞鹞 fi⁴⁴jau²²⁻³⁵	—	—	—	—
跳房子	跳□ hiau³³tu⁵⁵	跳房 hiu⁵⁵fɔŋ²²⁻³⁵	—	—	—	—	—

续表 3-54

条目	方言						
	广东广州话	三藩市台山话	洛杉矶台山话	纽约台山话	芝加哥台山话	波特兰台山话	圣安东尼奥台山话
骑脖子	骑马□ k^hia^{22} ma^{55-31} $lɔŋ^{33}$	骑膊仔 $k^hɛ^{22}$ $pɔk^3$ $tɔi^{55}$	—	骑马 不同于普通话的"骑马" $k^hɛ^{22}$ ma^{55}	—	骑马 不同于普通话的"骑马" $k^hɛ^{22}$ ma^{55}	—
吹口哨	吹啤啤 $tsʰui^{33}$ p^he^{33} p^he^{33}	—	—	—	吹口唇 "吹口哨"的动作由口唇完成 $tsʰui^{55}$ hau^{55} sun^{44}	吹口鸡 $tsʰui^{44}$ hau^{55} kai^{44}	—
①中国象棋/②国际象棋	①象棋 $tsiaŋ^{21}$ k^hei^{22-35} / ②国际象棋 $kɔk^3$ tai^{33} $tsiaŋ^{31}$ k^hei^{22-35}	—	②唐人□ □$hɔŋ^{22}$ $ŋin^{22}$ $tsʰɛt^5$ si^{21} 英语:chess	②唐棋 $hɔŋ^{22}$ k^hi^{22-35}	①②象棋 $tsiaŋ^{31}$ k^hi^{22-35}	—	—
①抓牌/②洗牌	①开牌 $hɔi^{33}$ p^hai^{22} / ②洗牌 $ɬai^{33}$ p^hai^{22}	—	—	—	①②分牌 fun^{44} p^hai^{22-35}	—	—
翻跟斗	打筋斗 a^{55} kin^{33} teu^{55}	—	—	打飞脚 a^{55} fi^{44} $kiak^3$	—	—	—
扫堂腿	单脚 tan^{33} $kiak^3$	—	劈腿 p^hiak^3 $tʰui^{55}$	—	—	—	扫把脚 $ɬau^{44}$ pa^{55} $kɛk^2$
拉二胡	拉□□ lai^{33} $ŋe^{22}$ $ŋe^{55}$	—	—	—	拉椰胡 lai^{44} $jɛ^{22}$ wu^{55}	弹二胡 han^{22} $ŋi^{31}$ wu^{22-55}	—
放鞭炮	烧炮仗 $ɬiau^{33}$ p^hau^{33} $tsiaŋ^{31-35}$	—	—	—	—	点炮仗 $ɛm^{55}$ p^hau^{44} $tsiaŋ^{55}$	—
(小孩)过家家	煮□肴 tsi^{55} $tsai^{33}$ $ŋau^{22-35}$	—	细蚊仔玩 sai^{44} mun^{55} $tɔi^{55}$ fan^{55}	—	—	—	—

续表 3-54

条目	方言						
	广东广州话	三藩市台山话	洛杉矶台山话	纽约台山话	芝加哥台山话	波特兰台山话	圣安东尼奥台山话
面具	面具 men^{22} kui^{31}	—	—	鬼面壳 kui^{55} mɛn^{31} hɔk^{3}	—	□面壳 au^{44} mɛn^{31} hɔk^{3}	新面壳 ɬin^{44} man^{31} hɔk$^{3-35}$
倒立	倒立 ou^{55} lip^{2}	—	倚颠倒 kʰi^{55} ɛn^{44} ɔ$^{55-35}$	—	—	—	倒□倚 ou^{55} an^{44} kʰei$^{55-35}$
①出家人/②和尚	①出家人 tsʰut^{5} ka^{33} ŋin^{22} / ①去做和尚 hui^{31} tu^{31} vɔ^{22} siaŋ^{31} / ②和尚 vɔ^{22} siaŋ^{31}	①②和尚 wɔ^{22} siŋ^{31}	①②和尚 wɔ^{22} siaŋ^{44}	—	①②和尚 wɔ^{22} siɔŋ^{31}	①②和尚 wɔ^{22} siɔŋ^{22}	①②和尚 wɔ^{22} sɛŋ^{55}
道教	道教 ou^{31} kau^{33}	—	—	—	—	信教 sin^{44} kau^{44}	—
①佛祖/②菩萨	①佛祖 fut^{2} tu^{55} / ②菩萨 pʰɔ^{22} ɬak^{3}	—	—	—	①②佛 fut^{2}	①②佛 fat^{2}	—
护身符	符 fu^{22}	—	—	—	章 tsiaŋ^{44}	护身佛 fu^{31} ɬin^{44} fat^{2}	—
许愿	许愿 hui^{55} ŋun^{31}	—	—	求 kʰiu^{22} / 希望 hi^{44} mɔŋ^{31}	—	—	—
灵验	灵 len^{22}	—	—	—	真系 tsin^{44} hai^{31}	—	—
庙	庙 miu^{31}	—	—	佛堂 fut^{2} tʰɔŋ$^{22-35}$	堂 hɔŋ^{22}	—	—
求签	求签 kʰiu^{22} tʰiam^{33}	—	—	—	拜 pai^{44}	—	—
①上帝/②真主	①上帝 siaŋ^{31} ai^{33} / ②真主 tsin^{33} tsi^{55}	—	—	—	①②神 sin^{22}	—	—

续表 3-54

条目	方言						
	广东广州话	三藩市台山话	洛杉矶台山话	纽约台山话	芝加哥台山话	波特兰台山话	圣安东尼奥台山话
修士	—	—	—	牧师 muk² su⁴⁴	—	—	—
做礼拜	—	—	祈祷 kʰi:²² hɔ⁵⁵	—	—	祈祷 kʰei²² hou⁵⁵	—
受洗	—	—	浸水 tsim²¹ sui:⁵⁵	—	—	—	—
教堂	礼拜堂 lai:³¹⁻⁵⁵ pai³³ hɔŋ²²⁻³⁵／教堂 kau³³ hɔŋ²²⁻³⁵	—	—	—	礼拜堂 lai⁵⁵ pai⁴⁴ hɔŋ²²	—	—
做礼拜	—	—	—	—	—	—	去礼拜 hui⁴⁴ lai⁵⁵ pai⁴⁴
唱诗班	—	—	—	—	唱歌 tsʰiɔŋ⁴⁴ kɔ⁴⁴⁻³⁵	—	诗歌团 si⁴⁴ kɔ⁴⁴ hɔŋ²²
清真寺	清真寺 tsʰin³³ tsin³³ tsi⁵⁵	—	—	—	教堂 kau⁴⁴ hɔŋ²²	—	—

说明：

（1）个别方言点有一些特别的表示，我们都在词条后加注小字说明。（下同）

（2）圣安东尼奥台山话以"米鼠仔 mai:⁵⁵ si:⁵⁵ tɔi:⁵⁵"指代普通话的"动画片"，是以典型指代普遍，以动画片的经典代表米老鼠指代动画片。

表 3-55 6 个广府话有关文化教育、娱乐、宗教活动等的创新说法

条目	方言						
	广东广州话	三藩市广府话	洛杉矶广府话	纽约广府话	芝加哥广府话	波特兰广府话	休斯敦广府话
（学校）寒假	寒假 hɔn²¹ ka³³	—	—	—	冬假 tuŋ⁵⁵ ka³³	—	—

续表 3-55

条目	方言						
	广东广州话	三藩市广府话	洛杉矶广府话	纽约广府话	芝加哥广府话	波特兰广府话	休斯敦广府话
汉语	汉语 hɔn^{33}jy^{13}	唐话 t^{h}ɔŋ^{21}wa$^{22-35}$	汉文 hɔn^{33}mɐn^{21}	—	国语 kɔk^{3}jy^{13}/中文 tsuŋ^{55}mɐn^{21}	中文 tsuŋ^{55}mɐn$^{21-35}$	中文 tsuŋ^{33}mɐn$^{21-35}$
广府话	广州话 kwɔŋ^{35}tsɐu^{55}wa$^{22-35}$/广府话 kwɔŋ^{35}fu^{35}wa$^{22-35}$	—	—	广东话 kwɔŋ^{35}tuŋ^{55}wa$^{22-35}$	—	广东话 kwɔŋ^{35}tuŋ^{55}wa$^{22-35}$	中文 tsuŋ^{33}mɐn$^{21-35}$
启蒙	启蒙 k^{h}ɐi^{35}muŋ^{21}	—	—	—	教精人 kau^{33}tsɛŋ^{55}jɐn^{21}	—	—
（考试）及格	及格 kɐp^{2}kak^3	考倒 hau^{35}tou^{35}	—	—	—	—	—
（考试）不及格	唔及格 m̩^{21}kɐp^{2}kak^3	考唔到 hau^{35}m̩^{21}tou^{35}	—	—	食蛋$_{避}$ sek^{2}tan$^{22-35}$	—	—
名片	名片 mɛŋ^{21}p^{h}in$^{33-35}$/卡片 k^{h}a^{55}p^{h}in$^{33-35}$	卡 k^{h}a^{55}	—	—	—	—	—
①执照/②徽章	①执照 tsɐp^{5}tsiu^{33}/①牌 p^{h}ai^{21}/②襟章 k^{h}ɐm^{55}tsœŋ^{55}	—	—	①牌 p^{h}ai^{21}	—	①牌 p^{h}ai^{21}/②牌 p^{h}ai$^{21-35}$	—
砚台	墨砚 mɐt^{2}jin^{22}	—	石 sɛk^2	—	—	—	—

续表 3-55

条目	方言						
	广东广州话	三藩市广府话	洛杉矶广府话	纽约广府话	芝加哥广府话	波特兰广府话	休斯敦广府话
①钢笔/②圆珠笔	①钢笔 kɔŋ³³ pɐt⁵/①墨水笔 mɐk² sœy³⁵ pɐt⁵/②原子笔 jyn²¹ tsi³⁵ pɐt⁵	—	—	—	①②钢笔 kɔŋ³³ pɐt⁵	—	—
①墨水/②墨汁/③墨	①墨水 mɐt² sœy³⁵/②墨汁 mɐt² tsɐp⁵/③墨 mɐt²	—	①②墨水 mɐt² sœy³⁵	②③墨水 mɐk² sœy³⁵	—	—	①②墨水 mɐt² sœy³⁵
搛笔	搛笔 tʰim¹³ pɐt⁵	点墨 tim³⁵ mɐk²	—	—	—	—	—
洇纸	化水 fa³³ sœy³⁵	—	—	—	漏墨 lɐu²² mɐt²	—	—
用笔涂抹	搽咗渠 tsʰa²¹ tsɔ³⁵ kʰœy¹³	—	—	—	划走渠 wak² tsɐu³⁵ kʰœy¹³	—	—
手机	手机 sɐu³⁵ kei⁵⁵	—	—	—	—	手提机 sɐu³⁵ tʰɐi²¹ kei⁵⁵	—
电邮	电邮 tin²² jɐu²¹/□□ ji⁵⁵ miu⁵⁵ 英语:email	—	—	—	电信 tin²² sœn³³	—	—
网聊	网聊 mɔŋ¹³ liu²¹	—	—	—	上网倾闲偈 ₍聊天₎sœŋ¹³ mɔŋ¹³ kʰɐŋ⁵⁵ han²¹ kɐi³⁵	—	—
微博	微博 mei²¹ pɔk²	—	—	—	上网写嘢 ₍写东西₎sœŋ¹³ mɔŋ¹³ sɛ³⁵ jɛ¹³	—	—

续表 3-55

条目	方言						
	广东广州话	三藩市广府话	洛杉矶广府话	纽约广府话	芝加哥广府话	波特兰广府话	休斯敦广府话
逃学	逃学 $t^hou^{21}hɔk^2$	走学 $tsɐu^{35}hɔk^2$	—	唔_不返学 $m^{21}fan^{55}hɔk^2$	—	—	—
（考试）失误	失手 $sɐt^5 sɐu^{35}$/考得唔_不好 $hau^{35}tɐt^5 m^{21}hou^{35}$	考衰咗 $hau^{35}søy^{55}tsɔ^{35}$	—	—	—	—	—
对联	对联 $tœy^{33}lyn^{21}$/对 $tœy^{33-35}$	—	—	对章 $tœy^{33}tsœŋ^{55}$	—	—	—
索赔	索赔 $sɔk^3 p^hui^{21}$	—	控告 $huŋ^{33}kou^{33}$	—	—	—	—
桌球	枱球 $t^hɔi^{21}k^hɐu^{21}$/枱波 $t^hɔi^{21-35}pɔ^{55}$	—	—	—	枱波 $t^hɔi^{21-35}pɔ^{55}$	—	枱波 $t^hɔi^{35}pɔ^{55}$
射门	射门 $sɛ^{22}mun^{21}$	—	打射 $ta^{35}sɛ^{22}$	—	—	—	—
越位	越位 $jyt^2 wɐi^{22-35}$	—	出界 $ts^hœt^5 kai^{33}$	—	过位 $kwɔ^{33}wɐi^{22-35}$	—	—
橄榄球	橄榄球 $kɐm^{35}lam^{13}k^hɐu^{21}$	—	—	—	足球 $tsuk^5 k^hɐu^{21}$	—	美式足球 $mei^{13}sek^5 tsuk^5 k^hɐu^{21}$
投篮	投篮 $t^hɐu^{21}lam^{21}$	—	—	—	射球 $sɛ^{22}k^hɐu^{21}$	射球 $sɛ^{22}k^hɐu^{21}$	—
盖帽	入樽 $jɐp^2 tsœn^{55}$/扣篮 $k^hɐu^{21}lam^{21}$	—	—	—	挡球 $tɔŋ^{35}k^hɐu^{21}$	挡球 $tɔŋ^{35}k^hɐu^{21}$	—
加时赛	加时赛 $ka^{55}si^{21}tsɔi^{33}$	—	—	—	—	加时间 $ka^{55}si^{21}kan^{33}$	—
红牌	红牌 $huŋ^{21}p^hai^{21-35}$	红卡 $huŋ^{21}k^ha^{55}$	—	—	—	—	—

续表 3-55

条目	方言						
	广东广州话	三藩市广府话	洛杉矶广府话	纽约广府话	芝加哥广府话	波特兰广府话	休斯敦广府话
黄牌	黄牌 woŋ²¹ pʰai²¹⁻³⁵	黄卡 woŋ²¹ kʰa⁵⁵	—	—	—	—	—
①溜冰/②滑雪	①踩雪屐 tsʰai³⁵ syt³ kʰɛk²/②滑雪 wat² syt³	—	—	—	—	—	①②滑雪 wat² syt³
狗仔队	狗仔队 kɐu³⁵ tsɐi³⁵ tœy²²⁻³⁵	—	—	—	八卦记者 pat³ kwa³³ kei³³ tsɛ³⁵	—	—
体操	体操 tʰɐi³⁵ tsʰou⁵⁵	—	柔软体操 jɐu²¹ jyn¹³ tʰɐi³⁵ tsʰou⁵⁵	—	—	—	—
跳远	跳远 tʰiu³³ jyn¹³	—	—	—	跳长 tʰiu³³ tsʰœŋ²¹	—	—
散步	散步 san³³ pou²²	行下 haŋ²¹ ha¹³	—	—	—	—	—
旅游	旅游 lœy¹³ jɐu²¹	—	游埠 jɐu²¹ fɐu²²/旅游 lœy¹³ jɐu²¹	—	—	—	—
吹口哨	吹口哨 tsʰœy⁵⁵ hɐu³⁵ sau³³	—	吹鸡子 tsʰœy⁵⁵ kɐi⁵⁵ tsi³⁵	—	—	—	—
抓牌	摸牌 mɔ⁵⁵ kɐi²¹⁻³⁵	—	走牌 tsɐu³⁵ pʰai²¹	拣卡 kan³⁵ kʰa⁵⁵	—	—	—
打水漂	撇石 pʰit³ sɛk²	—	—	—	甩石头 fɐŋ²² sɛk² tʰɐu²¹	—	—
骑脖子	骑膊马 kʰɛ²¹ pɔk³ ma¹³	—	—	骑马 不同于普通话的"骑马" kʰɛ²¹ ma¹³	—	—	—
扫堂腿	扫堂腿 sou³³ tʰɔŋ²¹ tʰœy³⁵	—	—	—	踢高 tʰɛk³ kou⁵⁵	—	—

续表 3-55

条目	方言						
	广东广州话	三藩市广府话	洛杉矶广府话	纽约广府话	芝加哥广府话	波特兰广府话	休斯敦广府话
倒立	倒立 tou^{35} lɐp^2	—	—	—	手倚 sɐu^{35} k^{h}ei^{13}	倒倚 tou^{35} k^{h}ei^{13}	—
面具	面具 min^{22} kœy^{22}	—	—	—	—	面膜 min^{22} mɔk$^{2-35}$	—
①出家人/②和尚	①出家人 ts^{h}œt^5 ka^{55} jɐn^{21}/②和尚 wɔ^{21} sœŋ$^{22-35}$	①②和尚 wɔ^{21} sœŋ$^{22-35}$	—	①②和尚 wɔ^{21} sœŋ^{35}	①②和尚 wɔ^{21} sœŋ^{35}	①②出家 ts^{h}œt^5 ka^{55}/和尚 wɔ^{21} sœŋ^{35}	①②和尚 wɔ^{21} sœŋ^{35}
佛祖	佛祖 fɐt^2 tsou^{35}	—	—	—	佛头 fɐt^2 t^{h}ɐu^{21}	佛 fɐt^2	—
求签	求签 k^{h}ɐu^{21} ts^{h}im^{55}	—	—	—	合签 hɐp^2 ts^{h}im^{55}	—	—
唱诗班	唱诗班 ts^{h}œŋ^{33} si^{55} pan^{55}	—	—	—	—	诗班 si^{55} pan^{55}	—
做礼拜	做礼拜 tsou^{22} lɐi^{13} pai^{33}	拜神 pai^{33} sɐn^{21}/*	—	—	—	祈祷 k^{h}ei^{21} tou^{35}	—
上帝	上帝 sœŋ^{22} tɐi^{33}	—	—	神 sɐn^{21}	上帝 sœŋ^{22} tɐi^{33}/神 sɐn^{21}	—	—
真主	真主 tsɐn^{55} tsy^{35}	—	—	—	神 sɐn^{21}/阿拉 a^{33} la^{55}	—	—
清真寺	清真寺 ts^{h}eŋ^{55} tsɐn^{55} tsi^{35}	—	—	—	回教庙 wui^{21} kau^{33} miu$^{22-35}$	—	—

说明：

（1）普通话的"倒立"，芝加哥广府话的说法是"手倚 sɐu^{35} k^{h}ei^{13}"。其实这个说法与英语表示同一意思的"hand stand"相关。方言"手倚"直译成普通话就是"手站"，也就是英语的"hand stand"，即用手支撑身体站立。

（2）芝加哥广府话以"跳长 t^{h}iu^{33} ts^{h}œŋ^{21}"表示普通话的"跳远"，以"长"对应

"远"。这个说法也明显受到了英语"long jump"（跳远）的影响，可以说是英语"long jump"的直译，造词心态也与汉语的"跳高"不无关系。

3.2.1.1.10 有关历史文化风俗的（见表3-56、表3-57）

表3-56　6个台山话有关历史文化风俗的创新说法

条目	方言						
	广东台山话	三藩市台山话	洛杉矶台山话	纽约台山话	芝加哥台山话	波特兰台山话	圣安东尼奥台山话
卖猪仔	卖猪仔 mai³¹ tsi³³ tɔi⁵⁵	卖猪仔 mai³¹ tsi⁴⁴ tɔi⁵⁵	卖猪仔 mai²¹ tsi⁴⁴ tɔi⁴⁴	卖猪仔 mai³¹ tsi⁴⁴ tɔi⁵⁵	卖猪仔 mai³¹ tsi⁴⁴ tɔi⁵⁵	猪仔 tsi⁴⁴ tɔi⁵⁵	卖猪仔 mai³¹ tsi⁴⁴ tɔi⁵⁵
新移民	新移民 ɬin⁴⁴ ji²² min²²	新移民 ɬin⁴⁴ ji²² min²²	新侨 ɬin⁴⁴ kʰiu²²	新移民 san⁴⁴ ji²² man²²	新移民 ɬin⁴⁴ ji²² man²²	新移民 ɬin⁴⁴ ji²² min²²	新侨 ɬin⁴⁴ kʰiu²²
老移民	老华人 lɔ⁵⁵ wa²² ŋin²²	老移民 lɔ⁵⁵⁻³⁵ ji²² min²²	老华侨 lɔ⁵⁵ wa²² kʰiu²²	老华侨 lou⁵⁵ wa²² kʰei²²	老华侨 lou⁵⁵ wa²² kʰiu²²	旧移民 kiu³¹ ji²² min²²	老侨 lou⁵⁵ kʰiu²²
偷渡者	偷渡 heu³³ u³¹	—	—	白鬼 pak² kui⁵⁵	非法移民 fi⁴⁴ fat³ ji²² man²²/蛇头 偷渡集团的组织者 sɛ²² hau²²	偷路来 hai⁴⁴ lou³¹ lɔi²²	屈蛇 wut⁵ sɛ²²/偷渡 hai⁴⁴ ou³¹
在美国出生的华人	竹升仔 tsək⁵ seŋ³³ tɔi⁵⁵	竹升 tsuk⁵ seŋ⁴⁴/ABC ei⁴⁴ pi⁴⁴ si⁴⁴ 英语：American-born Chinese	ABC ei⁴⁴ pi⁴⁴ si⁴⁴ 英语：American-born Chinese	竹升 tsuk⁵ seŋ⁴⁴/ABC ei⁴⁴ pi⁴⁴ si⁴⁴ 英语：American-born Chinese	土著仔 tʰou⁵⁵ tsi⁴⁴ tɔi⁵⁵/竹升 tsuk⁵ seŋ⁴⁴/ABC ei⁴⁴ pi⁴⁴ si⁴⁴ 英语：American-born Chinese	土著 hou⁵⁵ tsi⁴⁴/竹升 tsuk⁵ seŋ⁴⁴/ABC ei⁴⁴ pi⁴⁴ si⁴⁴ 英语：American-born Chines	竹升 tsuk⁵ seŋ⁴⁴

续表 3-56

条目	方言						
	广东台山话	三藩市台山话	洛杉矶台山话	纽约台山话	芝加哥台山话	波特兰台山话	圣安东尼奥台山话
对现居国土著的称呼	—	—	—	—	红番 huŋ^{22} fan^{44}/本地人 pun^{55} ji^{31} jan^{22}	—	土著仔 hou^{55} tsi^{44} tɔi^{55}
华人的社团组织	—	公所_老_ kuŋ^{55} sɔ$^{55-35}$	—	—	—	—	—
华人社团的男性老员工	—	公所伯_老_ kuŋ^{55} sɔ^{55} pak^3	—	—	—	—	—
华人与外国人生的孩子	杂种仔_贬_ tap^2 təŋ^{55} tɔi^{55}	—	一半唐人 ŋit^5 pɔn$^{44-21}$ hɔŋ^{22} ŋin^{22}	半唐番 pɔn^{44} hɔŋ^{22} fan^{44}	混血儿 wan^{31} hut^3 ji^{22}/杂□□_贬_ tsap^3 pak^5 luŋ^{44}	混血儿 wan^{31} hut^3 ji^{22}/杂种_贬_ tsap^2 tuŋ^{55}	半唐番 pun^{44} hɔŋ^{22} fan^{44}
黑社会	黑社会 hak^5 se^{31} vui^{55}	—	—	—	—	—	烂仔党 lan^{31} tɔi^{55} ɔŋ^{55}
谦虚	谦虚 him^{33} hui^{33}	—	—	—	客气 hak^3 hi^{44}	—	—
能干	呖 lek^5	—	—	—	做得成 tu^{31} ak^5 seŋ^{22}	—	—
勤快	勤 han$^{22-35}$/爽□ sɔŋ^{55} tu^{33}	—	—	—	—	—	努力 nou^{55} lak^2
性感	性感 ɬen^{33} kam^{55}/精 tiaŋ^{33}	—	—	—	抢眼 tsʰiaŋ^{55} ŋan^{55}	—	暴露 pou^{31} lou^{31}/肉感 ŋuk^2 kim^{55}
①坚强/②强壮	①抵死 ai^{33} ɬei^{55}/②大只 ai^{31} tsiak^3	—	—	—	①②好力 hɔ^{55} lek^2	—	—

续表 3-56

条目	方言						
	广东台山话	三藩市台山话	洛杉矶台山话	纽约台山话	芝加哥台山话	波特兰台山话	圣安东尼奥台山话
软弱	怕死 pʰa³³ ɬei⁵⁵	—	—	—	懒虫 lan⁵⁵ tsʰuŋ²²	—	—
奢侈	大手大脚 ai³¹ ɬiu⁵⁵ ai³¹ kiak³	—	—	—	—	—	阔佬 fut³ lou⁵⁵
善良	驯 sun²²	—	—	—	—	—	好腍 方言原义：很柔软，（肉等）很烂 hou⁵⁵ nam²²
随和	随和 tu³¹ pei³³	—	—	—	—	—	腍善 方言原义：和善 lɛn²² sin³¹
请客	请客 tʰiaŋ⁵⁵ hak³	—	—	—	请饮 tsʰɛŋ⁵⁵ jim⁵⁵/喫酒 hɛt⁵ tiu⁵⁵	—	—
AA 制	AA 制 ei³³ ei³³ tsai³³	—	自己畀银 tsi²¹ ki⁵⁵ ei⁵⁵ ŋan²²	—	自己找数 tsi³¹ ki⁵⁵ tsau⁵⁵ ɬu³¹/喫自己 hɛt⁵ tsi³¹ ki⁵⁵	—	自己畀自己 ti³¹ kei⁴⁴ ei³¹ ti³¹ kei⁵⁵
①送礼/②收礼	①送礼 ɬuŋ³³ lai³¹⁻³⁵/②收礼 ɬiu³³ lai³¹⁻³⁵	—	—	—	—	①②礼物 包括收到的和送出的 lai⁵⁵ mut²	—
授权于	使你 sɔi³³ nei³¹	—	准做 tsun⁵⁵ tsu²¹	—	—	—	—
待命	等 aŋ⁵⁵	—	—	—	等渠话事 aŋ⁵⁵ kʰui⁵⁵ wa³¹ ɬu³¹	—	—
求援	喊救命 ham³³ kiu³³ miaŋ³¹	—	喊帮手 ham⁴⁴ pɔŋ⁴⁴ siu⁵⁵	—	—	—	—

续表 3-56

条目	方言						
	广东台山话	三藩市台山话	洛杉矶台山话	纽约台山话	芝加哥台山话	波特兰台山话	圣安东尼奥台山话
较量	较量 kau³³ liɔŋ³¹/比 pei⁵⁵	—	—	—	比赛 pi⁵⁵ tsʰɔi⁴⁴	—	—
勾结	勾结 ŋeu³³ ket⁵/夹埋 kap³ mɔi²²	夹埋一齐 kap³ mui²² jit⁵ tsʰɔi²²	—	—	—	—	团埋 hɔn²² mɔi²²
稀客	稀客 hei³³ hak³	—	小小口 siu⁵⁵ siu⁵⁵ lau²²	好少见嘅人 hou⁵⁵ ɬeu⁵⁵ kin⁴⁴ kɔ⁴⁴ jan²²	少见 siu⁵⁵ kɛn⁴⁴/间中见 kan⁴⁴ tsuŋ⁴⁴ kɛn⁴⁴	好少来 hou⁵⁵ ɬɛi⁵⁵ hɔi²²	好少嚟 hou⁵⁵ siu⁵⁵ lɔi²²
握手	拉手 lai³³ ɬiu⁵⁵	—	—	—	拉下手 lai⁴⁴ ha⁵⁵ siu⁵⁵	—	—
入席	埋位 mɔi²² vei²²	—	—	—	—	—	埋位 mɔi²² wei⁵⁵
①上菜/②传菜	①上菜 siaŋ³¹ tʰɔi³³/②扛菜 kɔŋ³³ tʰɔi³³	—	—	—	①②扛餐 kɔŋ⁴⁴ tʰan⁴⁴	②送碗 ɬuŋ⁴⁴ wun⁵⁵	—
胡说	乱噏 luɔn³¹ ŋap³	—	—	—	—	唔明白 m̩²² mɛŋ²² pak²	—
充好汉	夹死顶 kap³ ɬei⁵⁵ en⁵⁵	—	—	—	充阔佬 tsʰuŋ⁴⁴ fut³ lɔ⁵⁵	—	充口 tsʰuŋ⁴⁴ kʰaŋ⁵⁵
难为你	难为你 nan²² vui³¹ nei³¹	—	—	—	—	打搅你 a⁵⁵ kau⁵⁵ ni⁵⁵	—
受累	连累 len²² lui³¹/拖累 hɔ³³ lui³¹	—	阻你 tsu⁵⁵ nei²¹	—	有份 jiu⁵⁵ fun⁴⁴	—	—
看望（病人）	探 ham³³/行 haŋ²²	—	见 kin⁴⁴	—	—	—	—

续表 3-56

条目	方言						
	广东台山话	三藩市台山话	洛杉矶台山话	纽约台山话	芝加哥台山话	波特兰台山话	圣安东尼奥台山话
拍马屁	擦鞋 tsʰat³ hai²² /捧大脚 pəŋ⁵⁵ ai³¹ kiak²	—	—	—	锡臀 siak³ hun²² /擦鞋 tsʰat³ hai²²	—	—
(①呵斥/②非粗话/③粗话)骂人	①屌 tiu³³ /②话 va³¹ /③闹 nau³¹	①②③闹 nau³¹	①②③闹 nɔ²¹	②③闹 nau³¹	①②③闹 nau³¹	③闹 nau³¹	③闹 nau³¹
撩拨	搞是搞非 kau⁵⁵ ɬi³¹ kau⁵⁵ fei³³	—	—	—	教坏人 kau⁴⁴ wai³¹ jan²²	—	—
唆使	教 kau³³	—	—	—	—	—	捅渠 tʰuŋ⁵⁵ kʰui⁵⁵
回老家	返乡下 fan³³ hiaŋ³³ ha³³	返旧屋 fan⁴⁴ kiu³¹ uk⁵	去归 hui⁴⁴ kui⁴⁴ /去企 hui⁴⁴ kʰi⁵⁵ /返乡下 fan⁴⁴ hiaŋ⁴⁴ ha²¹	返屋企 fan⁴⁴ uk⁵ kʰi⁵⁵	—	返屋企 fan⁴⁴ uk⁵ kʰi⁵⁵	返归 fan⁴⁴ kei⁴⁴
时兴	时兴 si²² hen³³	—	好架势 hɔ⁴⁴ ka⁴⁴ sai⁴⁴	—	—	—	—
万	万 man³¹	—	十千 sip² tʰɛn⁴⁴ /万 man²¹	十千 sap² tʰɛn⁴⁴ /万 man³¹⁻⁵⁵	—	—	—
二十二万	二十二万 ŋi³¹ sip² ŋi³¹ man³¹	—	—	二百二十千 ŋei³¹ pak³ ŋei³¹ sap² tʰɛn⁴⁴	—	—	—

第3章 美国华人社区汉语粤方言词汇研究

说明：

（1）波特兰台山话用"礼物 lai^{55}mut^2"表示送礼和收礼，表3-57中芝加哥广府话的"礼物 lɐi^{13}mɐt^2"也表示了相同的意思：无论送出去的还是接受的，都是礼物。"礼物"一词在这两个点的方言里都是兼词，既是名词，也是动词。

（2）洛杉矶台山话用"好架势 hɔ^{44}ka^{44}sai^{44}"表示普通话的"时兴"之意，意思是穿着打扮等新潮，在这些方面表现得很时兴，就是很有"架势"。

表3-57　6个广府话有关历史文化风俗的创新说法

条目	方言						
	广东广州话	三藩市广府话	洛杉矶广府话	纽约广府话	芝加哥广府话	波特兰广府话	休斯敦广府话
卖猪仔	卖猪仔 mai^{22} tsy^{55} tsɐi^{35}	—	卖猪仔 mai^{22} tsy^{55} tsɐi^{35}	卖猪仔 mai^{22} tsy^{55} tsɐi^{35}	卖猪仔 mai^{22} tsy^{55} tsɐi^{35}	卖猪仔 mai^{22} tsy^{55} tsɐi^{35}	—
新移民	新移民 sɐn^{55} ji^{21} mɐn^{21}	—	新侨 sɐn^{55} kʰiu^{21}	新移民 sɐn^{55} ji^{21} mɐn^{21}	新移民 sɐn^{55} ji^{21} mɐn^{21}	新移民 sɐn^{55} ji^{21} mɐn^{21}	新移民 sɐn^{55} ji^{21} mɐn^{21}
老移民	老华人 lou^{13} wa^{21} jɐn^{21}	老移民 lou^{13} ji^{21} mɐn^{21}	老华人 lou^{13} wa^{21} jɐn^{21}	老移民 lou^{13} ji^{21} mɐn^{21}	老移民 lou^{13} ji^{21} mɐn^{21} /老华人 lou^{13} wa^{21} jɐn^{21}	老移民 lou^{13} ji^{21} mɐn^{21}	老移民 lou^{13} ji^{21} mɐn^{21}
偷渡者	偷渡 tʰɐu^{55} tou^{22}/蛇仔 sɛ^{21} tsɐi^{35}	—	—	有身份证 mou^{13} sɐn^{55} fɐn$^{22-35}$ tsɐŋ^{33}	—	—	偷渡 tʰɐu^{55} tou^{22}
在美国出生的华人	竹升仔 tsuk^5 sɐŋ^{55} tsɐi^{35}	竹升 tsuk^5 sɐŋ^{55}/ABC ei^{55} pi^{55} si^{55} 英语：American-born Chinese	土生 tʰou^{35} saŋ^{55}/ABC ei^{55} pi^{55} si^{55} 英语：American-born Chinese	竹升 tsuk^5 sɐŋ^{55}/ABC ei^{55} pi^{55} si^{55}英语：American-born Chinese	土生 tʰou^{35} saŋ^{55}/竹升 tsuk^5 sɐŋ^{55}/ABC ei^{55} pi^{55} si^{55}英语：American-born Chinese	竹升 tsuk^5 sɐŋ^{55}/ABC ei^{55} pi^{55} si^{55}英语：American-born Chinese	ABC ei^{55} pi^{55} si^{55}英语：American-born Chinese
居住国土著	印第安人 jɐn^{33} tɐi^{22} ɔn^{55} jɐn^{21}	—	—	—	本地人 pun^{35} tei^{22} jɐn^{21}	—	—

续表 3-57

条目	方言						
	广东广州话	三藩市广府话	洛杉矶广府话	纽约广府话	芝加哥广府话	波特兰广府话	休斯敦广府话
华人的社团组织	社团 $sɛ^{13}$ t^hyn^{21}	堂口_老 $t^hɔŋ^{21}$ $hɐu^{35}$	—	—	—	—	—
华人与外国人生的孩子	混血儿 $wɐn^{22}hyt^3 ji^{21}$	半唐番 $pun^{33}t^hɔŋ^{21}fan^{55}$	—	—	杂交_贬 $tsap^2 kau^{55}$	—	—
奢侈	奢侈 $ts^hɛ^{55}ts^hi^{35}$	—	—	—	—	豪华 $hou^{21}wa^{21}$	—
陌生人	生步人 $saŋ^{55}pou^{22}jɐn^{21}$	—	—	—	外人 $ŋɔi^{22}jɐn^{21}$	—	—
性感	性感 $seŋ^{33}kɐm^{35}$	—	—	—	索= $sɔk^3$	—	—
酷	酷 k^hu^{55}	—	—	—	冷 $laŋ^{13}$	—	—
耍赖/无耻	放□嚟 $fɔŋ^{33}p^hɛ^{13}lei^{21}$	—	—	—	唔知丑 $wu^{21}tsi^{55}ts^hɐu^{35}$	—	—
清高	高斗 $kou^{55}tɐu^{33}$	—	—	—	唔理_不理人就是清高 $wu^{21}lei^{13}$	—	—
高尚	高尚 $kou^{55}sœŋ^{22}$	—	—	—	君子_君子是高尚的人，以这种人指代"高尚" $kwɐn^{55}tsi^{35}$	—	—
装傻	诈傻 $tsa^{33}sɔ^{21}$/装傻扮朦 $tsɔŋ^{33}sɔ^{21}pan^{22}muŋ^{35}$	—	—	—	做蠢才 $tsou^{33}ts^hœn^{35}ts^hɔi^{21}$	—	—
送礼	送礼 $suŋ^{33}lei^{13}$	—	—	—	礼物 $lei^{13}mɐt^2$	—	—
送客	送客 $suŋ^{33}hak^3$	—	—	—	带出门 $tai^{33}ts^hœt^5mun^{21}$	—	—

续表 3-57

条目	方言						
	广东广州话	三藩市广府话	洛杉矶广府话	纽约广府话	芝加哥广府话	波特兰广府话	休斯敦广府话
勾结	勾结 ŋɐu⁵⁵ kit³/夹埋 kap³ mai²¹	—	—	—	偷偷哋合作 tʰɐu⁵⁵ tʰɐu⁵⁵ tei³⁵ hɐp² tsɔk²	—	—
公事公办	公事公办 kuŋ⁵⁵ si²² kuŋ³³ pan²²	—	—	—	好职业 hou³⁵ tsek⁵ jip²	—	—
稀客	稀客 hei⁵⁵ hak³/好少见 hou³⁵ siu³⁵ kin³³	—	—	—	一时嚟嘅客 jɐt⁵ si²¹ lei²¹ kɛ³³ hak³	好少嚟 hou³⁵ siu³⁵ lei²¹	—
讲客气	客气 hak³ hei³³	—	—	—	太礼貌 tʰai³³ lɐi¹³ mau²²/客气 hak³ hei³³	—	—
入席	入席 jɐp² tsek²	—	—	—	坐上椅 tsʰɔ¹³ sœŋ¹³ ji·³⁵	—	坐埋嚟 tsʰɔi¹³ mai·²¹ lei²¹
慢走	慢行 man²² haŋ²¹	—	—	—	行慢 haŋ²¹ man²²	—	—
风光	风光 fuŋ⁵⁵ kwɔŋ⁵⁵	—	—	—	君子是君子，才风光 kwɐn⁵⁵ tsi·³⁵	—	—
看望病人	探病人 tʰam³³ pɛŋ²² jɐn²¹	—	—	—	探医院去医院探人，此词以处所指代在医院的人 tʰam³³ ji⁵⁵ jyn³⁵	—	—
回老家	返乡下 fan⁵⁵ hœŋ⁵⁵ ha³⁵	返屋企 fan⁵⁵ ŋuk⁵ kʰei³⁵	—	—	返屋企 fan⁵⁵ ŋuk⁵ kʰei³⁵	—	返屋企 fan⁵⁵ uk⁵ kʰei³⁵

续表 3-57

条目	方言						
	广东广州话	三藩市广府话	洛杉矶广府话	纽约广府话	芝加哥广府话	波特兰广府话	休斯敦广府话
较量	较量 kau³³ lœŋ²²	—	比赛 pei³⁵ tsʰɔi³³	—	—	—	—
数落	吟 ŋɐm²¹	—	—	—	烦住 不断地数落，很烦人 fan²¹ tsy²²	—	—
哄骗	諗 tʰɐm³³	—	—	—	—	—	呃人 ŋak⁵ jɐn²¹
(①呵斥/②非粗话/③粗话) 骂人	①喝 hɔt³/ ②话 wa²²/ ③闹 nau²²	①②③闹 nau²²		①③闹 nau²²	②③闹 nau²²	②③闹 nau²²	②③闹人 nau²² jɐn²¹
护着（他）	争住 tsaŋ⁵⁵ tsy²²	—	截住 tsit² tsy²²	—	—	—	—
劝架	劝交 hyn³³ kau⁵⁵	—	—	—	联合国意：你好我好大家都好 lyn²¹ hɐp² kɔk³	—	—
倒霉	当衰 tɔŋ⁵⁵ sœy⁵⁵	—	—	—	当黑 tɔŋ⁵⁵ hak⁵	—	—
万	万 man²²	万 man²²/ 十千 sɐp² tsʰin⁵⁵	—	—	—	十千 sɐp² tsʰin⁵⁵	—
二十二万	二十二万 ji²² sɐp² ji²² man²²	—	—	—	—	二百二十千 ji²² pak³ ji²² sɐp² tsʰin⁵⁵	—